통일교육과 통일법제를 이해하는 열두 개의 시선

소성규 · 이종덕 · 최성환

초판 머리말

"우리의 소원은 통일. 꿈에도 소원은 통일!"

　대한민국 국민들 모두가 다 아는 노래이다. 통일에 대한 국민적 염원을 담았다. 어려서부터 배운 이 노랫말 덕분인지 우리 국민들은 통일을 남의 일로 여기지 않게 되었다. 그렇다 보니 각자의 마음속에는 통일에 대한 생각들이 모두 하나쯤은 자리 잡고 있다. 우리 국민들에게 통일 관련 질문을 하면, 동일한 문제를 두고 너무나도 다양한 시각에서 이야기한다,
　이는 학문의 영역에서도 마찬가지다. 통일 문제에 대해 다양한 전공과 시각에서 접근하고 있다. 본 저서는 법학적 시각에서 통일문제에 대한 해법을 더하고자 한다. 구체적으로는 법학의 전통적 연구방법론인 비교법적 고찰을 통해 북한법제에 접근한다. 하지만, 남북한 법제 비교는 북한 자료의 한계로 말미암아 연구가 활성화되고 있지는 못하고 있다. 아이러니하게도 이것이 본 연구를 시작하는 계기가 되었다.
　학문적 연구와 그 기반이 부족함에도 불구하고, 2020년 3월에 통일부 공모사업인 "통일교육선도대학" 사업에 대진대학교가 지정되면서부터 남북한 법제 연구에 한층 더 불이 당겨졌다. 그동안 대진대학교는 통일부(통일교육원)가 지정하는 경기도 통일교육센터 및 경기북부 통일교육센터를 운영(2012년~2020년)한 경험이 있다. 저자 대표는 지난 8년 동안 통일교육센터 사무처장으로서 통일교육 현장에서 다양한 경험을 쌓아 왔다. 특히 통일부 사업을 기반으로 경기도와 경기북부지역 지방자치단체와의 협업 사업은 연구자로서 많은 것을 배우고, 체험하는 계기가 되었다. 이런 실무경험을 바탕으로 통일부 국비 지원사업인 "통일교육선도대학"에 도전했고, 세 번의 도전 끝에 성공하였다.
　현재 대진대학교 공공인재법학과에는 "통일법제" 과목이 개설되어 있고, 공공정책대학원 공공인재법학과 석사과정에는 "북한이탈주민과 통일가족법", "통일헌법과 정부형태", "남북헌정사", "DMZ와 접경지역지원특별법", "평

화통일교육과 통일법제", 박사과정에는 "북한법 연구", "민주시민교육과 통일교육지원법 연구"라는 교과목이 개설되어 있다. 또한, 대진대학교 내에는 통일대학원, DMZ연구소, 대진평화통일교육연구원, 북방연구소, 중국학 연구소 등 다양한 연구기관이 존재한다. 이러한 통일 관련 연구와 교육 인프라를 바탕으로, 한반도의 중심이자 접경지역에 위치한 대진대학교를 통일 교육 및 통일 관련 연구 중심 대학으로 특성화하려는 시도가 바로 "통일교육선도대학" 사업 도전이었다. 정치학을 포함한 다양한 학문 분야에서 통일문제를 접근하고 남북한 비교를 통한 사회통합을 도모하는 야심 찬 시도이다.

본 저서를 시작으로 남북한 법제 비교를 통한 양 법제의 통합에 더욱 기여하고자 한다. 남북한은 법의 구조와 체계가 다르다. 민법뿐만이 아니라 다른 법 분야 역시 마찬가지다. 결국, 남북한의 법제에서 각자 다름을 인정하는 것이 중요하다고 본다. 자유민주주의 국가에서 지향해야 하는 통일은 서로 다름을 인정하고 함께 사는 것이며, 나눠진 것을 하나로 만드는 '통일(統一)'이 아닌, 서로 다른 것이 통하는 '통이(通異)'가 바람직할 수도 있다. 사실 통일을 이야기하는 사람들의 생각이 각기 다르다는 점에서 '통이(通異)'를 지향하는 것은 우리 안의 분단극복을 위한 건전한 토론의 문화를 형성하는 데에도 매우 바람직할 수 있다. 다시 말해, 정치적 차원에서는 자유민주주의와 시장경제를 통일한국이 지향해야 하는 가치로 인정해야 하나, 그와는 별개로 사회문화적인 차원에서는 '통일(統一)'보다는 '통이(通異)'를 지향하는 것이 보다 참신하고 적절한 방안이 될 수 있다고 본다. 특히 '통이(通異)'를 바탕으로 한 소통능력은 남남갈등을 극복하고 남북 간 화합을 위한 기반을 굳건하게 다지는 데 효과적일 수 있다. 저자는 이러한 시각에서 통일부 "통일교육선도대학"을 운영하고, 남북한 법제를 연구해 보고자 한다.

같은 길을 걷고 있는 후배님들이 이러한 작업에 동의하고 적극적으로 참여해 주셨다. 독일 콘스탄츠대학교(Universität Konstanz)에서 법학박사학위를 취득하고, 현재 대진대학교 공공인재법학과에서 강의를 하고 있는 이종덕 박사님과 한양대학교에서 역시 법학박사학위를 취득하고 현재 경기연구원에서 연구위원으로 근무하고 있는 최성환 박사님의 동참이 있었기에 본 저서의 저술 작업이 가능하였다. 이종덕 박사님은 사법 전공자, 최성환 박사님은 공법 전공자이다. 3인 3색의 다른 시각이 있지만, 다름의 독자성을 인정하면 문제없다고 생각한다.

　대학 강의는 일반적으로 15주 강의이지만, 중간고사, 기말고사 등을 제외하면 실제로는 12주 강의로 많이 진행된다. 본 저서는 이러한 대학 강의 일정도 고려하여 12개의 주제를 선택하고, 3명이 각자의 시각에서 서술한 강의용 교재이다. 본 교재는 통일 관련 법제를 총론과 각론으로 구분하여 생각한 뒤, 각론을 공법과 사법 분야로 대별하였다. 실질적 서술 체계는 총 6개의 부를 병렬식으로 구성하였는데, 제1부 통일교육과 통일법제의 기초이해, 제2부 남북한 민사법의 쟁점과 통합, 제3부 남북한 가족법과 북한이탈주민, 제4부 남북한 경제협력, 제5부 남북교류협력법제, 제6부 통일교육과 민주시민교육 정책 사례로 나누어 통일교육과 통일법제를 설명하고자 하였다. 3인이, 각자 4개 주제의 집필 원칙을 정하고, 각자의 시각에서 통일법제에 관한 주제를 설명하는 방식이다. 보기에 따라서는 원칙이 없는 저술이기 때문에 일관적이지 않고, 독창적이지도 않을 수 있다. 그러나 각자 나름의 논리를 인정한다면 큰 무리가 없을 수도 있을 것이다. 초판은 이런 시각에서 접근한 점을 혜량하여 주셨으면 한다. 부족한 내용은 후일 개정판을 통해 보완할 것을 기약한다.

　마지막으로, 통일교육과 통일법제 분야의 연구내용을 출간하기로 한 오랜 결심을 실행시켜 주신 동방문화사 조형근 사장님께 고마운 마음을 전한다. 아무쪼록 본 저서가 통일교육과 통일법제를 교육하는 대학과 대학원의 강의 현장에서 뜻깊게 활용될 수 있기를 기대해 본다.

2020. 9.

저자 대표 소성규

목 차

제1부　통일교육과 통일법제의 기초이해

제1장 통일과 북한법제의 이해 등 기초이론 ·· 3
제2장 「통일교육지원법」의 이해와 개정방안 ·· 40

제2부　남북한 민사법의 쟁점과 통합

제3장 남북통일과 민사법의 통합 ··· 89
제4장 북한 국유재산의 사유화와 물권법상 쟁점 ······································ 119

제3부　남북한 가족법과 북한이탈주민

제5장 북한이탈주민의 정착지원 제도와 가족정책법상 쟁점 ················· 151
제6장 남북한 혼인제도의 비교와 통합방안 ·· 175

제4부　남북한 경제협력

제7장 북한 산업재산권 법제와 상사분쟁의 해결 ····································· 215
제8장 평화경제특구법의 제정방향 ··· 242

제5부　남북교류협력법제

제9장 남북교류협력법제의 분석과 대안 ·· 291
제10장 지방자치단체 남북교류협력 입법방향 ·· 319

제6부 통일교육과 민주시민교육 정책 사례

제11장 민주시민교육과 지방자치 ·· 345
제12장 통일교육 정책 사례의 현황과 평가 ································· 369

부록 ··· 393

제1부

통일교육과 통일법제의 기초이해

제 1 장
통일과 북한법제의 이해 등 기초이론

현재를 살아가는 우리에게 통일이 가진 의미를 과소평가해서도 안 되겠지만, 동족상잔과 분단의 아픔을 실제로 경험한 세대들이 느끼는 '통일'이란 단어 그 자체로도 가슴 벅찬 감동을 현재와 미래의 통일세대들에게 무작정 기대할 수는 없다. 이러한 이유에서 체계적인 통일교육을 통해서 통일의 당위성 내지 필요성에 대한 다양한 주장이나 근거들을 비판적으로 재검토하는 것이 통일이란 난제를 해결하기 위한 첫 단추를 제대로 꿰는 일이라 할 수 있다. 이러한 이유에서 제1장에서는 진부한 주제로 치부될 수도 있겠지만, 남북분단과 통일의 당위성에 대한 논의로부터 시작해서 헌법상의 통일 관련 규정들에 대한 해석을 둘러싼 문제들을 살펴본다. 또한 통일과정은 물론 통일 한국에서 핵심적 역할을 담당할 법학자들에게 필수적인 기초지식인 북한법제에 대한 일반적 내용들을 차례로 검토한다.

Ⅰ. 남북분단과 통일의 당위성

제2차 세계대전 이후 군정기를 거쳐 한반도에 복수의 통치 기구가 수립되면서 대한민국과 조선민주주의인민공화국으로 분단된 지도 이미 70년 이상이 되었다. 2018년 통계청 자료에 따르면,[1] 남한과 북한의 1인당 국민총소득(GNI)의 격차는 약 26배, 국내총생산 약 61배의 차이를 보이고 있다. 이러한 경제적 차이보다도 정치적·사회적·문화적 이질감도 점점 더 증폭되

---

[1] 통계청, 북한통계 주요지표
(http://kosis.kr/bukhan/nkStats/nkStatsIdctChartMain.do?menuId=M_01_02), 2020년 7월 31일 최종 확인.

어왔다. 단순히 역사적 혹은 민족적인 동일성만을 내세워서 통일의 당위성을 역설하는 것은 장차 통일한국에서 주역이 되어야 할 신세대들에게는 많은 지지를 받기 어렵다고 할 것이다. 즐겨 불리던 동요 "우리의 소원"의 첫 소절인 "우리의 소원은 통일"을 외치면서 통일은 반드시 이루어야 할 민족적 소망이자 시대적 과제로서 막연히 무조건적으로 좋은 것이라는 통일의 당위성에 대한 선험적 전제에 대하여 검토해 볼 필요가 있다.[2]

1. 민족사적 정당성

통일의 당위성에 대한 가장 일반적이고 강력한 근거는 한반도에 터 잡아 오랫동안 단일민족국가를 이루고 함께 생활해왔다는 것에 있다. 한민족은 유구한 역사 동안 대부분 하나의 민족국가를 이루고 동일한 언어를 사용하면서 고유한 문화를 발전시켜 민족적 정체성과 긍지를 가지게 되었다. 제국주의의 망상에 사로잡힌 일본에 의한 강압적이고 잔혹했던 일제강점기로부터 벗어 난 후 한반도에 들어선 남한과 북한은 역사를 통틀어 가장 이질적인 형태로서 정치, 경제, 사회, 문화 등 모든 영역에서 서로 다른 방향으로 전개되어 간극은 점점 더 벌어지고 있다. 그럼에도 불구하고 통일을 염원하는 동기나 의식 저변에는 하나의 언어, 하나의 역사, 하나의 문화 등 민족적 동질성에 대한 확신이 깊게 자리 잡고 있음을 부인할 수 없다. 즉 혈연적 유대감과 문화의 동질성이 한민족의 정체성을 형성하는 핵심적 요인이라고 할 수 있다.

그런데 최근에는 민족주의에 대한 비판이 고조되면서 한반도에 고대부터 혈연적·지역적·언어적 공동체로 한민족이 형성되었다는 것은 허구적인 신화에 불과하다는 시각이 부각되고 있다. 백두산, 단군신화 등 '한민족'의 정체성과 관련된 상징들은 그 당시의 정치적 목적과 필요에서 고안된 것들이었다. 또한 신화적 이념에 기반한 통일은 외국인 차별, 북한주민 차별을

---

[2] 이병수, "통일의 당위성 담론에 대한 반성적 고찰", 시대와 철학 제21권 제2호, 한국철학사상연구회, 2010, 358면 이하.

가져오는 등 포기할 수 없는 핵심적 가치인 민주주의와 인권에 배치된다. 우리의 문화적 민족관념은 문화적 우월성에 대한 강조로 인해 타민족 침략을 호도할 수 있으며, 민족 내부의 차별을 정당화시킬 위험도 있다. 그뿐만 아니라 외국의 노동자들이나 혼인관계를 통해 다양한 국가와 민족에 속하는 사람들이 유입이 일상화된 현실을 감안하면 종족적 민족주의는 다른 인종적 내지 민족적 구성원들에 대한 차별이나 그로 인한 사회적 반목과 갈등의 원인으로 작용할 수 있다. 따라서 현재 우리 사회를 구성하고 있는 다양한 구성원들 모두를 포섭하여 융합·발전된 공동체의 구현을 위해서는 종족적 논리보다 인권과 민주주의를 포함한 보편적 가치를 강조할 필요가 있다.

통일을 전망함에 있어 단일민족의식이나 반만년 역사의 운명공동체와 같은 종족적 논리보다 시민적 연대와 자유를 원리로 하는 새로운 정치공동체의 형성이 더욱 강조되어야 한다. 통일을 단순한 혈통주의적 민족대단결의 차원에 국한시킬 것이 아니라 시민들의 민주공동체 확대라는 것에 방점을 둘 필요가 있다. 그렇다고 하더라도 과거 수천 년 동안 한반도에서 형성·발전된 역사와 전통은 남북주민이 누구나 동의하고 자연스럽게 호응할 잠재성을 가진 것으로서 남북의 통일과 통일 후의 사회통합과정에서 매우 유용한 사회문화적 자산이자 토대이기 때문에 쉽게 포기하거나 도외시할 수도 없다.

2. 실용주의적 당위성

통일을 실용주의적으로 파악하는 입장에서는 통일은 그 자체로 당위적으로 달성되어야 할 최종목표로 이해하는 것이 아니라 국가경쟁력이나 민족의 잠재력을 최대한 발휘할 수 있는 수단으로 본다. 앞에서 살펴본 민족사적 정당성에 기댄 단일민족론이 통일 그 자체를 목적으로 하는 것과 구별된다. 즉, 통일이 가져오게 될 실제적인 이익이나 분단이 초래하는 비용을 근거로 통일을 정당화하기 때문에 통일을 현실성과 선택의 문제로 본다.

통일에 대한 실용주의적 접근은 주로 김대중 노무현 정부 때 통일의 필요성에 대해 회의를 갖는 사람들을 설득하기 위해 동원된 논리이다. 특히 20대들에게 민족적 정서를 앞세운 통일논리가 설득력이 없게 되자, 통일의 정당성을 경제논리와 국력론에서 찾았다. 통일은 경제발전을 통한 민족역량의 극대화를 가져와 국제사회의 주역으로 부상할 수 있으며, 개인적 차원에서도 경제가 발전하면 취업의 기회도 확대되고 국민의 생활수준도 향상된다는 것이다. 그런데 통일의 당위성을 국력의 잣대나 지출과 수익과 같은 경제적 관점에서 파악하게 되면, 통일비용, 분단비용이라는 문제와 관련하여 딜레마 상황에 처하게 된다. 만약 통일을 해서 경제적 이익이 없고, 오히려 민족 분열이 우려될 경우 동일한 논리가 통일반대론의 근거가 될 수도 있기 때문이다. 분단비용과 통일비용을 경제주의적 관점이 아닌 인문적 관점에서 볼 필요가 있다. 그것은 정치, 경제, 사회, 문화의 전반적인 측면에서 균형 있게 삶의 질을 고양시키는 총체적인 인간 발전 및 사회발전의 측면에서 분단과 통일을 가치 평가하는 것이다.

민족과 국가 이념의 차원에서 통일을 거창하게 논의된 나머지 통일은 개인과는 무관하다는 생각과 통일에 대한 무관심을 불러일으켰다. 실용주의적 접근은 통일이 개인의 삶과 밀접히 관련된다는 것을 인식시키기 위해 민족과 국가 차원만이 아닌 개인수준에서 통일이 가져올 경제적 이익을 부각시켰다는 점에서 그 동안의 통일논의보다 진일보한 측면이 있다. 또한 남북 공통의 경제적 이익을 강조하는 실용주의적 접근은 이념적 접근보다 남북의 평화와 공존에 기여한다. 이념을 앞세우면 남북의 대립과 분단의 강화를 불러오지만, 공통의 경제적 이익의 부각은 남북화해의 길을 여는 데 기여하기 때문이다.

3. 평화적 공존을 위한 당위성

남북 정상회담 이후 남북의 화해협력이라는 정세 하에서 전통적 통일담론과는 구분되는 새로운 흐름, 즉 평화담론이 등장했다. 평화담론의 성격은 통일유보론 혹은 평화우선론, 평화국가론 등 다양한 성격을 띠고 있다. 급속한 통일보다, 상당 기간 평화적 분단관리를 통한 한반도 평화체제의 구축과 남북한의 장기공존을 목표로 삼는다. 통일이냐 분단이냐의 양자택일을 강요하기보다는 우선 분단상황을 극복하자는 차원에서 탈분단이란 말을 더 선호한다. 적대적 분단체제가 극복된 모습이 반드시 1민족 1국가일 필요는 없다는 것이다. 평화체제 정착 이후의 모습이 복합적 정치공동체든 분단 하의 평화공존의 지속이든 그 선택은 열려 있다는 것이다. 이런 논리의 바탕에는 통일이 당위로 설정될 수 없으며, 오히려 최대의 당위는 평화라는 전제가 놓여 있다.

통일을 통한 평화와 공존을 단순히 남북한 관계의 차원에 국한시켜서는 안 된다. 한반도는 인류역사상 가장 많은 인명피해를 남긴 세계 2차 대전 이후 타의에 의하여 남과 북으로 갈라져서 오늘날까지도 냉전시대의 종식에도 불구하고 어두운 역사의 희생양처럼 분단국가로 남아 있다. 남북한의 통일을 위한 노력은 동북아 나아가 전세계의 평화와 발전에 이바지하는 것으로 인류가 추구하는 보편적 핵심가치에 해당한다. 또한 교류협력을 통한 평화 정착과 군축을 통한 평화체제의 구축 등 분단의 적대성을 해소하는 탈분단의 노력이 실질적으로 통일을 향한 지름길이다.

4. 검토

먼저 통일을 민족주의에 따라 단일민족국가의 형성으로 보는 관점은 선험적 당위성에 기초하여 이론적 공허의 문제점뿐만 아니라 자칫 낡은 민족주의의 부활시키거나 늘어가는 다문화가정에 대한 부정적 인식을 부추길 우려가 있다. 또한 오늘날 민족보다 인류가, 국가보다 사회가 부각되는 세계적 시류에도 역행한다. 통일을 단일민족국가의 형성으로 여길 때 평화통일이란 거의 불가능에 가깝다. 정치·경제체제가 다른 두 개의 국가가 하나의 국가로 평화적 통합은 오히려 갈등과 전쟁을 불러올 수 있다. 역사적으로도 이러한 상황에서의 통일은 대부분 압도적인 힘의 차이나 무력이나 전쟁을 통해 이루어졌다. 체제가 같은 나라들 사이에서도 평화통일의 사례는 드물 뿐 아니라 체제가 서로 다른 경우, 평화통일은 거의 불가능에 가깝다. 다음으로 실용주의적 관점에 따른 접근은 통일한국은 국토 면적, 국민의 숫자, 국방력, 노동시장 규모, 활용 가능한 지하자원 등이 증가하는 효과를 거두어 경제대국, 군사강국 등 국제사회의 강대국으로 부상하려는 대국주의적 열망으로 흐를 우려가 있다. 또한 천문학적인 통일비용의 문제 앞에서 통일반대를 위한 논거로 활용될 여지도 있다.

통일은 한반도와 주변 동북아, 나아가 전세계에 지난 세기에서 이어진 비극적인 역사에 마침표를 찍고 인류의 평화와 공존에 대한 중요한 이정표가 될 수 있다. 남과 북의 평화적 통일은 인류의 보편적 가치인 평화를 실현하고 세계의 번영과 공존에 큰 기여를 하는 것이다. 민족사적 정당성이나 실용주의적 이유도 얼마간은 통일의 당위성이나 필요성을 설득하는 논거로 활용될 수는 있으나, 통일을 단순히 목적이나 수단으로 보는 것이 아니라 그 과정을 중시하여 평화공존론이 더 발전된 논리라고 할 것이다. 이러한 평화공존을 위한 노력으로서의 통일은 한반도 주변 정세에 첨예한 이해관계를 가진 미국, 중국, 일본, 러시아 등 국가들에게 자칫 민족주의나 대국주의의 위험이 있는 주장들 보다는 지지를 받을 가능성이 크다고 할 것이다.

II. 남북관계의 법적 의미(남북한 특수관계이론)

건국헌법은 제4조에서 북한지역을 포함한 한반도와 그 부속도서 전체가 대한민국의 영토라는 점을 밝히고 있을 뿐 통일에 대하여는 아무런 규정을 두지 않았다. 이것은 UN소총회의 결의에 따라 1948년 5월 10일 실시된 국회의원총선거와 1948년 12월 12일 파리에서 열린 제3차 UN총회에서 대한민국만이 한반도에 존재하는 '하나의 한국(one Korea)'로서 유일한 합법적인 정부로 공식적으로 인정한 것(UN 특별총회 결의 제195호)에 따른 것이라고 할 것이다. 개헌헌법의 초안자인 유진오박사가 밝힌 제4조의 영토조항 입법이유에서도 "대한민국의 헌법은 결코 남한에서만 시행되는 것이 아니라 우리나라 고유의 영토전체에 시행되는 것을 명시하기 위하여 특히 본조를 설치한 것이다"고 하였다. 1987년 개정된 현행 헌법은 개헌헌법 제4조의 영토조항을 제3조에서 규정하고 있을 뿐 차이점이 없으며, 제4조의 통일조항에서 통일의 기본원리와 방법·한계를 선언하고 있다. 제3조에서 "대한민국의 영토는 한반도와 그 부속도서로 한다"고 규정함으로써 적어도 형식 논리적으로 본다면 북한지역이 법적으로 우리의 영토에 속하며, 북한지역이 법적으로 우리의 국내법이 적용되는 것으로 보아야 한다.

한편 북한은 헌법에는 영토조항을 명시적으로 두고 있지는 않지만, 남한지역도 영토에 해당한다는 전제에서 북한이 한반도에서 유일한 정통성을 가진 합법정부라는 입장을 고수하고 있다. 1948년 북한헌법에서는 "조선민주주의인민공화국의 수도는 서울시(제103조)"라고 하여 한반도 전역에 효력이 미치는 것처럼 규정하였다가 1972년 헌법에서는 현실을 반영하여 "조선민주주의인민공화국의 수도는 평양(제149조)"로 개정하고, 제5조에서 조국을 평화적으로 통일한다고 하였다. 2019년 8월 개정된 현행 북한헌법에서 통일에 관한 일반조항인 북한헌법 제9조는 "조선민주주의인민공화국은 북반부에서 인민정권을 강화하고 사상, 기술, 문화의 3대혁명을 힘있게 벌려 사회주의의 완전한 승리를 이룩하며 자주, 평화통일, 민족대단결의 원칙에서 조국통일을 실현하기 위하여 투쟁한다"고 하여 사회주의에 의한 자주통일, 평화통일과 함께 민족주의를 통일의 일반원칙으로 밝히고 있다.

북한지역에 대한 실효적 지배가 미치지 못하고 있는 상태에서 그 동안 남북한 국제연합 동시 가입, 남북기본합의서 채택, 4 차례의 남북정상회담이나 남북공동선언 채택 등을 통해 북한에 대한 우리의 시각을 질적으로 변모시켜나가고 있을 뿐만 아니라 이미 상대방의 정치적 실체를 사실상 인정함으로써 법과 현실 사이의 괴리가 있음을 부인할 수 없다.

분단과 통일을 경험한 독일의 경우를 살펴보면, 서독 기본법 제23조는 구동독 지역까지 구서독의 영토로 규정하는 대신 기본법의 효력범위를 처음부터 구서독 지역으로 한정하고, 구동독 지역은 서독으로의 편입 이후에 비로소 기본법의 효력이 미친다는 현실적인 규정을 두고 구동독의 실체를 인정하였으며, 영토조항으로 인한 헌법적 논란은 발생하지 않았다. 이에 비해 남북한관계는 법 규범과 현실이 조화되지 못한 채 학설과 판례는 다양하게 전개되어 왔다.

1. 학설

(1) 헌법 제3조의 규범력을 인정하는 입장

헌법 제3조 영토조항의 규범력을 긍정하는 학설들에서도 헌법 제4조 평화통일조항과의 관계에 대하여는 다양한 견해가 주장되고 있다.

먼저 헌법 제3조 영토조항에 따라 북한지역도 대한민국의 영토 일부분이지만, 현실적 장애로 인해 주권의 행사가 제한되고 있을 뿐이라고 하면서 제4조 평화통일조항도 규범력을 가지고 있으므로 영토조항에 따라 통일을 추구하면서도 무력통일을 배제하고 평화적 통일을 지향한다는 견해가 있다. 다음으로 법률상 분단·통일과 사실상 분단·통일개념을 사용하면서 헌법 제3조 영토조항은 현재 분단 상태가 '사실상' 분단을 의미할 뿐 '법률상' 분단은 아님을 선언한 것이고, 헌법 제4조의 통일 역시 '사실상' 통일을 뜻하는 것으로 해석하여 양 조항의 조화로운 해석을 하는 견해도 있다. 헌법 제3조는 통일문제에 관한 핵심적 규정으로 현실적 규범력을 가지고 대한민국의 영토를 회복하여야 할 책무를 부과하고 있는 목적적이고 가치적 규정이며, 헌법 제4조는 헌법 제3조에서 천명한 통일의 책무를 현실적으로 실천하기 위한 방법론적·수단적 성격의 규정이라는 견해도 주장된다. 또한 헌법 제3조와 제4조는 헌법 특유의 상반 구조적 입법기술이 반영된 것으로서 두 조항간의 모순 그 자체가 헌법의 의사로서 그때그때 시의적절한 입법과 집행을 기대한 것이라는 견해도 있다.

반국가단체설의 논거는 1947년 이후 미소 공동위원회의 결렬과 함께 미국은 한국문제를 유엔에 상정하였고 1947년 11월 국제 연합총회결의에 따라 유엔은 한국 임시위원회를 두고 그 위원회의 감독하에 한국정부를 수립하려 하였으나 북한이 위원회 활동을 거부하였기에 남한 단독으로 48년 5월 10일 총선거를 실시하여 남한 단독 정부를 수립하기로 결정하고 유엔총회의 결의에 의하여 한반도내 유일 합법 정부로 승인(48년 12월) 되었는바 이는 정통성을 갖는 한반도 내의 유일 합법정부는 대한민국이며 북한은 대한민국 헌법과 통치권에 반하는 불법단체로서 북한지역을 미수복 지역으로 간주하게 된 근거가 되었으며 대법원 역시 일관하여 북한을 반국가적 불법단체로 판시하고 북한지역을 미수복 지역으로 보고 있다. 유일 합법 정부론은 한반도내에 대한민국만이 유일한 합법정부이고 북한정권의 실체는 존재하지만 국가로서의 승인은 거부하며 북한지역은 미수복 지역 또는 반국가단체의 의미를 갖는다 하겠다.

(2) 헌법 제4조의 우월적 효력을 인정하는 입장

남북한이 UN에 동시가입하고 남북기본합의서가 체결된 현재 상황에서 분단 현실을 인정하고 민족의 평화통일로 가기 위한 규범적 장애를 없애기 위해 헌법 제3조는 개정 내지 삭제되어야 한다는 견해, 역사적·선언적·명목적 규정 또는 미래지향적·개방적·프로그램적 규정으로 보아야 한다는 견해, 헌법 변천으로 해석하는 견해, 일반법과 특별법의 관계에 따라 헌법 제4조가 우선한다는 견해 등이 주장된다.

2. 대법원과 헌법재판소의 태도

(1) 북한의 법적 지위에 대한 판결

북한을 법적으로 어떻게 볼 것인가에 대하여는 우선 국가보안법과 남북교류협력법에 대한 헌법재판소와 대법원의 판례로부터 그 입장을 알 수 있다. 이러한 판례들을 분석함에 있어서 남한과 북한과의 관계발전에 관한 역사적 구분하여 검토한다. 건국 후 이른바 국가보안법시대, 현행 헌법이 도입되어 민주화가 시작된 후 6·15 남북공동선언이 이루어진 2000년까지의 교류협력시대, 그리고 2000년 이후의 남북발전시기로 나누어 살펴본다.[3]

1) 국가보안법 시기(1948-1987)

현행 헌법이 도입된 1987년까지 북한에 대한 법적 지위에 관하여는 대법원이 국가보안법과 관련된 수많은 판결들을 통하여 북한의 반국가단체성을 확고하게 인정하여 왔다. 북한을 반국가단체로 보는 헌법적 근거는 헌법의 영토조항이다. 이는 영토조항을 근거로 하여 대한민국이 한반도의 유일합법정부이고 북한지역은 미수복지역으로 보는 학계의 입장과 일맥상통하는 것이다. 대법원은 "북한괴뢰집단은 우리 헌법상 반국가적인 불법단체로서 국가로 볼 수 없으나, 간첩죄의 적용에 있어서는 이를 국가에 준하여 취급하여야 한다."[4]고 판시하고 있고, 국가보안법의 위헌여부에 관해서도 "헌법이 지향하는 조국의 평화통일과 자유민주적 기본질서를 부인하면서 공산계열인 북한공산집단 등 불법집단이 우리 나라를 적화변란하려는 활동을 봉쇄하고 국가의 안전과 국민의 자유를 확보하기 위하여 제정된 국가보안법이 헌법에 위배된다고 할 수 없다."[5]고 판시한 바 있다.

2) 남북교류협력 시기(1987-2010)

현행 헌법에서 신설된 헌법재판소는 대법원이 확립한 북한을 반국단체로 보는 판례의 입장에 기초하면서도 대화와 협력의 동반자라고 하는 소위 이중적 지위를 인정하는 함으로써 대법원 보다 북한의 실체를 인정하는 입장을 보였다. 헌법재판소는 "현단계에 있어서의 북한은 조국의 평화적 통일을 위한 대화와 협력의 동반자임과 동시에 대남적화노선을 고수하면서 우

---

[3] 이러한 시기분류는 도회근, 남북관계법제의 발전과 한계, 헌법학연구 제14권 제3호, 2008, 159~188쪽 참조.
[4] 대법원 1983. 3. 22. 선고 82도3036 판결.
[5] 대법원 1986. 10. 28. 선고 86도1784 판결.

리 자유민주체제의 전복을 획책하고 있는 반국가단체라는 성격도 함께 갖고 있음이 엄연한 현실인 점에 비추어 헌법 제4조가 천명하는 자유민주적 기본질서에 입각한 평화적 통일정책을 수립하고 이를 추진하는 한편 국가의 안전을 위태롭게 하는 반국가활동을 규제하기 위한 법적 장치로서, 전자를 위하여는 남북교류협력에관한법률 등의 시행으로써 이에 대처하고 후자를 위하여는 국가보안법의 시행으로써 이에 대처하고 있는 것이다."[6)]라고 판시하였다.

즉, 헌법재판소는, "…… 북한을 반국가단체로 규정하고 있음을 전제로 한 위헌주장은 형사절차상의 사실인정 내지 법적용의 문제를 헌법문제로 오해한 것이어서, 이러한 주장은 남·북한관계의 변화여부에 불구하고 이유없는 것이다. 다만, 이 사건 심판청구 후에 있은 아래와 같은 사실들이 북한의 반국가단체성 인정에 어떤 영향을 미치는가 하는 점을 살펴보기로 한다. 1991년 9월 남·북한이 유엔에 동시가입하였다. …… 그것만으로 곧 다른 가맹국과의 관계에 있어서도 당연히 상호간에 국가승인이 있었다고는 볼 수 없다는 것이 현실 국제정치상의 관례이고 국제법상의 통설적인 입장이다. …… 또한 '남북기본합의서'는 …… 한민족공동체 내부의 특수관계를 바탕으로 한 당국 간의 합의로서 남북당국의 성의가 있는 이행을 상호 약속하는 일종의 공동성명 또는 신사협정에 준하는 성격을 가짐에 불과하다. …… 그리고 …… 남북교류협력에관한법률은 …… 남북교류와 협력을 목적으로 하는 행위에 관하여는 정당하다고 인정되는 범위 안에서 다른 법률에 우선하여 이 법을 적용하도록 되어 있어(제3조) …… 남북교류협력법 등이 공포·시행되었다 하여 국가보안법의 필요성이 소멸되었다거나 북한의 반국가단체성이 소멸되었다고는 할 수 없다. 그러므로 북한이 남북한의 유엔동시가입, 소위 남북합의서의 채택·발효 및 남북교류협력에관한법률 등의 시행 후에도 대남적화노선을 고수하면서 우리 자유민주주의체제의 전복을 획책하고 지금도 각종 도발을 계속하고 있음이 엄연한 현실인 점에 비추어, 국가의

---

6) 헌재 1993. 7. 29. 선고 92헌바48 결정.

존립·안전과 국민의 생존 및 자유를 수호하기 위하여 국가보안법의 해석·적용상 북한을 반국가단체로 보고 이에 동조하는 반국가활동을 규제하는 것 자체가 헌법이 규정하는 국제평화주의나 평화통일의 원칙에 위반된다고 할 수 없다."[7]고 판시하였다.

3) 남북관계발전 시기(2000-현재)

남북정상회담에서 6·15공동선언이 채택된 후 남북한 간의 교류와 협력이 활발해지고, 소위 4대 남북경협합의서 등 남북합의서가 발효되고, 남북관계발전에관한법률이 제정되는 등 남북관계는 획기적인 발전을 하였다. 이에 대법원도 2000년 이후에는 헌법재판소의 이중적 지위론을 받아들여 "…… 지금의 현실로는 북한이 여전히 우리나라와 대치하면서 우리나라의 자유민주주의 체제를 전복하고자 하는 적화통일노선을 완전히 포기하였다는 명백한 징후를 보이지 않고 있고, 그들 내부에 뚜렷한 민주적 변화도 보이지 않고 있는 이상, 북한은 조국의 평화적 통일을 위한 대화와 협력의 동반자임과 동시에 적화통일노선을 고수하면서 우리의 자유민주주의 체제를 전복하고자 획책하는 반국가단체라는 성격도 아울러 가지고 있다고 보아야 하고, 남북정상회담의 성사 등으로 바로 북한의 반국가단체성이 소멸하였다거나 국가보안법의 규범력이 상실되었다고 볼 수는 없다."고 판시하였다.[8] 이리하여 2000년 이후 헌법재판소와 대법원은 모두 북한을 반국가단체로서 뿐만 아니라 통일을 이루기 위한 대화와 협력의 동반자로서의 이중적 지위를 인정하였다. 그러나 남북관계가 활성화됨에도 불구하고 국가보안법 제8조에 대한 합헌입장이 근본적으로 바뀐 것은 아니다.[9]

그럼에도 불구하고 주목할 점은 남북한 간의 교류가 활발해짐에 따라 남북한 특수관계론에 입각하여 북한을 '준외국'으로, 북한 주민을 '준외국인'으로 취급하는 대법원의 판결[10]과 헌법재판소의 결정이 나오고 있다는 것

---

7) 헌재 1997. 1. 16. 선고 89헌마240, 92헌바6 결정.
8) 대법원 2003. 4. 8.선고 2002도7281 판결.
9) 헌재 2003. 9. 29. 선고 2000헌바66 결정.

이다. 헌법재판소는 "우리 헌법이 영토조항(제3조)을 두고 있는 이상 대한민국의 헌법은 북한지역을 포함한 한반도 전체에 그 효력이 미치고 따라서 북한지역은 당연히 대한민국의 영토가 되므로, 북한을 법 소정의 '외국'으로, 북한의 주민 또는 법인 등을 '비거주자'로 바로 인정하기는 어렵지만, 개별 법률의 적용 내지 준용에 있어서는 남북한의 특수관계적 성격을 고려하여 북한지역을 외국에 준하는 지역으로, 북한주민 등을 외국인에 준하는 지위에 있는 자로 규정할 수 있다고 할 것이다."[11]라고 판시하였다.

(2) 북한주민의 법적 지위

북한주민의 법적 지위는 북한주민이 대한민국의 국민에 해당하느냐의 문제가 핵심 쟁점이다. 이에 대한 문제는 본질상 법논리적으로 북한의 법적 지위 문제와 직접적 연관성을 가진다. 따라서 헌법 제3조 영토조항과 제4조 통일조항에 대한 해석론을 바탕으로 도출되는 북한의 법적 지위에 대한 판단에 따라 그 규범적 의미가 결정된다. 우리 헌법과 국적법은 북한주민의 법적 지위에 대하여 아무런 규정을 두지 않고 있다. 1997년 1월 13일 제정된 '북한 이탈주민의 보호 및 정착 지원에 관한 법률'(이하 '탈북자지원법'이라고 함)에 따르면 '북한이탈주민'(탈북자)에 대한 정의규정을 둠으로써 간접적으로 규정하고 있을 뿐이다. 따라서 북한주민의 법적 지위에 대하여는 우리 헌법과 관련 법률의 규정, 북한의 국내법적 지위 등을 고려하여 판단하여야 한다.

1) 대법원의 태도

대법원은 헌법 제3조를 근거로 북한주민도 당연히 대한민국 국민으로 인정하고 있다. 즉, 대법원은 "조선인을 부친으로 하여 출생함으로써 남조선과도정부법률 제11조 국적에 관한 임시조례의 규정에 따라 조선국적을 취

---

10) 대법원 2003. 5. 13. 선고 2003도604 판결과 2004. 11. 12. 선고 2004도4044 판결.
11) 헌재 2005. 6.30. 선고 2003헌바114.

득하였다가 1948. 7. 17. 제헌헌법의 공포와 동시에 대한민국 국적을 취득하였다 할 것이고, 설사 원고가 북한법의 규정에 따라 북한국적을 취득하여 1977. 8. 25. 중국 주재 북한대사관으로부터 북한의 해외공민증을 발급받은 자라 하더라도 북한지역 역시 대한민국의 영토에 속하는 한반도의 일부를 이루는 것이어서 대한민국의 주권이 미칠 뿐이고, 대한민국의 주권과 부딪치는 어떠한 국가단체나 주권을 법리상 인정할 수 없는 점에 비추어 볼 때 이러한 사정은 원고가 대한민국 국적을 취득하고, 이를 유지함에 있어 아무런 영향을 끼칠 수 없다."고 판단하였다.[12]

2) 헌법재판소의 입장

헌법재판소 역시 이러한 대법원의 입장을 따르고 있는 것으로 보인다. 즉, 국적법 제2조 제1항 제1호 위헌제청 결정에서 헌법재판소는 위 대법원의 판결과 이미 국내에 들어 와 있는 북한주민의 대한민국국적을 인정하는데 아무런 문제가 없다는 외교통상부장관의 의견을 인용한 후, 원심판결이 제청신청인의 모가 조선인을 부로 하여 태어났기 때문에 대한민국 국민임을 인정하였다는 점을 그대로 받아 들여 국적법상부계혈통주의의 위헌여부에 관하여 판단하였다.[13] 또한 재외국민의 선거권부여에 관한 공직선거법 위헌여부 결정에서 "대법원 판결에 따르면 북한주민이나 조총련계 재일교포도 우일 나라 국민이라는 점에는 의문이 없으므로……"라고 판시[14]하고 있고, "국토가 분단되어 남북한이 대치하고 있는 상황에서 모든 재외국민에게 선거권을 인정한다면 북한주민이나 조총련계 재일동포들도 선거권을 행사함으로써 국가의 안위 및 국민의 생존, 자유가 위협받을 수 있고, 재외국민에 대한 체류국의 정책과 충돌함으로써 외교적 마찰이 발생할 수 있다."고 판시[15]하여 북한주민이 대한민국의 국민임을 전제하고 있다.

---

12) 대법원 1996. 11. 12. 선고 96누1226.
13) 헌재 2000. 8. 31.선고 97헌가12.
14) 헌재 1999. 1. 28. 선고97헌마253·270(병합).
15) 헌재 2007. 6. 28. 2004헌마644· 2005헌마360(병합).

한편 헌법재판소는 탈북의료인으로 하여금 의료면허를 부여해야 할 것인지의 문제와 관련하여 영토조항에도 불구하고 북한의 대학이 우리나라의 대학이라고 할 수 없는 점, 그리고 북한의 의과대학을 졸업한 탈북의료인의 경우 의료인으로서의 능력과 수준을 갖추었는지를 판단하는 것은 입법자의 사항이며, 곧바로 영토조항으로부터 그러한 입법을 해야 할 입법의무가 도출되는 것은 아니라고 하였다. 즉, "의료법 제5조는 의사면허 등 의료면허의 취득에 관하여 규정하면서 국내대학 졸업자와 외국대학 졸업자를 구별하여 그 요건을 달리 정하고 있는데, 북한의 의과대학이 헌법 제3조의 영토조항에도 불구하고 국내대학으로 인정될 수 없고 또한 보건복지부장관이 인정하는 외국의 대학에도 해당하지 아니하므로, 북한의 의과대학 등을 졸업한 탈북의료인의 경우 국내 의료면허취득은 북한이탈주민의보호및정착지원에관한법률 제14조에 의할 수밖에 없다. 그러나 위 조항도 북한이탈주민의 자격인정과 관련하여 포괄적인 규율을 하고 있을 뿐, 결국 의료법 등 관계법령이 정하는 바에 따라 자격인정 여부가 결정되므로 탈북의료인의 국내 면허취득에 관하여는 명확한 입법이 없는 상태이다. …… 따라서 청구인과 같은 탈북의료인에게 국내 의료면허를 부여할 것인지 여부는 북한의 의학교육 실태와 탈북의료인의 의료수준, 탈북의료인의 자격증명방법 등을 고려하여 입법자가 그의 입법형성권의 범위 내에서 규율한 사항이지, 헌법조문이나 헌법해석에 의하여 바로 입법자에게 국내 의료면허를 부여할 입법의무가 발생한다고 볼 수는 없다."고 판시[16]하였다.

(3) 남북기본합의서에 대한 판례

'남북기본합의서'에 대하여 대법원과 헌법재판소는 이를 일종의 공동성명 또는 신사협정에 준하는 성격을 가짐에 불과하며, 국내법과 동일한 효력이 있는 조약이나 이에 준하는 것으로 볼 수 없다고 하면서 그 법적 구속력을 인정하지 않았다.[17]

---

16) 헌재 2006 11.30. 선고 2006헌마679.

헌법재판소는, "청구인은 또 이 사건 법률조항이 남북합의서의 자유로운 남북교류협력조항에 반하여 헌법에 위반된다고 주장하고 있으나, 일찍이 헌법재판소는 남북합의서는 남북관계를 '나라와 나라 사이의 관계가 아닌 통일을 지향하는 과정에서 잠정적으로 형성되는 특수관계'임을 전제로 하여 이루어진 합의문서인 바, 이는 한민족공동체 내부의 특수관계를 바탕으로 한 당국간의 합의로서 남북당국의 성의있는 이행을 상호 약속하는 일종의 공동성명 또는 신사협정에 준하는 성격을 가짐에 불과"하다고 판시하였다.[18]

대법원도 "남북합의서는 ……남북한 당국이 각기 정치적인 책임을 지고 상호간에 그 성의 있는 이행을 약속한 것이기는 하나 법적 구속력이 있는 것은 아니어서 이를 국가 간의 조약 또는 이에 준하는 것으로 볼 수 없고, 따라서 국내법과 동일한 효력이 인정되는 것도 아니다"고 판시[19]하여 남북합의서가 법률이 아님은 물론 국내법과 동일한 효력이 있는 조약이나 이에 준하는 것으로 볼 수 없다는 것을 명백히 하였다.

3. 검토

서독 역시 분단초기에는 동독의 국가성을 부정하였다. 즉 서독만이 전체 독일의 영토위에 존재하는 유일한 합법적이고 정당성을 갖는 정부라고 하였다. 따라서 동독을 독립된 국가가 아닌 불법단체로 간주하였고 이는 할슈타인원칙을 보면 더욱 명확해진다. 할슈타인 독트린은 서독과 외교관계를 맺고 있는 나라가 동독과도 외교관계를 맺는다면 이것은 독일분단을 더욱 고착시키는 결과를 낳기 때문에 이를 비우호적인 행위로 간주하여 서독은 이 나라와 외교관계를 자동으로 단절하겠다는 것이다.

그러나 서독은 국제정치적 환경이 변함에 따라 이러한 견해에 수정을 가하였다. 서독의 브란트 수상은 1969년 10월 28일 정부성명에서 "서독정부에 의한 동독의 국제법상 인정은 고려 될 수 없다. 비록 독일에 두 개의

---

17) 헌재 2008. 7. 20. 선고 98헌바63, 대법원 1999. 7. 23. 98두14525.
18) 헌재 1997. 1. 16. 92헌바6등, 판례집 9-1, 1, 23.
19) 대법원 1999. 7. 23. 선고 98두14525 판결.

국가가 존재한다고 하더라도 그들은 서로 외국이 아니다. 그들의 관계는 단지 특수한 종류이다"라고 천명하여 1민족 2국가론을 통독정책의 기조로 표방하였다. 이는 무엇보다 독일의 영토위에 2개의 국가가 존재할 수 있다는 것을 시인하고 다만 그 2개의 국가가 서로 외국이라 부를 수 없는 특별한 관계 속에 있다고 주장하는 서독정부의 입장처럼 동독과 서독이 독일공화국이라는 "하나의 울타리 안에 있는 것"으로 파악했던 것이다. 이에 따라 전체독일로서의 존속이라는 명제는 독일이 통일될 때 까지 일관되게 주장되어 왔으며 1972년 12월 21일의 동서독 기본조약, 그리고 1973년 동서독 유엔 동시가입에도 불구하고 이 명제는 포기되지 않았다. 동서독 특수관계의 성격은 1973년 6월 18일과 7월 31일 연방헌법재판소의 판결에서 잘 나타나고 있다.

이상에서 살펴본 바와 같이 우리의 학설은 분분하며 대법원은 일관하여 북한을 반국가 단체로 보고 있으며 헌법재판소 역시 북한의 국가성을 인정하지 않고 있다.

그러나 독일의 경우처럼 이원적으로 구별하여 우리의 경우도 국내관계와 국제관계에서의 남북한 관계를 달리 파악하는 것이 바람직하다 하겠다. 즉, 유엔에 동시가입이 이뤄지고 남북기본합의서에서 천명한바 대로 통일을 지향하는 과정에서 잠정적으로 형성되는 특수관계라는 것을 인정하고 남북한 관계를 대내적으로는 1민족 1국가이며 대외적으로 1민족 2국가로 파악하는 것이 현실과 부합하다 할 것이다.

III. 북한법제에 대한 이해

북한은 사회주의 국가인 만큼 우리 자유민주주의 국가와는 다른 법문화가 존재한다. 북한체제를 비판하려는 목적만으로 북한법제를 파악하기 보다는 법현실을 있는 그대로 객관적으로 살펴볼 필요가 있다. 법이란 그 나라 사람들의 가치관, 역사적인 배경이 바탕이 되어 성립되었기에 북한도 각자 나름대로의 법문화가 존재하기 때문이다. 이것을 어떻게 이해하고 서로 어떻게 통합하느냐가 남·북통일의 기본이 되고 토대가 될 것이다.

1. 북한의 법에 대한 인식

대한제국 이후 일제강점기를 거치는 동안 한반도는 단일법 체계를 유지해 왔다. 그러나 1945년 해방기를 거치게 되면서 남한은 미군정 법령기를 거쳐 현재의 대한민국 법체계로 정착·발전되었으며, 북한은 마르크스-레닌의 영향을 받은 소련식 사회주의 법체계의 모방과 변형을 거쳐서 오늘날의 북한식 사회주의 법체계를 마련하였다. 그 결과 한반도에는 이질적인 2개 법체계가 공존하고 있다.

북한에서도 법은 국가가 있는 한 존재하며, 법에 의하여 국가와 사회질서를 유지할 수 있다는 인식하에 국가와 함께 발생·발전해 온 것으로 본다. 하지만, 법에 대한 인식은 우리와 많은 차이점이 있을 뿐만 아니라 북한의 법은 일반적인 사회주의국가의 법과도 다른 개념이다.

(1) 법의 개념

북한은 북한헌법, 법학사전, 정치용어사전, 철학사전, 조선말사전 등에서 법에 대하여 정의하고 있다. 헌법 제18조는 "법은 근로인민의 의사와 이익의 반영이며 국가 관리의 기본무기이다."라고 규정한다. 북한의 법학사전[20]은 "지배계급에게 유리한 생산관계와 사회질서를 유지공고화하기 위하여 국가가 제정·공포하고 국가의 강제력에 의하여 그의 준수가 담보되는 행위준체의 총체"라고 정의하고 있다. 북한노동당의 정치용어사전에서는 법은 "지배 계급의 의사로서 일정한 국가 기관에 의하여 제정 채택된 사람들의 의무적 행동준칙의 총체이다. 따라서 법은 계급적 성격을 띠며 계급 관계의 변화, 사회 제도의 변화에 따라 그 내용이 변화한다. 법은 국가의 강제력에 의하여 그의 실현이 보장된다. 법이 민주주의적 법이냐, 반동적 법이

---

[20] 사회과학원 법학연구소, 법학사전, 사회과학출판사, 1971, 276쪽.

냐 하는 문제는 해당 사회가 어떤 생산 관계에 기초하고 있는가 하는 문제와 직결된다. 북한의 법은 동지적 협조와 친선의 관계인 사회주의적 생산관계에 기초하고 있는 사회주의적 법이다. 북한의 법은 조선 노동당의 영도 하에 사회주의를 건설하고 있는 전체 근로 인민들의 의사를 대표하여 국가주권 기관이 제정 채택한 것이므로 공화국 공민은 누구나 지켜야 할 행동준칙이다. 따라서 북한의 법은 인민의 민주주의적 권리와 자유를 보장하며 우리의 혁명과업을 수행하는 강력한 무기이다."라고 정의하고 있다. 또한 북한의 철학사전에서 법에 대한 정의를 살펴보면, "법은 사회경제제도의 반영이며 정치의 한 표현형식이다. 일정한 사회경제제도와 계급투쟁을 떠난 법이란 있을 수 없다. 법은 지배계급의 이익을 옹호하고 그 지배를 유지하기 위하여 제정되고 국가권력에 의하여 준수되는 행동규범의 총체이다."라고 설명하고, 조선말 사전에 의하면 "법은 국가가 제정·공포하고 국가권력에 의하여 그 준수가 담보되는 공통적인 행동준칙이며, 의무성을 띠는 행위규범으로서 사회경제제도의 반영이며 정치의 한 표현형식이다. 국가의 통치수단"으로 정의되어 있다.

(2) 법의 목적과 기능

일반적으로 법의 목적은 국민의 권리와 의무를 보장하는 것이 기본이지만 북한의 성문법을 보면 이와는 다르다. 북한헌법 제43조는 "국가는 사회주의교육학의 원리를 구현하여 후대들을 사회와 인민을 위하여 투쟁하는 견결한 혁명가로, 지덕체를 갖춘 주체형의 새 인간으로 키운다."라고 규정하고, 북한에서 교육의 목적은 단지 주민을 투쟁혁명가로 키우는 것으로 한다고 헌법에 명시하고 있다. 또한 북한 법제정법은 법제정 사업에서 제도와 질서를 엄격히 세워 사회주의법체계를 완비하는데 이바지함을 사명으로 하고, 북한에서 법제정의 목적은 조선노동당의 노선과 정책구현이라고 분명히 밝히고 있다.

북한에서 법의 기능은, 법규범과 규정을 잘 만들어야 사람들에게 사회주의 사회의 집단적 본성에 맞는 행위의 기본을 명백히 제시하여 줄 수 있으며 사람들의 행동통일을 실현하고 집단의 규율과 질서를 보장할 수 있다고 보며, 법규범과 규정을 잘 만들어야 또한 국가생활의 모든 분야에서 위법현상을 강하게 통제할 수 있다고 본다. 결국 북한에서의 법은 온 사회의 혁명화, 노동계급화를 촉진하고, 사회주의, 공산주의 건설을 추동하는 힘 있는 수단으로 보고 있다.

(3) 소결

북한법에서 국민의 권리는 前국가적인, 對국가적인 기본권 또는 인권이 아니라 집단인 국가가 보장하는 범위 내에서만 그 권리성이 인정되고, 개인이 국가를 위하여 희생함으로써 국가가 개인의 권리를 보장하며, 공민의 권리는 동시에 그것이 공민의 의무가 되므로 개인이 국가권력의 침해로부터 기본권을 방어하고 나아가 국가에 대하여 그 보장을 청구할 수 있는 권리는 존재할 여지가 없다. 법은 사회나 체제 안에서 발생하는 각종의 다툼을 미리 예방하고 구제책을 강구하여 사회 체제를 건강하게 유지하는 데 꼭 필요한 제도임에도 불구하고 북한에서의 법은 혁명과업을 수행하는 강력한 무기일 뿐이며, 지배계급에게 유리하도록 제정된 규율로서 국가 통치수단의 도구로 보고 있다.

2. 북한 사회주의법의 기본이념

(1) 사회주의법무생활론

북한은 준법기풍 또는 사회주의법무생활 등을 통하여 법에 대한 존중과 준수를 강조하고 있다. 사회주의법무생활이란 사회주의사회에 사는 모든 사회성원들이 법규범과 규정을 철저히 지키고 그 요구대로 활동하는 사회생활을 의미한다.[21] 1977년 2월 김일성이 중앙주권기관으로부터 각급 도·시 지역에 이르기까지 사회주의법무생활지도위원회를 설립하도록 지시한 바 있고, 같은 해 12월 15일 최고인민위원회 제6기 제1차 회의에서 김일성이 "인민정권을 더욱 강화하자"라는 연설을 통하여 제기되었다고 알려져 있다. 김일성이 처음 주창한 사회주의법무생활론은 김정일의 "사회주의법무생활을 강화할데에 대하여"라는 논문을 통하여 이론적 완성을 거두었을 뿐만 아니라 사회주의법무행활지도위원회의 임무와 기능도 체계화시킨 것으로 평가받고 있다. 이러한 사회주의법무생활론은 1992년 북한헌법에 처음으로 등장한다. 동법 제18조 "조선민주주의인민공화국의 법은 근로인민의 의사와 이익의 반영이며, 국가관리의 기본무기이다. 법에 대한 존중과 엄격한 준수집행은 모든 기관, 기업소, 단체와 공민에게 있어서의무적이다. 국가는 사회주의법률제도를 완비하고 사회주의법무생활을 강화한다"고 규정하였다. 2019년 개정된 현재 북한헌법에도 그대로 유지되고 있다.

북한의 조선말사전에 의하면 "법무생활이란 모든 사회성원들이 법규범과 규정의 요구대로 일하고 생활하도록 하는 국가적인 규범생활, 자각적이며 조직적이며 국가적인 법무생활은 사회주의 제도 하에서만 존재한다."고 설명하고 있다. 즉, 사회주의 법무생활이란 모든 사회성원들이 사회주의국가가 제정한 법규범과 규정의 요구대로 일하며 생활하는 것이다. 따라서 국가와 사회의 주인으로 된 인민이 자기의 주인된 권리와 의무를 다하기 위하여 국가의 법과 규정을 철저히 지키고 그 요구대로 활동하는 규범생활을 의미한다. 북한에서는 모든 국가기관, 단체, 공민들에게 당정책과 국가의 시책을 실현하기 위해 필요한 사업준칙과 활동규범들이 제시한다.

(2) 사회주의법제사업

사회주의법제사업은 북한의 법인 사회주의법의 제정과 관련된 기본원칙을 설명하는 용어로서, 주체의 법사상과 이론에 따라 이루어진다. 사회주의법제사업은 사회주의법건설에서 가장 먼저 이루어지는 과정으로 강조되고 있다. 사회주의법제사업은 국가가 인민대중의 의사를 행위준칙으로 규범화

---

21) 김일성, 김일성저작선집, 제2권, 219쪽.

하는 것을 의미하며, 이는 인민대중의 의사와 요구를 국가적인 의사로 전환하여 전 사회적인 생활규범, 행위규범으로 만드는 사업이다. 사회주의사회에서 대중의 의사와 요구는 국가, 정당, 사회단체 조직을 통해서 당정책이나 국가의 법, 문화예술의 형식으로 표현된다. 사회주의법제사업은 전국가적 범위에서 인민대중의 의사와 이해관계를 일반화·조직화하여 국가적 의사로 전환시키는 중요한 사업으로 보고 있다.

사회주의법제사업의 범위는 다음과 같다. 먼저 인민대중의 의사와 요구를 국가적인 의사로 표현하는 방식으로 규범적 문건과 비규범적 문건을 들고 있는데, 그 형식상 확정적이며 명확한 행동규범으로 표현되는 규범적 문건을 제정하는 사업을 법제사업으로 규정한다. 다음으로 사회주의법제사업은 인민대중의 의사와 요구에 국가권력에 의해 담보되는 전반적인 의무성을 부여하는 것이다. 다시 말하면, 사회주의국가는 법제사업을 통해 그 준수를 국가권력적으로 보장하는 권력적 성격을 갖게 되며, 이에 따라 국가의 법규범과 규정들은 사회성원들이 지켜야 하는 국가적 의무력을 가진 규범이 된다.

1992년 헌법개정을 통해서 사회주의법률제도의 완비와 사회주의법무생활의 강화를 제18조 제3항에 새롭게 규정하였다. 이것은 1990년대 북한에서 법제정비가 활발히 이루어진 것이 반영된 것으로 보인다.

3. 법의 체계

(1) 성문법과 불문법

북한의 법체계는 법제정법에 상세하게 규정되어 있으며, 이법 제63조는 "법문건의 명칭은 일반적으로 '법', '규정', '세칙'으로 한다. 부문법의 명칭은 '조선민주주의 인민공화국 … 법'으로 하며 최고인민회의와 최고인민회의 상임위원회만 사용할 수 있다. 최고인민회의 상임위원회와 내각이 정하는 규정의 명칭은 '법시행규정' 또는 '규정'으로 한다. 내각 위원회, 성과

도인민회의 및 인민위원회가 내는 세칙의 명칭은 '법시행세칙', '규정시행세칙', '세칙'으로 한다. 잠정적인 법문건의 명칭에는 '잠정'이라는 표현을 덧붙인다."라고 규정하고 있다. 북한의 최고의 법은 동법 제45조에서 "헌법은 최고의 법적효력을 가진다. 모든 법문건은 헌법과 저촉되지 말아야 한다."라고 규정하여 헌법을 최고규범으로 명시하고 있다.

북한은 불문법 중 관습법에 대하여는 이를 봉건사회의 낡은 규범으로서 근로자들을 억압, 착취하는 것이라 하여 법원성을 부정하고 있다. 판례법은 '재판소의 판결, 판정에 대하여 법 원천으로서의 효력을 인정하는 착취자 국가의 법형식'으로 정의하고, 판례법은 자본주의 국가에서 재판관에게 입법의 기능을 허용하여 재판관으로 하여금 선례에 따라 사건을 해결하게 함으로써 자본가, 지주들의 이익을 옹호하고 통치자의 전횡을 합리화하려는데 목적이 있다고 보기에 그 법원성을 부정하고 있다. 불문법 중 조리에 대하여서만 사회주의의 의식, 혁명적 법의식 또는 공화국법의 요구 등으로 표현하면서 법원성을 인정하고 있다.

(2) 최상위규범으로서의 교시와 말씀

북한은 헌법을 최고의 상위법으로 규정하고 있지만, 헌법 위에 당의 강령과 규약이 있으며, 강령과 규약보다 상위에 있는 것이 최고위층의 '지시'이다. 북한사회에서는 이것이 법보다 더 중요하다고 한다.

북한헌법은 전문에 "조선민주주의 인민공화국 사회주의헌법은 위대한 김일성동지와 김정일동지의 주체적인 국가건설사상과 국가건설업적을 법화한 김일성-김정일헌법이다."라고 전문에서 명시하였고, 제4조에 "조선민주주의 인민공화국은 마르크스 레닌주의를 우리나라의 현실에 창조적으로 적용한 조선노동당의 지침으로 삼는다."라고 규정함으로써 노동당의 결정이 헌법에 우선하는 상위규범임을 명시하고, 수령론과 '주체의 법질서'를 주창하며 헌법 위에 노동당규약, 노동당규약 위에 최고위층의 교시가 있다는, 사회주의 법제에서도 아주 특이한 구조를 취하고 있다. 즉, 북한의 법체계는 최고위층 교시와 말씀→ 노동당규약 → 노동당 강령·지침 → 북한헌법 → 내각의 정령·지침 등으로 정리될 수 있다.

북한은 사회주의헌법을 정점으로 한 법률체계를 구성하고 있으나 모든 법률의 상위규범으로서 김일성·김정일 교시와 김정은(국무위원장) 말씀(명령)이 있다. 최고의 규범력을 가진 주체사상과 김일성·김정일 교시, 그리고 이를 실천하기 위한 조선노동당의 혁명노선과 결정들이 헌법을 포함한 모든 법률의 상위규범으로 기능하고 있다.

다른 사회주의국가의 법과는 달리 법의 보편성과 가치성을 부정하고 법의 정치적 수단과 주체사상을 강조하여 유래 없는 김일성·김정일 등 최고위층의 언행을 근거로 하여 해설하고 그것을 법으로 절대화하고 있다. 북한에서 법체계는 마르크스-레닌주의에서도 일탈하여 수령의 교시, 당규약, 헌법, 법률의 법체계로 최고위층에 대한 개인숭배와 유일체제를 구현하고 있다.

◆ 〈북한법의 실질적 규범 체계도〉[22]

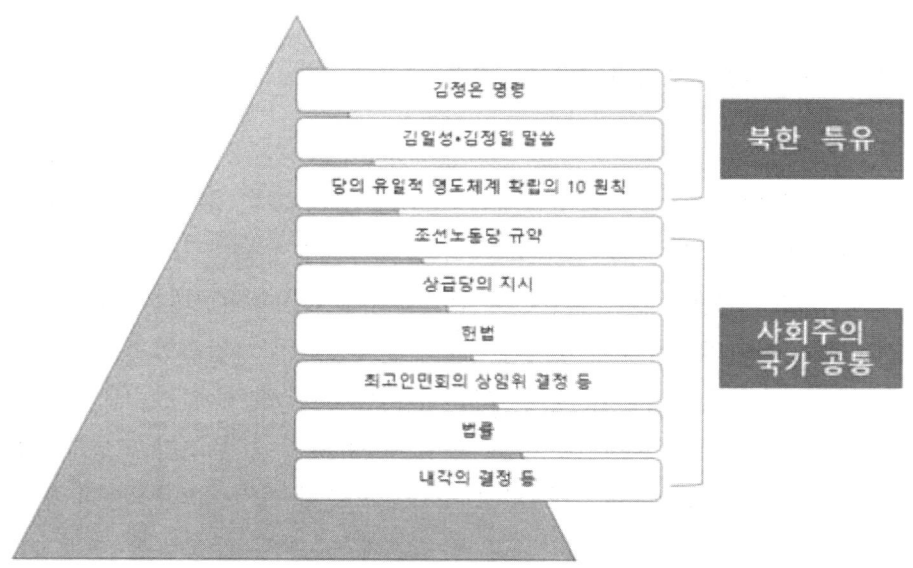

---

22) 송인호, 통일법, 118면

4. 북한의 입법기관

(1) 국가법률체계와 입법체계

국가법률체계는 종래 국가기관체계 또는 법체계와 구별되는 새로운 개념으로 국가기관과 법규범을 구성요소로 한다. 이는 국가기관과 법규범을 구성요소로 하고 있을 뿐만 아니라 이 요소들의 全一體的 결합체라는 점에 특징이 있다고 설명한다. 이러한 국가법률체계는 구조적으로는 입법체계, 재판체계, 검찰체계, 법무체계, 행정체계 등으로 구분되고, 각 부분체계들은 법률활동의 내용에 따라 독자성을 지닌다. 광의의 사회주의국가의 법률활동은 법의 제정과 집행 활동의 총체이지만, 구체적으로는 입법활동, 재판활동, 검찰활동 법무활동, 행정활동 등으로 구성된다. 입법체계는 국가법률체계상 여타 체계와 독자성을 가지지만, 그 체계 내에서 서로 밀접한 연관성을 가진다. 입법체계는 다시 법제정체계와 법해석체계로 구분할 수 있다.

종합하면, 북한에서 입법체계는 국가법률체계의 전일체적인 부분체계로 독자성이 인정되고 있으며, 법제정작용과 법해석작용은 주요한 내용으로 한다.

(2) 입법기관

사회주의국가에서 입법활동은 계급의 의사를 법적으로 형성하는 것을 의미한다. 즉, 지배계급의 의사를 문서화하는 것으로 이러한 권한은 법령에 의하여 인정된 국가기관만이 가진다. 따라서 당이 입법과정에서 지침을 내리거나 지도적인 역할을 수행하지만, 당을 자체를 엄격한 의미에서 입법기관이라고 할 수는 없다. 당에서 결정한 사항이더라도 권한을 가진 입법기관에 의하여 법규범으로 변형되어야만 비로소 법으로서의 기능을 할 수 있다.

북한헌법은 원칙적인 입법기관인 최고인민회의의 입법권의 예외로서 광범위한 행정입법을 인정하고 있으며, 이는 헌법적인 수권으로서 권한사항에 대한 엄격한 제한은 존재하지 않는다. 과거 북한헌법은 입법권은 최고인민회의만이 행사하는 것으로 규정하고 하였으나, 입법활동은 상대적으로 저조한 것으로 평가되었다. 1998년 9월 5일 헌법 개정을 통해서 통치구조(국가기관체계)를 바꾸면서 입법기관의 기능도 조정되었다. 즉 입법권은 최고인민회의가 행사하지만, 최고인민회의 휴회 중에는 최고인민회의 상임위원회가 입법권을 행사하도록 하였다(북한헌법 제88조). 최고인민회의의 구체적 권한은 제91조에서 17가지를 열거하고 있다. 그중 입법권과 관련된 사항은 헌법의 수정과 보충(1호), 부문법[23]의 제정 또는 수정, 보충(2호)를 규정하고 있다. 아울러 최고인민회의 휴회중에는 최고인민회의 상임위원회가 채택한 중요부문법을 승인하되(제91조 제3호), 다음번 최고인민회의의 승인을 받아야 한다(제116조 제2호). 최고인민회의는 1년에 며칠만 개최되기 때문에 사실상 최고인민회의 상임위원회가 실질적인 입법권을 행사하고 있다. 또한 헌법과 현행부분법, 규정을 해석하는 권한을 가진다(제116조 제4호). 즉, 상설기관인 최고인민회의 상임위원회는 최고인민회의의 휴회 중의 최고주권기관(제113조)으로서 광범위한 임무와 권한을 가지고 있다(제116조). 입법권과 관련하여 주요한 것을 살펴본다. 헌법, 조선민주주의인민공화국 국무위원회 위원장 명령, 최고인민회의 법령, 결정, 국무위원회 정령, 결정, 지시, 최고인민회의 상임위원회 정령, 결정, 지시에 어긋나는 국가기관의 결정, 지시를 폐지하며 지방인민회의의 그릇된 결정집행을 정지시킨다(제6호). 불가피한 사정으로 최고인민회의 휴회기간에 제기되는 국가의 인민경제발전계획, 국가예산과 그 조절안을 심의하고 승인한다(제3호). 다른 나라와 맺은 조약을 비준 또는 폐기한다(제13호). 최고인민회의 상임위원회는 정령과 결정, 지시를 낸다(제120조).

입법권을 가진 최고인민회의와 최고인민회의 상임위원회가 입법기관이고, 다른 중앙행정적 집행기관이나 지방국가기관은 헌법과 부분법 이외의

---

[23] 종전의 "법령"이란 명칭을 부문법으로 변경한 것이다. 부문법은 최고주권기관이 헌법에 기초하여 일정한 부문의 사회관계를 일반적으로 규제하는 기본적인 법형식이다(법제정법 제2조 2호).

법제정기관이다. 내각은 부문법을 집행하기 위하여 그 내용을 더 구체화할 필요가 있는 사항, 부문법에서 내각이 정하도록 위임한 사항, 헌법 제125조에 규정된 내각권한에 속하는 사항에 대하여 규정을 낼수 있다. 법제정권한이 있는 국가기관은 부문법 제정과 관련된 임무를 원만히 부행하기 위하여 내부에 법 제정부서를 두는데, 최고인민회의, 국방위원회, 최고인민위원회의에는 법 제정부서를 두고 있다. 부문별 관리기관인 위원회나 내각의 각 성에도 법 제정부서가 설치될 수 있고, 법 제정 관련 업무량이 적은 경우에는 독립적으로 조직되지 않고 기존의 부서에서 법제정사업도 처리한다.

(3) 입법사항

다음의 사항은 법령이나 정령으로만 규정할 수 있다(법제정법 제11조).

1. 국가형태, 국적, 국가령역, 국가상징 같은 국가주권의 사항
2. 각급 주권기관, 행정적집행기관, 사법검찰기관의 조직과 권한
3. 범죄와 형벌
4. 공민에 대한 정치적권리의 박탈, 인신의 자유를 제한하는 강제조치와 처벌
5. 민사기본제도
6. 소송과 중재제도
7. 경제관리 및 특수경제지대의 기본제도
8. 교육, 보건 등 문화의 기본제도
9. 국방, 국가안전 및 외교의 기본제도
10. 조국통일 및 북남관계
11. 그밖에 반드시 최고인민회의 및 최고인민회의 상임위원회가 법령이나 정령으로 규정하여야할 사항

5. 북한의 입법절차

법 제정절차는 입법기관이 법을 제정하는 절차와 행정기관이나 지방국가기관이 규정이나 세칙을 제정하는 절차를 포함한다. 그중에서 입법기관이

법을 제정하는 절차가 입법절차이다. 북한의 입법은 입법기관이 부재하고 현실에서 규범력을 발휘하지 못하는 명목적·장식적 법으로서 법령체계가 모호하다는 비판을 받았으나, 2012년 「법제정법」의 제정은 북한의 입법을 체계적으로 구축해 나가려는 진일보한 조치로 보인다. 법제정법에서는 입법권을 최고인민회의와 최고인민회의 상임위원회가 가지고 있어 이원적으로 규정하고 있는 특징이 있다. 입법절차는 법안제출, 법안심의, 법안채택, 법의 공포로 이루어진다.

한편 통상적인 입법절차를 거치지 않고도 최고인민회의 상임위원회가 한 법해석은 법 규정과 동등한 효력을 가진다(법제정법 제24조). 헌법과 부문법, 규정에 대한 해석초안은 최고인민회의 상임위원회 상무회의에서 심의하고 채택한다. 이 경우 헌법과 부문법에 대한 해석초안은 사전에 법제위원회의 심의를 받는다. 최고인민회의 상임위원회에서 채택된 법해석은 최고인민회의 상임위원회 지시로 낸다.

(1) 법안제출

법안제출은 입법절차의 첫 번째 단계이다.

1) 최고인민회의

최고인민회의에서 토의할 법안은 조선민주주의인민공화국 국방위원회 제1위원장, 국방위원회, 최고인민회의 상임위원회, 내각과 최고인민회의 부문위원회가 제출한다. 최고인민회의 대의원들도 최고인민회의에 법안을 제출할수 있다(법제정법 제12조).

2) 최고인민회의 상임위원회

최고인민회의 상임위원회에서 토의할 법안은 내각, 최고인민회의부문위원회, 최고인민회의 상임위원회부문위원회, 최고인민회의 대의원이 제출한다(동법 제18조).

(2) 법안심의

법안심의는 회의의정에 든 법안에 대하여 입법기관이 정식으로 토론하는 것을 의미한다. 법안심의의 담당자는 입법권을 가진 최고주권기관이다.

1) 최고인민회의

최고인민회의에 제출할 법안은 최고인민회의 법제위원회에서 먼저 심의한 후에 최고인민회의에 제출하겠는가를 결정한다(법제정법 제13조). 최고인민회의에서 법안심의방법(동법 제14조)은 다음과 같이 진행된다. 최고인민회의에서 법안심의는 보고, 초안랑독, 토론의 방법으로 진행한다. 대의원들에게 법초안을 미리 배포한 경우에는 법초안을 랑독하지 않을수 있다. 심의과정에 법초안에 대한 수정, 보충의견이 제기되면 그에 근거하여 정리한 다음 표결에 붙인다.

2) 최고인민회의 상임위원회

최고인민회의상임위원회에 제출할 법안과 중요규정안은 최고인민회의 법제위원회에서 먼저 심의를 한 다음 그것을 최고인민회의 상임위원회에 제출하겠는가를 결정한다(법제정법 제19조). 최고인민회의 상임위원회에 제출된 법안과 규정안은 전원회의 또는 상무회의에서 심의하는데, 전원회의에서는 새로 채택하려고 하는 법안을, 상무회의에서는 법수정보충안과 규정안, 규정수정보충안을 심의한다(동법 제20조).

(3) 법안채택

법안채택은 대의원들이 법 초안에 대하여 표결을 진행하고 법이 정한 수 이상의 찬성표를 얻음으로써 법 초안이 정식 법으로 되는 것을 뜻한다.

1) 최고인민회의

최고인민회의에서 법안은 거수가결의 방법으로 그 회의에 참석한 대의원의 반수 이상이 찬성하여야 채택되지만, 헌법은 최고인민회의 대의원전원의 3분의 2이상이 찬성하여야 수정, 보충할 수 있다(북한헌법 제97조 및 법제정법 제15조).

2) 최고인민회의 상임위원회

최고인민회의 상임위원회 전원회의와 상무회의에서 법안과 규정안은 그 회의에 참석한 위원의 반수 이상이 찬성하여야 채택된다(동법 제22조). 최고인민회의 상임위원회에서 최고인민회의 휴회기간에 채택한 중요부문법은 최고인민회의의 승인을 받는다(동법 제17조).

(4) 법의 공포

법안채택은 대의원들이 법 초안에 대하여 표결을 진행하고 법이 정한 수 이상의 찬성표를 얻음으로써 법 초안이 정식 법으로 되는 것을 뜻한다.

1) 최고인민회의

최고인민회의에서 채택된 헌법과 부문법은 최고인민회의 법령으로 공포한다(동법 제16조).

2) 최고인민회의 상임위원회

최고인민회의 상임위원회에서 채택된 부문법은 최고인민회의 상임위원회 정령으로, 규정은 최고인민회의 상임위원회 결정으로 공포한다(동법 제23조).

6. 북한의 입법체계에 대한 평가

북한의 입법체계는 우리나라 등의 선진 입법체계와 비교해 미비하고, 관련 절차와 효력의 측면에서 명확하지 않다. 비록 최근에 북한의 문건 및 법제정법이 입법 절차에 관하여 설명하고는 있지만, 북한법은 그 실질적 규범력과 적법타당성에 대하여는 여전히 의구심을 갖게 하고 있다. 이는 북한 헌법상 입법 관련 규정에서 보듯이 불분명한 절차 및 한계에서 비롯된다. 북한의 법체계는 객관적 측면에서 쉽게 이해할 수 없는 부분들이 많아 보인다. 본질적으로 수령의 일인지배체제에 의한 권력체제와 관련이 있다. 종래 김일성 주석에 의해 북한의 입법권이 장악되어 있었던 현상이 현재 김정은 체제 하에서 그대로 국무위원장의 권한이 되어 있는 가운데 그대로 나타나고 있다.

북한의 입법과 관련된 변화 내용을 간략하게 정리하면 다음과 같다. 첫째, 북한 헌법 상 북한 내에서 입법권을 행사할 수 있는 기관은 최고인민회의와 최고인민회의 상임위원회이며, 제일 중요한 북한 내 입법기관으로는 최고인민회의, 국무위원장, 국무위원회, 최고인민회의 상임위원회, 내각 등이라 할 수 있다. 주지하듯이 북한은 1998년 헌 법에서 주석 및 중앙인민위원회를 폐지하고, 최고인민회의 상임위원회의 위상을 강화 하고, 정무원의 내각으로 개편함에 이어서, 2010년, 2012년 헌법 개정으로 국방위원장 및 국방위원회 제1위원장의 권한을 강화하였으며, 2016년 헌법 개정으로 국방위원회를 국무위원회로 개편하다. 이와 같은 개편은 명칭상의 변화만을 가져온 것으로 기존의 북한의 국가기관이 가지고 있었던 입법에 관한 규정에는 큰 변화가 없다고 볼 수 있다. 둘째, 북한 법제도 형식상으로는 단계 구조를 형성하고 있다는 점에서 헌법, 법령, (중요)부문법, 규정, 명령, 정령, 결정, 지시 등의 개념 및 효력 범위 등에 관해 파악해 볼 수 있었다. 그러나, 지금껏 이에 관한 명확한 설명을 찾아보기는 어려웠다. 하지만 현재는 북한 헌법 및 법제정법상의 규정들을 통해 입법의 단계 구조를 알 수 있게 되었다. 특히 「법제정법」을 통하여 북한에서의 법문건의 형식으로 부문법, 규정, 세칙 등에 관한 내용을 과거보다는 더 명확히 알 수 있다. 법규범의 형식 면에서 북한 헌법이 최상위에 있으며, 그 아래로 북한 헌법상 국가기관의 명문화된 순서에 의한 입법 활동에 기인한 단계 구조를 볼 수 있다. 물론 북한은 당 우위의 정치체제 하에서 '조선로동당'도 주요 입법 기능을 수행한다는 점을 간과할 수는 없으며, 또한 수령의 유일 도 체제를 가진 북한 내에서 김일성 교시 및 김정일의 말씀이 실질적 측면에서 북한 사회 및 주민의 생활양식을 규율하는 북한 내 최고규범으로서의 권위를 갖고 있다는 것을 무시할 수는 없다. 이러한 점은 김정은 체제하에서도 큰 변화가 없다고 할 수 있다. 한편 북한의 법체계상 단계 구조에서 김일성 교시 및 김정일의 말씀, 그리고 당의 노선 및 정책이 최고법규의 권위를 갖고 효력을 발생시키고 있다는 점을 간과할 수 없다. 그러나 북한에서 이제 당의 노선과 정책도 법률화됨으로써 실현되고, 김일성과 김정일의 교시도 법률화 형식을 통하여 진행되고 있다는 점에서는 다행히 북한도 법제의 중요성을 차츰 인식하고 있다는 것을 보여주고 있다.

IV. 국가기관

북한의 국가기관은 중앙기구와 지방지관으로 구분할 수 있다. 전자로는 최고인민회의, 최고인민회의 상임위원회, 국무위원회, 국무위원회 위원장, 내각, 검찰소, 재판소 등이 있고, 후자로는 지방인민회의와 지방인민위원회가 있다.

1. 최고인민회의

북한의 최고주권관으로 입법을 담당하며(북한헌법 제87조 및 제88조), 일반적, 평등적, 직접적 선거원칙에 의하여 비밀투표로 선거된 5년 임기의 대의원들로 구성된다(동법 제89조). 대의원의 신분은 보장되어 현행범인 경우를 제외하고는 최고인민회의, 그 휴회 중에는 최고인민회의 상임위원회의 승인없이 체포하거나 형사처벌할 수 없다(동법 제99조).

정기회의는 1년에 1~2차로 최고인민회의 상임위원회가 소집하며, 임시회의는 최고인민회의 상임위원회가 필요하다고 인정하는 경우 또는 대의원 전원의 3분의 1 이상의 요청이 있는 때에 소집된다(동법 제92조). 북한 헌법 제91조는 최고인민회의의 권한을 다음과 같이 규정하고 있다.

1. 헌법을 수정, 보충한다.
2. 부문법을 제정 또는 수정, 보충한다.
3. 최고인민회의 휴회중에 최고인민회의 상임위원회가 채택한 중요부문법을 승인한다.
4. 국가의 대내외정책의 기본원칙을 세운다.
5. 조선민주주의인민공화국 국무위원회 위원장을 선거 또는 소환한다.
6. 최고인민회의 상임위원회 위원장을 선거 또는 소환한다.
7. 조선민주주의인민공화국 국무위원회 위원장의 제의에 의하여 국무위원회 부위원장, 위원들을 선거 또는 소환한다.
8. 최고인민회의 상임위원회 부위원장, 서기장, 위원들을 선거 또는 소환한다.
9. 내각총리를 선거 또는 소환한다.
10. 내각총리의 제의에 의하여 내각 부총리, 위원장, 상 그밖의 내각성원들을 임명한다.
11. 중앙검찰소 소장을 임명 또는 해임한다.
12. 중앙재판소 소장을 선거 또는 소환한다.
13. 최고인민회의 부문위원회 위원장, 부위원장, 위원들을 선거 또는 소환한다.
14. 국가의 인민경제발전계획과 그 실행정형에 관한 보고를 심의하고 승인한다.
15. 국가예산과 그 집행정형에 관한 보고를 심의하고 승인한다.
16. 필요에 따라 내각과 중앙기관들의 사업정형을 보고받고 대책을 세운다.
17. 최고인민회의에 제기되는 조약의 비준, 폐기를 결정한다.
  최고인민회의는 북한헌법상 최고주권기관으로 명시하고 있음에 반하여 실제에 있어서는 당의 결정을 그대로 따르는 거수기 역할에 그치고 있다.[24]

2. 국무위원회와 국무위원회 위원장

국무위원회는 국가주권의 최고정책적 지도기관이며(북한 헌법 제106조), 국방건설사업을 비롯한 국가의 중요정책에 대한 결정권을 가진다(동법 제109조). 국무위원회는 위원장, 부위원장, 위원들로 구성되며 임기는 최고인민회의와 동일하다. 국무위원회는 결정이나 지시를 내리며, 자기 사업에 대하여 최고인민회의 앞에 책임을 진다(동법 제111조).

국무위원회의 위원장은 북한을 대표하는 최고영도자이자(북한 헌법 제100조), 무력총사령관으로 북한의 일체 무력을 지휘통솔한다(동법 제102조). 국무위원회 위원장의 임무와 권한으로 국가의 전반사업지도, 국무위원회사

---

24) 송인호, 통일법, 109면.

업의 지도, 국가의 중요간부의 임명 또는 해임, 중요조약의 비준 또는 폐기, 특사권, 국가 비상사태 등의 선포, 전시 국가방위위원회의 조직지도가 있다(동법 제103조).

3. 최고인민회의 상임위원회

최고인민회의 상임위원회는 최고인민회의 휴회 중에 최고주권기관이다(북한 헌법 제112조). 최고인민회의 상임위원회는 위원장, 부위원장, 서기장, 위원들로 구성되며(동법 제113조), 임기는 5년으로 최고인민회의의 대의원과 같다(동법 제114조). 전원회의와 상무회의가 있는데, 전원회의는 위원전원으로 구성되며, 상무회의는 위원장, 부위원장, 서기장들로 구성된다(동법 제117조). 주요한 권한으로는 최고인민회의 소집권, 최고인민회의 휴회 중 제기된 새 부분법안과 규정안 등 심의권, 중앙재판소의 판사와 인민참심원을 선거 또는 소환한다(제115조).[25] 또한 최고인민회의 상임위원회

---

25) 북한 헌법 제115조 최고인민회의 상임위원회는 다음과 같은 임무와 권한을 가진다.
1. 최고인민회의를 소집한다.
2. 최고인민회의 휴회중에 제기된 새로운 부문법안과 규정안, 현행부문법과 규정의 수정, 보충안을 심의채택하며 채택실시하는 중요부문법을 다음번 최고인민회의의 승인을 받는다.
3. 불가피한 사정으로 최고인민회의 휴회기간에 제기되는 국가의 인민경제발전계획, 국가예산과 그 조절안을 심의하고 승인한다.
4. 헌법과 현행부문법, 규정을 해석한다.
5. 국가기관들의 법준수집행을 감독하고 대책을 세운다.
6. 헌법, 조선민주주의인민공화국 국무위원회 위원장 명령, 최고인민회의 법령, 결정, 국무위원회 결정, 지시, 최고인민회의 상임위원회 정령, 결정, 지시에 어긋나는 국가기관의 결정, 지시를 폐지하며 지방인민회의의 그릇된 결정집행을 정지시킨다.
7. 최고인민회의 대의원선거를 위한 사업을 하며 지방인민회의 대의원선거사업을 조직한다.
8. 최고인민회의 대의원들과의 사업을 한다.
9. 최고인민회의 부문위원회와의 사업을 한다.
10. 내각 위원회, 성을 내오거나 없앤다.
11. 최고인민회의 휴회중에 내각총리의 제의에 의하여 부총리, 위원장, 상 그밖의 내각 성원들을 임명 또는 해임한다.

위원장은 국가를 대표하며, 다른 나라 사신의 신임장, 소환장을 접수한다.

4. 내각

최고 주권의 행정집행기관이자 전반적 국가관리기관으로(북한헌법 제122조), 내각총리는 정부를 대표한다(동법 제125조). 내각은 총리, 부총리, 위원장, 상과 그밖에 필요한 성원들로 구성되며, 임기는 최고인민회의의 임기와 동일하다(동법 제123조). 내각의 임무와 권한은 다음과 같다(동법 제124조).

1. 국가의 정책을 집행하기 위한 대책을 세운다.
2. 헌법과 부문법에 기초하여 국가관리와 관련한 규정을 제정 또는 수정, 보충한다.
3. 내각의 위원회, 성, 내각직속기관, 지방인민위원회의 사업을 지도한다.
4. 내각직속기관, 중요행정경제기관, 기업소를 내오거나 없애며 국가관리기구를 개선하기 위한 대책을 세운다.
5. 국가의 인민경제발전계획을 작성하며 그 실행대책을 세운다.
6. 국가예산을 편성하며 그 집행대책을 세운다.
7. 공업, 농업, 건설, 운수, 체신, 상업, 무역, 국토관리, 도시경영, 교육, 과학, 문화, 보건, 체육, 로동행정, 환경보호, 관광 그밖의 여러 부문의 사업을 조직집행한다.
8. 화폐와 은행제도를 공고히 하기 위한 대책을 세운다.
9. 국가관리질서를 세우기 위한 검열, 통제사업을 한다.
10. 사회질서유지, 국가 및 사회협동단체의 소유와 리익의 보호, 공민의 권리보장을 위한 대책을 세운다.
11. 다른 나라와 조약을 맺으며 대외사업을 한다.
12. 내각결정, 지시에 어긋나는 행정경제기관의 결정, 지시를 폐지한다.

---

12. 최고인민회의 상임위원회 부문위원회 성원들을 임명 또는 해임한다.
13. 중앙재판소 판사, 인민참심원을 선거 또는 소환한다.
14. 다른 나라와 맺은 조약을 비준 또는 폐기한다.
15. 다른 나라에 주재하는 외교대표의 임명 또는 소환을 결정하고 발표한다.
16. 훈장과 메달, 명예칭호, 외교직급을 제정하며 훈장과 메달, 명예칭호를 수여한다.
17. 대사권을 행사한다.
18. 행정단위와 행정구역을 내오거나 고친다.
19. 다른 나라 국회, 국제의회기구들과의 사업을 비롯한 대외사업을 한다.

5. 지방인민회의와 지방인민위원회

지방인민회의는 지방주권지관으로 도(직할시), 시(구역), 군인민회의가 있다(북한헌법 제136조). 지방인민회의는 일반적, 평등적, 직접적선거원칙에 의하여 비밀투표로 선거된 대의원들로 구성되며(동법 제137조), 임기는 4년이다. 지방인민회의의 임무와 권한으로는 지방의 인민경제발전계획과 실행정형에 대한 보고를 심의하고 승인하며, 지방예산과 그 집행에 대한 보고를 심의·승인한다. 또한 해당지역에서 국가의법을 집행하기 위한 대책을 세우며, 해당 인민위원회 위원장, 부위원장, 사무장, 위원들, 그리고 해당 재산소의 판사, 인민참심원을 선거 또는 소환한다. 해당 인민위원회와 하급인민회의, 인민위원회의 그릇된 결정, 지시를 폐지한다.

지방인민위원회는 지방인민회의의 휴회 중 지방주권기관이자 지방주권의 행정적 집행기관이다(북한헌법 제145조). 해당 지방의 모든 행정사업을 조직·집행하는 역할을 한다(동법 제147조).

6. 검찰소와 재판소

검찰소는 중앙검찰소, 도(직할시)검찰소, 시(구역)·군검찰소와 특별검찰소가 있다(북한헌법 제152조). 중앙검찰소가 검사를 임명 또는 해임한다(동법 제154조). 검찰사업은 중앙검찰소가 통일적으로 지도하며, 모든 검찰소는 상급검찰소와 중앙검찰소에 복종한다(동법 제156조).

검찰소는 다음과 같은 임무를 수행한다(동법 제155조).

---

1. 기관, 기업소, 단체와 공민들이 국가의 법을 정확히 지키는가를 감시한다.
2. 국가기관의 결정, 지시가 헌법, 최고인민회의 법령, 결정, 조선민주주의인민공화국 국무위원회 위원장 명령, 국무위원회 결정, 지시, 최고인민회의 상임위원회 정령, 결정, 지시, 내각 결정, 지시에 어긋나지 않는가를 감시한다.
3. 범죄자를 비롯한 법위반자를 적발하고 법적책임을 추궁하는것을 통하여 조선민주주의인민공화국의 주권과 사회주의제도, 국가와 사회협동단체재산, 인민의 헌법적권리와 생명재산을 보호한다.

북한의 검사제도는 수사 및 공소제기 측면에서는 유사점이 있으나, 그 외에도 국가기관, 기업소, 단체, 공민에 대한 매우 포괄적인 감시권한을 행사한다는 점에서 우리의 검찰보다 더 막강한 권한을 가지고 있다.[26]

재판소는 중앙재판소, 도(직할시)재판소, 시(구역), 군인민재판소와 특별재판소가 있다. 재판은 판사 1명과 인민참심원 2명으로 구성된 재판소가 담당하는데, 특별한 경우에는 판사 3명으로 구성할 수 있다(동법 제162조). 판사와 인민참시원의 자격은 특별한 제한이 없어 선거권을 가진 공화국공민은 누구나 될 수 있다(재판소구성법 제6조). 판사의 신분보장을 헌법에는 규정하고 있지 않으며, 재판소구성법 제8조에서 판사와 인민참싱원을 그를 선거 또는 임명한 기관의 소환에 의해서만 해임될 수 있다고 규정하고 있다.

V. 맺음말

살펴본 바와 같이 북한의 법제도나 국가기관의 기능과 역할은 우리와 많은 차이점이 존재한다. 우리에게는 헌법상의 지도원리인 법치국가원리에 따라 중요한 사항이나 국민의 자유와 권리에 대한 제한을 하는 경우에도 법률에 의하도록 하고 있어 매우 중요한 위치를 차지하고 있다. 그에 반하여 북한에서는 헌법을 포함한 법규범은 김일성 일가의 교시나 당의 노선 및 정책을 실현하는 수단에 불과하다. 이러한 이유에서 북한의 법규범의 제정이나 변경에 대하여 큰 의미를 부여하기 어려운 측면도 부정할 수 없다. 그럼에도 불구하고 1990년대부터 활발한 법제도의 정비에 대하여 부정적 시각에서 평가절하할 필요는 없다. 외부에 보이기 위한 형식적인 법규범이라고 하더라도 이는 북한 사회에서 발생하고 있는 정치·경제·사회·문화 등 모든 영역에서의 변화가 얼마간 반영된 것이라고 할 수 있으며, 이러한 점진적인 법제도의 발전은 향후 통일을 위한 기초토대로 활용될 수 있다. 따라서 북한의 법제도 변화에 대한 관심과 연구는 분단조국의 통일을 준비하는 법학자들에 주어진 시대적 사명이라고 할 수 있다.

---

26) 송인호, 통일법, 113면.

제 2 장
「통일교육지원법」의 이해와 개정방안

I. 서설

통일교육[27]이란 "자유민주주의에 대한 신념과 민족공동체의식 및 건전한 안보관을 바탕으로 통일을 이룩하는 데 필요한 가치관과 태도를 기르도록 하기 위한 교육"을 말한다(「통일교육지원법」 제2조 제1호). 「통일교육지원법」에서는 이러한 통일교육을 하는 기관을 지역통일교육센터라고 한다. 「통일교육지원법」에서는 지역통일교육센터에 대하여 "지역주민을 대상으로 통일교육을 하고, 통일교육에 관한 정보를 수집·제공하는 기능 등을 수행하기 위하여 제6조의3에 따라 통일부장관이 지정하는 기관·단체 또는 시설을 말한다"라고 정의하고 있다(「통일교육지원법」 제2조 제2호). 이런 점에서 현행법상 지역통일교육센터는 지역주민을 대상으로 통일교육을 하는 기관이라고 할 수 있다.

통일교육에 대하여 「통일교육지원법」은 학교통일교육(「통일교육지원법」 제8조)과 통일교육 전문가양성과정(「통일교육지원법」 제9조의2)에 대하여 규정하고 있다. 반면에 지역주민을 대상으로 하는 지역통일교육센터에 대한 규정은 있지만, 사회통일교육에 대한 구체적인 규정은 없다.

---

[27] 통일교육과 평화교육은 다른 개념의 교육이다. 종래 통일부 통일교육원이 발행한 「통일교육 지침서」가 문재인 정부가 들어서면서 2018년에 「평화·통일교육 - 방향과 관점」으로 변화 되었다. 여기서는 「통일교육지원법」 상의 용어는 "통일교육"이라 하고, 그 밖의 통상적인 용어는 "평화통일교육", "평화·통일교육"으로 혼용하여 사용하기로 한다. 물론 "평화·통일교육"의 의미가 평화교육과 통일교육을 의미하는지?(만약 평화교육과 통일교육을 의미한다면 평화교육과 통일교육은 다른 의미이기 때문에 「통일교육지원법」 위반의 논란이 있을 수 있음), 평화와 통일교육을 의미하는지에 대한 논의는 별개로 한다.

그 밖에 「통일교육지원법」에서는 통일교육의 수강대상(통일교육의 객체)으로 공무원 등에 대한 통일교육의 실시(「통일교육지원법」 제6조의7)를 규정하고, 학교에서 통일교육을 진흥하도록 하고 있다(「통일교육지원법」 제8조). 반대로 통일교육의 실시주체에 대하여 "통일부장관은 통일교육을 하는 자, 남북교류·협력사업에 종사하는 자, 통일대비업무에 종사하는 자, 그 밖에 통일교육을 받을 필요가 있다고 인정되는 자에게 통일교육을 받도록 요청할 수 있다"(「통일교육지원법」 제9조 제1항)라고 규정하고 있다.

일반적으로 통일교육은 통일교육의 수강대상에 따라 학교통일교육과 사회통일교육으로 분류하기도 한다. 그렇다면 학교통일교육과 달리 지역주민을 대상으로 통일교육을 실시하는 것을 사회통일교육으로 볼 수 있는지 여부가 문제이다. 만약 지역주민을 대상으로 하는 교육이 사회통일교육이라면 지역통일교육센터가 사회통일교육의 실시 주체가 되는 것이다. 그러나 지역주민의 범위를 넓게 해석한다면 학생도 지역주민일 수 있다. 지역주민의 범위가 애매모호하다. 이런 측면을 고려한다면 통일교육 일선 현장에서 지역통일교육센터가 사회통일교육과 학교통일교육을 병행하여 실시하고 있는 점은 정당화 될 수 있다[28].

통일교육의 근거법률이라고 할 수 있는 「통일교육지원법」은 지역주민을 대상으로 지역통일교육센터가 통일교육을 하도록 하고 있지만, 학교의 통일교육 진흥과 같은 규정처럼(「통일교육지원법」 제8조), 사회통일교육 진흥에 대한 규정은 존재하지 않는다. 「통일교육지원법」의 제정과정을 살펴보면 입법자는 학교통일교육과 대비되는 사회통일교육은 다른 법률에서 규정하는 교육으로 보완할 수 있다고 생각했던 것 같다[29]. 그러나 현실은 입

---

[28] 통일부 통일교육원 전국 지역통일교육센터에서는 학교통일교육 보다는 사회통일교육에 많은 비중을 두고 있다. 통일부 직제상으로도 지역통일교육센터는 학교통일교육과 관할이 아니라 사회통일교육과에서 관장하고 있기 때문일 것이다. 그러나 전국 지역통일교육센터 통일교육 현장에서는 학교통일교육과 사회통일교육을 함께 하고 있는 실정이다.

[29] 통일교육지원법은 제15대 국회(1996-2000)에서 1997.10.30. 정부 제안으로 마련된 법안으로, 1999.1.5. 국회에서 의결되고, 1999.2.5. 공포되었다. 통일교육지원법이 제정되기 전인 1997. 11. 국회 통일외무위원회 수석전문위원 통일교육지원법안 검토보

법자가 생각했던 것과는 달랐다. 만약에 입법자가 생각했던 의도와 달리 다른 법률에서 규정하는 교육으로 보완되지 않았다면 사회통일교육에 대하여 다시한번 생각해 보아야 할 것이다. 이 연구의 출발점이기도 하다.

「통일교육지원법」에는 지역주민을 대상으로 통일교육을 하는 기관인 지역통일교육센터(「통일교육지원법」 제6조의3)와 통일교육위원협의회(「통일교육지원법」 제10조의2)를 두고 있다. 임무와 역할이 다를 뿐만 아니라 법적 근거도 달리한다. 지역통일교육센터와 통일교육위원협의회가 「통일교육지원법」상에서는 별개로 규정되어 있지만, 실제 통일교육 일선에서는 지역통일교육센터장이 통일교육위원협의회장을 겸직하고 있기도, 별개로 운영되고 있기도 하다. 지역통일교육센터장과 통일교육위원협의회장 겸직이 타당한지? 아니면 별개로 하는 것이 타당한지에 대한 검토가 필요하다.

아울러 「통일교육지원법」에서는 지역통일교육센터와 통일교육위원협의회와는 별개로 통일교육협의회를 두고, 협의회의 조직과 운영 등에 필요한 사항은 대통령령으로 정하도록 하고 있다(통일교육지원법 제10조). 따라서 현행 「통일교육지원법」 상 통일교육 관련 기관으로는 지역통일교육센터, 통일교육위원협의회, 통일교육협의회가 있다.

「통일교육지원법」 제2조 제3호에는 "북한 및 통일에 관한 자료 전시나 체험 등을 통하여 북한에 대한 이해의 폭을 넓히고 국민의 통일의식을 함양하기 위하여 제6조의4에 따라 통일부장관이 지정하거나 설치하는 시설"을 통일관이라고 정의하고 있다. 그러나 통일관은 시설이기 때문에 여기서는 논의하지 않기로 한다.

통일교육에 관한 근거법률이라고 할 수 있는 「통일교육지원법」은 1999년 2월 5일 제정되어, 1999년 8월 6일부터 시행되고 있다. 통일교육에 관한 기본법령이라고 평가할 수 있다. 그러나 통일교육에 관한 기본법령으로 평가하기엔 다소 부족한 측면이 있다. 물론 지난 2018년 3월 13일 일부 개정되어 2018년 9월 14일부터 시행되는 「통일교육지원법」에서는 통일교육주

고서에 의하면, 통일교육지원법 초안에는 사회통일교육(안 제8조)과 학교통일교육(안 제9조)을 구별하고 있었다. 그러나 최종 입법과정에서 사회통일교육에 관한 제8조는 삭제되었다.

간의 법적 근거 마련(제3조의3), 국가 및 지방자치단체의 통일교육 지원 책무 강화(제4조), 통일관의 지정 및 취소 근거 마련(제6조의6), 공무원 등에 대한 통일교육 실시(제6조의7) 등에 대하여 법적 근거를 마련한 것은 주목할 만 일이다. 그럼에도 불구하고, 「통일교육지원법」에는 일부 임의규정이 있고, 통일교육의 활성화 차원에서 법적 검토사항이 잔존하고 있다.

이 연구는 바람직한 통일교육 방안에 대한 교육학적 접근이 아니라 효과적이고 효율적인 통일교육 방안에 대한 법제도적 측면과 법 개정사항으로 한정하여 살펴보고자 한다. 이를 위하여 학교통일교육과 대비되는 사회통일교육에 대하여 「통일교육지원법」에서 인정하고 있는 지역통일교육센터의 관점[30]에서 사회통일교육 활성화를 위하여 「통일교육지원법」이 어떻게 제정되었고, 그동안 어떠한 개정과정을 통하여 오늘에 이르게 되었는지를 살펴보고자 한다. 그리고 향후 통일교육방향은 어떠해야 하는지에 대한 법 제·개정 사항을 중심으로 검토하고자 한다.

Ⅱ. 통일교육의 법적 근거와 추진체계

1. 통일교육의 법적 근거

통일교육에 관한 법적 근거로서 가장 중요한 것이 「헌법」이다. 「헌법」

---

[30] 2012년 2월부터 2020년 3월까지 경기도통일교육센터 및 경기북부통일교육센터 사무처장으로서의 경험을 바탕으로 발표한 논문(소성규, "경기북부통일교육센터 활동 상황 및 법정책 제안", 대통령직속 통일준비위원회<사회문화분과>·통일교육원 주최, 사회통일교육 활성화 방안 모색 세미나, 2016. 6. 17; 소성규, "통일교육 활성화를 위한 법제도 개선방안", 「법과 정책연구」 제17집 제2호, 한국법정책학회, 2017. 6; 소성규, "사회 평화·통일교육 활성화를 위한 법제도 개선방향", 통일부·교육부 주최 제7회 통일교육주간 컨퍼런스 발표논문, 북한연구학회, 2019. 5. 20.; 소성규, "통일교육지원법의 개정방향", 「법과 정책연구」 제19집 제3호, 한국법정책학회, 2019. 9; 소성규 외, 「경기도 평화통일교육 중장기 계획 수립 연구」, 경기도, 2020. 5.)을 종합 검토하고, 그동안의 실무 경험과 법학적 이론을 기반으로 정리한다. 소성규 논문은 "통일교육지원법의 개정방향"으로 한정하여 인용한다.

전문은 조국의 평화적 통일 사명을 선언하고, 「헌법」 제4조는 "대한민국은 통일을 지향하며, 자유민주적 기본질서에 입각한 평화적 통일정책을 수립하고 이를 추진 한다"라고 하고 있다[31]. 「헌법」 제31조는 "모든 국민은 능력에 따라 균등하게 교육을 받을 권리를 가진다" 라고 하여 교육을 받을 권리와 교육의 방향을 정치적 중립성, 평생교육 등을 규정하고 있다. 「헌법」 제66조와 제69조는 대통령에게 조국의 평화적 통일 의무를 부여하고 있다. 그리고 「헌법」 제92조에서는 "평화통일정책의 수립에 관한 대통령의 자문에 응하기 위하여 민주평화통일자문회의를 둘 수 있다"고 하여 통일정책을 헌법적으로 뒷받침하기 위한 법적 근거를 두고 있다.

「헌법」에 기초하여 통일교육에 대하여 구체적으로 규정하고 있는 것은 「통일교육지원법」이다. 「통일교육지원법」의 법체계는 제1조(목적), 제2조(정의), 제3조(통일교육의 기본원칙), 제3조의2(통일교육 기본사항), 제3조의3(통일교육주간), 제4조(국가 및 지방자치단체의 책무), 제5조(삭제), 제6조(통일교육기본계획의 수립), 제6조의2(공공시설의 이용), 제6조의3(지역통일교육센터의 지정·운영), 제6조의4(통일관의 지정), 제6조의5(통일관에 관한 시정명령), 제6조의6(통일관의 지정취소 등), 제6조의7(공무원 등에 대한 통일교육의 실시), 제7조(통일교육의 반영), 제8조(학교의 통일교육 진흥), 제9조(통일교육의 수강요청 등), 제9조의2(통일교육 전문강사의 양성), 제10조(통일교육협의회), 제10조의2(통일교육위원), 제11조(고발 등), 부칙 등으로 구성되어 있다. 비교적 간결하게 규정되어 있다.

통일교육 일선 현장에서는 「헌법」과 「통일교육지원법」의 정신을 반영하고 있는 통일부 통일교육원이 발간하고 있는 「평화·통일교육-방향과 관점」 (구 「통일교육지침」) 에 따라 통일교육을 실시하고 있다.

---

[31] 「헌법」 제3조는 "대한민국의 영토는 한반도와 그 부속도서로 한다" 라고 하고 있고, 「헌법」 제4조는 "대한민국은 통일을 지향한다" 라고 규정하고 있다. 「헌법」 제3조와 「헌법」 제4조와의 관계에 대해서는 논외로 한다.

2. 통일교육의 추진체계

우리나라 공공기관 통일교육 추진체계를 도식화 하여 보면 다음과 같다.

◆ 〈그림 1〉 공공기관 통일교육 추진체계

우리나라 통일교육은 통일부 통일교육원이 가장 중요한 역할을 하고 있고, 학교통일교육 등과 관련하여 교육부와 협조체계를 유지하고 있다. 그 밖에 일부 중앙 부처별로 통일교육이란 이름은 아니지만 안보교육, 나라사랑 교육 등으로 통일교육과 유사한 교육을 하고 있다.
통일부는 통일교육을 원활하게 실시하기 위하여 지역 거점에 따라 지역통일교육센터를 지정·운영하고 있다. 허가나 신고가 아닌 지정이다. 그리고 통일교육지원법 제10조에 근거한 통일교육협의회와 「통일교육지원법」 제10

조의2에 근거한 임기 2년의 통일교육위원 제도를 운영하고 있다.

III. 「통일교육지원법」의 제·개정과정에서의 시사점

현행 「통일교육지원법」은 1999년 8월 6일(1999년 2월 5일 제정)부터 시행되고 있다. 「통일교육지원법」은 분단이후 다양하게 전개되어 오던 통일교육을 범국민적 초당적 합의하에 추진할 필요성에서 마련되었고, 1996년 통일교육의 법적 기반을 마련하라는 국무총리의 지시 이후 공청회와 국회의 심의 등 2년 반의 논의 끝에 마련되었다.[32] 입법 당시 사정은 국회 통일외무위원회에서 논의된 검토보고서[33]를 통하여 일부 짐작할 수 있다.

1. 통일교육지원법의 제정안

(1) 입법취지와 법의 성격

입법 당시는 북한의 심각한 경제난과 고위인사를 포함한 북한이탈주민이 급증함에 따라 북한체제의 변화가능성이 증대되고 통일문제가 보다 현실적 과제로 대두되고 있었다. 그동안의 통일교육은 주로 반공·승공 등 반공교육, 통일·안보교육, 통일대비교육 등의 과정을 거쳐 왔고, 범국가적 통일교육체계는 갖추어져 있지 않은 실정이었다. 이러한 점을 감안하여 체계적·종합적·효율적인 통일교육 실시체계를 구축하고, 통일교육에 대한 국민적 합의절차를 제도화함으로써 통일교육의 정당성을 강화하며, 나아가 민간부문의 자발적 참여와 협조를 바탕으로 한 통일교육의 활성화를 도모함으로써 통일교육을 촉진하고 지원함에 필요한 사항을 규정하는데 그 입법취지가 있었다(안 제1조).

---

[32] 상세한 내용은 김용재, "통일교육의 발전방향 : 통일교육지원법을 중심으로", 「한국민주시민교육학회보」, Vol 5, 한국민주시민교육학회, 2000. 12, 93면 이하 참조.
[33] 1997. 11. 국회 통일외무위원회 통일교육지원법안 검토보고서를 참고하였다.

따라서 이 법은 통일대비태세를 확립하는 차원에서 접근하고 있으므로 통일대비 입법으로서의 성격을 지니고 있었다. 이 법의 제정으로 종합적이고 체계적인 통일교육체계가 이루어질 수 있으므로 통일교육에 대한 기본법의 성격을 가지며 나아가 교육법과 사회교육법 등에서 특별한 규정이 없는 경우 이 법을 적용하므로 보충법적 성격(안 제3조)을 지니고 있었다.
당시 참고한 통일교육과 관련한 외국의 유사한 입법사례로는 독일의 연방정치교육법에 의한 정치교육이다. 독일의 통일교육은 정치교육의 일부로서 실시되어 민주주의 이념에 대한 교육과 민주시민 교육방식을 채택하고 정부기관과 비정부기관 등의 협력체제 하에서 다양한 주체에 의해 실시되어 왔으며 정규학교교육과 더불어 분단의 극복과정에서 중요한 역할을 한 것으로 알려진 것을 참고하였다고 전해지고 있다.

(2) 법안의 명칭

입법 당시 법의 명칭에 대한 논란이 있었다. 통일교육에 관한 지원에 초점을 둘 경우에「통일교육지원법」이란 명칭이 적절한 명칭으로 보여 지나 통일교육에 관한 정의규정, 기본계획의 수립, 국가의 임무, 통일교육의 추진·진흥 등의 내용을 감안한다면「통일교육법」이라는 명칭도 고려해 볼 것을 제안하였으나 받아 들여지지 않았다.
한편 명칭과 관련, 독일은「연방정치교육법」을 제정하여 민주시민교육에 중점을 둔 것을 참고해 볼만하며, 안 제2조에서 통일의 바탕을 자유민주주의에 대한 신념과 민족공동체 의식 함양에 두고 있으므로, 이러한 취지를 살리는 쪽으로 하는 것이 "통일"이라는 용어를 일부러 쓰는 것보다 더 바람직할 수도 있다는 제안이 있기도 했다.

(3) 통일교육의 정의(안 제2조)

안 제2조에서는 통일교육에 대하여 "국민으로 하여금 자유민주주의에 대한 신념과 민족공동체 의식을 바탕으로 통일을 이룩하는데 필요한 가치관과 태도를 함양하는 교육활동"으로 정의하고 있었다.

첫째, 통일교육은 모든 "국민"을 그 대상으로 하고 있다. 따라서 통일과정이나 통일이후 북한의 주민과 해외에 거주하는 재외국민도 원칙적으로 통일교육의 대상에 포함된다.

둘째, 통일의 추진과정 및 통일이후의 국가운영의 기본이념으로 "자유민주주의"를, 통일국가의 진정한 완성은 "민족공동체"의 형성에 있다는 점을 명확히 밝히고 있었다.

셋째, "통일을 촉진하고 준비하는데" 라는 표현 대신 "통일을 이룩하는데" 라는 표현을 사용함으로써 통일교육을 통일에 대비하는 교육이라는 성격 보다 통일의 과정적 의미를 부여함으로써 통일이전과 통일이후에 발생하게 될 여러 가지 교육문제(사회·문화통합 교육, 재사회화 교육 등)를 감안한 것으로 보여 진다. 다만 이 법체계나 내용구성상으로 보면 통일이후에는 그 실효성이 적을 것으로 보여지므로 한시법적인 성격을 띤다고 생각하고 있었다.

(4) 통일교육의 헌법적 기초(안 제4조)

안 제4조에서는 통일교육의 법적근거로 「헌법」의 "자유민주적 기본질서", "평화적 통일"표현을 열거함으로써 헌법전문의 "평화적 통일의 사명", 「헌법」 제4조의 "자유민주적 기본질서"에 입각한 평화적 통일 등 확인하고 있었다. 통일교육의 법적근거를 「헌법」에서 확인함으로써 통일교육과 관련하여 이념논쟁과 가치갈등의 소지를 상당부분 해소시켜 줄 수 있을 것으로 생각하였다.
한편, 동조 후단에서 통일교육은 개인적·파당적 목적을 위하여 이용되어서는 아니 된다고 규정하고 있었다. 선언적 의미에서 나아가 그 실효성을 확보하기 위해서는 입법적 보완장치를 통해 통일교육의 기본방향과 내용(안 제5조 제1항), 통일교육에 관한 기본정책의 심의 등에서(안 제6조) 정치적 시비가 없도록 입법적 보완장치가 마련되어야 할 것이라고 하였다.

(5) 통일교육 기본계획의 수립(안 제5조)

안 제5조에서는 통일원장관이 통일교육의 기본방향·주요내용, 통일교육 실시와 관련한 각 부처 등과의 협조, 통일교육요원 양성 등이 포함된 통일교육 기본계획을 수립하고 이를 위하여 관계 행정기관장과 사전에 협의하고 통일교육심의위원회의 심의·의결을 거치도록 하고 있었다. 이는 통일교육이 각급교육기관·교육주체에 따라 상이하게 실시됨으로 인하여 야기되는 문제점을 해결하여 국가적으로 통일교육의 일관성·통일성·연계성을 확보하기 위한 것이었다.

(6) 통일교육심의위원회의 설치(안 제6조)

안 제6조에서는 통일교육에 관한 기본정책 기타 중요사항을 심의하기 위해 통일원에 통일교육심의위원회를 두고, 위원회의 구성·운영 등에 관하여 필요한 사항은 대통령령으로 정하며, 실무처리를 위해 실무위원회를 두도록 하였다.

통일교육심의위원회의 주요기능 중 하나는 통일교육의 기본방향과 주요내용이 포함된 기본계획을 심의·의결하는 것이므로 동 위원회의 구성·운영을 대통령령에 위임하는 것보다 안 제4조의 검토에서 지적한 바와 같이 동 위원회의 구성·운영 등은 중립성·객관성이 보장되고 국민적 합의를 도출할 수 있는 작업을 추진할 수 있도록 구성요건 등을 법률에 명시하였다. 심의위원회위원으로 통일교육 관련기관 대표 이외에 여·야 정당대표를 일정비율 포함시키도록 하거나[34], 학부모가 참여하는 미국의 교육위원회(National Educational Goals Panel) 형태 또는 독일연방정치교육원과 같이 집행부를 감독하는 기능을 여·야 정당대표들이 맞도록 하는 방안 등을 검토하였다.

한편 동조 제3항의 통일교육실무위원회는 설치와 관련, 집행부서인 통일

---

[34] 참고사례로 방송의 공정성·공공성 유지를 위해 위원 9인중 3인은 국회의장, 3인은 대법원장이 추천하는 것이다.

원 교육담당부서가 이미 있으므로 중첩을 예방하기 위하여 의결기관 아래 또다시 집행기관을 두는 결과가 되지 않도록 하는 뜻에서 불필요하다고 생각하였다.

(7) 국가의 임무(안 제7조)

안 제7조에서 국가는 통일교육의 실시, 통일문제연구의 진흥, 교육요원의 양성·지원, 교재의 개발·보급 기타의 방법으로 통일교육을 활성화하고, 통일교육을 실시하는 자에게 경비를 보조할 수 있도록 규정하였다.

국가의 임무로서 "통일교육의 실시"는 안 제8조 내지 제10조에서 학교교육과 사회교육을 실시하는 것으로 되어 있었다. "통일문제연구"는 민족통일연구원에서 보다 심층적으로 행하고 있으므로 이 법의 취지에 맞게 "통일교육 관련연구의 진흥"으로 수정할 필요가 있었다. "교육요원의 양성·관리대상자"는 약15,700명에 이르고 있으며, 현재 통일교육원에서 그 기능의 일부를 수행하고 있으나 이 법에 의한 통일교육 실시에 부응하기 위해 대폭 강화되어야 할 것이다. "교재의 개발·보급"에는 각급학교·사회교육기관, 통일교육요원, 언론매체 등을 대상으로 통일교육 표준교재, 영상자료 등을 배포하는 것이 포함되므로 이러한 교재의 내용이 교육과정에 포함되게 하기 위해서는 교육관계법에 의거한 교과과정의 편성과 조화가 모색되어야 할 것이다.

한편, 국가의 경비보조는 통일교육을 실시하는 자(법인, 단체)가 통일교육을 실시할 때에 경비지원을 해 주는 것으로써 이들 단체들이(경실련 통일협회, 동아일보사에 따르면 대학통일문제연구소를 제외하고 약 90여개에 이르고 있음) 「보조금 예산 및 관리에 관한 법률」에 따라 보조를 받거나 기타 정부지원이 이루어지고 있는 경우가 많으므로 그 지급요건을 시행령에서 엄격히 규정할 필요가 있었다.

(8) 사회통일교육(안 제8조)와 학교통일교육(안 제9조)

안 제8조에서 국가 및 지방자치단체가 설립·운영하는 교육훈련기관(각급학교는 제외)과 대통령령이 정하는 일정규모이상의 사회교육기관(기업체연수기관 포함)에 대하여 교육훈련과정에 통일교육을 반영하도록 권장하고 있었다. 사회통일교육은 학교교육과는 달리 통일관련 학회·연구회·유관사회단체 등 사회교육단체에서 주로 일반시민을 대상으로 행할 수 있으며 「사회교육법」제7조, 「동법 시행령」제3조에 의하면 통일교육을 포함하는 국민교양에 필요한 내용이 사회교육과정 총 학습시간의 1할 이상이 되도록 규정하고 있기 때문에 현행법상으로도 충분히 가능하다고 할 것이다. 다만 이 법을 통하여 「사회교육법」의 입법취지와 조화를 이루면서 민간부문의 통일교육이 다양성·전문성을 가지면서 활성화될 수 있도록 경비보조, 강사교육, 교육자료 제공 등에 내실을 기하여야 할 것이다.

안 제9조에서 초·중등학교에서의 통일교육 진흥, 대학 등 고등교육기관에서의 통일교육에 대한 장려를 규정하고 있었다. 현재 초·중·고·대학에서의 각각 일정부분 통일교육 관련 시간이 부여되어 있었다.

초·중등학교 통일교육은 주로 가치관·태도 등을 강조하고 도덕·윤리과목을 중심으로 구성되어 있으며 기타 과목에서는 거의 반영되어 있지 않은 실정이고 대학 통일교육도 교과목의 양이 절대부족하고 강의의 다양성이 부족하며 북한관련 학문의 취약 등 여러 가지 문제점이 있으므로 이 법의 제정을 통하여 점차 개선·발전되어 나갈 수 있을 것이다. 다만, 이 법 제정으로 인하여 학교통일교육에서 통일원과 교육부의 위상 등이 바뀌는 것은 아니며 교육부가 기존 교육체계 내에서 통일교육의 실시를 주관하고 통일원은 통일교육전반에 걸쳐 기본계획 등을 통해 총괄·조정 등의 업무를 행함으로써 학교통일교육에 협조하는 것으로 되어 있었다. 따라서 관련 협조체제의 원만한 구축이 필요하였다.

(9) 교육협의회 등

안 제11조에서는 통일교육의 실시를 위한 협의와 상호협력 증진을 위하여 통일교육을 실시하는 자는 통일교육협의회를 설립할 수 있도록 하고 있었다. 동 협의회의 설립필요성에 대하여는 별다른 이의가 없겠으나 이 법안으로 설립하게 하는 것은 충분한 검토가 있어야 함을 지적하고 있다. 그 이유는 첫째, 동 협의회는 민법 제32조의 규정(학술·종교·자선·기예·사교등을 목적으로 하는 비영리법인의 설립)에 의거 언제든지 주무관청인 통일원장관의 허가를 받아 설립할 수 있고, 둘째, 이 법안에 의하여 설립하게 할 경우 보조금을 지급해야 하는 문제가 수반되기 때문이다.

(10) 통일교육수강자에 대한 관리

안 제10조는 교육수강자들의 의무만을 규정하고 있으나 그 실효성을 높이기 위하여 인사고과 반영 또는 기타 반대급부를 할 수 있도록 하여 교육에 적극적 참가유도 방안을 검토해 보고자 하였다.

(11) 입법방향

안 제2조(정의)와 제4조(통일교육의 방향 및 중립성)는 통일교육의 요체와 교육방향을 제시하고 있으나, 통일교육이 "통일"에 주안점을 둘 것인가 아니면 통일전후를 모두 포괄하는 "자유민주주의와 민족공동체의식"에 보다 더 중점을 둘 것인가 하는 기본목적에 관하여 심의과정에서 좀 더 심도있는 토의가 필요성을 강조하였다. 동 입법방향에 따라 "정의"와 "교육방향"이 보다 더 명확해 질 수 있기 때문이다.

2. 「통일교육지원법」의 개정

「통일교육지원법」은 1999년 8월 6일(1999년 2월 5일 제정)부터 시행된 이후 8차 개정이 있었다. 정부발의 개정과 의원발의 개정으로 나누어 볼 수 있다.[35] 주요내용을 살펴보면 다음과 같다.

(1) 1차 개정 : 2005. 1월 27일 개정(2005년 7월 28일 시행)

국민들의 통일교육에 대한 무관심이 심화되고 부분적으로 무질서한 통일교육이 확산됨에 따라 통일교육체계를 정비하고 통일교육의 범국민적 확산을 위한 기반을 강화함으로써 통일교육을 활성화하려는 개정이다. 요내용은 다음과 같다.

① 국가적 차원에서 체계적으로 통일교육을 실시하기 위하여 통일부장관은 통일교육의 기준과 내용에 관한 기본적인 사항을 정하고, 미리 통일교육심의위원회의 심의를 거치도록 한다(제3조의2 신설).

② 통일교육기본계획에 포함될 사항에 대한 개정이 있었다(제4조 제2항).

③ 통일교육심의위원회의 위원장과 위원 추천에 관한 개정이 있었다(제5조 제3항).

④ 통일교육 활성화를 위한 정부의 임무 규정 개정이 있었다(제6조).

⑤ 통일교육을 실시하는 자는 통일교육을 위하여 공공시설을 그 본래의 용도에 지장이 없는 범위 안에서 관련 법령이 정하는 바에 따라 이용할 수 있도록 한다(제6조의2 신설).

⑥ 지역통일교육센터 정의 규정(제2조 제2호 신설)과 통일부장관은 지역주민을 대상으로 통일교육의 실시와 통일교육에 관한 정보의 수집·제공 등의 기능을 수행하기 위하여 통일교육을 주된 목적으로 하는 단체 또는 시설을 지역통일교육센터로 지정할 수 있는 근거를 마련하고, 이와 함께 그 지정을 취소할 수 있는 사유와 지정을 취소하는 경우 청문절차를 규정한다(제6조의3 신설).

⑦ 국가 및 지방자치단체가 설립한 교육훈련기관 및 관련 기관은 당해

---

35) 「통일교육지원법」에 대한 그동안의 개정내용에 대하여는 국회 홈페이지 의안정보와 국회 속기록 등 다양한 자료를 참고하였다.

교육·훈련과정에 통일교육을 반영하도록 노력하여야 하고(제7조), 통일부장관은 통일교육에 관한 기본적 사항이 초·중등학교의 교육활동에 반영될 수 있도록 교육인적자원부장관에게 요청할 수 있으며, 요청을 받은 교육인적자원부장관은 이를 반영하도록 노력하여야 한다(제8조 제2항 신설).

(2) 2차 개정 : 2008년 2월 29일 개정(2008년 2월 29일 시행)

타법 개정으로 인하여 제4조(통일교육기본계획의 수립) 제1항 및 제3항, 제5조(통일교육심의위원회의 설치) 제1항 및 제3항, 제8조(학교에서의 통일교육진흥) 제2항, 제9조(통일교육수강의 요청 등), 제10조(통일교육협의회) 제1항 및 제2항, 제11조(고발) 등의 규정 개정이 있었다.

(3) 3차 개정 : 2008년 12월 31일 개정(2009년 2월 1일 시행)

정부위원회 정비계획에 따라 통일교육심의위원회를 폐지하고(제5조), 통일교육에 관한 기본사항, 통일교육기본계획 등을 관계 중앙행정기관과 협의하도록 하는 등 관련 절차를 정비하는 한편, 법 문장을 원칙적으로 한글로 적고, 어려운 용어를 쉬운 용어로 바꾸며, 길고 복잡한 문장은 체계 등을 정비하여 간결하게 하는 등 국민이 법 문장을 이해하기 쉽게 정비하고, 그 밖에 현행 제도의 운영상 나타난 일부 미비점을 개선·보완하려는 개정이다.

(4) 4차 개정 : 2009년 10월 19일 개정(2010년 4월 20일 시행)

① 국가 및 지방자치단체의 책무에 관한 개정이 있었다(제5조). 즉, 국가는 통일교육을 하는 자에게 예산의 범위에서 필요한 경비의 전부 또는 일부를 지원할 수 있고(제6조 제2항), 지방자치단체는 지역주민을 대상으로 통일교육을 하는 자에게 필요한 재정적·행정적 지원을 할 수 있도록 하여(제6조 제3항) 지역 내 통일교육을 활성화시키고자 하는 개정이다.

② 통일부장관은 통일교육 전문강사 양성을 위하여 통일교육원에 통일교육 전문강사 과정을 개설하게 하여 그 과정 수료자에게 통일부령이 정하는 소정의 통일교육 전문강사 자격을 부여할 수 있도록 하는 등, 통일교육지원체계를 개선하여 통일교육의 성과를 높이고자 하는 것이다(제9조의2 신설). 통일교육 전문강사 양성의 법적 근거를 만들었다.

③ 특히 통일교육 활동을 통하여 남북 간 화해 협력을 선도하고, 대국민 통일의지와 역량을 강화함으로써 평화통일 기반조성에 기여하기 위해 통일교육위원을 위촉 근거를 신설하였다(제10조의2 신설).

(5) 5차 개정 : 2011년 7월 28일 개정(2012년 7월 1일 시행)

「세종특별자치시 설치 등에 관한 특별법」 제7조 제1항에서 "다른 법령에서 지방자치단체, 시·도 또는 시·군·구를 인용하고 있는 경우에는 각각 세종특별자치시를 포함하는 것으로 보아 해당 법령을 적용한다"고 규정하고 있지만, 개별법령에 명시하지 않을 경우, 국민들에게 혼란을 줄 여지가 있다. 따라서 자치단체 또는 자치단체장의 권한에 속하는 내용들이 규정된 법률에 특별자치시 또는 특별자치시장이 규정되어져야 할 것으로 보여 진다. 따라서 제8조 제2항에 "특별자치시"를 추가하여 국민들의 혼란을 없애고자 하였다.

(6) 6차 개정 : 2013년 3월 23일 개정(2013년 3월 23일 시행)

통일부장관은 통일교육이 초·중등학교의 교육과정에 반영될 수 있도록 교육부장관 또는 교육감에게 요청할 수 있으며, 요청을 받은 교육부장관 또는 교육감은 교육과정에 통일교육이 반영될 수 있도록 노력하여야 한다(제8조 제2항).

(7) 7차 개정 : 2013년 8월 13일 개정(2014년 2월 14일 시행)

① 통일부장관이 통일교육이 초·중등학교의 교육과정에 반영될 수 있도

록 요청할 경우 교육과학기술부장관 또는 교육감은 특별한 사유가 없으면 적극 협조하도록 하고, 초·중·고등학교의 통일교육에 대한 실태조사를 실시하도록 하였다(제8조 제2항 및 제4항).

② 통일부장관은 초·중등학교의 통일에 관한 체험 및 강좌에 필요한 경비의 전부 또는 일부를 지원할 수 있는 법적 근거를 만들었다(제8조 제5항).

(8) 8차 개정 : 2018년 3월 13일 개정(2018년 9월 14일 시행)

① 국민의 통일의지를 높이기 위하여 매년 5월 넷째 주를 통일교육주간으로 만들었다(제3조의3).

② 지방자치단체는 국가의 시책과 지역적 특성을 고려하여 지역별 시책을 수립·시행하도록 하고, 그 시책의 수립·시행에 따른 조례 제정을 할 수 있도록 개정하였다(제4조 제3항).

③ 지방자치단체는 지역주민을 대상으로 통일교육을 하는 자에게 예산의 범위에서 필요한 재정적·행정적 지원을 할 수 있고(제4조 제4항 신설), 국가 및 지방자치단체는 이 법에 따른 시책을 효율적으로 수행하기 위하여 상호 협력체계를 구축하도록 하였다(제4조 제5항 신설).

④ 통일관에 관한 법적 정의(제2조 제3호)와 통일부장관이 국민들에게 북한 및 통일에 관한 정보를 제공하고 통일교육의 장으로 활용하기 위하여 통일관을 설치·운영하거나 지정할 수 있는 법적 근거를 마련하고(제6조의4 신설), 통일관이 통일교육의 기본원칙에 위반되는 통일교육을 실시한 경우 등에는 기간을 정하여 시정을 명할 수 있도록 하며(제6조의5 신설), 시정명령을 받고도 정당한 사유 없이 지정된 기간 내에 이를 이행하지 아니한 경우 그 지정을 취소할 수 있도록 하였다(제6조의6 신설).

⑤ 공무원 등 공공부문 종사자에게 통일교육을 의무적으로 실시한다(제6조의7 신설).

3. 「통일교육지원법」의 제·개정과정에서의 시사점

「통일교육지원법」은 제정당시부터 법의 성격에 대한 논란이 있었다. 즉, 법의 성격을 「통일교육지원법」보다는 「통일교육법」으로 해야 한다는 지적에서도 짐작할 수 있다. 이러한 점은 현재까지도 법 명칭은 「통일교육지원법」으로 되어 있지만, 현행법이 통일교육에 대한 지원법으로서의 기능을 다하고 있는지에 대해서는 논란이 있다. 대통령이 바뀔 때마다 정치인들이 통일교육을 바라보는 시각이 동일하지 않은 측면도 있을 것이다.

「통일교육지원법」을 입법할 당시에는 통일교육에 대하여 통일이전으로 한정하는 한시법으로서 생각하고 있었던 것 같다. 그러나 이 역시 논란의 소지는 있다. 왜냐하면 독일은 통일이후에도 동·서독의 통합문제를 비롯한 다양한 통일교육이 이루어지고 있기 때문이다. 우리나라 역시 통일이후에도 남북한 이질성의 극복과 사회통합이란 측면에서의 교육은 필요하리라 본다. 물론 이러한 교육을 통일교육이란 이름으로 해야 할지 여부는 통일이후에도 많은 논의를 해야 하리라 본다.

그동안의 「통일교육지원법」 개정과정에서는 통일교육을 활성화하고자 하는 취지의 논의가 많았다. 주로 국가와 지방자치단체의 역할에 포인트를 두고, 사회통일교육 보다는 학교통일교육에 중점을 두고 있었다. 국가(통일부)에 방점을 두고 국가 주도적으로 통일교육을 실시하겠다는 의지 표명이다. 이러한 점은 「통일교육지원법」 제3차 개정에서 통일교육에 대한 심의기구인 "통일교육심의위원회"를 폐지하는 것을 보면 알 수 있다. 즉, 통일교육 업무체계를 정부 주도하에 두겠다는 의도인 것이다. 아울러 통일교육을 학교중심 통일교육으로 하겠다는 것은 사회통일교육에 대한 지원 규정이 없는 것이 그 반증이다. 학교통일교육중에서도 초·중등 학교통일교육 활성화 차원에서 논의되고 있다. 향후에는 대학통일교육을 포함한 학교통일교육과 함께 사회통일교육 활성화에도 관심을 가져야 할 것이다. 뿐만 아니라 독자적인 통일교육과 함께 민주시민교육과 병행한 통일교육 논의가 필요하다.

　우리나라는 민주시민교육에 관한 근거 법률이 없기 때문에 민주시민교육에 대한 법적 정의도 명확하지 않다. 이를 반영하여 민주시민교육에 대한 입법발의가 된 적은 있지만, 입법화되지는 않고 있다[36]. 민주시민교육과 통일교육은 다른 의미의 교육이다. 그러나 진정한 의미의 통일교육은 민주시민교육에 기초한 통일교육이 바람직하다고 본다. 즉, 「통일교육지원법」에 규정된 통일교육의 목표를 달성하기 위해서는 민주시민교육에 바탕을 둔 통일교육이 실시되어야 할 것이다. 민주시민교육이 보다 더 강화될 때 통일을 위한 가치관과 태도를 함양하는 통일교육의 원래 목표달성이 가능할 것이다. 이러한 의미에서 통일교육과 민주시민교육은 상호 보완적이라 할 것이다. 특히 민주시민교육이 충실히 시행된 바탕 위에서 실질적인 통일교육의 실효성이 나타날 것이다.[37]

　학교통일교육에서는 대학통일교육의 중요성이 부각될 필요가 있다고 본다. 아울러 사회통일교육 진흥을 위한 법적 조치를 통해 사회통일교육이 활성화되어야 할 것이다. 특히 공무원 등 공공부문 종사자들의 통일교육 의무화는 바람직한 현상이지만, 교육시간의 조정, 특성화된 통일교육 프로그램 개발 등 실효성 있는 통일교육 정책이 수반되어야 할 것이다.

IV. 「통일교육지원법」의 개정방안

1. 현행 통일교육의 문제점과 법 개정의 필요성

　정부(통일부)는 국민들의 평화통일 의지를 높이고 정책추진 기반을 넓히기 위해 통일교육을 꾸준히 실시해 오고 있다.

---

36) 2016년 9월 19일 민주시민교육지원법안(남인순 의원 대표발의)이 입법발의 되었으나, 국회를 통과하지는 못하고 있다.
37) 박광기, 「통일교육과 민주시민교육」, 통일부 통일교육원 교육개발과, 2012. 12, 59면.

통일부 통일교육원 원내 통일교육은 전문과정, 공직자 교육과정, 학교통일 교육과정, 사회통일 교육과정, 글로벌 교육과정, 특별교육과정의 6개 과정을 운영하고 있고, 사이버통일교육은 공무원과 교원, 일반국민을 대상으로 통일교육을 진행하고 있다.

특히 정부(통일부)는 지역사회 통일교육을 효율적으로 실시하기 위하여 2004년부터 지역통일교육센터를 지정하여 운영하고 있다. 이 센터들은 전국 각 시·도 통일교육위원협의회를 중심으로 운영되고 있으며, 지역사회의 특성을 반영한 다양한 통일교육 프로그램을 기획·운영하고 있다. 즉, 지역사회의 거점이 되는 대학을 중심으로 전국 17개 지역통일교육센터를 지정[38]하였으며, 지정된 전국 17개 지역통일교육센터는 2018년 3월부터 기본 및 자율사업을 통해 지역시민과 학생들에게 통일교육을 실시하고 있다. 기본사업은 체험학습, 열린 통일강좌, 통일순회강좌, 전문가 포럼 등으로 구성되었다. 자율사업은 지역별 특성과 자율성을 살린 맞춤형 프로그램으로 창작뮤지컬, 토크콘서트, 퀴즈대회, 북한 문화체험 등 다양한 사업들로 진행되었다.

그러나 2020년 통일부는 지역통일교육센터 사업을 개편하였는데, 이는 기존의 지역사회 통일교육의 중요성이 증대함에도 기존 광역 시·도 기반 지역통일교육센터 운영에 여러 가지 어려움 발생하였다고 판단하였다. 즉, 소규모 예산으로 17개 센터를 운영함에 따라 사업비가 부족하여 다양한 사업추진이 어렵고, 지역사회 역량 있는 기관들의 참여도 제한적이라 판단되어 지역통일교육센터가 지역 통일교육 허브로서의 역할을 할 수 있도록 권역별 지역통일교육센터로 운영체계를 개편하였다. 즉 종래 전국 17개 센터에서 7개 권역 센터 체계로 개편하였다. 통일부가 추진하고 있는 권역 기반의 7개 지역통일교육센터 체계는 △서울, △경인(경기·인천), △영남(대구·울산·경북·경남·부산), △호남(광주·전북·전남), △충청(세종·대전·충북·충

---

38) 그동안은 지역별 거점을 중심으로 17개 통일교육센터를 지정하고, 이를 총괄하는 중앙통일교육센터를 두고 있어, 실제 통일부 통일교육원은 18개 통일교육센터를 운영하고 있었다.

남), △강원, △제주이다. 또한 사업 주체를 기존의 대학 중심에서 대학·NGO 등이 함께하는 컨소시엄 형태로 다양화하고, 전담인력 확충 등 지역 통일교육 활성화 기반을 마련하였다. 권역센터를 중심으로 평화·통일 지역 거점, 유관기관과 협력 네트워크를 강화하고, 권역별 특성에 맞는 통일교육 모델 개발 및 사업 시행하고자 하고 있다.

또한 정부(통일부)는 이러한 지역통일교육센터들이 지역사회 통일교육의 거버넌스를 구축하는데 중추적으로 기능할 수 있도록 지방자치단체 및 교육청, 민간단체와의 공동사업을 추진하였다. 더불어 통일교육주간 등을 계기로 정부행사와 지역사업도 연계하였다. 정부는 지역통일교육센터의 역량을 강화하기 위하여 워크숍과 실무자 대상 교육을 실시하고 센터 운영 매뉴얼을 제작·보급하였다.[39] 그밖에 사회통일교육을 지원하기 위하여 통일교육위원 교육활동 지원과 통일관 운영 및 통일교육 민간단체를 지원하고 있다.

정부(통일부)의 이러한 노력에도 불구하고 통일교육 현장에서는 몇 가지 애로사항이 있다.

첫째, 통일교육을 위한 예산의 부족이다. 현재 통일교육 일선에서 역할을 하고 있는 것은 지역별 통일교육센터이다. 통일교육 활성화를 위해서는 예산의 증가가 있어야 함에도 불구하고, 지역통일교육센터 예산부족을 호소하고 있다. 통일교육 활성화를 위하여, 예산이 충분하다면 보다 더 효율적이고 바람직한 통일교육을 할 수 있다는 점은 부정할 수 없는 사실이다. 따라서 통일교육 활성화를 위해 가장 먼저 해야 할 일이 지역통일교육센터 사업예산 확충이다.

둘째, 통일교육에서 실무적으로 가장 난관에 처하는 것 중의 하나가 바로 사회통일교육 수강생 모집의 문제이다. 교육대상자 모집이 어려운 이유는 교육자의 문제부터 수강생의 문제 등에 이르기까지 여러 가지 원인이 있을 수 있다. 보다 중요한 것은 사회통일교육을 할 수 있는 기본 인프라

---

[39] 통일부, 「2019년 통일백서」, 2019. 3, 278-279면.

가 미미하다는 점이다. 학교통일교육과의 차이점이다. 이러한 점에서 사회통일교육에 대한 국민들의 인식전환이 필요하다. 그럼에도 불구하고 현 시점에서 가장 효율적으로 사회통일교육을 활성화하기 위한 방안 중의 하나로 오프라인 교육도 중요하지만 TV 등의 방송매체를 통한 사회 통일교육 활성화 방안이 필요하다. 이를 위해서는 TV 등의 방송매체를 통한 통일교육의 법적 근거 마련을 위한 「통일교육지원법」의 개정이 필요하다.

셋째, 중앙정부(통일부)가 추진하는 통일교육에 대하여 실효적 효과를 거두기 위해서는 지방정부와의 협력적 거버넌스가 필요하다. 그러나 통일교육 일선에서는 정권이 바뀔 때 마다 변화된 통일교육의 방향을 일선 지방정부가 그대로 협력한다면 문제가 없지만, 지자체 장이 추구하는 정치노선과 이념에 따라 통일교육 노선을 달리하거나, 중앙정부가 추진하는 통일교육 방향에 무관심한 경우가 많다. 「통일교육지원법」에 사회통일교육 진흥에 대한 규정이 없는 것은 별론으로 하더라도, 통일교육에 관한 조례가 제정되어 있지 않는 지자체가 많은 실정이다.

2. 입법형태 내지 입법기능 측면에서 「통일교육지원법」의 개정방안

(1) 통일교육의 목적(제1조) : 통일교육에 대한 기본법으로서의 기능

「통일교육지원법」 제1조는 "이 법은 통일교육을 촉진하기 위하여 필요한 사항을 규정함을 목적으로 한다"라고 규정하고 있다.
일반적으로 모든 법률은 제1조에 입법목적을 명시하고 있다. 법 시행령에는 법률에서 위임한 사항과 그 시행에 필요한 사항을 규정하고 있다. 그런데 통일교육지원법은 헌법적 가치를 반영한 규정은 없고, 곧바로 통일교육의 촉진을 위하여 필요한 사항을 규정한다고 규정하고 있다. 마치 시행령에 가까운 표현을 하고 있다. 통일교육에 대한 헌법적 가치를 반영한 새로운 규정 개정이 필요하다.

개정안40)을 제시하면 다음과 같다.

현 행	개 정 안
제1조(목적) 이 법은 통일교육을 촉진하기 위하여 필요한 사항을 규정함을 목적으로 한다.	제1조(목적) 이 법은 통일교육을 촉진하기 위하여 필요한 사항을 규정함으로써 국민들로 하여금 통일에 대한 긍정적 인식과 바람직한 태도를 함양하고 통일에 대한 열망과 각자 통일을 준비하는 능력을 갖도록 하여 통일과 그 이후 통합의 토대를 구축함을 목적으로 한다.

(2) 고발 등(제11조) : 통일교육에 대한 지원법으로서의 기능

「통일교육지원법」 제11조는 "통일교육을 하는 자가 자유민주적 기본질서를 침해하는 내용으로 통일교육을 하였을 때에는 수사기관에 고발하여야 한다"는 규정을 두고 있다.

법 명칭에 나타나 있듯이 「통일교육지원법」은 통일교육에 대한 지원법으로서의 성격을 지니고 있다. 따라서 「통일교육지원법」의 취지에 위반하여 통일교육을 하는 자는 다른 관련법을 적용해 처벌이 가능하다. 통일교육 활성화 차원과 통일교육에 대한 지원법으로서의 기능을 다하기 위해서 「통일교육지원법」 제11조는 삭제되어야 할 것이다.41)

현 행	개 정 안
제11조(고발 등) 통일부장관은 통일교육을 하는 자가 자유민주적 기본질서를 침해하는 내용으로 통일교육을 하였을 때에는 시정을 요구하거나 수사기관 등에 고발하여야 한다.	제11조(고발 등) (삭제)

---

40) 음선필, "「통일교육지원법」에 대한 입법론적 검토", 「입법학연구」 제15집 제1호, 한국입법학회, 2018. 2. 28, 10면.
41) 같은 취지: 김창환, "통일교육지원법 개선방안 연구", 「통일교육연구」, Vol. 3, 2003, 50면 ; 김병연, "통일교육지원법의 쟁점과 개정방안 연구 - 제2조 정의, 제3조 통일교육의 기본원칙 조항을 중심으로", 「도덕윤리과교육」 제58호, 한국도덕윤리과교육학회, 2018. 2, 125-126면.

3. 통일교육 업무 추진체계 측면에서 「통일교육지원법」의 개정 방안

(1) 통일교육 기본사항에 대한 심의기구의 신설

현행 「통일교육지원법」은 통일부장관이 어떠한 심의기구를 거치지 않고 통일교육 기본사항(「통일교육지원법」 제3조의2)과 통일교육기본계획의 수립(「통일교육지원법」 제6조)을 하도록 하고 있다. 통일부장관이 통일교육의 핵심적인 사항을 주도적으로 결정하는 행정체계를 취하고 있다.

이러한 행정체계의 변화는 2008년 12월 31일의 「통일교육지원법」 제3차 개정(2009년 2월 1일 시행)에서 "통일교육심의위원회"(구 「통일교육지원법」 제5조)가 폐지된 결과이다. 당시는 부처 중심의 책임행정체제를 확립하고 의사결정의 신속성을 높이기 위한 정부위원회 정비계획에 따른 것이라고 하나, 실제로는 통일교육 업무 추진체계를 정부 주도하에 두겠다는 의도로 보아야 할 것이다. 다른 교육지원 관련법의 경우, 법교육위원회(「법교육지원법」 제4조), 경제교육관리위원회(「경제교육지원법」 제8조의2), 인성교육진흥위원회(「인성교육진흥법」 제9조), 문화예술교육지원위원회(「문화예술교육지원법」 제8조) 등을 두고 있는 것처럼, 통일교육의 기본사항과 통일교육의 주요정책을 결정하는 별도의 심의위원회를 두는 것이 바람직하다고 본다.[42]

개정안을 제시하면 다음과 같다.

현 행	개 정 안
제5조<삭제>	제5조(통일교육심의위원회의 설치) ① 통일교육에 관한 기본정책 기타 중요사항을 심의하기 위하여 통일부에 통일교육심의위원회(이하 "위원회"라 한다)를 둔다.
	② 위원회는 위원장 1인 및 부위원장 2인을 포함하여 25인이내의 위원으로 구성한다.

---

42) 음선필, 앞의 논문, 14면.

	③ 위원회의 위원장은 통일부장관이 되며, 위원은 통일교육에 관한 학식과 경험이 풍부한 자중에서 통일부장관이 위촉하는 자(이 경우 위원중 7인은 국회의장이 추천하는 자로 한다), 대통령령이 정하는 관계 중앙행정기관의 차관급공무원 및 국무총리실 소속공무원중 당해 기관의 장이 지명하는 자가 된다.
	④ 위원회의 구성·운영 등에 관하여 필요한 사항은 대통령령으로 정한다.
	⑤ 위원회로부터 위임받은 사무를 처리하기 위하여 위원회에 실무위원회를 두며, 실무위원회의 구성·운영등에 관하여 필요한 사항은 대통령령으로 정한다.

(2) 통일교육기본계획(제6조) 수립시기의 보완

현행 「통일교육지원법」 제6조는 통일부장관은 통일교육을 효율적으로 추진하기 위하여 통일교육기본계획을 수립한다고만 규정하고 있고, 이를 구체화하는 시행계획에 대하여는 규정하지 않고 있다. 다만, 통일부 통일교육원 자체적으로 2019년 3월 「통일교육기본계획(2019-2021) 및 2019년도 시행계획」을 발표하였다. 종래 매년 통일교육 기본계획을 수립하던 것을 기본계획은 3년, 시행계획은 매년 수립하는 것으로 개편하였다. 기본계획 수립연도(3년마다)에는 시행계획을 포함하여 수립하도록 변경하였다.

일반적으로 교육지원 관련법은 교육기본계획의 수립시기를 5년마다 하도록 관련법에 정하고 있다[43]. 그런데 「통일교육지원법」에는 구체적으로 규정하지 않고, 통일부 통일교육원 자체적으로 3년마다 통일교육기본계획을 수립하고 있다. 통일교육에 관한 기본계획으로서의 성격을 유지하고, 통일교육을 보다 안정적으로 추진하기 위해서는 통일교육지원법에 통일교육기본계획 수립시기를 규정하는 것이 바람직하다. 그 기간 역시 다른 교육지원 관련법과의 형평성 차원에서 5년으로 하는 것이 타당하다고 본다.[44]

---

[43] 예를 들면 인성교육 종합계획(「인성교육진흥법」 제6조), 문화예술교육 종합계획(「문화예술교육지원법」 제6조), 발명교육 기본계획(「발명교육의 활성화 및 지원에 관한 법률」 제4조) 등이다.

[44] 「통일교육지원법」을 근거로 제정된 「경기도 평화통일교육 활성화 조례」 제6조(평화통일교육계획의 수립)는 경기도 평화통일교육계획을 5년마다 수립·시행하도록 하고 있고, 조례 제7조(평화통일교육위원회)는 경기도 평화통일교육에 대한 주요사항을 심의하는 기구인 "평화통일교육위원회"를 두고 있는 점은 주목할 만하다.

5년 단위의 장기계획을 세워야 통일교육 계획자의 변동 또는 정권교체에 따른 불필요한 변화를 최소화하고, 안정적인 통일교육을 추진할 수 있기 때문이다. 통일교육의 기본방향은 국제정세 특히 남북관계에 따라 영향을 받을 수 있다. 그러나 적어도 기본계획에 포함되어야 할 내용은 통일에 이르는 과정뿐만 아니라 통일이후의 사회통합과정에 해당하는 사항들이어야 하므로, 통일교육의 기본계획은 5년 정도의 지속성과 일관성을 유지하는 것이 필요하다고 본다.45)

개정안을 제시하면 다음과 같다.

현 행	개 정 안
제6조(통일교육기본계획의 수립) ① 통일부장관은 통일교육을 효율적으로 추진하기 위하여 통일교육기본계획(이하 "기본계획"이라 한다)을 수립한다.	제6조(통일교육기본계획의 수립) ① 통일부장관은 통일교육을 체계적이고 지속적으로 실시하기 위하여 통일교육기본계획을 5년마다 수립·시행하여야 한다.
②. (생략)	②. (현행과 같음)
1,2,3,4,5,6,7,8,9,10,11. (생략)	1,2,3,4,5,6,7,8,9,10,11. (현행과 같음)
12. 그 밖에 통일교육의 진흥을 위하여 필요한 사항	12. 그 밖에 통일교육의 진흥과 홍보를 위하여 필요한 사항

(3) 국가 및 지방자치단체의 책무(제4조) : 통일교육에 대한 중앙정부(통일부)와 지방정부간의 업무 추진체계 문제

현행 통일교육 업무 추진체계의 큰 틀은 중앙정부(통일부 등) 중심의 행정체계이다. 우리나라 행정부 구조는 중앙정부와 지방정부46), 그리고 지방

---

45) 음선필, 앞의 논문, 16면.
46) 지방정부의 법적 개념으로는 "지방자치단체"라는 용어를 사용하고 있다. 현행 법령을 변경하기 위해서는 헌법에서 사용하고 있는 지방자치단체라는 명칭을 먼저 개정해야 할 것이다. 해당 규정은 제헌헌법에서부터 사용해 왔는데, 명칭의 사용 유례를 보면, 일본의 법률에서 기인한다. 일본의 경우, 헌법과 지방자치법에서 지방정부를 "지방공공단체"란 명칭으로 사용하고 있다. 향후 지방자치단체의 공공성과 권위를 향상시키기 위해 "지방정부"로의 명칭 사용은 긍정적 효과가 있을 것으로 보여, 이 글에서는 법령상 지방자치단체로 명시된 경우 이외에는 지방정부란 용어를

정부에 대하여 현행 「지방자치법」 제2조는 지방자치단체의 종류를 다시 특별시, 광역시, 특별자치시, 도, 특별자치도와 시, 군, 구의 두 가지로 분류하고 있다. 이런 점에서 우리나라는 크게 보면 3단계 행정 구조를 취하고 있다. 이러한 행정 구조에서는 중앙정부 중심의 통일교육 업무 추진체계가 타당성이 있기도 하다. 현행 통일교육지원법에서도 통일부(통일교육원)가 중심이 되고, 통일교육의 원활한 체계를 구축하기 위하여 지방자치단체의 통일교육 조례 제정, 중앙행정기관·지방자치단체 상호간 통일교육 협력체제 구축, 기본계획 수립사항 구체화 등의 내용을 규정하고 있다.

그렇다면 중앙행정기관·지방자치단체 상호간 통일교육 협력체제 구축의 현실은 어떨까? 협력체계 구축은 강행규정으로 되어 있음에도 불구하고, 지방자치단체 차원에서의 조례제정과 예산지원의 근거는 임의규정이다. 그러다 보니 지방자치단체장의 재량에 따라 통일교육은 실시하지 않을 수도 있다.

통일교육은 국가의 비전으로 중앙정부차원뿐만 아니라 지방정부 차원에서도 적극적 관심을 가지고 추진할 필요가 있다. 통일교육은 지방정부를 포함하여 범정부적으로 실시될 필요가 있다. 지방정부의 경우 주민생활에 직접적 영향을 미치는 지역개발·문화·예술과 같은 가시적 사업에 비해 통일교육은 역점사업에서 제외되는 경향이 있다. 이러한 점을 감안할 때, 법 규정을 통해 통일교육 활성화 시책을 마련하거나 통일교육 추진을 의무화할 경우 지역통일교육이 보다 활성화 될 수 있을 것이다.

이러한 차원에서 공무원 개인의 통일교육 의무화와 더불어 지방정부 차원의 특성화된 통일교육 장려가 필요하다. 지방정부 차원에서 통일교육을 장려하기 위해서는 중앙정부 차원의 인센티브 부여 방안[47]이 강구될 필요

사용하고자 한다. 다만, 지방정부로의 명칭변경으로 인해 전체 법령과 자치법규 뿐만 아니라 각종 공문서 등이 모두 변경되어야 할 것이다.

47) 예를 들면, 행안부의 정부합동 평가지표에 통일교육 지표를 반영하면(현행 평가지표에는 교육항목이 없음), 의지가 있는 각 시·도는 정부 합동평가를 위하여 통일교육을 강화할 것으로 예상된다. 정부합동평가에서 좋은 성적을 받으면 해당 지자체에 많은 교부금을 지원받을 수 있기 때문에 통일교육 의무 실시와 함께 시너지 효

가 있다.

우리나라 행정 구조의 특징을 감안할 때, 중앙정부와 지방정부가 함께 통일교육에 관심을 가질 때 그 시너지 효과는 배가될 수 있다. 이 점은 전국 지방자치단체의 통일교육 관련 조례 제정 현황을 살펴보면 짐작할 수 있다. 아직 조례조차 제정하지 않은 지방자치단체가 많은 실정이다.[48] 법 개정과 함께 지방자치단체의 조례 제·개정을 통하여 통일교육을 활성화할 필요성이 있다. 이를 위하여 「통일교육지원법」 제4조의 임의규정(제2항, 제3항, 제4항)을 강행규정으로 개정할 필요성이 있다. 일부 예산이 수반되기도 하겠지만, 국가시책으로 인한 재정소요는 불가피한 측면이 있다. 정부의 의지 문제이기도 하다.

개정안을 제시하면 다음과 같다.

현 행	개 정 안
제4조(국가 및 지방자치단체의 책무) ① (생략)	제4조(국가 및 지방자치단체의 책무) ① (현행과 같음)
② 국가는 통일교육을 하는 자(법인 또는 단체를 포함한다. 이하 같다)에게 예산의 범위에서 대통령령이 정하는 바에 따라 필요한 경비의 전부 또는 일부를 지원할 수 있다.	② 국가는 통일교육을 하는 자(법인 또는 단체를 포함한다. 이하 같다)에게 예산의 범위에서 대통령령이 정하는 바에 따라 필요한 경비의 전부 또는 일부를 지원하여야 한다.
③ 지방자치단체는 국가의 시책과 지역적 특성을 고려하여 지역별 시책을 수립·시행하여야 한다. 이 경우 그 시책의 수립·시행에 필요한 사항은 조례로 정할 수 있다.	③ 지방자치단체는 국가의 시책과 지역적 특성을 고려하여 지역별 시책을 수립·시행하여야 한다. 이 경우 그 시책의 수립·시행에 필요한 사항은 조례로 정하여야 한다.
④ 지방자치단체는 지역주민을 대상으로 통일교육을 하는 자에게 예산의 범위에서 필요한 재정적·행정적 지원을 할 수 있다.	④ 지방자치단체는 지역주민을 대상으로 통일교육을 하는 자에게 예산의 범위에서 필요한 재정적·행정적 지원을 하여야 한다.
⑤ (생략)	⑤ (현행과 같음)

과를 낼 수 있을 것으로 본다. 행안부와 통일부 사이의 협의가 필요한 사항이다.
[48] 물론 조례를 제정하지 않고 통일교육지원법을 근거로 통일교육 예산을 배정할 수는 있다. 그러나 해당 지방자치단체의 현실과 특징을 반영한 조례 제정은 필요하다고 본다.

(4) 통일교육위원(제10조의2) 역할론

통일교육 업무 추진체계에서 중앙정부(통일부)의 역할과 함께 통일부는 「통일교육지원법」상 통일교육위원을 위촉하여 통일교육 업무에 역할을 하도록 하고 있다. 즉, 통일부장관은 통일교육지원법 제10조의2에 따라 통일교육 활동을 통하여 대국민 통일의지와 역량을 강화함으로써 평화통일 기반조성에 기여하기 위하여 임기 2년의 통일교육위원을 위촉하고 있다.

문제는 헌법기관으로서의 민주평화통일자문회의 위원들과의 형평성 문제이다. 민주평화통일자문회의 위원의 위촉 근거는 「헌법」이고, 대통령이 임명한다. 반면에 통일교육위원은 「통일교육지원법」에 따라 통일부장관이 임명하고 있다. 「헌법」과 법률이란 위촉근거가 다르다고 하여 예산 및 제도적 지원에서 차이가 있는 것은 문제의 소지가 있다.

아울러 통일교육위원들은 그들의 정체성에도 의문을 제기하고 있다. 통일교육위원으로 위촉되는 사람은 "각급 교육기관 및 지역사회에서 통일교육 활동에 적극 참여하고 있는 사람, 제9조의2에 따라 통일교육 전문과정을 수료한 사람, 그 밖에 통일문제에 관한 지식과 경험이 풍부한 사람으로 통일부장관이 인정하는 사람"이다. 법적 표현상으로는 통일교육을 하는 위원 내지 통일교육 강사라고 생각할 수 있다. 실제 통일교육위원들의 추천과 위촉과정을 살펴보면 해당지역 각 분야에서 통일교육과 관련하여 훌륭하신 분들을 위촉하고 있다. 그러나 위촉 후 실제 일선에서 통일교육 관련 강의를 하는 사람들은 많지 않다. 통일부의 통일 관련 행사에 참여하거나 통일교육에 관한 의견을 건의하는 사람들 정도로 생각하고 있는 것 같다. 현실적으로는 통일교육자문위원 역할 정도로 여기고 있는 듯하다. 만약에 통일교육자문위원 정도의 역할이라면, 「통일교육지원법」 개정을 통하여 통일교육위원이란 명칭 대신에 통일교육자문위원으로 명칭을 변경하는 방안도 생각해 볼 수 있다. 만약 현재대로 통일교육위원이란 명칭을 사용한다면, 통일교육위원들이 통일교육에 보다 적극적으로 참여하고, 자기 역할을 할 수 있는 방안 마련이 필요하다.

한편 「통일교육지원법」에는 통일교육을 실시함에 있어서 그간 통일교육의 기본원칙에 위배되는 부적절한 교육을 실시하거나 교육수행에 문제가 있는 통일교육위원의 해촉 근거를 만들었다. 「통일교육지원법」에는 통일교육위원의 해촉 근거는 있지만, 통일교육위원들의 활성화를 위한 제도적 지원 규정은 제10조의2 제4항, 제5항의 임의규정 성격의 규정이 있는 정도이다. 실제 통일교육위원으로서의 역할을 다할 수 있는 법 규정 개정과 정책적 배려가 필요하다.

개정안을 제시하면 다음과 같다.

현 행	개 정 안
제10조의2(통일교육위원) ①,②,③. (생략)	제10조의2(통일교육위원) ①,②,③. (현행과 같음)
④ 통일부장관은 통일교육위원에게 예산의 범위에서 통일교육 활동에 필요한 경비를 지원할 수 있다.	④ 통일부장관은 통일교육위원에게 예산의 범위에서 적극적인 통일교육 활동과 역량강화를 위해 필요한 경비를 지원하여야 한다.

4. 통일교육 운영 측면에서 「통일교육지원법」의 개정방안

(1) 통일교육의 기본원칙(제3조)

「통일교육지원법」은 통일교육의 기본원칙[49]으로서 평화적 통일을 지향하고, 통일교육이 개인적·당파적 목적으로 이용되어서는 안 된다고 규정[50)

---

49) 통일교육의 보편적 원칙으로서 자유민주주의 강조(통일교육지원법 제3조 제1항 개정), 이주민을 포용하는 새로운 공동체 의식 형성 강조(통일교육지원법 제3조 제3항 신설), 인간안보의 관점에서 통일과 안보의 관계 설정(통일교육지원법 제3조 제4항 신설)을 강조하면서 통일교육지원법 제3조의 개정을 주장하는 견해(김병연, 앞의 논문, 125면, 127면, 128면)가 있다.
50) 현행 통일교육지원법에서 규정한 통일교육의 기본원칙은 교육의 내용에 관하여 '자유민주적 기본질서 수호'와 '평화적 통일 지향' 두 가지를 제시하고 있으며, 교육의 동기(의도)에 관하여 '개인적·당파적 이용 금지'를 제시하고 있다. 따라서 통일교육지원법에서도 교육의 내용과 동기 외에도 대상, 방법 등에 관한 교육원칙을 선명하게 제시함으로써 통일교육의 일관성과 체계성 및 지속성을 보장할 필요가 있다는

하고 있음에도 현실은 그렇지 않다. 대통령이 바뀔 때마다, 그 정권이 추구하는 바에 따라 통일교육의 세부내용이 달라지고 있다.

독일은 통일 14년 전인 1976년 보수와 진보 등 정치적으로 입장을 달리하는 서독의 정치교육학자들이 교육지침을 만들었다. 강압적인 교육과 교조(敎條)화 금지, 균형성 또는 대립적 논점의 확보, 학생을 먼저 생각하는 교육 등의 원칙을 견지하였다. "보이텔스바흐 합의(Beutelsbacher Konsens)"라고 부르고 있는 이 합의는 정치 이데올로기적 갈등을 일거에 제거하려는 일종의 사회적 대타협이라고 평가하고 있다.51)

우리나라 통일교육 일선에서는 정부가 추진하는 통일교육과 일부 지방자치단체와 교육청(교육감)이 생각하는 통일교육에 대한 이견으로 통일교육에 어려움을 호소하기도 한다. 이는 지난 이명박, 박근혜 정부가 추진했던 「통일교육지침」과 문재인 정부가 추진하고 있는 「평화·통일교육 - 방향과 관점」으로도 알 수 있다.

<표 1>에서 보는 바와 같이 동일한 통일교육에 대해 바라보는 시각차는 뚜렷하다. 예를 들면 박근혜 정부의 통일교육의 목표는 미래지향적 통일관, 건전한 안보관, 균형 있는 북한관으로 설명하고 있다. 반면에 문재인 정부는 박근혜 정부의 미래지향적 통일관 대신에 평화통일의 실현의지 함양과 평화의식 함양, 민주시민의식 함양을 강조하고 있다. 지난 정부와는 달리 평화의식과 민주시민의식을 강조하고 있다. 통일을 추구하는 방법에서 차이가 있기 때문일 것이다. 통일교육의 다른 분야(통일교육의 방향, 방법, 내용)에서도 차이가 있다.

견해(음선필, 앞의 논문, 13면)도 있다.
51) 소성규, 앞의 논문, 113면.

◆ 〈표 1〉 박근혜 정부의「통일교육 지침서」[52])와 문재인 정부의「평화 · 통일교육 - 방향과 관점」[53]) 비교

	박근혜 정부의 통일교육 목표	문재인 정부의 평화 · 통일 교육목표
목 표	① 미래지향적 통일관 ② 건전한 안보관 ③ 균형 있는 북한관	① 평화통일의 실현의지 함양 ② 건전한 안보의식 제고 ③ 균형 있는 북한관 확립 ④ 평화의식 함양 ⑤ 민주시민의식 함양
	박근혜 정부의 통일교육 주안점	문재인 정부의 평화 · 통일교육 중점방향
방 향	① 통일문제에 대한 관심 제고 및 통일의지 확립 ② 한반도 통일시대를 위한 통일준비 역량 강화 ③ 자유민주주의 가치에 대한 확신 및 민주시민 의식 함양 ④ 민족공동체를 형성하기 위한 노력 ⑤ 국가안보의 중요성 인식 ⑥ 북한 실상에 대한 올바른 이해	① 통일은 우리 민족이 지향해야 할 미래이다. ② 한반도 통일은 민족문제이자 국제문제이다. ③ 통일을 위해서는 남북한의 주도적 노력과 함께 국제사회의 지지와 협력이 필요하다. ④ 평화는 한반도 통일에 있어 우선되어야 할 가치이다. ⑤ 통일은 튼튼한 안보에 기초하여 평화와 번영을 구현하는 방향으로 추진되어야 한다. ⑥ 북한은 우리의 안보를 위협하는 경계의 대상이면서 함께 평화통일을 만들어 나가야 할 협력의 대상이다. ⑦ 북한에 대한 이해는 객관적 사실과 인류 보편적 가치 규범에 기초해야 한다. ⑧ 북한은 우리와 공통의 역사·전통과 문화·언어를 공유하고 있다. ⑨ 남북관계는 통일을 지향하는 과정에서 잠정적으로 형성되는 특수관계이다. ⑩ 남북관계는 기존의 남북합의를 존중하는 방식으로 발전되어야 한다. ⑪ 남북관계의 발전을 위해 화해협력과 평화공존을 위한 노력이 필요하다. ⑫ 통일을 통해 구성원 모두의 자유·인권·평등·복지 등 인류 보편적 가치를 추구하는 국가를 건설해야 한다. ⑬ 통일은 한반도뿐만 아니라 동북아시아

---

52) 통일부 통일교육원,「2016 통일교육 지침서」, 2016. 5.
53) 통일부 통일교육원,「평화·통일교육-방향과 관점」, 2018. 8.

		박근혜 정부의 통일교육 지도방법	문재인 정부의 평화·통일 교육방법
			⑭ 통일은 점진적으로 단계적인 방법으로 이루어져야 한다. ⑮ 통일은 국민적 합의를 바탕으로 추진해야 한다. 및 세계의 평화와 발전에 이바지할 수 있어야 한다.
방 법		① 객관적 사실에 기초한 통일 문제의 이해 ② 문화적·감성적 접근 확대 ③ 열린 대화와 토의의 중시 ④ 생활관련 소재를 통한 흥미와 호기심 유도 ⑤ 학습자의 특성에 따른 '맞춤형 교육' ⑥ 현안쟁점과 사례 중심의 통일문제 접근 ⑦ 다양한 교수·학습방법의 활용	① 학습자 특성에 맞는 통일교육, ② 인지·정의·행동적 영역을 포괄하는 통합적인 통일교육, ③ 학습자 중심의 통일교육, ④ 흥미와 관심을 증진하는 다양한 방법의 활용
		박근혜 정부의 통일교육 내용체계	문재인 정부의 평화·통일 교육내용
내 용		① 통일문제 이해 ② 북한이해 ③ 통일환경의 이해 ④ 통일정책 ⑤ 통일을 위한 과제	① 분단의 배경과 필요성 ② 북한이해 ③ 통일의 과정과 미래상

어느 정권이 들어서더라도 누구나 수긍할 수 있는 통일교육의 기본방향 수립이 필요하다. 즉, "한국형 보이텔스바흐 합의" 노력이 필요하다.54) 이를 위하여 한국의 정치인, 정치학자, 교육학자를 포함한 학계 및 정부, 통일 관련 단체들의 역할이 필요하다55). 이를 위하여 「통일교육지원법」 제3조에 이러한 취지를 규정하는 방향으로 법 개정이 필요하다.

---

54) 박찬석, "민주 사회에서의 통일교육의 발전 방안", 「초등도덕교육」 제56집, 한국초등도덕교육학회, 2017. 6, 80면 ; 소성규, 앞의 논문, 113면.
55) 통일교육의 방향에 대한 소비적인 논쟁의 가능성을 차단하고, 국민적 합의에 의한 통일을 준비하기 위하여 여·야 정치인 및 시민단체 대표가 통일교육의 책임 있는 구성원으로 참여하는 제도적 장치가 필요하다는 견해(김창환, 앞의 논문, 51면)도 있다.
56) https://www.lpb-bw.de/beutelsbacher-konsens/의 독일어 원문을 참고.

독일 보이텔스바흐 합의(Beutelsbacher Konsens)[56]

1. 강제금지(Überwältigungsverbot)

어떠한 수단을 통해서든 교사는 자신이 원하는 견해를 학생이 받아들이도록 강제하여 "자율적 판단 형성(Gewinnung eines selbständigen Urteils)"을 방해하는 것은 허용되지 않는다. 바로 이것이 정치교육(Politischer Bildung)과 사상주입(내지 교화, Indoktrination)의 경계선이다. 사상주입은 민주주의 사회에서 교사의 역할이나 보편적으로 인정되는 목표인 학생의 성숙과도 부합하지 않는다.

2. 학문과 정치에서 논쟁의 여지가 있는 것은 수업에서도 논쟁의 여지를 두어야 한다.

이러한 요청은 위에서 언급한 것과 밀접한 연관이 있다. 왜냐하면 서로 다른 입장이 무시되고 선택 가능성을 주지 않고 대안들을 논의하지 않는다면, 사상주입으로 가는 길을 걷게 된다. 오히려 교사는 교정 기능을 수행해야 하지 않는지가 문제된다. 다시 말하면, 학생들(과 정치적 교육행사의 참가자들)에게 자신들의 정치적·사회적 배경으로 인해 잘 알지 못하는 입장이나 대안을 특별히 부각시켜 주어야만 하는 것은 아닌지를 검토할 필요가 있다.

이 두 번째 원칙을 확립함으로써 왜 교사의 개인적 관점, 학문적 배경, 정치적 견해에 대해서 굳이 관심을 가질 필요가 없는지가 분명해진다. 이미 언급한 예를 다시 설명하자면, 교사가 민주주의를 어떻게 이해하고 있는지는 아무런 문제가 되지 않는다. 왜냐하면 그것과 상충되는 다른 견해들도 함께 논의되기 때문이다.

3. 학생은 정치 상황과 자신의 이해관계를 검토할 수 있는 기회를 주어야 한다.

마찬가지로 학생은 자신의 이익과 연관된 당면한 정치 상황에 영향을 줄 수단과 방식을 모색할 수 있도록 해야 한다. 이러한 목표 설정은 앞에서 언급한 두 원칙의 논리적 귀결이기도 한 수행능력을 매우 중시하게 된다. 이러한 맥락에서 때때로, 이를테면, 헤르만 기에제케(Herman Giesecke)와 롤프 슈미더러(Rolf Schmiederer)에 반대해서 제기되는 비판, 즉 자신의 고유한 것들을 수정할 필요가 없도록 하는 '형식성에로의 회귀'라는 것은 적절치 못하다. 왜냐하면, 여기서 중요한 것은 최대한의 합의 도출이 아니라 최소 합의의 도출이기 때문이다.

개정안을 제시하면 다음과 같다.

현 행	개 정 안
제3조(통일교육의 기본원칙) ①. (생략)	제3조(통일교육의 기본원칙) ①. (현행과 같음)
② 통일교육은 개인적·당파적 목적으로 이용되어서는 아니 된다.	② 통일교육은 개인적·당파적 목적이 아닌, 국민적 합의에 기초해야 한다.

(2) 지역통일교육센터의 지정·운영(제6조의3)과 통일교육위원협의회 운영

통일부는 지역별로 지역통일교육센터를 지정하고, 통일교육위원협의회를 운영하고 있다.

「통일교육지원법」상 지역통일교육센터는 통일부장관이 지정[57]·운영하는 기관·단체이다(제6조의3). 지정의 법적 의미가 무엇일까? 현행법상 지정은 빈번하게 사용되는 용어 중 하나이다. 그러나 다양한 성격과 형태로 사용되고 있어 일관된 원칙을 찾기는 어렵다. 현행 지정 제도는 ① 허가·인가·특허로서의 지정[58], ② 행정업무의 부여로서의 지정[59], ③ 공용제한으로서의 지정[60], ④ 지원·육성대상 선정으로서의 지정[61], ⑤ 규제대상 선정으로서의 지정[62] 등으로 다양하게 사용되고 있고,[63] 여러 가지 성격이 혼합되어 규정되어 있는 경우도 있다.

지역통일교육센터는 행정업무의 부여를 위한 지정과 지원·육성 대상의 선정을 위한 지정의 의미를 동시에 지니고 있다고 볼 수 있다. 즉, 통일부 통일교육원의 통일교육을 위한 수탁기관으로서의 성격과 통일부 차원의 통일교육 활성화를 위한 예산지원을 받고 있는 기관이다. 이를 위하여 통일

---

[57] 지정 제도는 이론적으로 정립되어 있지 않을 뿐만 아니라 여러 가지 성격들이 지정이라는 같은 명칭으로 사용되고 있어 해석이나 운영상 논란이 될 수 있으므로 입법과정에서 지정 제도 도입을 확대하는 것은 문제가 있다.

[58] 「담배사업법」 제16조에 따른 담배소매인의 지정, 「공인중개사법」 제24조에 따른 부동산거래정보망의 지정 및 운영, 「원자력안전법」 제35조의 핵연료주기사업의 허가 등이다.

[59] 「도로교통법」 제104조에 따른 자동차운전 전문학원의 지정, 「산업표준화법」 제13조에 따른 인증기관의 지정 등이다.

[60] 「지하수법」 제12조에 따른 지하수보전구역의 지정, 「문화재보호법」 제27조에 따른 보호물 또는 보호구역의 지정 등이다.

[61] 「가족친화 사회환경의 조성 촉진에 관한 법률」 제19조에 의한 가족친화지원센터의 지정, 「문화예술진흥법」 제7조에 따른 전문예술법인·단체의 지정, 「도서개발촉진법」 제4조에 따른 개발대상도서의 지정 등이다.

[62] 「독점규제 및 공정거래에 관한 법률」 제14조에 따른 상호출자 제한 기업집단 등의 지정 등이다.

[63] 이상윤, 「각종 지정제도의 분석과 개선방안 연구」, 한국법제연구원, 2012. 10. 31, 21면.

부는 전국을 거점 지역별64)로 지역통일교육센터를 지정하여 운영하고 있다. 지정·운영의 목적은 통일교육 인프라가 중앙에 집중되어 있지만, 통일교육을 지방으로 확산시키기 위함에 있다.

그리고 통일부는 「통일교육지원법」 제10조의2 및 「동법 시행령」 제8조에 따라 임기 2년의 통일교육위원을 위촉하고 있다. 이러한 통일교육위원은 지역별협의회가 있고, 이를 총괄하는 통일교육위원 중앙협의회가 별도로 존재한다. 지역별 통일교육센터는 주로 지역별로 통일관련 기본사업과 자율사업을 하고 있지만, 통일교육위원협의회는 그렇지 않다.

종래 지역별 통일교육센터장과 지역별 통일교육위원협의회가 법적 근거는 다르지만, 센터장과 협의회장은 겸직하고 있었다. 겸직이 타당한지에 대한 논란(즉, 조직 일원화 또는 이원화)이 있을 수 있다. 왜냐하면 통일교육센터는 주로 지역별로 통일관련 기본사업과 자율사업을 하고 있지만, 통일교육위원협의회는 그렇지 않기 때문이다.

이러한 기구의 중복으로 인한 예산 및 업무의 비효율성으로 인해 지역통일교육센터를 폐지하고 통일교육위원과 통합하여 통일교육위원협의회로 일원화하려는 취지의 「통일교육지원법」 일부개정안이 의원입법65)으로 발의된 적이 있으나 국회를 통과하지는 못했다. 두 기관의 법적 근거가 다름에도 사실상 동일한 기능을 수행함에 따라 별도로 예산을 편성하는 것이 불합리하다는 지적에 따른 것이다.66)

그러나 현실적으로 지역통일교육센터는 지역별 활동거점 및 인프라로서 역할을 담당하고 기본사업비와 자율사업비를 지원 받고 있다. 통일교육위원의 지역별 협의회는 인건비와 임차료 등 경상경비를 지원 받고 있다. 예

---

64) 종래 전국 17개 지역통일교육센터(중앙통일교육센터 제외)는 현행 「지방자치법」 제2조 제1호의 광역 단위 행정구역을 기준으로 지정한 것으로 보인다.
65) 2012. 12. 6. 정청래의원 등 10인에 의해 지역통일교육센터를 폐지하고자 하는 통일교육지원법 일부개정안이 입법발의가 된 적이 있었다.
66) 국회예산정책처(2013년 예산안 검토보고서) : 지역통일교육센터의 경우 실질적으로 지역별 통일교육위원협의회장에 의해 운영되고 있는 등 기구의 중복으로 인한 예산 및 업무의 비효율성에 대해 지적받은 바 있다.

산 자체가 소규모일 뿐만 아니라 단순히 예산사업의 중복성이라는 관점에서 지역통일교육센터를 폐지하는 것이 바람직한지에 대해서는 신중한 검토가 필요하다는 지적67)에 따라 현재까지 지역통일교육센터 제도를 유지하고 있다.

지역 거점별로 효과적이고 효율적인 통일교육 업무수행을 위하여 지역통일교육센터와 통일교육위원협의회를 일원화하여 운영(겸직 운영)하는 것은 적절하다고 본다. 물론 2020년 개편된 7개 권역별 지역통일교육센터는 지역통일교육센터와 통일교육위원협의회를 일원화 운영이 가능하지만, 그 밖의 다른 지역은 권역별 지역통일교육센터(장)와는 별개로 통일교육위원협의회(장)를 운영할 수 밖에 없는 구조적 문제가 있다.

현행 지역통일교육센터 설치의 기본취지와 제도 운영방법은 기본적으로 타당하다고 본다. 문제는 운영조직과 지정기간의 문제이다. 일반적으로 지역통일교육센터는 센터장, 사무처장, 간사에 의해 소규모 사업예산으로 운영되고 있다. 통일교육 확산이란 측면을 고려하여 지역별 거점 센터 형식으로 운영되고 있다. 이런 거점 조직을 운영함에 있어서 사업비 예산 자체가 적을 뿐만 아니라 열악한 예산상 문제로 사무처장과 간사의 처우개선에 대한 목소리가 높다. 이들의 처우개선과 사업예산 확충이 필요하다고 본다.

아울러 2년이란 센터 지정기간의 문제도 있다.「통일교육지원법」제6조의3 제3항에 의하면, 거짓이나 그 밖의 부정한 방법으로 지정을 받았을 때에는 취소하여야 하고(강제조치), 통일교육을 할 능력이 크게 부족하다고 인정될 때에는 그 지정을 취소할 수 있도록 하고 있다는 규정(임의조치)을 생각해 본다면, 지역통일교육센터의 지정·운영 기간을 좀 더 늘리는 운영의 묘를 강구해 볼 필요가 있다.68) 법 개정을 통하여 센터 지정기간을 2년에서 3년이나 4년으로 연장하는 방안과 정책적 측면에서 센터 운영기간을 늘리는 방안이 필요하다.

---

67) 외교통일위원회 전문위원(이용준), 통일교육지원법 일부개정안 검토의견서, 2013. 4. 참조.
68) 소성규, 앞의 논문, 107면.

(3) 공무원 등에 대한 통일교육의 실시(제6조의7)

정부(통일부)는 국가와 지방자치단체의 공무원 및 「공공기관 운영에 관한 법률」 제4조에 따른 공공기관 직원 등에 대하여는 2018년 9월 14일부터 통일교육을 의무화 하는 통일교육지원법을 개정하였다[69]. 2019년부터 본격적으로 시행된다. 통일과정에서 공무원의 역할이 크다는 점을 감안하면, 바람직한 법 개정이라 생각한다.

법 개정 당시 참고한 유사 입법례는 성희롱 예방교육, 성매매 예방교육, 성폭력 예방교육, 안전·보건교육, 소방안전교육, 개인정보보호교육, 교통안전교육, 실종·유괴의 예방·방지교육, 약물오남용 예방교육, 재난대비 안전교육, 학교폭력 예방교육, 장애이해 및 장애학생 폭력예방교육, 가정폭력 예방교육, 퇴직연금교육, 안전·보건교육, 건설업 기초안전·보건교육, 관리·책임자 등에 대한 교육이다.[70]

문제는 직장교육 사례를 그대로 통일교육에도 적용하고 있다는 점이다. 직장교육은 조직 내의 개인 간의 문제 내지는 조직과 개인 사이에서 발생할 수 있는 문제이다. 이러한 직장교육 사례를 참고는 할 수 있지만, 국가시책인 통일교육에 그대로 적용하고 있다는 점은 검토의 여지가 있다고 본다.

현재 의무 통일교육의 대상기관으로 지정된 기관들은 「통일교육지원법」 제6조의7에 따라 중앙행정기관의 장, 지방자치단체의 장 및 공공기관의 운영에 따른 법률 제4조에 따른 공공기관의 장은 통일교육을 실시할 의무를 지게 된다. 중앙행정기관은 「정부조직법」 등 법률에서 중앙행정기관임을 명시한 기관과 중앙행정기관임을 명시하지 않았으나 중앙행정기관에 준하는 기관을 의미한다. 지방자치단체는 지방자치법 등에 따른 시·도(17개), 시·군·구(226개), 행정시·자치구가 아닌 구(34개), 읍면동(3,500개), 출장소(78

---

[69] 2016. 11. 14. 20대 국회에서 황주홍 의원이 대표발의안 통일교육지원법 일부 개정안(안 제6조의4 신설)도 유사한 취지이다.
[70] 소성규, 앞의 논문, 102면.

개)와 지방교육행정기관인 시도교육청(17개) 및 각 지역 교육청을 의미한다. 공공기관은 공공기관의 운영에 따른 법률 제4조에 따라, 2018년 기준 338개의 공공기관이 교육의무 대상기관이다.

교육방법은 매년 1회(1.1-12.31) 이상, 1시간 이상으로 하되, 그 내용은 통일교육지원법 제2조 제1호에 따라 자유민주주의에 대한 신념, 민족공동체의식, 건전한 안보관을 바탕으로 '통일을 이룩하는 데 필요한 가치관과 태도를 기르는 교육'으로 구성되어 있다. 교육방식은 집합교육(대면강의, 시청각 교육), 사이버 강의, 기관 특성에 맞는 기타 방법 중 선택할 수 있도록 하고 있다.

◆ 〈표2〉 ‖ 예시 ‖ 통일교육의 내용

과 목	내 용 요 소
통일 문제	· 통일의 의의와 필요성·남북관계의 전개·국제질서와 한반도 통일 · 통일노력(통일방안 비교)·통일의 비전과 과제·남북관계와 대북정책 등
북한 이해	· 북한을 보는 시각·북한 분야별 실상(정치·외교·군사·경제·교육·문화 예술·주민생활 등)·북한 변화 전망 등

이러한 형태의 통일교육 방식이 과연 실효성이 있을까? 통일의 이해와 북한에 대한 이해도를 높이는 측면이 있는 것도 사실이다. 그러나 보다 더 실효성 있는 통일교육이 되기 위해서는 교육시간과 교육방법의 조정이 필요하다.

공무원 통일교육 의무화 조치에서 특히 논란이 되는 것은 공무원 통일교육을 실시하지 아니한 경우에 대한 제재조치가 없다는 점이다. 매년 중앙·지자체장 및 공공기관의 장에게 소속 공무원과 직원에게 매년 1회, 1시간 이상 통일교육을 실시하고 그 결과를 통일부장관에게 제출하도록 규정하고 있을 뿐, 이행하지 않을 경우 제재수단 등은 규정되어 있지 않다. 공무원 통일교육 실효성 확보를 위하여 「통일교육지원법」 개정을 통한 제재수단을 마련할 필요가 있다. 즉, 「남녀고용평등과 일·가정 양립지원에 관한 법률」에는 사업주가 년 1회 이상 성희롱 예방교육을 실시하지 아니할 경우,

500만원 이하의 과태료를 부과하도록 하고 있다(동법 제39조 제2항). 또한 「부패방지 및 국민권익위원회의 설치와 운영에 관한 법률」에는 공직자 부패방지교육을 하도록 하고(동법 제81조의2 제1항), 부패방지교육 실시 여부에 대한 점검을 실시하도록 하고 있다(동법 제81조의2 제2항). 아울러 점검결과를 평가에 반영하도록 해당 기관·단체의 장에게 요구할 수 있도록 하고 있는 점은 참고할 만하다(동법 제81조의2 제3항)[71]. 오히려 공무원 통일교육의 실효성 확보를 위해서는 과태료 부과방법 보다는 「부패방지 및 국민권익위원회의 설치와 운영에 관한 법률」에 의한 공직자 부패방지교육 미 이수에 대한 제재방법을 적용하는 방안이 적절할 수 있다.

통일부장관은 통일교육에 관항 교재의 개발·보급, 그 밖의 방법으로 통일교육을 활성화하여야 하고(「통일교육지원법」 제4조 제1항), 통일교육을 효과적으로 실시하기 위하여 필요한 교재를 개발·보급할 수 있도록 규정(「통일교육지원법」 제6조 제2항)하고 있다. 이러한 교재개발에서 지역별 특성에 맞게 교재개발을 할 수 있도록 통일교육 교재개발비 등을 일부 국가(통일부)가 부담하는 방안을 고려할 필요가 있다. 아울러 증가하는 통일교육 수요에 부합하게 통일부 차원의 통일교육 전문강사와는 별개로 지방정부 차원의 통일교육 전문강사를 배출하여야 할 것이다. 이를 위하여 해당 지역에서 통일교육을 실시할 수 있도록 전문강사 양성비용 등을 국가가 일부 부담하는 방안이 있다.

아울러 공공기관의 특성에 맞는 특화된 내지는 특성화된 통일교육이 필요하다고 본다.[72] 공무원 개인이 특성화된 통일교육 수강 의지가 있더라도

---

[71] 1. 「정부업무평가 기본법」 제14조제1항 및 제18조제1항에 따른 중앙행정기관 및 지방 자치단체의 자체평가와 같은 법 제21조제1항에 따른 지방자치단체 합동평가
   2. 「공공기관의 운영에 관한 법률」 제48조제1항에 따른 공기업·준정부기관의 경영실적 평가
   3. 「지방공기업법」 제78조제1항에 따른 지방공기업의 경영평가
   4. 「초·중등교육법」 제9조제2항에 따른 시·도교육청평가
[72] 일례로 지방자치단체별 상황이 다르겠지만 경기북부지역 접경지역 지방자치단체(양주시, 포천시, 연천군, 동두천시)의 경우, 대진대학교와 연계하여 해당 지방자치단체 공무원을 대상으로 특성화된 교육 프로그램인 "평화통일 대비 전문 행정인 양성과

해당 조직이 프로그램 개발을 하지 않는다면 통일교육은 퇴색될 수밖에 없다. 통일부를 포함한 중앙부처 차원이나 해당 기관에서 특성화된 통일교육 프로그램 마련을 위해 연구하고 노력해야 할 것이다. 이를 위하여 「통일교육지원법」 제6조의7 제2항을 강행규정화하고, 기관별 특성에 맞는 교재개발을 위한 규정 개정을 생각할 필요가 있다.

공무원 통일교육이 실효성을 가지기 위해서는 현행 강사초청 위주의 강의중심에서 벗어나 자체 워크숍이나 세미나 참여, 동아리 활동, 통일 관련 유적지 현장체험 등 체험위주 방법으로 교육형태가 변화되어야 할 것이다. 특히 「지방공무원 교육훈련법」에 따라 시행중인 상시 학습에 통일교육이 필수과정으로 포함된다면, 통일교육의 실효성은 더욱 배가되리라 본다.

개정안을 제시하면 다음과 같다.

현 행	개 정 안
제6조의7(공무원 등에 대한 통일교육의 실시) ① 중앙행정기관의 장, 지방자치단체의 장 및 「공공기관의 운영에 관한 법률」 제4조에 따른 공공기관의 장은 소속 공무원 및 직원 등에게 제2조제1호에 따른 통일교육을 실시하고, 그 결과를 통일부장관에게 제출하여야 한다. ② 통일부장관은 제1항에 따른 통일교육을 효과적으로 실시하기 위하여 필요한 교재를 개발·보급할 수 있다. ③ 제1항 및 제2항에서 규정한 사항 외에 통일교육의 방법 및 실시 시기 등 통일교육 실시에 필요한 사항은 대통령령으로 정한다.	제6조의7(공무원 등에 대한 통일교육의 실시) ① (현행과 같음) ② 통일부장관은 제1항에 따른 통일교육을 효과적으로 실시하기 위하여 전문강사를 양성하고 교재 및 교육프로그램을 개발·보급하여야 한다. ③ 통일부장관은 매년 제1항에 따른 통일교육 실시 결과에 대한 점검을 하여야 한다. ④ 통일부장관은 제3항에 따른 점검결과를 다음 각 호의 평가에 반영하도록 해당 기관·단체의 장에게 요구할 수 있다. 1. 「정부업무평가 기본법」 제14조 제1항 및 제18조 제1항에 따른 중앙행정기관 및 지방자치단체의 자체 평가 2. 「공공기관의 운영에 관한 법률」 제48조 제1항에 따른 공기업·준정부기관의 경영실적 평가 ⑤ 제1항에 따른 교육 내용·방법, 결과 제출 및 제3항에 따른 점검 등에 필요한 사항은 대통령령으로 정한다.

정"을 실시하고 있는 점이나 농식품공무원교육원의 경우, 남북농업협력의 이해 과정을 운영하거나, 경찰대학교의 경우, 학사학위과정 중 북한학 강의나 북한 경찰의 이해 등의 교과목을 설강하는 경우 등은 참고가 될 것이다(통일부 통일교육원, 「통일교육기본계획(2019-2021) 및 2019년도 시행계획」, 2019. 3, 38면).

(4) 학교의 통일교육진흥(제8조)과 통일교육 홍보규정 신설

「통일교육지원법」은 학교통일교육에 많은 비중을 두고 있다. 그러나 총론적으로는 강행규정화 하면서도 각론적으로 임의규정화 하여 자율적으로 실시할 수 있도록 규정하고 있다. 자율적인 것 같지만, 실제적으로는 애매모호한 측면이 있다. 기관별 특성과 자율을 강조하지만, 실제로는 그렇지 못한 측면이 있다. 이 규정 역시 일부 예산 소요가 문제가 되겠지만, 기관별 특성에 맞는 학교통일교육 진흥을 위한 강행규정 방안을 검토해 보아야 할 것이다.

아울러 통일교육에 대한 인식개선과 홍보를 위한 법적 근거 마련 규정이 필요하다. 현행 「통일교육지원법」 제8조는 실태조사와 각종 경비 지원에 관한 사항을 규정하고 있다. 통일교육의 실효성을 확보하기 위해서는 통일교육에 대한 인식개선과 홍보를 위하여 방송사업자의 독자적인 홍보영상 제작을 독려하고 이에 적극적으로 협조·지원할 법적 근거가 마련됨으로써 보다 적극적이고 실효성 있는 정책의 수립과 집행이 가능하도록 할 필요성이 있다. 그러나 반대론이 있을 수 있다. 즉, 방송통신위원회는 「방송법」 제73조 제4항 및 「동법 시행령」 제59조 제3항 및 제4항에 공익광고에 대해 이미 규정하고 있다. 이에 따라 각 부처에서 필요한 경우 공익광고를 제작하여 지상파방송사나 전광판방송 사업자 등을 통해 방송하고 있으므로 별도의 공익광고 관련 규정이 불필요하다는 의견이 있을 수 있다.

그러나 이와는 별도로 관련조항을 「통일교육지원법」에 규정할 경우 통일교육에 대한 이해를 증진하는 홍보영상의 필요성에 대한 관심이 제고될 수 있으므로 개별법에 관련 규정을 두는 것이 타당하다고 본다.

참고로 「결혼중개업의 관리에 관한 법률」, 「가정폭력방지 및 피해자보호 등에 관한 법률」, 「아동복지법」 등에서도 위와 유사한 조항이 규정되어 있다. 특히 2015. 12. 1. 개정된 「다문화가족지원법」에서 다문화가족의 이해증진을 위하여 홍보영상을 제작하고, 이것을 「방송법」 제2조 제3호에 따른 다른 방송사업자에게 배포하도록 하는 규정(「다문화가족지원법」 제5

조)을 신설한 것은 「통일교육지원법」 개정에도 참고할 만하다[73]. 우리사회에 다문화가족의 이해증진을 알리기 위해 개별법인 「다문화가족지원법」에 홍보 규정을 신설한 점은 통일교육에 그대로 적용될 수 있다. 다문화가족에 대한 이해증진 못지않게 통일교육의 중요성을 알리는 것도 필요하기 때문이다.

개정안을 제시하면 다음과 같다.

현 행	개 정 안
제8조의2(학교의 통일교육 진흥) ①,②,③,④,⑤. (생략)	제8조의2(학교의 통일교육 진흥) ①,②,③,④,⑤. (현행과 같음)
<신설>	⑥ 통일부장관은 교육부장관과 협의하여 대통령령으로 정하는 바에 따라 초·중등학교의 통일교육 인식개선과 홍보를 위해 필요한 경비의 전부 또는 일부를 지원하여야 한다.
<신설> 제8조의3(홍보영상의 제작·배포·송출)	제8조의3(홍보영상의 제작·배포·송출) ① 통일부장관은 통일교육 등에 관한 홍보영상을 제작하여 「방송법」 제2조제3호의 방송사업자에게 배포하여야 한다.
<신설>	② 통일부장관은 「방송법」 제2조제3호가목의 지상파방송사업자에게 같은 법 제73조제4항에 따라 대통령령으로 정하는 비상업적 공익광고 편성비율의 범위에서 제1항의 홍보영상을 채널별로 송출하도록 요청할 수 있다.
<신설>	③ 제2항에 따른 지상파방송사업자는 제1항의 홍보영상 외에 독자적인 홍보영상을 제작하여 송출할 수 있다. 이 경우 통일부장관에게 필요한 협조 및 지원을 요청할 수 있다.

(5) 사회통일교육 진흥 및 활성화를 위한 규정 신설

현행 사회통일교육 실시 주체 공공기관으로는 통일부 통일교육원, 교원연수원, 공무원교육원, 법무부, 국방부, 정부기관 및 지방자치단체, 해외동포 교육기관, 그리고 헌법기관으로 민주평화통일자문회의 등이 있다. 통일부 통일교육원의 지도·지원을 받는 기관 및 단체로는 통일교육위원 지역별

---

[73] 소성규, 앞의 논문, 104-105면.

협의회, 통일교육협의회, 지역통일교육센터, 통일관 및 사회·공공교육기관이 있다. 민간단체로는 시민사회단체, 청소년단체, 대학부설 평생교육원 등이 통일교육을 실시하고 있다.

현행 통일교육은 학교통일교육 중심으로 이루어지고 있다. 실제 사회통일교육은 여러 가지 현실적 어려움이 있기도 하다. 그러나 학교통일교육이 아무리 훌륭하게 진행된다고 하더라도, 가정에서 내지 사회에서의 통일교육이 제대로 이루어지지 않는다면 어떨까? 사회통일교육 활성화 방안모색이 필요한 이유이다.

「통일교육지원법」의 제정당시에는 사회통일교육과 학교통일교육을 분리하여 통일교육 활성화를 위한 시도를 한 바 있었다.[74] 그러나 최종 입법과정에서 사회통일교육 진흥 규정은 삭제되었다. 입법당시 의도했던 사회통일교육 진흥 내지 활성화가 되지 않고 있는 현 시점에서 법 개정을 통한 사회통일교육 활성화 방안을 다시한번 진지하게 고민해 보아야 할 것이다.

현재 지역별 통일교육센터는 적은 예산으로 해당 지역사회 통일교육 활성화를 위해 최선의 노력을 하고 있고, 예산 대비 적지 않은 효과를 거두고 있는 점은 부인할 수 없는 사실이다. 그리고 지역통일교육센터의 통일교육 방향이 학교통일교육에서 사회통일교육으로 통일교육 방향이 변화하고 있다. 바람직한 현상이지만, 사회통일교육 진흥 내지 활성화를 위해서는 지역통일교육센터 전체 예산 확충이 절실한 시점이다. 아울러 통일교육 민간단체 예산 지원을 위해서라도 「통일교육지원법」상의 사회통일교육 진흥을 위한 법적 근거 마련이 필요하다고 본다.[75] 사회통일교육의 진흥과 함께 북

---

[74] 2008.3.28. 제정되어 2008.6.29.부터 시행되고 있는 「법교육지원법」에서는 학교 법교육의 지원(동법 제7조)과 사회 법교육의 지원(동법 제9조)을 분리하여 규정하고 있는 점은 참고할 만하다. 즉, 「법교육지원법」에서는 "학교 법교육"이란 「초중등교육법」 제2조 및 「고등교육법」 제2조에 따른 학교에서 교육과정의 일환으로 행하는 모든 법교육을 말하고(동법 제2조 제2호), "사회 법교육"이란 법교육 관련 단체와 「평생교육법」 제2조 제2호에 따른 평생교육기관 등에서 행하는 모든 법교육을 말한다(동법 제2조 제3호). 그 밖에 「문화예술교육지원법」 제3장(학교문화예술교육의 지원)과 제4장(사회문화예술교육의 지원) 역시 좋은 예가 될 것이다.

[75] 같은 취지: 김창환, 앞의 논문, 58면 ; 음선필, 앞의 논문, 13면.

한이탈주민 및 이주배경 국민 등에 대한 통일교육의 실시 규정 신설도 필요하다. 이를 위하여 현행 「통일교육지원법」상 통일교육의 유형으로서 학교통일교육과 사회통일교육에 관한 개념 정의 규정 신설[76)]이 필요하다.

개정안을 제시하면 다음과 같다.

현 행	개 정 안
제2조(정의) (생략)	제2조(정의) (현행과 같음)
1. "통일교육"이란 자유민주주의에 대한 신념과 민족공동체의식 및 건전한 안보관을 바탕으로 통일을 이룩하는 데 필요한 가치관과 태도를 기르도록 하기 위한 교육을 말한다.	1. "통일교육"이란 자유민주주의에 대한 신념과 민족공동체의식 및 건전한 안보관을 바탕으로 국민들의 통일의식과 평화의식을 함양하고 민주시민의식을 고양할 수 있는 능력을 기르도록 하기 위한 교육을 말한다.
<신설> 2.	2. "학교통일교육"이란 초·중·고 학생들로 하여금 한반도 분단의 과정과 현실에서 발생하는 다양한 삶의 문제들을 탐구함으로써 평화통일의 필요성과 방법에 대해 토론하고 일상에서의 평화를 실천하기 위한 의지와 능력을 기르는 교육을 말한다
<신설> 3.	3. "사회통일교육"이란 지역사회의 시민을 대상으로 분단으로 인해 발생하는 지역사회와 국가적 차원의 현안문제를 이해하고 문제 해결을 위한 방안으로서 평화통일의 필요성에 대해 검토하며 일상에서의 평화를 실천하기 위한 의지와 능력을 기르는 교육을 말한다.
2.3.(생략)	4.5.(현행과 같음)
<신설> 제6조의8(사회통일교육의 진흥과 북한이탈주민 및 이주배경 국민 등에 대한 통일교육의 실시)	제6조의8(사회통일교육의 진흥과 북한이탈주민 및 이주배경 국민 등에 대한 통일교육의 실시) ① 정부는 공공단체 및 민간 사회교육기관에서의 통일교육의 진흥을 위하여 노력하여야 한다.
<신설>	② 정부는 북한이탈주민 및 이주배경 국민의 통일교육을 진흥하기 위하여 노력하여야 한다.
<신설>	③ 통일부장관은 제1항에 따른 통일교육을 효과적으로 실시하기 위하여 필요한 교재를 개발·보급할 수 있다.
<신설>	④ 제1항 내지 제3항에서 규정한 사항 외에 통일교육의 방법 및 실시 시기 등 통일교육 실시에 필요한 사항은 대통령령으로 정한다.

---

76) 김병연, 앞의 논문, 124면.

사회통일교육에서 간과할 수 없는 부분은 우리사회에서 중요한 부분을 차지하고 있는 다문화가정 내지 다문화가족을 위한 통일교육 프로그램 개발이다.[77] 아울러 통일교육이 통일을 이룩하기 위한 교육뿐만 아니라 통일이후 사회통합을 위한 교육이라면, 북한이탈주민을 대상으로 한 특별한 통일교육 프로그램 개발에도 관심을 가져야 할 것이다.[78] 특히 북한이탈주민의 경우, 북한이탈주민만을 대상으로 하는 통일교육도 필요하겠지만, 그것보다는 남북한 주민이 함께 할 수 있는 통일교육 프로그램 개발이 바람직하다.

다문화가정 내지 다문화가족, 북한이탈주민들과 같은 이주배경 국민들의 경우, 무엇보다 이들을 교육 프로그램에 참여하게 하는 다양한 방법에 대한 노력이 필요하다. 특히 이들에게는 '강의중심 유형'과 '강연회·세미나·포럼 유형' 방식보다는 '캠프 및 기행 유형'과 '문화·행사 유형'과 같이 참여에 기반 한 방식이 적절할 것이다.

V. 결론

현행 통일교육은 학교통일교육, 특히 초·중등교육 중심의 형태에서 통일교육선도대학을 포함한 다양한 대학통일교육 지원 사업에도 관심을 가지고 정책방향을 조금씩 변화하고 있다.

이제는 학교통일교육 뿐만 아니라 사회통일교육 진흥을 위해 노력할 시기이다. 이를 위하여 사회통일교육의 중심에 있는 지역통일교육센터 예산 확충과 「통일교육지원법」에 사회통일교육 진흥을 위한 법적 근거 마련과 통일교육 유형별 정의 규정 신설이 필요하다. 사회통일교육은 통일이후 이

---

[77] 통일교육의 다문화적 인식의 강화를 주장하는 견해(박찬석, 앞의 논문, 76면)와 맥락을 같이 한다고 볼 수 있다.
[78] 「경기도 평화통일교육 활성화 조례」는 "이주배경 도민"을 북한이탈주민과 다문화가족을 정의하고(조례 제2조), 조례 제6조에서는 "이주배경 도민" 등에 대한 맞춤형 평화통일교육 방안을 주문하고 있는 점은 이러한 현실을 반영하고 있다.

질성에 기초한 남북한 사회통합 교육과도 연계되어 있다. 「통일교육지원법」의 입법자는 통일교육을 통일이전의 한시법으로 생각하고 입법하였으나, 통일교육은 통일이후에도 남북한의 이질성 극복 차원에서 필요한 교육이다. 통일 이후 남북한 주민간의 이질성을 극복하고 사회통합을 이루기 위해서는 학교통일교육과 다양한 형태의 사회통일교육이 필요하다. 이를 위하여 다소 시간이 걸리고, 정권이 바뀌더라도 변하지 않을 통일교육 형태, 즉, 한국형 "보이텔스바흐 합의"가 필요하다.

독일의 정치교육은 민주시민교육, 평화교육, 국제이해교육, 통일교육 등을 내포하는 통합교육이다. 독일의 정치교육처럼 우리나라도 민주시민교육의 바탕 위에 통일교육이 이루어져야 할 것이다. 민주시민으로서의 자질과 능력을 함양할 수 있는 민주시민교육은 통일의 과정에서 통일을 위한 교육으로 자유민주주의에 대한 신념을 확고히 할 수 있다. 민주시민교육은 분단으로 인하여 고착화된 이질적인 남북한의 정치, 경제, 사회, 문화 등 사회 전반의 통합을 가능하게 할 수 있다.

「통일교육지원법」에 규정된 통일교육의 목표를 지향하기 위해서는 민주시민교육의 기반 위에서 실질적인 통일교육을 통해 실현될 수 있다. 이를 위하여 「통일교육지원법」과는 별개로 민주시민교육의 활성화를 위한 가칭 「민주시민교육지원법」의 제정이 필요하다.

제2부
남북한 민사법의 쟁점과 통합

제 3 장
남북통일과 민사법의 통합

 분단의 상처가 오롯이 새겨진 한반도에서 오늘을 살아가는 우리에게 기다림의 시간이 얼마나 될 지를 섣불리 예측할 수는 없으나, 언젠가는 기어코 통일의 그날이 오리라고 기대해 본다. 그러나 막연한 기다림과 기대만으로는 통일과정에서 당면하게 될 수많은 시행착오를 피할 수 없다. 상대적으로 통일을 위한 준비를 착실하게 해왔다고 평가받던 서독조차도 통일과정은 물론 통일 후에도 적지 않은 난관들을 직면하였으며, 아직까지도 동서독 지역의 물리적 결합을 넘어 화학적 융합을 통한 완전한 통일과 화합의 상태에 도달하는 것은 여전히 소원한 실정이다. 결국 통일을 위한 철저한 계획과 준비가 되어 있어야만 통일의 기회를 놓치지 않고 쟁취할 수 있고, 실제 통일이 이루어진 후에도 정치·경제적 혼란을 방지함으로써 통일 한국의 이점과 잠재력을 최대한 활용할 수 있게 된다.

 민사법 분야에서 통일을 준비하는 방법은 남북한의 민사법 체계에 대한 이해를 바탕으로 차이점을 면밀히 조사한 후에 수용의 한계나 경과규정을 포함하여 통합 방식과 구체적인 내용을 제시하는 일이다.

Ⅰ. 서론

 북한 민법이론에서는 북조선 임시 인민위원회의 결정인 '북조선림시인민위원회 사법국, 재판소, 검찰소의 구성과 직무에 관한 기본원칙'에 근거한 '민주주의적 의식'을 민사에 관한 성문법의 제정 전은 물론 개정 후에도 실질적 민법의 연원으로 보고 있다. 1950년 북한 민법의 초안을 마련하였으나, 1990년 9월 5일에 이르러서야 민사법률관계를 규율하기 위한 민법전을 제정하였다. 북한 민법은 생산수단의 공유제와 계획경제체제의 옹호에 그 이론적 기초를 두고 있다(제(3조 내지 제5조). 1990년 제정된 북한민법은 1993년, 1999년, 2007년에 걸쳐서 3차례 개정되었으며, 민사특별법인 손해보상법·부동산관리법·살림집법 등이 제·개정되어 민사 관련 법체계에 많은 변화가 있었다.

남북한 민법의 통합을 통한 통일 민법의 토대를 구축하는 일은 우리 민법의 중요한 당면 과제 중 하나라고 할 수 있다. 이를 위해서는 북한 민법의 우리 민법에의 수용가능성과 그 한계를 밝히는 것이 중요하다. 통일 민법의 정립에 있어서 양보할 수 없는 민사상의 핵심적 가치에 해당하는 것을 검토하고, 서로 동화적(同和的) 접근 가능성이 있는 요소들과 구분할 필요가 있다. 이를 위해서 먼저 북한 민법의 연원과 민법의 변천과정을 고찰함으로써 유용한 단서를 찾을 수 있을 것이다.

II. 북한 민사법의 형성과 발전

북한민법의 형성과 발전은 크게 북한민법이 불문형태로 존재하던 시기인 성문민법의 제정 이전과 그 이후로 나누어 볼 수 있다.

1. 북한 성문민법 제정 이전

(1) 북한정권의 수립과 의용민법의 실효 선언

일본은 1912년 조선민사령을 제정하여 우리나라에 시행하였으며, 그밖에 민사 관련 특별법들도 제정·시행하였다. 남한과 달리 북한은 해방 후 일본민법의 영향으로부터 탈피하였다. 1945년 11월 16일에 북조선사법국 포고 제2호로 나온 '북조선에 시행할 법령에 관한 건'에 의하여 조선 고유의 민정과 조리에 부합치 않는 법령을 모두 폐지시켰다.[1] 또한 해방 이전 조선

---
[1] 김일성은 일본제국주의자들에 의하여 만들어진 일체 법률과 규정들을 무효로 선언

에 시행되던 일본 민법에 대해서 1946년 2월 8일 북조선임시인민위원회가 단행한 20개조 정강의 제7조에서 "일본 통치시에 사용하며, 그의 영향을 가진 일체의 법률과 재판기관을 폐지한다."는 규정에 근거하여 일본 민법 의용의 폐지를 선언하였다.[2] 이로 인해 북한민법은 해방 후 상당한 기간 불문규범의 형태로 존속하게 되었고, 성문민법이 제정되기까지 '민주주의적 법의식'이 사실상의 법원으로서 역할을 하게 되었다.[3]

북한의 민법이론은 북한 민법의 뿌리를 북조선 임시 인민위원회의 결정인 '북조선림시인민위원회 사법국, 재판소, 검찰소의 구성과 직무에 관한 기본원칙(1946. 3. 6.)'에 근거한 '민주주의적 법의식'에서 찾고 있다. '민주주의적 법의식'은 북한에서 사회주의 이념을 토대로 한 사물의 이치나 도리의 법적 표현이다. 이것은 우리 민법 제1조 상의 조리에 상응하는 것으로 북한 민법의 법원이 된다. 그런데 '민주주의적 법의식'은 단순히 법의식이 성문법의 흠결을 보충하는 역할에 그치지 않고 북한 법체계를 형성해가는 추동력이 되는 것으로서 성문법도 개폐시킬 수 있는 우월적 지위를 가진다.

북한에서는 판례법을 착취국가의 법 형식으로 보아 법원성이 인정되지 않는다. '중앙재판소의 지도적인 지시'가 북한의 재판실무상 중요한 역할을 하고 있으나, 북한 민법이론은 중앙재판소를 법령에 따라 법을 적용하는 임무를 수행할 뿐 법을 제정할 수는 없다는 점을 들어 법원성이 인정되지 않는 것으로 본다.

(2) 1946년 이후 북한민법 제정 이전 민사 관련 입법 과정

북조선임시인민위원회가 일본통치 시에 사용되었거나 그 영향을 받은 일체 법률과 재판기관의 폐지를 선언함으로써 그들이 주장하는 '전체 조선 인민의 의사와 리익을 반영한 인민의 법'을 제정할 필요가 있었다.[4] 북한

하고 광범위한 인민대중의 리익을 옹호하는 새 법률과 규정들을 만들어 국가건설의 새 질서를 세워야 한다고 교시하였다, 김일성종합대학출판사, 민법학, 1994, 38면.
2) 김영규, "북한 민법의 변천과 특징", 법학연구 제28권 제1호, 충북대학교 법학연구소, 2017. 6., 305면.
3) 법원행정처, 북한의 민사법, 2007, 48면.

의 민법이론은 북한이 정권수립 후 민법전(형식적 민법) 제정 이전에 입법한 대표적인 민사에 관한 성문법으로서 1946년 3월 5일과 8월 1일 북조선임시인민위원회가 각각 공포한 '북조선 토지개혁에 관한 법령'(이하 '토지개혁 법령')과 '주요 산업의 국유화에 관한 법령'(이하 '산업국유화법령')을 들고 있다. 이러한 토지개혁법령과 산업국유화법령의 실시로 소유권제도가 변화·발전하였다. 토지개혁법령의 실시로 토지에 대한 농민의 사적 소유권이 확립되었으며, 산업국유화법령으로 전체 인민의 소유, 즉 '사회주의소유권' 제도가 생겨났다.

1947년 2월 북한의 최고주권기관인 북조선인민회의가 창설되었다. 북조선인민회의는 북조선임시위원회의 권한을 이양받아 최고집행기관인 북조선인민위원회를 조직하였다. 북조선인민회의는 북한에서 입법권을 행사하고, 북조선인민위원회는 최고집행기관으로서 북조선인민회의 휴회 중에 법률을 제정할 권한을 가졌다. 북한은 1947년 12월 22일 '북조선 지하자원, 산림지역 및 수역의 국유화에 관한 결정서'(북조선 임시 인민위원회 결정 제91호)을 채택하면서 국가소유권의 객체에 대한 무제한성을 규정하였고, 1948년 12월 16일 '몰수재산 관리에 관한 규정'(내각결정 제90호)을 채택하면서 무주물에 대하여 오직 국가만이 무주물에 대한 소유권자가 됨을 명문화하였다.

북한은 1950년대 들어서 1950년[5]과 1958년[6] 두 차례에 걸쳐서 형식적

---

4) 김일성이 "일제시대의 온갖 법규범을 반드시 없애야 하면 새로운 민주주의적 형법, 민법, 형사소송법을 비롯한 법규범을 만들어야 하겠습니다"라고 교시한 바와 같이 민법은 최우선적으로 제정되어야 할 과제 중 하나로 보았음을 알 수 있다. 그런데 1950년 3월 3일에 형법과 형사소송법은 제정하였으나, 민법은 제정되지 않다가 북한 민법은 1990년 9월 5일에서야 최고인민회의 상설회의 결정 제4호로 채택되었다.
5) 1950년 북한 민법초안은 1948년 북한 헌법제정을 계기로 기본법전 편찬작업의 일환으로 추진되었는데, 1922년 러시아 민법전과 같이 총칙, 물권, 채권, 상속의 4개편으로 구성되어 있었다.
6) 1958년 북한민법 초안은 '조선민주주의 인민공화국 민법 및 민사소송법 초안을 준비할 데 관하여'(1958년 2월 1일. 내각 결정 제16호)의 채택에 따라 추진되었으며, 그 구성은 총칙, 소유권법, 채무법, 저작권법, 창의고안법, 상속법의 6개편으로 구성되어 있었다. 이 체계는 1964년에 성립된 러시아공화국 민법전의 체계와 동일한데, 이는 러시아공화국에서 민법 제정을 위해 논의되고 있던 민법이론이나 초안 등을 미리

민법의 제정을 위해서 초안을 만들었으나, 위 초안이 법전화 되지는 못하였다. 민법 초안이 성문화되지 못한 이유는 민법 초안 내용이 사회주의의 완전한 승리로 나아가야 할 북한의 사회·경제적 관계의 급격한 변화에 부응할 수 없다는 점, 민법의 성문화가 오히려 사회·경제발전을 저해할 염려가 있다는 점 등을 주된 이유로 들고 있다.[7)]

6. 25 전쟁 중에도 민사 관련 입법이 있었다. 소유권과 관련해서, 협동단체 소유권의 주체로서의 생산 협동조합과 소비 협동조합에 대한 민사상의 규제를 위한 입법조치로서 '협동단체들의 조직 및 사업 강화에 관한 결정'(1951년 8월 22일, 내각 결정 제57호)과 '생산협동조합들의 경제 활동을 강화하기 위한 제 대책에 관한 결정'(1953년 3월 27일, 내각 결정 제57호) 등을 채택하였다. 또한 북한은 계약과 관련해서, 전쟁시의 특수 사정을 고려한 공급계약을 규율하기 위한 입법조치로서 '국가기관, 국영기업소, 협동단체 및 기타 경제기관 호상간의 계약제도에 관한 규정'(1952년 7월 11일, 내각 결정 제127호 및 1952년 7월 24일, 내각 결정 제133호) 등을 채택하였다.

북한은 6.25 사변 이후 전후(戰後) 인민경제의 복구와 사회주의 건설을 위하여 1960년 이전에 여러 가지 민사 입법을 제정했으며, 이는 소유권과 계약에 관한 것으로 나누어볼 수 있다. 북한은 소유권과 관련해서, 기업소들이 자기 관리 아래 있는 고정 소유재산을 자의로 타인에게 양도하거나 전당에 넣는 것을 금지하기 위한 입법조치로서 '조선민주주의 인민공화국 기업소에 관한 규정'(1955년 5월 21일, 내각 결정 제59호), 농경지에 대한 사적 소유의 폐지와 농업협동조합의 소유재산을 조합원들의 공동소유로 명시하는 입법조치로서 '농업협동조합 기준규약(잠정)'(1959년 1월 21일, 내각 결정 제59호) 등을 채택하였다. 또한 북한은 상품의 유통계약과 관련해서, 매매 및 상품 유통분야에서 국가 또는 협동단체 상업기관과 개인(상인) 사이의 판매제도를 규율하기 위한 입법조치로서 '개인들에게 일부 상품을 위

계수하여 반영한 것으로 보인다. 북한민법 제2초안은 제1초안에는 없었던 저작권법과 창의고안권법을 민법전에 포함시킨 것이 특징적이다, 법원행정처, 북한의 민사법, 2007, 52면.
7) 최달곤, 북한민법연구, 세창출판사, 1998, 23면.

탁(특약) 판매시킬 데 대하여'(1957년 2월 5일, 상업성령 제9호), 상품유통과 주문계약에 대한 민사법적 규제를 규율하기 위한 입법조치로서 '상품류통 부문사업 개선 강화대책'(1954년 1월 15일, 내각 지시), 농산물에 대한 예약 수매제를 실시하기 위한 입법조치로서 '1955년 농산물에 대한 예약수매를 실시할데 관한 지시'(1955년 2월 10일, 내각 지시) 등을 채택하였다.

북한은 1982년 12월 7일, 중앙인민위원회 정령 제247호'로 민사실무의 지침인 '민사규정(잠정)'을 채택하여 잠정적으로 시행하였고, 1983년 3월 19일에는 중앙재판소 지시 제2호로 '민사규정잠정시행세칙'이 제정되었다. 민사규정(잠정)은 잠정적인 시행을 거쳐서 1986년 1월 30일 중앙인민위원회의 정령으로 정식 채택되었다. 위 민사규정은 제1장 일반규정(제1조-제9조), 제2장 혼인 및 가족관계(제10조-제26조), 제3장 민사거래행위(제27조-제61조), 제4장 불법행위에 의한 손해배상 및 부당이득의 처리(제62조-제72조)의 4장 72개 조문으로 구성되어 있었다. 이러한 민사규정은 경제관계뿐만 아니라 가족관계를 포함한 민사사건에 통일적으로 적용될 기준을 제정한 입법조치로서의 의미가 있다. 민사규정은 1990년 민법과 가족법이 제정되면서 폐지되었다.

(3) 북한 민법의 제정과 개정

1) 북한민법의 제정 배경

북한은 종래 민법전을 제정하지 못하던 소극적 태도[37)]에서 벗어나, 1990년 9월 5일(최고인민회의 상설회의 결정 제4호) 민법을 제정하였다. 이는 북한 민법(1조)의 사명에서 밝히고 있는 바에서 유추할 수 있듯이, 구소련을 비롯한 동구 유럽 사회주의체제의 붕괴 등으로 야기되는 체제내적 갈등을 잠재우면서 '사상교양적 기능'과 '조직동원적 기능'을 제고시키기 위해서 재산관계를 규율하는 일반법을 제정하기 위한 것에 그 입법의 배경이 있다. 이에 따라 북한 민법(3조-5조)은 생산수단에 대한 사회주의적 소유와 계획경제에 기초한 계약을 그 바탕으로 하면서 주체사상에 따른 북한식 사회주의의 법적 표현으로 대안의 사업체계의 요구 구현 등을 기본원칙으로 밝히고 있다.

2) 1990년 제정된 북한민법의 내용

북한 민법은 우리 민법과 같이 사법의 일반법으로서의 지위를 갖는 것이 아니라 개인 상호간의 법률관계에서도 가족법과 상속법을 제외하고 국가가 개입하는 공법의 성격을 띠는 대등한 지위에서 이루어지는 재산관계를 규율하는 부분법으로서의 지위를 가진다. 1990년 9월 5일 최고인민회의 상설회의 결정 제4호로 북한민법이 채택되었다. 1990년 민법은 총 271개 조문으로 제1편 일반제도, 제2편 소유권제도, 제3편 채권채무제도, 제4편 민사책임과 민사시효제도로 구성되었다.

◆ 〈북한민법의 구성 비교〉[8]

제1초안	제2초안	민사규정	1990년 북한민법
제1편 총칙 제2편 물권 제3편 채권 제4편 상속	제1편 총칙 제2편 소유권법 제3편 채무법 제4편 저작권법 제5편 창의고안법 제6편 상속법	제1편 일반규정 제2편 혼인 및 가족제도 제3편 민사거래행위 제4편 불법행위에 의한 손해보상 및 부당이득의 처리	제1편 일반제도 제2편 소유권제도 제3편 채권채무제도 제4편 민사책임과 　　　민사시효제도

3) 북한민법의 1차 개정(1993년)와 2차 개정(1999년)

북한은 1993년 9월 23일 최고인민회의 상설회의 결정 제34호로 민법을 처음으로 개정하였으며, 이에 따라 민법 제9조 제2항[9]이 삭제되었다. 이는 민법인 실체법에 절차법의 규정이 포함되어 있는 것을 정비하기 위한 것과 민사소송법의 관련 조문과의 충돌을 입법적으로 해결하기 위한 개정으로 평가된다.

---

8) 법원행정처, 북한의 민사법, 2007, 53면.
9) 1990년 북한민법 제9조 제2항
　기관, 기업소, 단체, 공민들의 민사상 권리보장과 관련하여 제기되는 문제는 재판 또는 중재절차로 해결한다.

북한은 1999년 민법 2차 개정을 하였으며(1999년 3월 24일 최고인민회의 상임위원회 정령 제540호), 이는 1998년 북한이 새롭게 채택한 '김일성 헌법'의 내용을 민법에 반영하는 것을 포함하여 민법 전체에 걸친 대폭적인 개정이었다.[10]

4) 현행(2007년 3차 개정) 북한민법

현행 북한민법의 특징은 다음과 같다.

첫째, 민법전은 우리민법과 마찬가지로 독일식 편별법인 판덱텐 체계(Pandektensystem)를 따르고 있다. 북한민법은 4편으로 구성되어 있는데, 구체적으로 제1편 일반제도, 제2편 소유권제도, 제3편 채권채무제도, 제4편 민사책임과 민사시효제도이다. 이는 우리 민법과 비교할 때, 각각 민법총칙, 물권, 채권, 채권 및 민법총칙의 내용을 다룬 것으로 보인다.

둘째, 북한민법은 등가보상적 재산관계를 규율하고 있다. 따라서 민사법률관계의 당사자는 공민뿐만 아니라 기관, 기업소, 단체도 될 수 있다. 이로 인해서 북한민법은 공법에 대비되는 사법의 일반법이 아닌 공법적 요소도 함께 가지고 있다. 북한민법은 등가보상적 재산관계에서 개인의 이익보다는 공공의 이익을 우선시키고 있는데, 이는 사회주의적 민사법률관계도 사회주의 정치의 실현과정으로 보고 있기 때문이다.[11]

셋째, 북한민법은 사회주의민법이다. 즉 토지공유성과 생산수단에 대한 공유제를 근간으로 하여 계획경제체제의 옹호에 이론적 기초를 두고 있다.

넷째, 북한민법은 혼인, 가족관계 및 상속관계에 관한 법률관계를 규율하지 않는다. 이는 북한민법이 등가보상적 재산관계를 규율한다는 특징에서 기인한다. 혼인이나 가족관계 또는 상속 분야는 부부 내지 가족구성원들의 인격적 관계를 전제로 하기 때문에 등가보상적 재산관계를 전제로 하는 민

---

10) 북한민법 제2차 개정의 자세한 내용은 김영규, "북한 민법의 변천과 특징", 법학연구 제28권 제1호, 충북대학교 법학연구소, 2017. 6., 317면 이하 참조.
11) 윤종철, "민사법률관계의 사회정치적 성격에 대한 문제", 김일성종합대학학보(력사 법학) 제43권 제2호, 1997, 46면.

법에서 규율하는 것이 적당하지 않기 때문이다.

현행 북한민법의 구성과 체계는 다음 표와 같다.

제1편 일반제도	제1장 민법의 기본(제1조 ~ 제10조) 제2장 민사법률관계의 당사자(제11조 ~ 제23조) 제3장 민사법률행위(제24조 ~ 제36조)
제2편 소유권제도	제1장 일반규정(제37조 ~ 제43조) 제2장 국가소유권(제44조 ~ 제52조) 제3장 협동단체소유권(제53조 ~ 제57조) 제4장 개인소유권(제58조 ~ 제63조)
제3편 채권채무제도	제1장 일반규정(제64조 ~ 제89조) 제2장 계획에 기초하는 계약(제90조 ~ 제134조) 제3장 계획에 기초하지 않는 계약(제135조 ~ 제234조) 제4장 부당리득행위(제235조 ~ 제239조)
제4편 민사책임과 민사시효제도	제1장 민사책임(제240조 ~ 제258조) 제2장 민사시효(제259조 ~ 제271조)

5) 북한 민법 제정 이후의 민사특별법의 변화

북한은 1990년 민법을 제정한 이후 최근까지 민사관계를 규율하는 법제도를 정비해 왔다. 구체적으로 북한의 일반지역과 주민에게 적용되는 민사입법으로 부동산관리법, 살림집법, 상업법, 손해보상법, 재산관리법 등이나 특수지대와 대외관계에서 적용하기 위한 민사입법으로 토지임대법, 대외경제계약법, 대외민사관계법, 금강산국제관광특구법, 외국인투자법, 개성공업지구법과 개성공업지구 부동산규정, 라선경제무역지대법과 라선경제무역지대 부동산규정 등을 제정 또는 개정하였다.

2001년에 제정된 북한의 손해보상법[12]은 민사책임 중에서 불법행위와 그로 인한 손해배상에 관한 세부적 내용을 규정한 북한민법상의 불법행위법에 대한 특별법이다.[13] 손해보상법은 재산침해 및 인신침해의 불법행위로

---

12) 현행 북한 손해보상법은 주체94(2005)년 4월 19일 최고인민회의 상임위원회 정령 제1083호로 수정보충되어 시행중에 있다.
13) 북한 손해배상법 제1조(손해보상법의 사명) 조선민주주의인민공화국 손해보상법은 재산이나 인신을 침해하여 발생한 손해의 보상에서 제도와 질서를 엄격히 세워 기

인한 민사상의 금전에 의한 손해보상에 관하여 규정하고(제55조 제1항), 과실책임을 불법행위책임의 원칙으로 한다(제2조). 관리에 고도의 주의의무를 요하는 물건으로 인한 손해에 대하여 예외적으로 위험책임을 인정하고, 다만 피해자의 고의, 중과실이나 피할 수 없는 사유로 인한 손해에 대하여는 면책을 인정한다(제5조). 손해보상법은 완전배상을 원칙(제3조)으로 하면서도, 피해자의 손해확대 방지의무를 인정하여 이를 위반한 경우에는 과실상계를 할 수 있다(제4조). 손해배상의 산정은 재판기관이 담당하지만, 피침해재산이 사회주의공유재산인 경우에는 광범위하게 행정기관이 담당하여 손해보상액 산정에 대한 통일적인 기준이 적용되고 있지 않다.[14] 손해보상의 절차에 있어서 피해자는 가해자에 대하여 손해발생의 확인서를 작성하게 할 수 있다(제47조). 그리고 손해배상은 원칙적으로 당사자간의 합의에 의하여 해결하도록 한다(제48조 및 제56조).

2009년 11월 11일에 제정되어 2011년 12월 12일에 개정되어 시행중인 북한 부동산관리법은 부동산의 등록과 실사, 이용, 사용료납부 등을 규율하고 있다. 이 법(제2조 1항, 제28조 6호, 제30조)은 동산과 구별하여 부동산의 정의규정[15]을 두고 있고, 민법과 같이 부동산을 대상으로 한 매매 및 임대차를 금지하는 규정을 두고 있다. 또한 북한은 살림집의 건설, 이관, 인수 및 등록, 배정, 리용, 관리에서 제도와 질서를 규율하기 위해서 2009년 살림집법을 제정하였다.

이 밖에 1993년 제정된 북한의 토지임대법(제21조-제27조)과 2014년 제정된 라선경제무역지대 부동산규정(제23조-제39조) 등 특수지대의 토지임대차 등을 규율하기 위한 입법과 남북경협을 위해 2004년 제정된 개성공업지구

관, 기업소, 단체와 공민의 민사상권리와 리익을 보호하는데 이바지한다.
[14] 김상용, "북한의 제정 손해보상법의 내용검토와 평가", 북한법연구 제8호, 북한법연구회, 2005, 97면.
[15] 북한 부동산관리법 제2조(부동산의 구분)
부동산은 토지와 건물, 시설물, 자원 같은 것으로 나눈다.
토지에는 농업토지, 주민지구토지, 산업토지, 산림토지, 수역토지, 특수토지가, 건물, 시설물에는 산업 및 공공건물, 시설물, 살림집건물 같은 것이, 자원에는 지하자원, 산림자원 같은 것이 속한다.

부동산규정(제6조, 제23조, 제29조, 제42조, 제49조-제50조)은 물권화된 토지이용권을 규정하고 있고, 선의의 제3자 보호 등 우리 민법(제110조 제3항)과 유사한 민사규정을 가지고 있다.

Ⅲ. 북한 민사법의 변천과정이 남북한 민법통합에 주는 시사점

1. 러시아 민법과 중국 민법의 영향의 혼재

1990년 북한의 형식적 민법 제정 이전의 실질적 민법의 변화는 사회주의 민법인 1964년 러시아 민법으로부터 영향을 받았으며, 1990년 민법 제정 이후의 변천은 사회주의적 시장경제질서에 뿌리를 둔 중국 민법의 영향을 받았다. 이러한 법적 계수의 요소는 서로 구별할 필요가 있으며, 이것은 남북한 민법의 통합에 있어서 접근의 가능성과 그 한계를 명확히 하는 전제가 되기 때문이다.

2. 개인의 민사법 영역의 확대와 북한 민법의 변화가능성

민법과 부동산관리법, 살림집법에서 금지하고 있는 것과 달리 오늘날 북한 민사현실은 주택에 대한 공민 개인 사이의 거래(매매·임대차)와 이자부 소비대차가 당국의 묵인 아래 이루어지고 있다. 따라서 1999년 개정된 북한 민법과 손해보상법이 보관계약·빌리기계약·꾸기계약 등에서 당사자가 합의하면 유상계약으로 체결할 수 있도록 하고 불법행위책임에서 위자료를 인정하는 등의 변모가 이루어졌듯이 개인 사이의 주택거래와 이자부 금융거래를 인정하는 입법의 변화가 점진적으로 이루어질 수 있을 것으로 예측된다. 위와 같이 향후 북한에서 시장화에 따른 개인의 사적 지위의 확대에 따른 입법조치가 이루어지게 되면, 이는 남북한 민법의 통합에 있어서 접근가능성을 높여주는 요소가 된다.

3. 남북한 민법통합의 가능성과 한계

북한 민법의 변천과정으로부터 남북한 민법통합에 있어서 접근가능성이 있는 요소와 수용할 수 없는 요소의 구별과 한계를 명확히 할 수 있다.

향후 민법통합에 긍정적으로 수용할 수 있는 것들을 먼저 살펴본다. 첫째 북한이 개성공업지구 등 특수지대에 적용하기 위해서 물권화된 토지이용권을 인정하고 저당권설정과 그에 따른 물상대위, 저당물보충청구권 등을 인정하는 실체적 규정과 이를 뒷받침하기 위해 제정한 절차적 규정 등을 들 수 있다. 이것은 북한의 법제를 바탕으로 우리 법을 가미하여 이루어진 것으로서 남북의 민법통합에 있어서 접근가능성을 보여주는 상징적 입법이다.16) 둘째로 북한 민법의 독자적 요소 중 1997년 북한 민법의 개정에서 계약총칙을 채권총칙에 포함시킨 것은, 남북한 민법 통합에 있어서 긍정적으로 수용을 검토할 가치가 있다.

그러나 현행 북한 민법의 내용 중 1964년 러시아 민법을 계수하여 계획경제와 사소유권을 배제하는 것과 북한 민법의 독자적 요소 중 주체사상에 따른 대안의 사업체계와 17세를 성년으로 하는 규정(제3조-제5조, 제20조) 등은 북한이 말하는 '우리식 사회주의'의 체제를 뒷받침하는 입법이자 민사관계를 통치관계로 전환시키는 것들로서, 향후 민법통합에서 배제되어야 할 요소들이다. 이 밖에 우리와 달리 북한 민법이 개인의 사적 지위와 그에 따른 권리보호를 소홀히 하는 것은 남북한 민법통합에 있어서 수용하기 어려운 접근의 한계점들이다.

4. 통일 민법 제정을 위한 기준과 경과규정의 초안 마련

북한이 1990년 민법을 제정하고 그 이후 3차례에 걸친 민법개정과 그 밖의 실질적 민법의 제정 또는 개정을 통하여 비교적 활발하게 민사 입법을

---

16) 김영규, "북한 민법의 변천과 특징", 법학연구 제28권 제1호, 충북대학교 법학연구소, 2017. 6., 325면.

변모시켜온 것은 우리 민법과의 차이점 및 남북한 민법통합에 있어서 보다 분명한 기준점을 보여주는 것이다. 따라서 자유민주적 기본질서에 위배되고, 민사관계를 통치관계로 파악하는 공법적 요소들은 통일 이후 그 효력을 상실시키는 입법조치를 하여야 하며, 성년기(북한 민법 제20조의 17세, 우리 민법 제4조의 19세 사이의 충돌) 등 자유민주적 기본질서의 본질적 내용과 관계없는 차이들에 대해서는 남북한 민법의 충돌되는 규정들 각각에 대하여 경과규정의 초안을 미리 준비해 둠으로써 통일 이후 민사관계를 둘러싼 혼란을 미리 방지하는 입법조치가 이루어져야 한다.

Ⅳ. 남북한 민법의 통합 방향[17]

이미 살펴본 바와 같이 북한민법에서는 우리 민법의 제4편 친족과 제5편 상속에 관련된 내용을 규율하지 않는다. 이러한 이유에서 먼저 북한 민법이 규정하고 있는 민법총칙, 물권법, 채권법의 내용을 우리 민법과의 차이점을 중심으로 검토한 후에 통합방안을 검토하고, 친족상속법에 대한 통합은 별도로 다루기로 한다.[18]

1. 민법총칙 및 재산법 분야

(1) 민법총칙 분야

1) 민법의 기본원리

북한 민법은 민법의 기본(제1편 제1장)에서 사회주의 민법의 기본원리인 사회주의공공재산보호의 원칙, 국가경제계획실현의 원칙(중앙집권제의 원

---

[17] 김영규, "남북한 민법의 통합방향 -형식적 민법을 중심으로-", 국방연구 제59권 제1호, 2016. 3., 109-136면의 내용을 정리 및 요약하여 기술하였다.
[18] 제4장에서 남북한 결혼제도에 대한 통합방안은 별도로 자세히 검토하였으므로, 관련 부분은 생략 혹은 간략히 검토한다.

칙), 집단주의원칙(개인이익과 사회이익의 일치원칙) 등을 규정하고 있다. 북한 민법의 이러한 기본원칙들은 생산수단의 집단화, 사회주의적 소유·계획경제질서에 기초하여 혁명적 성질을 주된 특징이다. 북한 민법의 기본원칙들은, 사적 소유와 사유재산권에 기초한 자본주의법계에 속하는 우리 민법의 개인소유권절대의 원칙·사적 자치의 원칙·개인이익우선의 원칙과 각각 대비되는 것이다. 남북한의 민법은 체계구성의 기본원칙에서 이미 본질적 차이가 있다.

2) 권리의 주체

우리 민법은 권리의 주체를 자연인과 법인으로 구분하지만, 북한민법은 민사법률관계의 당사자를 공민과 기관, 기업소, 단체로 나누고 있다.

자연인과 공민을 비교하면, 우리 민법 제3조에서 모든 자연인의 자유와 인격을 존중하여 법인격평등의 원칙을 선언하고 있지만, 북한 민법은 개인의 지위보다는 단체의 구성원으로서의 가치를 중시하여 공민(公民)으로 규정하고 있다(북한 민법 제19조 내지 제23조). 또한 제한행위능력자로 우리 민법이 미성년자, 피한정후견인, 피성년후견인을 규정하고 있는 것과 달리, 북한 민법은 미성년자와 신체상 결함으로 행위능력을 가지지 못하는 자(우리 민법상 '피성년후견인'과 유사)를 인정하여 피한정후견인에 상응하는 유형이 없다. 또한 우리 민법(제4조)에 따라 만19세에 도달하면 성년이 되지만, 북한민법 제20조 제1항은 성년을 17세를 기준으로 판단한다. 한편 북한민법(제22조, 제23조)은 우리 민법(제27조 내지 제29조)의 실종선고제도에 상응하는 소재불명자인증제도와 사망인정제도를 규정하고 있는데, 우리 민법이 실종선고 후 취소 전에 선의로 한 행위의 효력에 대해서 실종선고 취소의 영향이 미치지 않는 것(제29조 제1항)과 달리 북한 민법 제23조에 따라 선의·악의에 관계 없이 취소할 수 있다.

북한 민법상 법인은 설립이나 소멸 등 모든 활동에서 국가적인 중앙집권적 계획적 절차에 따라 움직이는 기관, 기업소, 단체인 사회주의적 조직체로서 공법인으로서의 성격을 가진다. 또한 북한민법상 법인은 일정한 조직

기반과 재산기반의 양자를 모두 갖추고 있는 존재로서 사단법인과 재단법인의 성격을 같이 띠며, 사원총회가 인정될 여지가 없고 오직 국가와 당의 통제 아래 움직이는 도구로서의 타율적 법인이라 평가된다.[19]

3) 법률행위

법률행위의 유효요건에 있어서 북한의 민법이론은 사회주의법과 사회주의적 생활규범에 따른 정치이념을 강조한다. 즉 적법성과 사회적 타당성의 개념에 정치이념이 투영되어 있다는 점에서 우리 민법과의 근본적인 차이점이 있다.

북한 민법 제28조는 진의 아닌 의사표시 및 표의자의 중대한 과실로 인한 착오는 취소할 수 없도록 하는 취소권행사의 제한 규정, 비정상적 의사표시의 무효·취소에 대해 선의의 제3자 보호규정이 없다는 점 등에서 우리 민법(제107조 내지 제110조)과 차이를 보인다.

북한 민법(31조-36조)은 임의대리를 위임대리라는 용어를 사용하고, 무권대리와 관련하여 최고권, 철회권 및 복대리, 표현대리에 대한 규정이 없다. 또한 북한 민법(제32조 2항, 제34조)은 대리인의 자격을 우리 민법(제117조)과 달리 행위능력자로 제한한다. 그 외에도 본인의 상대방에 대한 대리권의 범위 명시의 강제(제34조), 대리인의 성실의무를 명문화(제35조), 대리권의 소멸사유에서 '파산'의 제외(제36조) 등의 차이를 보인다.

북한 민법(제26조)은 무효의 원인에 있어서 무효인 법률행위의 평가기준으로 사회주의적 생활규범과 사회주의국가로서의 정치이념을 강조하고 있으며, 제한능력자의 행위를 무효원인으로 다루고 있다. 무효와 취소의 효과인 원상회복(부당이득)에서 북한 민법은 법과 사회주의적 생활규범에 어긋난다는 것을 알면서 행한 이행에 대하여 국가재정에 귀속(제27조, 제29조)되어 불법원인급여로 처리하는 우리 민법(746조)과는 차이가 있다. 이 밖에 북한민법(제28조 2항)은 취소권행사의 제척기간을 2개월로 규정하고 있어

---

[19] 김영규, "북한 민법의 소유권과 계약상 법인의 지위", 법학논총 제39권 제2호, 단국대학교 법학연구소, 2015, 152면.

서 우리 민법(제146조)에 비해 단기로 정하고 있고, 일무무효, 무효행위의 전환, 무효행위의 추인, 임의추인, 법정추인에 관한 규정을 두고 있지 않다. 북한 민법은 법률행위의 부관으로 우리 민법(제147조 내지 제154조)과 달리 기한에 대한 규정 없이 조건과 관련한 1개의 조문(제30조)만을 규정하고 있다.

북한 민법은 취득시효를 제외한 소멸시효만을 인정하고, 시효제도의 목적을 사회주의적 법인들의 경제활동에서 재정규율 및 통제를 강화하고 공민들이 재산상 청구권을 제때에 행사하게 하여 경제생활에서의 편의를 보장함에 있음을 강조한다. 북한 민법은 일반시효기간을 1년으로 정함으로써 단기간으로 다루고 있고(제260조), 국가소유재산의 반환청구에 대하여는 민사시효가 적용되지 않는다(제259조 2항). 북한의 민법이론에서는 당사자의 합의에 의하여 시효기간의 가중, 연장, 단축, 경감도 할 수 없다고 본다. 또 북한 민법은 시효의 중단사유, 시효의 정지사유, 시효의 의무적 적용 등에서 우리 민법(제168조 내지 제182조)과 차이를 보이고 있고, 우리 민법(제183조 내지 제184조)과 달리 종속된 권리에 대한 소멸시효의 효력, 시효의 이익의 포기 관련 규정을 두고 있지 않다.

(2) 물권법 분야

우리 민법이 물권을 사람과 물건과의 관계로 파악하는 것과는 달리 북한 민법은 사람과 사람과의 관계로 본다. 북한 민법은 물권의 종류와 내용을 정함에 있어서 우리 민법 제185조의 물권법정주의를 인정하는 명문규정이 없다. 우리 민법 제211조에서 사소유권절대의 원칙을 물권제도의 기본원리로 채택한 것과 달리 북한 민법(3조)은 사회주의공공재산보호의 원칙을 채택하고 있다. 우리 민법(211조)이 사소유권절대의 원칙을 물권제도의 기본원리로 채택한 것과 달리 북한 민법(3조)은 사회주의공공재산보호의 원칙을 채택하고 있다. 우리 민법(206조, 214조)이 물권적 청구권으로 예방청구권을 인정되지만, 북한 민법(제40조, 제41조)에서는 방해예방청구권이 존재하지 않는다.

북한 민법 제39조는 점유권에 대해서 본권과의 대립·구별 없이 점유할 수 있는 권능을 소유권의 한 내용으로만 규정하고 있다. 북한 민법은 국가소유권 및 사회협동단체소유권에 대하여 선의취득을 부정하며, 모든 무주물과 불법원인급여에 대하여 국가에게 소유권이 귀속되도록 규정하고 있다(제51조). 따라서 북한 민법상 국가소유권 및 사회협동단체소유권은 개인소유권보다 더욱 보호되며, 이는 '사회주의적 소유의 특별한 보호원칙'에 따른 것이며, 우리 물권제도와 두드러진 차이점이라고 할 수 있다. 북한 민법은 소유권에 대해서 그 주체에 따라 국가소유권, 사회협동단체소유권, 개인소유권의 3 가지로 구분하고 그들 간에 성질상의 차이를 두고 있다. 이는 우리 민법이 소유권의 주체로 개인과 법인 사이에 아무런 차이를 두지 않는 것과는 전혀 다르다. 북한 민법(42조)은 공동소유의 형태로 공유에 해당하는 규정만을 두고 있을 뿐 합유와 총유의 규정이 없다. 이 밖에 북한 민법 제61조에서 "가정 성원으로 된 공민의 가정의 재산에 대한 공동소유권을 가진다"고 규정하여 특유의 공동소유형태를 인정하고 있다. 북한 민법(47조·48조 및 50조·51조)은 전형적인 사회주의 민법상의 물권으로서 국가소유권으로부터 파생되는 권리로서 경영상관리권(제47조, 제48조), 국가재산이용권(제49조, 제50조)을 인정하고 있다. 북한 민법은 우리 민법(제279조 내지 제372조)의 제한물권인 용익물권(지상권, 지역권, 전세권)과 담보물권(유치권, 질권, 저당권)을 인정하지 않는다.

(3) 채권법 분야

채권총칙 중 우리 민법은 채권·채무의 상호관계에 관하여 별도의 규정이 없으나, 이에 대하여 북한 민법은 "채권채무관계에서 채권자와 채무자는 권리를 가지면서 그에 대응한 의무를 가질 수도 있다"는 명문규정을 두고 있다(제65조). 북한 민법은 법인만을 당사자로 하는 계획적 계약의 불이행에 대해서는 손해배상 이외에 위약금, 연체료 등의 제재금을 별도로 부과하고 있다. 이는 채권의 효력에 있어서 법인과 자연인을 구별하지 않는 우리 민법과의 차이점이다. 북한 민법은 우리 민법과 달리 보증채무, 연대보증, 부진정연대채무 등을 인정하지 않는 점, 채권자대위권, 채권자취소권 등에 대한 별도의 규정이 없는 점 등에서 사회주의민법으로서의 단순성이 나타난다. 채권의 소멸과 관련해서, 우리 민법이론이 변제의 방법으로 일괄이행과 분할이행을 모두 허용하는 것과는 달리 북한 민법(제81조)은 '일괄이행의 원칙'을 강조하고 있으며, 우리와 달리 계획과제의 변경 또는 폐기를 채권의 소멸원인으로 다루고 있다.

북한 민법은 채권각칙 중 계약과 관련해서, 계획적 계약을 공민 사이에 체결될 수 있는 일반계약보다 우선시키고 있는 점, 계획과제의 변경 또는 폐기에 따라 당해 채권발생에 대한 약정을 한 계약도 소멸되도록 하는 등 우리 민법과 차이를 보인다. 또 북한 민법은 법인만을 계획적 계약의 당사자로서 다루고 있으며, 법인을 당사자로 하는 계약은 계획적 계약과 일반계약 모두 서면에 의한 요식계약으로 강제하고 있다. 북한 민법은 우리 민법의 전형계약에는 없는 저금계약(제200조 내지 제204조), 은행대부계약(제225조 내지 제229조) 등을 전형계약으로 다루고 있고, 우리는 상법에서 규정하는 보험계약(제205조 내지 제212조)도 포함하고 있다.

우리 민법(제734조 내지 제740조)에서 법정채권발생원인으로 다루는 사무관리를 북한 민법은 계약법의 보관계약에서 명문으로 규정한다(제175조 및 제176조). 따라서 북한 민법은 우리 민법과 체계상의 차이를 보이며, 그 사회적 작용에서도 상호부조 이외에 근로자들 속에서 국가사회재산에 대한 공산주의적 태도를 배양하는 제도로 이해하여 정치색을 강조하고 있다. 북한 민법은 채권각칙 중 법정채권발생원인 중 부당이득과 관련해서, 국가의 법과 사회주의적 생활규범에 어긋난다는 것을 알면서 이미 이행이 이루어진 이행에 대하여 손실자에게 반환청구를 부정하면서도 이를 수익자에게 귀속시키지 않고 국가재정에 귀속시키도록 하여 우리 민법(제746조)의 불법원인급여와 달리 정치색을 강조하고 있다. 북한 민법 제240조에서 우리 민법과 달리 채무불이행책임과 불법행위책임을 한 규정에 의하여 민사책임으로 일원화시키고 있다. 그러나 채무불이행책임의 손해의 종류와 관련해서 위자료를 인정하지 않는 점, 위법성조각사유와 관련하여 '국가 및 사회의 이익'을 위한 정당방위, 긴급피난의 인정(제256조 및 제257조), 손해배상의 원상회복의 원칙(제242조), 민사책임과 행정적·형사적 책임의 관계 명시(제258조) 등에서 우리 민법과 여전히 다르다.

(4) 민법총칙 및 재산권법의 통합

북한 민법은 재산관계에 대한 민사적 규제를 통하여 사회주의 경제제도의 달성을 위하여 국가경제계획실현을 위한다는 구호 아래 개인의 의사가 가장 존중되어야 할 재산관계에 대하여 일반제도(총칙)·물권법·채권법 등의 각 영역에서 통치관계로 파악하고 있다. 이것은 사적인 법률관계를 규율하는 민법에 공법적 성격을 강하게 반영시킨 것으로 남북한 민법의 본질적 차이점에 해당한다. 이러한 북한민법의 특성은 향후 통일 민법을 제정함에 있어서 수용의 한계를 명확히 할 필요가 있는 것들이며, 이를 위한 법제분야의 입법정책과 준비작업에서 고려되어야 할 중요한 요소이다. 또한 통일 민법의 제정을 위한 충분한 준비 전에 북한의 급변사태 발생으로 흡수통일이 되는 경우, 현행 북한 민법 중 공법적 특성을 띠는 규정들은 경과규정이나 기득권존중의 법칙의 적용에서 가장 먼저 적용으로부터 제외되어야 할 요소이다.

남북한의 민법상의 차이점에서 살펴본 바와 같이 총칙, 물권법, 채권법에 걸쳐 북한 민법에는 많은 법적 공백이 있다는 것을 알 수 있는데, 이는 북한 민법의 단순성과 사법분야의 발전이 미숙함을 엿볼 수 있다. 통일 이후에 재산관계의 법적 안정성을 위해서 원칙적으로 우리 민법의 규정이 북한지역에도 확장 적용될 필요가 있다. 다만 성년기의 차이는 통일 민법 제정 시에 경과규정을 두면 될 것이다.

이 밖에 남북한 민법이 차이를 보이는 것 중에서는 통일 민법에의 수용을 긍정적으로 검토할 만한 규정들도 보인다. 대리인의 성실의무를 명문화하고 있는 점(제35조), 수권행위에서 본인이 상대방에게 대리권의 범위를 명백히 하도록 강제하는 점(제34조) 등은 대리거래의 안전과 법적 안정성을 기할 수 있다는 점에서 통일 민법에 참고할 만하다. 또한 북한 민법이 법인을 당사자로 하는 모든 계약을 서면에 의한 요식계약으로 강제하는 것은 재산관계를 둘러싼 분쟁의 소지를 막고 법률관계의 명확화 및 법적 안정성을 확보한다는 점에서 유용할 것으로 본다.

앞서 남북한 민법의 차이점만을 부각하여 검토하였으나, 일반제도(총칙)·물권법·채권법 등의 각 영역에서 주로 사회주의로서의 통치관계가 이념적으로 반영될 여지가 없는 부분에서는 공통된 부분들도 보인다. 이러한 유사점들은 남북한 민법의 통합에 있어서 그 접근가능성을 보여주는 요소들이라고 할 수 있다. 다만 주의할 점은 외형상의 유사점을 보이는 것과 달리 북한 민법이 그 해석과 적용에 있어서 이념적으로 통치관계를 반영하고 있는 규정들은, 법기술적인 차원에서 수용하되 그 한계를 분명히 밝혀서 다루어야 한다.

이 밖에 북한 민법의 규정 중 '임대차(빌리기 계약)와 수선의무' 등과 같이 통일 민법에 적극 수용할 만한 내용에 대한 검토도 필요하다. 북한 민법(제182조)은 우리 민법과 달리 빌리기계약(임대차)의 경우, 대규모의 수선은 빌려주는 대주가 부담하고 중간규모의 수리는 계약에서 정한 자가 부담하되, 소규모의 수리를 빌리는 차주의 부담으로 하는 '수선의무'에 대한 직접적 규정을 두고 있다.

2. 친족상속법 분야의 남북한 민법통합

북한의 이질적인 가족법체계를 남한민법에서 어떻게 수용할 것인지에 대한 논의가 필요하다. 북한주민들의 안정적인 가족생활관계를 유지시키면서도 남북주민간 불평등에 대한 잠재적 피해의식을 불식시킬 수 있는 방안의 마련과 함께 향후 통합민법에 대한 구체적인 방향의 제시가 요청된다.

(1) 북한 가족법제 개관

1) 북한 가족법제의 발전

북한은 '북조선에 시행할 법령에 관한 건(1945. 11. 16)'에서 "1945. 8. 15. 조선에서 그 효력을 상실할 법령 중 성질상 조선 신국가건설 내지 조선고유의 민정과 조리에 부합치 않는 법령 내지 조항을 제외하고 기타 다른 법령은 신법령을 발포할 때까지 각각 그 효력을 존속"한다고 명시하였다. 그 결과 우선 조선민사령에 의한 가족관계의 규율은 그대로 인정되었다. 가족관계와 관련하여 남녀평등권에 대한 법령(1946. 7. 30.), 남녀평등권에 대한 법령 시행세칙(1946. 9. 14.), 공민증에 관한 결정서 및 공민증교부실시에 관한 세칙(1946. 9. 14.), 호적사무취급에 관한 결정서(1947. 4. 8.), 후견인 또는 보좌인 선정 및 감독에 관하여(1949. 11. 15.), 립양의 설정에 관하여(1949. 12. 31.), 공민의 신분등록에 관한 규정(1955. 3. 5.), 리혼절차를 일부 변경할 데 관하여(1956. 3. 8.), 리혼사건심리절차에 관한 규정(1956. 3. 15.), 민사규정(1986. 1. 30) 등을 통하여 가족생활관계를 규율해 왔다. 그러다가 1990년 북한가족법을 제정 및 시행하였고, 2009년 12월 15일의 4차 개정법이 현재도 적용되고 있다.

2) 북한 가족법

북한가족법은 6장 54개 조문들로 구성되어 있다. 제1장 가족법의 기본은 총칙적 규정으로 가족법의 사명(제1조) 등 정치이념적 내용을 담고 있으며, 상속권의 보장원칙(제5조)를 규정하고 있다는 점에서 특징적이다. 제2장 결혼에서는 결혼자유와 일부일처제, 금혼범위, 결혼의 무효 등을 내용으로 한다. 제3장 가정에서는 부부별성주의, 배우자의 부양의무, 이혼, 자녀양육 관련 규정, 계부모자관계의 법정친자관계, 입양과 파양, 부양 등에 대하여 규정한다. 제4장 후견은 제4조에서 규정하고 있는 행위능력 없는 공민을 보호하는 것이 인간의 존엄과 권리를 보장하는 것으로 사회주의제도의 본성적 요구라는 선전에 따라 별도의 독립된 장으로 마련한 것으로 보고 있다.

제5장 상속은 사회주의의 이념적 측면에서도 법체계상으로도 북한가족법에서 이질적 내용이다. 제6장 제재는 사적 영역만을 규율하는 우리 민법적 시각에서는 사회주의 사회에 이바지하는 공법적 성질도 가지는 사회주의 법규범의 특성을 엿볼 수 있는 부분이다.

제1장 가족법의 기본	제1조 ~ 제7조 가족법의 사명, 결혼의 보호원칙, 가정공고화의 원칙, 행위능력이 없는 공민의 보호원칙, 상속권의 보장원칙, 어린이와 어머니의 보호원칙, 가족법의 규제대상
제2장 결혼	제8조 ~ 제14조 자유결혼과 일부일처제, 결혼년령, 결혼촌수, 결혼등록, 재외공민의 결혼등록, 결혼의 무효, 무효로 된 결혼에서 자녀양육
제3장 가정	제15조 ~ 제39조 가정의 공고화, 남편과 안해관계의 성립, 남편과 안해의 자유활동 사항, 남편과 안해의 평등권, 배우자의 부양의무, 남편과 안해관계의 해소, 리혼조건, 리혼시 자녀양육당사자의 결정, 자녀양육비, 양육비면제신청, 부모와 자녀의 관계, 자녀의 성, 자녀교양의무, 미성인자녀의 대리, 계부모와 계자녀의 관계, 립양의 권리, 립양의 동의, 립양의 등록, 양부모와 양자녀의 관계, 파양, 조부모와 손자녀의 관계, 형제자매관계, 미성인·로동능력이 없는 자의 부양, 국가의 부양대상자, 재산분할
제4장 후견	제40조 ~ 제45조 후견인의 선정조건, 후견인의 자격, 주민행정기관에 의한 후견선정, 후견인의 권리, 후견인의 의무, 후견의무수행에 대한 감독
제5장 상속	제46조 ~ 제53조 상속순위, 상속몫, 상속권의 박탈, 상속권자가 사망한 경우의 상속, 유언상속, 사망자의 빚에 대한 책임, 상속기간, 상속분쟁의 해결
제6장 제재	제54조 행정적 또는 형사적책임

북한가족법은 1993년 9월 23일 제1차 개정으로 친족편의 오류들을 수정하고 정치이념적인 문구를 법률용어에 맞게 순화하는 광범위한 변경을 가져왔다. 자녀양육비 지불과 관련하여 당사자의 의사를 존중하는 자녀양육비에 관한 규정(제23조), 종래의 사회주의적 이념에 투철한 자녀양육의 목표를 형식적이나마 이념적인 색채를 배제시킨 자녀교양의무에 대한 규정

(제27조), 미성년자녀에 대한 친권의 내용을 법률용어로 순화한 미성년자의 대리(제28조), 부모가 있는 미성년자를 위하여 후견인을 선임한다는 오류를 정정하기 위한 후견인의 선정조건(제40조), 후견인에 부모가 포함되어 있던 오류를 수정한 후견인의 자격(제41조) 등이다. 상속과 관련된 개정사항으로는 상속몫(제47조 2항), 상속인부존재의 경우 상속의 승인·포기기간연장에 관한 상속기간(제52조 2항)에 관한 부분을 들 수 있다. 제6장 행정적 또는 형사적책임(제54조)는 책임근거를 구체화하였다.

2004년 12월 7일 제2차 개정에서는 이혼등록을 하여야 그 효력이 발생되는 북한에서 이혼판결 후 신고기간에 대한 규정이 누락되어 야기된 혼란을 입법적으로 해결하기 이하여 이혼판결의 효력기간 설정(제20조 3항)을 신설하였다.

제3차 개정(2007. 3. 20.)에서는 부모와 자녀관계도 신분등록을 하여야 부모자관계가 창설된다는 규정(제25조 2항)의 신설과 부양능력이 있는 가정성원이 없을 경우 미성년자와 노동능력이 없는 자의 부양의무 순위를 조정하는 미성인, 로동능력이 없는자의 부양(제37조 2항)에 대한 개정이 있었다.

제4차 개정(2009. 12. 15.)은 금혼범위를 종래 혈족 8존, 인척 4촌에서 인척의 금혼범위를 확대하는 결혼촌수(제10조)를 변경하였다.

3) 상속관련 규정의 가족법전 편입

북한이 상속 관련 규정의 법전화시킨 것은 다른 사회주의 국가와 구별되는 특징이라고 할 수 있다. 북한에서는 정권 수립 초기부터 인민민주주의를 표방하며 개인의 토지소유권을 보장하였으며, 1948년 제헌 북한헌법 제8조 제1항에서 "개인소유에 대한 상속권은 법적으로 보장한다"고 명시하였다. 이후 북한은 사회주의화의 진전에 따라 상속의 대상이 되는 재산의 범위는 중요생산수단의 국유화로 동산 등의 소비재로 축소되었지만, 여전히 개인의 상속권을 인정하는 태도는 일관되게 유지하였다. 북한가족법에 상속에 관한 기본규정을 포함시키는 형태는 1982. 12. 7. 중앙인민위원회 정령인 민사규정(잠정)에서 시도되었으며, 1990년 북한가족법의 제정으로 현재의 구조를 갖추게 되었다.

북한은 개인소유재산에 대한 상속권을 보장하면서 상속권을 민법의 규율대상으로 보아 1990년 9월 5일 제정된 북한민법 제63조[20]에서 상속권 규정을 두었다. 그런데 1990년 북한가족법을 제정하면서 상속관계를 가정재산의 한 분야로 보아 제5장에 8개 조문을 두었다. 그런데 2002년 3월 13일 최고인민회의 상임위원회 정령 제2882호로 채택된 상속법을 제정·시행하였다. 그럼에도 불구하고 북한민법이나 북한가족법의 규정은 여전히 존속시키고 있어 해석상 논란의 여지가 있다.[21]

4) 가사 관련 분쟁의 해결 절차

우리는 가사분쟁에 대하여 민사소송절차에 대한 특별절차로 가사소송법과 가사소송규칙에 정한 절차에 따르도록 하고 있다. 그에 반해 북한은 가족관련 분쟁에 대하여도 다른 민사사건과 동일하게 최고인민회의 상임위원회 결정 제18호(1976. 1. 10.)로 채택된 조선민주주의인민공화국 민사소송법으로 해결하고 있다. 북한민사소송법은 2015년 12월 23일까지 8차에 걸친 개정을 통해서 현재에 이르고 있다. 북한민사소송법은 다른 사회주의국가와 마찬가지로 법원의 재판에 대한 감찰의 감독권한을 통하여 당사자보다는 객관적인 진실이나 국가의 목표를 더 중요시하는 것[22]으로 자본주의 국

---

20) 제63조 (상속권)
　　국가는 개인소유재산에 대한 상속권을 보장한다.
　　공민의 개인소유재산은 법에 따라 상속된다.
　　공민은 유언에 의하여서도 자기 소유의 재산을 가정성원이나 그밖의 공민 또는 기관, 기업소, 단체에 넘겨줄수 있다.
21) 대습상속에 있어서 북한가족법 제49조는 대습자로서 피대습인의 직계비속만을 규정하고 있지만, 북한상속법 제18조는 추가로 형제자매를 포함시키고 있다. 또한 상속 승인에 이써서 북한가족법 제51조는 한정승인을 원칙으로 하고 있는 것으로 보이지만, 북한상속법 제21조는 단순승인을 원칙으로 하고 있다, 문흥안, "북한 가족법제의 동향과 남북 가족법제 통합의 방향", 법조 제710호, 법조협회, 2015. 8., 14면.
22) 북한민사소송법 제1조(민사소송법의 사명) 조선민주주의인민공화국 민사소송법은 민사소송활동을 통하여 기관, 기업소, 단체, 공민의 민사상권리와 리익을 보호하는

가와는 구별된다.

(2) 남북한 가족법의 통합방안

1) 가족법 총론

북한가족법은 계부모자관계, 양부모자관계를 법정혈족관계로 본다. 우리 민법은 1990년 이전에는 계모자관계를 법정혈족으로 보았으나, 양성평등원칙에 반한다는 점에서 개정되었다. 다만 북한가족법은 계부자와 계모자관계를 모두 법정혈족으로 보고 있어 남녀차별적인 성격은 없다. 자녀를 양육하는 자가 재혼하면 계부 또는 계모에게 법정혈족관계가 발생하여 양육부담이 발생하고 비양육의 친생부모는 양육비지불의무도 면하게 된다. 통합방안으로는 1990년 민법개정에서 계모자 관계를 법정혈족관계에서 인척관계로 전환하였으나 특별한 문제점이 발생하지 않았다는 경험에 비추어 보면 북한의 경우에도 안정적으로 정착될 수 있을 것이라고 본다. 비양육 친부모 보다 계모나 계부가 경제적 능력이 우월한 경우에는 자녀에게 유리하겠지만, 이것은 구체적인 사안에 따라 다른 것이므로 가치중립적이라고 할 수 있다. 당사자의 의사와 무관하게 재혼으로 법정혈족관계를 발생시키는 것은 사적자치의 관점에서 문제점이 지적될 수 있다. 따라서 통일가족법에는 미성년자의 보호를 위해서 계모자관계를 한시적으로 인정하여 보호단절을 방지하기 위한 방안으로 유예기간을 설정하면 족하다고 본다.

신분등록부로서 북한은 호적제도를 폐지하였으나 남한에서는 개인별 가족관계등록제도를 시행하고 있어 가족관계등록부가 남북한이산가족의 접점이 될 수 있을 것이다. 기존의 호적제도가 가진 문제점을 개선한 것이 현행 가족관계등록부이므로 북한 주민에 대하여도 가족관계등록부를 창설 혹은 편입 방안을 규정하는 식으로 해결할 수 있다.

데 이바지한다.

2) 가족의 범위와 성과 본

남한의 가족 개념을 북한에서는 가정성원 또는 가족을 혼용하여 사용하나 그 의미는 유사하다. 다만, 북한에서는 남한의 가족관계보다 넓은 부양의무 등을 인정하고 있어 가족에 대한 전통의식이 강하게 남아 있다.

남북한은 부부별성주의와 부자동성의 원칙을 취하고 있는 공통점이 있다. 다만, 부부별성주의에 대하여 우리 민법은 명문의 규정이 없으나, 북한가족법 제17조[23]는 이를 명문으로 규정하고 있다. 통일민법에서는 관습법으로 인정되는 부부별성주의를 명문화하여 법적 확실성을 높이는 것이 좋을 것이다. 우리민법은 자녀의 성과 관련하여 부자동성의 원칙이지만, 모의 성과 본을 따를 수 있도록 하고 있다. 그에 반하여 북한에서는 모의 성을 따를 수 있는 규정이 없는 문제점이 있다. 통일민법에서는 모의 성과 본을 따를 수 있도록 규정하는 것이 바람직하다. 또한 부자동성의 예외로 부를 알 수 없어 모의 성을 따르거나 부모를 알 수 없는 경우에는 성을 창설하여야 하는 것은 남북이 동일하나 후에 부를 알게 된 경우나 외국인과 결혼하여 모의 성을 따른 경우 등에는 자녀의 성변경에 대한 규정을 남한과 달리 북한에서는 두고 있지 않다. 우리 민법 제781조의 예에 따라 일정한 기간을 정하여 자녀의 성변경을 인정할 필요가 있다. 북한은 본을 인정하고 있지 않으나, 동족을 정확하게 파악하기 위한 기준으로 오랫동안 우리 민족정서에 깊이 자리 잡고 있다는 점에서 통합민법에서도 본을 사용하는 것이 좋다.

3) 혼인

북한은 약혼제도를 규정하고 있지 않으나, 다른 국가의 가족법에서도 그러한 태도가 다수 보인다. 다만, 전통적으로 약혼제도가 유지되어 왔으므로 굳이 약혼제도를 폐지할 이유는 없어 보인다. 혼인적령은 18세로 보는 점은 동일하나 혼인적령에 달하지 않은 자의 혼인을 남한은 취소사유로 보고

---

23) 북한가족법 제17조(남편과 안해의 자유활동사항)
    남편과 안해는 자기의 성과 이름을 그대로 가지며 희망과 재능에 따라 직업을 선택하고 사회정치생활에 참가할 수 있다.

북한은 무효사유로 규정한 점에서 차이가 있다. 마찬가지로 중혼에 대하여 우리는 취소할 수 있는 행위로, 북한가족법은 무효인 행위로 본다. 무효사유인지 취소사유인지는 입법적 결단에 따를 것이지만, 무효보다는 취소가 소급효가 없어 자녀보호에게 유리하다는 점에서 굳이 무효사유로 전환할 필요는 없어 보인다.

우리 민법은 혼인의 재산적 효과와 관련하여 부부별산제, 귀속불명재산의 공유, 부부간의 일상가사대리권과 연대채무를 규정하고 있으나, 북한민법은 부부간의 부양의무만을 규정하고 있어 부부재산에 관한 규정은 북한민법과 상속법에 따른다. 북한민법 제61조는 개별적 가정성원들의 재산보다 가정재산을 더 증대시키는 방향으로 가정재산의 공고화의 입장에 있어 남북한의 인식차가 크다. 북한에서는 가정재산에 대한 지분이 인정되지 않아 재산분할에 있어 재판소의 자의적 판단이 허용되는 공동소유관계이다. 통합민법에서는 우리 민법의 예에 따라야 할 것이다.

4) 이혼

북한은 협의이혼을 인정하지 않는데, 이는 당사자의 자율적 의사를 존중한다는 점에서 가족법제의 통합에서 우리민법의 규정을 존치시키는 것이 바람직하다.

5) 부모와 자

부자간의 친생추정을 우리 민법은 혈연주의에 기초하고 있고, 북한가족법은 출생주의에 근거하고 있다. 혈연에 대한 전통적 태도를 고려하면 우리 민법의 태도인 혈연주의에 따르는 것이 바람직하다. 양자제도와 관련하여 우리 민법은 일반양자제도와 친양자제도를 2원적으로 두고 있으나, 북한가족법은 완전양자제도만을 규정하고 있다. 현대민법은 자의 복지를 위해서 완전양자제도로 일원화되는 추세이고, 친양자제도와 완전양자제도는 큰 차이점은 없으므로 통합과정에서 완전양자제도로 통일시키는 것이 바람직하다.

6) 친권

통합민법에서 친권에 대한 전반적 규정은 우리 민법에 따르는 것이 무난해 보인다. 북한 민법 제22조 제3항의 이혼시 3세 이하의 자녀에 대한 모의 양육권 인정은 자녀의 정상적 발육을 위해서 통합민법에서 고려해 볼 수 있다. 친권에서 부모의 자녀보호와 교양의무를 강조하는 점은 남북한이 동일하지만, 북한 가족법은 이념적 의무를 강조하고 있어서 이러한 색체를 지울 필요가 있다. 또한 북한가족법은 이혼 후의 자녀양육자에 대한 규정은 두고 있으나,[24] 친권자의 결정에 대한 명문 규정이 없다. 우리 민법 제909조를 적용해야 할 것으로 보인다.

7) 후견

미성년자의 후견인 선정에 있어서 우리민법은 지정후견인, 가정법원이 직권 혹은 선임한 후견인의 순서로 되나, 북한가족법은 법정후견인으로 하되 후견인으로 될 자가 여러 명인 경우에는 후견수행에 가장 적당하다고 인정되는 자로 하고 있다는 점에서 차이점이 나타난다. 또한 성년후견인의 경우에 우리 민법은 법인이나 여러 명의 후견인도 가능하지만, 북한가족법은 1인의 법정후견인으로 제한된다. 통일민법은 우리 민법의 예에 따라야 할 것이다. 미성년후견에서 미성년의 기준이 남한은 19세, 북한은 17세로 다른데, 통합 과정에서 우리 민법이 적용된다면 후견인이 필요한 북한의 17세 이상 19세 미만 자에게 대한 보호방안이 강구되어야 할 것이다.

8) 부양

부양의무가 발생하는 친족의 범위는 대체로 일치하나, 우리민법은 형제

---

[24] 북한민사소송법 제53조 제3호에서 자녀양육 당사자결정, 자녀양육비, 우양료청구와 관련된 사건을 민사재판절차로 해결할 사건임을 명시하고 있다는 점에서 북한가족법 제22조의 규정을 유추하여 부부의 합의로 정하되 합의가 이루어지지 않은 경우에는 패산소에서 결정해야 한다고 해석된다, 문흥안, "북한 가족법제의 동향과 남북 가족법제 통합의 방향", 법조 제710호, 법조협회, 2015. 8., 54면.

자매간의 부양의무는 동거하는 경우에만 인정하나 북한가족법은 동거여부를 불문한다. 과거와 달리 개인주의가 점점 강해지고 있는 점을 고려하면 우리 민법의 태도가 장래의 상황에 부합하는 것으로 보인다. 다만, 북한에서 비동거 형제자매의 부양의무의 종료로 인한 보호의 공백을 줄일 수 있는 경과규정이 필요하다. 또한 북한가족법은 제38조[25])에 의해 국가부조를 받는 당사자에 대한 부양이 문제된다. 우리 법제에서는 사회보장제도를 통해서 국가의 보호를 받게 될 것이므로 민법상의 부양에서 제외시키더라도 큰 문제는 발생하지 않을 것이다.

(3) 남북한 상속법의 통합방안

북한의 상속법은 아직 우리 상속법 규정에 비해서 매우 단순하며 완비되지 못한 상태이므로 통합민법에서 우리 민법을 적용하는 것이 바람직한 것으로 본다. 다만, 우리 민법이 적용되기 전에 개시된 북한주민의 상속관계는 원칙적으로 북한상속법 규정, 즉 상속순위, 상속분, 상속인의 결격사유, 대습상속, 유언상속, 상속분쟁의 해결 등이 적용되어야 할 것이다. 마찬가지로 유언자가 우리민법이 적용되기 전에 사망한 경우에는 북한상속법에 따라야 할 것이다.

V. 결론

이상에서 남북한의 민법을 중심으로 총칙, 물권, 채권, 그리고 친족상속법에서 각각의 차이점과 유사점을 비교·검토하고 이를 바탕으로 남북한 민법의 통합방향과 입법적 과제를 제시하였다. 북한법제도는 1990년대의 법률과 비교하면, 얼마간 인치에서 법치로의 진전이 있었다고 평가할 수

---

25) 제38조(국가의 부양대상자)
    이 법 제37조에 지적된 부양자가 없는 미성인과 노동능력이 없는자는 국가가 돌보아준다.

있다. 그럼에도 불구하고 여전히 인치적 요소가 산재되어 있어 북한법제를 남한법제와 동화 내지 통일하는 경우에는 자유민주적 기본질서에 기초한 개인의 존엄과 자유의 보장, 양성평등, 사적 자치의 원칙이 핵심가치로 인정되어야만 한다. 따라서 북한 민법이나 북한가족법, 북한상속법에 재재된 보편적 가치를 결여한 규정이나 민사관계를 통치관계로 파악하는 공법적 성질을 가진 규정들은 통일민법전으로 수용될 수 없다고 본다.

이 밖에 남북한 민법의 통합을 위해서는 민법전의 체계와 민사에 사용되는 법률용어를 단일화시켜 하나의 법으로 나아가는 작업이 필요하다. 이를 위해서는 원칙적으로 보다 체계화된 우리 민법의 편별을 기준으로 하여야 할 것이다. 이와 관련하여 북한 민법이 계약의 성립과 효력 등 계약총칙을 채권의 일반규정(채권총칙)에서 규율하는 점, 우리 민법이 전형계약으로서 매매계약·소비대차계약·사용대차계약과 임대차계약·도급계약·임치계약 등을 두는 것에 대응하여 북한 민법이 팔고사기계약·꾸기 계약·빌리기 계약·작업봉사계약·보관계약 등 쉬운 법률용어를 사용하고 있는 점 등은 긍정적인 수용을 검토해 볼 수 있다.

제 4 장
북한 국유재산의 사유화와 물권법상 쟁점

　북한지역을 경제적으로 재건하는 것은 통일 자체는 물론, 통일 후 새로운 한국의 안정과 지속적 발전을 위한 선결과제이다. 북한은 생산수단 특히 토지에 대한 사회주의적 소유의 원칙에 따르고 있는데,[26] 이를 남한과 같이 사유재산권을 근간으로 하는 시장경제체제로 재편하는 작업이 요구된다. 북한의 국유재산들을 시장경제가 정상적으로 작동할 수 있는 소유권 제도로 재편하고, 그에 따른 이용관계도 조정할 필요가 있다. 즉 자유민주주의 시장경제 원리를 북한지역으로 정착시켜 북한 국유재산들에 대한 소유권의 재편이 통일의 성패를 좌우하는 중요한 과제라고 할 것이다.

　이하에서는 북한의 물권 제도를 개관한 후에, 물권에서 핵심적 위치를 차지하고 있는 소유권제도를 살펴보기로 한다. 이러한 북한의 물권 전반에 대한 이해를 바탕으로 북한의 국유재산의 사유화에 대한 쟁점들을 검토한다.

Ⅰ. 북한 물권법 개관

　우리 물권법이 사적 소유와 사유재산권에 기초한 자본주의법계로서 성문법주의를 취하고 있는 것과 달리 사회주의법계로 분류되는 북한법에서 물권법은 생산수단에 대한 公有化 등의 특징적인 요소를 지니고 있다. 북한 물권법에서 북한민법 제2편 제37조부터 제63조까지 규정된 소유권 제도가 중심적 지위를 가진다. 그 외에도 토지임대법이나 개성공업지구 부동산 규정 등에서 인정하고 있는 토지이용권은 채권적 임차권보다는 용익물권으로서의 성격을 띠고 있으며, 그에 대한 저당권도 인정되고 있다.

---

[26] 북한 헌법 제20조 조선민주주의인민공화국에서 생산수단은 국가와 사회협동단체가 소유한다.

1. 물권의 개념과 본질

사회주의 민법이론에서는 물권을 전체주의와 유물사관에 기초하여 자본주의 법학자들의 견해를 비판해왔다. 즉, 물권을 사람의 물건에 대한 지배권으로 일반인에 대하여 불가침의 의무를 부과하는 절대권으로 파악하는 것은 물권의 본질적 내용을 제대로 파악하지 못한 것으로 본다. 카를 마르크스(Karl Marx)는 "물건은 사람을 위한 존재이고 동시에 다른 사람에 대한 사람의 관계이며, 바로 사람의 사람에 대한 사회관계이다. … 이것은 자본주의 사회에서는 사람의 물건에 대한 지배관계라는 표상으로 나타나는데, 이는 사람의 사람에 대한 잔혹한 착취관계를 은폐하는 것이다."고 보았다. 이러한 사상적 이론에 기초한 사회주의 민법학에서 물권의 본질은 사람과 물건의 관계가 아니라 사람과 사람의 관계로 파악하게 된다. 어떤 사회의 물권제도든지 사람과 사람 사이의 사회관계의 반영으로서 일정한 역사적 계급관계를 법률적으로 표현한 것에 불과하다. 고립된 개인은 물건에 대한 권리를 형성할 수 없고, 일정한 사회관계 속에서만 비로소 물권적 권리가 형성될 수 있다. 이러한 이유에서 물건은 사회역사단계에서 사람과 사람의 관계가 정립된 후에 권리의 객체로 된다.

종합하면, 사회주의 민법학에서 물권의 개념은 사람의 물건에 대한 점유·지배관계임과 동시에 사람과 사람 사이의 계급관계가 반영된 것으로 이해되고 있다. 이는 우리 민법에서 물권을 사람과 물건과의 관계로서 파악하여 사람과 사람 사이의 관계인 채권과 대별시키는 입장과는 본질적인 차이점이 있다.

2. 물권법의 법원

법의 존재형식인 법원으로서 성문법과 불문법이 존재하는 것은 북한법에서도 동일하다. 그런데 우리 민법 제1조는 법원의 종류를 법률, 관습법, 조리임을 밝히고, 법원들 사이의 우열관계를 명시적으로 규정하고 하고 있지만, 북한민법전에서는 이러한 규정을 발견할 수 없다. 따라서 법원에 관한 일반론에 따라 북한 물권법의 법원은 물권을 규율하는 북한헌법, 북한민법(민법과 민사에 관한 법률을 포괄하는 실질적 의미의 민법), 법의식(우리 민법상 조리에 해당)이 있다. 그리고 실질적으로 성문법보다 더욱 중시되며 우월적 효력을 가지는 말씀, 교시, 공산당의 정책(지시) 등이 있다.

(1) 성문법

1) 헌법

북한 사회주의헌법은 국가의 조직과 국민의 기본적인 권리와 의무를 규정하는 기본법으로서 물권법의 중요한 법원이 된다. 북한헌법 제2장 경제조항(제19조 내지 제38조)에서 소유권을 비롯하여 물권제도에 대한 기본방침을 규정하고 있다. 그중에서도 제20조, 제30조, 제34조에서 사회주의공공재산보호의 원칙, 노동에 따른 분배의 원칙, 국가경제계획실현의 원칙을 밝히고 있다. 이는 민법의 기본원리로서 작용하며 물권법 영역에도 당연히 적용된다. 또한 제21조 내지 제23조는 사회주의공유제로서의 전인민소유제와 집단소유제의 법률상 반영인 국가소유권과 사회협동단체소유권의 근거규정이며, 제24조는 공민의 개인소유권에 대한 법적 근거가 된다.

2) 민법

북한민법은 제2편인 제37조부터 제63조에 걸쳐서 소유권제도의 전반에 관하여 규율하고 있는데, 이것이 물권에 대한 가장 대표적인 규정들이다. 구체적으로 소유권에 대한 일반규정(제37조 ~ 제43조)으로 소유권의 형태와 발생기초, 소유권자의 권한, 소유권의 보호, 공동소유권에 대한 규정들이 있다. 또한 북한의 소유권의 형태인 국가소유권(제44조 ~ 제52조), 사회협동단체소유권(제53조 ~ 제57조), 개인소유권(제58조 ~ 제63조)에 대한 개별적 규정들을 두고 있다. 그 외에도 제1편 일반제도(총칙)의 제1조 내지 제36조와 제4편 민사책임과 민사시효제도에 관한 제240조부터 제271조중

소유권의 행사나 그 보호와 관계있는 규정들도 물권법의 근거규정이라고 할 수 있다.

민법전 이외에도 민사에 관한 관련법규들 중에서 물권과 관련된 규정들은 물권법의 법원이 된다. 그 예로 토지법, 부동산관리법, 부동산등록절차에 대한 규정 등이 있다. 토지이용권을 규정하는 북한의 토지임대법 및 특수지대에 적용되는 민사관계법이나 개성공업지구 부동산 규정 등도 실질적으로 물권법의 성문법원이 된다.

(2) 불문법

1) 조리

우리 민법상 조리는 사물의 본성, 자연의 이치 또는 법의 일반원리를 의미하며, 사회통념, 선량한 풍속 기타 사회질서, 신의성실의 원칙이라는 말로 표현되기도 한다. 조리의 법원성에 대하여 학설상의 대립은 있으나, 재판에 있어서 성문법이나 관습법의 흠결을 보충하기 위하여 그 필요성이나 유용성은 인정된다. 그에 반하여 사회주의국가에서 조리란 법적인 문제와 관련되는 사회주의의 이념이나 원칙 등을 의미한다. 북한에서는 조리를 사회주의법의식 내지 민주적 법의식 등으로 표현하면서 법원성을 인정하고 있다. 이는 성문규범이 정립되지 않은 모든 법분야에서 당의 정책을 편리한 도구로 활용하는 방식으로 나타난다. 북북조선림시인민위원회 사법국·재판소·검찰소의 구성과 직무에 관한 기본원칙(1946. 3. 6. 제정) 제20조에서 "재판할 때 판사는 민주주의적 의식과 조선인민의 이익에 입각하여 재판하여야 한다"고 규정하여 조리가 민법의 법원임을 명시하였다. 즉, 북한에서 조리는 물권법의 영역에서도 법원성이 인정되고 있다.

2) 최고지도자의 교시 및 당의 정책과 지시

일반적으로 사회주의국가는 국가의 정책에 대하여 법원성을 인정하고 있다. 국가의 정책을 통해서 민사관계를 규율하고자 하는 것은 법률이 제정되기 이전의 민사적 해결을 위한 과도기적인 것으로 사회주의민법의 특징이라고 할 수 있다. 그 예로 중국 민법통칙 제5조는 "민사활동에서는 법률은 반드시 준수하여야 하며, 법률의 규정이 없는 경우에는 국가의 정책을 준수하여야 한다"라고 밝히고 있다. 북한에서는 국가의 정책은 최고지도자의 교시, 노동당의 정책·지시 등을 구체화하는 것으로서 민사에 대한 중요한 법원으로서 기능을 한다. 즉, 북한에서 최고지도자의 교시, 당의 정책이나 지시 등은 곧바로 국가의 정책에 반영되어 정권을 유지하기 위한 편리한 수단으로서 역할을 하는 것으로서, 당연히 물권법의 법원으로서 인정될 뿐만 아니라 실질적으로 성문법 이상의 효력을 가진다. 북한의 조선노동당 규약(2016년 5월 9일 개정) 전문에서 "조선로동당은 조선민족과 조선인민의 리익을 대표한다. 조선로동당은 근로인민대중의 모든 정치조직들 가운데서 가장 높은 형태의 정치조직이며 정치, 군사, 경제 문화를 비롯한 모든 분야를 통일적으로 이끌어나가는 사회의 령도적정치 조직이며 혁명의 참모부, 조선인민의 모든 승리의 조직자이며 향도자이다."고 규정있다. 북한에서 새로운 법을 제정하거나 제정된 법의 해석과 적용에 있어서 입법기관인 최고인민회의·최고인민회의 상임위원회, 사법기관인 재판소, 검찰소는 당의 정책을 충실히 따르는 부속기구에 불과하며, 이는 물권법의 해석과 적용에서도 동일한 것으로 보인다.

3) 관습법

우리 민법 제1조에서 명시한 바와 같이 관습법은 성문법이 없는 경우에 보충적으로 법원으로서 역할을 하고 있음에 반하여 북한에서는 관습법의 법원성은 부인된다. 사회주의 국가에의 관점에서 종래의 전통법을 비판과 개혁의 대상으로 파악하고 있다. 이러한 맥락에서 민사에 관하여 과거로부터 전해오는 관습법은 기존의 사회질서를 타파하여 새로운 혁명적 법질서를 이룩하는 것에 장애가 될 뿐이라고 본다. 따라서 북한 물권법에서도 관습법에 대한 법원성은 인정될 여지가 없다.

4) 판례

남한의 법원과 마찬가지로 북한에서 재판소는 자신의 관할에 속하는 사건에 대하여 법을 적용하는 역할을 담당할 뿐 법을 제정하는 기능은 없다. 최고재판소에 전국의 재판소사업에 대한 감독통제권을 부여하고 있지만(재판소구성법 제18조), 선례의 구속성에 대하여는 어떠한 법규정이나 제도를 두고 있지 않다. 따라서 북한에서 판례의 법원성은 부정된다고 할 것이다.

3. 물권법의 기본원칙

우리 민법이 개인주의사상에 근거한 자본주의 민법으로 생산수단에 대한 개인소유와 사적 자치를 최고이념으로 하고 있는데 반하여, 북한민법은 전체주의사상에 따른 사회주의 민법으로 생산수단의 개인소유나 사적 자치를 배척한다는 점에서 본질으로 구별된다. 이하에서 살펴보는 바와 같이 북한이 생산수단에 대한 사회주의적 소유의 원칙을 물권제도의 최고원리로 다루는 것은 사적 소유권의 인정과 보장의 전제가 되는 인간 행동의 자유를 제한하는 북한 물권법의 한계라고 할 수 있다.

(1) 생산수단에 대한 사회주의적 소유의 원칙

북한은 사회주의적 생산관계와 자립적 민족경제의 토대에 의거하여(북한 헌법 제19조), 생산수단은 국가와 사회협동단체가 소유한다(북한 헌법 제20조). 북한민법 제3조에서 생산수단에 대한 사회주의적 소유의 원칙을 명시하고 있다.[27] 민법이론에서도 이러한 소유권제도는 프롤레타리아독재의 무기로서 계급적 본질을 가진 사회주의법의 가장 중요한 위치를 차지하고 사회주의적 소유를 튼튼히 하여 수령과 당이 혁명사상을 실현하는데 복무하

---

27) 북한민법 제3조 (생산수단에 대한 사회주의적소유의 원칙)
생산수단에 대한 사회주의적소유는 조선민주주의인민공화국의 경제적기초이다.
국가는 재산관계에서 사회주의적소유에 기초한 인민경제의 계획적 관리운영을 강화하여 사회 주의경제제도를 끊임없이 공고히 하도록 한다.

는 것임을 강조한다. 이러한 법규정이나 민법이론으로 미루어 보면, 생산수단에 대한 사회주의적 소유의 원칙이 북한민법과 물권제도의 최고의 기본원칙이라고 볼 수 있다.

(2) 사회주의적 소유에 대한 특별보호의 원칙

사회주의적 소유로 된 재산은 인민혁명의 투쟁 산물로서 국가사회의 공유재산으로 사회주의 생산력을 발전시키는 물질적 기초인 동시에 근로자들의 물질문화적 생활을 풍족하게 발전시키는 원천이다. 이러한 이유에서 사회주의적 소유재산을 다른 재산보다 특별히 보호할 필요가 있다. 이러한 원칙은 국가소유재산의 반환청구에 대한 시효적용의 배제(북한민법 제259조 제1항), 국가소유물 및 사회협동단체소유물에 대한 선의취득 불인정 등에서 구체화되고 있다.

(3) 국가경제계획실현의 원칙

북한에서는 원칙적으로 생산수단의 사유가 금지될 뿐만 아니라 생산과 소비 등의 경제활동도 중앙집권적 계획관리체계 하에 통제되어 모든 경제활동은 국가경제계획의 이행을 위한 기능분담에 지나지 않는다. 북한 민법 제4조에서 "계획적인 재산거래관계는 인민경제계획에 기초한 계약에 따라 이루어진다. 국가는 기관, 기업소, 단체가 계획과제를 어김없이 수행할수 있게 재산거래관계를 맺고 실현하도록 한다"고 명시하였다. 이것은 재산관계와 경제활동을 중앙집권적 계획관리체계에 따르도록 하는 국가경제계획실현의 원칙을 천명한 것이다. 소유권을 비롯한 북한의 물권제도 역시 이러한 원칙에 따라 국가계획을 실현하기 위한 수단이다.

(4) 기타의 기본원칙

사회주의국가에서는 개인의 이익이 국가·집단의 이익과 불가분의 관계를 가지며, 국가나 사회에 도움이 되지 못하는 개인의 이익은 부정되어 국가와 사회의 이익을 앞세우는 원칙, 즉 집단주의원칙이 북한법을 지배하고 있다. 북한민법에서도 집단주의는 사회주의 사회생활의 기초이고, 국가는 기관, 기업소, 단체와 공민이 서로 협력하고 방조하는 집단주의원칙에서 재산관계를 설정하고 실현하도록 규정한다(북한민법 제8조). 집단주의 원칙에 따라 북한 물권법 질서의 당사자인 개인들에게 법률관계의 중심은 권리와 이익보다는 책임과 의무에 기울어져 있다. 그 결과 부분적으로 인정되는 개인소유권에 대하여 개인적·소비적 사명을 미명으로 법적 규제가 가능하게 된다.

민사활동의 평등원칙은 민사활동에서 각 주체들의 지위가 평등해야 한다는 것이다. 북한민법 제2조는 "조선민주주의인민공화국 민법은 기관, 기업소, 단체, 공민사이에 서로 같은 지위에서 이루어지는 재산관계를 규제한다. 국가는 기관, 기업소, 단체와 공민에게 민사법률관계에서 당사자로서의 독자적인 지위를 보장한다."고 규정하고 있다. 이는 우리 민법상의 권리능력평등의 원칙과 유사하지만, 앞서 살펴본 물권법의 기본원리를 전제로 인정된다는 점에서 차이가 있다.

4. 물권의 종류

(1) 물권법정주의의 배제와 비판론

우리 민법 제185조에서 "물권은 법률 또는 관습법에 의하는 외에는 임의로 창설하지 못한다"고 규정하고 있다. 즉 대세적 효력을 가지는 물권의 종류와 내용을 임의로 창설하지 못하는 물권법정주의를 취하고 있다.

대조적으로 북한민법은 물권법정주의를 규정하고 있지 않다.[28] 북한의

---

[28] 2007년 제정된 중국 물권법 제5조는 "물권의 종류와 내용은 법률에서 규정한다"고 하여 명문으로 물권법정주의를 채택하였다. 여기에서의 법은 전국인민대표대회 및 그 상무위원회에서 반포한 법률을 의미한다.

민법이론에서는 물권법정주의를 소유권을 중심으로 물권을 확립하여 물권의 공시를 실현하기 위한 원칙으로서 독점자본가 및 통치자들의 요구와 이익에 맞게 법화하고 이를 보장하는 것이라고 비판하고 있다. 북한 물권법에서는 법률 이외에 국가나 당의 정책에 의하여도 물권이 창설되거나 폐지될 수 있어서 물권법정주의를 따르고 있지 않다.

(2) 북한 민법상의 소유권과 그 외의 물권

앞서 살펴본 바와 같이 북한민법에는 물권법정주의가 적용되지는 않지만, 물권에 관한 규정을 두고 있다. 그에 따르면 물권을 소유권과 그 외의 물권으로 구분할 수 있다. 북한민법은 제2편 소유권제도에서 소유권만을 규정하고 있어 외형적으로는 다른 종류의 물권을 두고 있지 않는 것으로 보인다.

그러나 국가소유권의 실현방법으로 인정하는 경영상관리권(제47조 및 제48조)과 국가재산이용권(제49조 및 제50조)과 같이 소유권 이외의 물권도 포함하고 있다. 경영상관리권은 국가기관이나 기업소가 국가의 중앙집권적인 지도와 통제를 받으면서 주어진 권한의 범위 내에서 그 재산을 자기의 이름으로 국가소유재산을 점유하거나 이용·처분할 수 있는 권리이다(제47조). 이는 사회주의 공유제의 원칙에 따라 국가기관과 기업소가 최종적인 처분권은 국가로부터 제한받는 상대적인 소유권으로 평가된다. 국가재산이용권은 협동농장과 공민엑 부여되는 소유권 이외의 권리로서 우리 민법상 용익물권에 준하는 것으로 보인다. 구체적으로는 국가가 협동농자에 부여한 농기구나 시설 등에 인정되는 고정재산이용권(제49조)과 국가가 건설하여 노동자, 사무원, 협동농민에게 인도한 살림집에 대한 살림집이용권(제50조)이 있다.

한편 우리 민법이 점유권을 소유권 기타 제한물권을 포함한 본권과 구별하는 것과 달리 점유권을 별개의 물권으로 인정하고 있지 않다. 북한 민법이론에 따르면, 자본주의 민법은 점유권을 소유권과 구별하여 별개의 물권으로 봄으로써 물건을 현실적으로 점유하는 자의 이익을 보호하는 것을 본질로 한다고 비판하면서 점유권은 소유권의 한 구성부분일 뿐이라고 한다. 그에 따라 북한민법은 소유권의 내용으로서 점유할 수 있는 권능을 규정하고 있을 뿐 본권과 분리하여 점유권의 지위를 인정하고 있지 않다(북한민법 제39조).

(3) 특별법상의 물권

북한의 토지임대법 제3조, 라선경제무역지대법 제17조, 신의주특별행정구기본법 제16조, 황금평, 위화도경제지대법 제5조 및 제20조, 금강산국제관광특구법 제5조 및 제12조 7호 등 특수지역에 적용되는 민사관계법의 개별규정과 개성공업지구법 제11조와 개성공업지구 부동산규정 제4조 등에서 토지이용권을 규정하고 있다. 이러한 토지이용권은 일부 차이가 있으나 대체로 매매, 교환, 증여, 상속을 가능하도록 하고, 임대 또는 저당도 허용하고 있다. 북한 지역에서 일반적으로 인정되는 것이 아니라 경제특구지역에서만 제한적으로 인정되는 물권이라는 한계는 있으나, 향후 북한의 물권법의 발전은 물론 나아가 남북의 물권법 통합을 위한 단초를 제공할 수 있을 것이다.

5. 물권의 보호

(1) 물권적 청구권

우리 민법은 점유권(제204조 내지 제206조)과 소유권(제213조, 제214조)에서 각각 물권적 청구권을 규정하고, 다른 본권에서는 소유권의 규정을 준용하는 방식을 취하고 있다. 북한민법에서도 물권의 침해에 대한 보호수단으로서 물권적 청구권이 인정을 인정한다. 그런데, 소유물반환청구권(북한민법 제40조)와 방해제거청구권(북한민법 제41조)만을 규정하고 있을 뿐 점유권[29]이나 그 외의 물권에 대한 물권적 청구권은 규정하고 있지 않다. 북한의 민법이론은 소유권자가 아니더라도 적법하게 물건에 대하여 점유해서 이용권을 갖는 자도 그 물건을 비법점유 등으로 침해하고 있는 자에 대하여 소유물의 반환청구 또는 배제청구권을 유추적용할 수 있다고 설명한다.

북한민법상 소유물반환청구권을 행사하기 위해서는 다음과 같은 요건을 충족해야 한다.30) ①물건을 소유권자가 아닌 자가 점유하고 있을 것, ②물건이 현실적으로 존재할 것, ③그 물건이 다른 물건과 가를 수 있는 것일 것, ④비법점유일 것. 이와 같은 요건에서 '비법점유'는 우리 민법에서의 '불법점유'와 유사한 것으로 볼 수 있으나, 정치색을 강조하고 있는 점에서 차이가 있다. 북한민법이론에서는 비법점유를 법이나 계약에 기초한 정당한 근거 없이 남의 재산을 점유하는 것으로서, "북한의 사회주의제도에서는 남의 재산을 비법적으로 차지할 수 있는 사회경제적인 근원이 조금도 없으나, 낡은 개인적 이기주의사상 잔재를 말끔히 없애지 못한 극소수의 사람들과 일부 일군들의 사업상 착오와 부주의로 인하여 남의 재산을 비법적으로 점유하게 되는 경우가 있게 되는 것"이라고 설명한다.

(2) 그 밖의 물권보호 수단

소유권 등 물권의 침해로 손해가 발생한 경우에는 북한민법 제240조 내지 제242조에 따라 손해배상책임을 부담한다. 물권적 청구권과 손해배상청구권은 함께 행사할 수 있다.

그 외에도 북한에서는 소유권침해에 대하여 직접 제재를 가하는 행정처벌법, 형법 등이 있다. 특히 국가 및 사회협동단체소유권은 특별한 보호를 받으므로 침해자에 대한 가중된 행정상의 책임이나 형사책임을 부과하고 있으므로 물권의 보호수단으로서 역할을 하는 측면도 있다.

북한 형법은 사회주의적 소유권의 보호를 중시하여 소유권을 침해한 행위를 처벌한다. 제89조부터 제98조에 걸쳐서 국가 및 사회협동단체 소유를

---

29) 우리 민법과 달리 북한에서는 점유권을 별개의 물권으로 보는 것이 아니라 소유권에 포함된 하나의 권능으로 파악하고 있다.
30) 김일성종합출판사 편, 민법(1), 1973, 147~148면.

침해한 범죄로 규정하고 노동단련형과 무기 및 유기의 노동교화형으로 무겁게 처벌하고 있다. 또한 제296조부터 제303조의 개인소유를 침해하는 범죄로 노동단련형과 유기의 노동교화형으로 처벌한다.

북한에서는 소유권의 침해행위에 대하여 행정상의 책임을 부과하고 있다. 인민보안단속법은 소유권침해행위를 인민보안단속대상으로 규정하고,[31] 행정처벌법에서는 소유권을 직·간접적으로 침해하는 행위를 매우 세분화하여 규정하면서 그에 따른 행정처벌을 가하고 있다. 예컨대, 동법 제68조는 "직무상 또는 의무실행상 일시적위임에 의하여 자기가 보관관리하고 있는 국가 및 사회협동단체재산을 횡령한자에게는 경고, 엄중경고 또는 3개월이하의 무보수로동, 로동교양처벌을 준다. 정상이 무거운 경우에는 3개월이상의 무보수로동, 로동교양 또는 강직, 해임, 철직처벌을 준다"고 규정하고, 제70조 " 국가 및 사회협동단체재산을 훔친 자에게는 3개월이하의 로동교양처벌을 준다. 정상이 무거운 경우에는 3개월이상의 로동교양처벌을 준다."고 밝히고 있다. 북한의 행정상의 책임은 범죄보다는 사회적 위험성이 적은 행위에 대하여 가하여지는 것으로서 상대적으로 제재의 정도가 낮고, 공인의 권리와 의무의 실현에 크게 제한을 받지 않으며, 위법행위에 대하여 권한을 가진 국가기관의 심의결정으로 즉시 바로 잡는다는 점에서 재판절차보다 신속하게 법적인 제재를 가하는 것을 특징으로 한다.

---

31) 인민보안단속법
    제10조 인민보안기관은 기관, 기업소, 단체와 공민의 재산을 략취하는 것과 같은 행위를 단속한다.
    제11조 인민보안기관은 설비, 자재, 생산물을 되는대로 관리하여 못쓰게 만들거나 또는 계획실행정형을 거짓 보고하거나 수출입질서를 어기는 것과 같은 행위를 단속한다.
    제29조 보안기관은 도적물건을 숨겨주거나 또는 팔아 주거나 사는 행위를 단속한다.

II. 북한의 소유권제도

북한민법은 1990년 제정된 후에 2007년 3차 개정을 거쳤다. 우리민법의 물권에 해당하는 북한민법 제2편은 소유권만을 규정하고 있으며, 세부적으로는 일반규정, 국가소유권, 사회협동단체소유권, 개인소유권의 부분으로 구성되어 있다.

1. 소유권의 의의와 본질

북한 민법 제39조에서 "소유권을 가진자는 법이 정한 범위안에서 자기의 소유재산을 점유하거나 리용, 처분할수 있다. 재산에 대한 처분은 해당 소유권을 가진자만이 할수 있다."고 규정한다(동법 39조). 이것은 외견상으로는 우리 민법 제211조에서 규정한 소유권의 내용과 매우 유사한 것으로 보인다. 그러나 남북한의 소유권 개념은 자본주의와 사회주의라는 서로 다른 경제체계가 투영된 것으로서 실질적으로는 차이가 있다. 사회주의 민법의 소유권 개념은 본질적으로 유물사관에 입각한 것으로서 소유권은 하부구조인 경제제도의 모습이 상부구조인 법률제도에 반영된 것으로 이해된다. 경제제도인 소유제는 사회의 생산수단이 누구의 점유에 속하고, 누구의 지배에 속하고 있는가라는 사실에 관한 기본적인 제도이다. 그에 반해 소유권은 소유제 형태에 의하여 결정되며, 소유자가 물질적 재화 특히 생산수단을 독점적으로 지배하는 권리를 사회의 지배계급이 입법 형식을 통해서 확인한 것으로서 소유권은 소유제의 법률적 반영으로 이해될 수 있다.

결국 남북한 민법의 소유권은 자본주의와 사회주의라는 서로 다른 체계를 뒷받침하는 근간으로서, 북한민법에서는 유물사관에 입각한 개념이며, 그 본질은 공유제로서 국가소유권을 소유권제도의 이상으로 삼고 있다는 점에서 본질적인 차이점이 있다. 소유권이라는 동일한 용어를 사용하고 있더라도 북한민법에서는 국가소유권을 제외하고는 상대적인 권리에 불과하다는 점에서 우리민법상 소유권개념과는 구별할 필요가 있다.

2. 소유권의 성질

우리 민법상 소유권은 사실적 지배과 무관한 관념적 지배권으로서 물건을 전면적으로 배타적으로 사용, 수익, 처분할 수 있는 권능을 포함하고 있다. 이러한 이유에서 소유권의 특성으로 대물지배성, 전면성, 혼일성, 탄력성, 절대성, 항구성 등을 들고 있다.

이와 비교하여 북한의 민법이론에서 설명하는 소유권의 성질은 대물지배성, 전면적 지배성, 절대성으로 요약될 수 있다.

첫째, 소유권은 채권과 달리 물건을 대상으로 하는 권리로서 대물지배성을 가진다.

둘째, 소유권은 소유권자가 직접 자기 권한으로 물건을 점유, 이용, 처분할 수 있는 권리로서 소유자가 아닌 다른 사람이 가질 수 있는 개별적인 점유권, 이용권, 처분권 등과는 구별된다.

셋째, 소유권은 소유권자 이외의 모든 사람들에게 주장할 수 있는 권리로서 특정한 상대방에게만 주장할 수 있는 채권과 구별된다. 즉, 채권은 채권에 대응하는 의무의 당사자가 특정되어 있으나, 소유권에서는 불특정의 모든 사람이 불가침의 의무를 진다.

살펴본 바와 같이 북한민법상 소유권의 특성은 우리 민법에서 논해지는 것과 큰 차이가 없다고 볼 수도 있다. 그러나 북한민법은 소유권을 포함한 물권을 사람과 물건의 관계가 아니라 물건을 매개로 한 사람과 사람 사이의 관계로 파악한다는 점을 고려해 볼 필요가 있다. 이러한 북한민법의 태도는 착취의 근절을 위하여 생산수단에 대한 개인소유권을 배제하고 사회주의적 소유권(국가소유권이나 사회협동단체소유권)만을 인정하고 있으며, 소비자료에 대해서만 개인소유권을 인정하는 것에서도 나타난다.

3. 소유권의 취득원인

북한민법 제38조 제1항은 "소유권은 법이나 계약, 그밖의 행위와 사건에 기초하여 발생한다"고 규정하고 있다. 즉 북한민법은 소유권의 발생원인으로 법, 계약, 그밖의 행위와 사건을 들고 있다. 여기에서 '법'은 국가소유권을 발생시키는 국유화법령을 의미하고, '계약'은 팔고사기계약과 같이 소유권을 발생시키는 채권행위이다. 그리고 '행위'는 유언에 의하여 수증자에게 소유권을 발생시키는 것이고, '사건'은 기간이 경과와 같이 사람의 의사에 의존하지 않는 법률사실로서, 예컨대 일정시간이 경과하도록 소유자가 나타나지 않아서 국가가 소유권을 취득하는 경우가 그에 해당한다.

결국 북한민법의 소유권취득원인을 우리 민법에 비추어보면, '계약'과 '행위'는 법률행위에 의한 물권취득이고, '법'과 '사건'은 법률규정에 의한 물권취득이라고 할 수 있다.

4. 소유 주체에 따른 소유권 구분

우리나라와 같은 자본주의 국가의 민법에서는 소유권의 주체가 개인이든 법인이든 구분하지 않고 동일하게 규정하고 있으나, 사회주의국가에서는 소유권의 주체에 따라 국가소유권, 협동단체소유권, 개인소유권으로 구분하여 성실상의 차이를 둔다. 사회주의국가는 사유재산제도에 부정적이기 때문에 국가소유권과 협동단체소유권을 '사회주의적 소유'라고 한다. 사회주의적 소유는 공공화된 재산이지만, 개인소유는 시민의 공공화되지 않은 재산이다. 사회주의소유는 인민에 대한 착취를 배제하는 공공소유로서 대규모 생산수단을 포함한 모든 물건을 그 대상으로 한다.

북한민법에서도 국가소유권, 사회협동단체소유권, 그리고 개인소유권을 규정하고 있다. 북한에서 사회주의 혁명이 완성된다면, 궁극적으로는 생산수단에 대한 국가소유권과 소비품에 대한 개인소유로 귀결될 것으로 보인다. 즉 현재 북한의 3가지의 소유권 형태는 북한이 아직 사회주의 혁명과정에 있음을 보여주는 것이기도 하다. 북한 민법이론에서는 국가소유권의 유래에 대하여 1948년 8월 10일 제정된 '산업, 교통운수, 체신, 은행 등의 국유화에 대한 법령'에 의하여 일본 제국주의자들과 그 앞잡이인 예속 자본가들의 소유였던 모든 기관, 기업소, 광산, 발전소, 철도운수, 체신, 은행, 상업 및 문화기관 등이 무상으로 몰수되어 국가소유로 되면서 발생하였음을 강조하고 하고 있다.

(1) 국가소유권

국가소유권은 사회주의적 전인민소유제에 대한 법률상의 표현이다. 사회주의적 전인민소유제는 프롤레타리아계급 독재국가가 전인민을 대표하여 생산수단을 점유하는 형태의 소유제를 말한다.

국가소유는 전체 인민의 소유로서 국유화한 재산, 국가투자로 마련한 재한, 국가기업소의 생산물, 국가기관, 기업소가 산 재판, 국가의 결정에 따라 국가기관, 기업소에 넘어온 재산, 사회협동단체나 공민이 국가에 바친 재산, 그밖에 국고에 넣기로 된 재산으로 이루어지며, 국가소유권의 대상에는 제한이 없다(북한민법 제44조).

(2) 사회협동단체소유권

근로대중의 집단소유제가 법률에 반영된 소유형태인 사회협동단체소유권은 국가소유권과 함께 사회주의공유제의 기초이다. 이러한 사회협동단체소유권은 사회주의적 소유권제도의 현실을 반영한 것이나 사회주의 혁명이 완성되어 완전한 사회주의적 소유권제도가 실현된 후에는 국가소유권으로 전환되어야 할 과도기적 소유형태이다.

북한민법상 사회협동단체소유는 사회협동단체성원들이 들여놓은 재산, 사회협동단체의 자체 투자에 의하여 마련한 재산, 사회협동단체의 생산물, 사회협동단체가 산 재산, 국가에서 사회협동단체에 소유권을 넘겨준 재산으로 이루어진다(제53조).

(3) 개인소유권

북한 민법 제58조에 따르면, 개인소유는 근로자들의 개인적인 소비적 목적을 위한 소유로서, 로동에 의한 사회주의 분배, 국가 및 사회의 추가적혜택, 터밭경리를 비롯한 개인 부업에서 나오는 생산물, 공민이 샀거나 상속, 증여받은 재산 그밖의 법적 근거에 의하여 생겨난 재산으로 이루어진다. 북한에서 개인소유의 원천이 되는 것은 노동에 의한 사회주의적 분배와 국가와 사회의 추가적 혜택이다. 개인소유는 사회주의 소유와의 관계 속에서 그로부터 파생된 소유의 성질을 가진다.

5. 소유권의 취득과 물권변동

북한민법 제38조 제2항에서 "소유권은 법에 기초하는 경우 법이 정한 때, 계약에 기초하는 경우에는 따로 합의하지 않는 한 계약을 맺고 그 대상을 넘겨받은 때부터 발생된다"고 규정하고 있다. 따라서 북한에서 소유권의 취득은 법률행위에 의한 것인 경우에는 해당 법률행위를 하고 목적물을 넘겨받은 때에 이루어지고, 법률규정에 의한 때에는 법이 정한 때가 된다.

이러한 소유권 취득규정은 우리 물권법이 동산과 부동산을 구분하여 동산은 물권적 합의와 인도, 부동산은 물권적 합의와 등기를 요구하는 것과 큰 차이가 있다. 다만, 북한민법은 부동산소유권의 취득도 등기를 요건으로 하지 않고 있으나, 부동산거래를 내용으로 하는 계약은 서면으로 맺고 공증을 받아야 효력이 발생하는 특칙을 두고 있다(북한민법 제94조). 이것은 북한민법이 부동산의 소유권 취득에서 등기를 부동산물권변동의 성립요건에서 제외한 것이기는 하나, 엄격한 요식성을 규정함으로써 공시제도의 흠결을 보완하는 것으로 해석할 수 있다.

6. 선의취득과 무주물의 국가귀속

(1) 선의취득

북한민법 개인소유권에 관한 규정인 제62조에서 "공민은 자기 소유의 재산을 권한없는자에게서 넘겨받는다는것을 알면서 가진 공민을 상대로 그 반환을 요구할수 있다. 잃어버린 물건에 대하여서는 그 사실을 모르고 가진 경우에도 반환을 요구할수 있다."고 규정하고 있다. 즉, 북한민법은 소유권의 주체가 누구인가에 따라 선의취득의 인정여부를 판단하여 개인소유권에 대한 선의취득을 인정한다.

그에 반해서 국가소유권 및 사회협동단체소유권에 속하는 동산, 즉 사회주의적 소유물에 대하여는 선의취득을 인정하지 않고 반환청구를 통해서 회복할 수 있도록 한다. 국가기관, 기업소는 자기 재산이 권한없는 자로부터 사회협동단체나 공민에게 넘어간 경우에 그 반환을 요구할 수 있고(북한민법 제51조), 사회협동단체도 자기 소유의 재산이 권한없는 자로부터 다른 사회협동단체나 공민에게 넘어간 경우 그 반환을 요구할 수 있다(북한민법 제57조).

종합해 보면, 북한민법상 국가소유권과 사회협동단체소유권은 개인소유권보다 더욱 보호되며, 이는 북한민법의 기본원칙의 하나인 '사회주의적 소유의 특별호보원칙'이 적용된 것으로 볼 수 있다.

(2) 무주물의 국가귀속

북한민법은 무주물의 선점과 관련하여 제52조에서 "임자없는 물건은 국가소유로 한다. 임자없는 물건에는 소유권을 가진자가 없거나 소유권을 가진자를 알 수 없는 물건이 속한다"고 규정하고 있다. 북한민법은 무주의 동산이나 부동산 모두에 대하여 개인의 선점을 부정하고 오로지 국가에 귀속될 수 있도록 하고 있다. 이것은 우리민법 제252조 제1항에서 무주의 동산을 소유의 의사로 점유한 자에게 소유권을 취득할 수 있도록 하고, 제2항에서 무주의 부동산은 국유로 하고 있는 것과는 구별된다.

7. 소유권의 제한

북한헌법의 지도원리인 국가경제계획실현의 원칙과 사회주의공공재산보소의 원칙은 민법에서 사회주의공유제로 구체화되고 있다. 즉, 북한민법에서 사회주의공유제는 소유권의 기본형태이면서 소유권제한의 일반원칙으로서 역할을 한다. 북한에서 물권제도하에서 소유권은 국가의 경제계획 안에서만 허용되는 것이며, 사회주의 공공재산을 해치지 않는 범위 안에서만 행사할 수 있다.

한편 우리 민법(제216조 내지 제244조)뿐만 아니라 중국민법(제83조)에서도 인접토지 소유자들 사이의 이해를 조절하기 위한 상린관계 규정을 두고 있으나, 북한민법은 이와 관련 규정이 존재하지 않는다.

III. 북한 국유재산의 사유화

통일 이후 북한 국유재산에 대한 정책은 통일의 방식이나 통일 당시의 정치 상황에 따라 구체적으로 결정될 것이지만, 법치국가의 원칙에 기초로 우리의 입장을 법적·정책적으로 바람직한 방안을 미리 정리하여 준비할 필요가 있다. 통일 후 북한의 국유재산 사유화 방안에 대하여 동서독 통일과 동유럽 국가들의 체제전환 이후 이미 상당한 논의가 진행되어 왔다. 북한 국유재산의 재분배 내지 사유화가 중요하게 다루어진 이유는 법치국가의 원칙, 인권과 정의의 요청을 중시하는 관점과 통일 후 사회 안정이나 효율인 경제개발을 우선시하는 관점 들 사이에서 다양한 의견이 주장되었기 때문이다. 국유재산의 사유화 문제는 국유화된 원인을 기준으로 일반적인 재사유화와 협의의 사유화로 구별하여 논의되고 있다. 전자는 공산주의 국가 성립 초기에 국가에 의하여 불법적으로 몰수된 국유재산의 원소유자에 대한 반환 또는 보상의 문제이고, 후자는 일반적인 국유재산을 시장경제질서로 편입하는 과정에서 국민들에게 분배 등의 상식으로 사유화하는 문제를 의미한다.

1. 통일의 방식과 국유재산의 사유화

(1) 급속한 통일의 상황

북한에 급변사태가 발생하여 현재의 북한정권 붕괴 후에 새로운 북한의 민주정권이 들어서거나 무정부상태에 빠진 북한지역을 남한 정부가 장악하게 된다면, 통일은 남한이 주도적으로 추진할 수 있다. 이러한 경우에는 종전의 북한 공산정권의 사유재산의 무상몰수를 비롯한 국유화 조치에 대한 불법성을 주장하는 것이 상대적으로 쉽게 된다. 즉, 통일조약을 체결함에 있어서 재사유화의 문제에 대하여 남한 정부의 의견을 적극적으로 반영시킬 수 있다.

(2) 점진적 통일의 상황

북한이 점진적인 개방정책으로 민주화와 경제성장을 달성하여 남한에 상응하는 수준에 도달한 후에 체제전환하고 상호합의로 통일을 추진하는 것을 상정할 수 있다. 이러한 경우에는 통일을 위해서는 현실적으로 통일조약에 북한 측의 의견을 반영될 가능성이 있다. 즉, 북한 정권이 과거의 조치들에 대하여 적법성을 주장할 경우 남한정부는 한반도 통일이라는 목표를 달성하기 위해서 이를 용인할 여지도 있다. 즉 북한 정권이 자행한 사유재산에 대한 불법몰수에 대한 반환(재사유화)보다는 협의의 재사유화 과정에서 조력자로서의 역할이 더 부각될 것이다. 다만 점진적 통일에서도 남한정부가 재사유화 문제에 대하여 법치국가적 관점에서 문제점을 주장할 수 없다고 미리 단념할 필요는 없으며, 오히려 헌법 제23조 제3항의 사유재산권 존중의 원칙을 고려하면 국유재산의 재사유화의 문제 해결을 요구해야 한다.

(3) 검토

동서독 통일과정이나 동유럽 국가들의 체제전환의 사례를 보면, 공산정권 붕괴 후 새로 집권한 민주정권이 과거 공산정권이 행한 몰수재산 반환 문제를 직접적으로 다루었다. 따라서 북한의 국가성을 인정하는지의 여부가 재사유화 문제와 법논리적으로 양립할 수 없는 것은 아니라고 할 것이다. 또한 합의에 의한 통일에서도 합의의 상대방인 북한을 국가로 인정하는 것은 전제로 하는 것은 아니다.

2. 북한의 국유화 과정과 불법성

(1) 북한의 재산권 국유화조치

북한의 국유화조치는 크게 북한 정부 수립[32] 전 북조선임시인민위원회의 조치에 의한 국유화와 북한 정부 수립 후의 국유화로 구분할 수 있다.

1) 북한정부 수립 전의 국유화 조치

북한은 해방 직후 반제반봉건 민주주의 혁명의 과정으로 토지개혁을 실시하였다. 북조선임시인민위원회가 공포한 '북조선토지개혁에 관한 법령'에 따라 1946년 3월 5일부터 불과 20여일 만에 적산토지, 소작토지의 무상몰수 및 무상분배이 완수된다.[33] 일본 내지 일본인, 일본인단체, 민족반역자, 부일 한국인, 도주자의 토지, 5정보 이상의 조선인 소유 토지, 소작하는 토지 등은 무상으로 몰수되어 고용농민, 토지 없는 빈농 등에게 무상으로 분배되었다. 그 결과 백 만여 정보의 토지가 몰수되어 거의 대부분이 무산계

---

32) 북한은 1948년 8월 25일 제1기 대의원 선거를 실시한 뒤 같은 해 9월 2일 최고인민회의 제1기 1차 회의를 소집하고 9월 9일 '조선민주주의인민공화국'의 창건을 대내외에 선포했다. 그보다 조금 앞선 1948년 8월 15일에는 38도선 이남 지역에 대한 민국이라는 국호로 남한 정권이 들어선 바 있다.

33) 북한은 토지개혁 직후인 1946년 6월 27일 '농지현물세에 관한 결정서'를 제정하여 분배받은 농지에 대하여 매년 수확량의 25%를 현물세로 징수하였으므로 사실상 '무상몰수, 유상분배'로 볼 여지도 있다. 이러한 농지현물세는 1966년 4월 29일 '농지현물세제를 완전히 폐지할 데 대하여'를 제정하면서 폐지되게 된다, 송인호, 통일법, 341면.

급에 분배되었고 나머지는 임시인민위원회 소유로 되었다. 농지 이외의 토지 및 생산수단에 대해서는 '산림에 대한 결정서(1947. 3. 22)', '대지 및 잡종지에 대한 결정서(1848. 3. 12)', '대지 및 공지 이관에 관하여(1948. 3. 12)'를 통해서 국유화되었다.

2) 북한정부 수립 후의 국유화 조치

북한 헌법 제5조에서 "조선민주주의인민공화국의 생산수단은 국가, 협동단체 또는 개인자연인이나 개인법인의 소유다"고 규정하여 생산수단의 개인소유를 허용하였다. 또한 제6조에서 경자유전의 원칙을 선포하고, 토지의 개인소유를 명목상이나마 인정하였다. 그러나 이러한 토지 및 생산수단에 대한 개인소유권이 인정된 생산수단들은 1954년부터 협동조합화를 통해서 국유화되어 1958년에는 거의 모든 산업이 국·공유화되었다.

(2) 북한법의 재산권 국유화에 대한 승인

1948년 9월 8일 제정·공포된 북한헌법 5조 내지 7조는 명시적으로 점령기의 재산권몰수조치와 이로 인한 북한에서의 새로운 소유권 질서를 승인하고 있다. 1972년 12월 28일과 1992년 4월 9일의 북한헌법, 현행 북한헌법 제2장, 1990년 9월 5일 제정된 북한민법전 제3조 내지 제37조도 인민소유(Volkseigentum)의 불가침선언을 통해 과거 재산권몰수조치를 간접적으로 추인하고 있다.

(3) 재산권몰수조치의 불법성

1) 북한정부 수립 전 국유화 조치의 경우

재산권 몰수가 형식적으로는 북조선임시인민위원회의 법령 공포로 그 근거가 마련되었지만, 소련점령당국이 실질적으로 주도한 간접적인 점령권[34]

---

34) 간접적 점령권이란 형식적으로는 피점령국의 자체기관에 의한 법제정 내지 법집행이지만 실질적으로 이들이 '외부의 의사(fremde Wille)'에 의해 조종되고 종속되는

의 행사에 의한 것으로 볼 수 있다. 몰수와 관련된 법령들이 북조선임시인민위원회 명의로 공포되었지만 당시 점령당국에 의해 하달된 각종 지침, 확인서, 훈령 등을 고려하면, 재산권몰수법령 및 그 집행은 실질적으로 점령당국의 치밀한 계획과 지시 하에 기획되고 실시되었다고 보아야 할 것이다.

북한 정부 수립 전일뿐만 아니라 대한민국 정부 수립 전에 사실상 소련군정 하에서 소련군의 주도하에 이루어진 것이라는 점에서 국유화조치의 불법성을 판단에 대한민국 헌법의 효력을 소급해서 적용할 수 있는지가 문제된다. 학설은 이러한 국유화 조치의 적법성에 대하여 대립하고 있다. 먼저 적법한 것으로 보는 견해들을 살펴본다. 합의통일에서는 양국은 상대방의 주권을 존중해야 하며 각국의 법질서가 국제법상의 강행규정(jus cogens)에 위반되지 않는 한 상대방의 관할권 내에서 취한 조치에 간섭하지 말아야 하므로 1948년 헌법 제정을 통해서 추인한 이상 북조선인민위원회에 의한 국유화 조치를 적법한 것으로 인정할 수 없다는 주장이 있다. 흡수통일의 경우에 북한에서 이루어진 토지개혁도 봉건적 토지 소유관계를 타파하기 위한 것으로 소수의 지주계급만 반대하였으므로 단순히 보상이 없었다는 것을 이유로 북한의 무상국유화를 불법적으로 평가할 수 없다고 한다. 다음으로 북한의 국유화조치를 위법한 것으로 보는 견해에서는 무상몰수조치로 재산권의 본질적 내용을 침해하였으므로 이는 인간으로서의 기본권을 침해한 것으로서 국제법상 강행규정을 위반한 것이어서 이후 북한 헌법이 이를 추인하였더라도 무효일 수밖에 없고, 나아가 대한민국 헌법에 따라 추인받을 수 없다고 본다.

북한정권 전의 사유재산 국유화조치에 대하여 검토해 보면, 헤이그육전규칙 제46조에서 규정한 사유재산권 존중 원칙은 국제법상 강행규정이므로 소련점령군이 한국인의 사유재산을 무상으로 몰수한 행위는 국제법상 강행규정을 위반한 것이 명백하다. 또한 북한 정권의 반국가단체로서의 성격이 여전히 유지되고 있는 이상 북한 헌법에 의한 추인은 아무런 효력을 가질

경우를 말하며, 직접적 점령권은 고권행위의 원천성 내지 발기인(Urheberschaft)에 착안해서 점령당국의 직접명의에 의한 법령공포행위 내지 법집행을 의미한다.

수 없다. 동서독의 통일에서도 통일조약에 의한 대등한 합의통일이었지만, 동독 정부에 의하여 이루어진 국유화 조치에 대하여 서독의 법치국가원칙에 비추어 불법성을 인정하고 반환원칙에 따른 조치를 취한 바 있다.

2) 북한정부 수립 후의 국유화 조치의 경우

북한정권은 2012. 4. 11. 개정된 조선노동당 규약에서도 남한의 적화통일을 목적으로 하고 있는 등 반국가단체로서의 성격을 여전히 가지고 있다는 점, 대한민국의 영토를 한반도와 부속도서로 규정한 헌법 제3조 및 대한민국이 한반도의 유일한 합법정부로 승인한 1948. 12. 12. 유엔총회 결의 등을 종합해 보면, 1954년부터 이루어진 북한의 국유화 조치는 행위 주체의 측면과 보상 없는 몰수라는 측면에서 반법치국가적 불법적 몰수라고 평가할 수 있다.

3. 북한의 국유재산의 재사유화

(1) 독일 및 해외 사례

먼저 독일 통일 과정을 살펴보면, 서독과 동독은 원소유자에게 반환원칙을 재사유화의 방안으로 합의하였다. 1990년 6월 15일 동서독 정부는 '미해결재산문제의 규율을 위한 공동성명'을 발표하였으며, 통일조약 제41조에서도 이 공동성명을 통일조약의 일부분으로 규정하여 반환원칙을 명시하였다. 그러나 동독지역에서 소유권 분쟁이 심해져 기업들의 투자가 위축되자 이를 해소하기 위해서 투자장애제거법, 투자법 등이 제·개정하였으며, 1992년 7월 14일에는 투자우선법(Investitionsvorranggesetz)[35]을 제정하여 '반환보다 투자우선의 원칙'을 선포하였다. 원물반환원칙을 수정한 후 '나치에 의하여 몰수된 재산에 대한 보상법(1994. 9. 27), 구소련 점령군법에 의하여

---

35) Gesetz über den Vorrang für Investitionen bei Rückübertragungsansprüchen nach dem Vermögensgesetz vom 4. August 1997, BGBl. I S. 1996.

몰수되어 원상회복이 인정되지 않는 재산에 대한 조정적 보상법 등 보상에 관한 법률을 제정하였다. 그러나 실제 보상금은 동독지역에 부동산에 대한 가격평가가 마지막으로 행해졌던 1935년도 과표를 기준으로 산정되었으며, 보상기금이 발행하는 무인채무증서로 지급하는 방식으로 이루어졌다. 또한 독일의 손실보상법(EntschG) 제7조에 의할 때 보상금액이 10,000DM(약 500만원)을 초과할 경우에는 그 초과분을 누진적 비율로 삭감함을 규정하고 있다. 이러한 독일에서 진행된 국유재산의 재사유화 과정을 종합적으로 살펴볼 때, 명목적·상징적 보상에 불과하다는 비판이 있다.

헝가리, 폴란드, 체코슬로바키아, 유고슬라비아, 루마니아 등 동유럽의 공산권국가들도 체제전환과정에서 재사유화의 문제를 직면하였다. 이들 국가들의 입법태도는 크게 반환원칙과 보상원칙으로 구분될 수 있는데, 보상원칙을 천명한 헝가리를 제외하고는 반환원칙을 채택하였다. 헝가리 정부는 과거 공산정권의 재산권 몰수의 위법성은 인정하였으나, 원물반환에 따른 현실적 어려움을 고려하여 보상원칙을 택하였다. 보상의 편의를 위해서 개별 재산을 참고하여 총액으로 기준을 설정한 후에 보상 상한선[36]도 규정하였다. 한편 러시아의 경우에는 재사유화 자체를 부정하였는데, 이것은 거대한 영토를 가진 연방국가적 특성상 원소유권자 파악이 사실상 불가능한 현실 등과 러시아 특유의 정치적 상황에 기인한 정치적 결정이었다.

종합하면, 러시아를 제외한 독일이나 동유럽 체제전환국가들은 법치국가적 관점에서 과거 공산정권의 국유화 조치의 불법성을 인정하고 최소한 보상원칙을 통해서 보상을 실행하였다.

(2) 북한지역 몰수재산의 재사유화 방안

1) 재사유화 방안에 대한 견해의 대립

북한지역의 몰수재산의 처리에 대하여 ①원물반환, ②금전적 가치보상,

---

[36] 헝가리의 경우에도 200,000포린트(약 115만원)를 기준으로 누진감액제도를 시행한 바 있다.

③재국유화, ④공공임대제 도입, ⑤북한 주민들의 공유재산화 등 다양한 해결책들이 제시되고 있다.

첫 번째로 원소유자에게 원물반환을 하는 것이 주장된다. 예외적으로 반환이 불가능하거나 제3자의 선의취득을 보호할 필요가 있는 경우를 제외하고 원칙적으로 법치주의원칙과 재산권 보장의 이념에 따라 정당한 원래의 소유자에게 반환되어야 한다고 한다. 북한의 국유화 과정의 불법성에 따라 원상회복을 통한 정의 관념의 요청에 가장 부합하는 해결책이라고 할 수 있다. 또한 이미 1953년 휴전협정 체결 후 38선 이북의 일부 수복지역에 대하여 원상회복 및 복구등록, 보존등기를 허용한 바 있다는 점에서 유력한 근거가 된다. 경기도 북부 일부 지역의 수복 후 1954년 10월 21일 제정된 '수복지구임시행정조치법'으로 행정구역을 조정 및 회복하였으며, 이후 등기회복은 '수복지역내소유자미복구토지의복구등록과보존등기등에관한특별조치법(1982. 7. 1. 시행)'을 제정하여 수복지역(북위38도 이북의 수복지구와 경기도 파주군 장단면·군내면·진서면 및 진동면의 지역)에 대한 복구등록[37]과 보존등기를 허용하였다. 그러나 현실적으로는 이미 70년 넘게 형성되어 온 북한 주민들의 기존 이해관계를 근본적으로 침해할 우려가 있으며, 통일 후원소유자와 북한 주민들 사이에 소유권 분쟁 등으로 사회혼란을 초래할 가능성이 있다. 원소유자가 소유권을 확인할 수 있는 기록이나 자료가 멸실되어 현실적인 어려움도 따른다. 나아가 북한지역의 권리관계

---

37) 수복지역내소유자미복구토지의복구등록과보존등기등에관한특별조치법
    제4조 (소유자복구등록신청) ①소유자미복구토지의 소유자(相續人과 사실상의 讓受者 기타 사실상의 所有者를 포함한다)는 대통령령으로 정하는 소유권자임을 증빙하는 서면을 갖추어 관할소관청에 소유자복구등록신청을 할 수 있다.
    ②제1항의 경우에 소유권자임을 증빙하는 서면을 갖출 수 없는 때에는 3인이상의 보증인의 보증서를 첨부하여 제출하여야 한다.
    제15조 (소유권보존등기) ①제12조제3항의 규정에 의하여 소유자로 복구등록된 자와 제13조제2항의 규정에 의하여 소유명의인으로 변경등록된 자는 복구등록 또는 변경등록일로부터 기산하여 3월이 경과된 날 이후에 그 대장등본을 첨부하여 자기 명의로 소유권보존등기를 신청할 수 있다.
    ②등기공무원은 제1항의 규정에 위반한 소유권보존등기신청에 대하여는 이를 각하하여야 한다.

의 불안정은 기업들의 투자를 위축시켜 경제의 재건에 엄청난 지장을 초래할 우려가 있다.

두 번째로 보상방안은 몰수된 재산을 매각하여 원소유자에게 몰수토지에 상응하는 금전적 보상을 해주자는 것이다. 북한의 무상몰수는 불법적인 것이지만, 북한의 현재 토지이용자의 생존과 생활을 존중하고 소유권 관계의 불안정을 해소하고 투자유치를 활성화하기 위해서는 원소유자에 대한 원물반환이 아니라 보상으로 해결해야 한다는 것으로 다수의 견해에 해당한다. 다만 보상원칙을 채택하는 경우에도 그 구체적 실현을 위해서는 법적으로 해결해야 할 난제가 산적해 있다. 보상대상권리와 보상대상자의 확정, 보상기준 설정 및 보상금액산정, 보상의 실행을 위한 절차 규정, 보상심사기구와 보상기금의 설치와 관리주체, 보상의 구체적 방법, 보상결정에 대한 불복방법의 특별규정 등을 규명하여 입법화가 필요하다. 또한 막대한 보상금은 통일비용의 증가로 이어져 사회안정과 경제재건에 부담으로 작용할 수 있다. 보상원칙은 법치국가원칙을 따르면서 구체적 타당성과 현실적 실행가능성을 조화로운 해결을 도모하는 방식이라고 할 수 있다. 몰수재산에 대한 정확한 가치평가가 현실적으로 어렵고, 월남자나 무상몰수를 당한 북한 주민들도 반환의 권리자라는 점에서 보상처리 절차가 법적으로 매우 복잡해진다는 한계를 가진다.

세 번째로 재국유화는 통일 후에 북한 정권에 의하여 불법적으로 몰수된 토지 등에 대한 소유권을 무효화하여 북한 내 모든 자산을 전면적으로 재국유화한 다음에 '국유재산관리청'과 같은 특별기관을 설립하여 단계적으로 매각 등으로 방법으로 재사유화를 하는 방안이다. 이것은 반환 또는 보상으로 인한 복잡한 법적 문제가 발생하지 않고, 북한 지역의 재건계획의 수립 및 실행에서 통일한국이 재량을 가지고 수행할 수 있다는 점에서 안정성과 효율성 측면에서는 장점을 지닌다. 북한 주민의 입장에서도 재산상태에 대한 현상유지가 가능하다는 이점도 있다.

네 번째로 공공임대제는 북한의 국가성 및 북한에 의한 몰수조치의 합법성을 인정하는 것을 전제로 하여 북한 토지를 국공유상태로 그대로 유지하면서 토지공공임대제를 도입하여 원소유권자의 문제를 근본적으로 해결하자는 것이다. 경우에 따라 원소유자에게 반환이 필요한 경우에도 사용권의 교부를 통해서 하고, 보상을 해야 하는 경우에는 공공임대제 실시에 따라 보상액이 매우 낮게 책정될 수 있다고 한다. 그러나 이러한 방법은 북한의 몰수조치의 합법성을 인정하는 것을 전제로 한다는 점에서 법치국가원리에 배치되며, 남한지역과 달리 북한지역을 국공유 상태로 두는 것은 이원적 토지제도로 인해 여러 가지 문제가 발생할 수 있다는 점을 간과한 것으로 보인다. 또한 통일 초기에 북한주민들에게 경제적 기초자본력으로 역할을 할 수 있는 토지에 대한 사적 소유를 부정하는 것은 혼란상황을 초래할 위험이 있다.

다섯 번째로 북한주민들의 공유재산화는 통일이 합의된 경우 북한 지역의 모든 재산권은 현지에 계속하여 거주하는 북한 주민에게 공평하게 분배한다는 원칙에 따라 해결하는 것이다. 물론 이러한 원칙은 통일조약에서 미리 포함시켜야 하며, 국유재산의 처리에 관한 방향을 제시함으로써 통일 직후 북한주민들의 남한지역으로의 대거 이주 현상을 억제하는 효과를 지닐 수 있다. 또한 법률관계의 안정성과 국토개발의 효율성, 북한 주민의 심리적 불안해소 등이 장점으로 거론된다. 다만, 공공재임대제에서의 비판과 같이 북한정권의 불법적 몰수조치의 불법성을 외면한 것이라는 점에서 법치국가원칙에 부합하지 않는다. 또한 재산공유에서 제외된 월남자들의 반발도 예상된다.

2) 검토

북한지역의 불법적인 재산몰수에 대하여 법치국가적 정의와 북한 주민들의 생활 안정을 조화롭게 해결하는 재국유화 방안이 가장 합리적인 해결책으로 보인다. 다만, 이 경우에도 헌법적 이념에 위반되어서는 안되는 것이므로 헌법 제23조 3항에 따른 정당한 보상은 반드시 이루어져야 한다.

보상의 권리자는 북한 정부 수립 전 무상몰수 조치에 의한 피해자들 뿐만 아니라 1954년 이후 협동농장화 과정에서 분배받은 토지의 소유권을 환수당한 사람들도 포함되어야 한다. 통일 과정에서는 후자에 해당하는 사람들의 요구가 더 많을 것으로 보인다. 이 경우 보상의 범위나 대상이 확대되어 현실적인 보상에서는 많은 어려움을 직면할 수 있다. 그럼에도 불구하고 불법적 재산몰수조치에 대해 상징적 성격에 불과하다고 하더라도 보상조치를 취하는 것이 정의관념에 부합되고 남북 주민들의 통합에 도움이 될 것이다. 보상의 대상자와 관련하여 1948년 9월 22일 제정된 '반민족행위자처벌법'이나 2011년 5월 19일 제정된 친일반민족행위자 재산의 국가귀속에 관한 특별법에서 친일반민족행위로 축재한 재산을 몰수하여 국가에 귀속시키도록 규정하고 있으므로 친일행위자는 제외함이 타당하다.

구체적인 보상의 범위와 방법에 대하여는 향후 특별법 제정 등의 방법으로 공공복리의 관점에서 대법원의 태도인 '완전보상의 원칙'을 일부 수정하여 통일한국에 과도한 재정적 부담이 되지 않는 정도의 상징적 수준의 보상액으로 산정기준을 마련할 필요가 있다. 또한 지급의 방식도 일시금이 아니라 분할지급 방식 등을 채택함으로써 법치국가원리와 재정부담이나 혼란 방지라는 현실적 한계 사이에서 조화를 추구하여야 할 것이다.

제3부

남북한 가족법과 북한이탈주민

제 5 장
북한이탈주민의 정착지원 제도와 가족정책법상 쟁점

I. 서 설

북한이탈주민[1]이란 군사분계선 이북지역(북한)에 주소, 직계가족, 배우자, 직장 등을 두고 있는 사람으로서 북한을 벗어난 후 외국국적을 취득하지 아니한 사람을 말한다(북한이탈주민의 보호 및 정착지원에 관한 법률 제2조 제1호). 북한이탈주민의 대량탈북을 근세 우리민족의 다섯 번째 대이동이라고 표현하고 있기도 하다.[2] 이들은 탈북 → 국내입국 → 남한사회 정착(정부합동신문 → 사회적응교육 → 거주지 편입)까지 많은 어려움을 호소하고 있다.

북한이탈주민에 관한 정책은 크게 두 가지 관점에서 접근할 수 있다. 첫째, 북한을 이탈한 이후 해외에 체류하고 있는 사람들에 대한 지원정책이다. 이 정책은 이들이 안전하게 입국할 수 있는 경로를 확보하는데 초점을 맞추고 있다. 둘째, 해외에서 남한으로 입국한 이후의 정착지원 정책이다.

---

1) 북한이탈주민이라는 용어가 어감 상 거북하고 생활용어로 부적절하다고 해서 용어를 바꾸자는 요청이 2000년부터 대두되었다. 2000년 국회주관으로 명칭개선을 위한 공청회가 실시되었고(북한이주민), 2005년 통일부와 국어연구소 공동으로 일반 공모를 통해 "새터민"이라는 용어가 제시되기도 했다. 북한이주민이나 새터민 모두 사회적 합의를 얻는 데는 실패했다고 평가할 수 있다. 여기서는 북한이탈주민의 보호 및 정책지원에 관한 법률에 의한 "북한이탈주민"이란 용어로 통일하여 사용하기로 한다.
2) 19세기말, 일제치하, 6.25 전쟁이후, 중국의 문화혁명(1965-75) 이후 90년대 중반이후 대량탈북을 우리민족의 다섯 번째 대이동으로 설명하고 있다. 고경빈, "북한이탈주민의 보호 및 정착지원 법제", 도정발전을 위한 2010년도 정책개발 워크숍, 대진대학교 2010.11.18, 5면.

중앙정부 차원의 정책과 지방정부 차원의 정책으로 나누어지는데, 주로 주거, 의료, 취업, 교육 등 기본생활과 관련한 내용들이다.

북한이탈주민에 대한 연구는 다양한 분야에서 이루어지고 있다. 법학분야에서는 종래 「북한이탈주민의 보호 및 정착지원에 관한 법률」을 중심으로 연구가 이루어졌다고 할 수 있다. 최근에는 북한이탈주민에 대한 인식조사를 근거를 그 개선방안을 찾아보는 연구가 등장하기도 하고 있다.[3] 여기서는 법정책학적 입장에서 북한이탈주민의 정착지원 제도와 가족정책 법상 문제로 한정하여 서술하고자 한다.

II. 북한이탈주민의 법적 지위

북한이탈주민의 법적 지위에 대하여는 학설의 대립이 있다.

첫째, 대한민국 국민이라는 견해이다. 헌법 제3조 영토조항과 헌법 제4조 평화통일조항의 해석에서 헌법 제3조의 규범적 효력을 강조하여 헌법의 효력이 북한지역에도 미치고 북한지역은 미수복지역이라고 하더라도, 북한이탈주민 및 북한주민 역시 대한민국 국민이라는 견해[4]이다. 그밖에 북한주민이 남한에 이주하는 경우에는 국적변경 절차 없이도 당연히 대한민국 국민이라는 견해[5]와 북한은 국내법상 반국가단체에 불과하고 국제법적으로도 대한민국 입장에서는 북한은 국가가 아니므로 북한주민은 대한민국 국민이라는 견해[6] 등이 있다.

둘째, 외국인 또는 무국적자라는 견해이다. 헌법 제3조(영토조항)의 규범력을 부인하거나 헌법 제4조(통일조항)의 우월적 효력을 인정하는 입장에

---

3) 손경식, "북한이탈주민의 정착지원과 혼인 등 가족법제 개선방향에 관한 연구", 대진대학교 박사학위논문, 2011. 8.
4) 김철수, 헌법학개론(박영사, 2007), 105면.
5) 최대권, "한국헌법의 좌표-영토조항과 평화통일조항", 법제연구 제2권 제1호, 한국법제연구원, 1992, 9면.
6) 김명기, "북한주민을 대한민국 국민으로 본 대법원 판결의 법이론", 저스티스 제30권 제2호, 한국법학원, 1997, 197면.

서는 북한주민은 외국인 또는 무국적자에 불과하다고 보는 견해[7]이다. 즉 북한주민에게는 대한민국 국민의 자격을 부여할 수 없으므로 북한주민은 북한을 국가로 인정할 경우에는 외국인으로, 북한을 국가로 인정하지 않고 정치적 실체로서만 인정할 때에는 무국적자로 보아야 한다는 견해이다. 그리고 영토조항은 제헌 헌법 당시의 역사성을 징표하는 선언적 규정이며 언젠가 북한지역까지 한국의 영토로 통합하도록 설계한 미래지향적인 규정이므로 북한주민을 외국인 또는 무국적자로 보아야 한다는 견해[8] 등이 있다.

셋째, 이중국적자라는 견해[9]이다. 대한민국이 북한의 UN가입에 동의한 것은 대한민국이 북한을 UN헌장이 의미하는 국가, 즉, 국제법적인 주체로 승인한다는 것을 의미한다. 따라서 남한은 북한의 헌법과 국적법의 효력을 인정하고 존중해줄 의무가 있고, 북한주민은 국내법적으로는 대한민국 국민이면서도 그들이 제3국에 소재하는 경우에는 국제법적 견지에서 이중국적을 지니는 특수한 지위에 있다고 하는 견해이다.

북한이탈주민의 법적 지위를 해결하려면 헌법 제3조(영토조항)와 제4조(통일조항)의 관계를 이해해야 한다. 헌법 제3조(영토조항)와 제4조(통일조항)의 해석입장에 따라 북한의 법적 지위에 관하여 다소 상반된 입장을 취하고 있기 때문이다. 헌법 제3조의 영토조항에 따르면, 한반도와 그 부속도서가 우리나라 영토이기 때문에 북한이탈주민 역시 당연히 우리 국민일 수 있다. 그러나 헌법 제4조 통일조항에 의하면 통일을 해야 할 대상이기 때문에 조금 다른 해석이 가능하다.

이러한 헌법 제3조의 영토조항이 있음에도 불구하고, 헌법 제4조는 『대한민국은 통일을 지향하며, 자유민주적 기본질서에 입각한 평화적 통일정

---

[7] 도회근, "북한주민의 헌법상 지위에 관한 연구", 헌법학연구 제4집 제2호, 한국헌법학회, 1998, 348면.
[8] 이승우, "국가보안법의 헌법적 조명", 인권과 정의, 제225호, 대한변호사협회, 1995, 54면.
[9] 김문현, "영토조항과 북한주민의 법적 지위", 사례연구 헌법, 법원사, 2005, 31면 ; 제성호, "분단과 통일에 관한 법적 쟁점", 중앙법학 제6집 제2호, 중앙법학회, 2004, 86면.

책을 수립하고 이를 추진 한다』고 규정하고 있는지에 대해 해석상 논란이 있다. 헌법 제3조에 의하면 북한지역 역시 우리나라 영토인데, 헌법 제4조의 통일조항이 왜 필요한지에 대해 헌법학계에서는 논란이 있다. 이러한 헌법적 논의에 대해서 헌법학자들은 ① 영토조항과 통일조항에 대한 헌법해석론적 시도(영토조항과 통일조항이 서로 모순·충돌되지 않는다고 보고 양자의 조화로운 해석을 모색하는 견해의 대립이 있다)를 하는 견해, ② 영토조항의 헌법 변천을 주장하는 견해, ③ 헌법 입법론적 해결을 주장하는 견해의 대립이 있다.

이 점에 대하여 종래 대법원은 "대한반도 중 38선 이북인 괴뢰집단의 점령지역도 헌법상 우리나라 영토이고 헌법에 의거하여 제정·시행된 모든 법령의 효력이 당연히 미칠 것"[10]이라고 하거나, "북한공산괴뢰의 남침은 국내의 일지방적 폭동에 불과하다고 관념할 것"[11]이라고 하는 등 북한지역은 헌법상 대한민국의 주권이 미칠 뿐이요, 대한민국의 주권과 부딪치는 어떠한 주권의 정치도 법리상 인정될 수 없다고 보았다.[12] 다만, 간첩죄 적용과 관련하여서만 북한을 국가에 준하여 취급한 예가 있을 뿐이다.[13]

현행 헌법 하에서도 대법원은 종래의 확립된 판례를 유지하고 있다. 대표적인 판례를 보면 "헌법 제3조의 법리상 한반도와 그 부속도서 내에서는 대한민국의 주권과 부딪치는 어떠한 국가단체도 인정할 수 없으므로 북한은 대한민국의 영토고권을 침해하는 반국가단체"이고,[14] "북한이 자유민주적 기본질서에 위협이 되고 있음이 분명한 상황에서 대통령이 취임사에서 북한당국자의 명칭을 쓰면서 남북동포간의 화해와 협력 그리고 통일을 논의하기 위한 정상회담을 제의하고 7. 4 남북공동성명과 전임 대통령의 7. 7 선언 등 정부의 대북관련 개발정책 선언이 있었으며 남북한이 국제사회에서 하나의

---

10) 대판 1954. 9. 28, 4296행상109.
11) 대판 1955. 9. 27, 4288형상246.
12) 대판 1961. 9. 28, 4292행상48.
13) 대판 1972. 12. 7, 71노998 ; 대판 1983. 3. 22, 82도3036.
14) 대판 1990. 9. 25, 90도1451 ; 대판 1990. 9. 28, 89누6396 ; 대판 1996. 11. 12, 96누1221 참조.

주권국가로 승인받았거나 남북한 총리들이 남북 사이의 화해, 불가침 및 교류협력에 관한 합의서에 서명하고 위 합의서가 발표되었다는 등의 사유가 있다 하여 북한이 반국가단체가 아니라고 할 수 없다는 것이다.[15]

헌법재판소 판례 역시 대법원 판례와 궤를 같이 하고 있다.[16] 영토조항의 새로운 해석의 계기가 된 사항들에 대하여 헌법재판소는 그 의의를 부정하는 판례로 일관하고 있다.

우선 『남북교류 협력에 관한 법률』에 대하여는 "이는 현 단계에 있어서의 북한은 조국의 평화적 통일을 위한 대화와 협력의 동반자임과 동시에 대남 적화노선을 고수하면서 우리 자유민주 체제의 전복을 획책하고 있는 반국가단체라는 성격도 함께 갖고 있음이 엄연한 현실임에 비추어, 헌법 제4조가 천명하는 자유민주적 기본질서에 입각한 평화적 통일정책을 수립하고 이를 추진하는 한편 국가의 안전을 위태롭게 하는 반국가활동을 규제하기 위한 법적 장치로서, 전자를 위해서는 『남북교류 협력에 관한 법률』 등의 시행으로써 이에 대처하고, 후자를 위해서는 『국가보안법』의 시행으로써 이에 대처하고 있다 할 것이다"라고 하고 있고,[17] 남북한의 국제연합 동시가입에 대해서도 "비록 남·북한의 유엔에 동시 가입 하였다고 하더라도, 이는 유엔헌장이라는 다변조약에의 가입을 의미하는 것으로서 유엔헌장 제4조 제1항의 해석상 신규가맹국이 유엔이라는 국제기구에 의하여 국

---

15) 대판 1993. 9. 28, 93도1730 ; 대판 1991. 4. 23, 91도212 ; 대판 1991. 11. 22, 91도2341 ; 대판 1992. 7. 24, 92도1148 ; 대판 1992. 8. 18, 92도1244 참조.
16) 약간의 융통성을 보인 예외적인 예로는 "제6공화국 헌법이 지향하는 통일은 평화적 통일이기 때문에 마치 냉전시대처럼 빙탄불상용의 적대관계에서 접촉·대화를 무조건 피하는 것으로 일관할 수는 없는 것이고, 자유민주적 기본질서에 입각한 통일을 위하여 때로는 북한을 정치적 실체로 인정함에도 불가피하게 된다. 북한집단과 접촉·대화 및 타협하는 과정에서 자유민주적 기본질서에 위해를 주지 않는 범위 내에서 때로는 그들의 주장을 일부 수용하여야 할 경우도 나타날 수 있다. 순수한 동포애의 발휘로서 서로 도와주는 일, 체제문제와 상관없이 협력하는 일은 단일민족으로서의 공감대 형성이며, 이는 헌법 전문의 평화적 통일의 사명에 입각한 민족의 단결을 공고히 하는 소위인 것으로서 헌법정신에 합치되는 것을 알 수도 있다"(헌재 1994. 4. 2, 89헌가113).
17) 헌재 1993. 7. 29, 92헌바48 ; 헌재 1997. 1. 6. 92헌바6 등 참조.

가로 승인받는 효과가 발생하는 것은 별론으로 하고, 그것만으로 곧 다른 가맹국과의 관계에 있어서도 당연히 상호간에 국가승인이 있었다고는 볼 수 없다는 것이 현실 국제정치의 관례이고 국제법상의 통설적인 입장이다"라고 하고 있으며,[18] 남북기본합의서에 대해서도 "소위 남북합의서는 남북관계를 나라와 나라 사이의 관계가 아닌 통일을 지향하는 과정에서 잠정적으로 형성되는 특수관계"(전문 참조)임을 전제로 하여 이루어진 합의문서인 바, 이는 한민족공동체 내부의 특수관계를 바탕으로 한 당국 간의 합의로서 남북당국의 성의 있는 이행을 상호 약속하는 일종의 공동서명 또는 신사협정에 준하는 성격을 가짐에 불과하다. 따라서 남북합의서의 채택·발효 후에도 북한이 여전히 적화통일의 목표를 버리지 않고 각종 도발을 자행하고 있으며 남·북한의 정치, 군사적 대결이나 긴장관계가 조금도 해소되지 않고 있음이 엄연한 현실인 이상, 북한의 반국가단체성이나 국가보안법의 필요성에 관해서는 아무런 상황변화가 있었다고 할 수 없다[19]고 하고 있다.

생각건대, 헌법재판소와 대법원은 한결 같이 북한의 국가성을 부인하고 있다. 왜냐하면 우리나라 헌법 제3조에 의하면 북한지역도 대한민국의 영토라는 논리이다. 또한 북한이탈주민의 보호 및 정착지원에 관한 법률의 경우에도 북한주민이 대한민국 국민이라는 것을 전제로 하는 규정을 두고 있기 때문이다. 통일부장관이 보호결정을 한 자는 별도로 귀화절차를 밟지 않고 서울가정법원으로부터 취적절차인 가족관계 등록 창설허가 신청서를 제출하도록 하고 있기 때문이다(동법 제19조). 이러한 점에서 현행법 체계 하에서 북한이탈주민의 지원을 논하는 것이 가능한 것이다.

헌법 제3조(영토조항)와 제4조(통일조항)의 헌법적 해석은 별론으로 하고, 헌법과 국내 관련 법령들을 종합하여 볼 때 북한주민과 북한이탈주민은 국내법적으로는 대한민국 국민으로 보아야 할 것이다. 그러나 국제법적으로는 북한주민은 이중국적자로 해당한다고 보아야 할 것이다. 실제로 최근

---

18) 헌재 1997. 1. 16, 92헌바6 등 참조.
19) 헌재 1997. 1. 16, 92헌바6 등 ; 헌재 1998. 8. 27, 97헌바85.

북한주민의 난민신청과 관련하여 호주, 영국 등이 남한의 「헌법」, 「국적법」, 「북한이탈주민의 보호 및 정착지원에 관한 법률」 등을 기초로 북한주민의 국적을 북한과 남한의 이중국적으로 인정하고 있기 때문이다.[20]

III. 북한이탈주민의 국내입국 현황과 정착지원제도 개요

1. 북한이탈주민 국내입국 현황

북한이탈주민의 국내 입국 현황을 살펴보면 1953년 한국전쟁 임시휴전 이후, 1989년까지 정부가 공식적으로 발표한 국내 입국 북한이탈주민의 숫자는 총 600여명에 불과했다. 하지만 1990년대 들어와 1994년부터 해마다 50여 명이 넘는 인원이 입국하는 등 유입 숫자가 가파르게 증가하기 시작해 1999년 한 해의 기간 동안만 하더라도 148명이 입국하기에 이르렀다. 2000년도 들어와서, 2001년에는 직전 년도의 2배가 넘는 1,043명이 입국하는 등 입국 숫자가 더 크게 늘어났고, 그 이후 매년 1,000여명이 넘는 인원이 유입되는 양상을 <표 1>을 통해 알 수 있다.

이 같은 탈북 현상은 북한이탈주민의 탈북을 돕는 브로커가 등장하기 시작한 시기이다. 이미 남한에 들어와 있는 가족의 초청을 통한 탈북이 증가하게 된 것이라 할 수 있다. 이 같은 연유로 2006년을 기점으로 유입 인원의 규모가 더욱 더 증가해 해마다 2,000여명이 넘게 들어오는 등 꾸준히 증가하는 모습을 보이다가 2009년 절정에 다다라 한 해에만 2,900명이 넘게 입국하게 되었다.

그 이후 2010년 잠깐 주춤세를 보이게 되나 그 이듬해인 2011년부터 다시 입국인원이 증가하다 2012년 김정은 체제 등장 이후 북한이 탈북자 단속과 처벌을 강화하였으며 중국의 북한이탈주민에 대한 강제송환 정책으로 인해 일시적으로 감소하는 모습을 볼 수 있다. 즉, 2000년대 이후 지속 증

---

20) 송인호, 통일법강의(법률신문사, 2015), 289면.

가하여 2003~2011년에는 연간 입국 인원이 2,000명~3,000명 수준에 이르렀으나, 2012년 이후 입국 인원이 점차 줄어들어 연간 평균 1,300명대로 감소, 2019년도에는 1,047명 입국하고 있다.

2019년 한해 국내 입국 북한이탈주민은 1,047명으로 2018년(1,137명)에 비해 7.9% 감소했다. 지금까지 국내에 들어온 북한이탈주민 누적 인원은 총33,523명이다.

이중 여성 입국자는 24,160명으로 전체 입국자의 약72%이다. 연령별 현황은 입국 당시 30대가 28.8%(9,585명)러 가장 높으며 20대와 30대가 전체의 57.3%(19,059명)를 차지한다.

북한에서의 직업은 무직·부양자가 45.4%(15,103명), 노동자가 39.5%(13,138명)로 2개의 직업군이 전체의 84.9%(28,241명)를 차지하고 있다.

북한에서의 학력은 중·고등학교 학력이 69.3%(23,070명)로 가장 높고, 전문대 10.3%(3,412명), 대학 이상 6.8%(2,263명)이다.

출신지역은 함경북도 59.2%(19,687명), 함경남도 8.6%(), 양강도 17.5%(5,812명)로 함경도·양강도 출신 비율이 높다.[21]

◆ 〈표 1〉 북한이탈주민 입국인원 현황(~'19.12월말 입국자기준)

구분	~'98	~'01	'02	'03	'04	'05	'06	'07	'08	'09	'10	'11	'12	'13	'14	'15	'16	'17	'18	'1912 (잠정)	합계
남(명)	831	565	510	474	626	424	515	573	608	662	591	795	404	369	305	251	302	188	168	202	9,363
여(명)	116	478	632	811	1,272	960	1,513	1,981	2,195	2,252	1,811	1,911	1,098	1,145	1,098	1,145	1,116	939	969	845	24,160
합계(명)	947	1,043	1,142	1,285	1,898	1,384	2,028	2,554	2,803	2,914	2,402	2,706	1,502	1,514	1,397	1,275	1,418	1,127	1,137	1,047	33,523
여성 비율	12%	46%	55%	63%	67%	69%	75%	78%	78%	77%	75%	70%	72%	76%	78%	80%	79%	83%	85%	81%	72.1%

---

21) 통일부, 2020 통일백서, 147면.

2. 북한이탈주민 지원정책의 변천과정

북한이탈주민 지원정책은 크게 「국가유공자 및 월남귀순자 특별원호법('62.4~)」 제정시기, 「월남귀순용사 특별보상법('79.1~)」 제정시기, 「귀순북한동포보호법('93.6~)」 제정시기, 「북한이탈주민의 보호 및 정착지원에 관한 법률('97.1~)」 제정시기로 나누어 볼 수 있다.

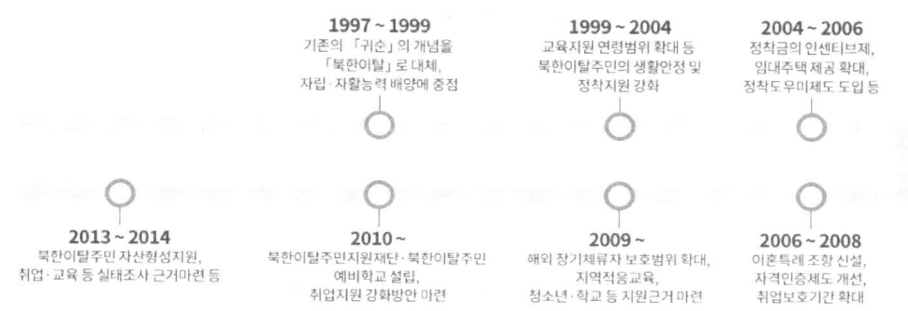

정부는 북한이탈주민들이 우리사회 일원으로 자립·자활 의지를 갖고 안정적으로 정착하도록 「북한이탈주민의 보호 및 정착지원에 관한 법률」(1997.1.14제정)에 따라 다양한 정책적 지원을 시행하고 있다. 즉 2012년에는 북한이탈주민정착지원사무소(제2하나원) 시설을 확충하고, 교육프로그램으로 여성특화교육을 강화하고 심리안정 및 건강회복 지원을 강화하고자 노력하고, 조속한 자립·자활을 지원하기 위해 북한이탈주민이 가장 큰 애로를 호소하는 취업문제 해결을 위해 노동부·기업 등과 유기적 협력관계를 구축하고 '북한이탈주민 일자리 창출 사업'을 진행하였다.

특히 「북한이탈주민의 보호 및 정착지원에 관한 법률」이 개정되어 2010년 9월 27일 시행된 법률은 북한이탈주민지원재단·북한이탈주민 예비학교 설립, 취업지원 강화방안 등의 내용이 포함되어 있다. 아울러 「북한이탈주민의 보호 및 정착지원에 관한 법률」 개정('13.8월, '14.1월, '14.5월)에는 북한이탈주민 자산형성지원, 취업·교육 등 실태조사 근거마련, 기본계획(3년 주기) 신설, 자산형성제도 등을 도입하였다.

3. 북한이탈주민의 정착지원제도 개요

◆ 〈그림 1〉 북한이탈주민 입국 및 정착과정[흐름도]

보호요청 및 국내이송	- 보호요청시 외교부, 관계부처에 상황보고 및 전파 - 해외공관 또는 주재국 임시보호시설 수용 - 신원확인 후 주재국과 입국교섭 및 국내입국 지원

[국내입국]

조사 및 임시보호 조치	- 입국 후 국정원이 보호결정 여부를 위한 조사 및 긴급한 치료 등 임시 보호조치 실시 - 조사종료 후 사회적응교육시설인 하나원으로 신병 이관

보호결정	- 「북한이탈주민대책협의회」 심의를 거쳐 보호여부 결정 - 보호결정 세대단위 결정

하나원의 정착준비	- 사회적응교육(12주, 400시간) 　심리안정, 우리사회 이해 증진, 진로지도 상담, 기초직업 훈련 - 초기정착지원 : 가족관계 창설, 주거알선, 정착금·장려금 지원 등

[거주지 진입]

거주지 보호 (5년)	- 사회적 안전망 편입(생계·의료급여) - 취업지원: 고용지원금, 무료 직업훈련, 자격인정 등 - 교육지원 : 특례 편입학 및 등록금 지원 - 보호담당관 : 거주지·취업·신변보호 담당관 제도 운영

민간 참여	- 북한이탈주민지원재단을 통한 종합서비스 제공 - 지역적응센터(전국 25곳) 지정 운영 - 정착도우미제 : 민간자원봉사자 연계 - 북한이탈주민 전문 상담사(82명) 　종합상담 및 애로사항 해결 등 찾아가는 상담서비스 제공

* 출처 : 통일부 홈페이지

　북한이탈주민 정착지원 제도는 중앙정부 차원의 정착지원과 지방정부 차원의 정착지원으로 나누어 볼 수 있다. 중앙정부 차원의 정착지원의 기본체계는 초기입국지원 단계, 보호지원 단계, 거주지 보호단계의 3단계를 통해 한국 사회에 정착하도록 지원한다.

초기입국지원 단계는 북한이탈주민이 탈북 후 해외에서 재외공관에 보호신청을 한 후 한국에 입국하여 이후 관계기관 합동신문을 거치는 과정을 의미한다. 그에 이은 보호지원 단계는 북한이탈주민의 보호 및 정착지원을 위한 시설인 하나원에서 12주간, 임시 정착하는 과정을 의미한다. 마지막으로 거주지보호 단계는 북한이탈주민의 실질적인 사회적응교육을 위하는 과정으로 하나센터의 지역적응교육을 비롯한 각종 자립·자활에 필요한 지원이 이루어지는 단계이다.

지방자치단체 및 기초지방자치단체(시·군)는 「북한이탈주민의 보호 및 정착지원에 관한 법률」 제22조에 근거하여 통일부장관의 위임을 받아 북한이탈주민이 관할 자치단체에 정착하여 스스로 생활하는데 따른 애로사항의 해소 및 기타 자립·정착에 필요한 보호업무를 추진한다. 또한 시행령 제49조에 근거하여 북한이탈주민 실태조사 및 거주지 보호대장의 작성·관리, 보호대상자의 지역사회 편입지원, 사회복지서비스 기관과의 연계, 자립·정착에 관련된 사항을 위임받아, 북한이탈주민의 정착지원을 위하여 다양한 사업을 하고 있다.

◆ 〈표 2〉 2020년 북한이탈주민 지원제도 개요

구 분	항 목	내 용
정착금	기본금	1인 세대 기준 800만원 지급
	장려금	직업훈련, 자격증 취득, 취업장려금 등 최대 2,510만원
	가산금	노령, 장애, 장기치료, 한부모, 제3국출생자녀양육 등 최대 1,540만원
주거	주택알선	임대 아파트 알선
	주거지원금	1인 세대 기준 1,600만원
취업	직업훈련	훈련기간 중 훈련수당 지급(노동부)
	고용지원금 (채용기업주에 지급)	급여의 1/2(50만원 한도)을 최대 4년간 지원 '14년 11월 29일 이전 입국자
	취업보호담당관	전국 65개 고용지원센터에 지정, 취업상담·알선
	기타	취업보호(우선구매), 영농정착지원, 특별임용 등
사회복지	생계급여	국민기초생활보장 수급권자
	의료보호	의료급여 1종 수급권자로서 본인 부담없이 의료 혜택
	연금특례	보호결정 당시 50세 이상~60세 미만은 국민연금 가입특례

교육	특례 현·입학	대학진학 희망자의 경우 특례로 대학 입학
	학비지원	중·고 및 국립대 등록금 면제, 사립대 50% 보조
정착도우미	-	1세대당 1-2명의 정착도우미를 지정, 초기 정착지원
보호담당관	-	거주지보호담당관(약 244명), 취업보호담당관(65명), 신변보호담당관(약 900명)

* 출처 : 통일부 홈페이지

Ⅳ. 북한이탈주민의 가족정책법상 쟁점

현행 「북한이탈주민의 보호 및 정착지원에 관한 법률」의 입법목적은 "군사분계선 이북지역에서 벗어나 대한민국의 보호를 받으려는 군사분계선 이북지역의 주민이 정치, 경제, 사회, 문화 등 모든 생활영역에서 신속히 적응·정착하는데 필요한 보호 및 지원에 관한 사항을 규정"함을 목적으로 하고 있다(동법 제1조). 그러다보니 남한지역에 있는 소외계층이나 저소득층 입장에서 보면, 북한이탈주민에게 큰 혜택을 주고 있는 것은 아닌가라는 입장이 있을 수도 있다. 이런 점에서 북한이탈주민에 대한 지원이 헌법상 보장된 평등권에 위반되는 것은 아닌가라는 문제가 제기될 수 있다. 그러나 헌법이 보장하고 있는 평등권이란 합리적 차별인지 여부가 중요한데, 인도주의 측면이 전제되고, 탈북과정과 새로운 곳에 정착하려는 비용과 시간 등을 종합하여 보면, 북한이탈주민에 대한 지원이 헌법상 평등권 위반이라고 보여 지지는 않는다. 이런 점에서 법률에서도 명시적으로 북한이탈주민에 대해 대한민국은 보호대상자를 인도주의에 입각하여 특별히 보호한다(동법 제4조 제1항)는 기본원칙을 규정하고 있다. 아울러 국가는 보호대상자의 성공적인 정착을 위하여 보호대상자의 보호·교육·취업·주거·의료 및 생활보호 등의 지원을 지속적으로 추진하고 이에 필요한 재원을 안정적으로 확보하기 위하여 노력하여야 함을 규정하고 있다(동법 제4조의2).

북한이탈주민에 관한 법적 접근방법은 다양하지만, 가족정책법상의 쟁점은 북한에서의 가족관계, 중국에서의 가족관계[22], 남한에서 새롭게 형성된 가족관계 등이 문제된다. 또한 나중에 남한에 입국한 부모와 양육 및 친자확인, 상속, 국제결혼, 친족초청을 비롯한 출입국 문제 등의 다양한 문제가 발생하고 있다. 이러한 가족정책법상의 제 문제를 유형화하여 보면 다음과 같다.

1. 혼인문제

북한이탈주민의 혼인은 크게 중국에서 발생한 혼인관계와 남한에서 새롭게 형성하는 혼인관계로 나눌 수 있다. 실질적 동거를 전제로 하지 않는 북한지역에 있는 여성과의 혼인은 허용되지 않는다.

남한에서 같은 북한이탈주민 또는 남한주민과의 혼인은 혼인신고의 절차만 거치면 된다.[23] 그러나 중국에서 발생한 혼인관계의 지속은 규범적으로 허용되지 않는다. 불법체류자 신분으로 형성된 사실상의 가족관계에 법률혼의 효력을 인정하지 않기 때문이다. 따라서 중국에서 발생한 혼인관계를 지속하거나 인정받기 위해서는 별도의 국제결혼 절차를 밟아야 한다. 그러나 이 또한 현실적이지는 않다.

2. 이혼문제

북한이탈주민의 이혼은 북한에 있는 북한배우자와의 이혼, 국제이혼, 국내이혼으로 구분할 수 있다.

---

[22] 북한이탈주민은 북한지역을 탈출하여 중국 등지에서 새로운 가족관계를 형성하기도 한다. 그러나 합법적인 신분이 아니므로 이들이 형성한 혼인, 자녀, 친인척 등 가족관계는 중국과 북한의 보호를 받지 못한다. 뿐만 아니라 남한에서도 이들의 가족관계는 별도의 요식행위를 거친 이후에 인정받는다. 더구나 요식행위에 필요한 입증방법 등의 부재로 오히려 중국에서보다 더욱 법의 사각지대에 놓이게 되는 일이 많다. 손행선, "북한이탈주민의 특수한 가족관계에 따른 유형별 입법과제", 도정발전을 위한 2010년도 정책개발워크숍, 대진대학교 2010. 11. 18, 106면.

[23] 북한에서 혼인한 사람이 다시 남한에서 다시 혼인하는 경우, 북한 배우자와의 혼인관계를 어떻게 보아야 하는지는 별개의 문제이다.

북한에 있는 북한배우자와의 이혼은 북한의 배우자가 남한지역에 있지 아니하여 정상적인 혼인생활을 유지할 수 없다는 논리에 따른 북한배우자와의 이혼은 남한에서의 재혼을 허용하기 위한 성격이 강하다. 즉, 「북한이탈주민의 보호 및 정착지원에 관한 법률」 제19조의2에 따라 가족관계 등록 창설한 자 중 북한에 배우자가 있는 자는 그 배우자가 남한지역에 거주하는지 여부가 불명확한 경우 이혼을 청구할 수 있게 된다(제19조의2 제1항). 또한 "가족관계 등록창설한 자의 배우자로 기재된 자는 재판상 이혼의 당사자가 될 수 있다"고 규정하고 있다(동조 제2항). 이혼을 청구하고자 하는 자는 배우자가 보호대상자에 해당하지 아니함을 증명하는 통일부장관의 서면을 첨부하여 서울가정법원에 재판상 이혼청구를 하도록 규정(동조 제3항)을 두고 있다. 이 경우 관할 법원이 이혼청구자의 배우자에 대하여 송달을 하고자 할 때에는 우리 「민사소송법」 제195조의 규정에 따른 공시송달을 할 수 있고, 이 경우 첫 공시송달은 실시한 날부터 2개월이 지나야 효력이 발생하다. 다만 같은 당사자에게 하는 그 뒤의 공시송달은 실시한 다음날부터 효력이 발생한다고 보고 있으면 이 기간은 단축할 수 없다고 명시하고 있다(동조 제4항).

국제이혼은 배우자 일방이 외국인일 경우에 해당된다. 중국에서 사실혼 관계를 유지한 뒤 남한으로 국제결혼의 절차를 거쳐 입국한 경우를 포함한다.

국내이혼은 남한의 배우자와 혼인생활을 한 뒤 이혼하는 것이다. 남한의 배우자는 북한이탈주민이 북한이탈주민과 이혼하는 경우도 해당된다.

3. 자녀문제

북한이탈주민의 자녀가 한국에서 태어난 경우는 문제가 없다. 그러나 북한에서 출생하였으나 아직 남한에 입국하지 못한 자녀와 중국에서 출생하였으나 아직 남한에 입국하지 못한 자녀가 문제이다.

북한에서 출생하였으나 아직 남한에 입국하지 못한 자녀의 입국은 제3국을 통한 입국이 장기간의 고통을 수반하기 때문에 손쉬운 입국방법을 선택하는 사례가 있다. 가령, 중국에서 태어난 것처럼 출생신고를 한 뒤 여권을 발급받아 입국하는 것이다. 이 경우 북한이탈주민으로 정부의 보호결정을 받지 못하는 우려가 있다. 북한이탈주민으로 인정을 받기 위해서는 북한에 주소·직계가족·배우자·직장 등을 두고 있는 자로서, 북한을 벗어난 후 외국의 국적을 취득하지 아니하여야 하나(「북한이탈주민의 보호 및 정착지원에 관한 법률」 제2조 1) 중국에서 출생신고를 할 경우 중국법에 따라 중국국적을 취득한 것으로 볼 수 있기 때문이다.[24]

중국에서 출생하였으나 아직 남한에 입국하지 못한 자녀는 신분관계를 등록하는 요식절차에서 문제가 나타난다. 민법은 배우자, 직계혈족 및 형제자매, 직계혈족의 배우자, 배우자의 직계혈족 및 배우자의 형제자매를 가족으로 규정하고(제779조), 혼인, 이혼, 입양, 인지와 같은 신분법상 효과를 일으키는 법률행위에 대해서는 요식절차를 거치도록 한다. 즉, 요식절차를 거치지 않을 경우 법적 보호를 받지 못하게 된다. 북한이탈주민이 중국에서 출생한 자녀는 사실혼관계에서 출생한다. 무국적을 유지하거나 중국인 부 또는 모를 부모로 하여 중국국적을 취득하게 되는데, 어느 경우라도 북한이탈주민과 부자(모자) 관계를 입증하는 것이 힘들다. 모의 경우 출산으로 입증이 된다 하나, 이것은 불법체류자로서 신분을 속이고 출산하는 경우 오히려 입증을 받기 힘든 사유가 된다. 출생신고를 할 때에는 의사 기타 출산에 관여한 사람이 작성한 출생증명서를 제출하여야 한다. 출생증명서는 병원의 의사가 작성하거나, 출산에 관여한 자가 작성한다. 중국병원에서 발급하는 출생증명서상 어머니의 본명이 아니라 가짜 이름이 적혀 있는 경우, 중국에서 그 가짜 이름을 사용하였다는 것을 입증해야 하는 문제가 있다. 또 병원에서 발급하는 출생증명서가 없다면 그 아이가 출생신고 하는 어머니의 자녀임을 증인들이 증명해야 하는데, 그러한 사실을 잘 아는 증인의 자격을 요구하고 있어 요건을 충족하기 힘든 문제가 있다. 만일 생

---

24) 손행선, 앞의 논문, 113쪽.

모가 중국에서 출생한 자녀를 찾지 않고 유기하였을 경우 형법의 문제는 제외하더라도 나중에 자녀가 생모를 상대로 남한법원에 인지청구 등을 제기할 수 있을 것이다. 이 경우에도 모자관계는 출생에 의하여 당연히 발생한다는 전제를 적용할 수 있다. 부의 경우에도 인지로서 자의 지위를 보호할 수 있겠으나, 역시 중국법원을 상대로 탈북자 신분을 드러내며 인지사유를 밝히는 것이 오히려 자의 입국을 방해하는 원인이 된다.[25]

이에 대하여 제3국에서 출생자녀에 출생신고 특례규정을 신설하고자 하는 입법안이 19대 국회(2012년-2016년)에서 발의된 바 있다.[26]

이 입법 제안이유에 따르면, 현행법에 따라 통일부는 보호대상자인 북한이탈주민에 대하여 대한민국 국민으로서의 권리와 의무를 누리며 살 수 있도록 가족관계 등록 창설을 지원해주고 있다. 그러나 제3국에서 출생한 북한이탈주민의 자녀는 이 법에 따른 보호대상자가 아닌 바, 대한민국에서의 적응이 어려운 상황에서 가족관계 등록을 위하여 출생을 보증할 증인 2명 또는 유전자 검사 등의 서류를 준비하는 과정 등을 감당하기가 매우 어려운 실정이다. 이에 통일부장관으로 하여금 가족관계 등록을 창설한 사람 중 하나원에서 제3국에서 출생한 자녀와 함께 보호를 받고 있는 북한이탈주민에 대하여는 하나원에서의 보호하는 기간 내에 해당 등록기준지의 시·구·읍·면·동의 장에게 출생 신고서를 제출하도록 함으로써 대한민국에서의 신속한 적응·정착을 지원하려는 것(안 제19조의2 신설)이라고 설명하고 있다.

◆ 〈표 3〉 현행 및 개정안 조문대비표

현　　행	개　정　안
〈신　설〉	제19조의2(출생신고의 특례) ① 통일부장관은 제19조에 따라 가족관계 등록을 창설한 사람 중 정착지원시설에서 제3국에서 출생한 자녀와 함께 보호를 받고 있는 보호대상자에 대하여는 정착지원시설에서의 보호하는 기간 내에 보호대상자의 의사에 따라 보호대상자의 등록기준지의

---

25) 손행선, 앞의 논문, 114쪽.
26) 상세한 내용은 원혜영 의원 대표발의, 북한이탈주민의 보호 및 정착지원에 관한 법률 일부개정 법률안, 국회 외교통일위원회 검토보고서, 2015. 10. 참조하여 정리하였다.

	시(구를 두지 아니한 시를 말한다. 이하 이 조에서 같다)·구·읍·면·동의 장(이하 "시·구·읍·면·동의 장"이라 한다)에게 제3국에서 출생한 자녀의 출생신고서를 제출하여야 한다. ② 제1항의 출생신고서에는 제12조제1항에 따라 작성된 보호대상자의 등록대장 등본과 가족관계등록부의 기록방법에 준하여 작성한 신분표 및 출생증명서 등 대통령령으로 정하는 사항을 첨부하여야 한다. 이 경우 출생증명서를 제출하지 못하는 경우에는 유전자 검사 결과서를 제출할 수 있다. ③ 시·구·읍·면·동의 장은 제1항에 따라 출생신고서를 제출 받은 때에는 지체 없이 출생에 대한 가족관계 등록 여부를 결정하고, 출생에 대한 가족관계 등록허가를 한 때에는 가족관계등록부에 이를 기록하여야 한다.
제19조의2(이혼의 특례) (생 략)	제19조의3(이혼의 특례) (현행 제19조의2와 같음)
제19조의3(주민등록번호 정정의 특례) (생 략)	제19조의4(주민등록번호 정정의 특례) (현행 제19조의3과 같음)

현재 통일부에서는 하나원 보호기간 중 보호대상자인 북한이탈주민에 대하여 「북한이탈주민의 보호 및 정착지원에 관한 법률」 제19조(가족관계등록 창설의 특례)에 따라 가족관계등록 창설을 지원하여 대한민국 국민으로서의 법적 권리를 회복할 수 있도록 하고 있다.

◆ 〈그림 2〉 북한이탈주민 신분관계 창설 과정

1단계(하나원) *하나원 입소후 2~4주까지	o 개인별 신청서 작성·제출 o 기입국 가족이나 신문조서 등을 확인·대조

⇩

2단계 (서울가정법원) *하나원 입소후 5~8주까지	o 가족관계등록 창설 허가

⇩

3단계(지자체) *하나원 입소후 9주~수료전까지	o 가족관계등록부 등재 및 관리

그러나 제3국에서 출생한 자녀의 가족관계 등록은 북한이탈주민인 부모가 하나원을 퇴소한 후 전입한 지방자치단체에 출생신고를 하는 방식으로 진행되는 바, 출생증명 방법은 일차적으로 1) 의사나 조산사가 작성한 출생증명서 2) 이웃사람 등 인우 보증인 2인이 직접 동행하거나 인감증명서를 첨부하는 방식으로 이루어지고 있다.

그러나 이러한 방법이 어려울 경우 법원에 '친생자관계존재확인소송'을 제기하고 전문가가 작성한 유전자 감정서를 자료로 제출하도록 되어 있다. 북한이탈주민의 경우 출생증명서를 본인이 소지하지 않은 경우가 대부분이고 유전자 감별의 경우 1회당 약 80만원의 비용이 소요되어 대부분 인우보증인의 동행이나 인감증명서 첨부를 통해 출생신고가 이루어지고 있다. 그러나 인우보증인을 통해 출생신고를 할 경우 직접 동행하거나 인감증명서를 첨부해야 하는 등의 번거로움이 있고, 유전자 감별의 경우 1인당 약 80만원의 비용이 소요되므로 경제적으로 어려운 북한이탈주민의 부담이 된다는 점에서 보호대상자의 제3국 출생 자녀에 대한 출생신고 특례 규정을 마련하여 하나원의 보호기간 중에 출생신고를 할 수 있도록 하려는 동 개정안은 일응 타당성이 있어 보인다고 국회 검토보고서는 의견을 제시하고 있다.

다만, 통일부는 제3국 출생 자녀가 정착지원법 보호 대상자가 아니므로 하나원에서 출생신고를 해주는 것 보다 부모가 거주지 전입 후 신고하는 것이 '북한이탈주민'만을 보호대상[27]으로 하는 현행법 체계에 부합하다는 입장이다.

따라서 개정안은 하나원 보호기간 중 제3국 출생 자녀에 대한 출생신고

---

[27] 「북한이탈주민의 보호 및 정착지원에 관한 법률」 제2조(정의) 이 법에서 사용하는 용어의 뜻은 다음과 같다.
  1. "북한이탈주민"이란 군사분계선 이북지역(이하 "북한"이라 한다)에 주소, 직계가족, 배우자, 직장 등을 두고 있는 사람으로서 북한을 벗어난 후 외국 국적을 취득하지 아니한 사람을 말한다.
  2.~ 4. (생 략)
    제3조(적용범위) 이 법은 대한민국의 보호를 받으려는 의사를 표시한 북한이탈주민에 대하여 적용한다.

특례규정으로 인한 북한이탈주민의 편의성 증대로 대한민국에서의 신속한 적응·정착을 지원하려는 법 개정의 취지와 개정안의 실효성, 전체 법체계에서의 정합성 여부 등을 종합적으로 고려하여 판단되어야 할 것으로 보인다.

참고로 제3국 출생 북한이탈주민의 직계비속에 대해서도 「북한이탈주민의 보호 및 정착지원에 관한 법률」의 대상이 되도록 범위를 확대하는 내용의 법률안을 심재권 의원(2012. 9.21)[28]과 심윤조 의원(2013.11.13.)[29] 각각 대표 발의된 적이 있다.

4. 상속문제

북한에서 결혼하여 자녀를 둔 갑(피상속인)은 한국 전쟁당시 자녀만 데리고 월남하였다. 갑은 남한에서 가호적을 취득하면서 북한지역에 잔류한

---

28) 심재권의원(2012. 9.21) 대표발의 개정안

현 행	개 정 안
제2조(정의) 이 법에서 사용하는 용어의 뜻은 다음과 같다.	제 2 조 (정 의) -------------------------------------
1. "북한이탈주민"이란 군사분계선 이북지역(이하 "북한"이라 한다)에 주소, 직계가족, 배우자, 직장 등을 두고 있는 사람으로서 북한을 벗어난 후 외국 국적을 취득하지 아니한 사람을 말한다.	1 . ---사람 또는 이의 직계비속(보호자나 후견인이 없는 만 19세 미만인 경우에 한함)---.

현 행	개 정 안
제2조(정의) 이 법에서 사용하는 용어의 뜻은 다음과 같다.	제 2 조 (정 의) -------------------------------------
2. "보호대상자"란 이 법에 따라 보호 및 지원을 받는 북한이탈주민을 말한다.	2. ------------------------------------- 북한이탈주민과 이들의 자녀 중 제3국에서 출생한 직계비속으로서 만 19세 미만인 자를--------.

29) 심윤조의원(2013.11.13.) 대표발의 개정안

처와 자녀들을 누락한 채 단신으로 취적한 후, 법원의 허가를 얻어, 북한에 잔류한 처에 대한 취적신고를 하였으나, 새로 혼인하기 위하여 사망신고를 하고, 1960년 을과 재혼하여 자녀를 둔 갑은 1980년에 사망하였다. 상당한 재산을 모은 갑(피상속인)이 사망한지 20여년이 지났지만 장녀와 남한의 계모, 이복 형제간에 상속재산 분할에 대한 협의가 이루어지지 않아 상속등기가 지연되다가, 2008년 남한의 가족관계등록부에 등록되어 있는 상속인들의 법정상속분에 따라 상속부동산들에 대한 상속등기가 이루어졌다.

한편 북한에 거주하는 갑의 자녀들은 아버지와 함께 월남한 장녀에게 소송위임장을 전달하여 남한의 계모와 이복형제자매들을 상대로 상속권침해를 원인으로 한 상속회복의 소를 제기하였다. 원고들은 피상속인 갑의 친자관계와 소송위임을 증명하기 위하여 손톱과 머리카락 등 유전자 검사를 위한 샘플, 공민증, 자필진술서, 사실 확인서, 위임장 그리고 이들 서류를 작성하는 모습을 찍은 동영상을 제출하였다. 원고의 소송대리인은 원상속인으로서의 신분관계를 확정하기 위하여 관련소송으로 인지청구의 소, 친생자재확인의 소[30], 중혼취소의 소[31]을 제기하는 동시에 원고들의 가족관계 등록부 창설허가 신청을 제기하였다.

위의 사례를 남한법원에서 재판하는 경우, 절차법상의 문제와 실체법상의 문제가 있다. 절차법적으로는 재판관할권의 문제, 준거법의 결정, 소송대리권의 증명 등이 문제될 수 있다. 실체법적으로는 북한에서 이루어진 혼인의 유효성이 인정되는가? 유효성이 인정된다면 남한에서의 재혼은 무효혼인가 아니면 중혼의 취소에 해당하는가가 문제이다. 또한 피상속인의 호적(가족관계등록부)에 기재(기록)되어 있지 아니한 원고와 피상속인 사이의 친자관계는 어떻게 확정되어야 하며 이들의 상속권 주장은 인정될 수 있는가? 등의 문제가 있다.[32]

---

30) 서울가정법원은 원고들의 청구를 인용하였다. 서울가정법원 2010.12.1, 2009드단 14534.
31) 중혼취소의 소는 장녀가 후혼을 대상으로 제기한 것이나, 민법 제818조는 직계비속에게는 중혼취소청구권을 인정하고 있지 아니하여 그에 대한 위헌심판청구가 있었고, 헌법재판소는 이를 인용하였다. 헌재 2010.7.29, 2009헌가8.

이러한 문제를 해결하기 위하여 2012. 2. 10. 『남북주민사이의 가족관계와 상속 등에 관한 특례법』을 제정하여 입법적으로 해결하였다. 이 법은 남한주민과 북한주민 사이의 가족관계와 상속·유증 및 이와 관련된 사항을 규정함으로써 남한주민과 북한주민 사이의 가족관계와 상속·유증 등에 관한 법률관계의 안정을 도모하고, 북한주민이 상속이나 유증 등으로 소유하게 된 남한 내 재산의 효율적인 관리에 이바지함을 목적(동법 제1조)으로 제정되었다.

5. 출입국 문제

북한이탈주민이 경험하는 출입국 문제는 북한이탈주민 자신이 겪는 문제와 북한이탈주민 주변인이 겪는 문제로 나눌 수 있다. 자신의 문제는 입국브로커 등의 도움을 받으면서 브로커 비용을 지불하는 점 등이다. 주변인은 북한이탈주민이 중국 등지에 살면서 형성된 친인척 관계에 기반 하여 이루어지는 친인척 초청문제이다. 친인척 초청은 주로 중국에서 혼인생활을 한 북한이탈주민에게 발생하는 문제이다. 북한이탈주민 스스로는 가정을 이루었기 때문에 가족이나 친척으로 생각하지만, 중국의 호구가 진정성이 없고 남한에서 새로운 가족관계부를 취득하므로 가족 또는 친척임을 입증하기 어려운 점이 있다.

북한이탈주민의 출입국 문제는 북한이탈주민이라는 특수한 지위에서부터 발생한다. 출입국법은 국민의 입국과 외국인의 입국으로 나누어 입국방법을 달리 정하고 있다. 즉, 대한민국 국민일 경우 여권을 소지하여야 하며, 외국인일 경우 유효한 여권에 사증을 함께 가지도록 하였다.

북한이탈주민은 출입국법에 따를 때 국민과 외국인 모두 해당되지 않는다. 왜냐하면 남한정부가 보호결정을 하기 이전이므로 여권을 발급받지 못하고, 북한을 떠나면서 유효한 여권과 사증을 발급받지 못하기 때문에 제3

---

32) 상세한 논의는 신영호, "남북주민 사이의 가족관계 및 상속관련의 당면문제와 특례법의 제정방안", 제160회 북한법연구회 월례발표회 자료, 2010.12.29. 참조.

국에서 북한주민으로 활동하지도 못한다. 설사 북한지역을 떠나면서 유효한 여권을 발급받았다 하더라도 남한으로 입국할 때 북한의 여권을 사용할 경우 해당국가의 출입국 심사에서 제지될 것이다. 중국과 러시아는 북한과도 수교하고 있는 국가이고, 재외 탈북자가 대한민국 공관에 보호를 요청한다고 할지라도 한국 정부가 단독 의사에 의해 처리하기는 어렵다. 남한에서는 대한민국의 영토조항에 따라 '대한민국 국민'이라고 주장하겠지만, 제3국에서 이러한 사실을 수용하지는 않는다. 북한이탈주민이 대한민국의 국내법상의 지위뿐만 아니라, 국제법상의 지위를 함께 가지더라도 출입국절차에 있어서는 이들 지위가 무용하다 할 것이다.

출입국 문제는 북한이탈주민 개인에 그치지 아니하고 중국 등지에서 형성된 가족관계에도 영향을 미친다. 북한이탈주민이 중국 등지에 살면서 형성된 친인척 관계에 기반 하여 이루어지는 친척초청 등이 해당된다. 주변인 문제는 주로 중국에서 혼인생활을 한 북한이탈주민에게 발생하는 문제이다. 북한이탈주민 스스로는 가정을 이루었기 때문에 가족이나 친척으로 생각하지만, 가족 또는 친척임을 입증하기 어려운 점이 있다. 만일 중국에서의 친인척 관계를 적극적으로 입증한다면 중국정부에 탈북자 신분으로 체류한 사실을 직접 드러내어야 할 경우도 있다. 이 때 북한이탈주민과 친인척은 중국정부로부터 불법행위에 대한 추궁을 받고 법적 책임을 지게 될 우려도 있다.[33]

6. 기타

북한이탈주민의 가족문제 중 하나는 남한에 정착한 사실을 숨기려는 의도이다. 이는 북한에 있는 가족이 남한으로 오는 것을 거부하거나, 남한입국을 북한에 숨기고자 하는 강한 의지가 반영되어 있다. 양자 모두 가족관계의 해체가 분명하고 후속절차를 밟게 된다. 전자의 경우는 북한에 있는 배우자를 상대로 이혼소송을 청구하여 새로운 가정을 꾸리려는 법적 절차

---

33) 손행선, 앞의 논문, 113면.

를 밝게 될 것이다. 후자의 경우는 적극적으로 자신의 존재를 숨기려고 한다. 이때 사용되는 것이 개명절차이다. 특히 하나원 수료 후 정착한 북한이탈주민은 대부분 임대주택에 거주하고 있다. 임대주택이 있는 지역은 한정되어 있으므로 어디에서 온 누구라고 하면 자신의 신분이 드러날 수 에 없으므로 불안함을 가지고 있다. 이런 사정 때문에 개명을 하려고 한다. 이를 인정하여야 할지 여부가 문제이다.

V. 결론 : 북한이탈주민에 관한 정책방향의 변화

최근 외국인의 증가와 다문화가정이 증가하면서 이들의 한국사회 내에서의 적응문제가 사회적 관심이 되고 있다. 물론 큰 범주에서는 다문화가정과 북한이탈주민의 문제는 같은 틀에서 다룰 수도 있을 것이다. 그러나 다문화가정의 경우 한국 내 사적 네트워크로의 편입 자체가 문제가 아니라, 이에 대한 적응이 일차적인 문제인 반면, 대부분의 북한이탈주민들은 이와는 조금 다른 문제를 내포하고 있다.

종래 북한이탈주민의 탈북원인이 "생계형"이었다면, "발전형 내지 발전전략형"으로 변화하고 있다고 한다. 탈북원인이 먹고 살기 위해서라는 측면보다는 자신과 가족이 보다 더 나은 삶을 추구하고자 탈북을 시도하는 경향으로 변화하고 있다고 평가하고 있다. 또한 남성 개인중심의 탈북에서 여성 가족중심으로 탈북형태가 바뀌고 있는 점은 정책방향에서 고려해야 할 요소이다. 탈북원인이 변화하고 있기 때문이 이들을 받아들이는 우리정부의 정책방향도 변화되어야 할 것이다.

정부의 다양한 지원정책에도 불구하고 북한이탈주민들이 성공적으로 대한민국에 정착하는 데는 많은 어려움이 있다. 그 원인에 대하여는 정부정책의 문제, 남북한의 사회·문화적 환경차이, 북한이탈주민에 대한 남한주민들의 인식문제, 북한이탈주민 자신의 문제 등 다양한 원인이 도출되고 있다. 북한이탈주민들의 성공적인 자립과 정착을 위해서는 이들의 문제를 정확히 인식하고 그들의 문제로 방관할 것이 아니라 우리의 문제로 인식할 필요성이 있다.

지금까지의 논의는 주로 북한이탈주민의 자립능력을 키우거나 부적응 요인을 개선하는데 초점을 두었다면 이제부터는 우리사회 전체의 수용능력을 강화하고, 우리국민의 인식개선이 전제되어야 할 것이다. 이러한 점은 북한이탈주민에 대한 중앙정부의 인식과도 연계되어 있다.

종래 북한이탈주민 문제는 주로 통일부가 주관하고 있다. 통일부 산하에 하나원과 지역적응센터를 두고 운영하는 등 북한이탈주민 정착지원 서비스를 총괄하고 있다. 최근에는 시민들이 일상 속에서 평화문화를 이루어가고, 탈북민과 일반주민이 상호소통을 통해 우리 사회의 남북통합을 촉진함으로써 하나되고 행복한 대한민국을 만들어가는 협력의 공간인 "남북통합문화센터"가 설립되었다. 향후 북한이탈주민이 증가할 경우를 대비하고, 북한이탈주민이 진정으로 우리 국민이라면 북한이탈주민 지원정책을 총괄할 지휘부 설치에 대한 논의도 필요하다고 본다. 북한이탈주민의 정착 지원업무는 일상적인 삶과 관련 있는 광범위한 영역에 관련되어 있고 부처 간 협의와 협조가 필요한 사안이 많다. 헌법에서 강조하고 있는 통일과 관련된 정책이기도 하다. 따라서 주무부서는 통일부로 하되, 북한이탈주민의 정착과 통일정책의 추진차원에서, 이 정책을 총괄하는 역할을 총리실이 주도하는 것을 제안한다. 아울러 중앙정부 차원이 아닌 북한이탈주민이 실질적으로 거주하고 있는 지방자치단체의 역할이 중요시되고, 다양한 민간단체들의 참여를 활성화하는 방안을 강구하여야 할 것이다.

제 6 장
남북한 혼인제도의 비교와 통합방안

Ⅰ. 서설

　사람들은 출생에서부터 사망에 이르기까지 다양한 생애주기를 거치게 된다. 그러한 생애주기 가운데 결혼[34]이라는 제도에서부터 삶의 형태에 많은 변화가 있다. 결혼제도는 나라마다 그 민족이 추구하는 가치에 따라 다양한 제도를 형성하고 있다. 남한과 북한은 어떠한 결혼제도를 가지고 있을까? 동질성을 가지고 있을까? 아님 이질적일까?

　이 연구는 남북한[35]이 통일을 전제로 하지 않고 현재 상태만을 비교하기로 하고, 만약 통일이 된다면, 통일의 방법 등을 전제로 하지 않고, 현재 상태만을 전제로 통합방안을 논의해 보고자 한다. 구체적 통일방안과는 다른 차원의 논의이다. 따라서 남북한이 추구하고 있는 결혼에 대한 시각의 차이를 비교하고, 그 다른 제도를 이해함으로서 통합이 가능한지에 대한 시론적 고찰을 하고자 함에 연구목적이 있다.

　예를 들면, 남한에서는 가족이란 개념에 대하여 민법 제767조 내지 제777조의 규정이 있어서, 친족에 대한 정의와 그 범위를 알 수 있다. 반면에 북한은 친족에 관하여 구체적으로 규정한 것을 찾아 볼 수 없다. 혼인 또한 혼인의 성립은 북한 가족법은 제11조에 따른 신분등록기관에 등록을 정

---

[34] 남한 민법 제807조 이하에서는 '혼인'이란 표현을 하고 있으나 북한 가족법은 '결혼'이라고 하고 있다. 남북한의 법제도를 비교해 보았을 때, 결혼과 혼인의 용어상의 차이가 없으므로 용어는 그 문맥에 맞게 혼용하여 사용하기로 한다. 북한에서는 '혼인'보다는 결혼이라는 용어를 주로 사용하고 있다. (법원행정처, 「북한의 민사법」(법원행정처, 2007), 309면).
[35] 남한은 대한민국(한국), 북한은 조선민주주의 인민 공화국(조선)을 공식적으로 사용하고 있다. 여기서는 편의상 대한민국을 남한, 조선민주주의 인민 공화국을 북한으로 통칭하여 사용하기로 한다.

한 대로 법적 보호를 받지만, 남한은 민법 제812조 호적법에 정한 대로 신고하면 효력이 생긴다.

이와 같이 남북한은 다른 체제와 이념으로 인한 구조적 차이가 있다. 이 경우, 남북한이 통합되었을 때 서로 다른 이해 충돌은 물론 다양한 문제점들이 야기될 수 있다는 유추가 가능하다.

이 연구는 남북한이 통일 되었을 때 남북한의 가족법과 혼인제도의 차이 및 법률 통합이 어떠한 방향으로 나아가야 하는지에 대한 방향성을 연구하려고 한다. 이는 남북한 법률의 상이함으로 인한 충돌이 예상되기 때문이다.

남북한은 모두 헌법에서 혼인과 가족생활을 보장하는 원칙을 선언하고 있다. 그러나 북한은 남한과 달리 헌법상의 원칙을 독자적인 법률인「북한가족법」 총칙에서 다시 언급하며 규정하고 있다. 이는 사회주의 대 가정 건설이라는 법의 목적에 부합하기 위해 자신만의 독자성을 끌어낸 것으로 보인다.

남북한의 차이점을 탐구하고 통합방안을 논의하기 위해서는 다른 나라의 사례, 즉 비교법적 고찰이 중요하다. 통합에 대한 비교법적 고찰의 대상으로는 독일 사례가 적당할 수 있다. 그러나 독일의 비교법적 고찰이 곧바로 독일식의 통일방법을 전제로 하는 것은 아니기 때문에 독일 사례는 논의하지 않기로 한다. 또한 북한의 가족법제는 중국 가족법제의 영향을 받고 있다. 남한 또한 가족법제에서 일본법의 영향을 무시할 수 없다. 그러나 일본과 중국 사례 역시 다루지 않기로 한다. 이 연구에서는 통일의 방법에 대한 구체적 논의를 하지 않지만, 자유민주적 기본질서와 가족관계에 대한 보편타당한 국제적 질서를 전제로 논의를 진행하고자 한다.

II. 남북한 가족법의 비교와 특징

가족법이란 가족관계, 다시 말하면 혼인과 친족 등 가족의 생활관계를 규율하는 법률이라고 하거나[36], 실질적 친족법 내지 실질적 가족법은 친족관계 내지 가족관계를 규율하는 일반사법이고, 실질적 상속법은 상속관계를 규율하는 일반사법으로 구별하여 정의[37]하기도 한다. 다른 한편 민법중 남녀의 성적 결합과 부모·자식의 관계 등의 가족관계와 유언 및 상속의 관계를 규율하는 부분을 가족법이라고 정의[38]하고 있기도 하다.

일반적으로 남한에서는 민법을 재산관계를 규율하는 재산법(물권법, 채권법)과 가족법으로 분류하고 있다. 그리고 친족법과 상속법을 합하여 가족법으로 호칭하고 있다. 가족법을 이와 같이 호칭하는 것은 일제시대 이래의 관행이나, 비교법적으로 보면, 아주 이례적이다. 비교법사적으로도 로마법 이래 가족법과 상속법은 분리된 체계로 오늘에 이르고 있으며, 영미법에서도 마찬가지이다. 특히 상속법은 "물권의 母"라고 하듯이, 사람의 사후에 소유권의 취득, 채권·채무의 청산 등 재산법의 내용이 중심이 되고 있으므로 재산법의 일부라고 보는 것이 오히려 타당할 것이다.[39]

원래 가족법(Family Law, Familienrecht)이란 용어는 서구의 법학계에서 사용된 말이고, 제2차 세계대전 전의 일본법학계에서는 이를 일반적으로 "신분법" 또는 "친족법"이라고 했다. 그런데 신분이라고 하는 말은 노예·농노·하인과 같은 사회계급에서의 지위를 의미하는 경우가 많은데, 메인(Maine)의 "신분으로부터 계약으로(from status to contract)"라는 말 가운데 신분이란 것이 바로 그 예이다. 또한 신분이란 말 자체는 고전적 냄새가 풍기는 인상을 주고, 현대의 민주주의적 어감으로는 적당치 않다고 생각된다. 그러나 학자들이 신분법이라고 말하는 것은 그러한 의미는 아니다. 친자·부부·형제와 같은 인간관계를 규율하는 법이란 의미로 사용한 것이다. 학자들이 이러한 말을 사용하게 된 계기는 물권법·채권법을 재산법이라는 말로 통일한 것에 맞추어, 친족법과 상속법을 합쳐서 신분법이란 말로 통일하려고

---

36) 한봉희, 「가족법」 (푸른세상, 2007), 15면.
37) 송덕수, 「신민법강의」 (제6판)(박영사, 2013), 1753면.
38) 지원림, 민법강의(제12판)(홍문사, 2014), 1827면.
39) 우리나라 법학전문대학원과 법과대학 내지 법학과 커리큘럼 체제상 친족법·상속법을 한데 묶어 한 강좌로 강의하고 있는 것은 학문의 발전을 위해서 바람직하지 못하다.

하였던 것이다. 그러나 현대에 와서는 신분법이란 말 대신에 "가족법"이란 말을 더 많이 사용하고 있다. 그것은 현대의 가족이 부부·친자를 중심으로 하는 가족관계가 되고, 법률의 규율대상도 여기에 중점을 두었기 때문이다. 물론 남한 민법 중 친족·상속편을 보면 서구에서 의미하는 순수한 가족관계규정만이 아니라 상속편까지 규정하고 있다. 그러나 남한에서도 가정법원(Family Court)이 생기고, 여기서 가족관계 사건을 다루고 있다. 또한 가족법이란 말이 현대 감각에 맞는 것이기 때문에 일반적으로 가족법[40]이란 말을 사용하고 있다.[41][42]

한편 북한은 70년 이상 남한과 다른 체제를 유지하고 있다. 이처럼 분단 후 각각 다른 체제를 유지하고 있는 남과 북의 가족법을 비교해보는 것은 통일을 대비해서 가족에 대한 문제를 해소하기 위해서라도 매우 필요한 일이다. 그러나 법적인 부분에 대한 자료가 불충분하고 단순한 조문만을 가지고, 남한의 기준으로 해석하거나 남한 법과 비교하는 것은 잘못된 판단을 범할 수도 있기 때문에 신중한 접근성이 필요하다.

1960년에 제정된 가족에 대한 남한 법제는 『민법』의 친족과 상속 편 및 『호적과 가족관계 등록에 관한 법률』 등을 근거로 하고 있다. 반면에 북한은 가족관계를 규정하기 위하여 1990년 10월 24일 제정한 『조선민주주의

---

[40] 새로운 넓은 의미에서의 가족법으로서의 가족정책법이란 용어를 쓰는 견해(소성규, 「가족정책법」(동방문화사, 2016), 7면)도 있다. 일본 동경대학 법학부의 오오무라 아추시(大村敦志) 교수는 그의 가족법 교과서에서 가족법의 방향설정을 가족정책법으로 칭하면서 새로운 시도를 하고 있다(大村敦志, 家族法(有斐閣, 2010, 15面). 그러나 오오무라 아추시(大村敦志) 교수의 가족정책법과 소성규 교수의 가족정책법 이론 전개는 논의방향이 다르다.
[41] 한봉희, 앞의 책, 16면.
[42] 실제로 외국에서의 family law 또는 Familienrecht는 우리나라의 친족법에 해당하는 부분만을 의미하기 때문에, 가족법이라는 용어가 친족·상속편을 전부 포괄할 수 있을 것인가에 대해서는 의문이 있을 수 있다. 그러나 상속편도 가족관계·친족관계에서 일어나는 재산의 귀속관계에 대해서 주로 규정하고 있으므로, 가족법속에 포함되는 것으로 이해하여도 큰 무리는 없다고 하면서, 가족법이란 말이 크게 어긋난 표현은 아니라고 하는 견해(김주수·김상용, 친족·상속법-가족법-(제12판)(법문사, 2015), 14면)도 있다.

인민공화국 가족법』과 2002년 3월 13일 제정된 『상속법』을 근거로 하고 있다. 특히, 『상속법』은 2002년에 제정된 과거의 사유재산을 무조건 경영하던 시점에서 벗어나 적극적으로 이를 인정하는 형태를 보이고 있다. 결과적으로 북한의 신분법제의 정비는 최소한 외형적으로는 남한 법제와 점차 닮아가는 모습을 보인다.[43] 그러나 남북한 가족법은 여러 가지 부분에서 차이가 있다. 남한의 가족법은 형식면에서 대륙법계 체제를 갖추고 있다. 남한 민법의 지도 원리는 재산법을 대표할 수 있는 계약자유의 원칙과 가족법을 대변할 수 있는 양성의 평등 원칙을 들 수 있다. 그리고 재산법과 가족법을 공통적으로 포섭할 수 있는 고차원의 원칙으로 사적자치의 원칙이 있다고 할 수 있다.[44] 남한 헌법은 "혼인과 가족생활은 개인의 존엄과 양성의 평등을 기초로 성립되고 유지되어야 하며, 국가는 이를 보장 한다"(헌법 제36조 제1항)라고 규정하고 있다. 남한 가족법은 원래 전통적인 남성우월주의에 기초로 한 가부장제도에 입각하고 있었다. 그 후 여러 차례의 민법 개정으로 양성평등을 실현하는 방향으로 나아가고 있다. 남한 가족제도는 전통적인 대가족제도와 핵가족제도 원리가 혼재된 성격을 갖고 있다.

반면에 북한의 『가족법』은 사회주의 건설을 위한 대가정의 형성을 기본 이념으로 법보다는 우선적으로 김일성의 교시가 적용되는 형태를 취하고 있다. 1990년 제정된 『북한 가족법』에는 대가족제의 전통을 명문으로 규정하고 있다. 우리가 흔히 말하는 남한의 가족법은 민법의 한 부분으로서 민법전 제4편(친족)과 제5편(상속)을 주된 법원(法源)으로 하는 것을 말한다. 반면에 북한은 통일적인 가족법전을 제정하지 아니한 채 몇몇 개별 법령들을 통하여 가족법 관계를 규율하여 오다가 1986. 1. 30. '민사규정'을 제정하여 하나의 법령으로 통합하였다. 이후 민사규정 중 재산 관계 부분은 '민법[45]'에, 가족 관계법은 '가족법[46]'에 규정하면서 독립된 가족법전을

---

43) 신진화, "통일전후의 신분법제 정비방안". 통일사법정책연구(1), 2006, 법원행정처, 273면.
44) 소성규, 「민법총칙」(제5판)(동방문화사, 2018), 13면.

마련하게 되었다.

북한 가족법은 6개 장 54개 조문으로 구성되어 있다. 제1장 가족법의 기본(제1조 내지 제7조), 제2장 결혼(제8조 내지 제14조), 제3장 가정(제15조 내지 제39조), 제4장 후견(제40조 내지 제45조), 제5장 상속(제46조 내지 제53조), 제6장 벌칙(제54조)으로 구성되어 있다. 특히 제1조에서는 "조선민주주의 인민공화국 가족법은 사회주의적 결혼, 가족제도를 공고히 발전시켜 온 사회를 화목하고 단합된 사회주의 대 가정으로 되게 하는 데 이바지한다"라고 하여 북한 가족법의 입법목적을 명확히 밝히고 있다. 가족법 중에서는 가정의 부부관계와 부모 자녀 관계 및 기타 가정의 관계를 규정한 제3장이 중심을 이루고 있다.

북한의 상속법은 1990년 북한 가족법이 제정되면서 이에 규정되었다가 2002년 '상속법[47]'이 제정되면서 독립된 상속법전을 두게 되었다. 북한의 상속법은 제1장 상속법의 기본(제1조 내지 제14조), 제2장 법정상속(제15조 내지 제26조), 제3장 유언상속과 증여 (제27조 내지 제40조), 제4장 상속의 집행 (제41조 내지 제57조) 등 4장 57조로 구성되어 있다. 북한에서는 가족법을 민법과 분리하면서 상속법도 우리 법체계와 같이 가족법 속에 포함시키고 있다는 점이다. 이는 북한에서도 우리와 같은 전통과 관습을 가지고 있기 때문에 상속재산을 가족부양의 중요부분으로 생각하기 때문일 것이다. 한편, 기존 상속과 관련된 북한 가족법 내용이 빈약하다고 하더라도 개인 소유권의 대상이 되는 상속의 범위가 매우 협소하여 기존의 법률과 이른바 '민주적인 법의식'이라는 조리를 통해서 법률의 공백을 메울 수 있었던 사정을 고려하면, 단행법전으로 위와 같은 상속법전을 제정한 것은 획기적인 일로 평가받고 있다.[48]

---

45) 「조선민주주의인민공화국 민법」, 1990. 9. 5. 최고인민상설회의 결정 제4호.
46) 「조선민주주의인민공화국 가족법」, 1990. 10. 24. 최고인민회의 상설회의 결정 제15호.
47) 「조선민주주의인민공화국 상속법」, 2002년 3월 13일 최고인민회의 상임위원회 정령 제2882호로 채택.
48) 법원행정처, 「북한가족법, 북한의 민사법, 통일사법 정책자료」(2007. 12.), 416면.

III. 남북한 혼인제도의 비교와 통합방안

1. 혼인의 성립 – 남한 민법과 북한 가족법의 비교

남한 민법	북한 가족법	비 고
제807조(혼인적령) 제808호(동의가 필요한 혼인) 제809조(근친혼 등의 금지) 제810조(중혼의 금지) 제812조(혼인의 성립) 제813조(혼인신고의 심사) 제814조(외국에서의 혼인신고) 제815조(혼인의 무효) 제816조(혼인취소의 사유) 제817조(연령위반혼인 등의 취소청구자) 제818조(중혼의 취소청구권자) 제819조(동의 없는 혼인의 취소청구권의 소멸) 제820조(근친혼등의 취소청구권의 소멸) 제822조(악질 등 사유에 의한 혼인취소청구권의 소멸) 제823조(사기, 강박으로 인한 혼인취소청구권의 소멸) 제824조(혼인취소의 효력) 제824조의2(혼인의 취소와 자의 양육 등) 제825조(혼인취소와 손해배상청구권)	제1조(**가족법의 사명**) 조선민주주의인민공화국 가족법은 사회주의적 결혼, 가족제도를 공고발전시켜 온 사회를 화목하고 단합된 사회주의 대가정으로 되게 하는 데 이바지한다. 제2조(**결혼의 보호원칙**) 결혼은 가정형성의 기초이다. 국가는 결혼을 법적으로 보호한다. 제8조(**자유결혼과 일부일처제**) 공민은 자유결혼의 권리를 가진다. 결혼은 오직 한 남자와 한 녀자 사이에만 할 수 있다. 제9조(**결혼년령**) 조선민주주의인민공화국에서 결혼은 남자 18살, 녀자 17살부터 할 수 있다. 국가는 청년들이 조국과 인민을 위하여, 사회와 집단을 위하여 보람있게 일한 다음 결혼하는 사회적 기풍을 장려한다. 제10조(**결혼촌수**) 8촌까지의 혈족, 4촌까지의 인척 사이 이거나 인척 이였던 자 사이에는 결혼할 수 없다.(2009년 수정보충) 제11조(**결혼등록**) 결혼은 신분등록기관에 등록을 하여야 법적으로 인정되며 국가의 보호를 받는다. 결혼등록을 하지 않고 부부생활을 할 수 없다. 제12조(**재외공민의 결혼등록**) 다른 나라에서 사는 공화국공민들의 결혼등록은 조선민주주의인민공화국 령사대표기관에 하며 령사대표기관이 없는 경우에는 그 나라의 해당기관에 할 수 있다. 제13조(**결혼의 무효**) 이 법 제8~10조에 위반되는 결혼은 무효이다. 결혼의 무효인정은 재판소가 한다. 제14조(**무효로 된 결혼에서 자녀양육**) 무효로 인정된 결혼은 처음부터 이루어지지 않은 것으로 한다. 그러나 자녀양육문제는 이 법 제22조, 제23조에 의하여 해결한다.	북한민법 제23조(**소재불명자, 사망자 인증의 취소**) 소재불명자 또는 사망자로 인정되었던 공민이 나났거나 소식을 보내여 거처를 알려온 경우에 공증기관은 본인이나 리해관계자의 신청에 따라 해당한 인정을 취소한다. 이 경우 변경된 재산관계는 취소할 수 있으나 새로 성립된 결혼관계는 취소시킬 수 없다.

남한에서는 혼인의 실질적 성립요건과 형식적 성립요건을 모두 충족하여야 한다. 북한에서도 결혼이란 「평등한 일남 일녀의 상호 애정과 존경에 입각한 자유롭고 자원적(自願的)인 종신적 결합이며 법령이 규정한 준칙들을 준수함으로써만 성립되고 부부의 권리의무를 발생시키는 결합으로서 가

정의 형성을 목적으로 하는 것」을 의미한다고 한다.[49] 북한가족법은 결혼의 실질적 성립요건으로 자원적 합의, 결혼년령, 중혼금지, 근친혼의 금지 등 네 가지를 규정하고, 북한가족법 제11조는 「결혼은 신분등록기관에 등록을 하여야 법적으로 인정되며 국가의 보호를 받는다」고 규정하고 있는 것을 보면, 남한 민법상의 혼인과 북한 가족법상의 결혼은 큰 차이가 없어 보인다. 다만, 개별·구체적 사항에서 일부 차이가 있다.

(1) 약혼제도

남한은 약혼에 관하여 명문규정을 두고 있다(제800~제806조). 반면에 북한은 약혼제도를 두고 있지 않다.

고대 로마법에는 약혼에 관한 규정이 있었다. 오늘날에도 독일민법(제1297 ~ 제1302조), 스위스민법(제30 ~ 제95조), 중국민법(제972 ~ 제979조) 등 독일법계의 혼인법에는 약혼에 관하여 상세한 규정을 두고 있다. 반면에 프랑스, 일본 등 프랑스법계와 영·미·소련 등에 있어서는 판례상 이것을 인정할 뿐 명문의 규정을 두지 않고 있다.[50]

남한에서 약혼제도는 혼인의 경우처럼, 약혼 연령, 약혼 해제사유, 약혼 해제의 방법, 약혼 해제로 인한 손해배상책임 등 다양한 규정을 두고 있다. 그러면서도 약혼 양당사자는 장래에 혼인을 성립시키기 위하여 노력하여야 할 의무를 부담시키면서도, 이러한 의무에 대하여 강제이행을 청구하지는 못한다(제803조)고 규정하고 있다.

생각건대, 약혼제도에 대해서 법적인 규정을 둘 것인지에 대한 실효성 및 입법정책상 판단이 필요한 부분이다. 남한 민법 역시 약혼의 강제이행을 청구하지 못하는 규정을 두고 있는 것을 보면, 북한과 같이 관습에 맡겨두는 것도 타당한 방법이라고 본다.

---

49) 조일오, 「조선가족법(대학용)」(교육도서출판사, 1958), 58면.
50) 소성규, 「가족정책법」, 35면.

(2) 혼인적령

남한의 경우, 법률혼주의를 취하므로 혼인이 성립하기 위해서는 실질적 성립요건과 형식적 성립요건을 모두 충족하여야 한다. 혼인이 실질적으로 유효하게 성립하기 위해서는 우선 혼인신고가 유효하게 수리되기 위한 민법 제807조 내지 제811조에서 규정하는 요건을 갖추어야 한다. 이것을 혼인의 실질적 성립요건이라 한다. 이 요건을 충족하지 못하면 이른바 혼인장애가 된다. 그러한 것 중의 하나가 혼인연령이다.

남한은 혼인연령에 대하여 민법 제807조에서 규정하고 있다. 즉, 만 18세가 된 사람은 혼인할 수 있고(제807조)[51], 부 적령자의 혼인은 취소할 수 있다(제817조)고 규정하고 있다. 남녀의 자유로운 의사에 의한 혼인을 전제로, 만18세를 혼인적령으로 보고 있다.

미성년자가 혼인을 할 때에는 부모의 동의를 얻어야 한다. 부모 중 한쪽이 동의권을 행사할 수 없는 때에는 다른 한쪽의 동의를 받아야 하고, 부모가 모두 동의권을 행사할 수 없을 때에는 미성년후견인의 동의를 얻어야

---

[51] 2007. 12. 21. 남한 민법개정 전에는 남자 만 18세, 여자 만 16세로 규정하고 있었다. 이러한 남녀의 혼인연령의 차이에 대하여 즉, 이제까지 여성은 남성에 비해 조숙하다는 것을 그 구별의 합리화이유로서 열거하고 있었다. 더욱이 이 규정에 의하면 여성 쪽이 남성보다 빨리 혼인하기 때문에 여성이 유리하게 취급된다는 것이다. 그러나 이 규정의 본질은 그렇지 않다. 즉, 국가가 혼인할 수 있는 최저연령을 정하여 사인의 혼인의 자유를 제한한 것은 유아혼 등을 금지하여 혼인하는 남녀와 출생하는 자의 건강복지를 지키기 위해서였다. 혼인연령이 이러한 의미를 가지고 여성이 남성보다 조숙하다는 것이 사실이라면 남녀의 혼인연령에 차이를 두는 것을 합리화 시킬 수 있을 것이다(그러나 성숙도에서 개인차는 크고 모든 여성이 남성보다 조숙하다는 입증은 곤란할 것이다). 그러나 각국은 혼인연령을 높여 가고 있는 추세이다. 따라서 남녀의 성숙도의 차이를 가지고 이 규정을 합리화하는 이유로는 되지 못한다고 할 것이다. 그리고 혼인연령에 남녀차이를 인정하는 것은 성에 의한 분업에 의해서 합리화될 뿐만이 아니라 성에 의한 분업을 고정화하는 것이다. 여성차별철폐조약도 남녀에 대해서「혼인을 할 동일한 권리」(제16조 1 (a))를 국가가 보장하여야 한다고 하고 있다. 따라서 남녀동일하게 혼인연령을 개정할 필요가 있다는 주장에 따라 남한 민법은 남녀의 혼인연령을 동일하게 만 18세로 규정하였다(소성규, 「가족정책법」, 44-45면).

한다(제808조 제1항). 피성년후견인은 부모나 성년후견인의 동의를 받아 혼인할 수 있다(제808조 제2항). 동의를 얻지 않는 혼인은 취소할 수 있다(제816조 제1호).

친생부모와 양부모가 있는 경우에는 양부모의 동의만으로 충분하다. 계모와 적모의 혼인동의권은 없다. 한편, 부모나 미성년후견인 또는 성년후견인이 정당한 이유 없이 동의를 거절하는 경우에는 권리남용이 될 것이며, 당사자는 동의에 갈음하는 재판을 청구할 수 있다. 이 경우 가정법원에 조정을 신청할 수 있다(가소법 제12조, 제50조).

북한 가족법 제8조는 이성 간 혼인의 자유를 인정하고 있지만, 제9조에서 남자 18세, 여자 17세를 혼인적령으로 하여 남녀에 대하여 차별적 규정을 두고 있다. 특히 국가는 청년들이 조국과 인민을 위하여 사회와 집단을 위하여 보람 있게 일한 다음 결혼하는 사회적 기풍을 장려한다(제9조)고 규정하여, 결혼의 자유를 제한하고 있다. 또한 혼인의사의 결여나 중혼, 혼인연령을 위반한 혼인을 무효로 보고 있다(제13조-제14조).

생각건대, 남북한 통합민법을 제정할 경우에는 17세 미만자의 혼인에 대하여 남한 민법은 취소사유, 북한가족법은 무효사유로 보고 있다. 혼인무효이든 혼인취소이든 혼인에 관한 효력을 인정하지 않는 것은 남북한 모두 동일한 인식을 가지고 있다. 통합민법 제정당시 입법자의 입법선택의 문제라고 본다.

(3) 근친혼 등의 금지

종래 남한 민법 제809조는 동성동본 금혼을 규정하고 있었지만, 1997년 7월 16일 헌법불합치결정을 받아,[52] 1998년 12월 31일까지 개정하지 않으면 그 효력을 상실하도록 되어 있었다.[53] 이러한 취지에 따라 2005.3.31. 근

---

52) 헌재결 1997. 7. 16, 95헌가6 내지 13(병합).
53) 헌법재판소는 1997. 7. 16. 동성동본 사이에 결혼을 금지하는 민법 제809조 제1항에 대해 사실상 위헌에 해당하는 헌법불합치결정을 내렸다. 헌법재판소는 결정문에서 「우리 헌법은 모든 국민이 혼인을 할 때 그 시기는 물론 상대방을 특별히 제한

친혼 등의 금지로 바뀌었다. 근친혼은 적지 않은 유전학적 문제를 낳는다는 점에서 동성동본혼과 달리 근친혼 금지는 우생학적 또는 사회 윤리적 관점에서 합리적 근거에 기한 것이라고 평가되고, 각국의 보편적 현상이다.[54]

여기서 근친혼의 범위가 문제인데, 남한 민법은 제809조에서 "① 8촌 이내의 혈족(친양자의 입양전의 혈족을 포함한다) 사이에는 혼인하지 못한다. ② 6촌 이내의 혈족의 배우자, 배우자의 6촌 이내의 혈족, 배우자의 4촌 이내의 혈족의 배우자인 인척이거나 이러한 인척이었던 자 사이에서는 혼인하지 못한다. ③ 6촌 이내의 양부모계의 혈족이었던 자와 4촌 이내의 양부모계의 인척이었던 자 사이에서는 혼인하지 못 한다"라고 규정하였다.

즉, 첫째, 8촌 이내의 혈족(친양자의 입양전의 혈족을 포함한다) 사이의 혼인(제809조 제1항)은 무효이다(제815조 제2호). 여기서의 혈족은 부계인가 모계인가, 직계인가 방계인가를 가리지 않는다.

둘째, 6촌 이내의 혈족의 배우자, 배우자의 6촌 이내의 혈족, 배우자의 4촌 이내의 혈족의 배우자인 인척이거나 이러한 인척이었던 자 사이의 혼인(제809조 제2항)은 취소할 수 있다(제816조 제1호). 다만, 직계인척관계에 있거나 있었던 때에는 무효사유에 해당한다(제815조 제3호).

종래 무효혼인가 아니면 취소혼인가에 관하여 논란이 있었던 형부와 처

없이 자유로이 결정할 수 있도록 보장하고 있다」며「동성동본 금혼 규정은 인간의 존엄과 행복추구권을 보장하려는 헌법의 이념이나 규정에 반하고, 개인의 존엄과 양성의 평등에 기초한 혼인이라는 헌법정신에 정면으로 배치 된다」고 밝히고 있다. 그리고「가까운 친족사이의 혼인은 이미 민법 제815조에서 부·모계 8촌 이내로 규제하고 있는 만큼 이를 넘는 혼인은 변화하는 윤리와 도덕관념에 맡길 수밖에 없다」고 한다. 또한 헌법재판소는「민법 제809조 제1항은 혼인의 범위를 남계 혈족에만 한정해 성차별을 하고 있다는 점에서 평등의 원칙에도 위반 된다」고 밝히고 있다. 헌법재판소는 금혼조항에 대해 불합치결정을 내리며「국회가 1998년 12월 31일까지 민법 관련조항을 개정하지 않으면 1999년부터는 효력을 상실 한다」고 선언했다. 그러면서도「법이 개정될 때까지는 이 조항의 적용을 중지 한다」고 덧붙여 사실상 동성동본금혼조항은 헌법재판소 선고와 동시에 폐지되는 결과를 낳았다.

54) 소성규,「가족정책법」, 45면.

제 사이의 혼인은 취소혼에 해당한다. 따라서 형부와 처제사이의 혼인은 허용되지 않는다. 그런데 배우자의 사별 또는 이혼 등으로 인척관계가 소멸하였더라도 근친혼의 금지범위에 인척이었던 자가 포함된다. 취소청구권자는 당사자, 그 직계존속 또는 4촌 이내의 방계혈족이며(제817조), 당사자 사이에 혼인중의 자를 포태한 경우에 취소권은 소멸 한다(제820조[55]).

셋째, 6촌 이내의 양부모계의 혈족이었던 자와 4촌 이내의 양부모계의 인척이었던 자 사이의 혼인(제809조 제3항)도 취소할 수 있다(제816조 제1호). 다만, 양부모계의 직계혈족관계가 있었던 때에는 무효사유에 해당한다(제815조 제4호).

반면에 2009년 북한 가족법 개정에서 북한은 제10조와 제13조에서 8촌까지의 혈족, 4촌까지의 인척 사이 이거나 인척이었던 자 사이에 혼인을 금하고 있다. 이를 위반한 혼인은 무효로 하고 있다. 무효의 인정은 재판소가 한다. 무효혼에서 출생한 자녀에 대한 양육은 자녀의 복리를 우선으로 하고, 자녀를 양육하지 않은 상대방은 양육비를 부담토록 규정하고 있다(제22조-제23조).

생각건대, 남북한 금혼범위는 남한 민법과 북한 가족법에 의하면, 당사자간 8촌까지의 혈족, 4촌까지의 인척 사이이거나 인척이었던 자 사이에는 혼인하지 못한다는 공통적인 금혼범위를 두고 있다. 다만, 남한 민법은 북한 가족법에 비하여 인척의 계원에 따라 6촌까지 확대함으로서 금혼의 범위가 매우 넓다. 통합 민법 제정 시 합리적인 금혼범위 설정이 필요한 부분이다.

(4) 중혼금지

남한 민법은 중혼금지 규정을 두고 있다. 즉, 남한 민법은 일부일처를 혼인의 기본원리로 삼고 있기 때문에 배우자 있는 자의 혼인을 금지하고 있

---

[55] 2005.3.31. 민법개정 전에는 자를 "출생한" 때에 취소권이 소멸하는 것으로 되어 있었다.

다(제810조). 그러나 중혼은 법률상 무효인 것이 아니고 취소할 수 있는데 지나지 않는다(제816조 제1호). 즉, 중혼은 후혼의 취소사유에 불과하다. 취소청구권자는 당사자 및 그 배우자, 직계존속, 4촌 이내의 방계혈족 또는 검사이다(제818조). 중혼자가 사망한 경우에 전혼의 배우자와 후혼의 배우자가 모두 상속권을 가지며, 중혼자는 양 배우자에 대하여 상속권을 가진다. 그리고 중혼 당사자 사이에 출생한 자도 혼인중의 출생자이며, 처가 중혼자인 경우에 양부의 친생추정을 받는다. 그리고 재판상 이혼의 청구도 가능하다.[56] 중혼의 경우에 취소권 행사기간의 제한은 없지만, 취소권이 실효될 수는 있다.[57]

특히 남한 민법은 여성의 재혼금지기간을 폐지한 바 있다. 즉, 2005년 민법 개정 전에는 여성의 경우, 혼인관계가 종료한 날로부터 6개월이 경과하지 않으면 혼인하지 못하도록 하고(구 제811조), 이를 위반한 혼인은 취소할 수 있도록 하고 있었다(구 제821조). 이는 출생자의 부성추정(父性推定)의 충돌을 막기 위한 것이라고는 하지만, 남녀평등 이념에 반하고 과학적 방법에 의하여 해결이 가능하며 그 실효성도 의문시 되었다. 그래서 2005년 민법 개정 시에 삭제되었다.[58]

반면에 북한에서 중혼은 무효이다. 북한 가족법 제11조에 의하면 혼인은 신분등록기관에 등록하여야 효과가 발생하고, 혼인등록은 실질적 심사를 거쳐야 하므로 중혼이 성립할 가능성이 희박하다. 다만, 소재불명자 또는 사망자로 인정된 사람의 배우자가 재혼한 뒤 그 인정이 취소된 경우에는 중혼이 성립할 수 있다(북한 민법 제23조 제1문). 이 경우 전혼은 부활하지 않고, 중혼인 후혼만이 유효하다(북한 민법 제23조 제2문).

---

[56] 대판 1991. 12.10, 91므344 ; 혼인이 일단 성립되면 그것이 위법한 중혼이라 하더라도 당연히 무효가 되는 것은 아니고 법원의 판결에 의하여 취소될 때에 비로소 그 효력이 소멸될 뿐이므로 아직 그 혼인취소의 확정판결이 없는 한, 법률상의 부부라 할 것이어서 재판상 이혼의 청구도 가능하다.
[57] 예컨대, 중혼 성립 후 10여 년 동안 혼인취소청구권을 행사하지 않았다 하여 권리가 소멸되었다고 할 수는 없으나, 그 행사가 권리남용에 해당한다고 본 판례(대판 1993. 8. 24, 92므907)가 있다.
[58] 소성규, 「가족정책법」, 47면.

생각건대, 남북한은 중혼을 금지한다는 점에서는 동일하다. 다만, 효력에서 남한 민법은 취소사유, 북한 가족법은 무효사유로 통합민법 제정 시에 큰 문제가 되지는 않으리라 본다.

(5) 혼인의 무효·취소 문제

남한 민법은 혼인의 성립요건을 결여한 경우, 무효로 되는 경우와 취소할 수 있는 경우로 나누어 규정하고 있다. 즉, 남한 민법 제815조는 혼인무효의 원인에 관하여 「1. 당사자 간에 혼인의 합의가 없는 때(동조 제1호),[59] 2. 혼인이 제809조 제1항의 규정을 위반한 때, 3. 당사자 간에 직계인척관계가 있거나 있었던 때[60], 4. 당사자 간에 양부모계의 직계혈족관계가 있었던 때[61]」라고 규정하고 있다. 또한 남한 민법 제816조는 혼인취소의 원인에 대하여 「1. 혼인연령의 미달·동의를 요하는 혼인에서 동의가 없는 경우[62]·근친혼[63]·중혼(동조 제1호), 2. 혼인당시 당사자 일방에 부부생활을 계속할 수 없는 악질 기타 중대한 사유 있음을 알지 못한 때(동조 제2호),[64] 3. 사기

---

[59] 예컨대, 당사자 일방이 상대방의 승낙 없이 마음대로 혼인신고를 한 때, 사실혼관계가 해소된 상태에서 혼인신고가 일방적으로 이루어진 때, 합의된 내용이 사회통념으로 보아서 부부관계의 본질을 가지지 못한 때(동거하지 않겠다는 혼인, 동성혼 등), 어떠한 방편을 위하여 하는 것으로 정신적·육체적 결합을 가질 의사가 전혀 없는 때(가장혼인), 당사자의 일방 또는 쌍방이 신고에 기재된 자와 혼인의사가 없고 동거의 사실도 없는 때, 당사자의 일방 또는 쌍방이 신고의 수리이전에 혼인의사를 철회하였을 때, 당사자의 일방 또는 쌍방이 사망 후에 수리되었을 때, 심신상실자가 혼인신고당시에 의사능력을 결여하였을 때 등이다. 그러나 상대방의 나이·직업·재산·성격·재질·처녀성·성 불능 등과 같이 상대방의 성질을 알지 못한 경우는 설사 이것이 혼인을 결정하는데 중요한 점이 된다고 하더라도 무효라 할 수는 없다. 다만, 그러한 상대방의 성질을 알지 못한 것(착오)이 타인의 사기로 인하여 된 것인 때에는 취소원인이 된다.
[60] 예컨대, 시아버지와 며느리, 장모와 사위, 계모와 계자, 적모와 서자 사이 등.
[61] 예컨대, 양부모 또는 양조부모와 양자 사이 등.
[62] 이 경우 당사자가 19세가 된 후 또는 성년후견종료의 심판이 있은 후 3개월이 지나거나 혼인 중에 임신한 경우에는 그 취소를 청구하지 못한다(제819조).
[63] 이 경우 그 당사자 간에 혼인 중 포태한 때에는 그 취소를 청구하지 못한다(제820조).
[64] 이 경우 상대방이 그 사유 있음을 안 날로부터 6월을 경과한 때에는 그 취소를 청구하지 못한다(제822조).

또는 강박으로 인하여 혼인의 의사표시를 한 때65)(동조 제3호)」라고 규정하고 있다. 여기서 배우자 있는 자가 다시 행한 혼인(중혼66))은 당사자 및 그 배우자·직계혈족·4촌 이내의 방계혈족 또는 검사가 그 취소를 청구할 수 있도록 규정하고 있다(제818조). 그런데 헌법재판소는 그 중혼의 취소권자에 관한 제818조에 관하여 헌법불합치 결정을 하였다67).

헌법재판소 결정내용의 다수의견은 "중혼의 취소권자를 규정한 이 사건 법률조항은 그 취소권자로 직계존속과 4촌 이내의 방계혈족을 규정하면서도 직계비속을 제외한 바, 직계비속을 제외하면서 직계존속만을 취소청구권자로 규정한 것은 가부장적·종법적인 사고에 바탕을 두고 있고, 직계비속이 상속권 등과 관련하여 중혼의 취소청구를 구할 법률적인 이해관계가 직계존속과 4촌 이내의 방계혈족 못지않게 크며, 그 취소청구권자의 하나로 규정된 검사에게 취소청구를 구한다고 하여도 검사로 하여금 직권발동을 촉구하는 것에 지나지 않은 점 등을 고려할 때, 합리적인 이유 없이 직계비속을 차별하고 있어, 평등원칙에 위반된다. 다만, 이 사건 법률조항을 단순위헌을 선언할 경우에는 기존의 중혼취소청구권자로 규정된 자까지도 중혼취소청구권을 행사할 수 없는 법적 공백상태가 발생하므로, 2011. 12. 31.을 시한으로 입법자의 입법개선이 있을 때까지 잠정적인 적용을 명하는 헌법불합치를 선언 한다"고 판시하고 있다. 그 후 2011년 12월 29일 민법일부개정안이 국회에서 통과되어 직계비속도 중혼취소의 청구권 자에 포함되었다.

---

65) 이 경우 사기를 안 날 또는 강박을 면한 날로부터 3월을 경과한 때에는 그 취소를 청구하지 못한다(제823조).
66) 중혼의 전형적 사례로는 "재일교포가 일본에서 결혼식을 하고 일본국법에 따라 혼인신고를 마쳤으나 우리나라 민법·호적법에 따라 이를 신고하지는 않았고, 그 교포가 제주도에서 다른 여자와 내연관계를 맺고 그 사이에 아들을 낳자 이 여자와 혼인신고를 한 경우(대판 1991. 12. 10, 91므535), A가 혼인신고 후 딸을 출산한 뒤 사실상 이혼상태에 있으면서 B(여자)를 만나 혼인사실을 숨긴 채 동거에 들어가 2남 2녀를 출산하였는데, B가 중혼에 대하여 항의하자 A가 자신이 재외국민인 것처럼 가장하여 새로운 호적을 편제하게 한 후 B와의 혼인신고를 하여 그 새로운 호적에 등재하게 한 경우(대판 1993. 8. 24, 92므907)" 등이다.
67) 헌재결 2010. 7. 29, 2009헌가8.

중혼은 취소하지 않는 한 유효한 혼인으로서 혼인의 일반적 효력이 모두 인정된다. 그리고 중혼자가 사망하면 두 혼인의 배우자 모두가 상속권을 가지며, 중혼자도 두 배우자 사망 시 상속권을 갖는다. 그리고 중혼중의 출생자는 혼인중의 출생자이다. 중혼의 경우의 취소권 행사에 대해서는 기간의 제한이 없으므로 언제든지 취소할 수 있다. 중혼자가 사망한 후에도 같다[68]. 그러나 사정에 따라서는 취소권의 행사가 권리남용에 해당될 수 있다.[69][70]

반면에 북한 가족법은 혼인의 요건을 결여한 경우 일률적으로 재판상 무효로 다루고 있고(제13조), 혼인취소에 대한 규정을 두고 있지 않다. 무효혼에서 출생한 자녀의 양육문제에 대하여 이혼 시의 자녀양육에 관한 규정을 준용하도록 하고 있다(제14조). 북한 가족법 제4조는 행위능력이 없는 공민의 보호원칙을 선언하고, 동법 제40조 이하에서 후견인의 선정 등에 대한 규정을 두어 피후견인을 보호하고자 한다. 그러나 행위능력이 없는 공민의 혼인행위에 있어서 행위능력의 보충에 침묵하는 등 보호의 실효성에는 의문이 있다. 이와는 달리 북한 민법 제28조는 16세 이상 17세(성년) 미만인 미성년자의 민사법률행위에서 부모나 후견인의 동의 없이 한 경우에는 이를 취소할 수 있다고 하고 있다.

생각건대, 혼인의 무효와 취소에서 각자 독자적인 사유를 들고 있지만, 북한 가족법이 혼인취소에 관한 규정을 두고 있지 않다고 하여 혼인의 효력을 정당시 하는 것은 아니다. 남한 민법 역시 혼인취소에는 소급효가 없기 때문에 취소판결이 확정된 때로부터 장래에 향하여 혼인관계가 해소된다(제824조). 혼인무효의 경우에는 명문을 규정을 두고 있지만, 당연무효로 보는 것이 판례와 가족법학자들의 다수 견해인 점을 감한한다면 통합 민법 제정 시 큰 문제가 되지는 않을 것이다.

---

[68] 대판 1991. 12. 10, 91므535. 이때의 상대방은 생존한 중혼의 일방 당사자이다.
[69] 대판 1993. 8. 24, 92므907은 A의 이복동생인 C가 모든 사정을 알고 A의 집에서 4년간 기거하였고 혼인신고 후 10여 년간 취소할 수 있었는데도 하지 않다가 이제와서 취소권을 행사하는 것은 권리남용이라고 한다.
[70] 소성규, 「가족정책법」, 54면.

(6) 혼인신고의 심사 : 혼인의 형식적 성립요건

1) 남한

남한 민법은 혼인은 『가족관계의 등록 등에 관한 법률』에 정한 바에 의하여 신고함으로써 그 효력이 생긴다(제812조 제1항)고 규정하여, 법률혼주의인 신고혼주의를 채택하고 있다.[71]

① 보통의 경우의 혼인신고

혼인신고는 당사자 쌍방과 성년자인 증인 2인이 연서한 서면으로 하여야 한다(제812조 제2항). 혼인신고서에는 다음 사항을 기재하여야 한다. 즉, 1. 당사자의 성명·본·출생연월일·주민등록번호 및 등록기준지(당사자가 외국인인 때에는 그 성명·출생연월일 및 국적), 2. 당사자의 부모와 양부모의 성명·등록기준지 및 주민등록번호, 3. 민법 제781조 제1항 단서에 따른 협의가 있는 경우 그 사실[72], 4. 민법 제809조 제1항에 따른 근친혼에 해당하지 아니한다는 사실 등을 기재하여야 한다(가족관계의 등록 등에 관한 법률 제71조).

이와는 별개로 『가족관계의 등록 등에 관한 법률』은 말로 하는 신고, 즉, 구술신고를 인정하고 있다(동법 제31조). 즉, 말로 신고하려 할 때에는 신고인은 시·읍·면의 사무소에 출석하여 신고서에 기재하여야 할 사항을 진술하여야 한다. 시·읍·면의 장은 신고인의 진술 및 신고연월일을 기록하여 신고인에게 읽어 들려주고 신고인으로 하여금 그 서면에 서명하거나 기명날인하게 하여야 한다. 이 경우 신고인이 질병 또는 그 밖의 사고로 출석할 수 없는 때에는 대리인으로 하여금 신고하게 할 수 있다. 다만, 제55조(인지신고의 기재사항), 제56조(태아의 인지), 제61조(입양신고의 기재사항), 제63조(파양신고의 기재사항), 제71조(혼인신고의 기재사항) 및 제74조(이혼신고의 기재사항)의 신고는 그러하지 아니하다.

---

71) 소성규, 「가족정책법」, 48면 이하 참조.
72) 이 경우, 혼인당사자의 협의서를 첨부하여야 한다(가족관계의 등록 등에 관한 법률 제71조).

신고는 가족관계 등록사무를 담당하는 공무원의 수리로 완료되며, 가족관계 등록부에의 기재여부는 문제되지 않는다. 그리고 가족관계 등록사무를 담당하는 공무원은 제807조 내지 제810조 및 제812조 제2항의 규정 기타 법령에 위반함이 없는 때에는 이를 수리하여야 하는 형식적 심사권을 가진다(제813조).

외국에 있는 본 국민 사이의 혼인은 그 외국에 거주하는 대사, 공사 또는 영사에게 신고할 수 있다(제814조 제1항). 이 경우, 신고를 수리한 대사, 공사 또는 영사는 지체 없이 그 신고서류를 본국의 등록기준지를 관할하는 가족관계 등록관서에 송부하여야 한다(제814조 제2항). 이를 영사혼이라고 한다. 그런가 하면 국내에서 하는 것과 마찬가지로 혼인신고서를 등록기준지의 시·읍·면의 장에게 송부하는 방법으로 신고할 수도 있다.[73]

그밖에 재외한국인이 외국의 법률이 정하는 방식으로 혼인(혼인거행지법에 따른 혼인)을 할 수도 있다(국제사법 제36조 제2항, 가족관계의 등록 등에 관한 법률 제35조 제1항). 그때에는 외국의 방식에 따라 작성한 신고사건에 관한 증서를 3개월 이내에 그 지역을 관할하는 재외공관의 장에게 그 증서의 등본을 제출하여야 하며(가족관계의 등록 등에 관한 법률 제35조 제1항), 재외 한국인이 있는 지역이 재외공관의 관할에 속하지 아니하는 경우에는 3개월 이내에 등록기준지의 시·읍·면의 장에게 증서의 등본을 발송하여야 한다(가족관계의 등록 등에 관한 법률 제35조 제2항).[74]

② 혼인신고특례법에 의한 신고

혼인신고의무자의 일방이 전쟁 또는 사변에 있어서 전투에 참가하거나 전투수행을 위한 공무에 종사함으로 인하여 혼인신고를 당사자 쌍방이 하지 못하고 그 일방이 사망한 경우에는 생존하는 당사자가 가정법원의 확인을

---

[73] 김주수·김상용, 앞의 책, 107면.
[74] 이 경우에는 그 나라의 법이 정하는 방식에 따른 혼인절차를 마치면 혼인이 유효하게 성립하고, 당사자가 혼인신고를 하더라도 이는 창설적 신고가 아니라 이미 유효하게 성립한 혼인에 관한 보고적 신고에 불과하다. 대판 1991. 12. 10, 91므535 ; 대판 1994. 6. 28, 94므413.

얻어 단독으로 혼인신고를 할 수 있다(동법 제1조·제2조). 이 신고가 있는 때에는 신고의무자 일방의 사망 시에 신고가 있는 것으로 본다(동법 제4조).

③ 조정혼인과 재판혼인의 경우

사실상 혼인관계에 있는 자는 사실상 혼인관계 존재확인의 청구를 하여 혼인신고를 할 수 있다. 이 경우 조정 또는 재판에 의하여 혼인이 성립하면 청구자는 1개월 이내에 혼인신고를 하여야 한다(가족관계의 등록 등에 관한 법률 제72조).

혼인신고가 수리되면 혼인이 성립한다. 즉, 혼인신고는 혼인의 효력발생 요건이 아니라 그에 의하여 비로소 부부관계 및 그에 기한 친족관계가 형성되는 창설적인 것이다. 따라서 혼인의 성립요건이라고 할 것이다. 다만, 일정한 하자가 있는 경우에 혼인의 무효 또는 취소가 문제될 수 있다.

2) 북한

북한 가족법 제11조는 신분등록기관에 등록하여야 법적으로 혼인이 인정되는 법률혼주의를 취하고 있으며, 결혼등록을 하지 않고는 부부생활을 할 수 없다고 규정하고 있다. 즉, 북한에서 결혼등록을 하려고 하는 당사자 쌍방은 법이 제기한 요구를 갖춘 결혼등록신청서를 가지고 직접 신분등록기관에 함께 가야 한다.[75]

신분등록기관은 결혼등록신청서를 접수하고 결혼의 성립요건 즉, 당사자들의 자원적 합의, 법정 나이, 이중결혼금지, 근친결혼금지를 지켰는가를 심의하여 이를 기초로 결혼을 승인하며 결혼등록대장에 등록한다.

신분등록기관은 결혼등록을 한 다음 당사자들이 가지고 있는 신분증(시민증, 공민증)의 해당란에 결혼사항을 기재한다. 다만, 당사자 중 신분증을 가지지 않게 된 공민[76]인 경우에는 신분등록기관의 결혼등록대장과 상대편

---

[75] 이은정, "북한의 신분등록·공민등록·주민등록제도-가족관계등록을 중심으로-", 안암법학 Vol.0 No 51, 안암법학회, 2016, 215면.
[76] 북한은 공민이 조선인민군, 조선인민경비대와 인민보안, 안전보위기관에 입대한 경우에 출생증, 공민증, 평양시민증을 거주하던 지역의 인민보안기관에 제출하며, 재

당사자의 신분증에 결혼사항이 등록되면 결혼등록을 인정한다. 따라서 결혼 성립여부를 확인할 수 있는 기초 문건은 신분등록기관에 있는 결혼등록대장이다.[77]

외국에 사는 공민의 결혼등록은 북한 영사대표기관에 하며 영사대표기관이 없을 경우에는 그 나라의 기관에 할 수 있다(북한가족법 제12조). 결혼등록은 결혼한 날로부터 30일 이내에 하여야 하며 신분등록기관은 부부 쌍방에게 결혼증 1매를 교부한다. 당사자 일방이 인민군대 및 경비대 현역군인인 경우에는 주둔지역의 신분등록기관에서 결혼등록을 할 수 있고, 이때 신분등록기관은 거주지 인민보안기관[78]에 통지하여야 한다. 신청서를 수리한 신분등록기관은 당사자 본인과 상대방의 공민증에 따라 성립요건에 맞는지를 심의하고 이를 위반하지 않은 경우에 한하여 결혼을 승인하고 결혼등록대장에 등록한다.

3) 남한의 사실혼과 북한의 8.3. 부부

남한은 실질적으로는 혼인생활을 영위하여 사회적으로는 혼인관계에 있다고 인정되면서 혼인신고를 하지 않았기 때문에 법률상의 혼인으로 인정되지 못하는 남녀의 결합관계를 사실혼이라도 한다. 남한은 이러한 사실혼 부부를 법적으로 보호할지 여부에 관한 논의(주택임대차보호법상 사실혼부부 보호 규정 등)가 있다.

북한 역시 8.3. 부부[79] 등 결혼등록을 하지 않고 부부생활을 하는 부부가

판서의 판결에 의하여 노동교화형을 받았을 경우에는 출생증, 공민증, 평양시민증을 회수하므로(공민등록법 제13조 참조), 공민인 경우에도 신분증을 가지지 않게 되는 경우가 있을 수 있다.

77) 리송녀, "조선민주주의인민공화국 결혼제도", 법학연구론문집 3(조선사회과학학술집 97 법학편), 사회과학출판사, 2010, 81-82면.
78) 남북한 가족관계등록제도는 차이가 있다. 즉, 남한은 가족관계등록과 주민등록제도가 이원화되어 있으나, 북한은 신분등록, 공민등록, 주민등록이 일원화되어 있다. 또한 관장기관도 다르다. 남한의 가족관계등록제도는 대법원이 관장하지만, 북한은 치안유지를 담당하는 인민보안부가 관장한다.
79) 8.3. 부부란 아내가 장마당에서 바람이 난 경우를 일컫는 말이다. 북한 여성들이 일하다 만난 남성들과 애인이 돼 살림을 차리고 이중생활을 해도 경제적인 능력이

있다. 통합민법 제정 시 이들 문제에 대한 법적 경계에 관한 논의가 필요하다.

2. 혼인의 효력 - 남한 민법과 「북한 가족법」의 비교

남한 민법	북한 가족법	비 고
제826조(부부간의 의무) 제826조의2(성년의제) 제827조(부부간의 가사대리권) 제829조(부부재산의 약정과 그 변경) 제830조(특유재산과 귀속불명재산) 제831조(특유재산의 관리등) 제832조(가사로 인한 채무의 연대책임) 제833조(생활비용)	제15조(가정의 공고화) 가정을 공고히 하는 것은 사회의 건전한 발전을 위한 중요담보이다. 공민은 가정을 화목하고 명랑하게 꾸려야 한다. 제16조(남편과 안해관계의 성립) 남편과 안해의 관계는 결혼에 의하여 이루어진다. 제17조(남편과 안해의 자유활동사항) 남편과 안해는 자기의 성과 이름을 그대로 가지며 희망과 재능에 따라 직업을 선택하고 사회정치생활에 참가할 수 있다. 제18조(남편과 안해의 평등권) 가정생활에서 남편과 안해는 똑같은 권리를 가진다. 제19조(배우자의 부양의무) 남편과 안해는 로동능력을 잃은 배우자를 부양할 의무를 진다.	북한민법 제20조(공민의 민사행위능력) 공민의 성인나이는 17살이다. 북한민법 제61조(가정재산에 대한 공동소유권)가정성원으로 된 공민은 가정의 재산에 대한 소유권을 공동으로 가진다.

(1) 혼인의 일반적 효과

남한 민법은 혼인의 일반적 효과로서 친족관계의 발생, 가족관계등록부의 기록, 부부의 성, 동거의무, 부양의 의무, 협조의무, 정조의무 등을 여러 규정을 두고 있다.[80]

북한가족법은 가정에 대하여 사회정치적인 선언적 규정(제15조, 제17조)을 두고, 부부별성주의와 부부 각자의 독자성(제17조), 가정생활에서의 부부평등(제17조), 부부의 부양의무(제19조) 등에 대한 규정을 두고 있다.

없는 남편들은 별다른 대책 없이 참는 것이 일반적이라고 한다. 8.3. 이란 1984년 8월 3일 당시 후계자 신분이었던 김정일 국방위원장이 "공장이나 기업소의 부산물을 활용해 생필품을 만들어 쓰라"는 지시를 내린 날짜를 말한다. 8.3. 은 8.3. 신발, 8.3. 담배, 8.3. 근로자, 8. 3. 부부 등의 말로 통용되고 있는데, "임시", "유사품", "재활용" 같은 의미로도 해석된다. 8. 3. 부부는 생계를 위해 떠돌던 남녀가 혼인신고 없이 동거하는 형태를 말한다.

80) 소성규, 「가족정책법」, 59면.

남북한 법제 비교에서 특히 쟁점이 되고 있는 것은 다음과 같다.

첫째, 혼인의 일반적 효과로서 친족관계의 발생이다 혼인의 일반적 효과 가운데 가장 큰 요소는 서로 남남이었던 두 사람이 친족 및 가족관계가 형성된다는 점이다. 즉, 부부는 혼인으로 인하여 배우자로서의 신분을 취득하여 친족이 되며(제777조 제3호), 상대방의 4촌 이내의 혈족과 혈족의 배우자 사이에 서로 인척관계가 발생한다(제777조 제2호). 그리고 혼인 외의 출생자는 혼인중의 출생자로 된다(제855조 제2항).

남한의 「민법」 제767조는 배우자, 혈족 및 인척을 친족이라고 정의하고, 「민법」 제777조는 친족의 범위를 8촌 이내의 혈족, 4촌 이내의 인척, 배우자로 규정하고 있다. 남한 민법은 종래 호주를 중심으로 한 가족집단을 가부장제적 호주 제도를 두고 있었다. 이처럼 가족과 1인의 호주로 구성되어, 남자만을 호주로 하는 원칙을 두었다. 헌법재판소는 이것을 남녀 차별이라고 보고, 위헌 결정을 내렸다. 이후 2005년 민법 개정에 의해 호주제도가 철폐되면서 남한 민법 제779조는 1. 배우자, 직계혈족 및 형제자매, 2. 직계혈족의 배우자, 배우자의 직계혈족 및 배우자의 형제자매(생계를 같이 하는 경우에 한한다)로 가족의 범위를 새롭게 설정하였다.[81]

반면에 북한은 가족에 대하여 "주기로 가정을 중심으로 부부와 부모, 아들과 딸 등으로 이루어지는 집단 또는 그 집단의 성원"이라고 사전적 정의를 하고 있다. 한편 가정에 대해서는 "부모와 처자, 형제자매 등 육친 적으로 가장 가까운 사람들이 모여서 살림을 하는 사회의 기본단위"라고 정의하고 있다. 북한은 '가족'이라는 용어 대신 '가정'이라는 개념을 사용하며 그 구성 관계를 '가정의 성원'이라고 나타내는 것이 특징이다(북한가족법 제15조, 제39조). 이는 현실 생활을 함께하는 생활공동체로 파악되고 있는

---

[81] 남한 민법은 이미 친족관계로 인한 법률의 효력이 발생하는 친족의 범위에 대한 일반규정으로 제777조를 두고 있을 뿐만 아니라 필요한 경우 구체적인 범위를 정하고 있으므로, 가족의 범위를 별도로 둘 필요가 없다. 그럼에도 불구하고, 남한 민법 제779조를 둔 이유는 2005. 호주제도의 폐지에 따른 가족의 해체를 우려하는 일부 국민의 정서를 감하하여 상징적 의미의 가족에 관한 근거를 남겨둔데 불과하다는 견해(신영호, 「가족법강의」 (제2판)(세창출판사, 2013), 64면)가 있다.

데,82) 남한 민법도 호주제도 폐지에 따라 공동체 생활 중심의 가족개념을 새롭게 설정함에 따라 일반적으로 남한과 북한의 '가정' 개념이 동일한 측면에 있다고 할 수 있다.

이와 같이 남북한의 친족과 가족의 범위는 일률적으로 법률로 정하고 있는 것은 아니다. 그러나 북한에서의 가족과 친족의 범위를 종합적으로 검토해 보면, 남한 보다는 그 범위가 좁다고 볼 수 있다.83) 남북한 가족과 친족의 범위를 비교하면 다음과 같다.

◆ 남북한 가족과 친족의 차이점

구분	북한	남한
친족의 범위	• 친족에 관한 통일적 규정 없음 • 8촌까지의 혈족, 4촌까지의 인척 사이 이거나 인척이었던 자 사이에는 결혼할 수 없음 (가족법 제10조) • 상속과 관련하여 형제자매까지의 상속인 이 없을 때는 가까운 친척순위로 상속함 (가족법 제46조). 계형제자매까지 상속받는 자가 없을 경우에는 4촌안의 혈족이 됨 (상속법 제17조)	• 친족의 정의 : 배우자, 혈족 및 인척 (민법 제767조) • 친족의 범위 : 8촌 이내의 혈족, 4촌 이내의 인척, 배우자 (민법 제777조)
가족의 범위	• 가족법 내 가족에 대한 통일적 규정은 없고, 가정에 대해 규정하고 있음 • 가정은 사회의 기층생활단위(가족법 제3조) • 가족법 제3장 가정이란 제목 아래 남편과 아내, 부모와 자녀, 계부모와 계자녀, 양부모와 양자녀, 조부모와 손자녀, 형제자매의 관계를 규정	• 가족의 범위 : 배우자, 직계혈족 및 형제자매, 직계혈족의 배우자, 배우자의 직계 혈족 및 배우자의 형제자매(단, 생계를 같이하는 경우에 한함) (민법제779조)

남한 민법은 1990년 민법개정으로 계모자 관계와 적모서자 관계는 법정친자관계에서 인척관계로 개정하였다. 반면에 북한 가족법 제29조는 「계부모와 계자녀의 관계는 친부모와 친자녀의 관계와 같다. 계부 또는 계모와 계자녀의 관계가 이루어지면 계자녀와 친아버지 또는 친어머니의 관계는 없어진다」라고 법정친자관계로 규정한 점이 남북한 큰 차이점이다.

---

82) 권순한, "남북한 가족법의 통합과 법률문제", 연세법학연구 제7집 제1권, 2000, 188면.
83) 김영희·장영자, 「통일대비 여성관련 법제연구」(한국여성개발원, 2000), 30면.

북한은 수령을 대가장(大家長)으로 하는 사회주의 대가정의 확립을 가족법의 사명으로 하여 사회주의적 결혼관계와 가족, 친척들 사이의 인격적 및 재산적 관계를 규제의 대상으로 한다는 정치수사적인 다수의 규정을 두고 있다(제1조-제7조). 가족관계에 대하여는 부부관계(제16조), 부모자관계(제25조), 계부모자관계(제29조), 양친자관계(제33조)에 대하여 규정하고 있으며, 친척관계 및 촌수 계산에 대한 명시적인 규정은 찾아볼 수 없다(촌수 계산방법은 근대민법이 계수이전부터 전통적으로 이루어졌던 우리민족 고유의 계산방법이므로 남한과 동일할 것으로 추정한다). 그러나 금혼범위를 정하면서 촌수가 기준이 되고 있음을 알 수 있다(제10조).

남한 민법과 비교하여 북한 가족법의 특이한 점은 가족법에서 가족·친척들 사이의 인격적 및 재산적 관계를 규제한다는 점(제7조), 혼인 외의 자에 대한 명시적인 보호 규정을 두고 있는 점(제25조), 법정친자관계로 계부모자관계를 인정한다는 점이다(제29조. 계부모와 계자녀관계가 성립되면 계자녀와 생부 또는 생모와의 관계는 소멸함). 남한의 경우, 재혼가정이 증가하면서 인척으로서 가족관계가 형성된다는 점이 북한과의 큰 차이점이다. 물론 남한의 경우, 재혼가정은 인척관계이지만, 입양을 통하여 혈족관계로 전환될 수 있다는 점에서 결과적으로 동일할 수 있다. 그러나 현재 이들을 바라보는 남북한의 제도상 차이가 아주 크다는 점은 부인할 수 없는 사실이다.

둘째, 자녀의 성과 본에 관한 문제이다. 남한에서는 성(姓)은 출생의 계통을 표시하는 표식이고, 본(本)은 소속 시조의 발상지명을 표시하는 것으로, 성과 본의 조합으로 혈연관계를 정확하게 표시하게 된다. 남한에서는 전통적으로 부자동성(父子同姓)의 원칙, 성불변의 원칙, 부부별성주의를 고수하고 있다. 다만, 입부혼인의 경우와 부가 외국인인 경우에 한하여 자녀는 모의 성과 본을 따를 수 있었다. 2005년 민법개정으로 호주제도의 폐지에 따라 입부혼인제도도 폐지되면서 자녀가 모의 성과 본을 따를 수 있다는 예외도 없어지는 점을 감안하여, 제781조 제1항 단서에서 부모가 혼인신고 시 협의한 경우에는 부성주의의 예외를 인정하도록 하고 있다.[84] 한편 자녀의 복리를 위하여 필요한 경우 법원의 허가를 받아 성과 본의 변경을 인정하는 등(제781조 제6항), 성불변의 원칙을 완화하고 있다. 부부별성주의 역시 부부별성주의에 대한 입법적 근거가 필요하다는 견해[85]가 등장하고 있다.

북한도 북한가족법 제정이전부터 姓 제도에 대하여 인민의 오랜 전통적 풍습에 기초한 부자동성의 원칙, 성불변의 원칙, 부부별성주의를 인정하고 있었다. 다만, 본(本) 제도는 본이 표상하는 지명에 의해 야기되는 지방주의가 사회주의혁명에 해가 된다는 이유로 폐지되었다.[86]

북한 가족법 제17조는 부부별성주의를 명문화하였고, 제26조는 부자동성의 원칙에 대하여 규정하고 있다. 즉 부부는 자기의 성과 이름을 그대로 가지며, 자녀는 원칙적으로 아버지의 성을 따른다. 그러나 아버지 성을 따를 수 없는 경우에는 모의 성을 따르고, 부모를 알 수 없는 경우에는 주민행정기관에서 성을 정하도록 하고 있다. 창성에서 주민행정기관에서 정하도록 함이 특이하다.

북한 가족법이론은 법정친자관계인 이성양자와 계부모·계자녀 관계에서도 양부나 계부의 성을 따를 수 있도록 성 변경을 인정하고 있다. 북한도 출생에 의한 국적취득에 있어서 부모양계혈통주의를 취하고 있어, 외국인 아버지와의 사이에서 출생한 자녀의 성도 부자동성의 원칙이 적용되어야 할 것이다. 모의 성을 따를 수 있는지에 대해서는 명문의 규정을 두고 있지 않다.[87]

남북한은 부부별성주의와 자녀의 성에 대하여 부자동성의 원칙을 취하고 있다는 점에서는 공통점이 있다. 그런데 부부별성주의에 대하여 우리민법은 특별한 규정을 두고 있지 않으나, 북한가족법 제17조는 부부 각자는 자

---

84) 문흥안, "북한가족법의 동향과 남북 가족법제 통합의 방향", 법조 2015.11(Vol.710), 26면.
85) 김영규, "최근 남북한 가족법의 변모와 그 접근 가능성", 법학논총 제20집, 숭실대학교 법학연구소, 2008.8, 46면.
86) 신영호, "통일단계에서의 민법 친족·상속편의 북한주민 적용방안에 관한 연구", 통일과 법률(통권 제7호), 2011. 8, 60면.
87) 문흥안, 앞의 논문, 27면.

신의 고유의 성을 사용한다는 것을 명문화하고 있다. 통합민법에서 부부별성주의를 명문화하는 것도 고려해 볼만하다.

자녀의 성에 대하여 우리민법은 출생자의 경우 기본적으로 부자동성의 원칙을 취하되, 모의 성과 본을 취할 수 있도록 하고 있지만, 북한 가족법은 모의 성과 본을 취할 수 있는 방안을 두지 않았다. 통합민법 제정 시 자녀에게 모의 성과 본을 따르게 하는 방법에 대한 논의가 필요하다.

남한 민법과 북한 가족법은 부자동성의 원칙의 예외로서, 부를 알 수 없는 경우, 모의 성을 따르거나, 부모를 알 수 없는 경우 성을 창성하여야 한다는 점에 대해서는 동일하다. 그러나 나중에 부를 알게 된 경우, 외국인과 혼인하여 모의 성을 따르는 경우 등 이른바 자녀의 성 변경에 대하여 우리 민법은 그 가능성을 인정하고 있으나, 북한은 명문의 규정을 두고 있지 않다. 남한 민법 제781조의 예에 따라 일정한 기간을 정하여 자녀의 성(姓) 변경을 인정하는 것이 바람직할 것이다.

성(姓) 변경이나 창성하는 경우, 주관기관에 대하여 북한 가족법은 주민행정기관으로 하고 있으나, 신분관계의 공시는 법률생활에 중요한 기준이 된다는 점을 고려하면, 남한 민법에서 정하는 바와 같이 법원에서 주관하는 것이 바람직 할 것이다.[88]

본(本)에 대하여 북한은 이를 인정하지 않고 있다. 통합민법에서 본의 사용을 인정하는 것이 바람직할 것인지 여부에 대한 논의가 필요하다.

셋째, 부부의 성(姓)이다. 북한 가족법 제17조는 「남편과 안해는 자기의 성과 이름을 그대로 가지며…」라고 규정함으로써 부부별성주의, 즉 성불변의 원칙을 명문화하고 있다. 결혼 중 부부는 부부 일방의 성을 공통의 성으로 선택하거나 각자의 결혼 전의 성을 사용할 수 있다는 러시아 공화국의 가족법(제18조)과 다르며, 부부 쌍방에게 각각 자기의 성명을 사용할 권리를 인정하고 있는 중국가족법(제10조)과 동일하다[89]. 반면에 남한 민법

---

[88] 문홍안, 앞의 논문, 29면.
[89] 박종찬, "북한가족법에 관한 연구", 강원법학 제16권, 강원대학교 비교법학연구소, 2003, 307면.

에는 부부별성주의에 관한 규정이 없다. 통합민법 제정 시 부부별성주의를 명문화 하는 것이 타당하다고 보여 진다.

넷째, 동거·부양·협조의무이다. 남한 민법은 부부에게 동거하고 서로 부양하며 협조할 의무가 있음을 규정하고 있다(제826조 제1항). 그러나 북한 가족법 제19조는 「남편과 안해는 로동능력을 잃은 배우자를 부양할 의무를 진다」 라고 규정함으로써 상호부양의무의 원칙을 천명하고, 동거·협조의무에 대해서는 아무런 규정을 두고 있지 않다. 다만 혁명적 동지애와 결합된 남녀의 진정한 애정과 동지적 신뢰에 기초한 인격적 상호관계를 강조하고 그 속에서 '남편과 안해는 원칙적으로 사랑하고 존경하며 서로 돕고 이끌면서 국가적 및 사회적 업무수행에 충실하여야 한다'라고 규정하고 있다. 부부의 동거·협조의무는 당연시하고 있다.

다섯째, 독자적 사회활동권 및 가정 내 평등권이다. 북한가족법 제17조는 「남편과 안해는 … 희망과 재능에 따라 직업을 선택하고 사회정치생활에 참가할 수 있다」 라고 규정하고, 제18조에서는 「가정생활에서 남편과 안해는 똑같은 권리를 가진다」 라고 규정하여 부부 쌍방, 특히 여성에게 독자적인 사회활동권 및 가정 내 평등권이 있음을 명시하고 있다.

북한에서 부부는 각자 자기의 직업을 독자적으로 자유로이 선택할 권리를 가진다. 따라서 직업선택에 있어서 상대방 배우자, 특히 남편의 허락을 필요로 하지 아니하며 여성들에 대한 모든 구속을 배제한다. 또한 부부는 사회정치생활에 자유로이 참가할 수 있는 권리를 가지며, 부부는 가정생활에서 동등한 권리를 가진다. 또한 가정살림을 영위하는 데서도 부부는 평등하므로 가정생활이 세대주의 의견에 따라서만 운영될 수 없으며 가정재산을 가정성원들의 복리를 위하여 공동으로 이용하고 합의에 따라 처리하며 특히 수입이 많은 배우자 중심으로 가정생활이 영위되어서는 안 된다고 하고 있다. 다른 측면에서 보면, 북한사회에서 여성의 경제생활 의존도가 크다는 반증이기도 하다.

여섯째, 혼인에 의한 성년의제(Heirat macht mündig)이다. 남한 민법은 혼인의 성립과 동시에 미성년자는 성년자와 같은 능력을 가진다(제826조의

2) 라고 규정하고 있다. 이것은 스위스민법(제14조 제2항), 일본민법(제753조)에서 채용한 원칙인데 1977년 민법개정으로 남한 민법에서도 채용하였다.90) 혼인한 미성년자에게 친권자가 간섭을 하는 것은 혼인의 독립성을 해할 뿐만 아니라 혼인에 의하여 미성년자는 새로운 경제단위의 담당자로 된다는 점을 고려하기 때문이다.

혼인한 미성년자는 성년자와 같은 능력을 가진다. 혼인성립 시부터 미성년자에 대한 친권은 소멸하고 후견도 종료한다. 따라서 미성년자는 단독으로 법률행위를 할 수 있다. 자기의 자에 대하여 친권을 행사할 수 있고(제910조의 적용 배제), 후견인이 될 수 있고 소송능력도 인정된다(민소법 제51조). 그러나 유언의 증인(제1072조)이나 집행자(제1098조)는 될 수 있어도 양자를 하는 능력은 없다고 한다.91)

성년의제는 민법상의 제도이므로 공법상의 선거권(공직선거법 제15조 제1항 참조)·청소년보호법(동법 제2조 제1호)·근로기준법(제67조) 등의 경우에는 여전히 미성년자로 취급된다. 성년의제 후 만19세미만중에 혼인이 해소된 때에도 성년의제의 효과는 존속한다고 본다.92) 그러나 당연히 미성년자로 복귀된다는 견해도 있다.93)

생각건대, 미성년은 정신능력의 미숙을 기초로 인정되는 제도이므로 혼인으로 일단 정신능력의 성숙이 인정된 이상 그 후 혼인이 해소되더라도 성년의제의 효과는 그대로 존속한다고 하는 통설이 타당하다. 그리고 혼인에 의한 성년의제는 법률혼에 국한되고 사실혼에는 그 적용이 없다고 할 것이다.

북한 가족법에서 성년의제의 규정을 두지 않은 것은, 북한에서 성년은 17세이고(북한 민법 제20조), 혼인적령은 남자 18세, 여자 17세 이므로 규정이 필요성이 없기 때문이다.

---

90) 소성규, 「가족정책법」, 63면.
91) 김주수, 「민법총칙」(삼영사, 1999), 142면.
92) 곽윤직, 「민법총칙」(박영사, 2000), 135면.
93) 四宮和夫, 「民法總則」(弘文堂, 1986), 57面.

이러한 점을 종합하여 볼 때, 혼인의 일반적 효과에서는 일부 몇 가지 개별적 문제를 제외하고는 남북한 통합에 큰 문제는 없다.

(2) 혼인의 재산적 효과

혼인의 재산적 효과에 대한 남북한의 법제도 차이는 비교적 크다고 볼 수 있다. 남한 민법은 혼인의 재산적 효과에 대하여 부부재산제도(제829조-제831조, 제833조), 부부간의 가사대리권(제827조)과 일상가사채무의 연대책임(제832조) 등에 관하여 비교적 상세한 규정을 두고 있다.

1) 남한

남한에서는 부부가 혼인생활, 즉, 서로 동거하고 부양·협조하는데 있어서 일상적인 경제생활이 필연적으로 따르기 때문에 혼인생활의 비용을 누가 부담하느냐 등 여러 가지 부부의 재산관계를 명확히 해 두고 있다. 이와 같이 부부사이의 재산관계를 규율하는 제도를 부부재산제라고 한다.

부부재산제를 대별하면 다음과 같은 두 가지가 있다. 하나는 남녀가 계약으로 자유롭게 정하는「부부재산계약」이고, 다른 하나는「법정재산제」이다. 법정재산제는 부부사이에 부부재산계약이 체결되지 않은 경우라든가 또는 불완전한 경우에 적용되는 것이 일반적이다. 남한은 본래 법정재산제만을 가지고 있었으며 부부재산계약에 관한 관습은 없었다. 그러나 남한 민법에서는 주로 프랑스의 입법례에 따라서 부부재산계약에 관한 규정을 신설하였으나 그 의의는 별로 크지 않다.[94]

부부재산계약이란 부부(엄밀하게 말하면, 혼인하려고 하는 남녀)는 혼인성립 전에 그 혼인중의 재산에 관하여 자유로이 특별한 약정을 할 수 있도록 하는 것을 말한다(제829조). 부부재산계약은 부부되려는 자가 혼인신고 전에 체결하고 그 신고 전에 등기하여야 한다. 등기가 없는 경우에도 당사자 사이에는 효력이 있지만 부부의 승계인 또는 제3자에 대하여는 대항할

---

[94] 소성규,「가족정책법」, 64면.

수 없다(제829조 제4항). 부부재산계약은 혼인신고 후에는 변경할 수 없는 것이 원칙이다(제829조 제2항 본문). 그러나 정당한 사유가 있는 경우에는 변경할 수 있다(제829조 제2항 단서). 이 경우에는 가정법원의 허가를 얻어야 하고(가소법 제2조 제1항 라류사건 제5호), 관리자의 변경이 있을 때에는 역시 등기하여야 부부의 승계인 또는 제3자에게 대항할 수 있다(제829조 제5항).

남한 민법은 부부재산계약의 방식에 대하여 아무런 규정을 두고 있지 않으므로 서면은 물론 구술에 의한 계약도 가능하다. 그러나 부부가 부부재산계약을 가지고 부부의 승계인(상속인 또는 포괄적 수증자)이나 제3자에게 대항할 수 있기 위해서는 혼인신고 시까지 등기하여야 한다. 부부재산계약이 변경된 경우에도 이를 등기하지 않으면 승계인이나 제3자에게 대항할 수 없다(제829조 제4항, 제5항).

부부재산계약은 부부사이의 기본적인 재산관계를 정하는 것이므로, 가능한 한 명확하게 할 필요가 있다. 따라서 입법론으로서는 공증방식에 의할 필요까지는 없겠지만 적어도 서면에 의하게 할 필요는 있을 것으로 생각된다.[95]

남한 민법은 부부재산계약의 내용에 관해 아무런 제한을 두고 있지 않으므로 당사자의 자유로운 의사에 의하여 정할 수 있다. 그러나 혼인의 본질적 요소나 남녀평등 내지 사회질서에 반하는 내용이나 조건이나 기한이 붙은 계약은 안 된다고 해석하여야 할 것이다.

부부재산계약은 혼인중의 재산계약의 종료와 혼인관계의 소멸로 종료한다. 사기·강박에 의하여 계약을 체결하였을 때에는 취소할 수 있으며(제816조 제3호 유추해석), 이때에는 법정재산제에 의하여 규율되어야 할 것이다.

법정재산제는 부부사이의 재산관계를 법률에 의하여 정하는 것을 말한다. 다시 말하면 부부재산계약이 체결되지 않은 경우, 체결되더라도 그것이 무효인 경우 또는 부부재산계약에 약정이 없는 경우에 당사자의 의사와는 관계없이 강행적으로 적용되는 것을 말한다.

---

[95] 김주수·김상용, 앞의 책, 134면.

부부의 일방이 혼인 전부터 가진 고유재산(예컨대, 혼인 시에 부모로부터 받은 재산이나 혼인 전에 직장생활 등에서 번 재산 등)과 혼인 중 자기의 명의로 취득한 재산(예컨대, 혼인 후 직장생활 등에서 번 재산이나 자기 재산으로부터의 이자·상속 등으로 얻은 재산 등)은 그의 특유재산, 즉 개인재산으로 된다(제830조 제1항). 이것을 부부별산제라고 한다. 이러한 부부 각자의 특유재산은 부부가 각자 관리·사용·수익한다(제831조). 이른바 독립관리제이다. 그리고 부부의 누구에게 속한 것인지 분명하지 않은 재산은 부부공유재산으로 추정한다(제830조 제2항).

부부재산의 귀속에는 일반적으로 다음과 같은 세 가지가 있다.[96]

첫째, 특유재산이다. 즉, 명실 공히 부부 각자의 소유로 되는 재산을 말한다. 혼인 전부터 각자가 소유하는 고유재산, 혼인 중에 부부의 일방이 제3자(예컨대 부모)로부터 상속한 것이나 증여받은 것, 그러한 재산으로부터 생긴 수익, 그리고 각자의 장신구나 의복 등이 이에 속한다. 이러한 재산은 혼인해소의 경우에는 각자의 소유가 된다. 즉, 배우자가 사망한 경우에는 상속재산이 되고 이혼의 경우 상대방은 지분분할청구권이 없다.

둘째, 공유재산이다. 즉, 명실 공히 부부의 공유(지분은 평등)에 속하는 재산이다. 공동생활에 필요한 가재도구 등은 부부의 일방의 수입 또는 자산으로 구입한 것도 이에 속한다고 보아야 할 것이다. 이러한 재산은 혼인이 해소된 경우 다른 일방의 배우자는 그 지분에 대한 소유를 주장할 수 있다.

셋째, 사실적 공유재산이다. 즉, 명의는 부부의 일방에 속해 있으나 실질적으로는 공유에 속한다고 보아야 할 재산이다. 혼인 중에 부부가 협력하여 취득한 가옥·대지 기타의 부동산, 공동생활의 기금이 되는 예금, 주권 등으로서 부부일방의 명의로 되어 있는 것이 이에 속한다고 보아야 할 것이다.

그런데 부가 사회적으로 활동하여 수입을 얻는 경우에는 처가 직접 이에

---

[96] 소성규, 「가족정책법」, 67면.

협력하거나(농가나 맞벌이, 점포의 경우 등) 혹은 가정에서 가사를 처리하고 있더라도(봉급생활자 등) 취득한 재산의 명의는 일반적으로 부로 하고 있으며 처의 협력은 여기에 직접적으로 나타나지 않는데 문제가 있다. 따라서 부부별산제는 형식적으로는 부부평등의 원리에 입각하고 있는 것 같지만, 실질적으로는 부부공동생활의 실정에는 맞지 않는다. 처의 가사노동이 있음으로 하여 부의 노동력이 재생산되는 것이고 부가 노동에 의하여 얻은 수입이 사실은 부만의 노동결과가 아니고 부부의 복합노동의 결과로 보아야 할 것이다. 따라서 부의 명의로 등기가 되어 있더라도 이 재산은 부부가 협력하여 취득한 것이고 공동생활의 경제적 기초를 구성하는 것이므로 실질적으로는 부부의 공유에 속한다고 해석하여야 할 것이다. 이와 같이 해석한다면, 이혼의 경우에는 그 재산은 당연히 청산되어야 하며 배우자가 사망한 경우에는 상속재산에서 공제하여 다른 일방 배우자에게 취득시켜야 한다. 그리고 민법은 1990년 일부개정에서 이혼 시 재산분할청구권(제839조의 2)과 상속개시시의 기여분제도(제1008조의2)를 신설하였다.

판례[97]도 과거에는 가사노동의 기여에 의한 분할을 인정하지 않는 판결을 하였으나, 현재에는 일관되게 이를 인정하고 있다.

부부공동생활에 필요한 비용의 부담은 당사자 사이에 특별한 약정이 없으면 부부가 공동으로 부담한다(제833조). 공동생활에 필요한 비용이란 의식주의 비용, 의료비, 장례비, 문화비 등을 비롯하여 자녀의 양육비, 교육비 등 일상가사의 범위에 속하는 모든 비용을 말한다. 그러나 공조공과는 부부의 공유재산에 대한 것이 아니면 그 재산의 소유자가 부담하여야 하므로 공동생활비용에 포함되지 않는다. 부부의 공동부담은 부부쌍방의 자산·수입 기타 모든 사정을 고려하여 분담한다는 뜻이지 부부가 반드시 같은 액의 부담을 의미하는 것은 아니다.

구체적으로 어떻게 각자 부담할 것인가에 대해서는 부부가 협의하여 정하게 되지만 협의가 되지 않을 때에는 가정법원의 조정·심판에 의하여 결

---

[97] 대판 1998. 4. 10, 96므1434 ; 대판 1994. 12. 13, 94므598 등.

정된다(가소법 제2조 제1항 마류사건 제1호·제50조). 이와 같이 부부의 공동부담을 원칙으로 하고 있지만 부부의 일방이 자산도 수입도 없을 때에는 다른 일방이 모든 비용을 부담하여야 한다. 특히 부의 수입에 대한 처의 협력이 수입의 귀속관계에 나타나지 않는 현실(처가 가사노동에 종사하고 있는 경우)에서는 대개의 경우 부가 주로 생활비용을 부담하게 될 것이다. 생활비용의 부담은 혼인성립과 동시에 시작되어 혼인해소와 더불어 소멸하는 것이 원칙이다.[98]

생활비용 부담이 법률적으로 문제가 되는 것은 부부가 별거하고 있는 경우이다. 그러나 별거하더라도 부부사이의 부양의무는 없어지지 않으므로 생활비용부담자는 다른 일방에 대하여 생활에 필요한 비용을 주어야 한다. 정당한 사유로 별거하는 경우에는 문제가 없으나 동거의무위반의 책임이 있는 자 측에서 다른 일방에 대하여 부담을 청구할 수 있는지는 의문이다. 그러나 별거하는 배우자가 자를 양육하고 있을 때에는 그 비용은 부담하여야 한다고 생각된다.

민법은 부부평등의 원칙에 입각하여 부부는 일상가사에 관하여 서로 대리권이 있고(제827조 제1항), 부부의 일방이 일상가사에 관하여 제3자와 법률행위를 한 때에는 다른 일방은 이로 인한 채무에 대하여 연대책임을 진다(제832조 본문)고 규정하고 있다.

민법은 일상가사의 범위에 속하는 행위에 대해서 열거하고 있지 않으므로, 어떠한 행위가 일상가사에 포함되는가는 해석에 의해서 결정될 수밖에 없다. 일상가사의 범위에 포함되는 것으로 인정되기 위해서는 그 행위가 가족의 생활을 위해서 필요한 것으로서 그 가족의 경제 상태와 생활수준에 비추어 적절한 것이어야 한다. 즉, 일상가사란 부부의 공동생활에서 필요로 하는 통상의 사무를 말하며, 그 내용·정도 및 범위는 그 부부공동체의 생활 정도와 그 부부의 생활 장소인 지역적 사회의 관습 내지 일반견해에 의하여 결정된다. 따라서 이를 개별적으로 인정함에 있어서는, 부부의 사회적

---

[98] 소성규, 「가족정책법」, 69면.

지위·직업·재산·수입능력 등 현실적 생활생태를 고려하여 가사처리자의 주관적 의사와 함께 객관적으로 결정하여야 한다.99)

　일상가사의 범위는 개별 가족의 구체적 생활관계, 경제 상태에 따라 다를 수 있지만, 판례·학설은 일상가사의 범위를 어느 정도 확정하고 있다.100) 예를 들면, 부부공동생활에 통상 필요로 하는 쌀·소금 등의 식료품의 구입, 연료·의복류(고가의 것은 제외)의 구입, 가옥의 임차, 집세·방세 등의 지급 또는 접수, 전화요금·수도요금·전기요금의 지급, 세금의 납부 등 가족의 의식주에 관한 사무나 가족의 보건(의료비·조산사비용·약대의 지급 등)·오락(텔레비전 시청료 등)·교제, 자녀의 양육·교육(학교도구의 구입·수업료) 등에 관한 사무는 일상가사의 범위 내에 들어간다고 하고 있다. 그밖에도 가구의 구입이나 혼수 감의 구입도 지역사회의 관습을 고려하여 상당한 범위 내는 인정하여도 좋을 것이다.

　반면에 일상생활비로서 객관적으로 타당 시 되는 범위를 초과한 소비대차, 전화가입권의 매도담보, 가옥의 임대, 순수한 직업상의 사무, 입원, 어음배서행위, 부부의 일방이 다른 일방 명의의 재산을 처분하거나 담보에 제공하는 것, 처가 승용차를 구입하기 위하여 타인으로부터 금전을 차용하는 행위 등은 일상가사의 범위 밖의 행위라고 한다. 그리고 부인이 교회에의 헌금, 가게의 인수대금, 장남의 교회 및 주택임대차보증금의 보조금, 거액의 대출금에 대한 이자지급 등의 명목으로 금원을 차용한 행위는 일상가사에 속한다고 볼 수 없다고 한다. 또한 주택 및 아파트 구입비용 명목으로 차용한 경우 그와 같은 비용의 지출이 부부공동체를 유지하기 위하여 필수적인 주거공간을 마련하기 위한 것이라면 일상의 가사에 속한다고 볼 여지가 있을 수 있으나 그 주택 및 아파트의 매매대금이 거액에 이르는 대규모주택이나 아파트라면 그 구입 또한 일상의 가사에 속한다고 보기는 어려울 것이다.101)

---

99) 김주수·김상용, 앞의 책, 143쪽 ; 대판 2000. 4. 25, 2000다8267.
100) 소성규, 「가족정책법」, 70면.
101) 대판 1977. 11. 28, 97다31229.

부부의 일방은 일상가사대리권을 제한할 수 있다. 그러나 그 제한은 선의의 제3자에게 대항하지 못한다(제827조 제2항). 부부간의 일상가사의 범위를 넘는 부 또는 처의 법률행위에 대하여 표현대리를 적용할 것인지의 여부가 문제되고 있다. 일상가사대리권에 대해서도 제126조의 표현대리의 적용을 인정하여야 한다는 판례·학설[102]과 일반적·추상적인 일상가사의 범위 내에서만 표현대리가 유추 적용되고 그 밖의 행위에 대해서는 대리권의 수여가 있는 경우에 한하여 그것을 기초로 하여 제126조의 표현대리가 적용되어야 한다는 견해의 대립이 있다.

생각건대, 부부사이의 가사 대리권 역시 대리권이며 또한 법정대리이다.[103] 따라서 법정대리에도 제126조의 적용을 긍정하는 이상 부부 상호간의 법정대리권인 가사 대리권에도 제126조는 적용이 있다고 하여야 할 것이다. 따라서 일상가사의 범위를 넘는 부부일방의 행위에 대하여도 상대방이 권한이 있다고 믿을만한 정당한 사유가 있으면 다른 부부일방도 표현대리 규정에 따라 책임을 진다.[104]

일상가사에 대하여는 부부의 일방이 제3자와의 법률행위에서 생기는 채무에 대하여도 상대방에 대하여 연대책임을 지는 것이 원칙이다(제832조 본문). 그러나 일상가사대리에 관한 채무라도 이미 제3자에 대하여 다른 일방이 책임 없음을 명시한 때에는 연대책임이 없다(제832조 단서). 이러한 경우까지 제3자를 보호할 필요는 없기 때문이다.

2) 북한

북한 가족법은 재산적 효과에 대하여는 규정을 두지 않고, 북한 민법전에서 가정성원으로 된 공민의 가정재산에 대한 공동소유권을 규정하고 있다(제61조). 북한 가족법은 부부간의 부양의무만을 규정하고, 부부재산에 대한 규정을 북한 민법과 북한 상속법에 맡겨 두고 있다.

---

[102] 대판 1967. 8. 29, 67다1125 ; 대판 1971. 1. 29, 70다2788.
[103] 행위의 효과가 귀속하는 효과 면에서 단순한 법정대리가 아니고 일종의 대표라고 하는 견해가 있다.
[104] 소성규, 「가족정책법」, 72면.

북한 민법 제61조는 개별적 가정성원들의 재산보다 가정재산을 더 증대시키는 방향으로 가정재산의 공고화의 입장에 있어 남북한 간에 인식의 차이가 크다. 북한에서는 가정재산에 대한 지분이 인정되지 아니하며 재산분할에 있어 재판소의 자의적 판단이 허용되는 공동소유관계이다.

3) 검토

남한의 부부간의 재산제도는 부부재산계약제도와 법정재산제가 인정되고 있다. 남한 민법은 원칙적으로 부부재산계약으로 부부의 재산문제를 정하도록 하고, 이러한 계약이 없는 경우에 법정재산제에 의하도록 한다(제829조 제1항). 법정재산제에 의하는 경우, 남한 민법은 부부평등의 이념을 반영하여 부부별산제를 취하고 있다. 또한 부부의 일방이 혼인 전부터 가지고 있었던 고유재산과 혼인 중 자기의 명의로 취득한 재산은 특유재산으로 하고(제830조 제1항), 부부는 그 특유재산을 각자 관리·사용·수익한다(제831조). 부부의 누구에게 속한 것인지 분명하지 아니한 재산은 부부의 공유로 추정하며(제830조 제2항), 부부의 공동생활에 필요한 비용은 당사자 간에 특별한 약정이 없으면 부부가 공동으로 부담한다(제833조). 남한 민법 제827조에 의하면, 부부는 일상의 가사에 관하여 서로의 대리권이 있으며, 부부일방이 일상의 가사에 관하여 제3자와 법률행위를 한 때에는 다른 일방은 이로 인한 채무에 대하여 연대책임을 부담하도록 하여 제3자를 보호하고 있다(제832조).

혼인의 재산적 효과로서 북한은 가정재산제도라는 독특한 제도를 두고 있다(북한 민법 제61조). 북한 가족법 제39조(재산분할)는 가정에 가지고 들어온 재산, 상속이나 증여받은 재산과 그 밖에 개인적 성격을 띠는 재산을 개별재산이라고 한다. 개별재산은 단독 개인의 소유이나, 가정재산은 가정성원, 부부를 포함한 모두의 공동재산이므로 상속이 되지 않고 가정성원이 갈라지거나 부부가 이혼하는 경우 분할하는 재산이다. 부부재산제를 검토하여 보면 소득공동체와 유사하지만, 가정재산이 부부의 공동재산이며, 다른 가정 성원 모두의 공동재산이라는 점에서 부부재산제로는 다소 색다른 제도로 평가 할 수 있다. 북한은 현재의 가정재산과 종래의 부부공동소유 재산 사이의 차별화를 강조하고 있지만, 종래 부부사이의 법정재산제의 내용을 이루던 공동소유재산을 가정 성원 전체의 가정재산으로 확대한 점 이외에는 권리 의무의 실질에는 별로 차이가 없다는 평가[105])를 받기도 한다.

통합민법 제정 시 남북한의 인식차이가 큰 점은 인정하지 않을 수 없다. 어느 법이 적용될지는 입법자의 선택의 문제일 수 있다. 다만, 통합과정에서 남한 민법이 적용되는 경우 북한 부부가 혼인 후 취득한 재산이 증대된 경우, 부부재산계약으로 할지, 법정재산제로 할지, 또한 그렇게 할 경우, 어떠한 방법으로 처리할지에 대한 논의는 필요하다고 본다.

IV. 결론

남북한의 혼인 내지 결혼에 관한 법제도는 현실과는 일정 부분 다를 수 있다. 이 연구의 한계이다. 그러나 남북한 서로 다름에 대한 가치를 존중하고, 이해한다면 남북한 사회통합의 길은 빨라 질 수도 있다.

자유민주주의 국가에서 지향해야 하는 통일은 서로 다름을 인정하고 함께 사는 것이며, 나눠진 것을 하나로 만드는 '통일(統一)'이 아닌, 서로 다른 것이 통하는 '통이(通異)'를 지향하는 것이 바람직할 수도 있다. 사실 통일을 생각하고 이야기하는 사람들의 생각이 각기 상이하다는 점에서 '통이(通異)'를 지향하는 것은 우리 안의 분단극복을 위한 건전한 토론의 문화를 지향하는 데에도 매우 바람직할 수 있다. 결국 정치적 차원에서는 자유민주주의와 시장경제를 통일한국이 지향해야 하는 가치로 인정하는 것과 별개로 사회문화적인 차원에서는 '통일(統一)'보다는 '통이(通異)'를 지향하는 것이 보다 참신하고 적절한 방안이 될 수 있다. 특히 통일(統一)'에 기반한 소통능력은 남남갈등을 극복하고 남북 간 소통을 위한 기반을 굳건하게 다지는 데 효과적일 수 있을 것이다.

---

105) 법원행정처, 앞의 책, 347면.

제4부
남북한 경제협력

제 7 장
북한 산업재산권 법제와 상사분쟁의 해결

　21세기는 정보와 첨단지식에 기반을 둔 지식기반경제 또는 지식기반산업 시대로서 선진국과 글로벌 기업들은 이미 1990년대부터 지식재산 중심의 전략을 추진하여 무한경쟁체제에 대비하여 정책을 수립하고 시행해 왔다. 이러한 측면에서 경제환경의 변화 속에서 경쟁력을 갖기 위해서는 남북한의 산업재산권 분야의 교류협력과 통일한국의 산업재산권제도의 통합은 중요한 법적 과제라고 할 수 있다. 또한 남북의 산업재산권의 교류협력은 비정치적 분야로 상호교류가 가능한 영역으로 정치적·군사적 긴장과 대결구도에서 탈피하여 상호이익이 되는 경제협력 확대의 물꼬를 트는 역할을 할 수 있다. 남북한이 서로의 산업재산권을 상호 인정하고 상대방 주민이나 기업의 산업재산권 등록과 권리행사를 허용하는 것으로 문제는 해결될 것이지만, 구체적인 방법이나 절차를 고안해 내기 위해서는 북한의 산업재산권에 대한 심층적인 검토와 연구가 선행되어야 할 것이다.

　이번 장에서는 북한의 산업재산권 관련 법제도의 주요한 내용을 살펴보고, 남북한의 산업재산권제도를 비교분석한다. 이를 바탕으로 남북한 산업재산권제도의 통합을 위한 방향을 제시해 볼 필요가 있다. 추가적으로 남북간의 교류와 협력이 증대됨에 불가피하게 발생하는 상사분쟁의 해결방안에 대하여 검토하기로 한다.

Ⅰ. 서론

　지적재산권은 일반적으로 저작권과 산업재산권으로 구분된다. 북한에서는 지식재산권 대신 지식소유권이란 용어를 사용하며, "인간에 의하여 사상과 문학, 예술 및 과학기술 분야에서 이루어진 지적 창조물에 대한 소유권"으로 정의하고 있다. 여기에는 저작소유권과 공업소유권이 포함된다. 산업재산권은 공업소유권으로 표현하며, "인민경제 여러 부문과 과학기술분야에서 이루어진 인간의 지적 창조물에 대한 소유권"으로 정의한다. 북한 공업소유권에는 발명권, 특허권, 발견권, 창의고안권, 공업도안권, 상표권, 원산지명권과 같은 것이 포함된다.

남북한의 산업재산권분야 교류협력과 법제도적 통합은 어느 개인이나 기업체의 기술이나 상표권의 보호에만 국한된 문제가 아니라 재화와 서비스, 물자, 자본 기술적 사상, 지적 창작물 등 모든 유무형의 재산의 남북한 사이의 유통과 이용에 필요한 제도적 틀을 형성해 나가는 것이라고 할 수 있다.[1]

II. 북한 산업재산권 제도

우리는 산업재산권을 특허권, 실용신안권, 상표권, 디자인권으로 구분하고 있지만, 북한은 발명권, 특허권 공업도안권, 상표권으로 나누어 규정하고 있다. 구체적으로 북한의 산업재산권 관련 법제로 발명법, 창의고안에 관한 규정, 상표법, 공업도안법을 제정하여 운영해 오고 있다.

1. 북한의 산업재산권 관련 기구

북한의 산업재산권 관련 기구로는 발명총국, 상표 및 공업도안처, 발명심의소 및 내각 과학원 등이 있다. 발명총국은 과거 발명위원회가 개편된 내각 과학원 소속기관으로 우리의 특허청에 해당한다. 관장업무는 발명 및 특허의 장려, 발명 및 창의고안의 심의·등록과 보호 등을 담당한다. 상표 및 공업도안처는 계량 및 품질감독국 소속기관으로 상표 및 공업도안에 대

---

[1] 박종배, "남북한 산업재산권 법제의 비교에 관한 연구 : 법제통합을 위한 제언", 지식재산 연구 제5권 제3호, 한국지식재산연구원, 2020. 9., 4면.

한 정책의 수립, 상표 및 공업도안의 등록에 관한 업무(신청접수, 심사, 이의신청, 심판) 등의 업무를 관장한다. 발명심의소는 발명국 소속기관으로 특허, 창의고안의 접수, 심사, 등록 등의 실질적인 집행업무를 담당한다. 내각 과학원은 과학기술의 연구개발에 관한 정책수립, 연구업무의 총괄과 조정, 외국과의 과학교류, 해외선진 기술도입, 공장·기업소 등의 생산현장 기술지도 등의 업무를 담당한다. 북한에 거주하지 않는 외국인은 평양특허상표대리소, 묘향산변리사, OUN 특허사무소 등의 대리소를 통해서 북한의 발명총국에 특허나 상표 등을 출원해야 한다. 북한에 거주하지 않는 한 남한주민이나 기업들도 마찬가지로 이러한 절차를 따라야 한다.[2] 산업재산권의 문제가 다른 문제에 비해 비정치적 사안에 해당하지만, 상대방의 체제인정문제 등 정치적인 이유로 북한에서는 남한의 출원을 인정하지 않고 있는 실정으로 한국 국적 출원인의 출원서에 대해 접수 자체를 거부하고 있다.[3]

2. 북한 산업재산권 관련 법제의 내용[4]

북한헌법 제74조는 북한주민의 과학과 문학예술활동의 자유와 함께 국가의 발명가와 창의고안자에게 배려의무를 규정하고, 저작권과 발명권, 특허권의 법적 보호를 명시하고 있다. 북한은 산업재산권에 대한 개별적 법령으로 발명법, 창의고안에 관한 규정, 공업도안법, 상표법 등이 있다.

---

[2] 최은석, "북한의 산업재산권제도와 남북한 산업재산권 법제통합", 통일문제 연구 통권 제55호, 평화문제연구소, 2011. 5., 197면 이하. 산업재산권의 문제가 다른 문제에 비해 비정치적 사안인 것은 사실이나 상대방의 체제인정문제 등 정치적인 이유로 북한에서는 남한의 출원을 인정하지 않고 있는 실정이며, 한국 국적 출원인의 출원서에 대해 접수자체를 거부하고 있다.
[3] 박종배, "남북한 산업재산권 법제의 비교에 관한 연구 -법제통합을 위한 제언-", 배재대학교 대학원 법학박사학위 논문, 2010. 6., 11면.
[4] 박종배, "남북한 산업재산권 법제의 비교에 관한 연구 -법제통합을 위한 제언-", 배재대학교 대학원 법학박사학위 논문, 2010. 6.을 참조하여 법개정 사항을 반영하였음.

◆ 〈남북한 산업재산권 관련 법률〉[5]

구 분	남 한	북 한
발 명	특허법	발명법
고 안	실용신안법	창의고안에 관한 규정
디자인	디자인보호법	공업도안법
상 표	상표법	상표법

(1) 북한의 발명법제

1) 북한 발명법의 주요 내용

특허에 관한 법률적 근거는 남한은 특허법이, 북한은 발명법이 있다. 북한의 발명법은 1998년 제정된 이후에 2014년 12월 3차 개정법이 적용되고 있다. 구성은 총 5장 64조문으로 되어 있다. 구체적으로 제1장 발명의 기본, 제2장 발명권, 특허권등록의 신청, 제3장 발명권, 특허권 등록의 심의, 제4장 발명권, 특허권의 보호, 제5장 발명사업에 대한 지도통제로 나누어 규정하고 있다. 북한 발명법의 사명은 "조선민주주의인민공화국 발명법은 발명권, 특허권등록의 신청과 심의, 발명권, 특허권의 보호에서 제도와 질서를 세워 발명창조를 장려하고 발명의 리용을 촉진함으로써 과학기술과 인민경제의 발전을 다그치는데 이바지한다."라고 명시하고 있다(동법 제1조). 발명은 실천에서 제기되는 문제에 대한 새로운 기술적해결안을 의미하며(동법 제2조), 발명권은 과학기술 분야에서 이미 알려진 기술에 비하여 본질적으로 새롭게 발전적이며 공업적으로 실현하여 더 높은 경제적 효과를 나타내는 기술을 발명한 자에게 부여하는 인격적 재산적 권리로 정의된다.[6]

---

5) 한명섭, 통일법제특강, 한울, 2016, 223면.
6) 사회과학원 법학연구소, 민사법사전, 사회안전부출판사, 1997, 252면.

◆ 〈남북한의 특허 관련 법률〉

남한 특허법(2019. 12. 10. 개정)	북한 발명법(2014. 12. 10. 개정)
제1장 : 총칙 제2장 : 특허요건 및 특허출원 제3장 : 심사 제4장 : 특허료 및 특허등록 등 제5장 : 특허권 제6장 : 특허권자의 보호 제6장의2 : 특허취소신청 제7장 : 심판 제8장 : 재심 제9장 : 소송 제10장 : 특허협력조약에 의한 국제출원 제11장 : 보칙 제12장 : 벌칙	제1장 발명의 기본 　(제1조 ~ 제8조) 제2장 발명권, 특허권등록의 신청 　(제9조 ~ 제27조) 제3장 발명권, 특허권 등록의 심의 　(제28조 ~ 제38조) 제4편 발명권, 특허권의 보호 　(제39조 ~ 제58조) 제5편 발명사업에 대한 지도통제 　(제59조 ~ 제64조)

북한의 발명법에서는 발명에 대한 권리를 발명권과 특허권으로 나누어 이원적으로 규정하고 있다는 점에서 특색을 지닌다. 발명권과 특허권은 발명에 대한 법적 보호로서 발명의 창조자에 대한 인정, 발명 내용과 발명의 우선권 및 발명에 대한 권리보장 등 내용과 적용범위가 대체로 일치한다.

그러나 발명권과 특허권은 이용권의 소유자, 권리의 존속기간, 등록과 관련된 비용의 부담에서 차이가 있다. 먼저 발명권은 발명자가 가지지만, 발명권을 받은 기술을 기관, 기업소, 단체가 이용할 수 있음에 반하여 특허권에서는 발명에 대한 이용권도 특허권자가 배타적으로 독점한다. 발명권은 인격적 권리와 국가에 대한 금전 청구권이 결합된 것이어서 발명의 수익에 대한 처분권이 인정되는 특허권과는 전혀 성격을 달리한다.[7] 특허권은 특허권자의 이용허가나 권리양도 없이는 기관, 기업소, 단체가 사용할 수 없으며, 예외적으로 특허기술의 강제이용허가가 있는 경우(북한 발명법 제48조)에도 특허권자에게 이용 요금을 지급하도록 강제하고 있다(동법 제49조). 특허권의 보호기간은 남한은 출원일로부터 20년(특허법 제88조)이나

---

[7] 신지연 외 3인, "남북한 지식재산권 제도의 조화 방안", 특허청 연구보고서, 한국지식재산연구원, 2008, 9면.

북한은 우선권을 받은 날로부터 15년이며 특허권소유자의 신청에 따라 5년간 연장이 가능하다(발명법 제42조).

발명권과 특허권의 등록절차는 ① 등록신청, ② 등록심의(형식심의와 본질심의), ③ 등록심의를 통한 부결 또는 등록결정(부결시 재심의), ④ 등록결정시 공개 및 증서발급으로 이루어진다.

공고발명권이나 특허권을 받으려는 자는 발명권 또는 특허권등록신청문건을 발명행정기관에 제출하여야 한다(발명법 제9조). 발명등록권의 당사자는 원칙적으로 발명을 한 공민이지만(동법 제11조), 직무상 임무수행과정에 창조하였거나 기관, 기업소, 단체의 물질기술적수단을 리용하여 창조한 발명에 대한 특허권등록신청은 해당 기관, 기업소, 단체의 이름으로 한다(동법 제12조). 등록신청은 발명대리기관에 위탁하여 할 수 있는데(동법 제16조), 외국인은 발명대리기관에 위탁하여 등록신청을 해야만 한다(동업 제26조).

발명권, 특허권의 등록심의는 먼저 형식심의를 한 후에 본질심의를 한다(동법 제28조). 발명권과 특허권의 등록신청문건을 접수하면, 먼저 신청문건에 대한 형식심의를 한다. 형식심의는 신청문건이 정해진 형식상의 요건을 구비하였는 지를 심의하고, 형식심의를 통과한 경우에는 접수날짜를 신청날짜로 하여 신청문건을 공개한다(동법 제29조). 형식적 결함이 발견된 경우에는 신청자에게 통지하여 3개월 내에 수정 또는 이의를 제기할 수 있도록 한다. 형식심의를 통과하면, 본질심의를 통해서 신청된 발명이 발명권이나 특허권을 받을 수 있는 조건을 충족하였는지를 심의한다(동법 제32조). 발명권이나 특허권을 받기 위해서는 신규성, 발명수준, 도입가능성의 요건을 충족해야 한다(동법 제20조). 구체적으로 신규성은 신청된 발명이 선행기술에 비해서 새롭다는 것이며, 발명수준은 기술에 숙련된 자가 선행기술에 기초하여 발명을 쉽게 예측할 수 없어야만 한다. 도입가능성은 발명을 공업, 농업, 수산업, 임업을 포함하여 인민경제의 여러 분야에서 이용할 수 있다는 것을 의미한다. 신규성과 도입가능성은 있으나 발명수준이 없는 경우에는 실용기술발명권이나 실용기술특허권을 받을 수 있다(동법

제21조). 학술토론회나 전시회 등에 발표 또는 전시되었거나 신청자의 승인 없이 제3자에게 공개되어 신규성이 결여된 경우에는 예외적으로 신청자가 6개월 내에 발명권이나 특허권 등록신청을 하면 신규성을 인정한다(동법 제22조). 다음의 대상의 경우에는 발명의 대상이 될 수 없다(동법 제18조). 1. 발견, 과학적리론, 수학적방법, 2. 미학적창조물, 3. 정신활동이나 유희, 경영활동을 위한 규칙과 방법, 4. 기술적해결이 없는 컴퓨터프로그람, 5. 정보의 표시방법. 또한 조선민족의 고상한 풍속과 사회주의생활양식에 맞지 않거나 사회공동의 리익에 저해를 주는 대상, 식물이나 동물변종 혹은 동식물의 순수 생물학적인 사육 및 재배방법, 사람이나 동물의 수술방법, 치료방법, 사람이나 동물을 대상으로 하는 진단방법과 관련한 발명, 그리고 원자핵변환의 방법으로 얻어진 물질에 대한 발명에 대하여서는 발명권이나 특허권을 받을 수 없다(동법 제19조).

본질심의를 통과한 경우에는 신청자에게 발명권 또는 특허권을 등록하고, 신청자에게 증서를 발급한다(동법 제32조). 본질심의 과정에서 발명권이나 특허권의 요건을 충족하지 못한 경우에는 신청자에게 심의의견통지서를 통해서 해당 사실을 알리고, 통지서를 발송한 날로부터 3개월 안에 정당한 이유없이 이의를 제기하지 않는 경우에는 신청부결이 확정된다. 신청자로부터 이의제기가 있는 경우에는 재심의를 통해서 발명권, 특허권 등록 여부를 다시 심의하고, 재심의결과를 신청자에게 통지하여야 한다(동법 제37조).

2) 북한 발명법의 문제점

북한 발명법은 법구조적 측면이나 실체법적 측면에서 여러 가지 문제점이 발견된다.[8]

우리 특허법(총 12장 232조문)과 비교하면, 법제구성 및 체계면에 있어서 북한의 발명법(총 5장 64조문)은 형식적이고 대략적으로 규정하고 있다. 따

---

8) 박종배, "남북한 산업재산권 법제의 비교에 관한 연구 : 법제통합을 위한 제언", 지식재산 연구 제5권 제3호, 한국지식재산연구원, 2020. 9., 15-16면.

라서 개인의 권리취득과 보호차원에서 여러 가지 미비점과 한계가 내재되어 있을 뿐만 아니라 그에 따라 담당기구는 규정 외적인 관행에 의한 업무처리 의존도가 높아지고 업무에 대한 일관성이 결여되는 등 구조적인 문제점을 가지고 있다.

발명에 대한 권리로 우리 특허법은 독점적 배타권인 특허권을 부여하고 있다. 그에 반하여 북한은 발명권과 특허권이라는 2원적 구조를 갖고 있어서 불필요한 행정소요를 낭비하는 문제점을 내포하고 있다. 발명권에 대한 이용권은 국가가 보유하기 때문에 개인이 발명이용권의 행사에 국가의 승인을 필요로 하고, 권리를 마음대로 양도하거나 취소·포기할 수도 없는 한계가 있다. 또한 발명권을 특허권으로 전환할 수도 없을 뿐만 아니라 발명권의 효력기간을 무기한 인정해 줌으로써 한 번 발명으로 영구히 보장받게 되는 등 오히려 발명의욕을 저하시킬 우려가 있으며, 새로운 기술을 순환시키고 산업상 이용가능성을 증대시켜 국가 산업발전에 기여코자 하는 면에서도 그 영향력이 감소할 것으로 판단된다.

(2) 북한의 실용신안법제(창의고안에 관한 규정)

1) 북한 창의고안에 관한 규정의 주요 내용

창의고안은 이미 알려진 기술에 기초하여 기관, 기업소 범위에서 지금 있는 기계설비, 장치, 기술공정, 생산방법의 일부를 보충 또는 개선하여 보다 높은 기술·경제적 효과를 주는 기술적 성과라는 점에서 발명과는 구별된다.[9] 실용신안에 대한 업무는 우리의 경우에는 특허청에서 담당하고 있으며, 북한에서는 발명위원회가 통일적으로 맡고 있다.

우리 실용신안법에 해당하는 것은 북한의 창의고안에 관한 규정(2001년 제정)으로 개별 법령은 아직 존재하지 않은 것으로 보인다.[10] 창의고안에

---

9) 한명섭, 앞의책, 233면.
10) 한명섭, 앞의 책, 232면. 북한은 발명 및 창의고안에 관한 규정(1986. 6. 28. 개정)과 창의고안에 관한 규정(2001년 제정)에서 그 법률적 근거를 찾을 수 있으나, 동 법규의 조문이 공개되지 않아 일부 자료에 의존할 수밖에 없는 한계가 있다.

관한 규정은 총 4장 23조문으로 구성되어 있다. 구체적으로 제1장 창의고안의 개념·창의고안사업에 대한 지도단위·적용대상 등, 제2장 창의고안의 신청과 심의·등록 그 절차·방법, 제3장 창의고안에 대한 평가, 제4장 창의고안사업에 대한 지도통제 등 창의 고안에 대한 기본적 개념 위주로 간략하게 기술되어 있음을 알 수 있다.

북한의 실용신안등록의 절차는 출원공개와 심사청구, 이의신청, 거절불복의 순서로 진행된다. 출원공개와 관련하여 남한은 실용신안등록 출원일로부터 1년 6개월이 경과하면 출원공개공보에 실려서 공개하고 있으나, 북한은 창의고안 신청문건접수 시 발명등록신청 공보에 공개, 즉 법정경과 기간이 없다. 실용신안등록출원 심사청구기간을 두고 있지 않으며, 심의(심사)결정은 신청문건을 접수한 때로부터 1개월 안에 심의결정하도록 규정되어 있어 남북한 간 심사청구 및 심사절차에 있어서 차이점이 있다. 이의신청과 관련하여 기관,기업소,공민들은 발명위원회가 발표한 공보에 대하여 의견이 있을 때에는 3개월 안에 제기하여 해명을 받도록 규정하고 있지만 해명에 대한 불복권이 인정되는지 분명치 않다.

◆ 〈남북한의 실용신안 관련 법률〉

남한 실용신안법(2019. 1. 8. 개정)	북한 창의고안에 관한 규정(2001. 6.)
제1장 : 총칙 제2장 : 실용신안등록요건 및 실용신안등록출원 제3장 : 심사 제4장 : 등록료 및 실용신안등록 등 제5장 : 실용신안권 제6장 : 실용신안권자의 보호 제6장의2 : 실용신안등록취소신청 제7장 : 심판·재심 및 소송 제8장 : 특허협력조약에 의한 국제출원 제9장 : 보칙 제10장 : 벌칙	제1장 : 창의고안의 개념·창의고안사업에 대한 지도단위·적용대상 등 제2장 : 창의고안의 신청과 심의·등록 그 절차방법 제3장 : 창의고안에 대한 평가 제4장 : 창의고안사업에 대한 지도통제

2) 북한 실용신안법제의 문제점

실용신안법제의 구성에 있어서 중요한 요소라 할 수 있는 구체적 등록요건, 권리의 효력이나 존속기간을 포함한 실용신안권의 전반에 관한 사항, 실용신안권자의 보호, 심판·재심 및 소송, 특허협력조약에 의한 국제출원은 물론 실용신안권 침해에 따른 벌칙 등의 규정이 없다는 점은 사회주의체제 하의 북한만이 갖고 있는 독특한 제도라 할 수 있다. 이러한 창의고안제도는 지식재산권제도의 국제적 통일화에 따른 지식재산 환경의 변화에는 뒤떨어진 것으로 평가된다.[11]

창의고안에 관한 규정은 법제 구성상 남한의 실용신안법에 비교해 볼 때, 많은 미비점이 발견된다. 이러한 이유에서 1986년 개정된 발명 및 창의고안에 관한 규정과 상호 보완관계를 유지하는 등 2원적 규율체계를 가지고 있는 문제점이 있다. 실체법적 측면에서도 남한에서는 독점배타권인 실용신안권을 부여하지만, 북한 창의고안권은 재산권이 아닌 금전적 보상, 즉 창의고안증서와 함께 창의고안상금을 준다는 점에서 일반적인 산업재산권 체계와는 동떨어져 있다. 또한 창의고안에 대한 등록요건이 규정되어 있지 않아서 권리취득절차와 보호에 있어서 부실권리가 양산될 수 있을 뿐만 아니라 권리자 상호 간에 분쟁 발생의 여지도 있다.

(3) 북한의 상표 관련 법제

1) 북한 상표법의 주요 내용

북한의 상표법은 1998년 제정된 이후 2012년 11월 13일 개정되었다. 상표법의 구성을 살펴보면, 총 5장 50개 조문으로 제1장 상표법의 기본, 제2장 상표등록의 신청, 제3장 상표등록의 심의, 제4장 상표권의 보호, 제5장 상표사업에 대한 지도통제 등 상표에 대한 개괄적인 개념 위주로 기술되어 있음을 알 수 있다.

북한 상표법 제2조는 상표를 "서로 다른 생산자 또는 봉사자의 같은 제금이나 봉사를 구별하기 위하여 글자, 그림, 수자, 기호, 색갈, 3차원적인 형태 또는 그것들의 결합체로 밝히는 표식"으로 정의한다. 상표에는 제품

---

[11] 박종배, "남북한 산업재산권 법제의 비교에 관한 연구 -법제통합을 위한 제언-", 배제대학교 대학원 법학박사학위 논문, 2010. 6., 62면.

상표, 봉사상표, 집단상표, 증명상표, 담보상표가 있다. 2012년 개정으로 추가된 상표도안창작에서 요구되는 사항은 다음과 같다(동법 제2조). ① 상표도안을 보기가 좋으면서도 의미가 두렷하고 특성이 살아나게 형상하여야 한다. ② 상표도안을 인위적으로 과장하지 말고 문화적으로 볼맛이 있게 형상하여야 한다. ③ 필요한 경우 만화적으로 생동하면서도 실감이 나게 형상하여 사람들의 눈길을 끌고 제품에 대한 호기심을 가지게 하여야 한다. ④ 너무 원색만 써서 천한감이 나게 하지 말고 상표의 특성에 맞게 색을 조화롭게 잘 써야 한다. ⑤ 규격을 비롯하여 세계적으로 공통된 내용들과 표기방법을 정확히 지켜야 한다.

　상표등록의 절차는 상표등록의 신청, 심의, 등록여부 결정, 등록 및 등록증 발급, 등록예정이거나 등록된 상표에 대한 의견제기로 이루어 진다. 상표등록을 신청하려는 기관, 기업소, 단체와 공민은 상표등록신청문건을 직접 또는 우편으로 제출하여야 한다(동법 제8조 및 제10조). 상표등록신청문건에는 신청자의 이름, 주소, 상품 및 봉사분류 같은 것을 정확히 밝히며 상표견본, 영업허가와 관련한 공증문건을 첨부한다. 외국의 기관, 기업소, 단체와 공민은 대리기관을 통하여 조선말로 된 상표등록신청문건을 상표등록기관에 내야 한다(동법 제9조). 이미 등록된 상표나 유사한 표식, 국호나 그 약자로 만들거나 국장, 국기, 훈장, 메달과 같거나 유사한 모양으로 만든 표식, 공중도덕, 미풍양속에 맞지 않는 표식 등은 상표로 등록할 수 없다.[12] 상표등록기관은 신청서를 접수하면 신청자에게 접수증을 교부하고

---

12) 북한 상표법 제21조(상표로 등록할수 없는 표식, 표기) 다음에 해당하는 표식, 표기는 상표로 등록할수 없다.
1. 이미 등록된 상표와 같거나 류사한 표식
2. 국호나 그 략자로 만들었거나 국장, 국기, 훈장, 메달과 같거나 류사한 모양으로 만든 표식
3. 우리 나라의 법과 공중도덕, 미풍량속에 맞지 않는 표식
4. 상품 또는 봉사에 대한 허위적내용을 담은 표식
5. 상품이름, 조성, 특성 같은것만의 표기
6. 검사표식이나 단순한 수자, 기하학적표식
7. 전람회, 전시회에 출품되였던 상표와 같거나 류사한 표식

결함이 있는 경우에는 반려하거나 3개월의 수정기간을 부여할 수 있다. 부득이한 사유로 수정기간을 준수하지 못한 경우에는 2개월을 연장해 줄 수 있다(동법 제14조). 상표등록의 심의는 상표등록 신청문건을 접수한 날로부터 6개월안에 하여야 한다(동법 제19조). 상표등록기관은 심의를 통해서 등록 또는 부결하는 결정을 하고, 심의결과를 신청자에게 통지한다. 등록이 결정된 상표는 국가상표등록부에 등록하고 상표공보를 통해서 공개하며, 신청자에게 상표등록증을 발급한다. 상표등록증을 분실하거나 오손한 경우에는 재발급할 수 있다(동법 제23조). 상표등록의 부결통지를 받은 경우에는 6개월 내에 재심의를 요청할 수 있으며(동법 제25조), 재심의결정에 대하여도 결과를 통지받은 날로부터 2개월 내에 국가상표심의위원회에 이의를 제기할 수 있다(동법 제26조).

상표권의 소유자는 등록된 상표의 사용권, 양도 및 사용허가권, 손해보상청구권, 등록된 상표의 취소권을 가진다(동법 제29조). 상표권의 보호기간은 상표등록을 신청한 날부터 10년이며, 신청에 따라 10년씩 연장할 수 있다(동법 제34조). 상표등록이 취소되거나 상표등록을 한 날부터 5년 동안 사용하지 않을 경우에는 상표권이 소멸한다(동법 제39조). 상표사업데 대한 지도는 내각의 통일적인 지도 밑에 중앙상표지도기관이 하며(동법 제40조), 중앙상표지도기관은 상표사업데 대한 지도와 상표의 심의, 등록과 관련하여 제기된 의견, 분쟁처리를 비상설상표심의위원회를 통하여 한다(동법 제41조). 상표와 관련한 분쟁은 협의의 방법으로 해결하는 것을 원칙으로 하나, 협의의 방법으로 해결할수 없을 경우에는 상표등록기관, 비상설상표심의위원회에 제기하여 해결한다(동법 제50조). 상표등록기관, 비상설상표심의위원회에 제기하여 해결할수 없을 경우에는 재판 또는 중재기관에 제기하여 해결할 수도 있다.

---

8. 우리나라가 가입한 국제기구의 표식으로 되였거나 국제법과 국제관례에 어긋나는 표식
9. 널리 알려진 상표, 유명한 상표와 같거나 류사한 표식
10. 우리 나라를 비우호적으로 대하는 나라나 지역에서 등록을 신청한 표식 또는 표기

◆ 〈남북한의 상표법〉

남한 상표법(2019. 4. 23. 개정)	북한 상표법(2012. 11. 13. 개정)
제1장 : 총칙 제2장 : 상표등록요건 및 상표등록출원 제3장 : 심사 제4장 : 상표등록료 및 상표등록 등 제5장 : 상표권 제6장 : 상표권자의 보호 제7장 : 심판 제8장 : 재심 및 소송 제8장의 2 : 의정서에 의한 국제출원 제9장 : 「표장의 국제등록에 관한 마드리드협정에 대한 의정서」에 따른 국제출원 제10장 : 상품분류전환의 등록 제11장 : 보칙 제12장 : 벌칙	제1장 : 상표법의 기본 제2장 : 상표등록의 신청 제3장 : 상표등록의 심의 제4장 : 상표권의 보호 제5장 : 상표사업에 대한 지도 통제

2) 북한 상표법의 문제점

북한의 상표법은 법제구성 및 체계면에 있어서 단순하고 개괄적 규정만을 두고 있어 개인의 권리취득과 보호차원에서 구조적 미비점이 지적될 수 있다. 또한 남한 상표법의 시행령이나 시행규칙과 같은 규정이 없어서 구체적이고 체계적인 업무를 수행하는 데 있어서 한계가 있을 것으로 보인다.

실체법적인 측면에서도 남한은 상표권자에게 독점배타적 사용권을 부여하고 있는 반면에 북한은 독점적 사용권만을 인정함으로써 물리적으로 사실상 지배가 불가능한 상표권의 속성상 타인에 의해 쉽게 침해되는 경우에 보호에 허점이 있을 수 있다. 이러한 상표권의 침해는 단순히 상표소유자의 신용을 해칠 뿐만 아니라 공정한 경업질서를 혼란케 하고 상품선택에 대한 소비자의 이익까지 저해하게 되며, 한 번 훼손된 당해 상표의 신용, 이미지 등 가치는 회복하기 어렵게 되는 것이다.[13]

---

13) 박종배, "남북한 산업재산권 법제의 비교에 관한 연구 -법제통합을 위한 제언-", 배제대학교 대학원 법학박사학위 논문, 2010. 6., 70면.

(4) 북한의 디자인보호법제

1) 북한 공업도안법의 주요 내용

우리 디자인보호법에 해당하는 북한의 공업도안법은 1998년 6월 3일에 최고인민회의 상설회의 결정 제117조로 채택된 이래 3차례의 개정(2011년 12월 21일)이 있었다. 현행 공업도안법은 총 5장에 걸쳐서 50개의 조문으로 이루어져 있다. 구체적으로 제1장 공업도안법의 기본, 제2장 공업도안등록의 신청, 제3장 공업도안등록의 심의, 제4장 공업도안권의 보호, 제5장 공업도안사업에 대한 지도통제 등 공업도안에 대한 기본적인 사항들을 규정하고 있다.

◆ 〈남북한의 디자인보호법제〉

남한 디자인보호법(2019. 1. 8. 개정)	북한 공업도안법(2011. 12. 21. 개정)
제1장 : 총칙 제2장 : 디자인등록요건 및 디자인등록출원 제3장 : 심사 제4장 : 등록료 및 디자인등록 등 제5장 : 디자인권 제6장 : 디자인권자의 보호 제7장 : 심판 제8장 : 재심 및 소송 제9장 : 「산업디자인의 국제등록에 관한 헤이그협정」에 따른 국제출원 제10장 : 보칙 제11장 : 벌칙	제1장 : 공업도안법의 기본 제2장 : 공업도안등록의 신청 제3장 : 공업도안등록의 심의 제4장 : 공업도안권의 보호 제5장 : 공업도안사업에 대한 지도 통제

북한 공업도안법은 공업도안등록의 신청과 심의, 공업도안권의 보호와 관련된 제도와 질서를 엄격히 세워 제품의 질을 높이고 사회주의경제를 발전시키는데 이바지하는 것을 사명으로 한다(동법 제1조). 공업도안은 공업적방법으로 생산하려는 제품의 형태와 색갈, 장식 같은것을 그림이나 사진으로 새롭게 묘사한 것으로서, 기계설비와 운수수단, 방직제품, 생활 및 문화용품, 의상품, 가구류, 건구류, 포장용기 같은 제품도안과 장식도안이 있

다(동법 제2조).

공업도안법은 공업도안등록의 신청원칙(제3조), 공업도안등록의심의원칙(제4조), 공업도안권의 보호원칙(제5조), 공업도안의 갱신원칙(제6조), 공업도안사업분야의 교류와 협력(제7조)를 밝히고 있다.

공업도안의 등록절차로 공업도안등록의 신청, 신의, 등록여부의 결정, 등록 및 등록증 발급(부결시에는 부결통보), 등록된 공업도안에 대한 의견제기(부결시에는 재심의 제기)가 규정되어 있다. 공업도안등록을 신청하려는 기관, 기업소, 단체와 공민은 공업도안등록 신청문건을 공업도안 등록기관에 제출하여야 하며, 신청서에는 도안명, 도안의 분류, 신청자 및 창작자의 이름 등을 기재하고, 도안과 도안설명서, 평정서를 첨부하여야 한다(제11조). 공업도안등론신청문건의 제출은 공업도안등록기관에 직접 또는 우편으로 하는 것이 원칙이나 부득이 한 경우에는 텔렉스나 팩스와 같은 전기 통신수단을 이용할 수도 있다. 외국인은 대리기관을 통해서 조선말로 된 신청문건을 공업도안등록기관에 제출해야 한다(제12조). 공업도안등록기관은 신청서를 접수하면 신청자에게 접수정형을 알려주고, 결함이 있는 경우에는 이를 반려하거나 3개월(부득이한 사유가 있는 경우에는 2개월 연장가능) 내에 보정하도록 할 수 있다(제13조). 이미 등록된 공업도안과 본질적으로 같거나 유사한 도안, 이미 공개되어 사용하고 있는 제품과 같거나 유사한 도안, 북한의 법과 공중도덕, 미풍양속에 맞지 않는 도안, 설비 및 기술공정도면이나 미술작품, 건축물 및 기념비 같은 것의 도안, 등록된 상표와 같거나 유사한 도안, 경제적 효과성과 실용예술성, 생산도입 가능성이 없는 도안은 공업도안으로 등록할 수 없다(제21조).[14] 공업도안등록기관은

---

[14] 우리의 디자인보허법 제34조에도 디자인등록을 받을 수 없는 디자인으로, 1. 국기, 국장(國章), 군기(軍旗), 훈장, 포장, 기장(記章), 그 밖의 공공기관 등의 표장과 외국의 국기, 국장 또는 국제기관 등의 문자나 표지와 동일하거나 유사한 디자인, 2. 디자인이 주는 의미나 내용 등이 일반인의 통상적인 도덕관념이나 선량한 풍속에 어긋나거나 공공질서를 해칠 우려가 있는 디자인, 3. 타인의 업무와 관련된 물품과 혼동을 가져올 우려가 있는 디자인, 4. 물품의 기능을 확보하는 데에 불가결한 형상만으로 된 디자인을 규정하고 있어 유사점이 있다.

등록신청을 접수한 날부터 6개월 내에 심의를 하여 등록 또는 부결하는 결정을 하고, 심의결과는 공업도안등록의 신청자에게 통지하여야 한다(제22조). 등록이 결정된 공업도안은 국가공업도안등록부에 등록하고, 공업도안공보를 통해서 공개한다. 등록이 결정되면, 신청자에게는 공업도안등록증을 발급한다. 등록된 공업도안에 대하여 의견이 있는 기관, 기업소, 단체와 공민은 그 등록이 공개된 날부터 6개월 안에 공업도안등록기관에 의견을 제기할 수 있으며, 공업도안등록의 부결통지를 받은 경우에도 그날부터 6개월 내에 재심의를 제기할 수 있다(제25조). 이 경우에는 제기된 의견을 심의하고 결과를 통지해 주어야 한다. 재심결정에 대하여 의견이 있는 경우에는 재심의 결과를 통지받은 날부터 2개월 안에 비상설공업도안심의위원회에 의견을 제기할 수 있다(제26조).

공업도안권은 공업도안등록기관에 공업도안을 등록받은 기관, 기업소, 단체와 공민이 소유하며, 공동명의로 등록된 경우에는 공동소유한다(제28조). 공업도안권 소유자는 등록된 공업도안의 사용권, 전부 또는 일부에 대한 양도 및 사용허가권, 등록된 공업도안의 취소권을 가진다(제29조).

공업도안권에 대한 지도는 내각의 통일적인 지도 밑에 공업도안지도기관이 한다(제41조). 공업도안권 소유자는 공업도안사업과 관련하여 중앙가격제정기관이 정한 정해진 요금을 납부해야 한다(제45조). 공업도안사업에 대한 감독통제는 공업도안등록기관과 해당 감독통제기관이 하며, 공업도안등록기관과 해당 감독통제기관은 기관, 기업소, 단체와 공민이 공업도안등록의 신청, 심의질서를 지키고 공업도안권을 침해하지 않도록 엄격히 감독통제하여야 한다(제46조).

2) 북한 공업도안법의 문제점

북한은 독점적 사용권만을 인정함으로써 타인의 지배를 배제하는 배타적 권리를 인정하지 않는 문제점을 갖고 있다. 이는 남한 디자인권의 배타적 효력인 소극적 효력에 해당하는 것으로서 이러한 배타적 권리를 인정하지 않는다는 것은 소극적 효력의 제한을 받지 못하게 하면서 간접침해의 책임을 물을 수 있게 하는 디자인권의 소극적 효력 확장을 저해하는 요인으로 작용하게 되는 것이다. 또한 북한 공업도안법에서는 공업도안등록의 신청(출원), 심의(심사), 관리에 관한 전반적인 행위를 국가에서 감독 통제하며 공업도안권의 양도, 공업도안의 사용허가계약까지도 국가가 직접 관여함으로써 개인의 권리가 제한받을 뿐만 아니라 권리를 행사하는데 있어서도 많은 제약이 따르게 된다.

공업도안법에서는 디자인등록요건, 권리의 효력을 포함한 디자인권에 관한 사항, 디자인등록거절결정에 대한 심판·재심 및 소송을 포함한 침해에 대한 벌칙 등의 규정이 명시되어 있지 않다. 선진국 중심의 지식재산권제도의 조화와 국제적 통일화에 역행하는 시대에 뒤떨어진 제도로 볼 수밖에 없다.

(5) 소결

남북한의 산업재산권 법제를 비교해 보면, 남한의 모든 법제는 출원인(민원인)의 입장에서 보다 구체적이고 명확하게 기술되어 있다. 북한의 모든 법제는 민원인의 편의보다는 국가 차원의 관리·통제 측면에서 획일적이고 개괄적이며 명확하지 않게 기술되어 있음을 짐작할 수 있다. 또한 구소련, 중국 및 동유럽 국가들이 개혁·개방과 자본주의체제로 전환되는 과정에서 폐지되거나 개정된 제도들을 북한만의 독특한 제도로 유지하고 있으며, 이로 인해 국제협약의 기준과 원칙과 조화되지 못하여 지식재산권제도의 국제적 통일화에 장애물로 작용할 것으로 판단된다. 더욱이 남북한 법제의 통합방안을 위해 우선적으로 해결되어야 할 과제는 북한만이 유지하고 있는 특이한 제도들, 예컨대 발명자증제도, 창의고안의 금전적 보상, 상표 및 공업도안권의 국가관리 등을 단계적으로 남한법에 맞춰 개선·발전시켜 국제적 기준에도 부응하도록 조율해 나갈 필요가 있다.

3. 북한 산업재산권의 구제방법

권리침해에 대한 구제방법은 일반적으로 원상회복이나 금전적 보상 등을 내용으로 하는 민사적 구제와 행정처벌 또는 형사처벌을 통한 방법으로 구분할 수 있다.

(1) 민사적 구제방법

북한에서도 발명법 제56조(특허권침해행위에 대한 손해배상),[15] 공업도안법 제47조(손해보상, 몰수),[16] 상표법 제47조(손해보상, 몰수,영업중지)[17] 등에서 산업재산권의 침해를 위법한 것으로 보아 그에 따른 책임을 부담시키고 있다. 발명법의 경우에는 손해보상에 대한 규정만을 두고 있는 반면에 공업도안법은 손해배상과 몰수, 상표법은 손배보상, 몰수, 영업중지까지 가능하도록 규정하고 있다. 북한 손배보상법은 재산이나 인신의 침해로 발생한 손해보상에 대한 일반법으로서, 산업재산권의 침해에 따른 손해보상에 대한 특별규정을 두고 있다.[18] 동법 제37조는 발명, 특허권을 침해하여 재산상 손실을 준 자에게 손해보상의무를 부과하고 있으며, 손해보상액은 발명권지도기관이 정하도록 규정하였다. 또한 제38조에서 상표, 공업도안, 기업이름에 관련된 권리를 침해하여 손해를 준 경우에도 손해를 보상해야 한

---

[15] 북한 발명법 제56조 (**특허권침해행위에 대한 손해보상**)
특허권을 침해하였을 경우에는 해당한 손해를 보상한다.
특허권을 침해한 당사자가 손해보상을 하지 않을 경우 특허권자는 발명행정기관에 제기하여 해결받을 수 있다.
[16] 북한 공업도안법 제47조(**손해보상, 몰수**) 공업도안권을 소유한 기관, 기업소, 단체와 공민의 리익을 침해하였을 경우에는 해당한 손해를 보상시키거나 위법행위를 하여 생산한 제품을 몰수한다.
[17] 북한 상표법 제47조(**손해보상, 몰수, 영업중지**) 상표권에 따르는 기관, 기업소, 단체와 공민의 리익을 침해하였거나 허위 및 위조상표를 제작, 인쇄, 리용, 매매하였을 경우에는 해당한 손해를 보상시키며 위법행위에 리용된 상표, 상품 같은 것은 몰수하거나 영업활동을 중지시킨다.
[18] 손해보상법에 따른 재산 또는 인신 침해로 인한 손배배상청구는 행정적 또는 형사적 책임과 중첩적으로 부담한다(동법 제7조).

다. 다만 이 경우 상표나 공업도안 기업이름 등은 해당기관에 등록된 것이어야 한다. 손해보상을 청구할 수 있는 자는 피해를 입은 기관, 기업소, 단체와 공민 또는 그 권리의 승계인이며, 손해보상의무를 부담하는 자는 피해를 끼친 기관, 기업소, 단체와 공민 또는 그 의무의 승계인이다(동법 제9조). 공민의 손해보상액은 당사자들의 합의로 정하지만, 당사자들 사이에 합의가 이루어지지 않는 경우에는 손해보상액을 침해된 재산의 소매 또는 수매가격 등을 기초로 하여 재판기관이 정한다(제48조).

(2) 침해행위자에 대한 행정적 책임과 형사적 책임

북한은 우리 법체계상 행정법규에 해당하는 개별 법률에서 단지 해당 법을 위반한 경우에는 정상에 따라 행정적 또는 형사적 책임을 지운다고 규정하고, 형사처벌에 관한 내용은 형법에서, 행정처벌에 관한 내용은 행정처벌법에서 규정하고 있다.[19] 발명법 제63조(행정적 책임)과 제64조(형사적 책임), 상표법 제49조(행정적 또는 형사적 책임), 공업도안법 제49조(행정적 또는 형사적 책임)도 이러한 형식을 취하고 있다.

북한 행정처벌법(주체100(2011)년 10월 16일 최고인민회의 상임위원회 정령 제1902호로 수정보충)의 산업재산권과 관련된 처벌규정으로 제119조(상표리용질서위반행위)와 제142조(저작권보호질서위반행위)가 있다. 상표리용질서를 어긴 자에게는 경고, 엄중경고, 벌금, 몰수 또는 3개월 이하의 무보수로동, 로동교양처벌을 준다. 정상이 무거운 경우에는 3개월 이상의 무보수로동, 로동교양 또는 강직, 해임, 철직처벌을 준다. 또한 저작, 발명을 그릇되게 평가하였거나 다른 사람의 저작, 발명, 창의고안을 자기 이름으로 발표한 자에게는 경고, 엄중경고, 벌금, 자격정지, 강급, 자격박탈 또는 3개월 이하의 무보수로동, 로동교양처벌을 준다. 정상이 무거운 경우에는 3개월 이상의 무보수로동, 로동교양 또는 강직, 해임, 철직처벌을 준다.

현행 북한 형법(주체104(2015)년 7월 22일 최고인민회의 상임위원회 정령

---

19) 한명섭, 앞의 책, 252면.

제578호로 수정보충)은 경제관리질서를 침해한 범죄의 유형으로 특허권, 상표권, 공업도안권, 원산지명권 침해죄(제117조)를 규정하고 있다. 특허권, 상표권, 공업도안권, 원산지명권을 침해한 자는 1년이하의 로동단련형에 처하는데, 침해 행위가 정상이 무거운 경우에는 2년 이하의 로동교화형으로 가중된다. 또한 사회주의 문화를 침해한 범죄의 유형에서 저작, 발명, 창의고안 묵살죄(제190조)와 저작, 발명, 창의고안 도용죄(제191조)를 두고 있다. 탐욕, 질투 그밖의 비열한 동기밑에 저작, 발명, 창의고안을 그릇되게 평가하여 묵살시킨 자는 1년이하의 로동단련형에, 이기적 목적에서 다른 사람의 저작, 발명, 창의고안을 자기 이름으로 발표한 자는 1년이하의 로동단련형에 처한다.

III. 남북 산업재산권 법제의 통합

남북한 산업재산권 법제통합의 목적은 남한과 북한의 산업재산권을 통합하여 그 시너지 효과를 통해 한국의 전지역에 기술의 발전을 촉진하여 산업발전에 이바지함과 아울러 권리자의 이익을 보호하는데 목적이 있다고 할 것이다.

독일은 통일 전에 시작된 산업재산권 통일화 작업과 독일 통일 후 통일조약으로 임시규정을 정했던 중간단계 등 모든 독일 산업재산권 통일화 작업을 위해 산업재산권 확장에 관한 법률(또는 확장법, Erstreckungsgesetz)[20]을 제정하였다. 다른 법영역과 달리 산업재산권 분야의 법적 통합은 2단계로 이루어졌다. 먼저 제1단계로 통일조약[21]을 체결하였으며, 제2단계에서는 산업재산권 확장에 관한 법률을 통해서 산업재산권 법제의 통합이 완성되

---

20) Gesetz über die Erstreckung von gewerblichen Schutzrechten (Erstreckungsgesetz - ErstrG) vom 23. April 1992, BGBl. I S. 938.
21) Vertrag zwischen der Bundesrepublik Deutschland und der Deutschen Demokratischen Republik über die Herstellung der Einheit Deutschlands (Einigungsvertrag) vom 31. August 1990, BGBl. 1990 II S. 889.

었다. 통일조약은 1990년 10월 3일부터 독일특허청에서 출원된 특허, 실용신안등록, 활자체, 반도체보호권, 상표 및 서비스표에 대한 출원과 함께 승인·등록된 보호권은 연방독일의 법규정을 적용하도록 하였다.

이러한 독일 산업재산법제의 통합과정을 비추어 보면, 우리도 법제통합 이전에 남북한 각각의 법에 따라 부여된 산업재산권의 효력을 상호인정한다는 경과조치가 선행되어야 할 것이다. 이러한 과도기적 시기에는 구권리의 상호지역에 대한 효력확장을 인정하고, 이후에 남한법을 중심으로 특허, 실용신안, 상표, 디자인 등 산업재산권의 심사기준 및 출원·등록 관련 법들을 통합하고 통합법의 적용을 통한 권리를 부여하여 단일한 산업재산권 법체제로 전환하는 것이 바람직하다.[22] 한편, 대법원은 저작권과 관련된 판결에서 일관되게 북한 주민들의 저작권은 우리 법에 따라 보호된다는 입장을 취하고 있으므로,[23] 산업재산권에 대하여도 동일하게 적용될 것으로 보인다.

산업재산권 법제통합의 범위는 통일 이전에 남북한 지역 각각에 출원되어 심사 계류중인 출원 또는 등록된 모든 산업재산권을 포함하며, 남북 각각의 지역에 효력이 있는 국제조약에 의해 출원된 출원 또는 등록된 산업재산권도 동일하게 적용된다. 아울러 적용지역의 확장은 특정기준일 이후 자동적으로 타지역에도 확장 적용되며, 상호 합의하에 통일시점을 기준으로 법의 발효가 전제되어야 한다.

---

[22] 박종배, "남북한 산업재산권 법제의 비교에 관한 연구 -법제통합을 위한 제언-", 배제대학교 대학원 법학박사학위 논문, 2010. 6., 98면.
[23] 타인의 저작물을 복제, 배포, 발행함에 필요한 요건과 저작재산권의 존속기간을 규정한 저작권법 제36조 제1항, 제41조, 제42조, 제47조 제1항의 효력은 대한민국 헌법 제3조에 의하여 여전히 대한민국의 주권범위내에 있는 북한지역에도 미치는 것이므로 6.25 사변 전후에 납북되거나 월북한 문인들이 저작한 작품들을 발행하려면, 아직 그 저작재산권의 존속기간이 만료되지 아니하였음이 역수상 명백한 만큼, 동인들이나 그 상속인들로부터 저작재산권의 양수 또는 저작물이용 허락을 받거나 문화부장관의 승인을 얻어야 하고 이를 인정할 자료가 없는 이상 원고는 위 작품들의 출판 및 판매금지처분의 부존재확인을 구할 법률상 지위에 있는 자라고 할 수 없고, 헌법상 국민에게 부여된 출판의 자유로부터도 확인을 구할 법률상의 지위가 부여된다고 볼 수 없다(대법원 1990. 9. 28., 선고, 89누6396, 판결).

법제통합 이전에는 남북한 사이의 산업재산권의 상호인정을 위한 가장 실효성 있는 방법은 국제조약의 준수·적용하는 것이다. 남북한은 모두 파리조약, 베른조약을 비롯하여 국제조약에 가입함으로써 지적재산권 보호를 위한 국제시스템에 이미 편입되어 있는 상태이다. 따라서 남북한 산업재산권제도의 상호인정은 위 국제조약을 남북한 상호간에도 준수하고 적용하는 것만으로도 달성될 수 있기 때문에, 정치적 합의 이외에 달리 준비할 바가 크지 않다. 그러나 산업재산권에 대한 남북한 상호인정만으로는 산업재산권의 보호경계로 구분된 시장의 분할을 막을 수 없고, 그에 따른 상품과 서비스의 자유이동이 제약받을 수밖에 없다는 문제점이 남게 된다.

Ⅳ. 남북 산업재산권과 관련한 상사분쟁의 해결방안

1. 남북한 상사분쟁 해결의 기본원칙

현재는 금강산관광의 중단, 개성공단의 폐쇄 등을 비롯하여 남북한 경제협력과 교류가 교착상태에 빠져 있지만, 추후에 남북 간의 관계가 개선되면 법제도, 경제체제 및 산업여건 등의 차이로 인해 상사분쟁이 증가할 가능성이 있다. 남북한 사이에 발생하는 민사상의 분쟁은 법적 충돌의 문제에 해당하므로 남북한특수관계론을 적용하여 해결할 수 있다.[24] 남북한 상사분쟁은 북한이 평화통일을 위한 화해와 협력의 동반자로서 활동하는 국내법적 영역에 해당하므로 원칙적으로는 국제사법을 유추적용하여야 하지만, 남북한 관계의 특수성을 고려하여 남북합의서에서 중재제도에 따른 해결절차를 마련하고 있다.

상사분쟁에 대한 중재제도는 국제적으로 널리 통용되는 재판외 분쟁해결수단(Alternative dispute resolution, ADR)으로서 사인간의 분쟁이 발생한 경

---

[24] 남북사이의 상사분쟁 해결절차에 관한 합의서의 서문에서도 "남과 북은 2000년 6월 15일에 발표된 역사적인 「남북공동선언」에 따라 진행되는 경제교류와 협력이 나라와 나라 사이가 아닌 민족내부의 거래임을 확인하고"라고 규정하고 있다.

우 당사자가 합의한 바에 따라 그 해결방법을 국가의 사법기관에 맡기지 않고 사인인 제3자에게 그 해결을 의뢰하는 것이다. 당사자자치를 기초로 당사자가 중재를 선택한 경우에는 일정한 절차를 준수하도록 의무화하여 절차적 정의를 구현하도록 하고, 국가에 의한 집행을 보장된다.[25] 남북한이 서로 상대방의 사법제도를 신뢰하지 못하고 있는 현실속에서 발생하는 상사분쟁을 재판과 동일한 법적 구속력을 가지는 종국적 해결방법이 필요하다는 점에 비추어 볼 때, 객관적이고 중립적 중재제도를 활용하는 것은 매우 유용하다.[26] 남북한 상사중재제도의 성공적 정착을 위해서는 공정성이 담보된 기구 또는 기관이 중재절차에 개입하도록 하고 중재판정에 대한 사후심사를 허용할 필요가 있다.[27] 남북한은 상사분쟁의 해결을 위해서 "남북사이의 상사분쟁 해결절차에 관한 합의서(2000. 12. 16.)"와 "남북상사중재위원회 구성·운영에 관한 합의서(2003. 10. 12.)"를 체결하였다. 남북 사이의 경제교류·협력과정에서 생기는 상사분쟁은 당사자 사이에 협의의 방법으로 해결한다. 협의의 방법으로 해결되지 않는 분쟁은 중재의 방법으로 해결하는 것을 원칙으로 한다.

2. 남북사이의 상사분쟁 해결절차에 관한 합의서

2003년 8월 20일에 발효된 '남북사이의 상사분쟁 해결절차에 관한 합의서(이하 상사분쟁해결절차합의서)'는 경제교류·협력과정에서 발생하는 상사분쟁에 대한 체계적인 분쟁해결절차를 마련하고 있다. 동 합의서의 서문에서 "남과 북은 2000년 6월 15일에 발표된 역사적인 「남북공동선언」에 따라 진행되는 경제교류와 협력이 나라와 나라 사이가 아닌 민족내부의 거래

---

[25] 중재제도는 사적자치의 원칙에 따라 분쟁 당사자의 합의가 필요한 점, 중재인은 국가기관이 아닌 사인이며, 그 중재권한이 국가권력이 아닌 당자자의 합의로부터 기인한다는 점, 중재판정은 법적 구속력이 있어서 당사자는 그 판정에 따라야 할 의무가 있는 특징이 있다.
[26] 사법연수원, 통일법 연구, 2010, 277-278면.
[27] 사법연수원, 앞의 책, 284면.

임을 확인하고 경제교류·협력과정에서 생기는 상사분쟁을 공정하고 신속하게 해결하기 위하여 다음과 같이 합의한다."고 밝히고 있다. 또한 분쟁의 해결의 원칙으로 먼저 당사자의 협의에 의해 해결하고, 이를 통해서 해결되지 않는 분쟁은 중재로 해결하는 것을 명시하고 있다(동 합의서 제1조).

남북의 상사분쟁을 해결하기 위한 남북상사중재위원회는 위원장 1명과 위원 4명으로 구성한다. 중재위원회는 남북경협과정에서 생긴 상사분쟁 가운데서 당사자가 중재위원회에 제기하여 해결할 것을 서면으로 합의한 분쟁사건과 「남북사이의 투자보장에 관한 합의서」 제7조 제1항에 규정된 분쟁사건을 관할한다(동 합의서 제8조). 그런데 제3조 6항에서 중재위원회의 기능으로 "이 밖에 쌍방의 합의에 의해 부여되는 기능"을 규정하고 있으므로 남북의 합의를 통해서 상사분쟁뿐만 아니라 각종 민사, 노동, 세금 등 다양한 분쟁해결수단으로 활용될 가능성을 열어두고 있는 것으로 보인다.

중재인은 법률 및 국제무역투자실무에 정통한 자로서 중재위원회에서 남북은 각각 30명의 중재인을 선정하여 명부를 작성하고 그것을 상호교환한다. 남과 북은 선정된 중재인이 자기에게 부과되는 직무를 공정하게 수행할 수 있도록 보장한다. 중재를 신청하려는 자는 자기측 중재위원장에게 중재신청서를 제출해야 하며, 중재신청을 접수한 날로부터 10일 내에 상대방의 중재위원회 위원장에게 통지한다. 중재판정부는 당사자 사이의 합의에 따라 선정되는 중재인 3명으로 구성되며, 당사자들이 합의한 법령에 따라 중재판정을 한다. 당사자가 합의한 법령이 없는 경우에는 남북의 관련 법령, 국제법의 일반원칙, 국제무역거래관습이 준거법이 된다. 중재판정은 중재판정부에서 중재인 과반수의 찬성에 의하며, 중재판정문에는 중재심리에서 확인한 사실과 증거, 사건해결과 관련한 주문, 준거법, 작성년월일 등을 기재하고 중재인이 서명·날인한다. 중재기간은 원칙적으로 중재신청이 접수될 날부터 6개월 이내로 중재판정을 해야 하며, 필요한 경우에는 중재판정부는 당사자들과 협의하여 3개월 연장할 수 있다. 중재판정은 당사자들의 동의가 없으면 공개하지 못한다. 당사자들은 중재판정에 따른 의무를 이행해야 하는데, 만일 그러한 의무를 이행하기 아니하거나 불성실하게 이행할 경우에는 상대방 당사자는 관할 지역의 재판기관에 그 집행을 신청할 수 있다. 특별한 사정이 없는 한 남과 북은 확정판결과 동일하게 중재판정의 구속력을 승인하여 집행하도록 한다.

동 합의서에서는 중재뿐만 아니라 조정제도도 인정하고 있다(제17조). 중재신청이 접수된 후 당사자 쌍방으로부터 조정의 요청이 있는 경우에는 중재위원회는 중재절차를 중지하고 조정절차를 개시한다. 당사자는 합의에 의해 조정인 1명 또는 3명을 선정하며 조정절차와 방법은 조정인이 정한다. 당사자가 합의한 조정의 결과는 중재판정의 방식으로 처리하며 중재판정과 같은 효력을 가진다. 조정인이 선정된 날부터 30일 이내에 조정이 성립되지 아니하는 경우 조정절차는 종결되며 중재절차가 다시 진행된다. 당사자들의 합의에 의하여 조정기간을 연장할 수 있다.

3. 남북상사중재위원회 구성·운영에 관한 합의서

상사분쟁해결절차합의서를 이행하기 위한 후속합의서로서 2003년 10월 12일에 체결된 남북상사중재위원회 구성·운영에 관한 합의서는 2005년 8월 5일 발효되었다. 남과 북에서 독자적인 법인으로서 남북상사중재위원회는 업무수행에 필요한 범위 내에서 계약체결, 자산의 취득 및 처분, 소송제기의 능력을 가진다(제1조). 위원회는 남과 북이 각기 정한 위원장 1인과 위원 4인으로 구성되며, 쌍방 위원장은 위원회를 공동으로 대표한다. 위원장과 위원의 임기는 4년으로 연속하여 재임할 수 있으며, 후임자가 정해질 때까지 직무를 계속 수행한다.

남북상사중재위원회는 당사자가 제기하는 중재인·감정인에 대한 기피신청, 중재인 권한의 존재 여부에 대한 이의신청, 중재판정부의 권한 범위에 대한 이의신청, 일방 당사자가 제기하는 중재판정의 취소신청에 대한 결정을 비롯한 사건수속 및 처리과정에 제기되는 문제들에 대하여 정해진 권한 범위 내에서 신속히 협의하여 결정한다(제3조). 남북상사중재위원회는 남북 쌍방의 중재위원회의 공동기구로서 중재절차를 관리할 뿐만 아니라 중재판정의 재심기관으로서의 성격을 가진다. 남북한은 위원회와 중재인 및 조정인의 사업과 활동조건 보장에 협력하며, 신변의 안전과 출입 및 통신을 포함한 원활한 직무수행을 위한 조건을 보장한다. 또한 직무수행과 직접 관련된 행위에 대하여 남과 북의 재판기관에 의한 소송으로부터 면제된다. 특별한 사정이 없는 한 분쟁사건 당사자, 대리인, 증인 및 감정인이 분쟁해결절차에 출석할 수 있도록 보장한다.

남북상사중재위원회는 합의서가 발효된 날부터 6개월 내에 구성하도록 하고, 위원회 중재규정에 대한 쌍방의 초안을 교환하도록 규정하였다. 「남북상사중재위원회 구성·운영에 관한 합의서」에 따른 남북상사중재위원회가 가동되기 이전까지 개성공단과 관련한 상사분쟁을 신속, 공정하게 해결하기 위하여 개성공단 상사중재위원회 구성·운영하기 위하여 "개성공단에서의 '남북상사중재위원회 구성·운영에 관한 합의서' 이행을 위한 부속합의서"가 2013년 9월 11일에 채택되었다. 개성공단에서 발생하는 상사 분쟁 사건을 처리할 남북 공동 기구인 상사중재위원회의 첫 회의가 2013년 3월 13일에 개최되었으나, 안타깝게도 현재는 정상화되지 못하고 있다.

V. 맺음말

지식기반경제는 고부가가치를 창출하는 신성장 동력인 동시에 기존 제조업의 경쟁력을 높이는 촉매제 역할을 한다. 우리나라는 선진국들과 비교해 보면, 지식서비스산업이 낙후된 편이다. 남북한 간의 산업재산권 교류협력을 포함한 법제통합을 위해 상호간의 원활한 교류협력이 이루어져 선진국 수준의 고부가가치 지식서비스산업이 활성화될 수 있도록 각종 제도를 정비하고 그 기반을 구축이 요청된다.

이를 위해서는 북한 현행 산업재산권 법제를 개선·정비할 필요가 있다. 북한의 발명호보법제를 남한의 특허법처럼 단일 법률체제로 개편하여 발명에 대한 권리는 특허권으로 단일화하기 위해 발명권을 폐지해야 하며, 특허행정 관장기관도 단일관청으로 통합하여 업무의 효율성과 일관성을 유지해야 한다. 실용신안법제도 독자적인 창의고안법으로 단일 법률체제를 완비하고, 창의고안권을 금전적 보상이 아닌 독자적인 권리를 부여하도록 할 필요가 있다. 또한 창의고안의 등록요건과 보호기간도 법에 명시하여 남한과의 형평성을 맞춰 나가야 할 것이다. 북한의 상표법도 단일 법률구조를 이루어야 하며, 남한의 시행령이나 시행규칙과 같은 규정도 제정하여 향후 법제 통합에 대비해 나가야 하며, 상표권자에게 배타적 금지권까지 인정하도록 법조문을 발전시켜 나가야 한다. 북한의 디자인보호법제도 공업도안법으로 단일 법률구조로 개선하되, 공업도안권자에게 배타적 금지권까지 인정하도록 법조문을 개정할 필요가 있다. 남북한의 산업재산권 법제의 통합은 남북 각각의 법에 따라 부여된 산업재산권의 효력을 인정한다는 경과조치가 선행되어야 하며, 그 후 통합법의 적용을 통한 권리를 부여하여 완전한 산업재산권 법체제로 전환하여야 할 것이다.

남북한의 경제교류와 협력 과정에서 발생하는 다양한 상사분쟁과 관련하여 남북한 일방의 재판제도나 기존의 국제상사중재 등 제도가 아니라 남북한이 합의한 공동기구로서 남북상사중재위원회를 구성하여 상사분쟁을 해결하는 제3의 분쟁시스템을 도출하여 남북한의 상사분쟁해결은 물론 향후 남북한 사법제도 통합에서 매우 중요한 의미를 가질 수 있다.

제 8 장
평화경제특구법의 제정방향

Ⅰ. 통일경제특구 입법발의 현황

1. 그간의 통일경제특구 관련 법안 발의 현황

통일경제특구법안[28]에 대해서는 17대 국회 1건, 18대 국회 4건, 19대 국회 7건이 발의되었으나 폐기되었으며, 20대 국회에서도 6개의 법안이 발의되었다.

20대 국회에서는 경기도 의원이 5개, 강원도 의원이 1개를 발의하였으나, 각 법안의 목적과 주요 내용은 대동소이하다고 볼 수 있다. 이들 각각의 법안을 단일안으로 조정하는 정부 통합안(통일부)이 통과되기를 희망하고 있다.

정부 통합안에서는 특구를 통해 남북 간의 경제적 교류와 상호 보완성을 증대하고, 남북경제공동체를 실현하는 것을 목적으로 하고 있다. 다만, 박정 의원의 발의안에는 통일경제특구의 배후지에 특별자치시를 설치하여 광역 거점을 강화하는 내용이 부가되어 있으며, 이양수 의원의 발의안에는 남한 내 지역 간 균형발전 도모를 목적으로 하는 점에서 특징이 있다.

일부 법안은 특구의 정의로 남북교류에 참여하는 기업의 투자 확대 및 경영환경 개선 도모, 기업의 북한진출 촉진 등을 명시하고 있다. 특구의 정의는 남북교류에 참여하는 기업의 투자 확대 및 경영환경 개선을 도모하고 이러한 기업의 북한진출을 촉진하기 위하여 북한 인접지역(접경지역 포함)

---

[28] 그동안 "통일경제특구법"으로 논의되던 법안 명칭을 문재인 정부 들어와 "평화경제특구법"으로 변경함에 따라 여기서도 "평화경제특구법"으로 사용하기로 한다. 다만, 20대 국회 까지는 "통일경제특구법"으로 법안 명칭을 사용함에 따라 21대 국회 이전 논의 상황을 이야기할 때에는 "통일경제특구법"이란 명칭을 사용하기로 한다.

에 지정·고시되는 구역으로 관광목적의 특구도 포함되며, 일부 법안의 경우 개성공업지구에 대칭하여 남한 측에 조성한 경제활동 지역으로 정의하고 있기도 하다.

◆ 〈표 1〉 20대 국회 통일경제특구 관련 발의 법안의 특구 목적 및 정의 비교

구분	특구의 목적(법안의 목적)	특구의 정의
박정 법안(2016.5.30. 통일경제파주특별자치시의 설치 및 파주평화경제특별구역의 조성·운영과 지원에 관한 특별법안)	· 남북한 간에 경제적 보완성을 확대하며 상호 공영할 수 있는 경제협력 공간으로 조성·운영 · 배후지 일대에 **통일경제파주특별자치시를 설치**하여 한반도 경제공동체 실현과 문화·관광·학술 등 사회 제 분야에 걸친 남북한 간의 활발한 교류를 직간접적으로 촉진하는 광역적 거점 환경 형성 · 한반도 민족경제 공동체 실현과 남북통일 시대로의 진입에 이바지	· 개성공업지구에 대칭하여 남한 측에 조성한 경제활동 지역 · 상품의 국제적 이동을 위한 편의 제공, 국제기업과 국제기구, 남북교류에 참여하는 기업 및 투자자와 북한주민의 경제활동 등의 촉진을 위하여 통일경제파주특별자치시에 조성된 복합산업지구
윤후덕 법안(2016.9. 평화경제특별구역의 지정 및 운영에 관한 법률안)	· 남한과 북한이 상생 공영할 수 있는 경제협력을 위하여 남북한 간의 경제적 상호 보완성 증대 및 관계 발전 · 한반도 경제공동체 실현	· 남북교류에 참여하는 기업의 투자 확대 및 경영환경 개선을 도모하고 이러한 기업의 북한진출을 촉진하기 위하여 인접지역에 조성된 지역
김성원 법안(2016.11. 통일경제특별구역의 지정 및 운영에 관한 법률안)	· 남북 간의 경제적 교류와 상호 보완성 증대 · 한반도 경제공동체 실현	· 북한 인접지역 중 제6조에 따라 지정·고시된 지역(관광 목적의 특별구역 포함)
김현미 법안(2016.11 평화통일경제특별구역의 지정 및 운영에 관한 법률안)	· 남북한 간의 경제적 상호보완성 증대 · 한반도 경제공동체 실현	· 남북교류에 참여하는 기업의 투자 확대 및 경영환경 개선을 도모하고 이러한 기업의 북한진출을 촉진하기 위하여 제6조에 따라 접경지역에 지정·고시되는 구역
이양수 법안(2017.2 금강산 관광사업 중단에 따른 보상 및 고성통일경제특별구역의 지정·운영에 관한 특별법안)	· **남한 내 지역 간 균형발전 도모** · 남북한 간 경제협력 촉진 · 한반도 경제공동체 실현	· 북한 인접지역 중 제22조에 따라 지정·고시된 지역(관광 목적의 특구 포함)
홍철호 법안(2017.2. 남북통일경제특별구역의 지정·운영에 관한 법률안)	· 남북 간의 경제적 교류 및 협력 증대 · 한반도 경제공동체 실현	· 북한 인접지역 중 제6조에 따라 지정·고시된 지역(관광 목적의 특별구역 포함)
정부 통합안(2017.11 기준)	· 남북 간의 경제적 교류와 상호 보완성 증대 · 남북 경제공동체 실현	· 북한 인접지역 중 제6조에 따라 지정·고시된 지역(관광 목적의 특별구역 포함)

2. 20대 국회 정부 법안의 주요 내용

정부 통합안에서는 특별구역 기본계획의 수립은 통일부 장관이 시·도지사의 의견 청취 등과 통일경제특별구역위원회의 심의·의결을 거쳐 수립한다.

특별구역의 지정요청은 시·도지사가 개발계획을 작성하여 통일부장관에게 요청하며, 이를 검토하여 통일부 장관과 국토교통부 장관이 구역을 지정한다.

특별구역 개발계획은 시·도지사가 작성하여 통일부 장관과 국토교통부 장관에게 제출하나 이를 확정하는 것은 국토교통부 장관이다.

개발사업 시행자는 국토교통부 장관과의 협의를 거쳐 시·도지사가 지정하며, 국가·지방자치단체, 공공기관, 지방공사, 자격요건을 갖춘 민간인, 출자법인 등이다. 실시계획의 승인은 개발사업 시행자가 작성하여 국토교통부 장관에게 승인을 신청하고, 이를 통일부 장관과 협의 한 후 국토교통부 장관이 승인한다.

정부 통합안에 의하면, 특구 설치지역은 '북한 인접지역' 즉, 비무장지대 남방한계선 이남의 시·군 관할구역에 속하는 지역으로서 북한과 경계를 접하는 지역이며, 민간인통제선 이북의 지역도 포함할 수 있다.

경기도는 김포시, 파주시, 연천군이 해당되고, 강원도는 철원군, 화천군, 양구군, 인제시, 고성군, 그리고 인천시(강화도) 등이 대상이 될 전망이다. 국회 발의 법안 중에는 특정 시군(파주, 고성)을 지정하거나, 접경지역 15개 시·군을 대상으로 정의하고 있으나, 정부 통합법안의 북한 인접지역(접경지역 포함)으로 결정될 것으로 예상하고 있다.

◆ 〈표 2〉 20대 국회 통일경제특구 관련 법안의 내용, 설치지역 등

구분	설치지역	우선 설치지역	다른 법률과의 관계
박정 법안	• 파주	없음	• 다른 법률에 우선하여 적용 - 국방 안보 법률 예외
윤후덕 법안	• 인접지역 : 비무장지대 남방한계선 이남의 시·도 및 시·군의 관할 구역에 속하는 지역으로서 북한과 경계를 접하는 지역(경기도 파주시, 연천군 및 강원도 철원군, 화천군, 양구군, 인제군, 고성군 등)	파주	• 다른 법률에 우선하여 적용 - 군사기지 및 군사시설 보호에 관한 사항은 예외
김성원 법안	• 북한 인접지역 : 비무장지대 남방한계선 이남의 시·군 관할 구역에 속하는 지역(경기도 파주시, 연천군, 김포시 및 강원도 철원군, 화천군, 양구군, 인제군, 고성군 및 인천광역시 강화군 등)	없음	• 다른 법률에 우선하여 적용 - 「국토기본법」에 따른 국토종합계획, 「수도권정비계획법」에 따른 수도권정비계획 및 「군사기지 및 군사시설 보호법」에 따른 계획은 예외
김현미 법안	• 접경지역 : 경기도, 강원도, 인천광역시 15개 시·군	없음	• 다른 법률에 우선하여 적용
이양수 법안	• 고성	없음	• 다른 법률에 우선하여 적용 - 국방 안보 법률 예외
홍철호 법안	• 북한 인접지역 : 비무장지대 남방한계선 이남의 시·군의 관할 구역에 속하는 지역으로서 북한과 경계를 접하는 지역	없음	• 다른 법률에 우선하여 적용 - 「국토기본법」에 따른 국토종합계획, 「수도권정비계획법」에 따른 수도권정비계획 및 「군사기지 및 군사시설 보호법」에 따른 계획은 예외
정부 통합안	• 북한 인접지역 : 비무장지대 남방한계선 이남의 시·군 관할 구역에 속하는 지역으로서 북한과 경계를 접하는 지역	없음	• 다른 법률에 우선하여 적용 - 「국토기본법」에 따른 국토종합계획, 「수도권정비계획법」에 따른 수도권정비계획 및 「군사기지 및 군사시설 보호법」에 따른 계획은 예외

20대 국회 정부 통합안에는 특구의 개발시행자 및 입주기업을 위해 경영활동지원, 남북 교류 협력에 관한 특례, 관광진흥·기업지원에 관한 사항이 법안에 담길 것으로 전망된다. 경영활동 지원의 경우 세제 감면, 임대료 감면, 편의시설 설치 및 운영 자금 지원, 국·공유재산의 임대 및 매각특례, 기반시설 설치 지원 등을 포함한다. 남북 교류 협력에 관한 특례는 입주기업 승인 절차의 간소화, 북한주민의 체류 및 편의 제공, 내국인 입주기업에 대한 남북교류협력기금의 우선 지원 또는 융자 등의 내용이다. 관광진흥·기업지원에 관한 사항은 여행객에 대한 관세 등의 면제 또는 환급 등의 사항이다. 그 밖에 투자환경 및 생활여건과 관련한 서비스의 개선 지원과 북한주민의 거주 또는 교육·훈련을 위한 시설을 설치 운영할 수 있다.

정부 통합안에 따르면, 행정기구 및 사무기구는 국무총리소속으로 통일경제특별구역위원회를 두고, 국무총리실 또는 통일부에 담당기구를 둘 것으로 예상된다. 또한 입주기업의 경영 및 생활애로사항 해결을 위해 통일부에 옴부즈만을 두어 지원할 예정이다.

◆ 〈표 3〉 20대 국회 통일경제특구 관련 법안의 내용, 지정효과, 행정기구 등

구분	지정권자	지정효과	인허가 의제	행정기구/사무기구
박정 법안	통일부장관	・「도시개발법」, 「택지개발촉진법」 등 12개 법안 지정 효과	34개 법률	・파주평화경제특별구역 관리기관 : 통일경제파주특별자치시에 사무소 설치 ・파주평화경제특별구역사업 담당기구의 설치 : 통일부 ・파주평화경제특별구역지원재단 ・옴부즈만 : 통일부
윤후덕 법안	통일부장관	・「도시개발법」, 「택지개발촉진법」 등 5개 법안 지정 효과	34개 법률	・평화경제특별구역위원회 설치 : 통일부 소속 ・옴부즈만 : 통일부
김성원 법안	통일부장관	・「도시개발법」, 「택지개발촉진법」 등 13개 법안 지정 효과	38개 법률	・통일경제특별구역위원회 설치 : 국무총리 소속 ・통일경제특구 담당기구 : 국무조정실 소속 ・옴부즈만 : 통일부

김현미 법안	통일부장관	•「도시개발법」, 「관광진흥법」 등 5개 법안 지정 효과	32개 법률	• 평화통일경제특별구역위원회 설치 : 통일부 소속 • 경제특구 행정기구(경제특구청) : 시·도지사 • 옴부즈만 : 경제특구청
이양수 법안	통일부장관	•「도시개발법」, 「택지개발촉진법」 등 13개 법안 지정 효과	38개 법률	• 고성통일경제특구위원회 설치 : 국무총리 소속 • 고성통일경제특구 행정기구(고성통일경제특구청) : 도지사 • 옴부즈만 : 고성통일경제특구청
홍철호 법안	통일부장관	•「도시개발법」, 「택지개발촉진법」 등 13개 법안 지정 효과	38개 법률	• 남북통일경제특별구역위원회 설치 : 국무총리 소속 • 남북통일경제특구 행정기구 : 통일부 • 옴부즈만 : 통일부
정부 통합안	통일부·국토부 장관	•「도시개발법」, 「택지개발촉진법」 등 13개 법안 지정 효과	38개 법률	• 통일경제특별구역위원회 설치 : 국무총리 소속 • 통일경제특구 담당기구 : 국무총리(혹은 통일부) • 옴부즈만 : 통일부

◆〈표 4〉 20대 국회 통일경제특구 관련 법안의 지원내용

구분	사업시행자 지원	입주기업 지원	남북교류협력 특례
박정법안	• 토지수용 등 • 조세 및 부담금 감면 : 1) 개발부담금, 농지보전부담금, 대체초지조성비, 대체산림자원조성비 및 공유수면 점용료·사용료 감면, 2) 조세 감면	• 세제 및 자금 지원 • 국·공유재산의 임대 및 매각 특례 • 기반시설 우선 지원 • 다른 법률의 적용 배제 등 : 1) 공장 총량 별도 배정, 2) 공업용지조성사업의 수도권정비위원회 심의 배제, 3) 근로자 파견대상 업무 확대 또는 파견기간 연장 • 중소기업창업 및 진흥기금의 지원 • 산업안전보건 및 산업재해예방을 위한 지원 • 환경보전을 위한 지원 • 에너지이용 합리화를 위한 지원 • 외국인투자기업에 대한 특례 • 기타 정부지원제도의 적용 • 파주평화경제특별구역 투자	• 승인 절차 간소화 • 북한주민의 체류 및 편의제공

		・기업의 경영정상화 지원 ・파주평화경제특별구역 투자기업에 대한 자금지원 ・남북협력기금의 융자 또는 지원 등 ・파주평화경제특별구역 투자기업의 대체생산시설 설치에 대한 자금지원	
윤후덕 법안	・토지수용 ・조세 및 부담금 감면 : 개발부담금, 농지보전부담금, 대체초지조성비, 대체산림자원조성비 및 공유수면 점용료・사용료 감면	・세제 및 자금 지원 ・국・공유재산의 임대 및 매각 특례 ・기반시설에 대한 우선 지원 ・다른 법률의 적용배제 등 : 1) 공장 총량 별도 배정, 2) 공업용지조성사업의 수도권정비위원회 심의 배제, 3) 근로자 파견대상 업무 확대 또는 파견기간 연장	・승인 절차 간소화 ・북한주민의 체류 및 편의제공 ・남북협력기금에 따른 지원
김성원 법안	・토지수용 ・공공시설 비용 부담 감면 ・조세 및 부담금 감면 : 1) 법인세・소득세・관세・취득세・등록면허세 및 재산세 등의 조세 감면, 2) 개발부담금, 농지보전부담금, 대체초지조성비, 대체산림자원조성비, 교통유발부담금, 생태계보전협력금, 공유수면 점용료・사용료, 환경개선부담금, 기반시설설치비용 및 광역교통시설부담금 감면	・세제 및 자금 지원 ・국・공유재산의 임대 및 매각 특례 ・기반시설에 대한 우선 지원	・승인 절차 간소화 ・북한주민의 체류 및 편의제공 ・남북협력기금에 따른 지원
김현미 법안	・토지수용 ・공공시설 비용 부담 감면	・자금 지원 ・기반시설 우선 지원 ・국・공유재산의 임대 및 매각 특례 ・다른 법률의 적용배제 등 : 1) 입주기업에 대하여는 「대・중소기업 상생협력 촉진에 관한 법률」 제30조 배제, 2) 「수도권정비계획법」 과밀억제권역의 행위제한, 성장관리권역의 행위제한, 총량규제 배제, 3) 근로자 파견대상 업무 확대 또는 파견기간 연장	・승인 절차 간소화 ・북한주민의 체류 및 편의제공 ・남북교류협력추진협의회에 대한 특례 ・남북합의서의 특례

이양수 법안	・토지수용 ・공공시설 비용 부담 감면 ・조세 및 부담금 감면 : 1) 법인세・소득세・관세・취득세・등록면허세 및 재산세 등의 조세 감면, 2) 개발부담금, 농지보전부담금, 대체초지조성비, 대체산림자원조성비, 교통유발부담금, 생태계보전협력금, 공유수면 점용료・사용료, 환경개선부담금, 기반시설설치비용 및 광역교통시설부담금 감면 ・「체육시설의 설치・이용에 관한 법률」에 관한 특례	・세제 및 자금 지원 ・국・공유재산의 임대 및 매각 특례 ・기반시설에 대한 우선 지원	・승인 절차 간소화 ・북한주민의 체류 및 편의제공 ・남북협력기금에 따른 지원
홍철호 법안	・토지수용 ・공공시설 비용 부담 감면 ・조세 및 부담금 감면 : 1) 법인세・소득세・관세・취득세・등록면허세 및 재산세 등의 조세 감면, 2) 개발부담금, 농지보전부담금, 대체초지조성비, 대체산림자원조성비, 교통유발부담금, 생태계보전협력금, 공유수면 점용료・사용료, 환경개선부담금, 기반시설설치비용 및 광역교통시설부담금 감면 ・「체육시설의 설치・이용에 관한 법률」에 관한 특례	・세제 및 자금 지원 ・국・공유재산의 임대 및 매각 특례 ・기반시설에 대한 우선 지원 ・남북통일경제특별구역지원센터의 설치	・승인 절차 간소화 ・북한주민의 체류 및 편의제공 ・남북협력기금에 따른 지원
정부 통합안	・토지수용 ・공공시설 비용 부담 감면 ・조세 및 부담금 감면 : 1) 법인세・소득세・관세・취득세・등록면허세・재산세 등 조세 감면, 2) 개발부담금, 농지보전부담금, 대체초지조성비, 대체산림자원조성비, 교통유발부담금, 생태계보전협력금, 공유수면 점용료・사용료, 기반시설설치비용 및 광역교통시설 부담금 감면 ・「체육시설의 설치・이용에 관한 법률」에 관한 특례	・세제 및 자금지원 ・기반시설 우선 지원 ・국・공유재산의 임대 및 매각 특례	・승인 절차 간소화 ・북한주민의 체류 및 편의제공 ・남북교류협력기금 지원

정부 통합안에서는 다음을 특구 지정 시 고려할 사항으로 제시하고 있다.

> 1. 남북 교류협력 확대 및 한반도 경제공동체 형성 촉진의 가능성
> 2. 북한이 설치한 경제특별구역(경제특별구역으로서 실질을 갖추고 있는 지역)과의 연계 가능성 또는 관광 목적의 통일경제특구의 경우 남북 관광의 연계 가능성
> 3. 내·외국인 투자의 유치 가능성
> 4. 필요한 부지확보의 용이성 및 개발비용 수준
> 5. 교통망·정보통신망·용수·전력 등 기반시설의 공급수준 또는 접근성
> 6. 환경적으로 건전하고 지속가능한 발전의 가능성
> 7. 관할 지방자치단체의 지원체계 및 지원내용

이 외에 개별 의원 발의안에서는 지역경제 및 지역균형발전에 대한 파급효과, 군사기지 및 군사시설 보호 관련 영향 요소, 군사보호구역 규제 등으로 낙후된 지역의 환경개선과 균형발전 효과 등을 고려사항으로 제시하고 있다. 그러나 정부 통합안에서는 특구 지정 시 지역균형 등 국내적 요인에 대해서는 우선적으로 고려하지 않는 대신 지자체의 지원체계 및 지원에 대한 사항이 고려사항으로 제시되어 있다.

◆ 〈표 5〉 20대 국회 통일경제특구 관련 법안의 특구지정 시 고려사항 및 지정효과

구분	특구지정 시 고려사항	지정효과	장려업종 고시
박정 법안	1. 남북교류협력 확대 효과와 지속 가능성 2. 북한이 설치한 각종 산업단지·경제특별구역과의 연계성 3. 북한과의 협력을 통한 한반도 민족경제공동체 형성 및 촉진 가능성 4. 내국인 및 외국인 투자 유치의 가능성 또는 용이성 5. 내국인 관광객의 왕래와 외국인 관광객의 유치 용이성 등 관광지로서의 활용과 발전 가능성 6. 지역경제 및 지역균형발전에 대한 파급 효과	·도시개발구역 지정 및 사업계획 수립 ·택지개발지구 지정 및 개발계획 수립 ·국가산업단지·일반산업단지 및 도시첨단산업단지 지정 ·관광지 및 관광단지 지정 ·물류단지 지정	관광사업, 생태서비스 사업, 북한인력 고용사업, 학술연구활동 등 지식 창출사업, 환경친화적 사업 등 대통령령으로 정하는 투자유치 장려업종 또는 유치장려대상 비영리단체 장려업종

	7. 필요한 부지 확보의 용이성 및 소요되는 개발비용의 정도 8. 도로·철도·항공 교통망 등의 접근과 이용 편의성 9. 정보통신망·용수·전력 등 기반시설의 공급 수준 10. 환경생태 자원의 보호와 조화를 통한 발전 가능성 11. 군사기지 및 군사시설 보호 목적과의 조화 12. 군사보호구역 규제 등으로 낙후된 지역의 환경개선과 균형발전 효과		
윤후덕 법안	1. 남북교류협력 확대 2. 북한이 설치한 각종 경제특별구역과의 연계 3. 북한과의 경제공동체 형성 및 촉진 가능성 4. 내국인 및 외국인 투자의 유치 가능성 5. 지역경제 및 지역균형발전에 대한 파급효과 6. 필요한 부지확보의 용이성 및 개발비용 수준 7. 교통망·정보통신망·용수·전력 등 기반시설의 공급수준 또는 접근성 8. 환경적으로 지속가능한 발전의 가능성 9. 군사기지 및 군사시설보호 관련 영향 요소	·도시개발구역 지정 및 사업계획 수립 ·택지개발지구 지정 및 개발계획 수립 ·국가산업단지·일반산업단지 및 도시첨단산업단지 지정 ·관광지 및 관광단지 지정 ·물류단지 지정	관광사업, 정보통신사업, 환경친화적 사업 등 대통령령으로 정하는 투자, 장려업종
김성원 법안	1. 남북 교류협력 확대 및 한반도 경제공동체 형성 촉진의 가능성 2. 북한이 설치한 경제특별구역과의 연계 가능성 또는 관광 목적의 통일경제특구의 경우 남북 관광의 연계 가능성 3. 내·외국인 투자의 유치 가능성 4. 필요한 부지확보의 용이성 및 개발비용 5. 교통망·정보통신망·용수·전력 등 기반시설의 공급수준 또는 접근성 6. 관할 지방자치단체의 지원체계 및 지원내용	·도시개발구역 지정 및 사업계획 수립 ·택지개발지구 지정 및 개발계획 수립 ·국가산업단지·일반산업단지 및 도시첨단산업단지 지정 ·관광지 및 관광단지 지정 ·물류단지 지정	북한인력 고용사업, 관광사업, 정보통신사업, 환경친화적 사업 등 장려업종

김현미 법안	1. 남북교류협력 확대, 북한이 설치한 경제에 관한 특별구역과의 연계 및 한반도 경제공동체 형성 촉진의 가능성 2. 내·외국인 투자의 유치 가능성 3. 지역경제 및 지역균형발전에 대한 파급효과 4. 필요한 부지확보의 용이성 및 개발비용 수준 5. 교통망·정보통신망·용수·전력 등 기반시설의 공급수준 또는 접근성 6. 환경적으로 건전하고 지속가능한 발전의 가능성 7. 군사기지 및 군사시설보호 관련 영향 요소	·관광지 및 관광단지의 지정 ·도시개발구역 지정 및 사업계획 수립 ·물류단지 지정 ·국가산업단지·일반산업단지 및 도시첨단산업단지 지정	관광사업, 정보통신사업, 환경친화적 사업 등을 포함하여 투자 장려업종
이양수 법안	1. 남북 교류협력 확대 및 한반도 경제공동체 형성 촉진의 가능성 2. 북한이 설치한 경제특별구역과의 연계 가능성 또는 관광 목적의 특구의 경우 남북 관광의 연계 가능성 3. 내·외국인 투자의 유치 가능성 4. 필요한 부지확보의 용이성 및 개발비용 5. 교통망·정보통신망·용수·전력 등 기반시설의 공급수준 또는 접근성 6. 군사기지 및 군사시설보호 관련 영향 요소 7. 관할 지방자치단체의 지원체계 및 지원내용	·도시개발구역 지정 및 사업계획 수립 ·택지개발지구 지정 및 개발계획 수립 ·국가산업단지·일반산업단지 및 도시첨단산업단지 지정 ·관광지 및 관광단지 지정 ·물류단지의 지정	관광사업, 정보통신사업, 환경친화적 사업 등 대통령령으로 정하는 장려업종
홍철호 법안	1. 남북 교류협력 확대 및 한반도 경제공동체 형성 촉진의 가능성 2. 북한이 설치한 경제특별구역과의 연계 가능성 또는 관광 목적의 통일경제특구의 경우 남북 관광의 연계 가능성 3. 내·외국인 투자의 유치 가능성 4. 필요한 부지확보의 용이성 및 개발비용 수준 5. 교통망·정보통신망·용수·전력 등 기반시설의 공급수준 또는 접근성 6. 관할 지방자치단체의 지원체계 및 지원내용	·도시개발구역 지정 및 사업계획 수립 ·택지개발지구 지정 및 개발계획 수립 ·국가산업단지·일반산업단지 및 도시첨단산업단지 지정 ·관광지 및 관광단지 지정 ·물류단지의 지정	북한인력 고용사업, 관광사업, 정보통신사업, 환경친화적 사업 등 장려업종

정부 통합안	1. 남북 교류협력 확대 및 한반도 경제공동체 형성 촉진의 가능성 2. 북한이 설치한 경제특별구역(경제특별구역으로서 실질을 갖추고 있는 한 그 명칭은 불문)과의 연계 가능성 또는 관광 목적의 통일경제특구의 경우 남북 관광의 연계 가능성 3. 내·외국인 투자의 유치 가능성 4. 필요한 부지확보의 용이성 및 개발비용 수준 5. 교통망·정보통신망·용수·전력 등 기반시설의 공급수준 또는 접근성 6. 환경적으로 건전하고 지속가능한 발전의 가능성 7. 관할 지방자치단체의 지원체계 및 지원내용	·도시개발구역 지정 및 사업계획 수립 ·택지개발지구 지정 및 개발계획 수립 ·국가산업단지·일반산업단지 및 도시첨단산업단지 지정 ·관광지 및 관광단지 지정 ·물류단지의 지정 등	북한인력 고용사업, 관광사업, 정보통신사업, 환경친화적 사업 등 장려업종

II. 접경지역 지원정책에 관한 독일 사례

1. 독일 접경지역 지원정책의 개관[29]

(1) 의의

접경지역은 분단과 통일의 영향을 다른 어느 지역보다 직접적으로 받기 때문에 통일과 통일이후를 대비한 준비가 절실하다[30]. 이러한 문제에 대하여 통일 정책적 측면에서 접경지역지원법(Gesetz zur Foerderung des Zonenrandgebietes (Zonenrandfoerderungsgesetz) vom 5. August 1971 [BGBl. I, S. 1237])을 제정하여 접근한 경우가 바로 구서독이었다. 따라서 구서독의 접경지역지원정책을 살펴봄으로써 과연 분단국가에서 접경지역에 대하여 어떤 지원정책을 시행했는지 또는 할 수 있었는지를 가늠해 보고자 한다.[31]

---

29) 독일사례에 대한 상세한 내용은 소성규, "독일 접경지역 지원정책의 시사점", 법과 정책연구 제7집 제2호, 한국법정책학회, 2007. 12. 31.
30) 이상준, 통독후 서독 접경지역의 변화, 국토, 1997.4, 96면.

한 나라가 분단되면서 발생하는 접경지역(Zonenrandgebiet)은 다른 나라 사이의 그것보다 훨씬 더 격렬한 대립과 긴장의 소용돌이에 휘말린다. 그로 말미암아 이들 접경지역의 경제는 일반적으로 침체되며 그에 따라 생활조건도 열악해진다. 결국 주민들로서는 다른 지역으로 떠나갈 수밖에 없는 이주사태까지 발생하게 된다. 구서독의 경우에도 이러한 사태가 발생하자 접경지역을 지원할 법제상 대책을 마련해야 한다는 여론이 비등하게 되었다. 일찍이 구서독 정부는 접경지역이 경제적으로 고사할 위험에 처해 있다는 점을 직시하고, 국가가 이러한 현실의 시장 경제적 과정에 개입하여 무엇인가 대책을 강구해야 한다는 필요성을 인식하고 있었다.

먼저 개별적·단편적 차원에서 접경지역의 기업에 대하여 공공사업을 우선적으로 발주한다는 혜택을 부여한다든지, 지역경제 지원사업(Regionale Foerderprogramme)을 실시한다는 으로 이미 지원정책을 시행해왔다. 그러다가 한 걸음 더 나아가 법제적·일반적 차원에서 이들 지역에 대한 지원정책을 포괄적으로 확립한 것이 공간정서법(Raumordnungsgesetz: ROG)이었다. 공간정서법이 제정된 이후 석탄산업조정법(Steinkohleanpassungsgesetz), 연방과 주의 공동과업 "지역경제 구조의 개선"을 지원하기 위한 법률(Gesetz zur Foerderung der Gemeinschaftsaufgabe "Verbesserung der regionalen Wirtschaftsstruktur" vom 6. Oktober 1969, BGBl I, 1969, 1861.), 베를린지원법 등과 같은 법률이 계속하여 제정되었다.

---

31) 이 문제에 관한 기존의 논의가 있다(하혜수/홍준형, 접경지역 지원 및 개발관리를 위한 법률 제정방안, 경기북부·접경지역 발전과 접경지역지원법 제정을 위한 공청회, 경기개발연구원, 1999.5.24). 통일된 이후 독일에서 접경지역 지원이라는 특수현상이 폐기되었다. 통일되기 이전에 서독 내에서도 지역경제 구조라는 일반적 문제에 대해 연방과 주, 기타 지방자치단체 등 각 차원에서 대책이 강구되어 있었다. 통일된 이후도 마찬가지다. 따라서 이 접경지역 지원의 자리나 규모를 짐작하려면 지역경제 구조의 개선을 비롯한 일반적 상호조정 정책의 내용을 개관할 수 있어야 한다 (석종현/김해룡/장교식/길준규/임현, 독일 지역균형발전을 위한 법체계에 관한 연구, 한국토지공법학회 연구보고서, 2001 ; 이상준/김원배/김경석/스테판 마렛츠케/벤델린 스튜르벨트/칼-페터 쇤, 통일 독일의 지역개발 경험과 북한의 지역개발과제, 국토연구원, 2000).

이렇게 개별적 문제영역에 관한 단행법률의 제정은 각 분야에 관하여 나름대로 대책을 세운다는 의지의 표현이었다. 이런 맥락에서 평가해 보면 당시 접경지역의 경우 비록 공간정서법의 일반적 차원에서 그 의미를 이미 확보했다고 할 수 있다. 그러나 일반적 수준에 그쳤을 뿐 별도의 특별한 수준으로 배려한 바는 없었다. 하지만 70년대 초에 정치적으로 통일정책에 커다란 관심을 기울이게 되면서, 접경지역 역시 주목을 끌게 되었다. 이를 계기로 이들 개별법률의 계열이긴 하지만 거기에 하나 추가하여 접경지역을 지원하기 위한 단행법률을 제정하기에 이른 것이다.

구서독 접경지역 지원의 기본원칙은 연방에 소속되어 있는 다른 지역과 동등한 수준으로 모든 분야에서 접경지역 자체의 역량을 우선적으로 강화시키는 것이다. 이에 입각하여 교육, 문화, 교통, 공급 및 행정 등에 관한 시설을 시급히 확보해야 한다는 것이었다(공간정서법(ROG) 제2조 1항 4호 참조). 이로써 연방수준에서는 최초로 접경지역이라는 특수한 범주를 법적으로 승인하게 되었다. 그에 따라 연방과 각 주 정부는 공간정책에 관하여 중요한 조치를 취할 경우 이 접경지역에 대하여 우선적 지위(Prioritaet)를 존중해야 할 의무를 부담하게 된 것이다.

구서독 접경지역 지원정책을 이해하기 위해서는 당시의 정치적 배경을 분석할 필요가 있다. 제2차 세계대전 이후 내내 집권해왔던 아데나우어 수상의 기민당 정부는 국제적인 대립상황 곧 냉전체제의 영향권에 안주해 있었다. 다시말하면 독일 통일에 대하여 거의 관심을 기울이지 않았다. 원칙적으로 이런 문제 자체를 회피해 왔었다고 할 정도였다. 그러다가 사회민주당의 빌리 브란트 수상이 집권하는데 성공하면서 흐름이 크게 바뀌었다. 이른바 동방정책을 수립하고 동서독 화해를 추구하였기 때문이다. 이에 따라 주요시책의 하나로 접경지역을 지원하기로 결정하고, 이를 포괄적으로 뒷받침하기 위하여 법제적 차원에서 제정한 것이 바로 접경지역지원법이었다.

구서독 정부는 향후 통일이 실현될 것이라는 가정을 세우고, 접경지역의 중요성을 파악하였다. 그래서 분단으로 인한 접경지역 주민들의 고통에 대하여 보상차원에서 접근하였다. 그러면서 전체 국민이 하나라는 연대의식을 강조하고, 이를 근거로 내세웠다.32) 이를 바탕으로 이들 지역의 경제·사회·문화 등 제 분야에 대하여 연방적 차원에서 지원하기로 결정하고, 1971년 8월 5일 접경지역지원법을 제정한 것이다. 그 후 접경지역지원은 일부 개정33)되면서 계속 시행되다가, 독일 통일이 이루어지면서 1991년 폐기되었다. 1994년에는 이 법률에 따른 지원도 전면적으로 중단되었다.34)

---

32) 이를 가리켜 국경설정으로 인한 발전지체분을 보상한다는 표현을 채택하기도 한다.
33) 1989년 예산수반법 (Haushaltsbegleitgesetz 1989 vom 20. Dezember 1988: BGBl. I, S. 2262; 독일에서는 예산을 법률형식으로 확정한다. 그리하여 1989년도 예산법률을 제정하고 - Haushaltsgesetz 1989 vom 20. Dezember 1989 BGBl. I, S. 2246 - 거기에 부가적인 내용이지만 독립적으로 이 수반법률을 제정했는데, 이른바 항목법률로 Aritkelgesetz 예산법률로 인하여 개정될 각 법률을 차례로 열거하며 그 내용을 규정하는 것이다. 본래 이름은 Gesetz ueber Massnahmen zur Entlastung der oeffentlichen Haushalte 공공예산의 부담을 줄이기 위한 각종 조치에 관한 법률이다.) 제11항목 곧 접경지역지원법률의 개정이라는 항목에 3개 조를 규정하고 있다. 하지만 접경지역지원법에 대하여 가장 근본적이라고 할 개정은, 통일을 이룬 이후인 1991년 세법개정 법률로 [das Steueraenderungsgesetz 1991 vom 24. 6. 1991, BGBl I, 1322; 이에 대해서는 참조: Stuhrmann, Die Grundzuege des Steueraenderungsgesetzes, NJW, 1991, 2603ff., 특히 2608면] 단행되었다. 그 핵심적 내용은 접경지역에 대하여 특별지원 대상이라는 지위를 더 이상 부여하지 않겠다는 원칙 아래 그에 관한 재정지원적 수단도 단계적으로 폐기한다는 것이었다. [이에 관해서는 Schreiben des BMF v. 27. 12. 1989, BStBl I, 518] 특별감액 조치가 최후로 허용되는 대상은 1995년 1월 1일 이전에 제작되거나 구입된 경제재의 제작 또는 구입 비용에 한한다. 1991년 12월 31일 이후에 제작이나 구입이 개시되었다면, 특별감면 총가액은 Sonderabschreibungen 매 회계연도에 최대 2000만 마르크에 한정된다. 이에 부응하여 예비비 형성도 Ruecklagenbildung 1992년 12월 30일 이후에 마감되는 회계연도의 경우 예정했던 비용의 25%에 한정된다. 종전의 상황에 대해서는, 참조: Stuhrmann, Die Steueraenderungsgesetzes des Jahres 1985, NJW, 1986, 291ff.
34) 접경지역 지원법에 따른 경제지원 사업은 1991년 1월 1일부터 1994년 말까지 단계적으로 철폐되었다. 접경지역 지원법에 의한 교통사업자 연합체(Verkehrvebuende) 지원과 연방교통로 계획 등에서 접경지역에 관한 특혜를 철폐한 것도 그 한 예이다. 뿐만 아니라 기초지방자치단체인 게마인데의 교통재원 조달법도 통일 이후 전면적으로 개정되었는데, 이전에 접경지역에 대하여 사업비용의 75%까지 지원하던 것을 60%까지 낮추었고, 거꾸로 타지역의 지원비율을 75%까지 상향조정했다. 이에 관한 경과조치로 접경지역의 경우 1992년까지 종전의 지원상한 규정을 적용한다고 유보했다. 또한 연방도로법의 경우에도 접경지역에 관한 특혜를 완전히 철폐했다.

구서독의 접경지역지원법은 총 13개 조항의 법률로 그 내용은 비교적 간결한 셈이다. 이를 좀 더 자세히 살펴보면 그 내용이 포괄적이라는 점에서 특이하다. 먼저 접경지역이 분단상황에서 강요받게 된 특수한 정치적 지위를 적시하고 (제1조 1항), 그런 까닭에 다른 지역에 비하여 우선적 지위를 확보해 주어야 한다고 (제1조 2항) 일반적으로 선언한다. 이 점이 통상의 각 지역경제적 균형을 확보하기 위한 법률과 크게 다른 점이다.

　그리하여 지역에 관한 경제지원 차원에서 각 지역의 기업에 대하여 지원하며, 사회간접자본이라는 차원에서도, 교육 등 문화 차원에서도 우선하여 접경지역에 배려함(제2조). 조세 (제3조), 교통 (제4조), 사회시설 (제6조), 교육과 문화 (제7조) 등 제 분야에서 어떻게 지원할 것인지 규정하고, 여기에 투입해야 할 재원을 어떻게 조달할 것인지에 관하여 (제8조) 규정하고 있다.

　그리고 접경지역의 범주를 한정하고 있다(제9조). 이들 사항에 관하여 기왕에 규정한 각종 법조항, 지침, 계획 등은 이 법률에 배치되지 않는 한 여전히 그 효력을 유지한다고 일반적 규정을 두었다(제10조). 이에 따라 지역경제 구조를 개선한다는 연방과 각 주의 공동과업에 관한 법률을 개정하였다(제11조). 그리고 베를린에 대해서도, 이미 제정되어 있던 베를린 재정지원 법률의 제12조 1항과 제13조 1항, 곧 연방공과금법과 연방법을 존중한다는 조항을 통해서 연방법률인 접경지역지원법이 그 효력을 미친다고 규정하였다음(제12조). 제13조에서는 이 법률의 효력발생 시기를 정하고 있다.

(니더작센주의 접경지역 중 통일 이후 공공지원 대상에서 제외된 지역은 기프호른과 볼펜뷔틀이다. 갈탄지원의 혜택이 폐지된 지역은 헬름슈테트의 북부지역 등이다. 이외에도 뤼코프-다넨베르크 지역은 농업개발 지원지역으로 유럽연합의 구조정책 계획에 [Programm der EU-Strukturpolitik] 편입되기에 이른다. 니더작센주 이외에 헤쎈주와 바이에른주의 접경지역은 하나같이 모두 통일 이후에 일반지원 대상지역으로 바뀌었다.) 지역경제 구조를 개선하기 위한 연방과 주의 공동과업에 관한 법이라는 일반적 법률에 근거를 둔 지원은, 통일 이후에도 접경지역의 사회간접자본 시설 부문에서 계속 행해지고 있다. 지원규모는 예컨대 1990년 5500만 마르크 (당시 가치로 약3400만 달라) 정도로, 이 가운데 약 80% 가량이 니더작센주 접경지역의 관광 및 산업 시설개발 부문의 지원에, 그리고 나머지 약 20%는 교통시설 부문의 지원에 투입되었다(이상준, 앞의 논문, 97면).

우리나라에서도 구서독과 같이 접경지역지원특별법이 제정되어 있다. 접경지역지원법은 1992년 김영삼 대통령후보의 공약으로 제시되어 1996년 통일부 주관으로 추진되었다. 그러다가 1997년 접경지역에 대한 환경보전, 지역개발, 주민지원 등을 규정한 접경지역지원법률안이 의원입법으로 추진되었다.

접경지역을 지원하는 것은 단지 그동안 군사분계선 및 비무장지대와 인접한 지역으로 개발이 낙후되었다는 점 때문만은 아니다. 구서독의 접경지역지원법의 취지에서 알 수 있듯이, 접경지역주민을 지원하고 개발을 도모하는 것은 남북통일을 추진하는 과정에서 이 지역이 통일의 전진기지로서 역할을 하기 때문이다. 따라서 우리 보다 먼저 통일을 이룩하고, 접경지역을 지원한 독일의 사례는 우리에게 시사하는 바가 크다. 아울러 독일 통일이후 접경지역의 변화 사례를 살펴봄으로써, 통일을 준비하는 우리에게는 의의가 있을 것이다.

(2) 독일 접경지역 지원정책의 성격

구서독의 접경지역 지원정책은 독일정책(Deutschlandspolitik : 곧 통일정책)의 일환으로 성립된 것이다. 물론 그 수단이라는 측면에서 접경지원 정책은 동시에, 평균보다 상당히 낙후된 지역이 대하여 경제·사회·문화 등의 지원한다는 내용을 지니게 되었다. 이는 전사회적 연대라는 기치 아래 실시하는 사회정책, 다시 말해서 지역구조 개선정책이라는 일반적인 성격도 아울러 보유하고 있다.

지역구조 개선이라는 목적을 추구한다고 하지만 각 지역은 역사, 사회, 문화 등 여러 가지 측면에서 저마다 각기 특성을 지니고 있다. 다만 접경지역 지원이라는 관점에서 살펴본다면 그 원인이 같다는 점이 뚜렷이 나타나고 있다. 지역적 낙후성의 원인이 경제적 요소 때문이 아니라 오직 정치적, 법적 상황에서 유래했다는 점이다. 따라서 접경지역 지원의 수단을 단순히 지역구조 개선의 수단에 포함시키는 것은 행정영역의 지나친 단순화라는 잘못을 범하는 것이다. 그런데도 50년대부터 이렇게 통합해 온 것이 현실적 관행이었다.

(3) 독일접경지역 지원정책의 평가

분단 이후 통일이 실현되기까지 구서독정부, 그리고 통일 이후 독일 정부가 추진해온 접경지역 지원정책의 성과를 측정하고 평가하는 것은 현실적으로 거의 불가능에 가깝다. 통일정책 뿐만 아니라 지역경제 지원에 관한 일반적 정책 등과 복합적으로 관련되어 있는 이 분야에서 접경지역 지원의 성과 자체를 독자적으로 분리하여 계측하는 것은 어려운 일이다.

특히 접경지역에 대한 지원을 주로 그 지역의 각 관할 지방자치단체와 주정부가 추진했기 때문에, 이를 다시 거시적 수준에서 계량화하거나 전사회적 차원에서 실질적으로 평가하기는 어려운 점이 있다. 그런 수준의 통계나 객관적 자료도 충분하지 않다. 그러나 구체적으로 특정한 접경지역에 대한 특정한 정책수단의 성과를 분석하는 것이라면 어느 정도 가능할 것이다.[35]

반면에 전체적 차원에서는 여전히 지원 정책과 현실적 결과 사이에 그 인과관계 자체가 분명하지 않으므로, 이에 관하여 총체적인 평가는 그것 자체로 불가능에 가깝다고 할 수 있다. 거꾸로 구동독지역에 대한 통일 이후의 지원 상황을 되새겨 보더라도, 너무 성급하게 판단해서는 안될 것이다. 본래 지역균형 발전을 위한 지원에는 복합적인 요소가 관여하게 되고, 그 성과도 전면적인 평가에 따를 수 밖에 없다. 따라서 일정하게 거리를 두고 평가해야 할 것이다.[36]

---

[35] 예컨대 인구 및 경제 구조, 주력부문의 종류, 산업구조, 교통구조 등 몇 개 요소만을 기준으로 일부 접경지역을 선별하여 유형을 나누어 조사한 연구한 예로는, Mueller, Casten-Wilm, Auswirkungen der Grenzoeffnung zur DDR auf die verkehrlich-staedtebauliche Stuktur niedersaechsischer Klein- und Mittelstaedte, Hannover 1994.

[36] 유럽차원에서 지역발전 기금, 유럽사회 기금, 유럽 농업부문 정비와 보장에 관한 기금, 어촌정비를 위한 재원기금 등과, 연방차원에서 각 주 사이에 재정에 관한 상호 보완조정 조치 등을 통해서 전체적으로 또는 분야별로 각종 지원책이 실시되고 있다. 그 전체적 구도 아래 추가적으로, 통일 후 구동독지역을 지원하기 위한 제1차 연대협

다만, 접경지역 지원정책으로 이룩한 현실적 결과를 간접적이나마 문헌이나 단편적 사실 등을 통해서 실질적으로 평가한다는 것은 어느 정도까지 가능하다. 또한 우리 여건에 비추어 유용하기도 하다. 이러한 관점에서 구서독의 접경지역 지원정책의 성과를 통일사회정책적 측면과 지역경제정책적 측면으로 나누어 평가해 보고자 한다.

(가) 통일정책이라는 성격과 그 평가

구서독 정부에 의해 추진된 접경지역에 대한 지원은 구조정책이 아니라 통일정책이 그 근거이다[37]. 물론 접경지역지원법에 따르면 접경지역 지원은 일반적인 지역구조에 관한 정책으로서 크게는 공간정서 및 지역개발 정책의 일부에 해당되는 것으로 간주되었다. 그러나 접경지역지원법의 입법과정에서 연방정부가 분명하게 밝혔듯이 접경지역 지원의 근본취지는 어디까지나 통일정책이다. 독일의 분단으로 인하여 발생한 직접적 불이익을 보상하고, 당시 극복할 수 없는 장벽으로 존재하고 있었던 국경을 개방시키고자 노력한다는 따위의 목표를 달성하자는 것이었다.[38]

연방의회에서 녹색당을 제외한 모든 정당의 원내교섭단체가 국경이 개방되기 전이라고 하더라도 독일정책의 범위 내에서 접경지역을 계속 지원할 것

정은 2005년까지 계속 적용될 것이다. 그에 이어 제2차 연대협정을 논의하여 확정하고 실시하고, (참조: Spiegel online, 2001 (http://www.spiegel.de/politik/deutschland/0,1518,141483,00.html) 그에 따르면 그때부터 15년 동안 3060억 마르크를 투여한다는 것이다. 공동과업에 1000억 마르크의 자금을 지원하고, 기타 구동독지역의 균형발전에 2000억 마르크를 사용한다는 것이다. 이렇게 계속적으로 투자할 계획이 논의되고 있는 이유도 그 동안 실시한 제1차 연대협정 등 각종 지원책이 목표를 달성하는 데 미진했다는 데 있다. 구동독과 구서독 지역의 주민들 삶이 질적 측면에서 서로 근접해야 한다는 목표는 여전히 멀다고 할 형편이다(석종현외4인, 앞의보고서, 62면 이하 참조).

37) Zuegler, Astrid, Regionale Strukturpolitik : Zonenrandfoerderung-ein Wegweiser?-, WSI-Studien, 1992, S. 16.
38) 취글러는 접경지역의 지원을 구동독 지역에 대하여 독일연방공화국 곧 서독이 만나는 첫 장면에서 내놓아야 할 명함과 같은 의미를 지녔다고 본다 (Zuegler, a. a. O., S. 15).

이라고 천명했다. 이들의 태도를 살펴보면, 접경지역 지원이 지역경제 정책 이상의 것이라는 점을 예외 없이 모두 강조하고 있다. 접경지역은 구서독 주민이 구동독 주민을 "잊지 않고" 있다고 다짐하는 상징의 기능을 맡았다[39].

본래 이 지역은 독일의 핵심적인 위치를 차지하고 있었고, 그에 부응하여 그만한 정치적, 경제적, 문화적 영향력을 발휘해야 할 구실을 떠맡아야 한다. 바로 이런 까닭으로 전체 독일 차원의 정책적 의무(deutschlandspolitische Verpflichtung)는, 일반적인 지역발전의 요구에 비하여, 좀 더 특수한 성격을 지닌다는 것이다. 당시 통일을 위한 노력이 독일의 국내정치의 모든 부문에서 그 행동의 척도가 되어야 한다고 하고, 바로 그 척도에 따라 독일 연방정부는 접경지역을 지원해야 할 의무를 부담한다. 통일이라는 관점에서 볼 때 국경 부근에 경제적으로 낙후된 지역이 존재한다는 것은 그 자체로 통일에 장애를 일으키리라 해석되기 때문이다[40].

이러한 접경지역 지원의 통일정책적 관련성은 접경지원 정책을 다른 지역에 대한 일반적 경제지원 정책과 차별화를 가져왔다. 결국 접경지역지원법이라는 별도의 입법조치가 이루어지게 된 가장 근본적인 요인이 되었던 것으로 판단된다. 전술한 바와 같이 지역경제를 지원하기 위한 기존의 각종 법률만 가지고는 부족했다. 특히 이들 법률에서 접경지역의 특성에 별로 배려한 바 없으므로, 효과적으로 접경지역에 대하여 지원하는 것이 불가능하다고 판단되었던 것이다. 그런 이유로 접경지역을 지원하기 위한 포괄적인 정책과 조치를 담은 별도의 단행법을 제정해야 한다는 사회적 합의를 도출해 낼 수 있었다. 그리하여 이 법률의 경우, 그 적용대상을 접경지역에 한정하여 우선적 그리고 집중적 지원을 뒷받침하자는 것이었고, 그 지원범위도 투자보조금 지급, 세제혜택, 사회간접자본 건설의 지원, 주택건설 지원, 사회문화 시설의 확충 따위로 포괄적인 것이었다.[41] 접경지역 지원을 통일사회적 정책을 지향한다는 특성으로 분명하게 설정했기 때문에, 그 방면의 성과

---

39) Zuegler, a. a. O., S. 15.
40) Zuegler, a. a. O., S. 16.
41) 이상준, 앞의 논문, 96면.

도 상당하다고 평가할 정도에 이를 수 있었다.

　분단 이래로 이들 지역이 중심지역에서 주변지역으로 전락하면서 경제, 정치, 사회, 문화 등 모든 면에서 낙후한 상태를 면치 못하다가, 급기야 상대적 박탈감까지 격화되어 주민 이주현상이 발생했던 것이 사실이다. 이들 지역에 대한 사회연대적 지원정책은 지역개발이 아니라, 차라리 지역부조라고 보는 것이 불가피할 지경이었다. 그에 따라 분단으로 인한 직접적 불이익을 상쇄한다는, 다시 말해서 이 지역의 경제력을 회복시키며 인구감소를 저지한다는 목표가 설정되었다. 접경지역 주민에 대한 물적·제도적 지원으로 개발의 격차를 줄이고, 삶의 질적 수준을 최소한도나마 확보할 수 있게 기회를 제공하고, 그와 동시에 이들로 하여금 분단으로 인한 상대적 박탈감에서 벗어나도록 하는 일종의 격려효과를 발휘하였다.

　특히 접경지역의 투자를 유치하기 위하여 주택공급을 원활히 하고 주거환경을 개선하려는 취지에서 시행된 사회주택 보급정책이나, 체육관, 수영장, 기타 체육시설 등 공공기관이 운영하는 시설, 교육관련 시설에 대한 연방예산의 지원정책, 그리고 접경지역의 방문·견학을 장려하기 위한 지원정책 등으로 구현되었다.[42] 이들은 비록 접경지역 지원정책의 성격이 통일정책 지향인지, 지역경제지원 지향인지 혼동을 야기하며, 이들 지향점이 상호 충돌될 여지를 남겼다. 그러나 반대로 이들 정책의 정당성을 확보해 줄 기반인 사회적 합의와 지지를 가장 넓은 폭으로 획득하는 데 결정적으로 기여했다는 점은 높이 평가해야 할 것이다.

　다시 말해서 구서독 전체 국민이 접경지역의 중요성과 분단 상황 그리고 통일의 당위성 따위를 재인식하게 하는 데 기여했던 것이다. 접경지역 지원정책이 접경지역 주민은 물론이고 구서독 전체국민을 대상으로 한 통일정책으로 부상했다. 장래 언제인가 이루어낼 통일에 대비하여, 독일의 국가적 통합으로 나아갈 연결부분으로서 접경지역이 차지하는 중요성을 강조하며, 이를 새로 인식하게 하는 것이야말로, 그 어떤 정책보다도 더 효과적으로 분

---

[42] 접경지역에 대하여 사회, 교육, 문화 시설 부문에서 연방과 주정부가 행한 지원의 규모는 예컨대 1989년 1억 8500만 마르크에 달했다(이상준, 앞의 논문, 97면).

단 상황과 통일의 당위성을 고취시킬 수 있는 방법이었다. 그래서 접경지역 지원의 일환으로 내독 간 문제와 국경지역에 대한 강연, 필름 상영, 국경지역의 문화유적, 사회·경제적 시설의 관람 등을 실시하는 견학 및 방문 프로그램 따위도, 이들을 통해서 통일교육적 효과를 더욱 널리 확산시킬 수 있다는 근거로 접경지역 지원의 대상에 편입시킨 것이다. 이를 통해 구서독 국민이나 외국인이 접경지역과 구동독지역을 둘러볼 수 있게 하였고, 당시 극복할 수 없는 장벽같이 느껴지던 국경도 점차로 개방되리라는 느낌을 얻을 수 있도록 했던 것이다.

비록 접경지역 지원정책의 성과를 뚜렷하게 파악할 수 없다고는 한다. 그러나 통일 이후 이들 접경지역에 대한 지원이라는 특수한 범주의 수단을 폐기할 수 있었다는 사실에서 거꾸로 유추해 볼 수 있다. 이로써 통일사회적 정책 측면에서 상당한 성과를 거두어, 접경지역의 낙후성을 어느 정도까지 극복했다는 성과를 달성했기 때문에, 이렇게 폐기하는 것이 가능했다고 할 것이다. 만약 접경지역이 여전히 분단의 후유증을 앓으며 낙후된 상태를 벗어나지 못하는 정도가 극심하였다면, 결코 이렇게 접경지역 지원이라는 특수한 범주의 수단을 폐기한다는 사회적 합의를 도출할 수 없었을 것이다.

실제로 통일 직후 접경지역에 대한 지원을 재검토하여 일정 기간 이후 폐지하자는 제안이 여러 번 제기되었다. 그 중에 주목할 만한 것으로는, 접경지역 지원을 구서독의 그것에서 양독의 해당지역으로 확대하고, 이들에 대하여 구접경지역에 대한 지원을 계속하자는 것이었다. 특히 그 동안 단절되어 있던 교통과 경제 등의 연계를 회복시켜, 궁극적으로는 양독 지역의 평준화를 달성하자는 제안이 눈길을 끌었다[43]. 이 제안의 바탕에는 접경지역 지원정책이 가진 최소한의 정책효과에 대한 기대와 신뢰가 깔려있는데, 이것은 바로 접경지역 지원의 성과가 현실적으로 체감할 수준에 이르렀다고 추정할 수 있게 해 준다.

---

43) Zuegler, a. a. O., S. 16.

(나) 지역에 대한 구조정책이라는 성격과 그 평가

독일의 접경지역 지원정책의 핵심은 그 통일정책적 관련성에 있다. 그러나 이는 접경지역지원법에 의해 구체화된 지원정책은 동시에 일반적인 지역구조 정책, 공간정서 및 지역개발 정책의 일부를 구성하고 있다. 설사 접경지역 지원정책이 당초에 일반적인 지역구조 정책 이상의 것으로 상정하고 있었다고 하더라도, 현실적으로 결국 그것에 흡수되어 버리기 때문이다[44]. 그리하여 접경지역 지원정책의 목표는, 접경지역에 대한 지원이라는 특수한 목표 이외에도 공간정서 및 지역개발 정책이라는 일반적인 목표를 포함하는 것으로 설정되었다. 다시 말하자면 다른 지원 대상 지역에 대한 이들 접경지역의 우월적 지위를 존중하는 범위 안에서, 이들 모든 지역에 동등한 생활조건을 창출하자는 것이다.

접경지역지원정책이 지역에 관한 구조정책, 곧 지역경제에 대한 지원정책이라는 성격은, 접경지역 지원법에 규정되어 있는 지원수단에서도 여실히 드러난다. 특히 제2조에 규정되어 있는 각종 지역경제 지원조치, 세제상 특혜조치, 교통시설 등 사회간접 자본의 구축지원 조치 따위가 그 예이다.

독일의 접경지역 지원정책의 핵심은 그 통일정책적 관련성에 있었다. 그러나 접경지역지원법에 따라 실시한 접경지역 지원정책은 일반적인 지역구조정책(regionale Strukturpolitik), 공간정서 및 지역개발 정책의 일부분으로 추진되었다. 이처럼 연방과 주의 공동과업 "지역 경제구조의 개선"이라는 (Gemeinschaftsaufgabe "Verbesserung der regionalen Wirtschaftsstruktur") 범위 내에서 수행하는 일반적인 지역경제 구조 정책의 일부로 접경지역 지원을 편입시킨 것이다.[45]

---

44) Zuegler, a. a. O., S. 17.
45) 이들 사업의 주체는 기초지방자치단체인 게마인데(Gemeinde), 또는 게마인데연합(Gemeindeverbaende) 등이다. 이들 사업시행 주체는 지역경제 구조를 개선한다는 연방과 주의 공동과업에 관한 법률에 따라 보조금을 지급받았다. 예컨대 1989년 이 법에 의한 총지원금 9240만 마르크 가운데 접경지역에 대한 지원액의 비율은 약 47%였다. 면적 대비 20%, 주민숫자 대비 10% 등을 차지한 접경지역으로서는 적어도 이 부문의 재원을 배분할 때 상당히 우월한 지위를 누린 셈이다.

이로 말미암아 목표설정에 혼란을 야기했다는 비판이 일기도 하였다[46]. 전술한 바와 같이 접경지역 지원의 근거는 구조정책이 아니라 통일정책이었다. 따라서 이들 대상지역의 지원목표는 기존의 공동과업 대상지역의 그것과 비교할 수 없이 포괄적인 것이기 때문이다. 공동과업 대상지역의 지원은 본래 지역적 개발의 상당한 격차가 해소될 때까지 한시적으로 부여하는 것이어서, 그 기간이 지나면 종료하는 것이었다.

반면에 접경지역을 지원하기 위한 정책수단은 장기적으로 정치적 불이익을 상쇄하자는 것이어서 지역정책의 일부로 독일의 통일이 성취될 때까지 존속하기로 예정되었던 것이다. 접경지역 지원은 그 핵심에 있어 지역구조 정책과는 다른 기능을 지니고 있었기 때문에 이를 지역구조 정책과 동등시할 수 없었다. 또한 접경지역에 대한 지원수단 역시 경제적으로 취약한 지역에 대해서만 시행되는 것이 아니었기 때문에 전통적 의미의 보조금(Subventionen im herkoemmlichen Sinne)으로 해석될 수 없었다.

그런데도 접경지역에 대한 지원을, 지역경제 구조를 개선하기 위한 연방과 주의 공동과업에 따른 지원(GRW-Foerderung)에 편입시켜, 지역지원 정책으로 격하한 것이다. 그렇게 되자 접경지역 지원의 대상이 될 지역의 선정이 본래 선험적으로 결정하였다는(a-priori-Foerdergebietsfestsezung)점에 대하

이런 지원의 예는 구체적으로 도로건설을 지원하기 위한 기초지방자치단체인 게마인데 교통재원 조달법과 연방 도로법의 경우에도 찾아볼 수 있다. 곧 접경지역은 연방도로법에 따른 도로망 확충사업을 확정할 때에도 우선순위를 부여한다고 하며, 그 소요계획을 수립할 때에도 우선적으로 고려되었다. 접경지역의 기초지방자치단체 게마인데와 게마인데 연합체는 도로건설의 경우 그 비용의 60%까지 지원금을 수령할 수 있었는데, 이는 타지역의 경우 50%에 비하여 높은 수준이었던 것이다.
또한 게마인데 교통재원 조달법에서는 교통개선 사업을 위한 재원조달 방안이 규정되어 있는데, 이로써 지방도로 및 공공대중 교통을 위한 사업을 지원하자는 것이었다. 그 규정에 따르면 각 주의 차량수에 따라 연방이 재정을 지원하는데, 접경지역을 안고 있는 주에 대해서는 차량 1대를 1.25대로 평가하여 도로건설 사업에 대한 이들 지역의 지원비율을 높여 주었던 것이다. 접경지역 내의 사업비에 대해서도 (기타 지역은 60%에 지나지 않는데) 최대 75%까지 연방이 지원한다고 규정했다(이상준, 앞의 논문, 96면).
46) Zuegler, a. a. O., S. 16.

여 정치권에서 새삼스레 비판을 제기하게 되고 이 비판을 끊임없이 되풀이하기에 이르렀다.

그 결과 지역 간 불균형의 해소라는 목표를 달성하는 일도 점점 어려워지게 되었다. 물론 접경지역은 결코 객관적으로 납득할 수 있게 계량화한 지표나 당해 지역의 지배적인 경제·산업 구조적 특성을 반영한 기준 등에 따라 획정된 것이 아니었고, 오직 지리적 위치에 따라 경계를 설정하였기 때문에, 그 바탕에서부터 논란의 소지를 안고 있었다. 또한 접경지역 지원에 대하여 지역경제 구조를 개선하기 위한 연방과 주의 공동과업에 따른 지역경제 정책이라고 그 위상을 부여하게 되자, 그 대상에서 배제된 지역이 터뜨리며, 도대체 무슨 까닭으로 접경지역 중 비교적 경제적 잠재력이 높은 지역까지 지원하는지 비난하는 상황에 빠지게 되었다. 게다가 접경지역 지원을 받는 대상지역 사이에서도, 그 지원내용 측면에서 각 대상지역의 경제적 특성을 반영하지 않았다고 하여, 접경지역 내 경제력이 취약한 지역이 경제적 잠재력이 높은 지역에 비해 더 큰 불이익을 감수해야 했다고 비판하기도 했다.

이러한 비판에도 불구하고 1972년부터 1988년까지 지역구조 정책의 범위 내에서 행해진 지원은, 비접경 지역에 대한 지원을 축소하면서, 그와 동시에 접경지역에 대해서는 지원을 확대함으로써, 결국 이들 지역의 위상을 제고시켰다는 사실이 밝혀졌다[47]. 이렇게 사태가 진전된 것은 그 동안 철강 산업과 조선 산업에 대하여 특별지원을 받았던 지역의 경우와 관련되었기 때문이기도 하다. 이 경우 철강 산업과 조선 산업이 자리 잡은 지역에 대해서는 특별계획에 따라 추가재원이 투입되었다. 그에 반하여 접경지역 지원은 단지 선험적으로 그 경계를 획정하고, 그에 따라 이 지역정책의 대상에 포함시키지 아니한 지역을 차별하는 결과를 초래하였다고 분석하고 있다.

이렇게 볼 때 접경지역 지원정책은 지역경제 정책적 효과라는 측면에서 살펴보면 통일사회적 정책효과에 비하여 상대적으로 기대에 미치지 못한다고 평가되었다. 그리고 그 수혜 여부와 정도를 둘러싸고 사회적 논란을 일

---

47) Zuegler, a. a. O., S. 159.

으키는 등, 경제정책적 합리성도 갖추지 못했다고 비판되었다.

돌이켜보면 이들 문제는 접경지역에 대한 지원을 지역경제 구조를 개선하기 위한 연방과 주의 공동과업이라는 범주에 포함시켰다는 데서 비롯되었다. 원래 접경지역 지원정책은 독일 통일의 상징으로 구서독 측에서 통일정책을 구체화한 결과이었다. 그런 관점에서 보면 접경지역에 대한 경제적 지원은 그 결과 중 일부에 지나지 않는 것이었다. 접경지역지원법이 규정하고 있는 지원이 산업경제와 사회간접자본의 지원은 물론이고, 그 범위를 넘어 교통, 주택, 사회·복지·문화·교육 부문에 대한 지원을 포함하는 등 포괄적인 정책이었던 점에 주목하면, 이 점이 분명하게 드러난다.

그런데도 이를 단순하게 지역경제 정책의 일부로 간주하였으니, 결과적으로 통일정책적 측면을 소홀히 하게 되었고, 그렇게 해서는 문제가 되지 않을 수 없었다. 뿐만 아니라 접경지역에 대한 경제적 지원도 지역경제 정책적 측면에서 성과를 거두기 위해서는, 지원대상 지역의 획정과 지원 여부 및 수준을 결정할 때도 각 지역의 경제적 특성에 충분히 배려해야 마땅한 것인데, 그렇게 하지 않았다고 평가하게 된 것이다[48].

(다) 접경지역에 대한 사회·문화적 지원정책이라는 성격

접경지역 지원정책은 접경지역에 대한 사회·복지, 문화·교육 부문에 대한 지원을 포함하고 있었다. 그에 따라 이는 지역경제에 대한 구조정책의 일환이면서, 그와 동시에 통일정책으로서 접경지역 주민에 대하여 사회연대적 차원에서 지원한다는 성격을 지닌 것이었다. 특히 접경지역에 투자를 유치하자면 원활한 주택공급으로 주거환경을 개선해야 하므로 채택한 것으로 근로자에 대한 사회주택을 보급한다는 정책, 그리고 체육관, 수영장 기타 체육시설 등 공공기간이 운영하는 시설, 교육관련 시설에 대하여 연방예산으로 지원한다는 정책, 그리고 접경지역의 방문·견학을 장려하기 위한 지원정책 등에서 이 점이 분명하게 제 모습을 드러낸다.

---

[48] Zuegler, a. a. O., S. 159.

이러한 사회·복지, 문화·교육 부문에 대한 지원은, 정부가 접경지역 주민의 상대적 박탈감을 심각하게 인식하고, 접경지역의 중요성을 다시 확인하며, 그 지역에 거주하는 주민이 받고 있는 분단의 고통을 전체 국민이 함께 나눈다는 연대의 뜻을 확연히 밝힌 것이었다.

2. 독일 접경지역 지원정책의 시사점

(1) 정책추진 방식

독일의 접경지역 지원은 구서독의 통일지향 정책으로 비로소 그 기반을 상당한 정도까지 형성할 수 있었고, 이 성과를 기반으로 통일 이후에는 이 특수한 지원제도를 폐지하고, 일반적인 지역경제구조 정책에 편입할 수 있었던 것이다.

이러한 성과를 거두어들인 접경지역 지원의 제 원칙을 살펴보면 다음과 같다.

첫째, 접경지역 지원에 관한 사업은 그 지역을 관할하는 지방자치단체를 중심으로 추진되었다.

둘째, 소요재원을 연방과 주가 공동으로 부담했다. 연방 측에서는 연방내독관계부와 연방경제부, 재무부 등이 중심을 이루어 역할을 나눠 맡아 수행했다.

셋째, 접경지역 지원의 정책을 수립할 때 각 주의 특성을 최대한 배려하여 이를 반영하였다. 연방정부는 접경지역 지원정책의 기본방향과 지원조건만을 제시하고 그 실질적 결정은 관할 지방자치단체가 주도하게 함으로써 지역의 자율성을 최대한 보장하였다.

물론 지원 대상 중점지역의 선정은 연방정부 및 주정부의 대표로 구성된 합의기구에서 행해졌으나, 구체적인 지원 대상 사업의 실시 여부 및 그 내용은 주로 신청권을 가진 해당 지방자치단체에 의해 수행되었다. 재원조달은 연방과 주가 공동으로 부담한다는 원칙에 따랐다. 연방수준에서는 각 사업의 성격에 따라 사회 복지·문화 분야의 지원에 대해서는 내독관계부가, 기업·경제 활동의 지원은 경제부와 재무부가 각각 일반예산의 범위 내에서 그 재원을 부담했다. 이렇게 접경지역을 관할하는 지방자치단체가 속한 주의 역할이 최대한 보장되었다.

이는 독일의 연방국가적 체제에 비추어 불가피했다거나, 재원의 공동부담 원칙에 따라 연방과 주가 공동보조를 취하지 않을 수 없었다는 따위의 사유에 기인한다. 그러나 무엇보다도 중요한 이유는 각 주가 적극적으로 참여해야 비로소 접경지역의 지원을 효과적으로 행할 수 있었다는 데 있다.

우리나라의 경우 접경지역을 지원할 때 당해 지역의 특성에 맞는 정책을 개발하기 위하여 지방자치단체가 중심적 역할을 수행하도록 제도적 차원에서 적극적으로 배려하고 있다고 볼 수 있다. 이 경우, 국가 역시 독일의 사례에서 보듯이 통일정책에 관한 기본정책의 방향을 설정하고 향도하는 역할을 수행해야 한다. 구체적으로는 각 지방자치단체가 접경지역 지원의 기능을 최대한 발휘하게 지원하는 것이 바람직하다. 그 재원도 남북한 교류 협력기금이나 정부의 일반회계 등에서 조달하도록 하여 그 동원기반을 폭넓게 확보하고, 지방자치단체도 광역단체별로 그 재정여건을 고려하여 일정한 기준에 따라 비용을 일부씩은 부담하도록 해야 할 것이다.

특히 우리나라 접경지역지원특별법 제3조는 "이 법은 접경지역지원에 관한 사항에 있어 다른 법률에 우선한다. 다만, 국토기본법, 수도권정비계획법, 군사기지 및 군사시설보호법에 대하여는 그렇지 아니하다."라고 규정하고 있다. 이는 전면적으로 우선권을 인정한 서독의 경우와 다르다고 할 수 있다. 그러나 "다만"이라는 문구에 따르면 일단 예외적인 내용임을 알 수 있어 일반적으로는 우선권을 인정한다는 뜻이며, 예외로 그리 적용한다고 하더라도 "우선한다"는 점만 부정할 뿐이므로 대등한 수준에서 배려해야 한다는 원칙까지 배제하는 것은 물론 아니다. 이런 문리해석이 가능한 까닭은 실질적으로 그에 관한 이유가 있기 때문이다. 그래야 비로소 접경지역 지원의 고유한 특성에 따라 다시 말해서 통일지향적 정책이라는 포괄적 노력을 구현할 수 있을 것이기 때문이다.

한 걸음 더 나아가 이런 오해를 적극적으로 없애기 위해서는 동법 제3조 단서부분을 삭제하거나, 이에 관계되는 다른 법률을 개정하는 방안을 강구할 수 있겠지만, 이런 대책이 현재로서는 입법론에 지나지 않다. 따라서 위와 같은 해석을 더욱 철저히 추구하는 것이 타당할 것이다.

(2) 통일정책적 측면

우리나라의 경우 남북 간 대화와 협력이 난항을 보이고 있는데다가 전쟁위협까지 여전히 남아 있다는 현실 때문에, 접경지역의 상황은 독일의 경우보다 더욱 불리한 처지에 빠져 있다. 그만큼 접경지역의 지원은 더욱 절실하다. 그 목표를 몇 가지로 나누어 살펴보고자 한다.

통일정책적 측면에서 접경지역 지원정책으로 추구해야 할 목표는 크게 네 가지로 나누어 볼 수 있다.

첫째, 접경지역 주민에 대하여 전 국민적 차원에서 사회적 연대를 거쳐 이들이 이제까지 감수해 올 수밖에 없었던 보상과 불이익을 보상해 주어야 한다. 이는 다른 어느 분야에 대한 사회복지 정책과 비교해 보더라도 현재 그 상황은 워낙 당연하다고 할만한 정책적 당위성을 지닌다. 경제적 침체, 인구밀도 감소, 개발로부터 소외 등에 덧붙여 각종 법제에 의하여 자체적으로 추진하는 개발까지 제한 당하는 데다, 기존의 재산권의 행사까지 제한 당하는 따위가 그것이다. 뿐만 아니라 향후 통일이 실현될 때는 물론이고 통일 이전의 단계라고 하더라도 어떤 의미에서 분단의 최대 피해자인 북한주민이나 북한이탈주민 등에 대하여 최소한 통일정책적 정의를 실증해 보일 수 있게 될 것이다.

둘째, 접경지역에 대한 지원으로 더할 나위 없이 통일교육적 효과를 얻을 수 있을 것이다. 구서독의 예에서 보듯이 전체국민에게 접경지역의 중요성, 분단상황에 대한 인식, 통일의 당위성 등을 극명하게 인식하는 계기를 줄 것이다.

셋째, 접경지역에 대한 지원은 통일 이전 단계에서 앞으로 진행될 남북

간의 교류협력을 위한 전진기지를 구축한다는 의미를 지닌다. 접경지역을 통하여 남북 간의 물자와 인력이 자유롭게 이동할 수 있게 하기 위하여 일종의 자유무역지대로 발전시킬 필요가 있다는 점을 잊어서는 안 될 것이다.

넷째, 향후 통일로 나아갈 교두보를 확보한다는 의미로 접경지역을 지원해야 한다. 이를 남북 간의 단절현상을 극복하는 전략의 하나로 채택해야 할 것이다. 이렇게 미래지향적으로 장기적인 안목에서 접경지역 지원을 평가해야 할 것이다.

(3) 지역경제 정책적 측면

구서독이 추진했던 접경지역에 대한 지역경제 정책적 지원의 경험을 평가해 보면 통일정책적 특수성과 독자성을 최대한 추구하여 통일경제 정책으로 확립해야 한다는 것이었다. 그리고 지원 여부, 수준, 방식 등을 결정할 때 대상지역의 경제적 특성, 곧 산업구조, 교통, 물류 등 입지조건과 환경여건, 인구구성 등을 최대한 반영해야 할 것이다. 하지만 이렇게 지원대상인 접경지역의 경계를 획정할 때 단순하게 지정학적 요인에만 의존해서는 안된다. 대다수 국민이 납득할 수 있는 객관적이고 과학적인 기준을 도출하여 지원의 근거와 정당성을 확보해야 할 것이다. 그래야 일반적인 지역경제 구조정책적 논거에 바탕을 둔 비판을 더욱 승화시켜 통일정책적 지향으로 추진할 수 있을 것이다.

물론 접경지역 주민이 상대적으로 열악한 여건 아래 견뎌왔던 접경지역에 대하여 사회연대적 차원에서 균형발전을 위하여 정책적으로 지원해야 할 필요가 있어, 우선적으로는 단순한 경제개발이라기 보다 오히려 지역부조적 차원의 정책이어야 한다. 기존의 각종 개발제한, 생산력의 감소, 입지여건의 악화 등으로 인한 경제적 침체에 대하여 소극적으로 보상한다는 데 그치지 말고, 더욱 적극적으로 경제를 활성화한다는 방향의 접근이 필요하다. 그리하여 지식집약기업, 벤처기업, 청정기업 등 생산성이 높은 첨단산업 위주의 산업구조를 정착시키는 쪽의 지원을 우선시켜야 할 것이다.

(4) 사회·문화 정책적 측면

　구서독의 접경지역 지원정책은 특히 그의 사회·문화 정책적 측면에서 우리에게 더할 나위 없이 귀중한 교훈을 주고 있다. 체육관, 수영장, 기타 체육시설 등 공공기관이 운영하는 시설, 그리고 교육관련 시설 등에 대하여 연방예산으로 지원하는 정책, 그리고 또한 접경지역의 방문·견학을 장려하기 위하여 지원하는 정책 등에 특히 주목해야 할 것이다.
　이들 대책은 폭넓게 사회적 합의와 지지를 도출하는 방법이기도 하기 때문이다. 뿐만 아니라 사회복지 차원의 주택공급이나 주거환경 개선은, 그렇지 않아도 이 지역에 필요한 경제 활성화의 기반을 마련해 줄 것이다. 또한 이주해 들어올 이들에게 주거 자체에 관한 혜택, 그리고 주거환경, 복지, 문화 등에 관한 적극적 유인 등을 마련해 나가야 한다는 것이다.

(5) 환경문제

　우리나라 접경지역에 관해서는 환경문제가 특히 첨예한 갈등요인으로 나타났다. 세계적으로 그 유례를 찾아보기 힘든 비무장지대를 중심으로 한 접경지역이 그 주제였다. 이에 반하여 구서독의 경우 환경 정책적 문제는 별로 관심을 끌지 못했다. 이는 독일의 분단상황이 우리 나라와 그 배경, 여건, 구조 등 여러 측면에서 다르기 때문이다. 우리는 이 문제를 접경지역에 관한 가장 중요한 구성부분으로 인식해야 할 것이다. 이는 실제로 통일정책의 일환으로, 다시 말해서 그 포괄적 성격이 환경이라는 특수한 영역에 구체화되어 나타난 결과라고 할 것이다.
　접경지역에 대한 지원은 그대로 개발이라는 결과로 직결될 수밖에 없다. 그로 말미암아 환경과 생태계에 부담이나 침해를 유발시킬 수 있다는 것도 사실이다. 이렇게 상충되는 가치를 조화시켜야 한다는 요소야말로 포괄적 통일정책의 특성이다. 여하튼 접경지역의 지속가능한 발전을 위해 조치해야 한다는 절실한 필요성을 함께 고려하면서 환경문제에 역시 배려해야 할 것이다.

그 방안의 하나로 경제 활성화를 위하여 지원 산업의 종류에 우선순위를 부여하여야 할 것이다. 환경친화적 산업, 청정산업 따위에 투자하게 하는 것이다. 소프트웨어산업, 정보통신 서비스 산업 등 첨단이자 고부가가치 산업, 또는 생태관광 등과 같은 환경 친화적 미래산업 등이 그에 해당될 예이다. 같은 종류의 산업이라고 하더라도 환경 친화적 생산공정 및 기업경영 방식 등을 채택한 기업에게는 투자유인과 각종 혜택을 부여할 수도 있다.

III. 평화경제특구법의 제정방향

1. 그간의 통일경제특구 관련 입법 실패이유

그동안 통일경제특구 관련 법안이 최종 입법에까지 이르지 못한 이유는 남한의 국내외적 상황, 북한의 내부사정, 미국, 중국 등 한반도를 둘러싼 국제정치적 이유 등 다양한 논의가 있을 수 있다.

국제정치적 이유는 별론으로 하더라도 남한의 내부 상황도 녹녹치 않다. 입법을 위한 국회의 논의과정에서 접경지역지원특별법이 있음에도 불구하고, 또 다시 특정지역 지원 입법을 하는 것에 대해, 다른 지역들과의 형평성 차원에서 연관 지워 논의된 것도 입법 실패의 이유이기도 하다.

그러나 보다 근본적으로는 통일경제특구를 설치할 경우, 북한 근로자가 남한지역으로 내려와서 근로를 해야 하는데, 과연 남한지역에까지 와서 북한 근로자가 근로를 할 것인가? 라는 근본적 의문을 가지고 있는 것이다. 더욱이 개성공단까지 폐쇄된 마당에 현실적으로 가능한 경제특구인가? 라는 의문은 여전히 남아 있기 때문이다.

북한 내부 사정 역시 북한 체제 문제와는 별개로 김정은 국무위원장이 북한에서 여러 경제특구를 조성하고 있는 시점에서 남한으로의 북한 근로자의 인력수급이 가능할 것인가? 라는 문제와 북한 노동력이 군사분계선을 넘어 남한 지역으로 이동(출퇴근 혹은 상주)하는 것에 대한 북한 당국의 정치적 부담이 있을 것이다.

2. 평화경제특구법 제정의 필요성 및 기본방향

(1) 개성공단 대응특구 마련

2016년에 개성공단은 폐쇄되었지만, 개성공단에 대한 평가는 아주 다양하다. 그동안 개성공단이 성공적으로 발전하여야 한다는 점에는 많은 부분에서 공감하고 있었다. 개성공단이 성공하기 위한 여러 가지 방법 중의 하나로 제시된 것이 통일경제특구법이기도 하였다.

개성공단이 지속사업으로 유지·발전되기 위해서는 우리 측의 일방적 지원성 사업에서 탈피하여야 한다는 주장도 제기되었다. 또한 남북관계 등 정치적 외풍을 받지 않고 순수 경제논리에 입각하여, 사업을 추진하고 상호 이익을 창출하는 구조를 하루빨리 마련해야 한다는 주장이 있기도 했다. 이런 점을 종합하여 보면, 개성공단 사업은 민족경제공동체 형성의 큰 청사진 속에서 이루어졌다고 평가할 수 있다.

그런 점에서 개성공단을 따로 떼어서 볼 것이 아니라, 남한 측 접경지역에 가칭 '통일경제특구' 내지 '평화경제특구'를 설치해 상호 긴밀한 연계체제를 구축하도록 해야 한다는 필요성이 제기된 것이다. 가령 홍콩과 중국의 심천 특구처럼 두 개의 경제특구(자본주의식 및 사회주의체제 하의 경제특구)를 접목시켜 함께 발전하는 방안도 있다. 요컨대, 개성공단의 약점 내지 미비점은 남한 측 지역에 개성공단에 대응하는 '평화경제특구'(특별 남북교류협력지구)를 설치함으로써 어느 정도 해소할 수 있는 것이다.[49]

통일경제특구 내지 평화경제특구는 어느 곳에 설치되어야 할 것인가? 물론 접경지역일 것이다. 우리나라 접경지역은 인천광역시, 경기도, 강원도이다. 이런 점에서 상호 보완성을 갖는 대응특구로서의 '평화경제특구' 지정 대상지역으로는 비무장지대(Demilitarized Zone: DMZ) 인근에 위치해 있는

---

49) 제성호, "통일경제특구법 제정안 검토 - 법적의미와 타당성 중심 -", 통일경제 특별구역 관련법 제정에 관한 공청회 자료집, 국회 외교통상 통일위원회, 2009. 4.16, 4면 이하.

접경지역(도시)을 우선적으로 고려하는 것이 바람직하다. ① 접근성의 면이나 ② 기존의 인프라 활용(적은 비용으로 소기의 효과 거양 가능) 면, ③ '비용 대비 효과'(수익성·경제성) 면 등에서 유리하기 때문이다.50) 이런 점에서 그간의 법안 모두 접경지역을 대상지역으로 하고 있다. 어느 지역을 특구지역을 할 것인지에 대한 정책결정과 판단만이 남아 있었다.

개성공단 개발사업의 성공적 추진과 남북 경제협력 확대 및 민족 경제공동체 형성을 법적·제도적으로 지원하기 위하여 남북한의 접경지역에 북한의 개성공업지구에 상응하는 '평화경제특구'를 설치하여 남북한 간의 경제적 상호보완성을 극대화하고, 장기적으로 개성공업지구와 평화경제특구를 연결하는 단일 평화경제특구를 설치·운영하되, 이를 남북한의 공권력 행사로부터 자유로운 중립 지역이자 그 자체로 자기완결적인 무관세 독립자유경제지대로 만들어 종국에는 한반도 경제공동체의 실현을 촉진하고 효과적으로 관리하려는 것이다.

이때에는 남북한 간의 합의, 유엔군사령부의 관리권 이양조치, 남북한의 단일 평화경제특별지구법 제정 등이 이루어져야 할 것이다. 이러한 장기적인 비전하에 우선 1단계로 개성특구에 대한 대응특구로서의 의미를 갖는 평화경제특구를 상정하여 그에 대한 입법적 지원을 마련하는 것이 필요하다고 본다. 1단계는 북한 근로자가 남한으로 출퇴근 내지 이동하는 경제특구가 아닌, 남한의 기존 인프라 활용이나 컨벤션 센터, 호텔 건립, 각종 연구시설

---

50) 이런 점에 비추어 일응 파주시를 가장 우선적으로 고려하면서, 중기적인 관점에서 볼 때 '통일경제특구'(SEZU: Special Economic Zone for Unification)는 남북한의 교류 전진기지, 즉 파주와 개성을 연결하는 광역(중범위)의 지역을 아우를 수 있도록 연결되고, 또한 확대·발전되어야 할 것이라고 주장하는 견해(제성호 교수)도 있다. 제성호 교수는 더불어 남북관계 발전에 보조를 맞추어 나가면서, 철원이나 고성 등 여타 지역에도 추가로 설치함이 바람직하다고 주장하고 있다. 이 경우 통일경제특구는 남북한의 공권력 행사로부터 자유로운 중립지역이자 그 자체로 자기완결적인 '무관세 독립자유경제지대'(Customs-free Independent Economic Zone: CIEZ)로 만들어, 종국에는 한반도 경제공동체의 실현을 촉진하고 효과적으로 관리하는 데 이바지할 수 있을 것이다. 이처럼 남북한에 걸쳐서 설치되는 광역의 '통일경제특구'는 명실공히 진정한 통일경제특구로서의 의의와 기능을 담당하게 될 것이라고 한다.

유치를 통한 준비단계로 접근하면 좋을 것이다.

(2) 한반도 경제공동체 실현

북한의 무역은 대중국 무역 의존도가 한층 심화되고 있고, 무역수지 적자 규모도 계속하여 증가한 것으로 분석되고 있다. 특히 유류 및 곡물류의 국제가격 상승으로 인해 외화 지출이 증가한 것으로 분석되고 있다.[51]

북한의 무역규모는 90년대 이후 급격하게 감소하여 1998년에는 90년대 초에 비해 1/3 수준으로 급감한 적이 있다고 분석하고 있다. 이는 90년대 들어와 그동안 북한 대외교역의 80% 비중을 차지하였던 구소련과의 교역이 급락하고 대신 중국과의 교역이 증가하였지만, 90년대에 북중 교역은 과거 3-4억달러대에서 1993년 8억 9천만달러까지 늘어나다가 1999년 3억 7천만달러까지 떨어짐으로써 북중 교역이 과거 구소련만큼의 수준이 되어주지 못했기 때문이라고 분석하고 있다.

그러나 1999년도부터 중국의 대북정책이 포용정책으로 적극화되고 북한경제도 극단적인 고난의 행군에서 어느 정도 벗어나기 시작하면서 대중국교역은 급격하게 증가하고 있다. 대중국교역은 2006년에는 17억달러로서 남북경협을 제외할 경우 북한 총무역의 50%이상을 차지하고 있었다(남북경협을 포함한 북한의 총무역에서는 약 39% 차지).

북한의 대외교역은 남북경협까지 포함할 경우 이미 2005년도 이후부터 90년대 초 수준을 회복하고 있다. 그러나 외화가득산업의 부재로 2006년 북한의 수출은 약 10억달러, 수입은 21억 달러로서, 무역수지가 9억 달러 적자이다. 그리고 남북경협은 사실상 지원성 성격으로 진행되고 있기 때문에 북한경제 내부에 외화가득산업이 성장해서 남북경협이 확대되고 있다고 할 수 없다. 따라서 북한경제는 여전히 경제회복 재원의 조달에 애로를 겪고 있는 상태라고 분석하고 있다.

결론적으로 북한의 경제구조는 대중국 무역 의존도가 점차 심화되고 있

---

[51] 차문석, 한반도 주변정세와 대북정책 추진방향, 통일교육원 교육자료집, 2008.

는 것으로 파악되고 있다. 이렇게 되면, 북한의 중국에 대한 경제종속 가능성이 높다. 이미 북한과 중국의 접경지역인 신의주 등을 포함한 여러 곳에 경제특구가 조성되고 있다. 다른 지역에도 경제특구가 조성될 가능성이 높다. 또한 중국정부의 동북공정과 연계된다면 그 시너지 효과는 클 것으로 예상된다.

(3) 접경지역 지원정책 필요 : 접경지역 지원정책에 대한 패러다임의 전환

독일 접경지역 지원정책은 통일 정책적 측면을 비롯하여 여러 가지 의미를 함유하고 있다. 그러나 통일을 너무나 갑자기 맞이함으로써 통일준비에 대한 부족함을 여러 부문에서 느끼고 있다. 그러한 현상은 통일이후 구동독 주민의 구서독지역으로 이주와 여러 가지 사회현상에서 나타나고 있다.

독일과 우리나라의 상황은 여러 가지 측면에서 차이가 있다. 남북 간의 경제력의 차이가 워낙 큰 점, 독일의 경우 식량 내지 생계문제는 아닌 점, 이산가족의 교류가 우리보다 활발했던 점, 동서독 경계지점에 주민이 거주하고 있었던 점 등 여러 차이가 있다. 특히 비무장지대의 지뢰문제는 더욱 더 그러하다. 우리의 경우, 지뢰매설이 광범위하고, 위치파악이 되지 않아 비무장지대 지뢰제거에 한계가 있다.

독일의 접경지역 지원정책은 다른 나라와의 관계에서 큰 문제가 된 것은 아니었다. 그러나 우리의 상황은 다르다. 특히 북한 쪽 접경지역인 중국의 단둥지역은 중국 정부차원의 동북공정 전략을 통하여 단둥 경제특구 조성과 북한 경제지원을 통하여 북한 측을 경제적으로 예속시키고 있다. 따라서 우리의 접경지역 역시 통일의 전진기지로서의 역할에서 한 걸음 더 나아가 남북한 통합경제 체제로서 한반도 신 성장동력 경제특구지역을 조성함으로써 중국의 동북공정전략에 대응할 필요성이 있다. 이러한 접경지역에 대한 패러다임의 전환이 이루어짐으로써 남북한 경제통합은 자연스럽게 이루어질 수 있다.

북한은 2002년 9월 12일 신의주를 신의주행정특구로 지정하는 신의주특별행정구기본법52)을 제정하고, 뒤이어 11월 13일 금강산관광지구법53), 11월 20일 개성공업지구법54)을 제정하였다. 특히 금강산특구법과 개성특구법은 남한으로부터의 투자유치에 중점을 두고 공단개발을 남측에 상당한 정도 위임하고 있어 사실상 남한기업의 전용공단으로 선정한 것이라는 평가를 받고 있었다.55)

평화경제특구법은 남한의 접경지역에 북한의 개성공업지구에 상응하는 평화경제특구를 설치하여 남북 간의 경제적 상호보완성을 증대하여 한반도 경제공동체의 실현을 그 목적으로 하여야 할 것이다. 또한 국가적 차원에서 볼 때, "접경지역을 화해와 협력공간인 평화벨트로 구축하여 남북 교류협력 기반을 강화하고, 수도권발전 종합대책에서도 파주 등 경기 북서부 지역을 남북연계 도로, 철도 등 인프라 구축과 경협사업과 연계하여 남북한 교류·물류의 전진기지 역할을 수행하도록 하고 있음과 아울러, 경기도 등 접경지역은 개성공단 건설, 경의선 및 동해선 철도·도로 연결 등 남북협력사업의 추진에 따라 남북의 인적·물적 교류활동이 활발하게 전개될 수 있어 그 지리적·전략적 가치가 증대되고 있음"이 긍정적으로 평가되고 있는 점에서 그동안 많은 상황 변화가 이루어져 있다는 점, 이러한 상황에서 동 법안의 취지가 남한 접경지역에 평화경제특구를 설치하여 남북 간의 경제적 상호 보완성을 극대화하여 개성공업지구가 시장경제방식에 따라 운영되도록 유도하여 장차 단일 경제특구로 발전시키고, 이를 통하여 한반도 경제공동체를 실현하려는 것이므로 그 입법 필요성은 충분히 있다는 점, 평화경제특구의 설치는 낙후된 접경지역의 개발 외에도 우리나라 경제의 활성화에 기여할 수 있고 나아가 북한의 개혁·개방을 유도할 수 있을 것으로 기대된다는 점 등에서 긍정적 효과를 가져 올 것으로 평가된다는 점56)에서 입법방향이 정해져

---

52) 이 법은 6장 101조 부칙 4조로 구성되어 있다. 신의주행정특구에 고도의 자치권을 부여한 홍콩식 특구 운영시스템을 도입하고자 한 것 이었다.
53) 이 법은 29조 부칙 3조로 구성되어 있다.
54) 이 법은 총 5장 46조 부칙 3조로 구성되어 있다.
55) 장명봉, "북한과 중국의 경제특구법제 연구", 법제연구 제25호, 2003, 132면.
56) 신봉기, "통일경제특구법안의 법리적 검토", 한국부동산법학회 발표자료, 2007. 6.

야 할 것이다.

　평화경제특구법의 기본적인 입법방향은 경기도 파주시 내지 강원도 철원군 내지 고성군, 즉 특정지역 발전을 위한 법이 아니라, 개성공업지구 대응법 내지 한반도 통일전략의 일환이라는 점이라는 접경지역 지원정책으로 접근하여야 할 것이다. 실제 어느 지역이 평화경제특구로 선정되고, 어떤 법안 위주로 입법되는지는 별개의 문제로 파악하여야 할 것이다.

3. 17대 국회 법안에 대한 관련 부처 의견[57]

　그 동안 통일경제특구법에 대한 관련 부처의 의견, 특히 17대 국회에서 논의된 관련부처의 의견을 살펴보면, 현재 국회 역시 동일한 내지 유사한 문제가 제기될 수 있다. 그러나 평화경제특구법 제정의 당위성이 있다면 관련부처 의견은 범정부 차원에서 조율될 필요성이 있다.

◆ 〈표 6〉 17대 국회 법안에 대한 관련 부처 의견

부처명	의 견	이 유
재정경제부	○조세감면 규정 삭제(안 제18조제1항 및 안 제19조제1항)	- 「조세특례제한법」은 제3조에서 열거한 법률에 의하지 아니하고는 다른 법률에서 조세특례를 정할 수 없음
국방부	○다른 법률 및 계획과의 관계에서 "군사시설보호에 관한 사항에 대하여는 그러하지 아니한다."는 단서 추가(안 제3조) ○'통일경제특별구역위원회' 구성에 대한 대통령령 제정시 국방부장관 또는 관계공무원을 포함하도록 규정할 필요(안 제24조 관련)	- 접경지역은 군사적으로 매우 중요한 군사분계선 인접지역으로 통일경제특구 지정 및 개발계획 수립에서 군사작전성 검토가 반드시 필요함 - 위원회에 국방부 의견을 개진하고 반영할 필요
행정자치부	○대통령 소속의 '통일경제특별구역위원회'의 사무처 역할을 담당하는 '통일경제특별구역관리청' 및 관련 조항의 문제점(안 제25 ~ 제29조)	- 위원회의 사무처리를 위하여 별도의 정무직을 장으로 하는 독립행정관청적 성격의 행정기관 설치는 정부조직법에 근거하여야 하고, 위원회 사무처리는 별도의 관리청이 아닌 관련부처에서 처리하도록 할

15, 57면.
57) 국회 통일외교통상위원회, 통일경제 특별구역의 지정 및 운영에 관한 법률안 검토보고서 참조.

		○ '통일경제특별구역관리청'에게 통일경제특구를 관할하는 시장·군수가 수행하는 사무중 대통령이 정하는 사무를 담당하도록 하는 것은 법체계상 모순(안 제25조제3항)	필요가 있음 - 법률에 의해 시장·군수에게 부여된 권한을 대통령령에 의하여 관리청장에게 부여하는 것은 하위의 대통령령이 상위 법률을 위반하는 결과를 야기하고 있음
	산업자원부	○ 「경제자유구역의 지정 및 운용에 관한 법률」 제11조제1항의 의제대상 인허가 중 「전기사업법」 제7조 발전사업·송전사업·배전사업 또는 전기판매사업의 허가 부분 삭제(안 제13조제3항)	- 발전사업·송전사업·배전사업 또는 전기판매사업의 허가는 전기설비뿐만 아니라 사업주체 모두를 심사대상으로 하는 혼합적 성격을 갖고 있어 의제될 성격이 아님
	환경부	○ '접경지역'을 다른 용어로 대체하고 그 범위를 비무장지대 이남으로 변경할 필요(안 제1조, 제2조 등) ○ 사전환경성검토협의를 의제하는 것의 문제점(안 제4조제1항) ○ 생태계보전협력금 및 환경개선부담금 감면의 문제점(안 제18조제2항)	- '접경지역'의 개념이 기존 법률이나 계획상의 개념과 상이하여 국민 인식의 혼란을 초래할 우려가 있음 - 통일경제특구의 환경적으로 건전하고 지속발전 가능할 것을 요구 - 비무장지대 일원은 대표적인 생태계 보고로서 생태계 훼손을 최소화하고 다른 지역에 대체 생태계 확보가 요구됨
	건설교통부	○ 법 제정이 건설교통부가 주무부처가 되어야 함 ○ 다른 법률과의 관계에서 "수도권정비계획법은 그러하지 아니한다."는 단서 추가(안 제3조제1항) ○ 다른 계획과의 관계 규정 삭제(안 제3조제2항) ○ 통일경제특구 지정의 효과에서 「수도권정비계획법」의 협의 내지 승인 규정 삭제(안 제9조제7호) ○ 행위의 제한에 대한 입법형식을 통일할 필요가 있음(안 제10조제1항) ○ 교통유발부담금 감면규정 삭제(안 제18조제2항) ○ 기반시설 우선지원에 대한 탄력적 운영을 위하여 "지원하여야 한다."를 "지원할 수 있다."로 수정(안 제20조) ○ 「수도권정비계획법」의 적용을 배제하는 규정 삭제(안 21조제3항) ○ 특구내 북한진출기업의 입주 배려(안 제22조), 북한 주민 체류 및 편의제공(안 제30조) ○ 부칙에서 「토지이용규제기본법」 일부를 개정하여 연번 신설(부칙 안 제2항	- 통일경제특별구역은 개성공단에 상응하는 산업단지를 개발하는 것으로, 산업단지 개발의 기본법인 「산업입지및개발에관한법률」에 의하여 산업단지를 개발하는 것이 타당하고, 남북한간의 교류에 관한 특례사항만 「남북교류협력에관한법률」에 신설 - 법률안이 수도권 집중억제 및 국토균형발전을 위해 운용중인 수도권의 주요 규제 및 정비시책을 전면 배제하고 있음 - 특정 개발계획이 국토계획법에 의한 광역도시계획, 도시기본계획 등의 토지이용계획에 우선토록 하는 것은 현행 국토이용체계에 위배됨 - 법률안이 수도권 집중억제 및 국토균형발전을 위해 운용중인 수도권의 주요 규제 및 정비시책을 전면 배제하고 있음 - 「토지이용규제 기본법」 부칙 제6조에 의거하여 건설교통부장관 소관 6개 개발사업지구 안에서의 행위제한내용이 통일적으로 규정되도록 개별 법률을 개정하였으므로 통일경제특별구역 안에서 개발사업에 지장을 초래하는 행위제한 내용의 입법형식도 동법의 입법례에 따라 통일적으로 규정하는 것이 바람직함 - 통일경제특구 개발사업을 원활히 하기 위하여 교통유발부담금을 감면하는 것은 타 사업 및 시설과의 형평성 등의 문제가 있으므로, 고유가가 지속되고 있는 등 불필요한 승용차운행을 감축할 필요가 있음 - 통일행정특구 기반시설에 대한 우선지원은 타지역 기반시설사업에 대한 예산 축소로 영향을 줄 수가

		있으므로 탄력적 운영 필요 - 법률안이 수도권 집중억제 및 국토균형발전을 위해 운용중인 수도권의 주요 규제 및 정비시책을 전면 배제하고 있음 - 북한진출기업에 수도권 공장 신·증설을 허용하는 결과를 초래하여 국토균형발전 정책에 위배하고, 특구내 공장용지 분양을 통해 개성공단 입주기업의 사업성을 확보해 주려는 것으로 개성공업지구를 시장경제 방식에 운영되도록 한다는 입법목적에 위배 - 통일경제특별구역은 「토지이용규제기본법」에 따른 행위제한이 있는 지역·지구 등에 해당하므로 동 제도의 신설이 불가피할 경우 법률안 부칙에서 「토지이용규제기본법」 별표를 개정하여야 함
국가 보훈처 등	○「국가유공자 등 예우 및 지원에 관한 법률」 등의 적용배제 문제(안 제21조 제1항)	- 헌법정신, 사회적 약자 보호 규정에 배치

4. 쟁점사항 검토

(1) 입법시기의 문제

그 동안 발의된 법안의 기본취지는 비슷한 내용이 많다. 다만, 어느 지역에 경제특구를 설치하는지에 대한 논의가 있어야 할 것이다. 그러나 근본적인 문제는 입법시기이다. 취지는 동감하지만, 당장 필요한 입법인지, 아니면 단계별 입법이 필요한 것인지에 대한 논의가 필요하다.

기본적으로 통일경제특구법 제정에 찬성하면서도 통일경제특구는 시간을 두고 중장기적으로 추진해야 할 성격의 과제라는 견해[58])에 의하면, 우선 북한의 동의가 결정적으로 중요하다는 점을 지적하고 있다. 즉, 통일경제특구 구상은 북한의 대외개방의 획기적 진전, 나아가 남북관계의 획기적 진전을 필요로 한다. 특구 내의 자유로운 인력이동과 경제활동의 보장, 군사안보 문제의 예외지역 인정 등의 문제가 있다.

---
58) 양문수, "통일경제특구 법안에 대한 의견, 통일경제 특별구역 관련법 제정에 관한 공청회 자료집", 국회 외교통상 통일위원회, 2009. 4.16, 23면 이하.

특히 북한의 노동력의 공급(이동) 문제가 결정적으로 중요하다. 그동안의 통일경제특구는 북한 노동력이 군사분계선을 넘어 남한 지역으로 이동(출퇴근 혹은 상주)하는 것이 필수적이다. 그러나 북한 당국으로서는 정치적으로 부담스러운 일이다. 따라서 북한의 대외개방 및 남북관계가 현재보다도 수십 배 진전되지 않으면 실현 불가능한 일이다. 어지간한 경제적 인센티브를 제공한다고 해도 북측의 동의를 얻어내기가 힘든 사안이라고 주장한다.

한편 북한의 노동력 공급에는 물리적 제약도 존재함에 유의하여야 할 것이다. 그동안 북측은 개성공단에 대한 인력공급도 당초 예상보다 빠른 시점에 한계에 봉착하고 있었다는 점이다. 이는 개성 일원이 가지고 있는 기존의 인프라 문제에 기인한 것이다. 그런 상황에서 예컨대, 파주, 문산 지역 내지 인천이나 강원도 철원지역에 대한 인력공급은 결코 간단치 않다. 결국 출퇴근이 아니라 체류(상주)로 해결해야 함을 의미한다. 이는 북측으로서는 보다 더 큰 정치적 부담, 남측으로서는 보다 더 큰 경제적 부담(숙소 건설)을 의미한다고 볼 수 있다.

반면에 통일경제특구는 단계적 개발을 상정하고, 단계적 개발 지원법을 마련해야 한다고 주장하는 견해[59]도 있다. 즉, 1단계에서는 개성공단 개발에 주력하는 한편, 조심스럽게 경기도 파주시에 개성공단에 대응하는 통일경제특구를 건설, 개성공단과 상호 보완적 관계를 만들고, 2단계에서는 경기도 파주와 개성을 연결하는 중범위의 통일경제특구를 조성하며, 마지막 3단계에서 파주와 개성을 넘어 인천과 해주까지를 포함하는 광역의 통일경제특구를 건설한다는 야심찬 프로젝트라고 하며, 이러한 단계적 접근이 현실적인 것이라고 주장한다. 이 견해는 경제특구 대상지역을 경기도 파주시를 전제로 하고 있다.

통일경제특구는 최종적으로 3단계의 특구 개발을 상정한 목표개념인 동시에, 1단계에서 3단계까지를 관통하는 통일지향적 혹은 통일기반 조성 차원의 경제특구라는 측면을 함축하는 명칭이라고 주장한다. 이런 점에서 통

---

[59] 제성호, 앞의 논문, 8면.

일경제특구법 제정은 남북한 간의 합의를 통해 장차 이 지역을 국제 경제자유 지역으로 지정, 대규모의 외자 유치를 가능케 하는 입법적 지원의 첫 단초란 의미도 아울러 갖는다고 주장한다.

'통일경제특구법' 내지 '평화경제특구법'은 단계적인 개발을 예정하고 있기 때문에, 반드시 완전무결한 입법으로 시작할 필요는 없다. 우선 1단계 특구개발부터 혹은 2단계 개발의 초입구상을 뒷받침하는 입법부터 시작하고, 이후 남북관계 진전을 보아가면서 보완적인 입법을 하는 것도 얼마든지 가능하다.

현재 상황만을 전제로 볼 때는 북한의 동의가 걸림돌이기 때문에 입법의 한계를 인정할 수밖에 없다. 그렇다고 하여 북한과의 상태가 진전되기만을 기다리는 것도 바람직하지만은 않다. 결국 입법시기가 문제인데, 현실적인 면과 바람직하고도 이상적인 모습의 조정을 통한 단계적 입법이 필요하다고 본다. 우선 북한 근로자의 이동 내지 상주가 아닌 남한 차원의 초기 준비단계로서의 입법이 필요하다.

(2) 입법목적

지난 17대 국회에서 발의된 법안의 발의배경[60]을 보면 입법목적 및 그 제안이유와 달리 경기북부지역의 낙후성의 탈피라는 절박감이 강조되고 있었던 점은 부인할 수 없다. 입법 이유가 밝히고 있는 것처럼, "그동안 경기북부지역은 접경지역이라는 특수성에 따라 군사기지 및 군사시설보호법·수도권정비계획법 등에 의하여 각종 개발 및 주민의 재산권 행사가 제약을 받아온 관계로 많은 지역이 경제적으로 낙후되어 왔다. 이 문제를 해결하기 위하여 2000. 1. 접경지역지원특별법을 제정하여 인천광역시와 경기도 그리고 강원도 접경지역을 대상으로 생활환경 개선과 복지시설 확충에 대한 지원을 추진해 왔으나 그 실효성의 면에서 부족한 점이 있었음"을 1차적인 문

---

60) 국회 통일외교통상위원회, 통일경제 특별구역의 지정 및 운영에 관한 법률안 검토보고서, 4/6면.

제점으로 지적하고 있기 때문이다.

18대 국회에서 제안된 법안 역시 이러한 지역적 특수성을 기본적 배경으로 하고 있다. 그러나 이제는 지역적 배경을 떠나 국가적 차원에서 접근하는 법안이 마련되어야 할 것이다.

평화경제특구법안은 장기적인 한반도 경제공동체 실현의 촉진이라는 장기적 비전하에 그 제1단계로서 개성특구에 대한 대응특구 내지는 남북경제협력의 준비단계로서의 의미를 갖는 '평화경제특구' 설치를 준비해야 할 것이다.

그런데 이러한 입법취지와 달리 그 발의배경에는 군사기지 및 군사시설보호법·수도권정비계획법 등에 의하여 각종 개발 및 재산권 행사의 제약으로 인한 경기북부 지역의 경제적 낙후성 탈피라는, 일종의 지역적 이해관계가 보다 강하게 작용하고 있다는 점에서 그 긍정적 대의명분에도 불구하고 설득력이 다소 줄어든 측면이 있다. 특히 수도권정비계획법에 의한 각종 제약과 재산권 침해의 문제는 경기북부 접경지역에서만의 문제라고는 할 수 없다는 점도 다른 지역으로부터 적극적 동의를 받아내기 어려운 점이 있다. 따라서 지역개발이라는 지역적 이해관계를 떠나, 독일의 접경지역 지원 정책 사례가 시사하는 바와 같이 한반도 통일정책 차원에서 접근해야 할 것이다.

(3) 특정지역(= 파주시?)을 위한 법이냐?(통일경제특구법 = 파주특구법?)

지난 17대 국회 임태희 의원법안은 파주시에 두는 통일경제특구를 개성시의 개성공단의 대응특구로서 우선적으로 설치하고자 하는 차원에서 '파주시'를 법문에 명시하고 그 밖의 지역은 지정요청에 따라 지정할 수 있도록 하고 있었다. 20대 국회 박정 의원 법안, 윤후덕 의원 법안 역시 기본취지는 유사하다.

그러나 동 법안에 의하게 되면, 남북 간에 급격한 경제교류의 확대라는 정세변화가 있지 않는 한 접경지역의 남한 측 경제특구는 파주시로 한정되게 되고, 김포·강화·연천·철원 등 다른 접경지역 시장·군수의 지정요청은 무의미하게 될 가능성이 높다는 점에서 그 타당성에 의문이 제기된다. 즉, 통일경제특구법은 곧 '파주시특구법'으로 귀결되기 때문이다.

접근성과 물류·상업기지 거점성 등을 이유로 파주지역의 타당성을 주장하는 견해[61]가 있다. 그러나 2008. 11. 21. 제출된 이경재 의원 법안의 경우, 파주보다는 북한과 인접한 강화에 특구를 신설해야 한다고 주장하고 있다. 즉, 남북 간 상호왕래는 물론 경제자유구역과 국제공항, 국제항 등을 통해 국제적 연계가 용이하고 안보적 위협과 군사적 제한이 적어야 한다는 주장이다. 개성과 강화를 연결하는 교량 하나만 건설하면 인천 경제자유구역의 요충지인 영종, 송도, 청라를 바로 연결, 글로벌 경제망을 구축할 수 있다는 주장이다. 이미 제출된 파주지역에 대한 차별성을 강조한 것으로 보인다. 인천광역시에서는 이명박 대통령의 나들섬 공약과 연계해 특구를 지정해야 한다는 논리를 펴고 있었다.[62] 평화경제특구에 대한 의원입법을 통한 경기도와 인천광역시의 지역 유치전 양상을 보이기도 했다.

어느 법안이든, 법률의 제정 자체로 곧바로 특혜적 성격의 평화경제특구 지정행위가 이루어지는 것은 바람직하지 않다. 이른바 처분적 법률(Maßnahmegesetz)의 합헌성을 담보하기 어려운 측면이 있기 때문이다. 따라서 어느 지역이든 지리적·경제적 이점과 타 도 및 시·군과의 비교우위 뿐 아니라 정치적·사회적 타당성 등 다각도에서 보다 설득력 있는 분석을 기초로 하여야 할 것이다.

그럼에도 불구하고, 여러 상황을 종합하고, 단계적 입법을 고려할 때, 중앙정부의 정책적 판단에 따라 경기북부 지역이나 강원도에 1단계 특구지역

---

[61] 남성욱, "통일경제특구 개발전략과 향후 전망", 월간 상업농경영, 국제농업개발원, 2005.8, 102/109면. 경기도 파주지역을 중심으로 통일경제특구를 설치하려는 것은 먼저, 남북 양측에서 접근이 용이하여 남북접경지역 개발과 연계하여 추진하여야 한다는 점, 동북아와 유럽지역 등으로의 육로수송이 이루어질 수 있는 물류 및 상업교류의 거점으로 개발되어야 한다는 점, 그리고 남북한이 함께 경제발전을 이루는 전진기지의 역할과 남북한의 자유로운 생산 활동이 보장되는 교류의 거점 역할을 수행할 수 있다는 점을 그 논거로 한다.

[62] 경인일보, 2008. 11. 24.

으로 하는 것이 적합할 수 있다. 이후 여건이 성숙되면, 단계적 확대가 필요하다고 본다.

(4) 다른 법률과의 관계

평화경제특구법안을 입안함에 있어 우리 법체계상 중점적으로 고려해야 할 대상 법률들로는 다음과 같은 세 종류의 법률이 있다.[63]

첫째, 통일부 소관의 남북 교류협력 관련 법률들이다. 평화경제 특구법안도 크게 보면 남북 교류협력을 촉진하고 통일을 지향하는 법률이기 때문에 법체계상, 내용상, 법률용어상 이들 법률과의 상관관계가 기본적으로 검토되어야 할 것이다. 현재의 법안은 평화경제 특구지정 및 운영에 있어서의 통일부의 역할에 대한 부분이 검토될 여지가 있다는 점을 제외하고는 남북 교류협력 관련 법률들과의 커다란 상충은 보이지 않는다.

둘째, 대상지역이라는 측면에서는 「접경지역지원특별법」(행정안전부 소관)이 적용되는 지역과 중첩되는 부분이 있다. 물론 「접경지역지원특별법」은 "남북 분단으로 낙후된 접경지역의 경제 발전과 주민 복지 향상을 지원하고, 자연환경을 체계적으로 보전하고 관리하며, 평화 통일의 기반을 조성하기 위하여 필요한 사항을 규정함을 목적"으로 하고 있기 때문에 일정한 지역을 경제특구로 개발하고자 하는 평화경제 특구법과는 그 취지를 달리한다. 다만, 지역적으로 중첩성이 있다는 점에서 평화경제 특구법상의 '인접지역'과 접경지역지원특별법상의 '접경지역'의 정의를 보다 명확히 하여야 할 것이다.

셋째, 우리나라의 경제특구 설치에 관한 일반법이라고도 할 수 있는 「경제자유구역의 지정 및 운영에 관한 법률」에 관한 사항이다. 평화경제특구 역시 특정한 지역에서의 경제활동에 관한 특별한 보호와 지원을 기본으로 하고 있기 때문에 남북한 관계로부터 오는 특수성만 배제한다면 일반적인 「

---

63) 손희두, 『통일경제 특별구역의 지정 및 운영에 관한 법률』 제정(안)에 관한 검토 의견, 통일경제 특별구역 관련법 제정에 관한 공청회 자료집, 국회 외교통상 통일위원회, 2009. 4.16, 31-32면.

경제자유구역」의 설치, 운영과 거의 유사한 행정절차와 운영형태를 취한다. 실제로 평화경제특구법과 경제자유구역법을 비교해 보면 내용적으로 거의 유사한 조문들과 구조를 가지고 있다. 따라서 불가피한 경우를 제외하고는 경제자유구역법의 모델을 그대로 유지하는 것이 법적 안정성과 예측 가능성을 높이는 방법이라고 할 것이다.

Ⅳ. 결론

정치적 조정 내지 결단이든, 국가의 정책적 결단이든, 평화경제특구법이 제정된다면, 각 법안에서 제시하는 여러 가지 쟁점사항이 구체적으로 입안되리라고 본다. 특히 평화경제특구법은 특별법이기 때문에 특구지역에는 특별하게 취급되어야 한다는 법의 일반원리에 따르면 될 것으로 보인다.

그러나 이러한 조정이나 결단이 이루어지지 않는다면, 평화경제특구법은 그동안 국회에서 경험했던 것보다 더욱 복잡한 양상을 띠고 있다. 수도권, 특히 경기북부 지역 내에서의 지역 유치전과 강원도까지 관심을 둔다면, 수도권과 비수도권의 문제로까지 확대될 수 있다. 특히 개성공단 폐쇄 등은 평화경제특구법 제정에 큰 걸림돌이 될 것으로 보인다.

그럼에도 불구하고, 평화경제특구법은 접경지역 정책적 차원에서 접근할 필요성이 있다. 접경지역은 통일의 전진기지로서의 역할에서 한 걸음 더 나아가 남북한 통합경제 체제로서 한반도 신 성장동력 경제특구지역을 조성함으로써 중국의 동북공정전략에 대응하는 차원에서 접근하여야 할 것이다. 이러한 접경지역에 대한 패러다임의 전환이 이루어짐으로써 남북한 경제통합은 자연스럽게 이루어질 것이다.

제5부
남북교류협력법제

제 9 장
남북교류협력법제의 분석과 대안[1)]

Ⅰ. 현행 법제의 주요 내용[2)]

1. 헌법

남북교류협력 법제에 대한 검토는 현행 헌법상 평화통일조항들에서부터 시작되어야 한다. 우리 헌법은 전문과 다수의 규정에서 평화통일 관련 내용을 언급하고 있는바, 우선 헌법 전문은 " … 평화적 통일의 사명에 입각하여 정의·인도와 동포애로써 민족의 단결을 공고히 하고 … "라고 명시하고 있고, 동법 제4조는 "대한민국은 통일을 지향하며, 자유민주적 기본질서에 입각한 평화적 통일 정책을 수립하고 이를 추진한다"라고 규정하고 있다. 또한 제66조 제3항은 "대통령은 조국의 평화적 통일을 위한 성실한 의무를 진다."라고 하고 있고, 제69조는 "대통령은 취임에 즈음하여 다음의 선서를 한다. "나는 헌법을 준수하고 국가를 보위하며 조국의 평화적 통일과 국민의 자유와 복리의 증진 및 민족문화의 창달에 노력하여 대통령으로서의 직책을 성실히 수행할 것을 국민 앞에 엄숙히 선서합니다.""라고 규정하고 있으며, 제92조는 제1항은 "평화통일정책의 수립에 관한 대통령의 자문에 응하기 위하여 민주평화통일자문회의를 둘 수 있다"라고 규정하고 있다.

---

1) 본 장의 내용은 최성환, 지방자치단체 남북교류협력 활성화를 위한 현행 법률의 개정방안 -이른바 남북교류협력 '3법'과 지방자치법을 중심으로-, 법학연구, 제20권 제3호(2020)의 내용을 일부 발췌하여 수정·보완한 것임.
2) 본 항에서는 남북교류협력이라는 주제를 중심에 두고 지방자치단체를 행위주체로 상정한 다음 일반적으로 그 적용이 검토되는 남북교류협력법제에 대해 살펴보도록 하겠다.

이러한 현행 헌법의 평화통일조항들은 1972년 7·4남북공동선언 직후 채택된 유신헌법이 전문 및 제43조 제3항의 평화통일조항을 신설한 이래 그 내용을 보다 상세히 규정한 것으로써, 이를 통해 우리 헌법은 평화통일의 원칙을 헌법상 기본원리로 채택하고 있음을 알 수 있다.3)4) 나아가 남북한의 통일은 평화적 통일이라 하더라도 자유민주적 기본질서에 반하는 통일이어서는 아니되므로, 무력이 아닌 평화적 방법으로 통일이 달성되더라도 그것이 전체주의 내지 공산주의의 원리에 입각한 통일일 수는 없다고 할 것이다.5)6)

---

3) 정종섭, 『헌법학원론』(제10판), 박영사, 2015, 256면.
4) 이와 같은 헌법상 평화통일조항은 우리 헌법 제3조의 "대한민국의 영토는 한반도와 그 부속도서로 한다"라는 영토조항과의 모순·충돌 문제를 발생시킨다. 헌법 제3조의 영토조항은 제헌헌법 이래 줄곧 우리 헌법전에 규정되어 있었던 반면 평화통일조항은 1972년 유신헌법에서야 비로소 헌법전에 규정되기 시작하였는바, 영토조항에 따르면 북한을 반국가단체로 보게 되므로 이는 북한의 실체를 인정하는 것을 전제로 한 평화통일조항과 상충되고, 분단을 부정하는 입장에서 규정한 영토조항과 분단현실의 인정을 전제로 한 평화통일조항은 논리적으로 모순될 수밖에 없는 것이다. 이러한 헌법적 쟁점에 대해, 학설은 입법론 혹은 헌법해석에 의해 영토조항의 현실적 규범력을 인정하지 않으려는 견해와 해석론을 통해 영토조항의 현실적 규범력을 인정하려는 견해로 대별된다고 볼 수 있으며, 헌법재판소는 " … 현 단계에 있어서의 북한은 조국의 평화적 통일을 위한 대화와 협력의 동반자임과 동시에 대남적화노선을 고수하면서 우리자유민주체제의 전복을 획책하고 있는 반국가단체라는 성격도 함께 갖고 있음이 엄연한 현실인 점에 비추어, … "(헌법재판소 1993. 7. 29. 선고 92헌바48 결정)라고 하고, " … 헌법이 지향하는 통일은 평화적 통일이기 때문에 마치 냉전시대처럼 빙탄불상용의 적대관계에서 접촉·대화를 무조건 피하는 것으로 일관할 수는 없는 것이고 자유민주적 기본질서에 입각한 통일을 위하여 때로는 북한을 정치적 실체로 인정함도 불가피하게 된다"(헌법재판소 1990. 4. 2. 선고 89헌가113 결정)라고 하여, 북한이 반국가단체이기는 하지만 통일을 향한 동반자적 관계에서 그 실체를 인정할 수 있다고 판시하고 있다. 이러한 판시태도는 남북한 특수관계론 내지 이중적 성격론을 전제하는 것이라고 볼 수 있으며, 헌법 제3조와 제4조의 상반구조를 전제로 영토조항과 평화통일조항을 규범조화적으로 해석하려는 시도라고 볼 수 있다. 헌법재판소의 견해에 대한 분석은, 권영성, 『헌법학원론』(개정판), 법문사, 2008, 125면 참조. 영토 내지 영토조항의 의미, 입법례, 법적 성격과 남북관계 등에 관해서는, 김상겸, 헌법상의 남북관련조항에 관한 연구 -헌법 제3조와 제4조의 헌법해석론 관점에서-, 헌법학연구, 제10권 제3호(2004.9.), 224-228면 참조.
5) 권영성, 『헌법학원론』(개정판), 법문사, 2008, 181면.
6) " … 공산주의에 기초한 민주주의 민중공화국을 수립하고 북한과 연방제 통일을 이

⟨공산주의 원리에 입각한 통일추진에 대한 대법원의 판시[7]⟩

> ▶ " … 공산주의에 기초한 민주주의 민중공화국을 수립하고 북한과 연방제 통일을 이루려는 것을 조직강령으로 하고 있고, 피고인이 소지한 유인물 등은 그러한 민중혁명을 명시적 묵시적으로 선전, 선동하는 내용이므로, 이는 헌법이 전혀 상정하지 아니하는 혁명적 방법으로 대한민국을 전복하여 헌법체계와 양립할 수 없는 공산주의 국가의 건설을 지향하는 것이어서, … 결국 피고인의 위와 같은 행위에 가벌성이 없다고는 할 수 없다."

2. 남북교류협력 관련 주요 법률

(1) 개관

통상 남북교류협력 3법이란 남북관계 발전에 관한 법률(이하 '남북관계발전법'), 남북교류협력에 관한 법률(이하 '남북교류협력법'), 그리고 남북협력기금법을 말한다. 남북 간 교류협력의 경우 그 행위주체를 불문하고 일반적으로 이들 세 개의 법률의 규율을 받는다. 남북관계발전법은 우리 민족의 지상과제이자 국가적인 목표인 동시에 우리 헌법상의 기본원리 중의 하나인 평화적 통일을 실현하기 위하여 남한과 북한이 어떠한 관계를 지향해야 하는지와 기본적인 남북관계의 발전에 관한 사항을 정하고 있는 법률이며, 이러한 측면에서 동법은 남한과 북한의 관계에 관한 '기본법'적 성격을 가진다.[8] 남북교류협력법과 남북협력기금법은 남북관계발전법과의 관계에서 일종의 개별법적 지위를 가진다고 할 수 있을 것이며, 이들 두 법률은 남북관계발전법을 보다 구체화하는 법으로서 상대적으로 남북교류협력

루려는 것을 조직강령으로 하고 있고, 피고인이 소지한 유인물 등은 그러한 민중혁명을 명시적 묵시적으로 선전, 선동하는 내용이므로, 이는 헌법이 전혀 상정하지 아니하는 혁명적 방법으로 대한민국을 전복하여 헌법체계와 양립할 수 없는 공산주의 국가의 건설을 지향하는 것이어서, … 결국 피고인의 위와 같은 행위에 가벌성이 없다고는 할 수 없다." 대법원 1992. 7. 24. 선고 92도1148 판결.
7) 대법원 1992. 7. 24. 선고 92도1148 판결.
8) 이규창, "「남북관계 발전에 관한 법률의 분석과 평가」-남북한 특수관계 및 남북합의서 관련 조항을 중심으로-", 법조, 55권 8호(2006), 168-169.

에 대한 지원적 성격과 절차적 성격의 법률이라 할 수 있을 것이다.[9]

(2) 남북관계발전법

2006년 6월 30일부터 시행되고 있는 남북관계발전법은 남북관계에 관한 기본법적 지위를 가진다.[10] 동법은 "남북관계가 급속하게 발전함에 따라 대북정책의 법적 기초를 마련할 필요성이 증대되고 있으며 특히 남북 간 합의서에 법적 실효성을 부여함으로써 남북관계의 안정성과 일관성을 확보하는 것이 중요한 과제가 되고 있어, 남한과 북한 간의 기본적인 관계, 국가의 책무, 남북회담대표의 임명 및 남북합의서의 체결·비준 등에 관한 사항을 규정함으로써 대북정책이 법률적 기반과 국민적 합의 아래 투명하게 추진되도록" 하려는 것을 이유로 제정되었으며,[11] 4개의 장, 총 23개의 조문 및 부칙으로 구성되어 있다.[12] 동법의 주요 내용으로는, 남한과 북한의 관계(제3조), 남북관계 발전과 정부의 책무(제6조 내지 제11조), 남북관계발전기본계획의 수립 및 남북관계발전위원회(제13조 및 제14조), 남북회담대표의 임명 등(제15조), 남북합의서의 체결·비준(제21조), 남북합의서의 효력범위 등(제23조)을 들 수 있다.[13]

그중에서도 특히 동법 제3조는 남북한 관계의 법적 성격 내지 지위를 분명히 하고 있다. 동조 제1항에서는 "남한과 북한의 관계는 국가 간의 관계

---

[9] 강기홍, "지방자치단체의 남북교류협력법제 발전 방안", 지방자치법연구, 제13권 2호(2013. 6.), 197면.
[10] 이에 대해 동법이 기본법적 성격을 가지기는 하나 그것이 명확하지는 않다는 견해도 있다. 도회근, "남북관계 법제의 발전과 한계", 헌법학연구, 제14권 제3호(2008. 9.), 231면.
[11] 동법의 제정이유.
[12] 동법의 제정 배경 및 제정 경과에 대한 사실적 내용으로는, 이규창, "「남북관계 발전에 관한 법률의 분석과 평가」-남북한 특수관계 및 남북합의서 관련 조항을 중심으로-", 법조, 55권 8호(2006), 160-165면 참조.
[13] 남북관계발전법의 의의 및 규정들에 관한 체계적 해설은, 김철수, 『헌법학개론』(제19전정신판), 박영사, 2007, 318-321면 참조. 동법의 주요내용에 대한 보다 상세한 분석은, 이규창, "「남북관계 발전에 관한 법률의 분석과 평가」-남북한 특수관계 및 남북합의서 관련 조항을 중심으로-", 법조, 55권 8호(2006), 170-182면 참조.

가 아닌 통일을 지향하는 과정에서 잠정적으로 형성되는 특수관계이다."라고 규정하고 있고, 제2항에서는 "남한과 북한 간의 거래는 국가 간의 거래가 아닌 민족내부의 거래로 본다."라고 하고 있다.14) 북한의 법적 지위 및 민족내부거래의 의미 등 동법의 제정으로 특수관계라는 남북한의 관계가 법적으로 구체화된 것은 아니지만,15) 지방자치단체가 남북교류를 추진함에 있어 북한과의 관계를 이해하기 위한 기준을 법률 차원에서 명확히 제공하였는 데 그 의미가 있다고 볼 수 있다.

동법에서 지방자치단체를 명시적으로 언급하고 있는 규정으로는 제8조 제2항이 있다. 동항은 "정부는 지방자치단체 및 민간단체 등의 교류협력을 확대·발전시켜 남한과 북한간 상호이해를 도모하고 민족의 전통문화 창달을 위한 시책을 수립·시행한다."라고 하여 민족동질성 회복을 위한 정부의 책무를 규정하고 있는바, 이를 통해 동법이 지방자치단체가 추진하는 남북교류협력을 부인하는 것은 아님을 간접적으로 알 수 있다. 2020년 10월 1일부터 시행 예정인 동법 제16조 제2항은 "국가기관 또는 지방자치단체의 장은 제1항에 따라 북한에 파견한 공무원에게 그 파견을 이유로 인사 및 처우에 있어서 불리한 조치를 하여서는 아니 된다."고 하는데, 이는 북한에 파견된 지방자치단체 소속 공무원이 파견 기간 동안의 업무공백을 이유로 지방자치단체의 장으로부터 불이익을 당하는 것을 방지하기 위한 규정이다.

(3) 남북교류협력법

1988년 7월 7일 남북 간 화해를 위한 대북한 제의인 이른바 '7·7선언'의 법률적 후속조치로서 1990년 8월 1일 제정·시행된 남북교류협력법은 제1조에서 "이 법은 군사분계선 이남지역과 그 이북지역 간의 상호 교류와 협력

---

14) 후술하는 남북교류협력법과 마찬가지로 동법에 대해서도 위헌성이 문제될 수는 있겠으나 동조를 통해 북한을 국가로 승인하고 있지 않음을 알 수 있으므로 헌법 위반에 대한 의심은 없다고 하겠다. 김철수, 『헌법학개론』(제19전정신판), 박영사, 2007, 318면.
15) 도회근, "남북관계 법제의 발전과 한계", 헌법학연구, 제14권 제3호(2008. 9.), 233면.

을 촉진하기 위하여 필요한 사항을 규정함으로써 한반도의 평화와 통일에 이바지하는 것을 목적으로 한다."라고 규정하고 있다. 즉, 동법은 남북 간 교류와 협력을 통한 한반도 평화통일의 실현을 그 궁극적 목적으로 하는 바,[16] 앞서 살펴본 헌법 전문과 제4조 등의 평화통일조항을 구체화하는 역할을 하는 법률이라 하겠다.[17] 동법의 주요 내용은 남북교류협력 추진협의회의 설치·구성·기능·운영(제4조 내지 제8조), 남북한 간의 인적교류에 관한 사항(제9조 내지 제11조), 거래·교역·협력사업에 관한 사항(제12조 내지 제18조), 교류·협력 및 그에 관한 지원 사항(제19조 내지 제26조), 법위반에 대한 사항(제26조의2 내지 제29조) 등이다.

동법에 대해서는 과거 위헌성 논란이 있었다. 이에 대해 헌법재판소는 동법이 헌법상 평화통일 제반 규정들에 위반되지 아니하는 것으로 합헌으로 판단하였다. 특히 북한 주민과 접촉하려는 자는 통일부장관의 승인을 얻도록 한 구 남북교류협력법상의 규정이 위헌이라는 주장이 제기되었으나, 헌법재판소는 "북한 주민과의 접촉이 그 과정에서 불필요한 마찰과 오해를 유발하여 긴장이 조성되거나, 무절제한 경쟁적 접촉으로 남북한 간의 원만한 협력관계에 나쁜 영향을 미칠 수도 있으며, 북한의 정치적 목적에 이용되거나 국가의 안전보장이나 자유민주적 기본질서에 부정적인 영향을 미치는 통로로 이용될 가능성도 완전히 배제할 수 없으므로 통일부장관이 북한주민 등과의 접촉을 원하는 자로부터 승인신청을 받아 구체적인 내용을 검토하여 승인 여부를 결정하는 절차는 현 단계에서는 불가피하므로 남북교류협력에관한법률 제9조 제3항은 평화통일을 선언한 헌법전문, 헌법 제4조, 헌법 제66조 제3항 및 기타 헌법상의 통일조항에 위배된다고 볼 수

---

[16] 참고로, 동법 제정 당시 제1조 목적 규정은 "이 법은 군사분계선 이남지역(이하 "남한"이라 한다)과 그 이북지역(이하 "북한"이라 한다)간의 상호교류와 협력을 촉진하기 위하여 필요한 사항을 규정함을 목적으로 한다."라고 되어 있다.

[17] 이와 같은 맥락에서, 헌법재판소 역시 " … 자유민주적 기본질서에 입각하여 상호 접촉하고 대화하면서 협력과 교류의 길로 나아가는 것이 평화적 통일을 위한 초석이 되는 것이며, … "라고 언급한 바 있다. 헌법재판소 2000. 7. 20. 선고 98헌바63 결정.

없다."라고 하여 이를 합헌으로 보았다.[18] 이밖에 헌법재판소는 동법과 국가보안법과의 관계 문제,[19] 동법과 타 법률과의 관계 문제에 대해서도 판시[20]함으로써 동법에 대한 헌법적 해석을 몇 차례 내린 바 있다.

한편, 동법은 후술하는 바와 같이 지방자치단체의 남북교류협력사업에도 직접 적용되는 법률이지만 동법에서 지방자치단체를 명시적으로 언급하고 있는 규정은 없다. 다만, 제2조 제4호에서 협력사업에 관한 정의를 규정하면서 남한과 북한의 주민에 법인과 단체를 포함하는데, 여기에서 말하는 법인과 단체에 지방자치단체도 포함되는지에 관한 논란이 있다. 지방자치단체의 주체성과 관련된 논의로서, 이에 대해서는 후술하도록 한다.

〈남북교류협력법의 법적 성격[21]〉

▶ "1988. 7. 7. 남북한 간의 화해를 위한 6개항의 대북한 제의인 이른바 "7. 7. 선언"이 발표된 후 그 동안 원칙적으로 금지되었던 북한주민과의 접촉, 왕래 및 교류 등을 허용·지원하고, 우리 국민들의 북한 방문 및 남북한 왕래·교류에 대한 요구를 적절히 수용하기 위한

---

18) 헌법재판소 2000. 7. 20. 선고 98헌바63 결정.
19) 동법은 2005년 5월 31일 다른 법률과의 관계 규정(제3조)을 "남한과 북한과의 왕래·접촉·교역·협력사업 및 통신역무의 제공 등 남북교류와 협력을 목적으로 하는 행위에 관하여는 이 법률의 목적 범위 안에서 다른 법률에 우선하여 이 법을 적용한다."라고 개정함으로써 다른 법률의 특별법의 성격을 갖는 것으로 표현하고는 있으나, 국가보안법과 동일한 규율대상에 대해 적용하는 경우에는 동법과 국가보안법은 일반법과 특별법의 관계에 있다고 해석하는 것이 체계적·규범조화적 해석이라고 할 것이다. 이효원, "남북관계의 변화를 대비한 공법적 과제", 공법연구, 제41집 제3호 (2013. 2.), 12-13면.
20) " … 한편 남북교류협력에 관한 법률(이하 '남북교류법'이라 한다)은 "교역"을 남북 간의 물품의 반출·반입으로(남북교류법 제2조 제2호), "반출·반입"을 매매 등을 원인으로 하는 남북 간의 물품의 이동(단순히 제3국을 경유하는 물품의 이동을 포함한다)으로(남북교류법 제2조 제3호) 각 규정하고 있어 제3국을 단순히 경유하지 않은 물품, 즉 제3국에서 수입통관 후 국내 반입된 물품은 남북교역 대상 물품으로 취급되지 않고 일반수입 물품으로 취급된다. 종합하면 남북교류법은, 교역당사자의 남북 간 물품 이동(단순히 제3국을 경유하는 경우를 포함한다)의 경우에만 적용되는 것이고 단순경유지가 아닌, 북한 이외의 제3국으로부터 우리나라에 도착된 물품에는 관세법 등이 적용되므로 남북교류법이 관세법상의 수입의 개념에 영향을 미치지 아니한다. … " 헌법재판소 2006. 7. 27. 2004헌바68 결정.
21) 헌법재판소 2005. 6. 30. 선고 2003헌바114 결정.

법률적 후속조치로서 남북교류협력에관한법률(이하 '남북교류법'이라 한다)이 1990. 8. 1. 법률 제4239호로 제정되었다. 남북교류법은 군사분계선 이남지역(남한)과 그 이북지역(북한) 간의 상호교류와 협력을 촉진하기 위하여 필요한 사항을 규정함을 목적으로 하고 있으며(제1조), 남북교류와 협력을 목적으로 하는 행위에 관하여는 다른 법률에 우선하여 동법을 적용하도록 규정하고 있는(제3조) 점에 비추어 보면 동법은 평화적 통일과 남북교류를 위한 기본법으로서의 성격을 갖고 있다"

〈남북교류협력법이 헌법상의 통일조항에 위배되는지 여부 등에 관한 헌법재판소의 판단[22]〉

▶ "위 법은 기본적으로 북한을 평화적 통일을 위한 대화와 협력의 동반자로 인정하면서 남북대결을 지양하고, 자유왕래를 위한 문호개방의 단계로 나아가기 위하여 종전에 원칙적으로 금지되었던 대북한 접촉을 허용하며, 이를 법률적으로 지원하기 위하여 제정된 것으로서, 그 입법목적은 평화적 통일을 지향하는 헌법의 제반규정에 부합하는 것이다."

▶ "북한주민과의 접촉이 그 과정에서 불필요한 마찰과 오해를 유발하여 긴장이 조성되거나, 무절제한 경쟁적 접촉으로 남북한간의 원만한 협력관계에 나쁜 영향을 미칠 수도 있으며, 북한의 정치적 목적에 이용되거나 국가의 안전보장이나 자유민주적 기본질서에 부정적인 영향을 미치는 통로로 이용될 가능성도 완전히 배제할 수 없으므로 통일부장관이 북한주민 등과의 접촉을 원하는 자로부터 승인신청을 받아 구체적인 내용을 검토하여 승인 여부를 결정하는 절차는 현 단계에서는 불가피하므로 남북교류협력에관한법률 제9조 제3항은 평화통일을 선언한 헌법전문, 헌법 제4조, 헌법 제66조 제3항 및 기타 헌법상의 통일조항에 위배된다고 볼 수 없다."

〈남북교류협력법과 관세법과의 관계[23]〉

▶ " … 한편 남북교류협력에 관한 법률(이하 '남북교류법'이라 한다)은 "교역"을 남북 간의 물품의 반출·반입으로(남북교류법 제2조 제2호), "반출·반입"을 매매 등을 원인으로 하는 남북 간의 물품의 이동(단순히 제3국을 경유하는 물품의 이동을 포함한다)으로(남북교류법 제2조 제3호) 각 규정하고 있어 제3국을 단순히 경유하지 않은 물품, 즉 제3국에서 수입통관 후 국내 반입된 물품은 남북교역 대상 물품으로 취급되지 않고 일반수입 물품으로 취급된다. 종합하면 남북교류법은, 교역당사자의 남북 간 물품 이동(단순히 제3국을 경유하는 경우를 포함한다)의 경우에만 적용되는 것이고 단순경유지가 아닌, 북한 이외의 제3국으로부터 우리나라에 도착된 물품에는 관세법 등이 적용되므로 남북교류법이 관세법상의 수입의 개념에 영향을 미치지 아니한다. … "

---

[22] 헌법재판소 2000. 7. 20. 선고 98헌바63 결정.
[23] 헌법재판소 2006. 7. 27. 선고 2004헌바68 결정.

⟨국가보안법과 남북교류협력법 간의 관계에 관한 헌법재판소 재판관들의 의견 대립[24]⟩

▶ (다수의견) "국가보안법과 남북교류협력에관한법률은 상호 그 입법목적과 규제대상을 달리하고 있는 관계로 구 국가보안법 제6조 제1항 소정의 잠입·탈출죄에서의 "잠입·탈출"과 남북교류법 제27조 제2항 제1호 소정의 죄에서의 "왕래"는 그 각 행위의 목적이 다르다고 해석되고, 따라서 두 죄는 각기 그 구성요건을 달리하고 있다고 보아야 할 것이므로, 위 두 법률조항에 관하여 형법 제1조 제2항의 신법우선의 원칙이 적용될 수 없고, … "

▶ (반대의견1) "남북교류법과 국가보안법은 법체계상 특별법과 일반법의 관계에 있다고 할 것으로, 만일 남북교류법 제3조 중의 「정당하다고 인정되는 범위 안에서」의 부분이 위헌이 되어 위 규정의 구성요건이 단순화된다면 국가보안법의 구성요건과의 사이에 공통성이 생겨 결국 당해 사건에 있어서 범죄 후 법률의 변경이 있는 경우에 해당되어 형법 제1조 제2항에 의하여 법원은 피고인에게 보다 유리한 남북교류협력에 관한 법률의 적용을 고려하여야 할 것이고, 더구나 법률적용의 문제는 법원의 직권사항임에 비추어 공소장의 변경과정을 거칠 필요 없이 당연히 당해 사건의 판결결과에 영향이 생긴다고 보아야 한다. … 다수의견처럼 재판의 전제성을 지나치게 좁히면 국민의 헌법재판에 접근권 즉 악세스(access)권을 형해화시킨다는 점에서 바람직하지 않으며, 독립한 헌법재판소를 두어 법률 등 입법작용에 대한 합헌적 통제의 기능을 활성화시키려는 우리 헌법의 본의에 배치된다고 할 것이다."

▶ (반대의견2) "남북교류법에 규정된 각종 교류, 협력행위는 국가보안법상의 처벌규정에도 해당될 수 있는 것을 당연한 전제로 하여 규정된 행위유형으로서 남북교류법 제3조에서 "……다른 법률에 우선하여 이 법을 적용한다"고 할 때의 다른 법률에는 국가보안법도 해당됨은 입법취지나 법의 내용으로 보아 의문의 여지가 없고, 국가보안법상의 "잠입·탈출"이라는 행위는 북한과 통모하여 남한 정부의 전복을 기도하거나 간첩활동을 하기 위한 것이 아닌 한 남북교류법상의 "왕래"와 동일한 개념으로 해석하여야 할 것이므로, 만약 위 제3조가 위헌이어서 무효라면 청구인의 행위에 대하여는 국가보안법의 적용이 배제되고 당연히 남북교류법이 적용되어야 할 것이어서 위 제3조의 위헌 여부는 당연히 청구인에 대한 당해 형사사건의 재판의 전제가 되는 것이다."

(4) 남북협력기금법

남북교류협력법과 함께 '7·7선언'의 후속조치로서 1990년 8월 1일 제정되고 동년 10월 1일 시행된 남북협력기금법은 남북 간의 제반 교류와 협력을 증진하여 민족공동체를 회복하고 조국의 평화적 통일을 촉진하기 위하여 남북교류협력을 지원할 남북협력기금을 설치하고, 그 운용·관리에 필요한 사항을 정하기 위해 제정된 것으로써,[25] 총 14개의 조문과 부칙으로 구성

---
24) 헌법재판소 1993. 7. 29. 선고 92헌바48 결정.

되어 있다. 주요 내용으로는, 기금의 설치 및 재원(제3조 및 제4조), 기금의 운영·관리(제7조), 기금의 용도(제8조), 기금의 회계기관(제9조), 보고 및 환수(제11조) 등이 있으며, 남북교류기금의 조성 방법과 그 용도에 관한 사항이 중요하다고 할 수 있다.[26]

  동법은 남북교류협력의 물적 지원체제를 마련하여 통일비용 절감에 일정 부분 기여하는 역할을 한다. 동법 제4조에 따라 정부 및 민간의 출연금, 다른 기금 및 금융기관 등으로부터의 장기차입금, 공공자금관리기금으로부터의 예수금, 기금의 운용수익금 등을 재원으로 하는 남북협력기금은 남북교류협력에 필요한 자금의 융자·지원과 남북교류협력을 증진하기 위한 사업의 지원 등을 위해 사용된다. 중앙정부의 대북 정책 기조에 따라 그 조성 및 지출액의 변동성이 심하기는 하나 동법에 의해 설치된 남북협력기금은 일반적으로 남북교류협력을 촉진하여 북한의 개방과 개혁을 이끌어 낼 수 있는 수단적 성격과 함께 통일 비용의 사전 지출적 성격을 가진다고 볼 것이다.

(5) 지방자치법

  지방자치단체가 남북교류협력의 행위주체이므로 지방자치에 관한 기본법인 지방자치법 역시 검토가 필요하다. 동법과 상술한 남북교류협력 3법과의 관계에 관해서는, 지방자치단체의 자치행정사무가 북한과 관계되는 경우에는 양자는 일반법과 특별법의 관계에 있으므로 특별법적 지위에 있는 남북교류협력법, 남북협력기금법 등이 우선 적용된다는 견해도 있으나,[27] 양자의 법률들은 그 입법목적과 규율사항이 상호 중첩된다고 볼 수 없어 동법은 남북관계발전법, 남북교류협력법, 남북협력기금법과 함께 적용된다

---

25) 동법의 제정이유.
26) 동법 역시 남북교류협력법과 마찬가지로 지방자치단체에 관한 규정은 두고 있지 않다.
27) 강기홍, "지방자치단체의 남북교류협력법제 발전 방안", 지방자치법연구, 제13권 2호(2013. 6.), 198면.

고 할 것이다. 즉, 지방자치단체에 의한 남북교류협력의 경우 지방자치법과 남북관계발전법, 남북교류협력법 및 남북협력기금법은 규범조화적 해석을 통해 서로 양립할 수 있는바, 이와 같은 지방자치법과 남북교류협력 3법은 각기 그 규율의 영역이 기본적으로 상이하여 일반법과 특별법의 관계에 있다고 이해하기보다는 상호 동위의 지위에서 작용하는 것으로 이해해야 할 것이다.

동법 역시 앞서 살펴 본 지방자치단체 남북교류협력의 절차 및 방법 등에 관한 구체적인 규정은 두고 있지 않다. 하지만 지방자치단체가 남북교류협력을 추진할 경우 동법 제8조, 제9조, 제11조, 제39조, 제166조 및 제171조 등은 검토될 필요가 있다. 동법 제8조는 지방자치단체 사무처리의 기본원칙을 규정하면서 제1항에서 "지방자치단체는 그 사무를 처리할 때 주민의 편의와 복리증진을 위하여 노력하여야 한다."라고 하고, 제3항에서는 "지방자치단체는 법령이나 상급 지방자치단체의 조례를 위반하여 그 사무를 처리할 수 없다."라고 하여 사무처리 시 상위 법령을 준수해야 함을 규정하고 있다. 동법 제9조는 지방자치단체가 처리하는 사무의 포괄적인 범위를 예시적 열거방식을 통해 규정하고 있으며, 다른 법률에서 국가가 처리한다고 정하지 않는 이상 동조에 열거된 사무는 지방자치단체가 수행할 수 있는 사무로 보아야 한다고 규정한다. 동법 제11조는 지방자치단체가 처리할 수 없는 국가사무를 열거하고 있는바, 동조 제1호에서는 '외교, 국방, 사법(司法), 국세 등 국가의 존립에 필요한 사무'를 국가사무로 명확히 규정하고 이에 대해 지방자치단체의 사무처리를 제한하고 있다.

또한, 동법 제39조 제1항 제10호에서는 '외국 지방자치단체와의 교류협력에 관한 사항'을 지방의회의 의결사항 중 하나임을 명시하고 있으며, 동법 제9장 국가의 지도·감독에 관한 장에서는 제166조를 통해 중앙행정기관의 장 등이 지방자치단체의 사무에 관하여 조언, 권고, 지도를 할 수 있으며, 필요하다고 인정하면 지방자치단체의 사무 처리에 관한 재정지원이나 기술지원을 할 수 있다고 규정하고 있다. 동법 제171조는 지방자치단체의 자치사무에 관하여 행정안전부장관 등이 보고를 받거나 서류 및 회계 등을 감사할 수 있다는 규정인바, 지방자치단체의 자치사무에 대한 상급 감독청의 감사는 법령 위반 여부에 대하여만 실시한다.

〈지방자치법상 지방자치단체의 남북교류협력 사무 예시〉

▶ 지방자치법 제9조(지방자치단체의 사무범위) ② 제1항에 따른 지방자치단체의 사무를 예시하면 다음 각 호와 같다. 다만, 법률에 이와 다른 규정이 있으면 그러하지 아니하다.
 2. 주민의 복지증진에 관한 사무
  가. 주민복지에 관한 사업
 3. 농림·상공업 등 산업 진흥에 관한 사무
  나. 농산물·임산물·축산물·수산물의 생산 및 유통지원
  라. 복합영농의 운영·지도
  마. 농업 외 소득사업의 육성·지도
  파. 지역특화산업의 개발과 육성·지원
  하. 우수토산품 개발과 관광민예품 개발
 4. 지역개발과 주민의 생활환경시설의 설치·관리에 관한 사무
  거. 지역경제의 육성 및 지원
 5. 교육·체육·문화·예술의 진흥에 관한 사무
  라. 지방문화·예술의 진흥

3. 조약 및 국제법규

헌법 제6조에서 국제법규는 국내법과 동일한 효력을 갖는다고 규정하고 있는바,[28] 우리나라가 조약을 체결하거나 국제기구에 가입하여 각종 협약에 합의를 한다면 그 합의 등에 따른 국내에서의 새로운 법적 규율관계가 발생한다. 즉 한국이 체결한 조약이나 국제협약은 국내법 질서에서 새로운 법령을 제정 내지 개정하는 결과를 발생시킨다.

지방자치단체가 주체가 되어 행하는 남북교류협력에 관한 직접적인 조약이나 국제법규는 현재 존재하지 않는 것으로 파악된다. 그럼에도 불구하고, 지방자치단체가 남북교류협력을 추진함에 있어, 한·미, 한·일, 한·중 혹은

---

[28] 헌법 제6조 ① 헌법에 의하여 체결·공포된 조약과 일반적으로 승인된 국제법규는 국내법과 같은 효력을 가진다.

한국을 포함한 다자간에 체결한 조약이나 국제법규에 주의해야 함은 물론이다.

참고로, 1992년 2월 19일에 발효된 남북기본합의서[29]가 조약이나 국제법규에 해당되는지 여부와 관련하여 헌법재판소[30]와 대법원[31]은 동 합의서가 우리 헌법 제6조 제1항에서 규정하고 있는 국내법과 동일한 효력을 갖는 조약이나 국제법규가 아니라고 판시한 바 있다.

남북기본합의서(Inter-Korean Basic Agreement)는 남북한 당국이 남북분단 이후 양자의 관계를 명문으로 정의하고 상대방 체계를 적극적으로 인정한 공동성명 또는 신사협정에 해당하는 것으로,[32] 지방자치단체의 남북교류협력과 관련하여서는 명문의 내용을 담고 있지는 않으나 본 합의서 제3장 제15조 내지 제23조 등이 의미를 가진다고 할 것이다.[33]

---

[29] 남북한은 1991년 12월 13일 제5차 남북고위급회담에서 남북사이의화해와불가침및교류·협력에관한합의서(남북기본합의서)에 각각 서명하고, 1992년 2월 19일 평양에서 열린 제6차 남북고위급회담에서 그 합의 문건을 서로 교환함으로써 이를 발효시켰다. 남북기본합의서는 분단 반세기만에 남북한 쌍방이 민족화해와 교류협력을 정부당국간 차원에서 정식으로 합의한 문서로서, 남북한은 동 기본합의서의 체결로 인하여 평화공존에 입각한 남북관계의 기반을 구축할 수 있는 계기를 마련하게 되었다. 이상훈, 남북경협합의서의 법적 성격에 대한 고찰, 법제, 2003. 12., 65면.
[30] 헌법재판소 1997. 1. 16. 선고 92헌바6등(병합) 결정; 헌법재판소 2000. 7. 20. 선고 98헌바63 결정.
[31] 대법원 1999. 7. 23. 선고 98두14525 판결.
[32] 이효원, 남북교류협력의 규범체계, 경인문화사, 2006, 137면 이하.
[33] 참고로, 본 합의서 상 남북한의 지위와 관련하여 견해의 대립이 있다. 일설은 남북기본합의서 전문에서 규정하고 있는 '나라와 나라 사이의 관계가 아닌 특수한 관계'라는 부분에서도 알 수 있듯이 남한 정부는 '중앙적 법률상 정부'인 반면 북한은 자신의 영역만을 사실상 통치영역으로 하는 '지방적 사실상 정부'라는 견해이다. 김명기, 남북기본합의서 요론, 국제문제연구소, 1992, 123면. 이에 대해 남한과 북한의 정부는 상호 동등하게 '일반적 사실상의 정부'의 관계에 있다는 반대의 견해도 존재한다. 이장희, "북한의 조약체결당사자 능력인정에 따른 법적 문제 연구", 인도법논총, 제16호(1996), 84면. 이상의 견해 대립에 대한 소개는, 이규창, "「남북관계발전에 관한 법률의 분석과 평가」-남북한 특수관계 및 남북합의서 관련 조항을 중심으로-", 법조, 55권 8호(2006), 171-172면.

〈지방자치단체의 남북교류협력 관점에서 본 남북기본합의서의 주요 내용〉

▶ 전문
" … 다각적인 교류·협력을 실현하여 민족공동의 이익과 번영을 도모하며, … 평화 통일을 성취하기 위한 공동의 노력을 경주할 것을 다짐하면서, 다음과 같이 합의하였다."

▶ 제3장 남북교류·협력
제15조 남과 북은 민족경제의 통일적이며 균형적인 발전과 민족전체의 복리향상을 도모하기 위하여 자원의 공동개발, 민족 내부 교류로서의 물자교류, 합작투자 등 경제교류와 협력을 실시한다.
제16조 남과 북은 과학·기술, 교육, 문화·예술, 보건, 체육, 환경과 신문, 라디오, 텔레비전 및 출판물을 비롯한 출판·보도 등 여러 분야에서 교류와 협력을 실시한다.
제17조 남과 북은 민족구성원들의 자유로운 왕래와 접촉을 실현한다.
제18조 남과 북은 흩어진 가족·친척들의 자유로운 서신거래와 왕래와 상봉 및 방문을 실시하고 자유의사에 의한 재결합을 실현하며, 기타 인도적으로 해결할 문제에 대한 대책을 강구한다.
제19조 남과 북은 끊어진 철도와 도로를 연결하고 해로, 항로를 개설한다.
제20조 남과 북은 우편과 전기통신교류에 필요한 시설을 설치·연결하며, 우편·전기통신 교류의 비밀을 보장한다.
제21조 남과 북은 국제무대에서 경제와 문화 등 여러 분야에서 서로 협력하며 대외에 공동으로 진출한다.
제22조 남과 북은 경제와 문화 등 각 분야의 교류와 협력을 실현하기 위한 합의의 이행을 위하여 이 합의서 발효 후 3개월 안에 남북경제교류·협력공동위원회를 비롯한 부문별 공동위원회들을 구성·운영한다.
제23조 남과 북은 이 합의서 발효 후 1개월 안에 본회담 테두리 안에서 남북교류·협력분 과위원회를 구성하여 남북교류·협력에 관한 합의의 이행과 준수를 위한 구체적 대책을 협의한다.

〈남북기본합의서의 법적성격에 관한 헌법재판소의 입장[34]〉

▶ "소위 남북합의서는 남북관계를 "나라와 나라 사이의 관계가 아닌 통일을 지향하는 과정에서 잠정적으로 형성되는 특수관계" (전문 참조) 임을 전제로 하여 이루어진 합의문서인 바, 이는 한민족공동체 내부의 특수관계를 바탕으로 한 당국간의 합의로서 남북당국의 성의 있는 이행을 상호 약속하는 일종의 공동성명 또는 신사협정에 준하는 성격을 가짐에 불과하다."

---

[34] 헌법재판소 1997. 1. 16. 선고 92헌바6 등(병합) 결정; 헌법재판소 2000. 7. 20. 선고 98헌바63 결정.

⟨남북기본합의서의 법적성격에 관한 대법원의 입장[35]⟩

▶ "남북 사이의 화해와 불가침 및 교류협력에 관한 합의서는 남북관계가 '나라와 나라 사이의 관계가 아닌 통일을 지향하는 과정에서 잠정적으로 형성되는 특수관계'임을 전제로, 조국의 평화적 통일을 이룩해야 할 공동의 정치적 책무를 지는 남북한 당국이 특수관계인 남북관계에 관하여 채택한 합의문서로서, 남북한 당국이 각기 정치적인 책임을 지고 상호간에 그 성의 있는 이행을 약속한 것이기는 하나 법적 구속력이 있는 것은 아니어서 이를 국가 간의 조약 또는 이에 준하는 것으로 볼 수 없고, 따라서 국내법과 동일한 효력이 인정되는 것도 아니다."

⟨남북한 UN동시가입과 국가승인에 관한 헌법재판소의 판단[36]⟩

▶ "청구인들의 주장과 같이 비록 남·북한이 유엔 (U.N)에 동시가입하였다고 하더라도, 이는 "유엔헌장"이라는 다변조약에의 가입을 의미하는 것으로서 유엔헌장 제4조 제1항의 해석상 신규가맹국이 "유엔 (U.N)"이라는 국제기구에 의하여 국가로 승인받는 효과가 발생하는 것은 별론으로 하고, 그것만으로 곧 다른 가맹국과의 관계에 있어서도 당연히 상호간에 국가승인이 있었다고는 볼 수 없다는 것이 현실 국제정치상의 관례이고 국제법상의 통설적인 입장이다."

4. 기 타 법 률

(1) 개성공업지구지원법

개성공업지구 지원에 관한 법률(이하, 개성공업지구법이라 함)은 개성공업지구의 개발·운영의 지원 및 개성공업지구에 투자하거나 출입·체류하는 남한주민과 법인의 보호·지원에 관하여 필요한 사항을 규정함으로써 남북교류·협력을 증진하고 민족경제의 균형적인 발전에 기여하기 위해[37] 2007년 5월 25일 제정되었다.

동법은 5개 장, 총 20개의 조문과 부칙으로 구성되어 있는데, 정부의 시

---

[35] 대법원 1999. 7. 23. 선고 98두14525 판결.
[36] 헌법재판소 1997. 1. 16. 선고 92헌바6 등(병합) 결정.
[37] 동법 제1조.

책 등(제3조), 개성공업지구개발지원대책협의회(제4조), 개발과 투자의 지원(제6조 내지 제11조), 사회보험에 관한 법률의 적용 등(제13조 및 14조), 근로조건에 관한 법률의 적용(제15조), 조세 감면(제16조), 왕래와 교역의 특례(제17조), 개성공업지구 관리기관(제18조), 개성공업지구지원재단(제19조) 등을 규정하고 있다.

개성공업지구법은 제3조 제5항, 제12조의6 제2항 등에서 지방자치단체의 일정한 역할을 예정하고 있다.

〈지방자치단체의 역할에 관한 개성공업지구법 및 동법 시행규칙 규정〉

▶ 개성공업지구법
제3조(정부의 시책 등) ⑤ 통일부장관은 개성공업지구를 개발하기 위하여 필요한 경우에 관계 중앙행정기관의 장, 지방자치단체의 장 및 관계 기관·단체의 장에게 필요한 지원을 요청할 수 있다.
제12조의6(개성공업지구 투자기업의 실태조사 등) ② 통일부장관은 제1항에 따른 실태조사를 위하여 필요한 경우에는 관계 중앙행정기관의 장, 지방자치단체의 장, 공공기관의 장, 개성공업지구 투자기업 및 관련 단체 등에 필요한 자료를 요청할 수 있다. 이 경우 자료를 요청받은 관계 중앙행정기관의 장 등은 특별한 사정이 없으면 요청에 따라야 한다.

▶ 개성공업지구법 시행규칙
제2조(신변안전정보의 통지) ① 통일부장관은 … 신변안전정보를 개성공업지구 현지기업과 이에 고용된 남한 근로자에게 유선전화 등 사용할 수 있는 모든 통신수단을 활용하여 직접 지체 없이 통지하여야 한다.
② 통일부장관은 관계 중앙행정기관, 지방자치단체, 관계 기관·단체 및 국내 모기업(「남북교류협력에 관한 법률」에 따른 협력사업의 승인을 받거나 신고 수리를 받아 개성공업지구에 투자한 국내 모기업을 말한다)을 통하여 제1항에 따른 통지를 할 수 있다.

(2) 이산가족교류촉진법

남북 이산가족 생사확인 및 교류 촉진에 관한 법률(이하, 이산가족교류촉진법이라 함)은 "남북 이산가족의 생사확인과 교류촉진을 위한 국가의 책무를 규정하고 북한당국과의 적극적 협의 및 지원을 촉구하며, 아울러 남북 당국 간 이산가족 문제의 획기적인 발전이 있기까지 민간차원의 이산가

족 교류를 지원하기 위한 근거를 마련"하기 위해[38] 2009년 3월 25일 제정되었다.[39]

동법은 총 17개의 조문과 부칙으로 구성되어 있는데, 국가의 책무(제4조), 남북 이산가족 교류 촉진 기본계획(제5조), 실태조사 및 정보관리(제6조), 남북 이산가족 교류 촉진(제9조), 이산가족 교류 지원(제10조부터 제12조까지) 등을 규정하고 있다.

동법 및 동법 시행령에서는 지방자치단체에 관한 명문의 규정은 두고 있지 않으나, 그 내용에 있어 지방자치단체의 실질적인 역할을 예정하고 있는 규정들이 있다. 동법 제6조 제3항은 "통일부장관은 이산가족 찾기를 위하여 필요한 때에는 「주민등록법」에 따른 주민등록사무[40]의 지도·감독 기관의 장 또는 지도·감독을 위임받은 기관의 장(이하 이 조에서 "주민등록사무감독기관의 장"이라 한다)에게 주민등록전산정보자료의 제공을 요청할 수 있다"라고 규정하고, 동조 제4항에서는 "제3항의 요청을 받은 주민등록사무감독기관의 장은 정당한 사유가 없는 한 주민등록전산정보자료를 제공하여야 한다"라고 규정하고 있다. 여기서 주민등록사무의 지도·감독 기관의 장은 기초지방자치단체의 장을 말하며, 지도·감독을 위임받은 기관의 장은 읍·면·동장 등을 의미한다고 하겠다.[41]

---

[38] 동법 제정이유.
[39] 2010년 경기도는 지방자치단체 차원에서는 전국 최초로 도내 거주 이산가족 상봉사업을 북한 측에 제의한 바 있다. 이와 관련해서 경기도는 이산가족 상봉사업과 북한의 황해남도와 개성지역 협력사업과 연계를 염두에 두고 있었으나, 당시 통일부는 중앙정부와 조율되지 않은 지방자치단체의 중구난방식 대북교류는 바람직하지 않으며 국론분열 양상으로까지 치달을 수 있다는 입장에서 동 사업에 제동을 걸었다. 제성호, 통일 관련 법제와 지방자치단체의 역할 -법제도 분석과 개선방안을 중심으로-, 법학논문집(중앙대학교), 제40집 제1호(2016), 434면.
[40] 주민등록법 제2조(사무의 관장) ① 주민등록에 관한 사무는 시장(특별시장·광역시장은 제외하고, 특별자치도지사는 포함한다. 이하 같다)·군수 또는 구청장(자치구의 구청장을 말한다. 이하 같다)이 관장한다.
② 시장·군수 또는 구청장은 제1항에 따른 해당 권한의 일부를 그 지방자치단체의 조례로 정하는 바에 따라 구청장(자치구가 아닌 구의 구청장만 해당한다)·읍·면·동장 또는 출장소장에게 위임할 수 있다.
[41] 제성호, 통일 관련 법제와 지방자치단체의 역할 -법제도 분석과 개선방안을 중심으

II. 현행 법제의 문제점과 개선방안

1. 지방자치단체의 주체성

현행 남북관계발전법, 남북교류협력법, 남북협력기금법은 물론 지방자치법에도 지방자치단체가 남북교류협력사업을 주체적으로 추진할 수 있다는 명문의 규정이 없다. 대부분의 규정들이 중앙정부나 민간 주도의 남북교류협력 관련 사항에 대해서만 정하고 있는바, 대북 교류협력에 관한 사업에서의 지방자치단체의 주체성을 명문화한 규정이 없다는 것이 현행 법제의 문제점 중 가장 본질적인 부분이라 할 것이다. 남북교류협력사업에 있어 지방자치단체의 독자성과 주체성을 적극적으로 인정할 경우 중앙정부의 입장에서는 개별 사업들의 조정 및 통제가 쉽지 않을 것이며 나아가 북한에 대한 전략적 대응 측면에서도 문제가 생길 것을 우려하고 있기 때문인 것으로 보인다.[42]

그러나 중앙정부의 이러한 우려는 각종의 문제점들을 발생시킨다. 지방자치단체가 독자적으로 남북교류협력사업들을 추진하지 못함에 따라, 실질적으로는 동 사업 관련 제반 업무를 추진함에도 불필요하게 민간단체와 협력하여 그를 후원하는 형식으로 간접적으로 사업을 추진할 수밖에 없다는 것이 대표적인 문제점이다. 이러한 기형적인 상황으로 인해 지방자치단체는 남북교류협력의 독자적인 사업자로 인정받지 못하여 남부교류협력기금의 지원으로부터 배제되는 등 더 큰 부작용이 초래되기도 한다.[43]

앞서 살펴 본 바와 같이 지방자치단체 차원의 남북교류협력이 가지는 긍정적 측면들을 고려한다면 남북교류협력에 있어 지방자치단체의 주체성을 현행법에 명문으로 규정하는 것이 가장 시급하다고 본다.[44] 이를 위해 우

로-, 법학논문집(중앙대학교), 제40집 제1호(2016), 418면.
42) 김동성 등, 『지방자치단체의 남북교류협력 활성화를 위한 제도 개선 방안 연구』, 경기연구원, 2017, 62면.
43) 김동성 등, 『지방자치단체의 남북교류협력 활성화를 위한 제도 개선 방안 연구』, 경기연구원, 2017, 63-64면.

선 남북관계발전법을 살펴볼 필요가 있는바, 동법은 '제2장 남북관계의 발전과 정부의 책무'에서 남북경제공동체의 구현, 민족동질성의 회복, 인도적 문제의 해결, 북한에 대한 지원 등의 주체를 정부로만 한정하고 있다. 한반도 평화증진(동법 제6조) 또는 국제사회에서의 협력증진(동법 제11조)의 경우는 현실적인 한계 및 외교사무적 성격 등을 이유로 정부에 전권을 부여할 수 있다 하더라도, 그 외 남북관계 발전 사항에 있어서는 지방자치단체에게도 그 책무성을 부여할 수 있음에도 불구하고 이를 전적으로 배제하고 있는 동법의 규정 태도는 문제라고 본다. 남북관계 발전의 주체로서 정부와 함께 지방자치단체가 추가된다면 남북교류협력에서의 지방자치단체의 주체성이 자연스럽게 인정되는 결과가 될 것이다.45)

또한, 남북교류협력법도 개정될 필요가 있는데, 동법 제2조 제4호는 "'협력사업'이란 남한과 북한의 주민(법인·단체를 포함한다)이 공동으로 하는 문화, 관광, 보건의료, 체육, 학술, 경제 등에 관한 모든 활동을 말한다."라고 하면서 협력사업의 주체와 내용을 정의하고 있다. 즉 협력사업의 주체로서 법인과 단체를 명시하였는데 여기에 법인인 지방자치단체도 포함되는지 논란이 있다.46) 여기서 말하는 법인과 단체란 남북한의 주민과 유사한 지위 내지 성격을 가지는 지방자치단체의 구역 내 구성원을 의미하는 것으로 이해해야 할 것이므로, 여기에 지방자치단체가 포함된다고 해석하기는 어렵다. 무리한 법해석을 통해 지방자치단체의 주체성을 인정하기 보다는 입법적으로 이러한 논란을 해결함이 바람직하다고 본다.

즉, 상기 규정들을 다음과 같이 개정함으로써 지방자치단체의 책무와 주체성을 명문화하고,47) 동시에 이를 각 지방자치단체가 남북교류협력사무를

---

44) 단계적으로 광역지방자치단체부터 남북교류협력의 주체성을 인정하고 기초지방자치단체의 경우에는 준비상황 등에 따라 부분적, 점진적으로 허용하자는 견해는, 박훈민, 『남북교류협력법에 관한 연구』, 한국법제연구원, 2018, 68면, 80면 참조.
45) 제성호, "통일 관련 법제와 지방자치단체의 역할 -법제도 분석과 개선방안을 중심으로-", 『법학논문집』, 제40집 제1호(2016), 435면.
46) 이에 관한 견해 대립은, 황선훈, "남북 지방간 교류협력의 일환으로서 도시자매결연과 법적 문제", 공법학연구, 제20권 제2호(2019. 5.), 108면 각주 42번 참조.
47) 남북관계발전법 내에 정부의 책무와 별도로 지방자치단체의 책무 부분을 신설하자

주체적으로 추진할 수 있는 법적 근거로 삼아야 할 것이다.

◆ 〈표〉 남북관계발전법 일부개정사항 신구조문 대비

현행	개정안
제2장 남북관계 발전과 <u>정부의 책무</u>	제2장 남북관계 발전과 <u>정부 및 지방자치단체의</u> 책무
제7조(남북경제공동체 구현) ① <u>정부는</u> 민족경제의 균형적 발전을 통하여 남북경제공동체를 건설하도록 노력한다. ② (생략)	제7조(남북경제공동체 구현) ① <u>정부 및 지방자치단체는</u> 민족경제의 균형적 발전을 통하여 남북경제공동체를 건설하도록 노력한다. ② (생략)
제8조(민족동질성 회복) ① <u>정부는</u> 사회문화분야의 교류협력을 활성화함으로써 민족동질성을 회복하도록 노력한다. ② (생략)	제8조(민족동질성 회복) ① <u>정부 및 지방자치단체는</u> 사회문화분야의 교류협력을 활성화함으로써 민족동질성을 회복하도록 노력한다. ② (생략)
제9조(인도적문제 해결) ① <u>정부는</u> 한반도 분단으로 인한 인도적 문제해결과 인권개선을 위하여 노력한다. ② <u>정부는</u> 이산가족의 생사·주소확인, 서신교환 및 상봉을 활성화하고 장기적으로 자유로운 왕래와 접촉이 가능하도록 시책을 수립·시행한다.	제9조(인도적문제 해결) ① <u>정부 및 지방자치단체는</u> 한반도 분단으로 인한 인도적 문제해결과 인권개선을 위하여 노력한다. ② <u>정부 및 지방자치단체는</u> 이산가족의 생사·주소확인, 서신교환 및 상봉을 활성화하고 장기적으로 자유로운 왕래와 접촉이 가능하도록 시책을 수립·시행한다.
제10조(북한에 대한 지원) ① <u>정부는</u> 인도주의와 동포애 차원에서 필요한 경우 북한에 대한 지원을 할 수 있다. ② <u>정부는</u> 북한에 대한 지원이 효율적이고 체계적이며 투명하게 이루어질 수 있도록 종합적인 시책을 수립·시행한다.	제10조(북한에 대한 지원) ① <u>정부 및 지방자치단체는</u> 인도주의와 동포애 차원에서 필요한 경우 북한에 대한 지원을 할 수 있다. ② <u>정부 및 지방자치단체는</u> 북한에 대한 지원이 효율적이고 체계적이며 투명하게 이루어질 수 있도록 종합적인 시책을 수립·시행한다.

◆ 〈표〉 남북교류협력법 일부개정사항 신구조문 대비

현행	개정안
제2조(정의) 이 법에서 사용하는 용어의 뜻은 다음과 같다. 1. ~ 3. (생략) 4. "협력사업"이란 남한과 북한의 주민(법인·단	제2조(정의) 이 법에서 사용하는 용어의 뜻은 다음과 같다. 1. ~ 3. (생략) 4. "협력사업"이란 <u>지방자치단체 또는</u> 남한과

는 견해는, 송인호, "통일 시대를 대비한 법제정비의 주요쟁점", 저스티스, 제146-3호(2015. 2.), 223면 참조.

| 체를 포함한다)이 공동으로 하는 문화, 관광, 보건의료, 체육, 학술, 경제 등에 관한 모든 활동을 말한다. | 북한의 주민(법인·단체를 포함한다)이 공동으로 하는 문화, 관광, 보건의료, 체육, 학술, 경제 등에 관한 모든 활동을 말한다. |

2. 재정 지원

현재 지방자치단체의 남북교류협력사업은 지방자치단체의 자체 예산으로 수행되고 있다.[48] 남북교류협력법 제24조는 "정부는 남북교류·협력을 증진시키기 위하여 필요하다고 인정하면 이 법에 따라 행하는 남북교류·협력을 위한 사업을 시행하는 자에게 보조금을 지급하거나 그 밖에 필요한 지원을 할 수 있다."라고 규정하고 있으나, 동 규정의 불명확함[49] 내지 보조적 성격으로 인해 지방자치단체에 대한 정부의 재정지원은 제한적이라 할 것이다.

상기 규정에 따라 지방자치단체가 남북교류협력사업 추진과 관련하여 정부의 지원을 받고자 할 때는 정부의 '인정'을 받아야 한다. 이때 '인정'의 의미는 지방자치단체가 해당 남북교류협력사업에 대해 정부로부터 '승인'을 받는다는 의미라고 할 수 있다. 정부의 승인을 얻는 경우 법규정의 내용만 놓고 본다면 남북협력기금법 제8조에 따라 남북협력기금으로부터의 재정지원도 가능할 수도 있겠으나, 동 기금의 실제 지원 여부를 결정함에

---

[48] 통일부의 '지방자치단체 남북교류협력사업 추진 지원지침'에 따르면, 지방자치단체 남북교류협력사업 관련 소요 재원은 원칙적으로 해당 지방자치단체의 자체 예산 범위 내에서 충당하도록 하고, 국민들이 공감하고 상호 이익이 되는 인도적 지원에 한해 남북협력기금의 일부 지원이 가능하도록 되어 있다.

[49] 동조는 '남북교류·협력을 위한 사업을 시행하는 자'에게 보조금 등 기타 필요한 지원을 정부가 할 수 있다고 규정하고 있는바, 상기 문구에 지방자치단체가 포함될 수 있는지 여부가 불분명하므로, 동 문구를 '남북교류·협력을 위한 사업을 시행하는 자 또는 지방자치단체'라고 개정하여 동법상 지방자치단체에 대한 지원 근거를 보다 명확하게 할 필요가 있다는 주장이 있다. 최유, 『통일재정법제연구(Ⅲ) -지방자치단체의 남북교류협력사업-』, 한국법제연구원, 2012, 54-55면; 제성호, "통일 관련 법제와 지방자치단체의 역할 -법제도 분석과 개선방안을 중심으로-", 『법학논문집』, 제40집 제1호,(2016), 439면.

있어서는 정부가 추가적인 재량을 가지고 있으므로 정부의 승인이 곧바로 남북협력기금 지원으로 이어질지는 불분명하다.

따라서 남북교류협력법과는 별도로 남북협력기금법에 보다 명확한 규정을 직접적으로 둘 필요가 있다고 본다. 남북협력기금법 제8조는 기금의 용도를 개별 사업의 내용에 따라 규정하는 형식을 취하고 있는바, 이에 더해 기금 사용의 대상을 추가하는 방안을 검토해 볼 수 있겠다. 정부가 남북협력기금을 지방자치단체에 지원할 수 있다는 명문의 규정을 신설함으로써, 실제 남북교류협력을 추진하는 지방자치단체를 남북협력기금에서 직접 지원하는 방안으로 동법의 개정을 고려해 볼 수 있는 것이다.

◆ 〈표〉 남북협력기금법 일부개정사항 신구조문 대비

현행	개정안
제8조(기금의 용도) 기금은 다음 각 호의 어느 하나에 해당하는 용도에 사용한다. 1. ~ 8. (생략) (신설)	제8조(기금의 용도 등) ① 기금은 다음 각 호의 어느 하나에 해당하는 용도에 사용한다. 1. ~ 8. (생략) ② 정부는 지방자치단체에게 기금을 지원할 수 있다.

3. 협의기구 설치

남북교류협력법 제4조는 "남북교류·협력에 관한 정책을 협의·조정하고, 중요 사항을 심의·의결하기 위하여 통일부에 남북교류협력 추진협의회를 둔다."라고 하고, 동법 제5조에서는 통일부장관이 위원장이 되어 협의회의 업무를 총괄하고, 차관 또는 차관급 공무원, 남북교류협력에 관한 전문지식과 경험을 갖춘 민간전문가들로 협의회를 구성한다고 규정하고 있을 뿐, 동 협의회에 지방자치단체 관련자들의 포함 규정은 없다. 지방이 배제된 중앙 차원의 협의기구이기 때문에 지방자치단체의 입장, 특히 경기도 등 접경지역을 관할하고 있는 지방자치단체의 입장을 반영하기에 한계가 있다.

즉, 남북교류협력법상 남북교류협력 추진협의회의 구성에 있어 지방자치단체는 전적으로 배제되어 있는바, 경기도 등 접경지역을 관할하는 지방자치단체에 대한 입법적 배려가 필요하다고 하겠다. 다종다양한 입법 방안이 제시될 수 있겠으나,50) 동법 제5조 제3항의 개정을 통해 지방자치단체의 입장을 대변할 수 있는 자가 동 협의회에 위원으로 참여하는 방안을 제안하고자 한다. 동 협의회는 동법 제5조 제1항에 따라 18명 이내로 구성되며, 그 중 1인은 위원장인 통일부장관이고 3명 이상은 동조 제3항 제2호에서 정하는 '남북교류·협력에 관한 전문지식과 경험을 갖춘 민간전문가'이므로, 위원 수의 균형을 위해 나머지 인원의 절반에 해당하는 7인 이상의 위원은 지방자치단체의 입장을 대변할 수 있는 대한민국시도지사협의회 및 전국시도의회의장협의회에서 추천하는 자를 위촉하는 방안을 생각해 볼 수 있다.

◆ 〈표〉 남북교류협력법 일부개정사항 신구조문 대비

현행	개정안
제5조(협의회의 구성) ① 협의회는 위원장 1명을 포함한 18명 이내의 위원으로 구성한다. ② (생략) ③ 위원은 다음 각 호의 어느 하나에 해당하는 사람 중에서 국무총리가 임명하거나 위촉한다. <u>이 경우 위원 중 3명 이상은 제2호에 해당하는 사람으로 한다.</u> 1. 차관 또는 차관급 공무원 2. 남북교류·협력에 관한 전문지식과 경험을 갖춘 민간전문가 <u>3. (신설)</u> ④ ~ ⑥ (생략)	제5조(협의회의 구성) ① 협의회는 위원장 1명을 포함한 18명 이내의 위원으로 구성한다. ② (생략) ③ 위원은 다음 각 호의 어느 하나에 해당하는 사람 중에서 국무총리가 임명하거나 위촉한다. <u>이 경우 위원 중 3명 이상은 제2호에 해당하는 사람으로 하고 7명 이상은 제3호에 해당하는 사람으로 한다.</u> 1. 차관 또는 차관급 공무원 2. 남북교류·협력에 관한 전문지식과 경험을 갖춘 민간전문가 <u>3. 지방자치법 제165조 제1항 제1호 및 제2호에 따라 설립된 전국적 협의체에서 추천한 자</u> ④ ~ ⑥ (생략)

---

50) 대표적으로, 송인호, "지자체 남북교류협력사업 활성화를 위한 법제 정비의 필요성", 『법조』, 제61권 2호(2012), 226-227면; 제성호, "통일 관련 법제와 지방자치단체의 역할 -법제도 분석과 개선방안을 중심으로-", 『법학논문집』, 제40집 제1호(2016), 437-438면; 최유, 『통일재정법제연구(Ⅲ) -지방자치단체의 남북교류협력사업-』, 한국법제연구원, 2012, 51-52면 참조.

4. 지방자치단체 남북교류협력사무의 독자성

지방자치단체 남북교류협력사무는 그 법적 성격을 지방자치단체의 자치사무 내지 지방자치단체가 자율적으로 수행할 수 있는 사무로 봄이 타당하다. 지방자치법 제11조 제1호는 외교에 관한 사무를 지방자치단체가 처리할 수 없는 국가사무 중 하나로 제시하고 있는바, 우선 지방자치단체의 남북교류협력에 관한 업무수행이 국가의 존립에 필요한 외교사무의 범위 내에 속하는지 의문이다. 앞서 살펴 본 바와 같이 남북한 특수관계론에 따른 북한의 이중적 지위를 감안하더라도 북한의 국가성을 인정하지 않는 헌법재판소의 입장은 현행 헌법의 해석 하에 그 합리성을 인정할 수 있고, 그러한 결론에 의하면 북한과의 교류협력사업을 후술하는 통일사무가 아닌 외교사무로 보기는 어렵기 때문이다. 현행 남북관계발전법 제3조 역시 남북 관계를 국가 간의 관계가 아니라고 하고, 남북 간 거래를 국가 간 거래가 아닌 민족 내부의 거래라고 한다.[51]

설령, 북한의 국가성을 인정하거나 그 정치적 실체를 온전히 인정하여 북한과의 교류협력을 외교사무에 속하는 것으로 이해한다고 하더라도, 외국 즉 북한의 지방자치단체에 관한 교류협력은 현행 지방자치법의 규범 상호 간의 조화적 해석에 의한다면 결과적으로 자치사무 내지 지방자치단체가 처리할 수 있는 사무로 볼 수 있다. 즉, 현행 지방자치법은 국가의 외교사무과 지방자치단체의 외국 지방자치단체와의 교류협력에 관한 사무에 관한 규정을 모두 두고 있는바, 동법 제11조에 따라 외교사무는 다른 법령의 위임이 없는 한 지방자치단체가 수행할 수 없는 사무임을 알 수 있으나, 이와 함께 동법 제35조 제1항 제10호에서는 외국 지방자치단체와의 교류협력에 관한 사항을 지방의회의 의결사항 중 하나로 정하고 있어, 결국 지방자치단체가 처리할 수 없는 국가사무 중 하나인 외교사무에 외국 지방자치단체와의 교류협력은 포함되지 않는 것으로 해석할 수밖에 없기 때문이다.[52]

---

[51] 남북교류협력법도 제12조에서 "남한과 북한 간의 거래는 국가 간의 거래가 아닌 민족 내부의 거래로 본다."라고 하여 같은 입장이다.

또한, 통일에 관한 사무는 중앙정부의 독점적 사무로만 보기 어렵다는 점도 지방자치단체가 남북교류협력사무를 포괄적으로 수행할 수 있는 근거가 될 수 있다.53) 독일의 사례를 보더라도 중앙정부만이 통일의 주체가 되는 것은 아니며, 현행법상 민간이 남북교류협력의 주체가 되는 것을 통해 통일사무 내지 남북교류협력사무가 중앙정부만이 수행할 수 있는 독점적 사무가 아님을 알 수 있다. 개개의 남북교류협력사업의 내용과 그 성격에 따라 중앙정부, 지방자치단체, 그리고 민간이 수행할 수 있는 것이 구분될 것이고, 남북교류협력법 등 남북교류협력 관련 현행법상 다수의 통제·감독 규정을 두고 있으므로, 남북교류협력사업의 영역이 주체 간 상호 중첩되거나 충돌되는 경우는 발생하지 않을 것이다. 따라서 중앙정부가 하는 남북교류협력사업을 지방자치단체가 침해하는 것이 아닌 이상 지방자치단체의 고유의 업무범위 내에 속하는 것으로 해석하는 것이 지방자치단체 관할사무의 전권한성에 부합할 것이며, 지방자치단체의 남북교류협력사업은 자신이 가진 고유의 재량과 판단 하에 이루어지는 자치사무적 성격의 사무로 이해함이 옳다.54) 결국, 남북교류협력사업은 그 내용과 성질 등에 따라 수

---

52) 황선훈, "통일시대를 대비한 남북지방자치단체간 교류협력을 위한 법이론적 고찰", 지방자치법연구, 제19권 2호(2019. 6.), 131-132면.
53) 통일에 관한 사무를 지방자치법 제11조 제1호에서 규정한 외교사무에 포함되는 것으로 해석할 수 있다는 시각이 있다. 황선훈, "통일시대를 대비한 남북지방자치단체간 교류협력을 위한 법이론적 고찰", 지방자치법연구, 제19권 2호(2019. 6.), 131면. 만일 이러한 시각에 따라 통일사무를 외교사무의 하위 개념으로 이해하더라도 남북교류협력사무가 지방자치단체의 자율적 수행 사무가 된다는 앞서의 결론은 달라지지 않는다. 하지만 이와 별개로 통일사무를 외교사무의 일종으로 해석할 수 있는지는 다소 의문이다. 통일과 외교의 사전적 의미 차이는 차치하더라도, 현행 정부조직법상 통일과 외교 업무의 소관 부처가 명백히 구분되어 있고, 각각의 사무가 달성하고자 하는 목표 역시 서로 명확히 다르며, 한반도 분단의 특수성을 감안하면 우리나라에서는 더욱 통일과 외교를 선명히 구분하여 이해할 필요성이 있기 때문이다. 나아가, 헌법상 지방자치제도 및 지방자치단체 관할사무의 전권한성 원리를 실현하기 위해서라도 처리가 제한되는 국가사무의 엄격한 해석이 필요한바, 지나친 확대해석을 통해 지방자치단체의 소관 사무 영역을 축소시켜서는 아니될 것이다.
54) 지방자치단체가 추진하는 개개의 남북교류협력사업이 첫째, 위법하지 않고, 둘째, 국가사무에 해당하지 않으며, 셋째, 당해 지방자치단체 주민들의 복리를 진작시키거나 문화 및 예술 발전에 기여할 수 있는 것이라면 지방자치법 제8조 내지 제10

행 주체가 구분되는 것이어서 중앙정부, 지방자치단체, 그리고 민간이 모두 개별 주체가 될 수 있고, 지방자치단체의 남북교류협력사업 역시 지방자치단체의 자치사무 내지 수행 가능한 사무 범위 내에서 포괄적으로 추진될 수 있는 것이므로, 타 주체의 사업을 대신하거나 개입·침범하지 않는 이상 각 주체 간 독자성을 인정하는 것이 바람직하다고 할 것이다.

지방자치단체 남북교류협력에 관한 과거 중앙정부의 지침이 존재하였다는 점도 남북교류협력사업이 지방자치단체의 고유의 업무범위 내에 속할 수 있음을 간접적으로 뒷받침해 주는 주요 사실이라고 본다. 먼저, 훈령, 예규, 고시의 성격은 아니었지만 관련 행정실무상 중요한 의미를 가지는 '남북 자치단체간 교류협력업무 처리지침'이 있었다. 동 지침은 과거 남북교류협력법과 남북협력기금법이 제정된 이후, 당시 지방자치단체들이 남북교류협력에 관심을 보일 때 각 지방자치단체의 문의 및 요청에 대응하여 2000년 7월 당시 행정자치부가 훈령이나 예규화 하지 않은 형식으로 지방자치단체에 제시한 일종의 가이드라인이었다.[55]

조의 규정 등을 간접적으로 적용하여 지방자치단체는 개별 남북교류협력사업을 능동적으로 수행할 권한이 있다는 견해도 있다. 강기홍, "지방자치단체의 남북교류협력법제 발전 방안", 지방자치법연구, 제13권 2호(2013. 6.), 199-200면.

55) 본 지침에 따르면, 지방자치단체에 의한 남북교류협력업무는 다른 법령에 특별한 규정이 없는 한 동 지침을 적용하고, 행정자치부는 통일부와 협의하여 지방자치단체의 남북교류협력사업을 조정하도록 하고 있었다. 지방자치단체가 남북교류협력사업을 시행하기 위해서는 그 성격이 가급적 교류가 용이하고, 실현 가능성이 높은 사업부터 우선적으로 추진하며, 남한의 기술과 자본이 북한에 실질적인 도움이 되어야 한다는 기준이 있었다. 본 지침에 따라 지방자치단체가 남북교류협력사업을 추진하려면 먼저 행정자치부와 사전 협의를 거친 후 통일부에 사업승인신청을 하여야 했다. 사업을 추진한 후에는 그 결과를 행정자치부에 보고하여야 했다. 특히 북한의 지방자치단체와 자매결연을 체결하거나 대규모의 경제협력사업을 추진할 시에는 당해 지방의회에 보고하고 의결을 거치도록 하였다. 또한 본 지침에서는 남북교류협력사업의 타당성을 검토하기 위해 행정자치부에 '자치단체남북교류협력사업심사위원회'를 설치하여, 이를 통해 사업의 사전적인 심의 및 조정을 거침으로써 비효율적인 사업수행을 예방토록 규정하였다. 동 위원회는 북한 관련 교수 및 연구원 등 전문가 4인과 행정자치부 내부위원(자치행정국장(위원장), 자치행정과장) 2인 등 총 6인으로 구성되었다. 금창호 등, 지방자치단체의 남북교류 활성화 방안, 한국지방행정연구원, 2001, 39-40면.

지방자치단체의 남북교류협력에 관한 업무가 2003년 통일부로 이관되면서 동 지침은 현재 폐기된 상태로 볼 수 있다. 그 후 통일부는 2003년 5월 19일 지방자치단체의 남북교류협력사업에 직접적으로 적용되는 나름의 규범적 근거인 '지방자치단체 남북교류협력사업 추진 지원지침'을 수립·시행하였다.56) 동 지침의 주요 내용을 살펴보면, ① 지방자치단체 차원에서 추진하는 대북교류사업은 남북교류협력법 등 관련 법규 및 절차에 따라 사업 초기 단계에서부터 통일부와 협의하여 추진하고, ② 대북협상은 해당 지방자치단체가 직접 수행하며, ③ 사업 관련 소요 재원은 원칙적으로 해당 지방자치단체의 자체 예산 범위 내에서 충당하도록 되어 있다.57) 이러한 지침들을 통해 중앙정부가 남북교류협력사업을 지방자치단체가 독자적으로 수행 가능한 사무로 이해하였음을 엿볼 수 있다.

이상의 점들을 바탕으로, 지방자치단체의 남북교류협력사업은 지방자치단체의 자치사무 내지 독자적으로 수행 가능한 사무로 충분히 이해할 수 있다. 그럼에도 불구하고 지방자치에 관한 기본법인 지방자치법에는 이에 관한 직접적인 규정이 없어 동법과 남북교류협력법제와의 체계적이고 조화로운 해석이 어려운 실정이다. 또한, 지방자치단체들이 남북교류협력에 관해 지속적으로 관심을 보이고 있는 상황을 고려하면, 현실과 규범 간의 괴리를 극복하기 위해서라도 조속히 지방자치법상 근거 규정을 마련함이 필요하다고 본다.

지방자치법의 개정안으로 지방자치단체가 수행하는 사무를 열거하고 있는 동법 제9조에 남북교류협력에 관한 사무를 신설하여 그 법적 근거를 마련할 것을 제안하고자 한다. 즉, 동법 제9조 제2항 제7호를 신설함으로써 지방자치단체의 사무 범위 중 하나로 명백히 규정하는 안을 고려해 볼 수 있는 것이다.

---

56) 최유, 『통일재정법제연구(Ⅲ) -지방자치단체의 남북교류협력사업-』, 한국법제연구원, 2012, 55면.
57) 송인호, "지자체 남북교류협력사업 활성화를 위한 법제 정비의 필요성", 『법조』, 제61권 2호(2012), 214면.

◆ 〈표〉 지방자치법 일부개정사항 신구조문 대비

현행	개정안
제9조(지방자치단체의 사무범위) ① (생략) ② 제1항에 따른 지방자치단체의 사무를 예시하면 다음 각 호와 같다. 다만, 법률에 이와 다른 규정이 있으면 그러하지 아니하다. 1. ~ 6. (생략) (신설)	제9조(지방자치단체의 사무범위) ① (생략) ② 제1항에 따른 지방자치단체의 사무를 예시하면 다음 각 호와 같다. 다만, 법률에 이와 다른 규정이 있으면 그러하지 아니하다. 1. ~ 6. (생략) 7. 군사분계선 이북지역과 공동으로 하는 제1호 내지 제6호에 관한 사무

아울러, 남북교류협력법 제17조의 개정도 검토해야 한다. 앞서 검토한 바와 같이 지방자치단체의 남북교류협력사업 국가사무 처리 제한 규정인 지방자치법 제11조에 적용을 받지 아니하고 중앙정부의 통일사무를 침해하지 않음을 전제로 하는 것이므로 지방자치단체의 참여를 보다 적극적으로 보장하여야 할 것이다. 그럼에도 불구하고 남북교류협력법 제17조 제1항은 협력사업을 하려는 자는 협력사업마다 각 호의 요건을 모두 갖추어 통일부장관의 승인을 받아야 하고 승인을 받은 협력사업의 내용을 변경할 때에도 마찬가지라고 규정하고 있는바, 이러한 규정은 실제 지방자치단체의 남북교류협력에 있어 매우 엄격한 제한으로 작용될 소지가 높다. 따라서 국가가 남북교류협력사업 전반에 있어 관리자로서의 역할은 하되 지방자치단체의 참여를 대폭 열어 주는 방향으로 현행 규정들이 개선될 필요가 있다고 본다. 그 중 하나로 동법 제17조와 관련하여 지방자치단체 남북교류협력사업의 경우에는 통일부장관의 승인사항이 아닌 신고사항으로 완화하는 특례 규정의 신설을 고려해 볼 수 있다.

◆ 〈표〉 남북교류협력법 일부개정사항 신구조문 대비

현행	개정안
(신설)	제17조의3(지방자치단체의 특례) 협력사업을 하거나 그 내용을 변경하려는 지방자치단체는 제17조 제1항에도 불구하고 같은 항 제2호와 제5호의 요건을 갖추어 통일부장관에게 신고하고 협력사업을 할 수 있다.

제 10 장
지방자치단체 남북교류협력 입법방향[58]

I. 법률안의 제정방향

1. 20대 국회 법률안 사례 검토 : 「지방자치단체의 남북교류협력 촉진에 관한 법률안」(홍익표 의원 대표발의)을 중심으로[59]

(1) 법률안의 제안 이유 및 주요 내용

1) 제안 이유

 홍익표 의원(대표발의) 등 10인은 2016년 11월 14일 「지방자치단체의 남북교류협력 촉진에 관한 법률안」을 발의하였는바, 다음 날인 15일 동 법률안은 소관 상임위원회인 국회 외교통일위원회에 회부되었고 2017년 3월 14일 상임위 법안심사 소위에 상정되었으나, 결국 20대 국회 임기만료로 폐기되었다.

 지방자치단체의 남북교류협력사업은 1999년 제주도가 북한에 감귤 4천여 톤을 보내면서 시작되었으며,[60] 2000년 6·15 남북정상회담 이후 지방자치단

---

[58] 본 장의 내용은 김동성 등, 지방자치단체의 남북교류협력 활성화를 위한 제도 개선방안 연구, 경기연구원, 2017과 김동성 등, 남북평화협력시대 경기도 남북교류협력 기본구상과 전략 연구, 경기연구원, 2018에서 필자가 작성한 부분을 수정·보완한 것임.

[59] 본 항에서는 동 법률안 의안 원문 1면에서 4면까지의 내용을 가급적 상세히 소개하기로 한다.

[60] 지방자치단체의 남북교류협력은 제주도의 감귤 100톤 대북 지원(1998년 12월에서 1999년 1월)과 강원도와 북한 간의 남북교류합의서의 체결(2000년 12월)로부터 시작되었다는 것이 일반적인 평가이다. 제성호, 통일 관련 법제와 지방자치단체의 역할 -법제도 분석과 개선방안을 중심으로-, 법학논문집(중앙대학교), 제40집 제1호 (2016), 428면.

체들이 대북지원사업에 나서면서 지방자치단체 주도의 남북교류협력사업이 본격적으로 시행되기에 이르렀다.

그러나 2010년 천안함 사건 후 단행된 5·24 조치와 2016년 개성공단 폐쇄조치로 인해 남북교류협력사업이 전면 중단되었다. 지방자치단체의 교류협력사업 역시 급속히 축소되어 최근 몇 년간은 단 1건의 실적도 없는 실정이다.

남북간의 상호 교류와 협력 촉진을 목적으로 한 「남북교류협력에 관한 법률」은 협력사업을 통일부 장관의 승인사항으로 규정하고 있어서 지방자치단체가 협력사업을 하고자 해도 남북간 정치적 상황에 따라 제한될 수밖에 없는 한계를 지니고 있다.

지방자치단체의 남북교류협력사업의 참여는 정부의 공식적 교류에 비하여 상대적 유연성을 발휘할 수 있기 때문에 통일한국을 위한 교두보적 역할을 수행할 수 있다는 장점을 가지고 있다.

독일 통일과정에서 지방자치단체 간 교류(동독·서독 도시 간 자매결연)는 상호 체제의 경직성을 완화하여 통일의 시기를 앞당겼을 뿐 아니라, 체제 간 동질성 회복을 통해 통일 이후의 문제발생을 최소화하는데 기여한 바가 있음을 상기할 필요가 있다.

이에 지방자치단체와 북한 간의 상호교류와 협력을 촉진하기 위한 법적 근거를 마련하여 남북 지역 간의 동질성 확보 및 통합을 도모함으로써 한반도의 평화와 통일에 이바지하려는 것이 동 법률안 제안의 이유이다.[61]

2) 주요 내용

첫째, 본 법안의 목적에 관한 사항이다. 즉, 이 법의 목적은 지방자치단체와 북한의 상호 교류와 협력을 촉진하여 남북 지역 간의 동질성 확보 및 통합을 도모함으로써 한반도의 평화와 통일에 이바지하려는 것이다(안 제1조).

---

[61] 국회 의안정보시스템,
http://likms.assembly.go.kr/bill/billDetail.do?billId
=PRC_G1B6K1H1W1G4H1W0G5U1G2E4W1T9G3 (검색일자: 2020. 8. 30.)

둘째, 기본계획의 수립에 관한 사항이다. 통일부장관은 지방자치단체 남북교류협력 촉진에 관한 기본계획을 남북교류협력추진위원회의 심의·의결을 거쳐 3년마다 수립하도록 하고, 수립된 기본계획을 지방자치단체의 장에게 통보하고, 국회 소관 상임위원회에도 제출하도록 한다(안 제5조).

셋째, 연도별 시행계획의 수립 및 시행 등에 관한 사항이다. 지방자치단체의 장은 기본계획에 따라 매년 시행계획을 수립·시행하도록 하고, 지방자치단체의 장은 전년도 시행계획의 추진실적과 제1항에 따른 시행계획을 통일부장관과 남북교류협력추진위원회에 제출하도록 하며, 남북교류협력추진위원회는 매년 시행계획에 따른 추진실적을 평가하고 그 결과를 통일부 장관에게 제출하도록 하며, 통일부장관은 시행계획 및 추진실적 평가결과를 국회 소관 상임위원회에 보고하도록 한다(안 제6조).

넷째, 남북교류협력추진위원회에 관한 사항이다. 지방자치단체 남북교류협력 촉진에 관한 주요 시책을 심의·의결하기 위하여 통일부에 남북교류협력추진위원회를 두도록 한다(안 제7조).

다섯째, 지역남북교류협력추진위원회에 관한 사항이다. 지방자치단체의 장은 관할 지역의 특성과 지역에 맞는 협력사업의 촉진에 관한 중요 정책을 심의·조정하기 위하여 지역남북교류협력추진위원회를 둘 수 있도록 한다(안 제8조).

여섯째, 지방자치단체의 협력사업의 특례에 관한 사항이다. 협력사업을 하려는 지방자치단체는 「남북교류협력에 관한 법률」 제17조제1항에도 불구하고 대통령령으로 정하는 바에 따라 통일부장관에게 신고하도록 하는 특례를 규정한다(안 제9조).

일곱째, 왕래, 접촉, 교역 및 수송 장비운행의 특례 등에 관한 사항이다. 통일부장관이 지방자치단체 협력사업의 신고를 수리한 경우 지방자치단체 소속 공무원 등에 대하여 왕래, 접촉, 교역 및 수송 장비의 운행에 관한 방문승인절차의 면제 등에 관한 특례를 정할 수 있도록 한다(안 제10조부터 제13조까지).

여덟째, 지방자치단체 남북교류협력 전담기구의 설치에 관한 사항이다.

지방자치단체 남북교류협력의 효율적 추진과 지방자치단체의 장의 업무지원을 위하여 통일부에 전담기구를 설치하도록 한다(안 제14조).

아홉째, 지방자치단체 남북교류협력 전담부서 및 담당 공무원에 관한 사항이다. 지방자치단체의 장은 지방자치단체 협력사업을 전담할 전담부서와 담당 공무원을 둘 수 있도록 하고 필요한 경우 관계 중앙행정기관의 장과 협의를 거쳐 관계기관·법인·단체 등에 소속된 공무원 또는 전문인력의 파견을 요청할 수 있으며 전담부서의 구성 및 운영 등에 관한 사항은 해당 지방자치단체의 조례로 정한다(안 제15조).

열째, 지역남북교류협력종합정보시스템의 구축·운영에 관한 사항이다. 통일부장관은 지방자치단체의 협력사업의 종합적·체계적 추진과 정보의 제공 등을 위하여 지방자치단체의 장과 협의를 거쳐 「남북교류협력에 관한 법률」에 따른 전자적 관리체제와 연계되는 지역남북교류협력종합정보시스템을 구축·운영할 수 있도록 한다(안 제16조).

열한째, 남북교류협력사업 전문인력의 양성 및 지원에 관한 사항이다. 정부는 지방자치단체의 남북교류협력을 촉진하기 위하여 전문인력의 양성 및 지원 등을 할 수 있으며 전문인력 양성 등에 관하여 필요한 사항은 대통령령으로 정하도록 한다(안 제17조).

열두째, 지방자치단체 남북교류협력의 지원에 관한 사항이다. 정부는 지방자치단체와 북한 당국등 간의 남북교류협력을 촉진하기 위하여 필요하다고 인정하면 이 법에 따라 지방자치단체 협력사업을 시행하는 지방자치단체에 보조금을 지급하거나 그 밖에 필요한 지원을 할 수 있도록 한다(안 제18조).

열셋째, 남북협력기금의 지원에 관한 사항이다. 정부는 지방자치단체가 남북교류협력을 위하여 인도적 지원을 하고자 하는 경우 또는 지방자치단체 협력사업에 대하여 「남북협력기금법」에 따른 남북협력기금을 지원할 수 있도록 한다(안 제19조).

열넷째, 타 법률의 준용에 관한 사항이다. 이 법에서 별도로 규정하지 아니한 사항은 「남북교류협력에 관한 법률」에 따르도록 한다(안 제21조).

열다섯째, 벌칙에 관한 사항이다. 지방자치단체 협력사업을 신고하지 아니하고 시행한 자와 거짓이나 그 밖의 부정한 방법으로 지방자치단체 협력사업을 신고한 자는 1년 이하의 징역 또는 1천만원 이하의 벌금에 처하도록 한다(안 제23조).[62]

(2) 법률안의 검토

1) 개관

체계, 내용적 특징, 지방자치단체의 참여 가능성 및 기타 사항을 중심으로 검토한다. 이 중에서 특히 지방자치단체에게 유의미한 것은 지방자치단체의 참여 가능성 여부라 할 것이다.

2) 체계

부칙을 제외하고 23개 조문으로 구성되어 있다. 총칙 편에 해당하는 부분에서는 법의 목적, 정의, 국가 및 지방자치단체의 책무, 다른 법률과의 관계를 규정하고 있다(동 법률안 제1조부터 제4조).

본론 편에 해당되는 부분에서는 남북교류협력 관련 계획수립, 위원회, 특례, 전담기구, 각종 지원, 벌칙 등에 관한 다양한 사항을 규정하고 있고 이를 중심으로 본 법안의 규정들을 체계적으로 분류할 수 있다. 본론의 첫 번째는 계획수립 부분으로, 통일부의 지방자치단체 남북교류협력 촉진에 관한 기본계획의 수립(제5조), 지방자치단체의 연도별 시행계획의 수립·시행 등(제6조)이 그것이다. 두 번째는 위원회 부분으로, 통일부에 남부교류협력추진위원회를 설치하며(제7조), 지방자치단체의 장에 의해 지역남북교류협력추진위원회(지역위원회)의 설치(제8조)한다는 내용이다. 세 번째는 기존 남북교류협력법률 등에 대한 각종 특례에 관한 부분으로, 지방자치단체

---

62) 국회 의안정보시스템,
http://likms.assembly.go.kr/bill/billDetail.do?billId
=PRC_G1B6K1H1W1G4H1W0G5U1G2E4W1T9G3 (검색일자: 2020. 8. 30).

협력사업의 특례(제9조), 왕래의 특례(제10조), 접촉의 특례(제11조), 교역 및 수송 장비운행의 특례(제12조)가 이에 해당된다. 네 번째는 전담기구에 관한 내용으로, 지방자치단체 남북교류협력 전담기구의 설치(제14조), 지방자치단체의 장이 협력사업을 전담할 부서와 담당 공무원을 둘 수 있다(제15조)는 부분이다. 다섯 번째는 각종 지원에 관한 부분으로, 남북교류협력사업 전문인력의 양성 및 지원(제17조), 지방자치단체 남북교류협력의 지원(제18조), 남북협력기금의 지원(제19조)이 그것이다. 마지막으로 여섯 번째는 벌칙에 관한 부분으로, 벌칙 적용시의 공무원 의제(제22조), 지방자치단체 협력사업을 신고하지 아니하거나 부정한 방법으로 신고한 자에 대한 징역 또는 벌금형에 관한 규정(제23조)이 이에 해당된다.

3) 특징

다음 몇 가지의 입법적 특징을 가지고 있다. 첫째는, 지방자치단체 남북교류협력을 좀 더 실질적으로 지원할 수 있는 위원회나 기구를 두고 있다는 점이다. 지방자치단체 남북교류협력 촉진에 관한 주요 시책을 심의·의결하기 위하여 통일부에 남북교류협력추진위원회를 두도록 한다거나 지방자치단체의 장은 관할 지역의 특성과 지역에 맞는 협력사업의 촉진에 관한 중요 정책을 심의·조정하기 위하여 지역남북교류협력추진위원회를 둘 수 있도록 한 점, 그리고 지방자치단체 남북교류협력의 효율적 추진과 지방자치단체의 장의 업무지원을 위하여 통일부에 전담기구를 설치하도록 한다거나 지방자치단체의 장은 지방자치단체 협력사업을 전담할 전담부서와 담당 공무원을 둘 수 있도록 한 점 등 동 법률안 제7조 및 제8조, 제14조 및 제15조가 그러한 내용을 규정하고 있다.

둘째, 기존 남북교류협력법률에 대한 몇 가지 특례를 두어 남북교류협력 사무를 수월하게 할 수 있도록 하고 있다는 점이다.[63] 협력사업을 하려는

---

63) 이에 대해 통일부는 동 제정안의 내용은 기존 법률과 상당부분 중복되고 절차적 혼란을 가져올 수 있으며, 중앙정부·민간 차원의 남북교류협력과 달리 지자체 협력사업에 대해서만 방북승인·접촉신고 면제, 협력사업 신고제 등의 특례를 인정할 만

지방자치단체는 「남북교류협력에 관한 법률」 제17조 제1항[64]에도 불구하고 대통령령으로 정하는 바에 따라 통일부장관에게 신고하도록 하는 특례를 규정한다거나,[65] 통일부장관이 지방자치단체 협력사업의 신고를 수리한 경우 지방자치단체 소속 공무원 등에 대하여 왕래, 접촉, 교역 및 수송 장비의 운행에 관한 방문승인절차의 면제 등에 관한 특례를 정할 수 있도록 한 점 등 동 법률안 제9조 내지 제13조가 그러한 내용을 규정하고 있다.

셋째, 지방자치단체의 남북교류협력을 위한 중앙정부(통일부)와 지방의 권한을 다소 제고하는 사항들을 규정하고 있다는 점이다. 동 법률안 제5조 내지 제8조, 제14조 및 제15조 등이 그러한 내용을 규정하고 있다.

한 특별한 사유가 없기 때문에 현행 남북교류협력 관련법 체계 하에서 지자체의 남북교류협력이 추진됨이 적절하다는 입장이다. 외교통일위원회 전문위원, 지방자치단체의 남북교류협력 촉진에 관한 법률안(홍익표의원 대표발의) 검토보고서, 2017. 2., 7면.

[64] 남북교류협력법 제17조(협력사업의 승인 등) ① 협력사업을 하려는 자는 협력사업마다 다음 각 호의 요건을 모두 갖추어 통일부장관의 승인을 받아야 한다. 승인을 받은 협력사업의 내용을 변경할 때에도 또한 같다.
　1. 협력사업의 내용이 실현 가능하고 구체적일 것
　2. 협력사업으로 인하여 남한과 북한 간에 분쟁을 일으킬 사유가 없을 것
　3. 이미 시행되고 있는 협력사업과 심각한 경쟁을 하게 될 가능성이 없을 것
　4. 협력사업을 하려는 분야의 사업실적이 있거나 협력사업을 추진할 만한 자본·기술·경험 등을 갖추고 있을 것
　5. 국가안전보장, 질서유지 또는 공공복리를 해칠 명백한 우려가 없을 것

[65] 현행 남북교류협력법 제17조 제1항에 따르면, 대북 협력사업을 하려는 자는 협력사업마다 일정한 요건을 모두 갖추어 통일부장관의 승인을 받도록 규정되어 있어 지방자치단체 협력사업 또한 통일부장관의 승인을 받아야 하는바. 이에 따라 지방자치단체 협력사업의 유연성과 안정성이 담보되지 못하고 남북 당국 간 정치적 상황에 따라 승인이 제한되고 있는 상황이므로, 동 법안은 이와 같이 「남북교류협력에 관한 법률」에 통일부장관의 승인사항으로 규정되어 있는 대북 협력사업을 지방자치단체에 한하여 신고사항으로 완화함으로써 지방자치단체 협력사업이 남북 당국 간 정치적 상황에 따라 제한되지 않고 사업의 상대적 유연성과 안정성이 담보될 수 있도록 하려는 것이다. 외교통일위원회 전문위원, 지방자치단체의 남북교류협력 촉진에 관한 법률안(홍익표의원 대표발의) 검토보고서, 2017. 2., 6-7면.

4) 지방자치단체의 참여 가능성

본 법안의 의의라 할 수 있는 다음의 몇 가지 규정들로 인해, 과거와 달리 지방자치단체가 남북교류협력을 위해 실제적인 참여 등을 할 수 있는 가능성이 높아졌다고 볼 수 있다. 첫째, 지방자치단체의 장은 통일부장관이 수립하는 기본계획에 따라 매년 지방자치단체 남북교류협력의 촉진을 위한 시행계획을 수립·시행하여야 한다는 점이다. 둘째, 지방자치단체의 장은 협력사업의 촉진에 관한 중요 정책을 심의·조정하거나 지역 내 여론수렴 등을 하기 위해 지역남북교류협력추진위원회(지역위원회)를 둘 수 있고, 이에 대해 필요한 사항은 조례로 정한다는 점이다. 셋째, 지방자치단체의 장이 남북교류협력사업을 전담할 부서와 담당 공무원을 둘 수 있고, 역시 이에 대해 필요한 사항은 해당 지방자치단체의 조례로 정한다는 점이다. 이는 모두 과거에 비해 상대적으로 지방자치단체가 남북교류협력사업을 보다 적극적으로 실시할 수 있게끔 뒷받침해 주는 사항들로 볼 수 있다.

다만, 본 법안도 기존의 남북교류협력에 관한 법률들과 마찬가지로 지방이 스스로 사업을 실시할 수 있도록 주도권이나 자율권을 부여하고 있지는 못하다는 한계가 있다. 즉 남북교류협력 관련 전반적인 사항은 통일부장관에게 주도권을 부여하고 있으며, 또한 법에 정하지 않은 사항을 대통령령에 위임하여(특히 제9조, 제13조, 제17조 등) 실시하는 형태를 띠고 있기 때문이다.

2. 「지방자치단체 남북교류협력에 관한 법률」 입법방안 제안

(1) 제안의 필요성

앞서 홍익표 의원이 대표발의한 「지방자치단체의 남북교류협력 촉진에 관한 법률안」의 제안이유에서도 살펴보았듯이, 지방자치단체의 남북교류협력사업 참여는 정부의 공식적 교류에 비해서도 민족의 동질성 확보 및 한반도의 평화와 통일에 기여하는 바가 결코 작지 않다. 즉 지방자치단체 차원의 남북교류협력은 정부 차원의 교류협력에 비해, 첫째, 이데올로기적 대결의식을 배제하고 보다 실질적이고 유용한 사업을 추진할 수 있어 교류협력사업에 대한 신뢰성과 지속성을 유지할 수 있다는 점, 둘째, 순수한 자매결연의 형식이나 친선관계의 방식으로 교류가 이루어지기 때문에 상호 간의 이질성을 극복하고 문화적 일체감을 회복하는 좋은 방법이 될 수 있다는 점, 셋째, 정부 차원에서 추진하기 어렵거나 부담스러운 합작사업의 추진도 가능하다는 점, 넷째, 통일 후 지방자치의 실시 등을 위해 중요한 경험이 될 수 있다는 점, 다섯째, 민족의 공감대를 형성할 수 있는 다양한 기회가 동시다발적으로 제공되므로 이로써 향후 통일비용의 절감도 기대할 수 있어 경제적인 가치가 크다는 점 등의 장점을 가지는 것이다.[66]

하지만, 민족의 평화적 통일에 이바지하기 위해 국가 안위에 관해서는 중앙정부의 주도권을 인정하고 지방자치단체에게는 남북교류협력에 능동적으로 참여할 수 있게 함으로써, 우리나라의 지방자치단체와 북한 간의 경제 및 문화·예술 교류를 활성화하기 위해서는 기존의 법적 패러다임으로는 한계가 존재한다. 또한 현행 남북교류협력 관련 법령들을 일괄적으로 개정하는 것은 입법체계상 비효율적일 뿐만 아니라 현실적인 한계 역시 상당하다. 따라서 기존 남북관계 법령들이 가지고 있는 법적·사실적 한계를 일괄적으로 극복하고 지방자치단체가 주체가 되는 새로운 방식의 남북교류협력을 견인하기 위해서는 독자적인 별도의 법률 제정이 요구된다 하겠다.

결국, 기존 남북교류협력 관련 법률들이 지향하는 규제적 방식의 남북교류협력을 탈피하고, 국가 안위와 관련된 영역에서는 안정성 확보를 통해 국가의 권위를 더욱 공고히 하면서, 그 밖의 경제 및 문화·예술 교류 등 지방자치단체가 능동적이고 자발적으로 수행하고자 하는 자치사무에 대해서는 지방자치단체에게 자유로운 정책적 형성의 자유를 부여해 줄 수 있는 명시적인 법적 근거의 마련이 필요하다.

---

[66] 자세한 내용은, 채경석, 남북한 지방자치단체의 교류협력에 관한 탐색연구, 정치·정보연구, 제7권 2호(2004), 51-52면 참조.

(2) 제안의 기본방향

본 입법방안은 2016년 11월 14일 홍익표 의원이 대표발의한「지방자치단체의 남북교류협력 촉진에 관한 법률안」(이하, '홍익표 의원안'이라 함)을 토대로 작성한 것이다. 주지하는 바와 같이 지금까지 지방자치단체의 남북교류협력에 관한 영역을 규율하는 입법안으로는 홍익표 의원안이 대표적이다. 비록 20대 국회 임기만료로 폐기된 법률안에 불과하나, 동 법안은 그 자체만으로도 지방자치단체 남북교류협력 분야에서 가지는 의미가 매우 크다고 하겠다. 남북협력기금의 지방자치단체 지원 명시, 기존 승인사항으로 규정하였던 대북 협력사업을 지방자치단체에 한해 신고사항으로 완화 등 기존 법제에서 문제점으로 지적되어온 사항들을 동 법안은 반영하고 있다. 따라서 동 법안을 전면 배제한 채 새로운 입법방안을 제안하는 것은 바람직하지도 않고 효율적이지도 않으며, 현실적으로 불가능하다고 하겠다.

결국, 홍익표 의원안의 면밀한 검토를 바탕으로 지방자치단체의 남북교류협력 분야에서 더욱 발전적인 입법방안을 제안하고자 한다. 이러한 전체적인 방향 하에서 본 연구에서 제안하는 입법방안의 세부적인 원칙은 다음과 같다.

첫째, 지방자치단체 남북교류협력 관련 현행 법령상의 문제점으로 지적받아온 여러 사항들을 중요하게 고려하였다. 이 부분이 기존 홍익표 의원안과의 차별성을 가지는 부분이자 본 입법방안의 의의라 할 것이다. 남북교류협력에 있어 지방자치단체의 주체성 명시, 중앙과 지방, 지방과 지방 간 협의체의 설치 근거 마련, 통일부장관 승인사항을 실질적 신고사항으로 완화하는 지방자치단체 협력사업의 특례 규정 마련 등 지방자치단체 남북교류협력 분야에서의 중요하게 거론되는 현행 법령 개정사항들을 모두 고려해 보았다.

둘째, 기존의 남북교류협력 법령과의 체계 및 내용적 정합성에 중점을 두었다. 특정의 문제를 새로이 규율하는 규범은 적어도 가능한 한 현존하는 법질서의 기초를 유지·존중하면서 체계적으로 입법되어야 한다는 점은 입법이론의 기본이므로,67) 체계 및 내용에 있어 모순이 발생하지 않도록 입법방안을 마련하여야 한다. 내용 및 체계 검토를 통한 각종 계획 및 위원회 규정 마련 등에 있어 중점을 둔 작성원칙이라 할 것이다.

(3) 제안의 주요내용

1) 개관

제안의 기본방향에서도 밝혔듯이 아래의 입법방안 검토는 홍익표 의원안을 바탕으로 작성되었다. 본 연구는 앞서 홍익표 의원안의 주요내용을 계획수립, 위원회, 특례, 전담기구, 중앙정부의 지원, 벌칙 등 총 여섯 부분으로 나누어 설명한 바 있다.68) 이 중에서 계획수립, 위원회, 그리고 특례에 해당하는 제 규정은 가급적 그대로 수용하고, 전담기구 관련 규정은 간소화시켜 채택할 필요가 있다고 본다.

본 연구에서는 지방자치단체의 남북교류협력사업 주체성 인정 문제, 중앙과 지방, 지방과 지방 간 협의체 설치 문제, 그리고 통일부장관 승인사항을 실질적 신고사항으로 완화하는 지방자치단체 협력사업의 특례 규정 마련 등에 관한 입법방안을 독자적으로 제안한다. 앞서도 언급하였듯이 이는 홍익표 의원안에서 다루고 있지 않은 부분이고, 지방자치단체의 남북교류협력에 있어 가장 본질적인 사항이라 할 것이며, 향후 동 협력의 지속적·발전적 추진을 위해서도 법적 근거가 반드시 필요한 부분이기 때문이다.

2) 남북교류협력의 주체성

애초에는 지방자치단체의 남북교류협력 관련 심의 및 조정을 행정자치부에서 관장했다. 행정자치부는 2000년 7월 1일 '남북지방자치단체간 교류협력업무 처리지침'을 수립·시행하여 남북교류협력 업무를 체계적으로 관리하였다. 다만 행정자치부는 당시에도 관련 업무를 처리함에 있어 통일부와

---

67) 박영도, 입법이론연구(Ⅰ) -입법기초이론과 입법기술-, 한국법제연구원, 1991, 151면.
68) Ⅰ. 1. '(2) 법률안 검토' 중 '2) 체계' 부분 참조.

협의·조정하는 절차는 거쳤다. 그러던 중 대북 교류사업의 통합관리 방침에 따라 2003년 관련 업무가 통일부로 이관된 이후에는 동년 5월 19일 통일부가 수립한 '지방자치단체 남북교류협력사업 추진 지원지침'이 지방자치단체의 남북교류협력사업에 적용되고 있으며,69) 통일부가 지방자치단체의 남북교류협력업무를 심의·승인하는 지위를 갖게 되었다.70)

2003년 이전까지만 해도 지방자치단체가 정부로부터 남북교류협력 사업자로 승인을 받아 직접 사업을 추진한 바 있다. 그러나 2003년 통일부로 관련 업무가 이관되면서부터 지방자치단체의 남북교류협력을 민간부문과 동일하게 심의·승인함으로써 지방자치단체를 남북교류협력 관련 별도의 독자적인 사업자로 인정하지 않고 있다. 이 같은 조치는 지방자치단체가 사업의 주체가 되어 독립적으로 북한과 교류협력을 추진하는 것이 긍정적이지 않다는 취지에서 기인한 것으로 보인다. 대신 정부는 지방자치단체가 민간단체와 협력하여 남북교류협력사업을 추진하는 것은 반대하지 않고 있어, 현재는 지방자치단체가 협력사업의 승인을 받은 민간단체를 후원하는 형식으로 관련 사업을 추진하고 있는 실정이다.71)

정부의 이 같은 태도는 지방자치단체의 독자적인 위상 및 교류협력의 자율성 등을 지나치게 제약하는 것이다. 남북 간의 평화적 통일과정에서 지방자치단체의 역할은 아무리 강조해도 지나치지 않으며, 중앙정부만이 남북관계 발전의 주체성을 독점하는 것은 바람직하지도 않을뿐더러 현행법상으로도 충분히 논란이 될 수 있다. 지방자치단체 남북교류협력의 특수성과 중요성 등을 감안할 때 지방자치단체의 남북교류협력 주체성에 관한 법적 근거를 명시적으로 마련하는 것이 무엇보다 시급하다고 하겠다.72)

---

69) 통일부의 '지방자치단체 남북교류협력사업 추진 지원지침'의 주요내용에 대해서는, 최유, 통일재정법제연구(Ⅲ) -지방자치단체의 남북교류협력사업-, 한국법제연구원, 2012, 55-56면 참조.
70) 제성호, 통일 관련 법제와 지방자치단체의 역할 -법제도 분석과 개선방안을 중심으로-, 법학논문집(중앙대학교), 제40집 제1호(2016), 436면.
71) 김동성 등, 지방자치단체 남북교류 거버넌스 구축방안, 경기개발연구원, 2011, 100면.
72) 이상의 전반적인 내용은, 제성호, 통일 관련 법제와 지방자치단체의 역할 -법제도

3) 재정지원

현재 지방자치단체의 남북교류협력사업은 각 지방자치단체의 자체예산으로 수행되고 있다. 남북교류협력법 제24조는 "정부는 남북교류·협력을 증진시키기 위하여 필요하다고 인정하면 이 법에 따라 행하는 남북교류·협력을 위한 사업을 시행하는 자에게 보조금을 지급하거나 그 밖에 필요한 지원을 할 수 있다"고 규정하고 있으나, 동조의 불명확함 내지 보조적 성격으로 인해 실제 재정지원은 제한적인 상황이다. 또한, 남북교류협력법 제17조에 따라 정부로부터 해당 사업의 승인을 받는다고 하더라도 남북협력기금법 제8조에 따른 남북협력기금의 지원이 가능할지 여부도 불분명하다.

전국 지방자치단체의 평균 재정자립도가 갈수록 하락하고 있는 상황에서, 지방자치단체의 남북교류협력사업에 대한 남북협력기금 사용에 소극적이었던 중앙정부의 태도는 동 사업을 활성화하는 데 저해 요소로 작용해왔다. 이러한 재정 부족 문제는 지방자치단체가 독자적으로 남북교류협력사업 추진하는 데 있어 가장 큰 현실적 장애 요인이다.[73] 지방자치단체의 남북교류협력의 중요성을 감안하면 동 협력사업에 대한 재정적 뒷받침을 위해서 남북협력기금을 지방자치단체에 지원하는 방안을 전향적으로 도입할 필요가 있다.

결국, 지방자치단체의 남북교류협력사업에 남북협력기금법에 따른 남북협력기금을 지원할 수 있는 근거 규정을 명확히 마련해야 하고, 이를 보조금 지급 등 기타 재정지원 규정과 함께 규정해야 할 것이다.

4) 협력사업의 특례

지방자치단체 협력사업의 행정적 특례규정이 필요하다. 지방자치단체 협력사업에 대한 특례 규정으로서, 협력사업을 하려는 지방자치단체의 장은

분석과 개선방안을 중심으로-, 법학논문집(중앙대학교), 제40집 제1호(2016), 435-437면 참조.
73) 송인호, 통일 시대를 대비한 우리 지방자치단체의 북한 협력에 관한 공법적 연구, 연세대학교 법학박사학위논문, 2012, 183면.

「남북교류협력에 관한 법률」 제17조 제1항에도 불구하고 통일부장관에게 신고하도록 하는 특례를 규정해야 한다.

현행 「남북교류협력에 관한 법률」 제17조 제1항에 따르면, 대북 협력사업을 하려는 자는 협력사업마다 일정한 요건을 모두 갖추어 통일부장관의 승인을 받도록 규정되어 있어 지방자치단체 협력사업 또한 통일부장관의 승인을 받아야 하는바, 이에 따라 지방자치단체 협력사업의 유연성과 안정성이 담보되지 못하고 남북 당국 간 정치적 상황에 따라 승인이 제한될 소지가 있다. 이와 같이 「남북교류협력에 관한 법률」에 통일부장관의 승인사항으로 규정되어 있는 대북 협력사업을 지방자치단체에 한하여 신고사항으로 완화함으로써, 지방자치단체 협력사업이 남북 간 정치적 상황에 따라 제한되지 않고 사업의 상대적 유연성과 안정성이 담보되도록 하려는 취지에서 지방자치단체 협력사업의 행정적 특례규정이 필요하다.[74]

나아가, 신고요건이 형식적 요건이 아니라 행정부의 재량적 판단에 따라 달라지는 실질적 요건으로 규정된다면, 법상 용어가 '승인'에서 '신고'로 완화함에도 불구하고 지방자치단체 협력사업의 '신고 수리'가 사실상 현행과 같은 '승인'처럼 운영될 소지가 있다.[75] 행정적 특례규정은 지방자치단체의 남북교류협력 관련 행정실무 영역에서 중요하고도 본질적인 부분이므로, 실질적인 특례 규정으로서 기능할 수 있도록 입법적으로 그 세부 요건을 보다 신중히 마련해야 할 것이다.

5) 협의체

남북교류협력의 전반적인 측면에서 지방자치단체가 중앙정부와 협의하고 지방자치단체 간 정보와 사업방식 등을 공유할 수 있는 협의체 마련이 필요하다. 2006년 11월에 구성되어 운영 중인 '지방자치단체 남북교류 실무협

---

74) 외교통일위원회 전문위원, 지방자치단체의 남북교류협력 촉진에 관한 법률안(홍익표의원 대표발의) 검토보고서, 2017. 2., 15-17면.
75) 외교통일위원회 전문위원, 지방자치단체의 남북교류협력 촉진에 관한 법률안(홍익표의원 대표발의) 검토보고서, 2017. 2., 17면.

의회'가 애초 이러한 역할을 할 것으로 기대되었으나 실질적 권한이 없고 법정기구가 아닌 임의기구에 불과해 간담회 수준을 벗어나지 못하고 있는 실정이다.[76] 아울러 광역지방자치단체 간 정책네트워크도 활성화될 필요가 있다.

이러한 협의기구들의 설치는 북한과의 교류협력의 전문성 및 효율성을 제고할 수 있는 방안이다. 지방자치단체에 대한 중앙정부의 일방적 관리·감독을 지양하고, 지방자치단체 스스로가 남북교류협력 관련 정책들을 협의를 통해 수립하고 조정할 수 있게 함으로써, 지방자치단체의 자체적 역량 향상에 기여할 수 있다는 점에서 관련 업무추진에 효율성 등을 높일 수 방안이 될 것이다.[77]

이에 현재의 '지방자치단체 남북교류 실무협의회'의 위상을 격상시키고 동 협의회의 법정기구화를 위해 통일부장관과 광역단체장들로 구성된 '지방자치단체 남북교류 정책협위회'의 구성 및 운영을 제안한다. 기존의 남북교류협력법 제4조상의 '남북교류협력 추진협의회'와의 중복 문제가 제기될 수 있겠으나, 각 협의회의 기능이 전혀 다르므로 동 협의회의 별도 설치가 문제되지 않는다고 본다. 이와 함께 광역지방자치단체장 들 간의 협의체인 '지방자치단체 남북교류 추진협의회'도 추가적으로 제안한다. 아울러 동 협의체에 대한 중앙의 재정지원도 명시해야 한다.

6) 관련 계획 및 위원회

국가와 지방자치단체는 남북간 상호 교류와 협력 증진에 관한 책무를 다하기 위해 기본계획 및 세부 시행계획을 각각 수립해야 한다. 기초지방자치단체에게까지 연도별 시행계획 수립·시행의무를 부과하는 것은 현실적으

---

76) 동 협의회는 통일부 교류협력국장이 위원장이며, 통일부 사회문화교류 과장, 16개 광역지방자치단체 남북교류업무 담당과장, 민간위원 등 25명 이내로 구성되어 있다. 김동성 등, 지방자치단체 남북교류 거버넌스 구축방안, 경기개발연구원, 2011, 125면.
77) 최유, 통일재정법제연구(Ⅲ) -지방자치단체의 남북교류협력사업-, 한국법제연구원, 2012, 46, 51-52면.

로 과도한 측면이 있다는 지적도 가능할 수는 있겠으나,78) 광역지방자치단체만으로 제한할 이유는 없고, 한반도 평화와 통일에 이바지하는 남북교류협력에 있어 기초지방자치단체와 광역지방자치단체의 구별은 무의미하며, 일관되고 지속적인 관련 업무의 추진을 위해서는 지방자치단체 차원의 시행계획이 반드시 필요하다는 점에서 광역과 기초지방자치단체를 구분하여 연도별 시행계획 수립·시행의무를 달리 부과하는 것은 바람직하지 않다고 본다.

또한, 통일부장관의 기본계획 등을 심의·의결하기 위한 위원회와 별도로 지방자치단체 협력사업에 관한 중요 정책의 심의·조정 등을 위한 위원회도 추가적으로 필요하다. 지방자치단체의 남북교류협력에 관한 주요 시책을 심의·의결하기 위하여 통일부에 '남북교류협력추진위원회'를 두고, 지방자치단체의 장은 관할 지역의 특성과 지역에 맞는 지방자치단체의 협력사업에 관한 중요 정책을 심의·조정하거나 지역 내의 정보교류 및 여론수렴 등을 위하여 '지역남북교류협력추진위원회'를 설치해야 할 것이다.

상기의 계획들과 관련해서는 남북관계발전법 제13조상의 남북관계발전기본계획과 다소 중복되는 측면이 있을 수 있다.79) 또한 위원회들 역시 남북관계발전법 제14조상의 남북관계발전위원회,80) 남북교류협력법 제4조상의

---

78) 외교통일위원회 전문위원, 지방자치단체의 남북교류협력 촉진에 관한 법률안(홍익표의원 대표발의) 검토보고서, 2017. 2., 12면.
79) 남북관계발전법 제13조(남북관계발전기본계획의 수립) ① 정부는 남북관계발전에관한기본계획(이하 "기본계획"이라 한다)을 5년마다 수립하여야 한다.
② 기본계획은 통일부장관이 남북관계발전위원회의 심의 및 국무회의의 심의를 거쳐 이를 확정한다. 다만, 예산이 수반되는 기본계획은 국회의 동의를 얻어야 한다.
③ 기본계획에는 다음 각 호의 사항이 포함되어야 한다.
  1. 남북관계 발전의 기본방향
  2. 한반도 평화증진에 관한 사항
  3. 남한과 북한간 교류·협력에 관한 사항
  4. 그 밖에 남북관계발전에 필요한 사항
④ 통일부장관은 관계중앙행정기관의 장과 협의를 거쳐 기본계획에 따른 연도별 시행계획을 수립하여야 한다.
⑤ 기본계획 및 연도별 시행계획을 수립한 경우 통일부장관은 이를 국회에 보고하여야 한다.

남북교류협력 추진협의회[81] 등과의 기능 중복 문제가 제기될 수 있겠다. 하지만, 별도의 법률로써 기존 법률의 개정사항을 제시하는 것은 입법체계상 옳지 않고, 남북관계발전법의 개정이 없다는 것을 전제하고 새로운 입법방안을 검토하는 것이므로, 즉 남북관계발전법이 개정되어 동법 제13조상의 남북관계발전에관한기본계획에 '지방자치단체 남북교류협력에 관한 사항'이 명문으로 규정되지 않는 이상, 이에 대한 별도의 계획 및 그것을 심의·의결하기 위한 위원회는 반드시 필요하다고 판단된다. 한편, 남북교류협력법상 남북교류협력 추진협의회와는 그 기능의 성격을 달리하므로 중복의 문제는 애초에 발생하지 않는다.

---

[80] 남북관계발전법 제14조(남북관계발전위원회) ① 기본계획, 그 밖에 남북관계 발전을 위한 중요사항을 심의하기 위하여 통일부에 남북관계발전위원회(이하 "위원회"라 한다)를 둔다.
② 위원회는 위원장 1인을 포함하여 25인 이내의 위원으로 구성하며, 제3항 제2호의 위원의 임기는 2년으로 한다.
③ 위원장은 통일부장관이 되고, 위원은 다음 각 호의 자가 된다. 다만, 제2호의 위원 중 7인은 국회의장이 추천하는 자로 한다.
 1. 대통령이 정하는 관계중앙행정기관의 차관급 공무원
 2. 남북관계에 대한 전문지식 및 경험이 풍부한 자 중에서 위원장이 위촉하는 자
④ 위원회에 간사 1인을 두되, 간사는 통일부 소속 공무원 중에서 위원장이 지명하는 자가 된다.
⑤ 위원회의 구성·운영 등에 관하여 필요한 사항은 대통령령으로 정한다.
남북관계발전법 시행령 제7조(남북관계발전위원회 심의사항) 법 제14조에 따른 남북관계발전위원회(이하 "위원회"라 한다)는 다음 각 호의 사항을 심의한다.
 1. 기본계획 및 연도별시행계획의 수립 및 변경에 관한 사항
 2. 법 제6조 내지 제12조의 이행을 위하여 필요한 사항
 3. 남북관계의 발전과 관련하여 예산이 수반되거나 법률의 제정·개정 또는 폐지가 필요한 중요정책에 관한 사항
 4. 그 밖에 남북관계의 발전을 위한 중요사항으로서 위원장이 필요하다고 인정하여 위원회에 부의하는 사항
[81] 남북교류협력법 제4조(남북교류협력 추진협의회의 설치) 남북교류·협력에 관한 정책을 협의·조정하고, 중요 사항을 심의·의결하기 위하여 통일부에 남북교류협력 추진협의회(이하 "협의회"라 한다)를 둔다.

◆ 〈표〉 '남북교류협력추진위원회'와 '남북교류협력 추진협의회' 간 비교[82]

명칭	남북교류협력추진위원회 (홍익표 의원안 제7조)	남북교류협력 추진협의회 (「남북교류협력에 관한 법률」 제4조~제6조)
설치 목적	- 지방자치단체 남북교류협력 촉진에 관한 주요 시책을 심의·의결	- 남북교류·협력에 관한 정책을 협의·조정하고, 중요 사항을 심의·의결
기능	- 기본계획 수립 및 변경에 관한 사항 - 시행계획에 따른 추진실적 평가에 관한 사항 - 지방자치단체 협력사업의 총괄·조정 - 지방자치단체 남북교류협력 촉진을 위한 지원 - 지방자치단체 간의 협력사항의 중복 제한 등 협의·조정 사항 등	- 남북교류·협력에 관한 정책의 협의·조정 및 기본원칙의 수립 - 남북교류·협력에 관한 승인이나 그 취소 등에 관한 중요 사항의 협의·조정 - 협력사업에 대한 총괄·조정 - 남북교류·협력 촉진을 위한 지원 - 관계 부처 간의 협조가 필요한 중요 사항 등
구성	- 위원장(통일부장관의 지명)을 포함한 25인 이내의 위원(통일부장관의 임명 또는 위촉) 1. 차관 또는 차관급 공무원 2. 광역지방자치단체의 장 3. 남북교류협력 분야에 관한 전문지식과 경험이 풍부한 사람으로서 민간전문가	- 위원장 1명(통일부장관)을 포함한 18명 이내의 위원(국무총리의 임명 또는 위촉) 1. 차관 또는 차관급 공무원 2. 남북교류·협력에 관한 전문지식과 경험을 갖춘 민간전문가
임기	3년	규정 없음

II. 자치법규의 개정방향 : 「경기도 남북교류협력의 증진 및 운용에 관한 조례」를 중심으로

1. 조례의 형식적 부분

(1) 편제 구분의 불필요성

「경기도 남북교류협력의 증진 및 운용에 관한 조례」는 2001년 11월 9일

---

[82] 외교통일위원회 전문위원, 지방자치단체의 남북교류협력 촉진에 관한 법률안(홍익표의원 대표발의) 검토보고서, 2017. 2., 14-15면.

제정·시행되어, 현재까지 전부개정 2차례, 일부개정 13차례 등 총 15차례의 개정이 있었다. 20년 가까이 유효하게 시행되면서 여러 번의 개정을 거쳤음에도 불구하고 동 조례는 형식적 측면과 내용적 측면 등 모든 면에서 상당한 문제점을 드러내고 있다.

우선 형식적 측면에서의 문제점을 살펴보면, 동 조례는 총 21개 조문을 제1장 총칙(제1조 내지 제3조), 제2장 남북교류협력 기금조성(제4조 내지 제10조), 제3장 경기도 남북교류협력위원회(제11조 내지 제21조) 등 총 3개의 장(章)으로 나누어 규정하고 있는바, 이러한 편제 구분이 과연 필요한지 의문이 든다.[83]

규범적 근거는 없으나 본칙 규정에 한해 그 규정 내용의 성질 등에 따라 몇 개의 조문을 묶어 편, 장, 절, 관으로 나누어 규정하는 것이 통상의 입법기술이다. 물론, 조문의 개수가 적더라도 별도의 편제가 불가능한 것은 아니나, 규정 내용의 성질 등에 따른 획정을 통해 법령 전체를 국민들로 하여금 쉽게 파악할 수 있도록 하기 위한 것이 편제의 취지인 만큼 동 조례 역시 이러한 취지에 부합하는 체제인지 재검토할 필요가 있다.[84]

(2) 세부 편제의 부적절성

만일 편제 구분의 필요성을 인정한다고 하더라도 여전히 해결되지 않는 몇 가지 문제점들이 있다. 첫째, 총칙 부분의 조문 보완이 필요하다. 현재는 목적, 정의, 그리고 도지사의 책무 등 3개의 조항만을 총칙으로 규정하

---

[83] 2020년 5월 19일 전부개정 전의 동 조례는 총 15개 조문을 제1장 총칙(제1조), 제2장 기금조성(제2조 내지 제6조), 제3장 경기도 남북교류협력위원회(제7조 내지 제9조), 제4장 보칙(제10조 내지 제15조) 등 총 4개의 장(章)으로 나누어 규정하고 있었는바, 이와 비교해 보면 이러한 문제점은 현재 다소나마 완화되었다고 볼 수 있다.

[84] 국가 법령의 입안·심사 시 적용되는 일반적인 기준을 종합·정리한 법제처의 『법령입안·심사기준』에서도 법령 본칙의 조문 수가 많은 경우(통상 조문 수가 30개 이상이 되는 경우) 법령을 쉽게 이해할 수 있도록 그 규정 내용의 성질에 따라 몇 개의 '장(章)'으로 나누어 규정할 수 있다고 언급하고 있다. 『법령입안·심사기준』, 법제처, 2012, 604면.

고 있는데, 기왕에 총칙의 장을 별도로 마련한다면 기본이념, 적용 범위, 다른 조례와의 관계 등의 규정을 보강할 필요가 있다고 본다. 둘째, 제2장과 제3장의 순서에 대한 고민도 필요하다. 현재는 남북교류협력 기금조성을 제2장으로 먼저 규정하고 경기도 남북교류협력위원회를 제3장으로 뒤에 배치하고 있어 어색한 감이 있다. 정책의 기본계획과 위원회와 같은 추진체계를 본칙의 앞부분에서 규정하는 입법례가 보다 일반적이라고 할 것이므로, 본칙 각 장의 규정 순서 역시 재검토를 요하는 부분이라 하겠다.[85]

2. 조례의 내용적 부분

(1) 총론적 접근

1) 목적 조항의 개정

우선, 제1조 목적 조항의 개정이 시급하다고 본다. 현행 조례 제1조(목적)는 "이 조례는 정부의 남북교류협력과 통일정책 및 북한이탈주민의 정착을 위한 자립·자활을 위하여 경기도 차원에서 뒷받침하고, 경기도와 군사분계선 북측 지역간 교류협력의 실질적 증진을 위한 방안 마련과 이에 따른 사업의 효율적 추진에 필요한 사항을 규정함을 목적으로 한다."라고 규정하고 있다. 이와 같은 현행 조례의 목적 조항은 지나치게 광범위한 내용을 담고 있어 목적 조항이 가진 본래의 역할을 하지 못하고 있다. 경기도가 정부의 남북교류협력정책, 통일정책, 북한이탈주민 자립·자활정책을 모두 지원하고 뒷받침하겠다는 것의 현실성과 가능성은 차치하더라도, 이런 식의 종합적 접근이 결코 바람직하다고도 보기 어렵다. 상기 목적 조항으로 인해 현행 조례의 정체성은 수립되지 못하고 있으며 전체적인 규율 내

---

[85] 참고로, 2020년 5월 19일 전부개정 전 동 조례의 총칙 규정은 단 1개에 불과했다. 또한, 당시 보칙으로 규정하던 제10조 내지 제15조도 대부분이 보칙의 장으로 구분하기에 부적절한 것들이었다. 보칙으로 편제할 수 있는 규정은 법규의 총칙과 실체(본칙)에 규정하기에는 적합하지 않은 절차적·기술적·보충적인 사항이어야 하므로, 당시 조례의 보칙 규정도 대대적인 정리가 필요했다.

용과 방향 역시 가늠하기 어려운 실정이다.86)

2) 조례 제명의 재검토

다음으로, 조례의 제명을 재검토할 필요가 있다.87) 이는 후술하는 바와 같이 기금조성의 부분을 분리시켜 별도로 입법화하는 조치와 연관관계를 맺고 있는 검토사항으로, 만일 제2장 기금조성 부분을 현재와 같이 계속 규정 사항에 포함시키고자 한다면 동 조례의 제명은 지금과는 다르게 수정되어야 할 것이다. 조례의 제명은 담고 있는 내용을 가장 잘 나타낼 수 있도록 함축적이고 간결하게 표현해야 하며 규율 내용 전체에 대한 대표성이 있어야 한다. 본칙의 두 가지 큰 축 중 하나인 기금조성이라는 사항이 제명에 반영되어 있지 않으며 현재의 제명만 보면 동 조례가 경기도 남북교류협력기금을 내용으로 담고 있는지를 알기가 어렵다.

물론 현행 조례에서 기금조성 부분 전체를 삭제하고 별도의 조례 제정을 통해 새로이 규율한다면 현재의 조례 제명을 그대로 유지할 수도 있겠다. 현행 법률인 남북교류협력법과 남북협력기금법과 마찬가지로 지방자치단체의 조례 차원에서도 남북 간 상호 교류와 협력 촉진 부분과 남북협력기금의 설치·운용·관리에 관한 부분은 분리하여 입법함이 옳다고 본다.

3) 실체적 규정 보완

마지막으로, 현행 조례는 남북교류협력의 증진을 위한 조례임에도 불구하고 남북 간 상호 교류와 협력을 촉진하기 위한 실체적 내용이 전무한 실정이다. 남북교류협력 분야에서 지방자치단체가 사업 주체성을 인정받지 못하고 있는 현실을 고려하지 않을 수는 없으나, 그렇다고 하더라도 너무 소극적인 규정 태도는 문제라고 하겠다. 지방자치단체 차원의 남북교류협

---

86) 2020년 5월 19일 전부개정 전 동 조례는 제1조(목적)에서 "이 조례는 정부의 남북교류협력과 통일정책 및 북한이탈주민 자립·자활을 경기도 차원에서 뒷받침하고, 실질적 증진을 위한 방안을 마련하여 관련 사업을 추진하기 위하여 필요한 사항을 규정함을 목적으로 한다."라고 규정하였다.
87) 제명에서의 '남북교류협력의 증진 및 운용'이 문법에 맞지 않음은 별론으로 한다.

력은 남북한 당국의 정책기조에 따라 수시로 변화될 수 있는 부분이므로, 접경지역을 관할하고 있는 경기도에서 선도적으로 현행 조례 개정을 통해 실제 교류협력에 관한 실체적인 사항을 다수 포함시켜야 할 것이다.

(2) 각론적 접근

1) 불분명한 규정 정비

첫째, 현행 조례는 불분명한 규정을 다수 포함하고 있다. 동 조례 제11조 내지 제13조[88]가 대표적인 예가 될 것인데, 우선 경기도 남북교류협력위원회가 심의기관인지 자문기관인지 불분명하다. 또한 제13조 제2항 및 동항 각 호에서 규정하는 동 위원회의 당연직 위원과 위촉직 위원의 자격도 지금보다 분명히 규정할 필요가 있다. 동 위원회 관련 전반적인 사항을 분명히 하기 위해 신속한 정비를 요한다고 하겠다.

---

[88] 제11조(위원회의 설치) 기금의 운용·관리에 관한 사항을 심의하고, 남북교류협력 사업에 관한 도지사의 자문을 위하여 경기도 남북교류협력위원회(이하 "위원회"라 한다)를 둔다.
제12조(위원회의 기능) 위원회는 다음 각 호의 사항을 심의하고, 도지사의 자문에 응한다.
   1. 남북교류협력의 촉진을 위한 협의 및 자문
   2. 기금의 운용 및 관리에 관한 사항
   3. 남북교류기반 조성 및 시·군, 민간차원 교류지원에 관한 사항
   4. 남북교류협력의 실질적 증진을 위한 계획의 수립과 집행에 관한 사항
   5. 그 밖에 도지사가 필요하다고 인정하는 사항
제13조(위원회의 구성 등) ① 위원회는 위원장을 포함하여 30명 이내의 위원으로 구성한다.
② 위원장은 위원 중에서 호선하며, 위원은 남북교류협력 업무 관계공무원을 당연직 위원으로 하고, 위촉직위원은 다음 각 호의 어느 하나에 해당하는 사람 중에서 도지사가 위촉한다.
   1. 도의회 의장이 추천하는 의회 의원
   2. 남북교류협력 업무에 관련 있는 기관·단체에 근무하는 사람
   3. 남북교류협력 분야에 대한 전문지식과 경험이 풍부한 사람
   4. 기금운용 또는 기금 관련 분야에 관한 전문지식을 갖춘 민간전문가
③ 위원회에는 제2항 제3호의 위원이 3분의 1이상 참여하도록 하여야 하고, 위촉직 위원은 특정 성별이 100분의 60을 넘지 않도록 한다.

2) 불필요한 규정 정비

둘째, 현행 조례에서는 불필요한 규정도 발견된다. 예를 들어 제15조 제2항은 "부위원장은 위원 중에 호선(互選)하고, 위원장이 부득이한 사유로 직무를 수행할 수 없을 때에는 그 직무를 대행한다."라고 규정하고 있는데, 현행 조례와 시행규칙 어디에도 부위원장의 역할에 관한 내용이 없음에도 부위원장의 선임방법에 대해 규정하고 있고 또한 굳이 규정할 필요가 없는 위원장 직무대행에 관해서도 명시하고 있다.

3) 부적절한 규정 정비

셋째, 부적절한 규정도 적지 않다. 대표적으로는 제18조[89]와 제19조 제2항을 그 예로 들 수 있다. 이 중에서 제19조 제2항은 "도지사는 실무기획단을 활용하여 남북교류협력을 실질적으로 증진하는 방법을 제시할 수 있고, 관련 연구를 경기연구원 등의 연구기관에 의뢰할 수 있다."라고 규정하고 있는데, 경기도 출연법인 중 경기연구원이라는 특정 법인의 명칭을 명시하는 것은 불필요한 오해의 소지가 다분하며 입법기술적 측면에서 보더라도 매우 적절하지 못한 규정방식이라고 하겠다.

4) 무권한 행위 규정 정비

넷째, 무권한 행위 규정도 조속히 정비되어야 한다. 예컨대, 동 조례 제20조는 제1항에서 "도지사는 도내에 소재하는 대학교 또는 대학 등에 북한과의 교류협력과 관련된 학과의 설치를 장려할 수 있다."라고 규정하고, 제2항에서 "도지사는 제1항을 위하여 필요한 경우 설치를 위한 장려방안을

---

[89] 제18조(위원의 위촉 해제) 도지사는 위원회의 위원이 다음 각 호의 어느 하나에 해당하는 경우에는 위촉 해제할 수 있다.
   1. 위원의 임무를 성실히 수행하지 아니한 경우
   2. 품위를 손상시켜 위원으로서 적합하지 아니하다고 인정되는 경우
   3. 위원이 제척·기피·회피의 사유가 있음에도 불구하고 심의에 참여하여 심의의 공정성을 해친 경우
   4. 그 밖의 사정으로 위원의 임무를 수행할 수 없다고 판단되는 경우

제시할 수 있다."라고 규정하고 있다. 별도의 검토 없이도, 이러한 사항들이 도지사의 권한 범위 내에 속하는지 의문이라 하겠다. 비록 '장려'라는 표현을 사용했다고 하더라도 오해의 소지가 줄어든다고 볼 수는 없는바, 동 조례의 개정 시 동조 전체가 삭제되어야 할 것이다.

제6부

통일교육과 민주시민교육 정책 사례

제 11 장
민주시민교육과 지방자치

Ⅰ. 민주시민교육의 의의

1. 민주시민교육의 개념

(1) 용어의 적절성

특정 개념을 일의적으로 정의하기란 쉽지 않다. 개념을 정의하기 위해서는 그 대상 용어를 확정해야 할 것인데, 일반적으로 민주시민교육(democratic civic education, education for democratic citizenship)을 시민교육(civic education), 시민성교육(citizenship education), 시민권교육(education a la citoyenete), 사회교육, 공민교육(公民敎育), 그리고 정치교육(politische Bildung)[1] 등과 혼용하는 경향이 있다. 우리나라의 역사적 전통과 정치적 상황, 그리고 용어가 가진 구체성과 언어 관용 등을 고려하고, 교육의 목표 내지 지향점을 보다 선명히 한다는 측면에서는 민주시민교육이라는 용어가 가장 적절하다고 본다.[2]

(2) 개념의 정의

1) 실무적 정의

민주시민교육에 대한 실무적 개념 정의를 살펴보면 다음과 같다. 우선,

---

[1] 우리나라에서는 과거 권위주의적 통치 경험으로 인해 정치교육이라는 용어는 의도적으로 회피되기도 한다.
[2] 음선필, 한국 민주시민교육의 제도화 시론, 제도와 경제, 제7권 제3호(2013. 11.), 70-71면.

교육부는 2018년 '민주시민교육 활성화를 위한 종합계획'에서 민주시민교육을 "비판적 사고력을 가진 주체적인 시민이 민주주의의 가치를 존중하고 서로 상생할 수 있도록 민주시민으로서의 역량을 향상시키는 교육"이라고 한다.[3]

민주시민교육 활성화 및 지원을 위한 다수의 법률안들도 1997년 이후부터 국회에 제안되었다. 그중 지난 20대 국회에서 남인순 의원이 대표발의한 「민주시민교육지원법안」에서 민주시민교육의 개념을 살펴보면, "모든 국민이 민주주의 사회의 구성원으로서 가지는 권리와 의무에 기초하여 일상생활의 각 영역에서 민주주의를 실현하는데 필요한 자질과 역량을 기를 수 있도록 하는 모든 형태의 교육" 정도로 정의하고 있다.[4]

지방자치단체의 민주시민교육에 관한 조례에도 민주시민교육의 개념에 관한 규정들이 존재하며 저마다 동 개념에 대해 나름의 정의를 내리고 있다.[5] 대체로 지방자치단체의 조례에서는 민주시민교육에 대해 "민주사회의 지속 가능한 발전을 위해 필요한 지식, 기능, 가치 및 태도 등의 시민성을 함양하여 실천으로 이어질 수 있도록 하는 교육"으로 정의하고 있다.[6]

---

[3] 교육부, 민주시민교육 활성화를 위한 종합계획, 2018. 11., 8면.
[4] 남인순의원이 대표발의한 민주시민교육지원법안(의안번호: 2333, 발의일자: 2016. 9. 19.) 제2조 제1호.
[5] 각 시·도의 정의 규정은 대체로 유사한 편이지만, 그 세부내용을 나누어 살펴보면 다음과 같다. 민주시민교육의 목적을 '민주사회(혹은 민주국가와 시민사회)의 지속 발전'에 두고 있으며, 그 교육 내용과 방법은 '지식·기능·가치·태도 등 민주시민으로서 요구되는 자질과 소양을 함양하는 것'으로 보는 점은 대체로 유사하다. 다만, 민주사회와 이에 요구되는 자질과 소양이라는 중립적 개념을 넘어 '(참여적) 행동으로 이어지는 것', '건강한 시민'(예: 경기도, 전라남도, 전라북도), '성숙된 삶'(예: 경기도, 전라남도, 전라북도), '참여적 행동'(예: 대전광역시, 충청남도), '정치생활 영위'(예: 경기도) 등을 강조하거나 규정한 경우도 있다. 시민의 구체적인 모습으로서 '세계시민(예: 경기도)'이나 '주권자'(예: 경기도, 전략북도, 전라남도)를 명시한 경우도 있다. 정상우, 강은영, 학교 민주시민교육의 현황 및 활성화 방안: 교육법적 관점에서, 법교육연구, 제31권 3호(2019. 12.), 101면.
[6] 정상우, 강은영, 인권교육과 민주시민교육의 관계 및 조화 방안 고찰, 법교육연구, 제14권 3호(2019. 12.), 126면.

◆ 〈표〉 민주시민교육의 정의에 관한 광역지방자치단체 조례 규정

조례명	시행일자	조례규정
서울특별시 민주시민교육에 관한 조례	2020.3.26.	제2조(정의) 이 조례에서 "민주시민교육"이란 민주사회의 지속 발전을 위한 지식·가치·태도 등 민주시민으로서 요구되는 자질과 소양을 함양하고 행동으로 이어지도록 하는 교육을 말한다.
부산광역시 민주시민교육 조례	2019.1.1.	제2조(정의) 이 조례에서 "민주시민교육"이란 「대한민국헌법」에서 보장하는 민주사회를 지속적으로 발전시키기 위하여 시민이 갖추어야 할 지식·가치·태도 등의 자질과 소양을 함양하여 행동으로 이어지도록 하는 교육을 말한다.
세종특별자치시 민주시민교육 조례	2018.4.10.	제2조(정의) "민주시민교육"이란 세종특별자치시민이 민주사회의 지속 발전을 위한 지식·가치·태도 등 민주시민으로서 요구되는 자질과 소양을 함양하고 행동으로 이어지도록 하는 교육을 말한다.
경기도 민주시민교육 조례	2020.5.19.	제2조(정의) 이 조례에서 "민주시민교육"이란 모든 경기도민이 민주주의 사회의 구성원으로서 가지는 권리와 의무에 기초하여 일상생활의 각 영역에서 민주주의를 실현하는데 필요한 자질과 역량을 기를 수 있도록 하는 모든 형태의 교육을 말한다.
전라북도 민주시민교육 활성화와 지원에 관한 조례	2016.3.25.	제2조(정의) "민주시민교육"이란 전라북도민이 민주사회의 주권자로서 민주 국가와 시민사회의 지속 발전을 위한 지식·기능·가치·태도 등 민주시민의 자질과 소양을 함양하고 건강한 시민으로 성숙된 삶과 행동으로 이어지도록 하는 교육을 말한다.

2) 학문적 정의

민주시민교육의 개념 정의는 강학상 다양하게 내릴 수 있다. 가장 넓게 보면 "시민 또는 장차 시민이 될 자의 신념, 헌신, 능력과 행위에 영향을 미치는 모든 과정"을 민주시민교육으로 볼 수 있다.[7]

하지만, 민주시민교육은 민주주의 정치체제가 그 필수 전제가 되므로, 민주절차에 참여하는 시민으로서의 능력을 갖추도록 각종 정보와 지식을 가르치는 행위로 그 개념을 제한적으로 파악할 필요가 있다. 그러한 점에서 민주시민교육은 "국민이 국가의 주권자로서 국가와 지역사회에서 일어나고

---

[7] "In its broadest definition, "civic education" means all the processes that affect people's beliefs, commitments, capabilities, and actions as members or prospective members of communities." https://plato.stanford.edu/entries/civic-education/ (검색일자: 2020. 8. 30.)

있는 정치현상에 관한 객관적 지식을 갖추고, 정치적 상황을 올바로 판단하고, 비판의식을 갖고 정치과정에 참여하여 책임지는 정치행위가 될 수 있도록 가정, 학교, 사회에서 습득하는 모든 과정"이라 할 수 있다.[8]

그 밖에도, 민주시민교육을 "시민이 정치·사회생활에 참여할 수 있는 자질을 갖추기 위한 지속적이고 목표지향적인 교육적 조치"라든가, "시민의 자존감과 민주적 역량을 키워주어 주체적으로 판단하고 참여하며 자신의 권리와 의무를 실천할 수 있도록 도와주는 교육"이라고 그 개념을 정의하기도 한다.[9]

이러한 민주시민교육의 개념에 관한 논의들을 종합적으로 고려하여, 민주시민교육이란 "세계시민 또는 주권자로서 민주국가와 시민사회의 지속발전을 위한 자질과 소양을 함양하여 건강한 시민행동으로 이어질 수 있도록 하는 교육"이라고 정의할 수 있다.[10]

2. 민주시민교육의 가치

(1) 민주시민교육의 목표 : 시민성의 함양

1) 시민성의 의미

민주시민교육의 가장 중요한 목표는 민주주의를 실현하고 지속 가능하게 하기 위한 시민성 함양에 있다고 할 수 있다. 시민성은 독립된 개인으로서가 아닌 공동체 구성원으로서의 지위에서 요구되는 자질로서, 시민이 갖추어야 할 의식, 민주적 역량, 덕성, 권리와 의무, 그리고 참여와 책임감 등을 의미한다.

---

[8] 음선필, 한국 민주시민교육의 제도화 시론, 제도와 경제, 제7권 제3호(2013. 11.), 71면.
[9] 정상우, 강은영, 인권교육과 민주시민교육의 관계 및 조화 방안 고찰, 법교육연구, 제14권 3호(2019. 12.), 125-126면에서 재인용.
[10] 최성환, 미래사회를 대비하는 경기도 민주시민교육의 길, 경기연구원, 2018, 3면

2) 시민성의 구체적 내용

시민성의 구체적인 내용은 일반적으로 인간 존엄성에 대한 인식, 민주적 절차 및 과정의 숙달, 기본 생활습관 및 질서의식의 내면화, 합리적 의사결정 능력의 함양 등으로 볼 수 있다. 이에 대해, 시민의 덕목을 정의, 평등, 권위, 참여, 진실, 애국심, 자유, 다양성, 사생활 존중, 절차 이행, 재산, 인권 12개 항목으로 제시하는 견해도 있다. 또한, 국가정체성(national identity), 권리와 자격(rights and entitlements), 책임과 의무(responsibilities, obligations and duties), 공적 문제에 대한 능동적 참여(active in public affairs), 사회의 기본적 가치 수용(acceptance of basic societal values)이라는 시민교육의 공통적 요소를 위해, ① 국제사회의 일원으로 문제를 다루고 조망할 수 있는 역량, ② 타인과 협동하고 사회적 역할과 의무를 수행할 수 있는 역량, ③ 타 문화를 이해하고 수용할 수 있는 역량, ④ 비판적으로 사고할 수 있는 능력, ⑤ 비폭력적 방식으로 갈등을 해결할 수 있는 역량, ⑥ 환경보호를 위해 소비습관이나 생활방식을 바꾸어 가는 역량, ⑦ 약자의 권리를 보호할 수 있는 역량, ⑧ 지역 및 국가와 국제 수준의 정치에 참여할 수 있는 역량을 시민의 덕목 내지 소양으로 제시하기도 한다.[11]

3) 시민성의 인권 지향성

그동안 우리 사회에서의 시민성에 관한 논의는 특정의 기준점 없이 다소 광범위하게 이루어져 왔다. 이에, 시민성 논의의 일관성과 정당성을 뒷받침해 주기 위한 기초원리로 '인권'에 주목할 필요가 있다. 현대 사회에 적합한 시민성은 인권을 지향하는 역동적 개념으로 이해될 때 그 정당성을 인정받을 수 있는 것이다. 시민성의 구체적 내용을 12개의 항목으로 제시하는 앞서의 견해는 인권을 시민성의 한 가지 세부 덕목으로 이해하고 있지만, 동 견해에서 평등, 참여, 자유, 다양성, 사생활, 절차, 재산 등에 관한 권리들은 인권 개념에 포섭될 수 있다. 시민성 논의에 일관성과 정당성을

---

[11] 정상우, 강은영, 인권교육과 민주시민교육의 관계 및 조화 방안 고찰, 법교육연구, 제14권 3호(2019. 12.), 127-128면에서 재인용.

뒷받침해 주고 보다 체계적 논의를 전개하기 위해서는 시민성이 인권을 지향해야 한다거나 적어도 양자가 상호 밀접한 관련이 있다고 이해해야 할 것이다.[12]

(2) 민주시민교육의 중요성

1) 상황적 배경

다원화·고도화된 오늘날의 사회에서는 다양한 집단 간의 갈등은 끊임없이 발생하고 있다. 이념, 지역, 세대, 소득계층 등의 차이로 인한 사회적·정치적 갈등과 대립이 지속되고 있는 것이다. 갈등과 대립이 심한 문화일수록 사회적 갈등 자체가 부정적으로 여겨지기 때문에, 기존의 질서를 흔들고 갈등을 유발한다고 생각되는 상대를 적으로 간주하는 경향이 있다. 냉전적·이데올로기적 대립 같은 부정적인 갈등은 억제되어야 마땅하다. 그러나 사회의 생산적 발전을 이끌며 긍정적인 효과를 발휘하는 갈등도 있다. 투쟁이 아니라 논쟁으로 승화될 수 있다면 그 갈등은 오히려 사회를 통합시키고 발전시키는 적극적인 동력이 될 수 있다.[13]

한국에서 민주시민교육의 역사는 일찍이 미군정 시대로 올라간다. 당시 공산주의에 대항하여 민주정치체제에 적합한 국민을 양성하기 위한 목적으로 도입된 민주시민교육은 미국의 체제와 방식을 따른 것이었다. 그런데 한국의 민주시민교육은 점차 정권 보위를 위한 '국민교육'으로 인식되면서 부정적인 것으로 각인되고 말았다. 그러나 민주시민교육은 민주적 의식과 태도를 배양하고 준법정신을 고취시키는 토양을 마련하여 민주주의와 법치주의 토대를 구축함으로써 개개인으로 하여금 민주주의적 이성에 따라 자기를 형성·발전시키게 하며, 사회 전체적으로는 공공갈등을 효과적으로 해결하여 사회통합을 강화하며, 궁극적으로는 국가와 사회의 지속가능한 발

---

12) 정상우, 강은영, 인권교육과 민주시민교육의 관계 및 조화 방안 고찰, 법교육연구, 제14권 3호(2019. 12.), 128면.
13) 심성보 등, 보이텔스바흐 합의와 민주시민교육, 북멘토, 2018, 167-168면.

전을 이끌어낸다. 지금까지 한국 사회가 겪은 경험에 대한 반성과 현재의 상황에 대한 성찰로써 민주시민교육의 필요성을 살펴보면 다음과 같다.[14]

2) 심의적 참여의 제도화

건국 이후 근대화의 압축성장기를 거쳐 온 동안 우리 사회는 공공갈등을 차분하고도 합리적으로 해결하는 민주적 시스템을 제대로 구비하지 못하였다. 즉 공익의 테두리 내에서 사익을 조정·타협하는 '심의적 참여(deliberative participation)'가 제도화되지 못한 것이다. 이는 오랜 기간 동안 권위주의적 정치체제에 순응함으로써 주체적인 참여 의식을 형성하지 못하였고, 민주적 의사결정에 대한 참여를 봉쇄당함으로써 정치적 참여 학습의 경험을 제대로 축적하지 못하였기 때문이다. 공공갈등의 민주적 해결을 위해 필요한 민주시민의식이 제대로 내면화되지 못할 경우, 공공갈등의 해결을 위한 비용이 막대하게 발생할 뿐 아니라 대의민주주의 체제는 비정상적으로 작동하게 될 것이다.[15]

3) 민주주의의 심화·발전

1980년대 중반 이후에 이뤄진 민주화의 집단 체험을 공유하지 못한 세대가 오늘날 한국 사회의 주요 세력으로 부상하면서 이들의 정치적 가치관 형성이 매우 시급한 과제가 되고 있다. 더구나 청소년의 정치적 주체성을 강조하는 입장에서는 선거권 연령의 인하까지 요구하고 있다. 따라서 한국 민주주의의 심화·발전을 위해서도 민주시민의식의 교육이 매우 시급한 과제가 되고 있다.[16]

---

14) 이상의 내용과 함께 아래에서 제시하는 민주시민교육의 필요성에 관해 자세한 내용은, 음선필, 한국 민주시민교육의 제도화 시론, 제도와 경제, 제7권 제3호(2013. 11.), 71-73면 참조.
15) 음선필, 한국 민주시민교육의 제도화 시론, 제도와 경제, 제7권 제3호(2013. 11.), 71-72면.
16) 음선필, 한국 민주시민교육의 제도화 시론, 제도와 경제, 제7권 제3호(2013. 11.), 72면.

4) 다문화사회와 통일의 대비

빠르게 진행되어 가는 다문화사회의 안정적 정착과 향후 민족적 과제인 통일을 대비하기 위해서도 정치통합 내지 사회통합은 현실적인 과제가 되고 있다. 따라서 사회통합교육으로서 민주시민교육을 북한 이탈 주민을 포함한 전체 국민을 대상으로 체계적으로 실시하는 것이 필요하다고 할 것이다.[17]

II. 국내 민주시민교육 정책 사례

1. 논의 연혁

우리나라는 민주화 이후 시민사회의 번영에 따라 환경, 소비자, 민주주의, 경제교육 등의 영역에서 민주시민교육의 다양한 논의가 본격화되었는바, 1990년대부터 학계와 시민사회를 중심으로 민주시민교육의 제도화에 관한 논의가 시작되었다. 1995년 국무총리 소속 세계화추진위원회는 시민 정치의식 세계화라는 국정과제의 세부과제로 민주시민교육 제도화에 관한 최초의 정부 차원의 논의를 시작하였고, 교육과학기술부가 제정한 제7차 교육과정(1997-2007)에는 '민주시민의식을 기초로 공동체의 발전에 공헌하는 사람'이 5가지 인간상 중 하나로 포함되었다. 또한, 1998년 최초 시행된 교육기본법에는 교육이념의 내용으로 '민주시민으로서 필요한 자질'이라는 표현이 명시되었다.[18]

2000년대에 들어서는, 2004년 당시 여야 대표가 합의한 정치개혁 과제에 민주시민교육의 제도화가 포함되었고, 2010년 이명박 정부는 '체험과 실천 중심의 민주시민교육 활성화 방안'을 발표한 바 있다. 2012년 국무총리실

---

[17] 음선필, 한국 민주시민교육의 제도화 시론, 제도와 경제, 제7권 제3호(2013. 11.), 72면.

[18] 교육기본법(1997. 12. 13. 제정, 1998. 3. 1. 시행, 법률 제5437호) 제2조 (교육이념) 교육은 홍익인간의 이념아래 모든 국민으로 하여금 인격을 도야하고 자주적 생활 능력과 민주시민으로서 필요한 자질을 갖추게 하여 인간다운 삶을 영위하게 하고 민주국가의 발전과 인류공영의 이상을 실현하는데 이바지하게 함을 목적으로 한다.

시민사회발전위원회는 시민사회 발전을 위한 10대 과제 중 하나로 '시민교육 활성화'를 제시하였으며, 2017년 출범한 현 정부는 100대 국정과제에 민주시민교육 확대를 포함시키고, 대통령 자문 정책기획위원회 및 관련 부처를 통해 민주시민교육 활성화 방안을 추진 중에 있다. 2018년 교육부는 민주시민교육의 본격적인 추진을 위해 민주시민교육과를 신설하고 관련 사무를 담당하고 있으며, 2019년 6·10민주항쟁기념식 대통령 기념사에서 민주시민교육 기구 설립의 필요성이 천명되기도 하였다. 오늘날에는 통일교육원, 한국양성평등교육진흥원, 선거연수원, 민주화운동기념사업회 등 다양한 공공기관들이 민주시민교육 내지 유관 주제별 교육 사업을 추진해 오고 있다.

민주시민교육 제도화에 관한 정부 및 사회적 논의에 부응해 국회에서도 관련 입법을 위한 노력을 지속해 왔지만, 관련 법률 제정은 오늘날까지 이뤄지지 못하고 있다. 법률제정이 지연되는 사이 통일교육지원법(1999), 환경교육진흥법(2008), 법교육지원법(2008), 경제교육지원법(2009), 인성교육진흥법(2014) 등 민주시민교육과 관련이 깊은 주제들을 다루는 개별 법령들이 제정되었고, 아울러 2007년 개정이 이루어진 평생교육법은 평생교육의 6가지 중 하나로 시민참여교육을 포함[19]하게 되었다.[20]

◆ 〈표〉「민주시민교육지원법률안」 제안 연혁[21]

법 안 명	제안 일자	제 안 자	처리 결과
학교민주시민교육법안	2020-07-16	박찬대 의원 등 12인	소관위 심사 (교육위 계류 중)
민주시민교육지원법안	2020-06-01	남인순 의원 등 18인	소관위 접수 (행안위 계류 중)

---

19) 평생교육법(2007. 12. 14. 전부개정, 2008. 2. 15. 시행, 법률 제8676호) 제2조 (정의) 이 법에서 사용하는 용어의 정의는 다음과 같다.
  1. "평생교육"이란 학교의 정규교육과정을 제외한 학력보완교육, 성인 기초·문자해득교육, 직업능력 향상교육, 인문교양교육, 문화예술교육, 시민참여교육 등을 포함하는 모든 형태의 조직적인 교육활동을 말한다.
20) 조철민 등, 경기도 민주시민교육 종합계획 수립 연구, 경기도평생교육진흥원, 2019, 13-15면.
21) 국회 의안정보시스템, http://likms.assembly.go.kr/bill/main.do (검색일자: 2020. 8. 30.)

학교민주시민교육법안	2019-11-12	이철희 의원 등 12인	임기만료 폐기
민주시민교육 지원에 관한 법률안	2019-03-07	소병훈 의원 등 10인	
민주시민교육지원법안	2016-09-19	남인순 의원 등 12인	
민주시민교육지원법안	2015-02-05	남인순 의원 등 13인	
민주시민교육지원법안	2015-01-22	이언주 의원 등 12인	
민주시민교육지원법안	2007-06-05	이은영 의원 등 15인	
시민교육진흥법안	2000-01-03	김찬진 의원 등 5인 외 29인	
민주시민교육지원법안	1997-10-31	박명환 의원 등 11인 외 50인	

2. 교육부의 민주시민교육

(1) 2018년 민주시민교육 종합계획

학교 민주시민교육에 한정되어 있기는 하나 중앙정부의 민주시민교육 활성화 노력을 살펴보기로 한다. 교육부는 민주시민교육의 개념을 앞서 언급한 바와 같이 "비판적 사고력을 가진 주체적인 시민이 민주주의의 가치를 존중하고 서로 상생할 수 있도록 민주시민으로서의 역량을 향상시키는 교육"으로 정의하는바, 여기서 말하는 민주시민의 역량이란 ① 민주주의의 기본원리와 핵심가치에 대한 지식과 이해, ② 타인의 권리와 존엄성을 존중하고 다원성을 인정하는 시민적 관용, ③ 공공생활에 적극적으로 참여하고 실천하는 시민적 효능감, ④ 사회·정치적 문제를 객관적으로 파악하는 비판적 사고력, ⑤ 대화와 토론으로 문제를 해결할 수 있는 능력과 기술, ⑥ 약자를 보호하고 정의와 상생의 원칙에 따른 협력과 연대 등이라고 한다.[22] 나아가 교육부는 민주시민교육의 비전을 '자율·존중·연대를 실천하는 민주시민 양성'으로 설정하고, '민주적 교육 생태계 조성을 통한 민주시민 역량 강화'라는 목표 하에 ① 학교 민주시민교육 강화, ② 교원 전문성 신장 및 교육활동 지원, ③ 민주적 학교문화 조성, ④ 학생자치 활성화, ⑤

---

22) 교육부, 민주시민교육 활성화를 위한 종합계획, 2018. 11., 8면.

민주시민교육 지원체계 구축 등 5가지의 추진 과제를 제시하였다.[23]

◆ 〈표〉 교육부 민주시민교육정책의 세부 추진과제[24]

비전	자율·존중·연대를 실천하는 민주시민 양성	
목표	민주적 교육 생태계 조성을 통한 민주시민 역량 강화	
추진 과제	학교 민주시민교육 강화	① 민주시민교육의 공통기준 마련 ② 안정적·체계적 민주시민교육을 위한 교육과정 개정 ③ 참여와 실천 중심의 교수학습방법 개선 ④ 민주시민교육을 위한 평가 개선
	교원 전문성 신장 및 교육활동 지원	① 교원의 민주시민교육 역량 강화 지원 ② 예비교원의 민주시민교육 역량 강화 지원 ③ 자율적 교원 학습공동체와 현장지원단 지원 ④ 다양한 교육 콘텐츠 개발 지원
	민주적 학교문화 조성	① 학교 내 민주적 의사결정체계 구축 지원 ② 학생들이 주도하는 학교 공간 민주주의 지원 ③ 학교 구성원의 민주시민역량 강화 지원 ④ (가칭)민주시민학교 운영
	학생자치 활성화	① 학생자치 활성화 지원 ② 학교운영에 학생 참여 확대 ③ 학생의 학습활동 참여 확대 ④ 학생자치 인식개선 및 우수사례 확산
	민주시민교육 지원체계 구축	① 민주시민교육 거버넌스 구축 ② 정책의 안정적 추진을 위한 제도적 기반 마련 ③ 민주시민교육 추진을 위한 사회적 공감대 확산

---

23) 교육부, 민주시민교육 활성화를 위한 종합계획, 2018. 11., 10면. 2017년 5월 '민주시민교육 활성화'가 국정과제로 선정됨에 따라 교육부는 2018년 1월 「교육부 직제 시행규칙」 개정을 통해 '민주시민교육과'를 신설했으며, 민주시민교육 및 학생자치 담당 시·도교육청 협의회, 전문가 정책협의회, 민주시민교육 자문위원회 등의 다양한 전문가 의견 수렴 과정을 거쳐 2018년 11월 '민주시민교육 활성화를 위한 종합계획'을 발표했다.
24) 교육부, 민주시민교육 활성화를 위한 종합계획, 2018. 11., 10면.

(2) 2019년 민주시민교육 시행계획

교육부는 2019년 3월 '민주시민교육 활성화를 위한 종합계획'에 따른 시행계획을 발표하였다. 동 계획에서 제시한 3가지의 정책 추진 방향을 살펴보면, 첫째, 민주시민교육에 대한 사회적 합의를 조성하고자 민주시민교육의 목표, 기본원칙, 내용 요소 등에 대한 학문적 논의와 사회적 공론화를 통해 민주시민교육의 공통기준 마련, 둘째, 초·중·고교 교육과정을 통해 민주시민교육을 활성화하고자 교육과정을 통한 민주시민교육 내실화 방안을 모색하며, 이를 위해 학습자가 주체적으로 표현하고 협력하여 문제를 해결하는 수업에 적합한 평가방식 개발, 교원 대상 연수 기회 확대 및 다양한 교육 콘텐츠 제공 등의 교육 활동 지원 강화, 셋째, 민주적 학교 환경 조성 및 민주시민교육 경험 확대를 위해 학교 내 민주적 의사결정 과정을 속에서 구성원이 서로 연대하고 소통하는 민주적 학교문화를 조성하고, 그 밖에 학생들의 다양한 참여 촉진을 통한 시민적 효능감의 제고가 그것이다.

현재 교육부는 이와 같은 3가지의 정책 추진 방향 아래 학교 민주시민교육 강화, 교원 전문성 신장 및 교육 활동 지원, 민주적 학교문화 조성, 학생자치 활성화, 민주시민교육 지원체계 구축이라는 5가지의 세부 추진과제를 시행하고 있다.[25]

3. 중앙선거관리위원회의 민주시민교육

(1) 연혁

중앙선거관리위원회는 선거관리위원회 소속 공무원, 정당 및 선거사무 관계자에 대한 교육 및 연수를 목적으로 1996년에 설립된 선거연수원과 연계하여 민주시민교육과 직간접적으로 관련된 대국민 교육업무를 실시하고

---

[25] 정상우, 강은영, 학교 민주시민교육의 현황 및 활성화 방안: 교육법적 관점에서, 법교육연구, 제31권 3호(2019. 12.), 107-108면에서 재인용.

있다.[26] 중앙선관위 소속기관인 선거연수원은 1997년 10월 처음으로 당시 12개 정당의 중앙당 및 시·도지부의 정당·선거 사무관계자 63명을 대상으로 정당간부연수를 실시하였으며, 그 후 프로그램을 다양화하여 후보자, 시민단체 회원, 교원, 공무원, 학생 등으로 교육 대상을 확대하였다.

2000년대 이후부터 선거연수원은 점차적으로 관련 부서를 신설하고 보다 다양한 프로그램을 마련하는 등 민주시민교육에 본격적으로 뛰어들고 있다. 2000년 정치교육과를 신설하였고, 2006년 시민교육과를 거쳐 2013년에는 동 부서를 시민교육부로 개편하여 오늘에 이르고 있다.[27] 선거연수원이 민주시민교육을 바라보는 시각은 기관의 영문명에서도 알 수 있는데, 2007년 기존의 'National Election Training Institute'에서 'Korean Civic Education Institute for Democracy'(KOCEI)로 변경함으로써 민주시민교육에 초점을 맞추고자 하는 기관의 의지를 선명히 드러내었다.

(2) 선거연수원 2020년 교육계획

선거연수원의 2020년도 민주시민교육 분야 중점 추진내용을 보면, 선거연수원은 '국민과 함께하는 민주시민교육'이라는 기치 아래 교육기관·단체 등과 협업 프로그램 운영 및 교육 우수사례 발굴·공유, 우수교수법을 도입하고 여성·다문화 단체 등과 협력을 통한 전문강사 양성, 그리고 교육 대상자의 특성을 반영한 다양한 콘텐츠 개발·보급을 내용으로 하는 '민주시민교육 역량 강화를 위한 협업 확대 및 인프라 확충'을 계획하고 있다. 또한, 18세 유권자 중점 선거교육 및 일반유권자 생애주기 프로그램 운영, 다문

---

26) 중앙선거관리위원회의 내부에서는 유권자에 대한 교육훈련이 가능할 수 있겠느냐는 부정적 시각이 있었으나 공정한 선거의 기반조성과 추진, 이의 정착을 위해서는 유권자에 대한 교육연수가 반드시 필요하다는 인식에 따라 민주시민교육을 선거연수원에서 실시하게 되었다. 선거연수원 설립 초기에는 민주시민교육이 연수원 업무에 포함되지 않았었다. 박상철 등, 수요자별 특성에 맞는 민주시민교육 방안, 중앙선거관리위원회 연구용역보고서, 2016, 13면.
27) 선거연수원은 작년인 2019년에는 기존 3부(교수기획부, 시민교육부, 제도연구부)의 기구체제를 4부(연수기획부, 직무교육부, 시민교육부, 제도연구부)로 확대 개편하였다.

화·장애인 유권자 등을 위한 선거참여 도움과정 확대, 그리고 정치환경 및 정당별 특성을 반영한 당원 연수 프로그램 다변화 등 '선거·정치 참여 활성화를 위한 새내기 유권자 등 맞춤형 교육 강화'도 중점 추진내용으로 설정하고 있다. 마지막으로, 유권자와 정치인이 함께 만드는 '2020 유권자정치페스티벌' 개최, 정책제안 중심의 강연콘테스트 등 국민참여 경연프로그램 추진, 그리고 이미 치러진 제21대 국회의원선거 참여활성화를 위한 국민소통 선거강연 실시를 중심으로 한 '성숙한 선거·정치문화 정착을 위한 국민참여 프로그램 확대'도 2020년도 민주시민교육 분야 중점 추진내용 중 하나로 설정하고 있다.[28]

◆ 〈표〉 2020년 선거연수원 교육계획[29]

구 분		과정수	횟 수	인 원
합 계		75	11,506	656,332
직무교육	소 계	32	55	2,302
	기 본 과 정	4	4	230
	전 문 과 정	28	51	2,072
민주시민 교 육	소 계	17	4,631	594,030
	선거·정당관계자과정	2	215	21,500
	유 권 자 과 정	4	583	19,650
	청소년선거체험과정	4	3,500	537,000
	선거참여도움과정	3	320	6,000
	선거·정치 참여·소통과정	2	3	9,500
	민주시민교육 전문강사과정	2	10	380
사이버 교 육	소 계	26	6,820	60,000
	직 원 교 육	22	6,768	37,000
	민 주 시 민 교 육	4	52	23,000

---

28) 선거연수원, 2020년도 교육·연수계획, 2020. 1., 2-3면.
29) 선거연수원, 2020년도 교육·연수계획, 2020. 1., 4면.

한편, 민주시민교육 분야에 한정하여 선거연수원의 2020년 교육계획을 살펴보면, 총 17개 과정에서 4,631회에 걸쳐 594,030명을 대상으로 교육을 실시할 것임을 알 수 있다. 이는 4개 과정, 52과목, 23,000명을 대상으로 하는 사이버교육에서의 민주시민교육은 제외된 수치이다. 종합하면, 선거연수원은 2020년에 총 21개 과정에서 약 61만 7천명을 대상으로 민주시민교육을 실시할 계획이다.

◆ 〈표〉 2020년 선거연수원 민주시민교육 계획[30]

구 분	과 정 명	대 상	기간	일정	운영 횟수	운영 인원	비고
합 계	17개 과정				4,631	594,030	
선거·정당 관계자 과정	정당사무처간부연수	정당사무처 간부·직원 등	2일	연 중	55	5,500	집합
	당원연수	일반당원 등	1~2일	연 중	160	16,000	집합
유권자 과정	민주시민정치아카데미	오피니언리더 등	15주	5~10월	1	50	집합
	여성정치참여연수	여성유권자·단체 회원·정치 지망생	1~5일	연 중	40	2,000	집합
	시민사회단체등협업연수 (국민소통선거강연 포함)	기관·단체 회원 등	1~3일	연 중	500	16,000	집합, 출강
	교원선거전문교육연수	초·중·고 교원	5일	연 중	12	400	집합
	대학생등정치참여연수 (학점인정과정 등 포함)	대학생·청년유권자 등	1~2일 (15주)	연 중	30	1,200	집합
청소년 선거체험 과정	민주주의선거교실 (미래지도자 열림캠프 포함)	초·중·고 학생	1일 (3일)	연 중	700	28,000	집합, 출강
	새내기유권자연수	고등학교 학생	1일	연 중	2,500	500,000	출강
	기관·단체협업선거교실	청소년	1일	연 중	300	9,000	집합, 출강
선거참여 도움과정	다문화가족연수	다문화 가족	1일	연 중	200	3,000	출강
	북한이탈주민연수	북한이탈 주민	1~2일	연 중	20	1,000	집합, 출강
	장애인유권자연수	장애인 유권자	1일	연 중	100	2,000	집합, 출강
선거·정치 참여·소통 과정	유권자정치페스티벌	유권자	3일	10월	1	9,000	집합
	강연콘테스트	유권자·청소년·다문화 구성원 등	2일	4~10월	2	500	집합

---

[30] 선거연수원, 2020년도 교육·연수계획, 2020. 1., 7면.

민주시민교육전문강사 과정	민주시민교육강사 양성과정 (역량 심화과정 포함)	전임직원·일반인 (내·외부 강사)	1~5일	2~11월	8	320	집합
	정당연수강사양성과정	전임 직원	2일	5~11월	2	60	집합

◆ 〈표〉 2020년 선거연수원 사이버교육 중 민주시민교육 계획[31]

구 분		과 정 명	대 상	기간	차시	운 영		비고
						과목	인원	
합 계		4개 과정				52	23,000	
민주시민교육	유관기관 선거관계자	유관기관선거 과정	국가·지자체 공무원	2~12월	4~10	4	1,000	선택
	공정선거 지원단	공정선거지원단 과정	공정선거 지원단원	2~12월	3~10	8	12,000	〃
	열린학습	시민열린 학습과정	일반인	1~12월	1~10	38	4,000	〃
	협력기관	시민평생학습 협력과정	일반인	연 중	-	2	6,000	〃

4. 시·도교육청의 민주시민교육 : 경기도교육청을 중심으로

(1) 연혁

2009년 9월 학교 전체의 문화 즉 수업, 학교생활, 학교공간 등에 대한 민주적 변화를 시도하기 위해 경기도의 13개 학교를 혁신학교로 지정하면서 경기도교육청의 민주시민교육은 시작되었다고 볼 수 있다.

2010년 10월 5일 경기도교육청은 차별받지 않을 권리, 폭력 및 위험으로부터의 자유로울 권리, 학습에 관한 권리(현장실습에서 학생의 안전과 학습권이 보장될 권리 등), 정규교과 이외의 교육활동의 자유 보장, 휴식을 취할 권리, 개성을 실현할 권리, 사생활의 자유, 정보에 관한 권리, 양심·종교의 자유, 자치활동 및 참여에 관한 권리 등을 명문으로 규정한 「경기도 학

---

31) 선거연수원, 2020년도 교육·연수계획, 2020. 1., 8면.

생인권 조례」를 제정·시행하였고, 2011년 9월 15일에는 인권, 평화, 민주의 관점에서 보다 발전적인 학교혁신을 추구하기 위해 존중, 협력의 평화로운 교실 학교 만들기, 모든 형태의 폭력 근절 및 일상에서 민주적인 평화공동체 이상 실현, 인간과 자연이 공존하는 생태평화적 삶의 생활화, 한반도와 동아시아 평화를 위한 책임있는 역사적 태도 육성, 적극적인 평화능력 신장, 인류 평화와 인간 존엄성의 가치를 실현하는 세계시민으로서의 자질 육성 등 6개의 역점 사항으로 구성된 경기평화교육헌장이 제정·선포되었다.

2013년 경기도교육청은 민주시민교육 기본계획을 수립하고, 교원 역량 강화 및 학교자치활동 지원을 지원하며, 인성교육, 다문화교육, 평화통일교육도 담당하는 민주시민교육과를 신설하였고, 2014년에는 '더불어 사는 민주시민', '평화시대를 여는 통일시민', '지구촌과 함께 하는 세계시민'이라는 제목의 민주시민교육 관련 3종 총 10권의 교과서를 개발하여 협약을 체결한 전국의 시·도교육청과 공동으로 활용하였으며, 2015년 3월 3일 ① 헌법의 기본 가치와 이념 및 기본권, 민주주의를 비롯한 제도의 이해와 참여방식에 관한 지식, ② 논쟁 문제를 해결하기 위한 합리적 의사소통방식, 비폭력 갈등 해소 방안, 설득과 경청 등에 관한 기능과 태도, ③ 단위 학교의 민주적 의사결정구조와 절차 및 참여방식, ④ 평화·세계시민으로서의 정체성 확립 등 그밖에 교육감이 필요하다고 인정하는 내용 등을 초·중등 학교의 학생, 학부모, 교사, 직원에게 교육하기 위한 「경기도교육청 학교민주시민교육 진흥 조례」를 제정·시행하였다.[32]

---

[32] 학교민주시민교육의 내용에 관해 현행 조례는 다음과 같이 그 내용이 개정·보완되었다.
경기도교육청 학교민주시민교육 진흥 조례(2020. 5. 19. 시행, 경기도조례 제6522호)
제5조(교육의 내용) 학교민주시민교육의 내용은 다음 각 호와 같다.
  1. 헌법의 기본 가치와 이념 및 기본권, 민주주의를 비롯한 제도의 이해와 참여 방식에 관한 지식
  2. 학생의 올바른 정치적 권리 행사를 위한 정당, 선거, 투표 등 참정권 교육
  3. 논쟁 문제를 해결하기 위한 합리적 의사소통방식, 비폭력 갈등 해소 방안, 설득과 경청 등에 관한 기능과 태도
  4. 미디어 정보의 비판적 사고·해석 및 사회적 참여 능력을 함양하기 위한 '미

2015년에는 민주적 학교문화의 실태 및 학생들의 민주시민 자질 함양 정도 등을 진단할 척도를 마련하기 위해 학교 민주주의 지수 조사를 실시하였는데, 2016년 경기도 2,406개 학교 중 2,292개교를 지수진단 포털사이트를 통해 온라인으로 조사하는 등 총 432,802명의 교직원, 학생, 학부모가 본 조사에 참여하였다. 2019년과 2020년에는 학교 교육과정에서 민주시민교육을 강화하고 민주적인 학교문화조성을 통해 학생들이 삶 속에서 민주주의를 실천하는 학교인 민주시민교육 실천학교를 초·중·고 36개교(초등 20개, 중등 11개, 고등 5개) 선정하여 1년간 운영하고 있다.[33]

(2) 주요 사업

2019년 기준 경기도교육청의 민주시민교육 관련 주요 사업으로는, 보이텔스바흐 협의의 3가지 원칙(교화금지, 논쟁성 재현, 학습자 이해관계 고려)을 적용하고, 사회적 현안에 대한 수업을 진행하며, 학생토론교실동아리 및 학생사회참여 동아리 지원하는 '참여·협력형 수업과 논쟁이 있는 교실수업' 사업, 만 10-18살 청소년들이 직접 교육관련 정책을 제안하는 청소년 민주주의 기구로 2018년 만들어진 '경기청소년교육의회' 및 도내 12개 지역 7개의 민주누리 길을 탐방하는 '민주야, 탐방가자' 등 학생들이 민주주의를 직접 체험할 수 있는 프로그램을 개발하고 사회참여 프로그램의 확산을 도모하는 '학생 참여프로그램 확산' 사업, 그리고 교원을 대상으로 시민교육 역량강화 아카데미 운영 등 '교원 역량강화연수 확대' 사업 등이 있다.

또한, 전국 초·중·고교의 교직원을 대상으로 학교민주주의 및 학교자치와 관련된 문제 상황을 발견하고 그것을 해결하기 위한 워킹그룹을 구성·지원

디어 리터러시(media literacy)' 교육
    5. 단위 학교의 민주적 의사결정구조와 절차 및 참여방식
    6. 평화·세계시민으로서의 정체성 확립 등 교육감이 학교민주시민교육에 필요하다고 인정하는 내용
33) 조철민 등, 경기도 민주시민교육 종합계획 수립 연구, 경기도평생교육진흥원, 2019, 41-43면.

하는 '학교민주주의와 학교자치 활성화를 위한 워킹그룹 운영' 사업, 개인적 수양 및 덕목 실천을 넘어 학생이 개인의 권리와 책임을 자각하고, 공동체적 협력을 통해 민주시민으로서 갖추어야 할 가치(자아 정체성, 시민적 용기, 비판적·성찰적 사유 능력)를 내면화하여 주체적이고 공공적인 삶을 실천토록 하는 교육인 시민적 인성교육을 가정, 학교, 지역사회와 함께 만들어가는 '시민적 인성교육 확산' 사업 등도 경기도교육청의 민주시민교육 관련 주요 사업이다.[34]

Ⅲ. 지방자치단체의 민주시민교육정책 : 경기도를 중심으로

1. 지방자치단체 민주시민교육 조례 현황

지방자치단체 중 광역지방자치단체에서 시행되고 있는 민주시민교육 조례 현황을 살펴보면, 서울특별시가 2014년에 최초로 민주시민교육에 관한 조례를 제정한 이래 현재에 이르기까지 대구광역시, 울산광역시, 그리고 경상남도를 제외한 총 14개의 광역지방자치단체에서 민주시민교육 내지 학교민주시민교육에 관한 조례를 제정·시행하고 있다.[35]

강원도, 경상북도, 제주특별자치도는 도교육청 소관의 학교민주시민교육에 관한 조례만 두고 있으며, 대전광역시는 지방자치단체 소관의 민주시민교육에 관한 조례만 시행하고 있다.

---

34) 조철민 등, 경기도 민주시민교육 종합계획 수립 연구, 경기도평생교육진흥원, 2019, 44-46면.
35) 기초지방자치단체의 민주시민교육에 관한 조례의 경우, 2020. 8. 30. 기준 국가법령정보센터를 통해 총 33건이 검색된다. (검색어: '민주시민교육')

◆ 〈표〉 광역지방자치단체 및 시·도교육청 민주시민교육 조례 제정 현황[36]

	지방자치단체		교육청	
	조례명	제정일자	조례명	제정일자
서울특별시	서울특별시 민주시민교육에 관한 조례	2014.1.9.	서울특별시교육청 학교민주시민교육 진흥 조례	2018.1.4.
부산광역시	부산광역시 민주시민교육 조례	2019.1.1.	부산광역시교육청 학교민주시민교육 활성화 조례	2019.4.17.
대구광역시	-	-	-	-
광주광역시	광주광역시 민주시민교육 조례	2020.4.1.	광주광역시교육청 학교민주시민교육 진흥 조례	2018.3.1.
대전광역시	대전광역시 민주시민교육 조례	2019.2.15.	-	-
울산광역시	-	-	-	-
인천광역시	인천광역시 민주시민교육에 관한 조례	2019.2.20.	인천광역시교육청 학교민주시민교육 진흥 조례	2019.9.23.
세종특별자치시	세종특별자치시 민주시민교육 조례	2018.4.10.	세종특별자치시교육청 학교민주시민교육 활성화에 관한 조례	2019.11.11.
경기도	경기도 민주시민교육 조례	2015.10.13.	경기도교육청 학교민주시민교육 진흥 조례	2015.3.3.
강원도	-	-	강원도교육청 학교민주시민교육 진흥 조례	2019.3.8.
경상남도	-	-	-	-
경상북도	-	-	경상북도교육청 학교민주시민교육 활성화에 관한 조례	2019.7.11.
전라남도	전라남도 민주시민교육 활성화와 지원에 관한 조례	2017.9.28.	전라남도교육청 학교민주시민교육 진흥 조례	2016.12.29.
전라북도	전라북도 민주시민교육 활성화와 지원에 관한 조례	2016.3.25.	전라북도 학교민주시민교육 조례	2016.3.18.
충청남도	충청남도 민주시민교육 조례	2019.8.7.	충청남도교육청 학교민주시민교육 진흥 조례	2017.10.10.

[36] 국가법령정보센터, http://www.law.go.kr (검색어: '민주시민교육', 검색일자: 2020. 8. 30.)

충청북도	충청북도 민주시민교육 조례	2019.11.14.	충청북도교육청 학교민주시민교육 진흥 조례	2016.5.20.
제주특별자치도	-	-	제주특별자치도교육청 학교민주시민교육 진흥 조례	2019.10.10.

2. 경기도 민주시민교육정책 연혁 및 현황

경기도는 2015년 조례 제정 이후 민주시민교육 관련 사업을 활발히 진행하고 있다. 2015년 10월 13일 「경기도 민주시민교육 조례」를 제정·시행한 이후 경기도 교육정책과는 2016년 9월 민주시민교육종합계획 수립을 위한 기초연구로 '민주시민교육 종합계획 수립을 위한 연구 용역'을 추진하고, 2016년 12월에는 도와 도의원, 시·군관계자, 민관학계 전문가 등 80여 명이 참석한 '경기도 민주시민교육 추진방향 토론회' 개최하는 등 민주시민교육 관련 사업을 본격적으로 시작하였다.[37]

◆ 〈표〉 경기도 민주시민교육 추진 연혁[38]

연도	내 용
2015	- 경기도 민주시민교육 조례 제정['15.10.13.]
2016	- 경기도 민주시민교육 종합계획 수립 연구 추진
2017	- 경기도 민주시민교육 본예산 반영[민주시민교육 프로그램 공모 사업, 역량강화 연수, 토론회 개최 등] - 경기도 민주시민교육 조례 개정['17.04.12.]
2018	- 평진원 내 민주시민교육지원센터 설립 - 경기도 민주시민교육 사업 수행[공모 사업, 네트워크 구축 시범사업, 청소년 노동인권 교육 사업 등] - 경기도 민주시민교육 운영위원회 구성 및 운영
2019	- 경기도 민주시민교육 사업 수행[공모 사업, 온(on)프로젝트, 청소년 노동인권교육 강사 파견, 박람회 개최 등] - 경기도 민주시민교육 조례 개정['19.10.01.]

---

37) 최성환, 미래사회를 대비하는 경기도 민주시민교육의 길, 경기연구원, 2018, 13면.
38) 경기도 평생교육진흥원 홈페이지, https://www.gill.or.kr (검색일자: 2020. 8. 30.)

2020	- 경기도 내 5개 시·군 민주시민교육센터 설립 시범사업[용인, 화성, 파주, 광명, 군포] - 경기도 민주시민교육 사업 수행[청소년 노동인권 도민강사 양성/파견, 민주주의(시민주권)체험, 민주시민교육·청소년 노동인권 인식개선 등] - 경기도 민주시민교육 운영위원회 구성 및 운영

경기도 민주시민교육 사업은 「평생교육법」 제20조[39] 및 「경기도 평생교육진흥 조례」 제17조[40]에 따라 평생교육진흥과 관련된 업무를 효율적으로 수행함으로써 도민의 평생교육 활성화에 기여함을 목적으로 2011년 12월에 설립된 경기도평생교육진흥원을 통해서 주로 수행된다. 경기도평생교육진흥원은 2017년도부터 경기도 민주시민교육 사업을 본격적으로 추진하고 있는 바, '제2기 경기도 민주시민교육 종합계획'에 의한 3개의 전략목표와 12개의 실행과제에 따라 2020년 기준 3개 분야 총 12개의 주요 세부 사업을 실시하고 있다.

◆ 〈표〉 제2기 경기도 민주시민교육 비전 및 과제(2020-2022)[41]

비전	모두의 민주시민교육 깨어 있는 시민, 포용적인 지역사회		
전략목표	도민의 삶의 현장과 공동체에 기반한 민주시민교육	기초지자체 및 지역사회 기반 실천역량 강화	민주시민교육 협력체계 및 성장환경 조성
실행과제	① 도민(개인) 생애주기별 시민교육 체계 마련 ② 다양한 사회집단 및 대상	① 시군 민주시민교육 활성화 기반조성 ② 시군 민주시민교육 주체	① 민주시민교육 활성화를 위한 민관, 기관간 협력체계 구축

---

[39] 평생교육법 제20조(시·도평생교육진흥원의 운영) ① 시·도지사는 대통령령으로 정하는 바에 따라 시·도평생교육진흥원을 설치 또는 지정·운영할 수 있다.
② 시·도평생교육진흥원은 다음 각 호의 업무를 수행한다.
  1. 해당 지역의 평생교육기회 및 정보의 제공
  2. 평생교육 상담
  3. 평생교육프로그램 운영
  3의2. 장애인 대상 평생교육프로그램 운영
  4. 해당 지역의 평생교육기관간 연계체제 구축
  5. 그 밖에 평생교육진흥을 위하여 시·도지사가 필요하다고 인정하는 사항
[40] 경기도 평생교육진흥 조례 제17조(설립) ① 도지사는 평생교육진흥의 효율적인 수행을 위하여 경기도평생교육진흥원(이하 "진흥원"이라 한다)을 설립한다.
② 진흥원은 「민법」 제32조에 따른 재단법인으로 한다.

	별 특화 시민교육 ③ 민주사회 공동체를 위한 다양한 시대적 가치 공유 (시민주권, 노동인권, 역사, 환경, 평화, 성인지, 세계시민 등)	(인력) 양성 ③ 지역사회 기반 실천연계 시민공동체 교육 확산	② 도 민주시민교육 홍보 및 사회적 인식개선 ③ 도 및 시·군 민주시민교육 운영 조직체계 강화

◆ 〈표〉 2020년 경기도 민주시민교육 세부 사업[42]

분 야	사 업
Ⅰ. 특화 콘텐츠	1. 민주주의(시민주권) 체험 2. 마을 민주주의교육 온(on)프로젝트 3. 공무원 민주시민교육
Ⅱ. 활성화 및 기반구축	1. 청소년 온라인 콘텐츠 개발 2. 민주시민교육 인식개선 사업 3. 관계자 역량강화 연수 4. 민주시민학교 설립 운영방안 연구 5. 권역별 민주시민교육 활성화 방안 연구
Ⅲ. 청소년 노동인권교육	1. 도민강사 양성 및 파견 2. 교재·교안 통합개발 3. 도민강사 온라인 강의역량 강화 4. 인식개선 행사 및 홍보

3. 경기도 민주시민교육정책 향후 과제

민주시민교육의 필요성에 대한 적극적 공감에도 불구하고 그 내용이나 방법 등에 대해서는 여전히 국가, 기관, 그리고 그것을 해석하는 개인마다 견해 차이가 크다. 민주시민교육에 대한 다양한 이해는 사업 진행을 위한 형식적인 협의체계가 아닌 민주시민교육에 관한 기본적인 생각과 사업방향 등을 두루 얘기 나눌 수 있는 실질적인 협의체계를 요구한다. 시민사회영역과 행정 및 입법영역이 협력적 네트워크 체계를 갖추어 서로 대립하기보다는 각자가 지니고 있는 한계를 성찰하고 그것들의 혁신적 변화를 꾀함으

---

41) 경기도 평생교육진흥원 홈페이지, https://www.gill.or.kr/ (검색일자: 2020. 8. 30.)
42) 경기도 평생교육진흥원 홈페이지, https://www.gill.or.kr/ (검색일자: 2020. 8. 30.)

로써 민주시민교육의 확산방안을 모색하는 것이 중요하다.

또한, 최근 경기도 민주시민교육조례 개정을 통해 민주시민교육지원센터 및 민주시민교육자문위원회의 기능과 위상이 제고된 만큼 그에 걸맞는 책임있는 역할이 뒤따라야 하고, 일괄적이고 개별적인 공모사업방식으로 이루어지는 민주시민교육이 아니라 시민들의 요구나 현실 등을 두루 고려하여 도 차원에서 세웨진 전체적인 민주시민교육 추진계획 아래 체계적으로 운영되는 민주시민교육이 되어야 한다.

민주시민교육 담당 활동가, 강사, 공무원들이 참고할 만한 민주시민교육의 원칙과 방법 등을 담은 자료를 제작·보급하여 민주시민교육 전반의 질을 높일 필요가 있으며, 민주시민교육을 시행하는 것만큼이나 중요한 것은 그것들에 대한 적절한 평가와 피드백이 함께 이루어지는 것인 만큼 이에 대해서도 정책적 보완이 필요하다.

아울러, 경기도는 그동안 시행되어 온 민주시민교육을 정리하여 앞으로의 발전방향을 수립해야 할 것이고, 민주시민교육이 다양한 내용과 방법으로 시행되고 있음을 고려하여 이 가운데 우수한 사례들은 발굴하여 31개 시·군에 보급할 필요가 있으며, 새로운 사업들을 적극 지원함으로써 민주시민교육의 내용과 범위가 더욱 확대될 수 있도록 해야 한다.

민주시민교육의 개념 및 세부 내용 등에 다양한 이해가 존재하지만 민주시민교육은 단순히 정치적 의식화를 위한 것이 아니라는 데에 광범위한 동의가 있다. 민주시민교육은 시민들이 자기 삶의 주인으로서 문제를 발굴하고, 변화를 꾀하며, 또 그러한 과정 속에서 함께 살아가는 이들을 존중하고 그들과 협력할 수 있는 역량을 키우는 교육이 되어야 할 것이다.[43]

---

43) 조철민 등, 경기도 민주시민교육 종합계획 수립 연구, 경기도평생교육진흥원, 2019, 109-110면.

제 12 장
통일교육 정책 사례의 현황과 평가

Ⅰ. 통일교육의 의의

1. 통일교육의 변화와 전개

(1) 통일교육의 3단계 발전 과정

 통일교육은 1990년대를 거치면서 그 방향성 면에서 획기적인 변화를 겪었다. 학교통일교육에서의 1992년 '통일교육'이라는 명칭의 사용이 통일교육의 변화를 상징적으로 나타낸다. 1990년대 이전의 통일교육은 주로 학교교육을 통해 이루어졌으며, 그 내용과 방향성 면에서는 공산주의 이데올로기 및 북한에 대한 비판과 우리의 안보의식과 자세를 강조하는 내용이 주를 이루는 반공교육, 안보교육이었다.

 1990년대 이전까지 통일교육의 발전 과정은 세 단계로 나누어 볼 수 있다. 첫번째 단계는 1950년대의 정부수립 및 과도기로, 이 시기의 통일교육은 반공교육과 승공통일교육이라 할 수 있다. 두번째 단계는 대북 안보를 강화하는 1987년까지의 군부통치기로, 이 시기의 통일교육은 이념교육적 색채를 강화하면서 공산주의 이데올로기 비판교육과 안보교육이 주를 이루었다. 1988년부터의 민주주의 이행기의 통일교육은 1992년까지의 통일 및 안보교육 시기와, 문민정부 시기의 민족통합적 통일교육 모색기, 국민의 정부 이후의 통일교육의 대안적 인식 확대와 다양화의 시기로 보다 세분할 수 있다.[44]

---

[44] 조정아, 통일교육의 쟁점과 과제, 통일정책연구, 제16권 2호(2007), 286-287면.

(2) 1990년대 이전의 통일교육

1990년대 이전의 통일교육은 북한을 포용하고자 하는 노력보다 자유민주주의의 우월성을 견지하면서 부분적으로 북한 이해를 시도하였다. 1980년대 후반에는 민중 운동권 내에서 이러한 정부 주도 통일교육의 방향성을 비판하면서 이와 대립되는 방향의 통일교육을 시도하기도 하였다. 1990년대 이전의 통일교육은 반공교육, 승공교육으로부터 출발하여 안보교육, 통일교육이라는 명칭으로 변화되어 왔으나, 그 내용에 있어서 정치 이념적 접근을 중심으로 자본주의의 우월성과 북한의 부정적 특성을 부각시키는 것을 주 내용으로 하고 있었다. 이러한 통일교육은 2000년 남북정상회담 이후 우리 사회에서 증폭된 북한에 대한 관심과 통일교육에 대한 요구를 반영하지 못하는 것이었다.[45]

(3) 1990년대 이후의 통일교육

1990년대를 경유하면서 통일교육의 방향과 내용이 과거의 반공교육, 안보교육 일변도에서 탈피하여 다양화하였다. 특히 남북정상회담 이후 정치 사회적 분위기의 변화 속에서 통일교육도 체제우위적 접근에서 평화공존적 접근으로 그 방향성이 변화하고 있다. 과거의 통일교육이 '반공'과 '안보'를 중심으로 하여 일관된 교육의 목적과 내용을 가지고 전개되었다면, 현재의 통일교육은 목적과 내용 면에서 다양하고 때로는 상이한 부분들로 구성되어 있다고 볼 수 있다.[46]

---

45) 조정아, 통일교육의 쟁점과 과제, 통일정책연구, 제16권 2호(2007), 287면.
46) 조정아, 통일교육의 쟁점과 과제, 통일정책연구, 제16권 2호(2007), 287면.

2. 통일교육의 목표

(1) 평화통일의 실현의지 함양

 분단이 오래 지속되면서 일부 국민들 사이에서는 통일을 부담으로 여기는 경향이 나타나고 있다. 특히 젊은 세대일수록 통일이 더이상 민족의 오랜 숙원으로 받아들여지지 않고 있다.
 따라서 통일교육을 통해 통일을 해야 하는 현실적인 이유를 다양한 측면에서 제시해 주어야 할 것이다. 통일은 분단으로 인해 남북한 주민들이 겪고 있는 고통과 불편을 극복하기 위해 달성되어야 한다는 점, 우리 민족의 재도약을 위한 획기적인 전환점이 된다는 점, 한반도의 평화가 동북아 내지 국제 평화에 기여할 수 있다는 점, 인류 보편적 가치가 존중되고 인간다운 삶을 보장한다는 점 등이 그것이다.

(2) 건전한 안보의식 제고

 한반도에는 국제 안보환경의 변화, 남북 간 군사적 대치, 북한의 핵문제 등 국가안보를 위협하는 여러 요소가 존재하고 있다. 국가 안보의 기초는 군사적 위협은 물론 우리 사회의 안녕을 위협하는 다양한 위험요소들로부터 인류 보편적 가치와 민주적 제도를 지켜나가기 위한 건전한 안보의식을 갖추는 데 있다. 이러한 안보의식을 바탕으로 한 국가안보 역량 강화가 평화통일의 실현을 뒷받침한다는 점을 통일교육을 통해 인식시켜야 할 것이다.

(3) 균형 있는 북한관 확립

 평화통일을 실현하기 위한 중요한 과제 중 하나는 통일의 상대인 북한에 대한 균형 있는 인식의 탑재이다. 즉, 균형 있는 북한관이 필요한바, 북한 실상을 있는 그대로 이해하면서 북한을 우리 안보를 위협하는 경계의 대상이자 그와 동시에 통일을 함께 만들어 나가는 협력의 상대로 인식하는 관점이 요구된다.

따라서, 통일교육은 북한의 실상 등에 대해 객관적으로 이해하고 균형 있는 사고를 할 수 있도록 이루어져야 하며, 나아가 북한 문제에 대해 올바르게 판단할 수 있는 안목을 길러줄 수 있는 교육이어야 한다.

(4) 평화의식 함양

오랜기간 지속된 남북분단은 상호불신과 갈등을 유발함으로써 민족 화해와 통합에 커다란 걸림돌이 되어왔다. 우리 사회 내부에도 세대별, 계층별, 개인별 가치관의 차이에 따라 통일문제를 바라보는 다양한 시각이 존재한다. 이러한 상황에서는 실제 통일이 되더라도 그 과정에서 발생하는 여러 가지 사회적 갈등을 피하기 어려울 것이다.

결국, 평소 다른 사회 구성원이 가지고 있는 가치관의 차이를 인정하고 소통하는 자세를 갖추어 나갈 필요가 있다. 상대와의 다름을 인정하는 자세와 관용의 정신, 평화의식을 키워나가야 한다. 그래야지만 향후 통일과정에서 우리 사회 내부 간, 그리고 남북 간의 사회적 통합이 달성될 수 있을 것이다.

(5) 민주시민의식 고양

미래의 통일상은 민족 구성원 모두에게 자유·민주·평화의 가치가 구현되는 국가이다. 이를 실현하기 위해 통일교육은 민주시민교육의 내용과 그 가치에 대해서도 폭넓게 다룰 필요가 있다.

결국, 통일교육은 민주적 의사결정과 문제해결 능력, 그리고 민주주의 원리와 절차에 따라 행동할 수 있는 능력을 모두 길러낼 수 있는 교육이어야 할 것이다.[47]

---

47) 통일교육의 목표에 대해서는 다양한 관점에서 논의될 수 있겠으나, 본고에서는 통일부 소속기관이자 통일교육의 오랜 경험과 전문성을 확보하고 있는 통일교육원의 최신 발간

3. 통일교육 지원법의 주요 내용

(1) 통일교육의 개념 정의

「통일교육 지원법」은 제2조에서 통일교육을 '자유민주주의에 대한 신념과 민족공동체의식 및 건전한 안보관을 바탕으로 통일을 이룩하는 데 필요한 가치관과 태도를 기르도록 하기 위한 교육'으로 정의하고 있다. 여기서도 알 수 있듯이 통일교육은 통일을 이룩하는 데 필요한 가치관과 태도를 기르도록 하기 위한 교육이므로, 통일의 목적·방법·시기에 따라 통일교육의 목표·내용·방식 등이 달라짐을 주의해야 한다. 다시 말해, 통일관에 따라 통일교육의 형식과 내용이 결정되는 것인바, 그런 점에서 통일관에 대한 국민적 합의를 이루는 것이 매우 중요하다고 할 것이다.

(2) 통일교육의 추진 체계

「통일교육 지원법」은 국가와 지방자치단체에게 통일교육에 대한 일정한 책무를 부과하고 있다(제4조). 통일교육은 일차적으로 국가의 책무인바, 국가는 통일교육의 실시, 통일교육에 관한 전문인력의 양성·지원, 통일교육에 관한 교재의 개발·보급, 그 밖의 방법으로 통일교육을 활성화하여야 한다(제4조 제1항). 그리고 국가는 통일교육을 하는 자(법인 또는 단체 포함)에게 예산의 범위에서 대통령령으로 정하는 바에 따라 필요한 경비의 전부 또는 일부를 지원할 수 있고(동조 제2항), 지방자치단체는 지역별 시책 수립·시행(제4조 제3항) 및 소속 공무원에 대한 통일교육 실시하여야 한다(제6조의7 제1항).

한편, 통일교육의 주무장관은 통일부장관이며(제3조의2, 제6조), 통일부장관은 통일교육을 하기 위한 기본사항을 정하고(제3조의2), 통일교육을 효율적으로 추진하기 위한 통일교육기본계획을 수립한다(제6조 제1항). 통일부

자료인 『평화·통일교육 : 방향과 관점』, 2018, 6-8면에 따라 그 내용을 소개하였다.

장관이 통일교육의 기본사항을 정하고 기본계획을 수립함에 있어서 관계 중앙행정기관의 장과 협의를 하여야 하고(동조 제3항), 특히 기본계획을 수립하면서 학식과 경험이 풍부한 전문가의 의견을 들을 수 있다(동조 제4항).

(3) 통일교육의 진흥 방안

1) 학교 및 사회통일교육

통일교육은 크게 학교통일교육과 사회통일교육으로 나뉜다. 「통일교육지원법」은 제8조에서 학교통일교육의 진흥을 규정하고 있는바, 정부는 초·중등학교의 통일교육을 진흥하기 위하여 노력하여야 하고, 대학의 통일교육을 권장하여야 한다.

통일교육의 효과를 높이도록 정부는 먼저 초·중등학교의 통일교육을 진흥하기 위하여 노력하여야 한다. 통일부장관은 대통령령으로 정하는 바에 따라 통일교육이 초·중등학교의 교육과정에 반영될 수 있도록 교육부장관 또는 특별시·광역시·특별자치시·도 및 특별자치도 교육감에게 요청할 수 있으며, 요청을 받은 교육부장관 또는 교육감은 교육과정에 통일교육을 반영하여야 한다.

통일교육에 관한 정책과 계획을 실효성 있게 수립하기 위하여, 통일부장관은 교육부장관과 협의하여 대통령령으로 정하는 바에 따라 매년 초·중등학교의 통일교육에 대한 실태조사를 실시할 수 있고, 통일부장관은 대통령령으로 정하는 바에 따라 초·중등학교의 통일에 관한 체험교육 및 강좌에 필요한 경비의 전부 또는 일부를 지원할 수 있다.

정부는 대학 등 「고등교육법」 제2조에 따른 학교를 설립·경영하는 자에게 통일문제와 관련된 학과의 설치, 강좌의 개설, 연구소의 설치·운영 등을 권장하여야 하며, 대통령령으로 정하는 바에 따라 통일에 관한 체험교육 및 강좌에 필요한 경비의 전부 또는 일부를 지원할 수 있다.

한편, 사회통일교육의 촉진과 관련하여, 통일문제에 대한 지역 주민들의 관심과 이해를 제고하기 위해 사회통일교육의 거점기관으로 지역통일교육센터를 운영한다. 통일부장관은 통일교육을 주된 목적으로 하거나 통일교육을 할 능력이 있다고 인정되는 기관·단체 또는 시설을 지역통일교육센터로 지정할 수 있으며(제6조의3 제1항), 통일부장관은 지역통일교육센터가 그 취지에 맞게 운영되도록 일정한 규제(신고수리, 업무정지 또는 지정취소)의 권한을 가지고 있다(제6조의3 제2항 내지 제6항).

국가나 지방자치단체가 설립한 교육훈련기관 및 대통령령으로 정하는 사회교육기관을 설치·운영하는 자는 대통령령으로 정하는 바에 따라 교육훈련과정에 통일교육을 반영하도록 노력하여야 하고(제7조), 통일부장관은 통일교육을 하는 자, 남북교류·협력사업에 종사하는 자, 통일대비업무에 종사하는 자, 그 밖에 통일교육을 받을 필요가 있다고 인정되는 자에게 통일교육을 받도록 요청할 수 있다(제9조).

2) 통일교육 전문인력의 양성 및 지원

통일부장관은 통일교육 활동을 통하여 국민의 통일의지와 역량을 강화함으로써 평화통일 기반조성에 기여할 수 있는 통일교육위원을 위촉한다(제10조의2 제1항). 통일부장관은 통일교육위원에게 예산의 범위에서 통일교육 활동에 필요한 경비를 지원할 수 있으며(동조 제4항), 통일교육을 실시하는 기관·단체 등은 통일교육위원의 활동을 장려하기 위하여 각종 행정적 지원을 할 수 있다(동조 제5항).

통일교육을 하는 자는 효율적인 통일교육을 위한 협의·조정, 그 밖에 상호 간의 협력증진을 위하여 통일부장관의 인가를 받아 통일교육협의회를 설립할 수 있다(제10조 제1항). 이 협의회는 지역통일교육센터를 통하여 통일교육을 추진하게 된다.[48]

---

48) 통일교육 지원법의 주요 내용에 관한 이상의 내용은, 음선필, 「통일교육 지원법」에 대한 입법론적 검토, 입법학연구, 제15집 1호(2018), 5-8면.

II. 통일교육정책의 현황

1. 중앙정부의 통일교육정책

(1) 통일부

1) 평화지향적 통일교육 지속·확대

공직자, 교사, 통일단체, 각계 최고경영자, 지역 인사 및 DMZ 평화의 길 평화해설사 등을 대상으로 통일교육원 원내 6개 교육과정을 운영함으로써 대내·외 교육 대상이 확대·다변화되었고, 참여·소통형 수업 확대, 판문점·오두산전망대·강화도·하나원·DMZ 평화의 길 등 현장방문 다양화, 교육생 수요·만족도 반영을 주요 내용으로 교육 커리큘럼을 개편하였으며, 해외 학자를 초빙하고 북유럽 평화교육 기관과 협력하는 등 전반적으로 평화·통일교육의 양적·질적 역량이 제고되었다.

2) 분야별 평화·통일교육 지원

통일부는 초·중·고등학교의 평화·통일교육 내실화와 통일교육 선도대학 확대 등 대학생 평화·통일교육 기반 확충을 통해 학교에서의 평화·통일교육을 보다 활성화하고 있다. 통일교육위원 및 지역통일교육센터의 역량을 강화하기 위해 지원하며, 지역 통일관의 전시환경을 개선하고 전시 콘텐츠를 보강하여 통일체험의 장으로서 기능을 강화하였다. 「공공부문 통일교육 운영에 관한 규정」(고시) 제정으로 공공부문 의무통일교육 체계를 구축하고, 2030세대 대상 새로운 형식의 통일공감대 형성 사업을 추진하는 등 분야별·세대별 맞춤형 교육을 지원하고 있다.

3) 다양한 평화·통일교육 자료 개발·보급

퀴즈북, 명사특강, 판문점 안내서, 뮤지컬과 통일, 평화인문 시리즈 등 다양한 소재와 세련된 디자인의 자료를 개발하여 평화·통일교육 도서의 대중화를 시도하였고, 웹기반 토크쇼, TV 특별 프로그램, 애니메이션, 학교 교과용 클립영상 등 대상별로 다양한 형식의 영상 자료를 제작·방영하는 등 평화·통일교육 콘텐츠를 다변화하였다.

2019년도 경우 사이버교육 이수자가 급격히 늘어났고, 기존 공무원·교원 중심 교육과정에서 일반 국민의 참여를 확대하는 방향으로 교육과정을 재편성하고 콘텐츠를 강화하였으며, 뉴미디어 환경에 발맞춰 사이버교육 서비스의 제공을 확대하고 소통을 강화하는 등 사이버 평화·통일교육 확대가 이루어졌다.

◆ 〈그림〉 사이버통일교육 이수현황[49]

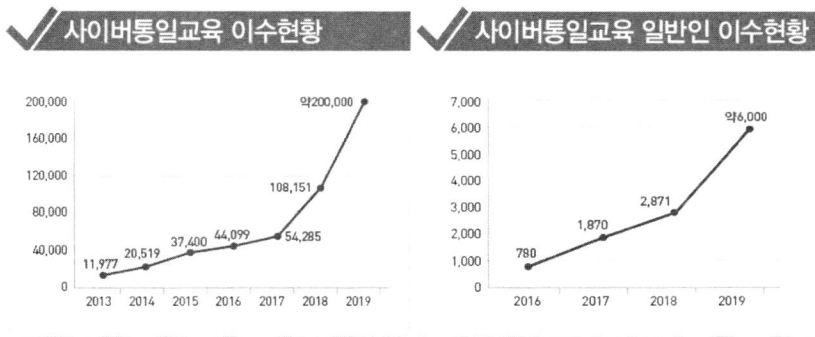

(2) 통일교육원

통일교육원은 2020년 교육목표를 '평화·공존의 시대를 준비하는 전문인력 양성'으로 명시하고, 평화통일의 실천의지 함양, 건전한 안보의식 제고, 균형있는 북한관 확립, 평화의식 함양, 민주시민의식 고양 등 5개의 세부과제를 설정하였다.[50]

2020년 평화·통일교육의 추진 방향으로는, 평화·통일교육 기반 확대, 차

---

[49] 통일부, 2020 통일백서, 2020, 187면.
[50] 통일교육원, 2020 통일교육 운영계획, 2020, 6면.

세대 전문가 양성, 지역사회 평화·통일교육 허브 기능 강화, 공공부문 의무 통일교육 체계적 지원, 2030세대 맞춤형 교육 프로그램 및 효과적인 홍보 실시, 참여·체험형 프로그램 확대, 사이버 통일교육, 다양하고 창의적인 영상·도서의 적극적 제작 등이 있다.

◆ 〈표〉 2019년 통일교육원 교육과정별 통계[51]

교육과정		교육인원(명)
원내과정	전문과정	157
	공직자통일교육과정	2,117
	학교통일교육과정	1,224
	사회통일교육과정	1,448
	글로벌 통일교육과정	219
	특별교육과정	561
사이버통일교육과정		219,584
원외교육		499,439
계		724,749

◆ 〈표〉 2019년 통일교육원 교육과정별 상세 통계(원내 교육 + 원외 교육)[52]

교육과정		횟수	인원	교육과정		횟수	인원
전문과정	통일정책최고위과정	1	36	글로벌 통일 교육 과정	해외신진학자반	1	24
	통일정책지도자과정	1	60		외국대학생반	2	41
	통일미래기획과정	2	29		주한유학생반	4	133
	통일교육전문강사과정	1	32		일본대학생	1	21
	소 계	5	157		소 계	8	195
공직자통일교육	통일부공무원반	3	130	특별 교육 과정 (기타 포함)	차세대 통일전문가반	2	37
	중간간부공무원반	2	67		특별반	5	214
	중견실무공무원반	2	67		평화해설사반	2	47
	비상대비 업무담당반	1	33		(기타과정)연찬반 등	5	263
	남북교류협력담당반	1	27		소 계	14	561

---

51) 통일교육원, 2020년도 통일교육 시행계획, 2020, 10면.

육과정	지자체공무원반	10	354	사이버 통일 교육 과정	공공과정	11	200,095
	경찰공무원반	3	121		교원과정	11	10,629
	군인공무원반	4	139		경남교육청과정	상시	638
	공직자평화통일역량 강화반	3	59		2030 과정	상시	3,782
	공무원 교육기관 연계과정	10	1,074		시민과정	상시	2,701
	공공기관반	2	46		방북교육과정	상시	1,739
	소 계	41	2,117		소 계	22	219,584
학교통일교육과정(교원)	중등교장(감)	7	221	원내교육 총계		152	225,310
	중등교사(기본)	3	152	원외교육	찾아가는 학교통일교육	1,124	82,677
	중등교사(심화)	2	89		일일통일교사	27	2,589
	초등교장(감)	7	337		옴니버스 특강	118	3,902
	초등교사(기본)	2	111		통일·북한 강좌	487	5,858
	초등교사(심화)	2	50		캠프 등 체험교육	109	11,474
	초등(유치원교사)	1	28		해외전문가 초빙교수	33	1,250
	예비교사반	7	212		통일관 체험프로그램	15	67,400
	강원양구교육지원청 학교장반	1	24		지역통일교육센터	1,883	257,254
	소 계	32	1,224		통일교육협의회	319	38,638
사회통일교육과정	통일교육위원반	4	152		사회단체	32	3,235
	통일단체반	21	1,124		원내교수출강	238	18,646
	종교단체반	2	72	원외교육 총계		4,385	492,923
	하나센터반	3	100	총 계		4,537	718,233
	소 계	30	1,448				

---

52) 통일교육원, 2020년도 통일교육 시행계획, 2020, 67면.

◆ 〈표〉 2020년 통일교육원 주요사업비 예산[53]

(인건비, 기본경비 제외)

구 분	사 업 명	예산(백만원)
통일교육 지원체계 구축 및 운영	통일교육 활성화 지원	291
	통일준비 전문인력 양성 (통일정책지도자, 통일미래기획)	794
	통일미래 맞춤형 교육 운영(최고위, 전문강사)	197
	국제협력을 통한 통일교육 추진	168
	평화해설사 양성(신규)	15
	통일교육자료 개발 보급	2,180
	통일교육자료센터 운영	69
	공직자 평화통일 역량강화 프로그램	74
	계	3,888
학교통일교육 강화	초중고 학교통일교육 지원	1,478
	대학 통일교육 활성화	2,786
	참여·체험형 프로그램	1,999
	계	6,263
사회통일교육 내실화	사회통일교육 거버넌스구축	2,313
	오두산통일전망대 운영 및 통일관 지원	2,403
	2030세대 통일교육 강화	200
	계	4,916
사이버통일교육센터 운영	사이버통일교육센터 운영	475
통일교육원 시설운영	청사 관리 운영	1,277
	시설 개보수(시설비 등)	779
	계	2,056
총계		17,598

---

53) 통일교육원, 2020년도 통일교육 시행계획, 2020, 69면.

2. 지방자치단체의 통일교육정책

(1) 서울특별시

1) 개관

각 지방자치단체는 통일교육 지원법을 지방자치단체의 정책환경에 맞게 수정한 통일교육 활성화 조례를 제정하여, 이를 토대로 지방자치단체 통일교육 기본 계획을 수립·시행하고 다양한 사업들을 추진하고 있다.

서울시는 2015. 4. 2.에 「서울특별시 평화·통일교육에 관한 조례」를 제정하였고, 서울시교육청도 2019. 5. 16.에 「서울특별시교육청 평화·통일 교육에 관한 조례」를 제정하였다. 서울시는 남북협력추진단에 남북협력담당관(남북협력정책팀, 사회문화교류팀, 통일문화조성팀)과 개발협력담당관(개발협력총괄팀, 개발사업팀, 경제협력지원팀, 서울평화포럼TF팀)의 2담당관 7팀을 두고 있는데, 서울특별시의 평화통일교육은 남북협력담당관 통일문화조성팀의 소관이다. 여기에서 매년 '서울특별시 평화통일교육 기본계획'을 수립하고, 제반 사업을 추진하고 있다.

2020년 기준 서울시의 평화통일교육 주요 사업으로는 시민참여형 평화·통일교육 공모사업, 자치구 평화·통일교육 지원사업, 평화·통일 가족캠프 운영, 공무원 국외 통일교육 아카데미, 서울시민이 만들어가는 평화·통일 사회적 대화, 함께 서울, 함께 평화 페스티벌, 평화·통일 시민아이디어 공모전, 평화·통일 청년리더 양성, 민간단체 통일기반조성사업 지원, 서울청년 평화경제 오픈랩 프로젝트 운영 등이 있다.

2) 시사점

서울시는 최근 유행하는 유튜브 및 팟캐스트 등 트렌드 매체를 활용하여 다채로운 평화통일교육을 추진하였다. 그로 인해 서울시 평화통일교육에는 연극, 유튜브 제작 등 일회성이 아닌 지속가능한 프로그램들이 등장하기 시작하였다.

평화통일교육 프로그램 참여자들이 직접 체험을 통하여 기존의 생각을 바꾸는 계기가 된 점 등도 큰 성과로 꼽을 수 있겠다. 이에 대한 대표적인 예가 바로 종로구의 '통일공감' 사업이다. 2019년도 서울특별시의 평화통일교육 공모사업의 우수사례들은 대부분 체험과 참여를 통한 공감프로그램이 대부분이었다.

서울시의 이러한 결과들은 최근의 평화통일교육이 강의실에서 강사의 일방적인 강의로 진행되는 것에서 탈피하여, 수요자들이 직접 참여하고 느끼는 교육으로 진화되고 있음을 보여주고 있다.

(2) 인천광역시

1) 개관

인천광역시는 2011년 10월 24일 「인천광역시 통일교육 활성화 조례」를 제정하였으며, 2012년에 인천광역시 통일교육 기본계획을 수립·시행하였다. 2018년 10월 기존 「인천광역시 남북교류협력 조례」를 「인천광역시 평화도시 조성에 관한 조례」[54]로 전부 개정하면서 인천시의 통일교육 활성화 조례를 폐지하고 통일교육 활성화에 관한 내용을 동 조례 제5장에 편입시켰다.

인천광역시는 다른 광역시도와는 달리 인천광역시가 보조금 사업과 공모사업을 진행하고, 그 외의 평화통일교육 관련 사업들은 통일부에서 주관하는 '인천통일+(플러스) 센터'와 함께 추진하는 이중적 체계를 갖고 있는 게 특징이다.

2019년 기준 인천시가 직접 실시하는 평화통일교육 주요 사업으로는, 찾아가는 통일강좌, 남북교류 워크숍, 남북경협과 개성공단의 이해 특강, 중·고등학생 대상 평화·통일 참여형 교육프로그램 운영, 9.19. 평양공동선언 1주년 기념 명사특강, 인재개발원 주관 통일교육 사업 등이 있다.

---

[54] 인천광역시 평화도시 조성에 관한 조례 제1조(목적) 이 조례는 인천광역시를 국제적인 평화도시로 발전시키고, 「남북교류협력에 관한 법률」, 「남북관계 발전에 관한 법률」 및 「통일교육 지원법」 등 남북평화 정착을 위한 법령의 시행에 필요한 사항을 규정함을 목적으로 한다.

2) 시사점

인천광역시는 전국에서 유일하게 '인천통일+(플러스) 센터'를 운영하고 있는 지역이다. 따라서 이 센터가 어떠한 조직 형태와 사업 내용, 그리고 역할을 수행하는지를 살펴보면 향후 정부(통일부)가 각 지역에서 어떠한 평화통일교육 정책추진의 틀(체계)을 구축해 나갈지를 가늠하는 잣대가 될 수 있다.

센터는 민간(통일교육센터/하나센터), 정부(통일부), 지자체(인천광역시)와 평화통일네트워크를 원만하게 구축하고 있는 것으로 평가된다. 센터는 인천광역시, 인천지역 평화통일 민간단체 등과 네트워크를 구축하고 정보 공유 및 공동사업을 발굴한다. 인천지역 내 다양한 기관과 협업체계 구축하여 프로그램 실행하고 있으며, 인천광역시, 인천광역시교육청, 인천광역시인재개발원 등과의 협업을 통해 지역 맞춤형 평화통일교육을 추진한다.

(3) 강원도

1) 개관

강원도는 '강원도 통일교육·문화 활성화 조례'를 2016. 12. 30.에 제정하였고, 평화통일교육의 담당 부서는 평화지역발전본부 남북교류과이다.

강원도 평화통일교육은 지역통일교육센터와 주로 협력하여 추진하고 있으며, 남북교류협력을 주 사업으로 추진하는 단체인 남북강원도교류협력협회와 협력하여 추진하는 사업도 있다.

통일교육원의 지역통일교육센터 기본사업의 일환으로, 강원지역통일교육센터와 협력하여 주제에 따른 전문가를 초청하여 특강을 추진하는 방식으로 진행하는 사업인 '열린통일강좌'가 강원도 평화통일교육 주요 프로그램이다.

2) 시사점

강원도는 평화통일교육보다는 남북교류협력에 무게를 두고 그동안 사업을 추진해 왔다는 것이 특색이다.

앞으로는 평화통일교육 사업에도 보다 많은 관심과 노력을 기울이고자 하고, 지역의 평화통일교육 민간단체 설립 및 지원 방안도 강구하고 있으며, 외부 전문연구기관 및 전문가들과의 협력사업도 다양하게 시도하고 있다.[55]

◆ 〈표〉 광역지방자치단체 및 교육청 통일교육 조례 제정 현황[56]

(2020년 5월 15일 기준)

	지방자치단체			교육청		
	조례명	제정일자	개정일자(최근)	조례명	제정일자	개정일자(최근)
서울특별시	서울특별시 평화·통일 교육에 관한 조례	2015.4.2.	2017.1.5.	서울특별시교육청 평화·통일 교육에 관한 조례	2019.5.16.	-
부산광역시	부산광역시 평화·통일 교육 활성화 조례	2019.9.25.	-	부산광역시교육청 통일교육 활성화에 관한 조례	2018.4.4.	-
인천광역시	인천광역시 평화도시 조성에 관한 조례	2004.11.8.	2018.10.8.	인천광역시교육청 평화·통일교육 활성화 조례	2019.9.23.	2019.9.23.
세종특별자치시	세종특별자치시 통일교육 활성화 조례	2019.1.30.	-	세종특별자치시교육청 평화·통일교육 진흥에 관한 조례	2019.9.30.	-
경기도	경기도 평화통일교육 활성화 조례	2011.4.7.	2019.11.12.	경기도교육청 통일교육 활성화 조례	2016.1.4.	2019.4.29.
				경기도교육청 남북교육교류협력에 관한 조례	2015.11.4.	2019.3.13.

---

55) 지방자치단체 통일교육정책에 관한 이상의 내용은, 소성규 등, 경기도 평화통일교육 중장기 계획 수립, 경기도 연구용역보고서, 2020, 108-121면.
56) 소성규 등, 경기도 평화통일교육 중장기 계획 수립, 경기도 연구용역보고서, 2020, 34-37면.

강원도	강원도 통일교육·문화 활성화 조례	2016.12.30.	-	강원도교육청 평화·통일교육 활성화 조례	2019.3.8.	-
충청남도	충청남도 남북교류협력 및 통일교육 활성화에 관한 조례	2011.11.10.	2018.12.31.	충청남도교육청 통일교육 활성화에 관한 조례	2016.6.8.	
전라북도	전라북도 평화통일교육 활성화 지원 조례	2016.12.30.	-	전라북도교육청 평화통일교육 활성화 지원조례	2016.9.30.	-
전라남도	전라남도 평화통일교육 활성화 조례	2011.10.20.	2017.11.2.	전라남도교육청 평화통일교육 활성화 조례	2019.1.3.	-
경상북도	경상북도 평화통일교육 활성화 조례	2018.12.27.	-	경상북도교육청 남북교육교류협력에 관한 조례	2018.12.31.	-
광주광역시	광주광역시 통일교육 활성화 조례	2011.9.15.	2018.12.15.	-	-	-
대전광역시	대전광역시 통일교육 활성화 조례	2015.12.18.	-	대전광역시교육청 통일교육 활성화 조례	2017.12.29.	-
제주특별자치도	제주특별자치도 통일교육 활성화 조례	2016.5.13.	-	제주특별자치도 교육청 통일교육 활성화 조례	2016.5.16.	-
충청북도	-	-	-	충청북도교육청 통일교육 진흥 조례	2018.11.9.	
경상남도	-	-	-	경상남도교육청 평화·통일교육 활성화 조례	2019.2.8.	-
울산광역시	-	-	-	-	-	-

III. 통일교육정책의 평가 : 경기도를 중심으로

1. 경기도 통일교육정책의 성과[57]

(1) 통일교육 체계적·적극적 추진

「통일교육 지원법」은 통일교육의 대상별 유형에 대하여 학교통일교육과 공무원 등에 대한 통일교육을 규정하고, 민간단체 등을 통하여 사회통일교육을 할 수 있도록 규정하고 있다. 이에 따라, 경기도는 사회통일교육, 공무원 통일교육, 학교통일교육과 더불어 「경기도 평화통일교육 활성화 조례」에 근거하여 이주배경 도민 대상 통일교육도 추진하고 있다.

경기도는 그동안 경기도 평화협력국 평화기반조성과 통일교육지원팀이 중심이 되어 경기도 31개 시·군은 물론 경기도 소속기관인 경기도인재개발원, 통일부 통일교육원, 경기도교육청, 통일부 통일교육원이 지정한 경기남부 통일교육센터, 경기북부 통일교육센터, 그리고 도내 평화통일교육 민간단체 등과 체계적으로 협업하여 평화통일교육을 실시해오고 있다.

사회통일교육 분야에서 경기도는 통일부 통일교육원의 지정을 받은 경기남부 통일교육센터, 경기북부 통일교육센터에 예산을 지원하여 교육을 실시하고 있고, 그 밖에 평화통일 관련 각종 사회단체에 교육 실시를 위한 보조금을 지원하고 있다. 공무원 통일교육 부분에서 경기도는 경기도 자체 통일교육은 물론 31개 시·군과 연계한 통일교육, 통일부 통일교육원, 경기도 소속 경기도인재개발원과 연계한 프로그램을 운영하고 있고, 학교통일교육의 경우에는 경기도교육청 조례를 중심으로 경기도교육청, 각 지역 교육지원청과 연계하여 도내 2,382개 학교(2019년 기준 초등학교 1,277개, 중학교 630개, 고등학교 475개)의 151만 642명(2018년 기준)의 학생들을 대상으로 실시하고 있다.

---

[57] 소성규 등, 경기도 평화통일교육 중장기 계획 수립, 경기도 연구용역보고서, 2020, 45-48면.

(2) 통일교육 필요성의 명확한 인식

경기도는 접경지역으로서의 특수한 지역적 특성 고려, 평화통일기조 및 남북교류협력 강화, 북한이탈주민 지원 등 평화통일교육의 필요성을 명확히 인식하고, 도민, 공무원, 초중고 학생 및 대학생을 대상으로 하는 평화통일교육 정책을 꾸준히 추진하고 있다.

경기도의 평화통일 교육정책은 중앙정부의 지침을 맹목적으로 추진하는 것이 아니라 자발적이고 주도적 성격을 갖고 있어 타 시·도와 비교하여 우수한 실적을 내고 있다. 통일부의 '2018 통일교육 기본계획'에 따르면, '소속 공무원 대상 통일교육 실시 현황', '소속 교육훈련기관의 통일교육 실시 현황' 등에 있어서 경기도는 우수한 평가를 받았다.

(3) 맞춤형 교육 및 연계성 강화

경기도인재개발원은 통일대비 기본소양 과정과 통일대비 역량전문 과정을 운영하고, 통일부 통일교육원은 기본소양 과정, 심화 과정, 역량강화 과정을 운영한다.

경기도 평화기반조성과 통일교육지원팀는 국외통일교육 사업을 담당하고, 통일교육 관련 도내 민간단체를 통해 공감통일교육사업을 추진하고 있으며, 그 지원 규모를 점차 확대하고 있다. 경기도는 이러한 통일교육과정 및 사업 간의 연계성 강화를 지향한다.

(4) 민관 협력체계 구축

경기도는 경기도교육청, 통일부와 함께 '공감 통일교육 업무협약'을 체결(2015. 12.)하여 도민과 학생 대상 통일교육의 내실화를 도모하고 있으며, 통일교육원(통일부), 인재개발원(경기도) 등과의 교육 협력체제 구축을 바탕으로 공무원 대상 평화통일교육을 실시하고 있다. 나아가, 도내 지역통일교육센터 지원, 민간공모사업 추진, 도내 민간 통일교육기관과의 협업체계 구축 등 평화통일교육을 위한 민관 인프라를 확충하였다.

(5) 인력양성, 법제도 정비와 재원 확보

경기도는 30명 내외의 도내 대학생들을 대상으로 연 1회 국외 연수프로그램(항일 투쟁지역, 북·중·러 접경지역 등)을 실시함으로써 평화통일에 대한 인식 제고 및 역량 배양을 통한 차세대 통일교육인력을 양성하고 있다.

통일교육 추진체계, 인력양성, 예산확보 및 민관협력에 관한 제도적 근거인 「경기도 평화통일교육 활성화 조례」를 2019년 1월 14일 전부 개정하였으며, 평화통일교육 예산의 상당 부분을 남북교류협력기금으로 충당함에 따라 2019년 9월 기준 총 392억 8천 900만원을 조성하여 2018년 8월에 비해 약 250억원 가량의 기금을 더 확보하는 성과를 거두었다.

◆ 〈표〉 2020년 경기도 평화통일교육계획 총괄표[58]

구분	과정명	교육기관	목표인원	기간	비고
계			20,000명		
민간 통일 교육	소계		8,000명		
	민간 통일교육단체 지원	민간단체	3,000명	3~12월	민간공모
	지역통일센터 통일교육 지원	지역 통일교육센터	2,000명	3~12월	통일교육포럼 한반도평화캠프
	공감학교 통일교육	경기도교육청 및 민간단체	5,000명	연중	교육청 협력사업 대학생(북중러)
공무원 통일 교육	소계		10,000명		
	기본 소양과정	道인재개발원	80명	3일	2회/년
		통일교육원	80명	3일	2회/년
	심화과정	道인재개발원	20명	10일	2회/년
		통일교육원	80명	5일	1회/년
	통일 미래지도자 과정	통일교육원	4급 1명	12월	인사과 선발
	역량강화과정	통일교육원	40명	3일	1회/년
	국외 통일교육 아카데미	독일	30명	12일	국내사전·사후교육 3일 포함
		북·중·러	30명	11일	
	도, 시·군 순회 공무원 통일교육	경기도	7,000명	2~12월	31개 시·군

---

58) 소성규 등, 경기도 평화통일교육 중장기 계획 수립, 경기도 연구용역보고서, 2020,

2. 경기도 통일교육정책의 과제

(1) 일반 과제[59]

1) 중장기 구상 및 기본계획의 수립

경기도는 통일교육 관련 계획을 수립하여 경기도 통일교육의 당해 연도 지침 및 연간 계획으로 활용하고 있지만, 중장기 구상과 기본계획은 부재한 상황이다. 이에 경기도 중장기 통일교육 마스터플랜을 수립하는 것이 우선적 과제라 할 것이며, 경기도 통일교육의 체계성 및 효과성을 제고하기 위해 경기도 통일교육의 비전과 목표의 명확히 설정하고 그에 따른 교육체계 확립과 교육프로그램 개발을 추진해 나가는 것이 필요하다.

2) 정책 설계 및 연구 네트워크 구축

경기도 통일교육에 관한 정책 수립은 경기도 평화협력국 평화기반조성과가 담당하고 있으나, 경기도 통일교육정책의 전문성, 체계성, 확장성 등을 제고하기 위해 경기연구원, 경기도 인재개발원, 통일부 통일교육원, 경기도 내 지역통일교육센터 등과 정책 설계 및 연구 네트워크를 구축해야 할 것이다.

3) 공무원 통일교육 강화

경기도와 시·군 공무원의 통일교육 이수자는 1회성 강연 위주의 시·군 공무원 순회교육을 제외하면 그 수가 극히 미미하다. 2018년 기준, 경기도와 시·군 공무원의 정원 규모(52,664명)와 접경지역이라는 경기도의 특성을 감안할 때 경기도와 시군 공무원 대상 통일교육의 단기 및 중장기 정규교육과정 강화와 확대가 필요하다.

43-44면에서 재인용.
[59] 김동성 등, 통일교육 지원법 개정과 경기도의 대응방안, 경기연구원, 2018, 22-24면.

4) 도민 통일교육 확대

경기도민에 대한 통일교육 실적 역시 경기도의 인구 규모(12,873,895명)와 접경지역이라는 경기도의 특성을 감안할 때 크게 미흡한 실정이다. 민간 통일교육단체, 지역통일교육센터, 지역 내 초중고교 등 기존 통일교육기구들과의 협력 강화와 더불어 경기도내 평생교육기관, 주민자치센터 등을 통일교육의 교육장으로 적극 발굴 및 활용하여 경기도민에 대한 통일교육을 대폭 확대하는 것이 바람직하다.

5) 인적·물적 통일자원 활용

경기도에 거주하는 북한이탈주민들을 '북한 체제와 사회', '북한 주민들의 삶', '남북한 사회통합' 등의 분야에서 통일교육의 인적자원으로 활용하는 노력도 전개해야 할 것이다. 아울러, 도내 물적 자원도 적극 활용한다는 측면에서, 비무장지대, 대성동 마을, 통일촌, 캠프 그리브스, 오두산 전망대, 태풍 전망대, 도라산 전망대, 도라산역, 임진각, 한강하구, 임진강수계, 군남댐, 한국전쟁 전적지, 북한 제3땅굴 등을 경기도 통일교육의 체험현장으로 개발할 것을 검토할 필요가 있다.

(2) 정책 및 법제 변화 대응 과제[60]

1) 경기도 통일교육의 주요 내용 확대

중앙정부의 한반도 정책은 남북의 평화적 통일을 최종 목적으로 하면서도 현 단계에서는 남북의 평화 공존과 공동 번영을 우선적인 목표로 설정하고 있으며, 통일부 통일교육원의 통일교육정책도 기존의 '통일교육'을 '평화·통일교육'으로 새롭게 명명하면서 '통일'과 더불어 '평화'도 강조하고 있다. 이에 따라, 경기도 통일교육도 남북통일, 국가안보, 북한체제, 북한사회 등의 기존 주제들 외에 남북한의 '평화 공존'과 '공동 번영'도 교육프로그램의 주요 주제로 포함하여야 할 것이다.

---
[60] 김동성 등, 통일교육 지원법 개정과 경기도의 대응방안, 경기연구원, 2018, 47-48면.

이와 함께, 경기도는 북한과 접해있는 접경지역이라는 지역 특성상 국가 안보의 중요성을 지속적으로 강조하면서도, 남북 접경지역 간의 상호 이해와 협력을 위한 남북교류협력의 중요성도 아울러 역설하는 통일교육을 전개해야 할 것이다.

2) 시책 수립 및 공무원 통일교육 실시 대비

최근 「통일교육 지원법」의 개정·시행에 따라 통일교육에 대한 경기도와 시·군의 책무 및 역할이 크게 강화되었다. 2018년 개정된 통일교육 지원법은 지방자치단체 관련 조항이 기존의 2개에서 7개로 늘어남에 따라 자연스레 통일교육에 대한 지방자치단체의 책무와 역할이 강화된 것이다. 동법 제4조 제3항은 "지방자치단체는 국가의 시책과 지역적 특성을 고려하여 지역별 시책을 수립·시행하여야 한다. 이 경우 그 시책의 수립·시행에 필요한 사항은 조례로 정할 수 있다."라고 하여 지방자치단체의 통일교육 시책 수립의무를 명시적으로 규정하였고, 동법 제6조의7은 지방자치단체가 소속 공무원들에게 의무적으로 통일교육을 실시할 것을 규정하였다.[61]

이에 따라, 경기도와 시·군은 향후 통일교육 관련 시책을 반드시 수립하고 시행하여 그 결과를 통일부 장관에게 보고해야 하는 한편, 소속 공무원 모두를 대상으로 통일교육을 실시해야 하는 법적 책무를 부담하게 되었다. 앞으로 경기도와 시·군은 통일교육 관련 시책의 수립·집행 관련 업무와 소속 공무원의 통일교육 실시 관련 업무를 신설하고, 동 업무를 수행하기 위한 조직·인력·재정을 구비하고 확충해야 할 것이다.

---

61) 통일교육 지원법 제6조의7(공무원 등에 대한 통일교육의 실시) ① 중앙행정기관의 장, 지방자치단체의 장 및 「공공기관의 운영에 관한 법률」 제4조에 따른 공공기관의 장은 소속 공무원 및 직원 등에게 제2조제1호에 따른 통일교육을 실시하고, 그 결과를 통일부장관에게 제출하여야 한다.
② 통일부장관은 제1항에 따른 통일교육을 효과적으로 실시하기 위하여 필요한 교재를 개발·보급할 수 있다.
③ 제1항 및 제2항에서 규정한 사항 외에 통일교육의 방법 및 실시 시기 등 통일교육 실시에 필요한 사항은 대통령령으로 정한다.

3) 중앙정부 및 시·군과의 협력체계 구축

경기도는 경기도 통일교육 시책의 본격 수립과 집행, 경기도 통일교육 추진체계의 확립, 경기도 통일교육 프로그램의 조정·개발, 경기도민 대상 통일교육 지원 확대 등을 통해 경기도 통일교육을 지속적으로 강화해야 함은 물론, 중앙정부와 통일교육 시책 추진을 위한 상호협력체제를 구축하고 지역 내 시·군들과 통일교육 협력체계를 결성하여 시·군들의 통일교육 역량 제고 및 통일교육의 효과적 시행을 적극 지원해야 한다.

4) 도내 시·군의 통일교육 자체 역량 강화

통일교육 지원법의 개정으로 시·군 역시 지역통일교육의 추진 주체로 그 책무와 역할이 크게 강화되었기에 자체적인 통일교육의 역량 확보가 시급하다. 시군은 통일교육 관련 업무를 위한 조직과 인력의 구비, 재정 확보, 시·군 교육청과 지역 내 초·중·고교와의 연계 강화, 지역 내 통일교육 전문기관·민간단체·전문가의 발굴·지원과 협력네트워크 구축, 그리고 중앙정부·경기도와의 상호협력체제 구축 등을 적극적으로 추진하여 시·군 통일교육 시책의 수립과 집행을 위한 정책적 토대를 마련하여야 할 것이다.

부록

1. 조선로동당 규약
2. 당의 유일적 령도체계확립의 10대 원칙
3. 사회주의헌법(2019.4.11.)
4. 북한 민법
5. 북한가족법(2009)
6. 북한상속법(2002)
7. 발명법(2014.12.10.)
8. 공업도안법
9. 상표법

1. 조선로동당 규약

1946. 8. 30. 제1차 당대회 채택
1980. 10. 13. 제6차 당대회 개정
2010. 9. 28. 제3차 당대표자회 개정
2012. 4. 11. 제4차 당대표자회 개정
2016. 5. 9. 제7차 당대회 개정

조선로동당 규약

조선로동당은 위대한 김일성-김정일주의당이다.

위대한 김일성 동지는 조선로동당의 창건자이시고 영원한 수령이시다.

위대한 김일성 동지는 영생불멸의 주체사상을 창시하시고 항일혁명의 불길속에서 마련하신 당창건의 조직사상적기초와 빛나는 혁명전통에 토대하여 영광스러운 조선로동당을 창건하시였으며 조선로동당을 사상의지적으로 통일단결되고 높은 조직성과 규률성을 지닌 강철의 당으로, 인민대중의 절대적인 지지와 신뢰를 받는 위력한 당으로, 주체혁명의 대를 굳건히 이어나가는 불패의 당으로 강화발전시키시였다.

위대한 김일성 동지는 혁명무력과 인민정권을 창건하시고 혁명의 주체적력량을 비상히 강화하시였으며 항일혁명투쟁과 조국해방전쟁, 민주주의혁명과 사회주의혁명을 승리에로 이끄시여 민족해방, 계급해방의 력사적위업을 이룩하시고 사회주의건설을 힘있게 다그쳐 이 땅우에 자주, 자립, 자위로 위용떨치는 인민대중중심의 사회주의 나라를 일떠세우시였으며 조국통일과 인류자주위업수행에 불멸의 공헌을 하시였다.

위대한 김정일 동지는 조선로동당의 상징이시고 영원한 수반이시다.

위대한 김정일 동지는 주체사상을 자주시대의 위대한 지도사상으로 심화발전시키시고 조선로동당을 유일사상체계와 유일적령도체계가 확고히 선 사상적순결체, 조직적전일체로 건설하시였으며 인민대중과 혼연일체를 이루고 인민대중의 운명을 책임지고 보살피는 어머니당으로, 높은 령도예술을 지닌 로숙하고 세련된 당으로, 령도의 계승성을 확고히 보장한 전도양양한 당으로 강화발전시키시였다.

위대한 김정일 동지는 온 사회의 김일성주의화를 당의 최고강령으로 내세우시고 혁명과 건설의 모든 분야에서 기적과 변혁의 새 력사를 창조하시였으며 선군의 기치높이 나라와 민족의 자주권을 굳건히 수호하시고 김일성조선을 일심단결된 정치사상강국 무적의 군사강국으로 일떠세우시였으며 조국땅우에 강성번영의 일대 전성기를 펼치시고 조국통일과 세계의 자주화위업수행에서 전환적국면을 열어놓으시였다.

위대한 김일성 동지와 김정일 동지는 천재적인 예지와 비범한 령도력, 불굴의 의지와 인민에 대한 열렬한 사랑을 지니시고 한평생을 오로지 당의 강화발전과 인민의 행복을 위하여 모든 것을 다 바치신 탁월한 사상리론가, 걸출한 령도자, 인민의 자애로운 어버이이시다.

조선로동당은 위대한 김일성 동지와 김정일 동지의 성스러운 혁명생애와 고귀한 업적을 천추만대에 빛내여나갈 것이며 김일성 동지와 김정일동지의 거룩한 존함은 조선로동당과 더불어 영구불멸할 것이다.

경애하는 김정은 동지는 조선로동당을 위대한 김일성 동지와 김정일동지의 당으로 강화발전시키시고 주체혁명을 최후승리에로 이끄시는 조선로동당과 조선인민의 위대한 령도자이시다.

경애하는 김정은 동지는 위대한 김일성-김정일주의를 당과 혁명의 영원한 지도사상으로 내세우시고 조선로동당을 하나의 사상으로 일색화된 사상과 신념의 결정체로, 강철같은 통일단결을 실현하고 칼날같은 기강을 확립한 최정예부대로 건설하시였으며 비상한 조직력과 특출한 령도적수완을 지닌 존엄높고 권위있는 당으로, 인민의 리익을 최우선, 절대시하며 인민을 위하여 멸사복무하는 당으로 강화발전시키시였다.

경애하는 김정은 동지는 위대한 김일성 동지와 김정일 동지의 유훈관철에로 전당, 전군, 전민을 불러일으키시고 자주, 선군, 사회주의의 기치높이 천만군민의 일심단결과 자위적인 전쟁억제력을 더욱 강화하시여 백두산대국의 존엄과 위력을 만방에 떨치시였으며 과학기술에 의거한 자강력으로 세기적인 비약과 혁신을 일으켜나가는 창조와 건설의 대번영기, 강성국가건설의 최전성기를 열어놓으시였다.

조선로동당은 위대한 김일성 동지와 김정일 동지를 영원히 높이 모시고 경애하는 김정은 동지를 중심으로 하여 조직사상적으로 공고하게 결합된 로동계급과 근로인민대중의 핵심부대, 전위부대이다.

조선로동당은 위대한 김일성-김정일주의를 유일한 지도사상으로 하는 주체형의 혁명적당이다.

조선로동당은 위대한 김일성-김정일주의를 당건설과 당활동의 출발점으로, 당의 조직사상적 공고화를 기초로, 혁명과 건설을 령도하는데서 지도적지침으로 한다.

조선로동당은 위대한 김일성 동지와 김정일 동지께서 이룩하신 주체의 혁명전통을 고수하고 계승발전시키며 당건설과 당활동의 초석으로 삼는다.

조선로동당은 로동자, 농민 지식인을 비롯한 근로인민대중속에 깊이 뿌

리박고 그들 가운데서 사회주의위업의 승리를 위하여 몸바쳐싸우는 선진투사들로 조직한 로동계급의 혁명적당, 근로인민대중의 대중적당이다.

조선로동당은 조선민족과 조선인민의 리익을 대표한다.

조선로동당은 근로인민대중의 모든 정치조직들가운데서 가장 높은 형태의 정치조직이며 정치, 군사, 경제, 문화를 비롯한 모든 분야를 통일적으로 이끌어나가는 사회의 령도적 정치조직이며 혁명의 참모부, 조선인민의 모든 승리의 조직자이며 향도자이다.

조선로동당은 위대한 김일성 동지와 김정일 동지의 위업, 주체혁명위업의 승리를 위하여 투쟁한다.

조선로동당의 당면목적은 공화국북반부에서 사회주의강성국가를 건설하며 전국적범위에서 민족해방민주주의혁명의 과업을 수행하는데 있으며 최종목적은 온 사회를 김일성-김정일주의화하여 인민대중의 자주성을 완전히 실현하는데 있다.

조선로동당은 당안에 사상과 령도의 유일성을 보장하고 당이 인민대중과 혼연일체를 이루며 당건설에서 계승성을 보장하는 것을 당건설의 기본원칙으로 한다.

조선로동당은 위대한 김일성 동지와 김정일 동지의 유훈을 생명선을 틀어쥐고 끝까지 관철하며 김일성 동지와 김정일 동지의 혁명사상과 업적을 견결히 옹호고수하고 끝없이 빛내여 나간다.

조선로동당은 당의 유일적령도체계를 세우는 사업을 주선으로 틀어쥐고 당대렬을 수령결사옹위의 전위대로 꾸리며 경애하는 김정은 동지를 중심으로 하는 당과 군대와 인민의 일심단결을 백방으로 강화하고 그 위력을 높이 발양시켜 나간다.

조선로동당은 위대성교양, 김정일애국주의교양, 신념교양, 반제계급교양, 도덕교양을 기본으로하여 김일성-김정일주의교양을 강화하며 자본주의사상, 봉건유교사상, 수정주의, 교조주의, 사대주의를 비롯한 온갖 반동적, 기회주의적사상조류들을 반대배격하며 로동계급적원칙, 맑스-레닌주의의 혁명적원칙을 견지한다.

조선로동당은 당건설과 당활동을 인민대중 제일주의로 일관시키고 계급로선과 군중로선을 철저히 관철하여 당과 혁명의 계급진지를 굳건히 다지며 인민의 리익을 옹호하고 인민을 위하여 멸사복무하며 인민대중의 운명을 책임지고 돌보는 어머니당으로서의 본분을 다해나간다.

조선로동당은 사람과의 사업을 당사업의 기본으로 한다.

조선로동당은 사상을 기본으로 틀어쥐고 인민대중의 정신력을 발동하여 모든 문제를 풀어나간다.

조선로동당은 항일유격대식사업방법, 주체의사업방법을 구현한다.

조선로동당은 혁명과 건설에 대한 령도에서 자주, 선군, 사회주의의 로선과 원칙을 일관하게 틀어쥐고나가며 주체성과 민족성을 고수한다.

조선로동당은 선군정치를 사회주의 기본정치 방식으로 확립하고 선군의 기치밑에 혁명과 건설을 령도한다.

조선로동당은 인민정권을 강화하고 사상, 기술, 문화의 3대혁명을 힘있게 다그치는 것을 사회주의건설의 총로선으로 틀어쥐고나간다.

조선로동당은 혁명대오를 정치사상적으로 튼튼히 꾸리고 인민대중중심의 사회주의제도를 공고발전시키며 경제건설과 핵무력건설의 병진로선을 틀어쥐고 과학기술발전을 확고히 앞세우면서 나라의 방위력을 철벽으로 다지고 사회주의경제강국, 문명국건설을 다그쳐나간다.

조선로동당은 청년운동을 강화하는 것을 당과 국가의 최대의 중대사, 혁명의 전략적 요구로 내세우고 청년들을 당의 후비대, 척후대, 익측부대로 튼튼히 키우며 근로단체들의 역할을 높여 광범한 군중을 당의 두리에 묶어 세우며 사회주의강성국가건설을 위한 투쟁에로 조직동원한다.

조선로동당은 전 조선의 애국적민주력량과의 통일전선을 강화한다.

조선로동당은 남조선에서 미제의 침략무력을 몰아내고 온갖 외세의 지배와 간섭을 끝장내며 일본군국주의의 재침책동을 짓부시며 사회의 민주화와 생존의 권리를 위한 남조선 인민들의 투쟁을 적극 지지성원하며 우리 민족끼리 힘을 합쳐 자주, 평화통일, 민족대단결의 원칙에서 조국을 통일하고 나라와 민족의 통일적발전을 이룩하기 위하여 투쟁한다.

조선로동당은 자주, 평화, 친선을 대외정책의 기본리념으로 하여 반제자주력량과의 련대성을 강화하고 다른 나라들과의 선린우호관계를 발전시키며 제국주의의 침략과 전쟁책동을 반대하고 세계의 자주화와 평화를 위하여, 세계사회주의운동의 발전을 위하여 투쟁한다.

2. 당의 유일적 령도체계확립의 10대 원칙

(2013년 김정은 주도 개정)[1]

서문

모든 당원과 근로자들은 경애하는 수령님을 영원히 높이 모시고 수령님께 끝까지 충성을 다하며 전당과 온 사회를 위대한 김일성 동지의 혁명사상으로 일색화하는 역사적 위업을 빛나게 수행해 나가기 위하여 다음과 같은 당의 유일사상체계 확립의 10대 원칙을 철저히 지켜야 한다.

1조 위대한 수령 김일성 동지의 혁명사상으로 온 사회를 일색 화하기 위하여 몸바쳐 투쟁하여야 한다. 수령님의 혁명 사상으로 온 사회를 일색 화하는 것은 우리 당의 최고 강령이며 당의 유일 사상 체계를 세우는 사업의 새로운 높은 단계이다.

1) 당의 유일 사상 체계를 세우는 사업을 끊임없이 심화시키며 대를 이어 계속해 나가야 한다

2) 위대한 수령 김일성 동지께서 창건하신 우리 당을 영원히 영광스러운 김일성 동지의 당으로 강화 발전시켜 나가야 한다.

3) 위대한 수령 김일성 동지께서 세우신 프롤레타리아 독재 정권과 사회주의 제도를 튼튼히 보위하고 공고 발전시키기 위하여 헌신적으로 투쟁하여야 한다.

4) 주체 사상의 위대한 혁명적 기치를 높이 들고 조국 통일과 혁명의 전국적 승리를 위하여 우리나라에서의 사회주의 공산주의 위업의 완성을 위하여 모든 것을 다 바쳐 투쟁하여야 한다.

5) 전 세계에서의 주체 사상의 승리를 위하여 끝까지 싸워 나가야 한다.

---

1) 당의 유일적 령도체계 확립의 10대 원칙은 북한의 조선노동당의 강령이다. 정당의 강령일지라고 하더라도, 북한은 일당 독재 체계이자, 김일성-김정일-김정은으로 이어지는 세습 주의이기 때문에, 이것은 북한 헌법을 초월하는 위치에 있다. 10조 60항으로 이루어져 있으며, 김정은 국방위원회 제1위원장의 권력 세습을 정당화 하고 노동당의 권능을 강조하는 내용을 담고 있다[1]. 기존에 명칭은 "당의 유일 사상체계 확립의 10대 원칙"이었나(1974년 김정일 주도) 2013년 8월에 개정하였다.

2조 위대한 수령 김일성동지를 충심으로 높이 우러러 모셔야 한다. 위대한 수령 김일성 동지를 높이 우러러 모시는 것은 수령님께 끝없이 충직한 혁명 전사들의 가장 숭고한 의무이며 수령님을 높이 우러러 모시는 여기에 우리 조국의 끝없는 영예와 우리 인민의 영원한 행복이 있다.

1) 혁명의 영재이시며 민족의 태양이시며 전설적 영웅이신 위대한 김일성 동지를 수령으로 모시고 있는 것을 최대의 행복, 최고의 영예로 여기고 수령님을 끝없이 존경하고 흠모하여 영원히 높이 우러러 모셔야 한다.
2) 한 순간을 살아도 오직 수령님을 위하여 살고 수령님을 위하여서는 청춘도 생명도 기꺼이 바치며 어떤 역경 속에서도 수령님에 대한 충성의 한 마음을 변함 없이 간직하여야 한다.
3) 위대한 수령 김일성 동지께서 가리키시는 길은 곧 승리와 영광의 길이라는 것을 굳게 믿고 수령님께 모든 운명을 전적으로 위탁하며 수령님의 영도 따라 나아가는 길에서도 못해 낼 일이 없다는 철석같은 신념을 가지고 수령님께서 이끄시는 혁명 위업에 몸과 마음을 다 바쳐야 한다.

3조 위대한 수령 김일성 동지의 권위를 절대화하여야 한다. 위대한 수령 김일성 동지의 권위를 절대화하는 것은 우리 혁명의 지상의 요구이며 우리 당과 인민의 혁명적 의지이다.

1) 위대한 수령 김일성 동지밖에는 그 누구도 모른다는 확고한 입장과 관점을 가져야 한다.
2) 위대한수령 김일성 동지를 정치 사상적으로 옹호하며 목숨으로 사수하여야 한다.
3) 경애하는 수령 김일성 동지의 위대성을 내외에 널리 선전하여야 한다.
4) 위대한 수령 김일성 동지의 절대적인 권위와 위신을 백방으로 옹호하며 현대 수정주의와 온갖 원쑤들의 공격과 비난으로부터 수령님을 견결히 보위하여야 한다.
5) 위대한 수령 김일성 동지의 권위와 위신을 훼손시키려는 자그마한 요소도 비상 사건 화하여 그와 비타협적인 투쟁을 벌여야 한다.
6) 경애하는 수령 김일성 동지의 초상화, 석고상, 동상, 초상 휘장, 수령님의 초상화를 모신 출판물, 수령님을 형상한 미술 작품, 수령님의 현지 교시판, 당의 기본 구호들을 정중히 모시고 다루며 철저히 보위하여야 한다.
7) 경애하는 수령 김일성 동지의 위대한 혁명 력사와 투쟁 업적이 깃들어 있는 혁명 전적지, 혁명 사적지, 당의 유일 사상 교양의 거점인 '김일성 동지 혁명 사적관'과 '김일성 동지 혁명 사상 연구실'을 정중히 꾸리고 잘 관리하며 철저히 보위하여야 한다.

4조 위대한 수령 김일성 동지의 혁명 사상을 신념으로 삼고 수령님의 교시를 신조화하여야 한다. 위대한 수령 김일성 동지의 혁명 사상을 확고한 신념으로 삼고 수령님의 교시를 신조화하는 것은 수령님께 끝없이 충직한 주체형의 공산주의 혁명가가 되기 위한 가장 중요한 요구이며 혁명 투쟁과 건설사업의 승리를 위한 선결 조건이다.

1) 위대한 수령 김일성 동지의 혁명 사상, 주체 사상을 자기의 뼈와 살로 유일한 신념으로 만들어야 한다.
2) 위대한 수령 김일성 동지의 교시를 모든 사업과 생활의 확고한 지침으로 철석 같은 신조로 삼아야 한다.
3) 위대한 수령 김일성 동지의 교시를 무조건 접수하고 그것을 자로하여 모든 것을 재어 보며 수령님의 사상 의지대로만 사고하고 행동하여야 한다.
4) 위대한 수령 김일성 동지의 로작들과 교시들, 수령님의 영광 찬란한 혁명력사를 체계적으로, 전면적으로 깊이 연구 체득하여야 한다.
5) 위대한 수령 김일성 동지의 혁명 사상을 배우는 학습회, 강연회, 강습을 비롯한 집체 학습에 빠짐없이 성실히 참가하여 매일 2시간 이상 학습하는 규율을 철저히 세우고 학습을 생활화, 습성화하며 학습을 게을리하거나 방해하는 현상을 반대하여 적극 투쟁하여야 한다.
6) 위대한 수령 김일성 동지의 교시 침투 체계를 철저히 세우고 수령님의 교시와 당의 의도를 제때에 정확히 전달 침투하여야 하며 왜곡 전달하거나 자기 말로 전달하는 일이 없어야 한다.
7) 보고, 토론, 강연을 하거나 출판물에 실린 글을 쓸 때에는 언제나 수령님의 교시를 정중히 인용하고 그에 기초하여 내용을 전개하며 그와 어긋나게 말하거나 글을 쓰는 일이 없어야 한다.
8) 위대한 수령 김일성 동지의 교시와 개별적 간부들의 지시를 엄격히 구별하며 개별적 간부들의 지시에 대하여서는 수령님의 교시에 맞는가 맞지 않는가를 따져 보고 조금이라도 어긋날 때에는 즉시 문제를 세우고 투쟁하여야 하며 개별적 간부들의 발언 내용을 '결론'이요, '지시'요 하면서 조직적으로 전달하거나 집체적으로 토의하는 일이 없어야 한다.
9) 위대한 수령 김일성 동지의 교시와 당정책에 대하여 시비 중상하거나 반대하는 반당적인 행동에 대하여서는 추호도 융화묵과하지 말고 견결히 투쟁하여야 한다.
10) 위대한 수령 김일성 동지의 혁명 사상과 어긋나는 자본주의 사상, 봉건 유일 사상, 수정주의, 교조주의, 사대주의를 비롯한 온갖 반당적, 반혁명적 사상 조류를 반대하여 날카롭게 투쟁하며 수령님의 혁명 사상, 주체 사상의 순결성을 철저히 고수하여야 한다.

5조 위대한 수령 김일성 동지의 교시 집행에서 무조건성의 원칙을 철저히 지켜야 한다. 위대한 수령 김일성 동지의 교시를 무조건 집행하는 것은 수령님에 대한 충실성의 기본 요구이며 혁명 투쟁과 건설 사업의 승리를 위한 결정적 조건이다.

1) 위대한 수령 김일성 동지의 교시를 곧 법으로, 지상의 명령으로 여기고 사소한 이유와 구실도 없이 무한한 헌신성과 희생성을 발휘하여 무조건 철저히 관철하여야 한다.
2) 경애하는 수령 김일성 동지의 심려를 덜어 드리는 것을 최상의 영예로, 신성한 의무로 간주하고 모든 것을 다 바쳐 투쟁하여야 한다.
3) 위대한 수령 김일성 동지의 교시를 관철하기 위한 창발적 의견들을 충분히 제기하며 일단 수령님께서 결론하신 문제에 대해서는 중앙 집권제 원칙에 따라 자그마한 드팀도 없이 정확히 집행하여야 한다.
4) 위대한 수령 김일성 동지의 교시와 당 정책을 접수하면 곧 집체적으로 토의하여 옳은 집행 대책과 구체적인 계획을 세우고 조직 정치 사업을 짜고 들며 속도전을 벌여 제때에 철저히 집행하여야 한다.
5) 위대한 수령 김일성 동지의 교시 집행 대장을 만들어 놓고 교시 집행 정형을 정상적으로 총화하고 재 포치하는 사업을 끊임 없이 심화시켜 교시를 중도 반단 함이 없이 끝까지 관철하여야 한다.
6) 위대한 수령 김일성 동지의 교시를 말로만 접수하고 집행을 태공하는 현상, 무책임하고 주인답지 못한 태도, 요령주의, 형식주의, 보신주의를 비롯한 온갖 불건전한 현상을 반대하여 적극 투쟁하여야 한다.

6조 위대한 수령 김일성 동지를 중심으로 하는 전당의 사상 의지적 통일과 혁명적 단결을 강화하여야 한다. 전당의 강철같은 통일 단결은 당의 불패의 힘의 원천이며 혁명 승리의 확고한 담보이다.

1) 위대한 수령 김일성 동지를 중심으로 하는 전당의 사상 의지적 통일을 눈동자와 같이 지키고 더욱 튼튼히 다져 나가야 한다.
2) 모든 단위, 모든 초소에서 수령님에 대한 충실성에 기초하여 혁명적 동지애를 높이 발양하며 대렬의 사상 의지적 단결을 강화하여야 한다.
3) 위대한 수령 김일성 동지에 대한 충실성을 척도로 하여 모든 사람들을 평가하고 원칙적으로 대하여 수령님께 불성실하고 당의 유일 사상 체계와 어긋나게 행동하는 사람에 대해서는 직위와 공로에 관계없이 날카로운 투쟁을 벌여야 한다.
4) 개별적 간부들에 대하여 환상을 가지거나 아부 아첨하며 개별적 간부들을 우상화하거나 무원칙하게 내세우는 현상을 철저히 반대하여야 하며 간부들이 선물을 주고 받는 현상을 없애야 한다.
5) 당의 통일 단결을 파괴하고 좀먹는 종파주의, 지방주의, 가족주의를 비롯한 온갖 반당적 사상 요소를 반대하여 견결히 투쟁하며 그 사소한 표현도 절대로 묵과하지 말고 철저히

극복하여야 한다.

7조 위대한 수령 김일성 동지를 따라 배워 공산주의적 풍모와 혁명적 사업 방법, 인민적 사업 작풍을 소유하여야 한다. 위대한 수령 김일성 동지께서 지니신 고매한 공산주의적 풍모와 혁명적 사업 방법, 인민적 사업 작풍을 따라 배우는 것은 모든 당원들과 근로자들의 신성한 의무이며 수령님의 혁명 전사로서의 영예로운 사명을 다하기 위한 필수적 요구이다.

1) 당의 노동 계급과 인민의 이익을 첫 자리에 놓고 그것을 위하여 모든 것을 다 바쳐, 투쟁하는 높은당성, 노동 계급성, 인민성을 소유하여야 한다.
2) 계급적 원쑤들에 대한 비타협적 투쟁 정신과 확고한 혁명적 원칙성, 불요불굴의 혁명 정신과 필승의 신념을 가지고 혁명의 한길로 억세게 싸워 나가야 한다.
3) 혁명의 주인다운 태도를 가지고 자력 갱생의 혁명 정신을 높이 발휘하여 모든 일을 책임적으로 알뜰하고 깐지게 하며 부닥치는 난관을 자체의 힘으로 뚫고 나가야 한다.
4) 노쇠와 침체, 안일과 해이를 반대하고 왕성한 투지와 패기와 정열에 넘쳐 언제나 긴장하게 전투적으로 일하며, 소극과 보수를 배격하고 모든 사업을 대담하고 통이 크게 벌여 나가야 한다.
5) 혁명적 군중 관점을 튼튼히 세우고 청산리 정신, 청산리 방법을 철저히 관철하며, 대중 속에 깊이 들어가 대중을 가르치고 대중에게서 배우며 대중과 생사 고락을 같이 하여야 한다.
6) 이신 작칙의 혁명적 기풍을 발휘하며 어렵고 힘든 일에 언제나 앞장서야 한다.
7) 사업과 생활에서 항상 검박하고 겸손하며 소탈한 품성을 소유하여야 한다.
8) 관료주의, 주관주의, 형식주의, 본위주의를 비롯한 낡은 사업 방법과 작풍을 철저히 배격하여야 한다.

8조 위대한 수령 김일성 동지께서 안겨 주신 정치적 생명을 귀중히 간직하며 수령님의 크나큰 정치적 신임과 배려에 높은 정치적 자각과 기술로써 충성으로 보답하여야 한다. 위대한 수령 김일성 동지께서 안겨 주신 정치적 생명을 지닌 것은 우리의 가장 높은 영예이며 수령님의 정치적 신임에 충성으로 보답하는 여기에 정치적 생명을 빛내여 나가는 참된 길이 있다.

1) 정치적 생명을 제일 생명으로 여기고 생명의 마지막 순간까지 자기의 정치적 신념과 혁명적 지조를 굽히지 말며 정치적 생명을 위해서는 육체적 생명을 초개와 같이 바칠 수 있어야 한다.
2) 혁명 조직을 귀중히 여기고 개인의 이익을 조직의 이익에 복종시키며 집단주의 정신을 높이 발휘하여야 한다.
3) 조직 생활에 자각적으로 참가하며

사업과 생활을 정규화, 규범화하여야 한다.
4) 조직의 결정과 위임 분공을 제때에 성실히 수행하여야 한다.
5) 2일 및 주조직 생활 총화에 적극 참가하여 수령님의 교시와 당정책을 자로 하여 자기의 사업과 생활을 높은 정치 사상적 수준에서 검토 총화하며 비판의 방법으로 사상 투쟁을 벌이고 사상 투쟁을 통하여 혁명적으로 단련하고 끊임없이 개조해 나가야 한다.
6) 혁명 과업 수행에 투신하고 노동에 성실히 참가하며 혁명적 실천 과정을 통하여 혁명화를 다그쳐야 한다.
7) 가장 고귀한 정치적 생명을 안겨 주신 수령님의 크나큰 정치적 신임과 배려에 충성으로 보답하기 위하여 높은 치적 열성을 발휘하며 정치 이론 수준과 기술 실무 수준을 높여 언제나 수령님께서 맡겨 주신 혁명 임무를 훌륭히 수행하여야 한다.

 9조 위대한 수령 김일성 동지의 유일적 령도 밑에 전당, 전국, 전군이 한결같이 움직이는 강한 조직 규율을 세워야 한다. 위대한 수령 김일성 동지의 유일적 령도 체계를 튼튼히 세우는 것은 당을 조직 사상적으로 강화하고 당의 령도적 역할과 전투적 기능을 높이기 위한 근본 요구이며 혁명과 건설의 승리를 위한 확고한 담보이다.
1) 위대한 수령 김일성 동지의 혁명 사상을 유일한 지도적 지침으로하여 혁명과 건설을 수행하며 수령님의 교시와 명령, 지시에 따라 전당,전국, 전군이 하나와 같이 움직이는 수령님의 유일적 령도 체계를 철저히 세워야 한다.
2) 모든 사업을 수령님의 유일적 령도 체계에 의거하여 조직 진행하며 정책적 문제들은 수령님의 교시와 당 중앙의 결론에 의해서만 처리하는 강한 혁명적 질서와 규율을 세워야 한다.
3) 모든 부문, 모든 단위에서 혁명 투쟁과 건설 사업에 대한 당의 령도를 확고히 보장하며 국가, 경제 기관 및 근로 단체 일군들은 당에 철저히 의거하고 당의 지도 밑에 모든 사업을 조직 집행해 나가야 한다.
4) 위대한 수령 김일성 동지의 교시를 관철하기 위한 당과 국가의 결정, 지시를 정확히 집행하여야 하며 그것을 그릇되게 해석하고 변경시키거나 그 집행을 어기는 현상과는 강하게 투쟁하며 국가의 법규범과 규정들을 자각적으로 엄격히 지켜야 한다.
5) 개별적 간부들이 아래 단위의 당, 정권 기관 및 근로 단체의 조직적인 회의를 자의대로 소집하거나 회의에서 자의대로 '결론'하며 조직적인 승인 없이 당의 구호를 마음대로 떼거나 만들어 붙이며 당중앙의 승인없이 사회적 운동을 위한 조직을 내오는 것과 같은 일체 비조직적인 현상들을 허용하지 말아야 한다.
6) 개별적 간부들이 월권 행위를 하거

1) 전당과 온 사회에 유일 사상 체계를 철저히 세우며 수령님께서 개척하신 혁명 위업을 대를 이어 빛나게 완수하기 위하여 수령님의 령도 밑에 당 중앙의 유일적 지도 체계를 확고히 세워야 한다.
2) 위대한 수령 김일성 동지께서 항일 혁명 투쟁 시기에 이룩하신 영광스러운 혁명 전통을 고수하고 영원히 계승 발전시키며 혁명 전통을 헐뜯거나 말살하려는 반 당적 행동에 대해서는 그 자그마한 표현도 반대하여 견결히 투쟁하여야 한다.
3) 당 중앙의 유일적 지도 체계와 어긋나는 사소한 현상과 요소에 대해서도 묵과하지 말고 비타협적으로 투쟁하여야 한다.
4) 자신뿐 아니라 온 가족과 후대들도 위대한 수령님을 우러러 모시고 수령님께 충성 다하며 당 중앙의 유일적 지도에 끝없이 충실하도록 하여야 한다.
5) 당 중앙의 권위를 백방으로 보장하며 당 중앙을 목숨으로 사수하여야 한다. 모든 당원들과 근로자들은 당의 유일 사상 체계를 확고히 세움으로써 누구나 다 위대한 수령 김일성 동지께 끝없이 충직한 근위대, 결사대가 되어야 하며 수령님께서 가리키시는 길을 따라 혁명 위업을 끝까지 완성해 나가야 한다.

나 직권을 람용하는 것과 같은 온갖 비 원칙적인 현상들을 반대하여 적극 투쟁하여야 한다.
7) 위대한 수령 김일성 동지에 대한 충실성을 기본 척도로 하여 간부들을 평가하고 선발 배치하여야 하며, 친척, 친우, 동향, 동창, 사제 관계와 같은 정실, 안면 관계에 의하여 간부 문제를 처리하거나 개별적 간부들이 제멋대로 간부들을 떼고 등용하는 행동에 대하여서는 묵과하지 말고 강하게 투쟁하며 간부 사업에서 제정된 질서와 당적 규율을 철저히 지켜야 한다.
8) 당, 국가 및 군사 기밀을 엄격히 지키며 비밀을 누설하는 현상들을 반대하여 날카롭게 투쟁하여야 한다.
9) 당의 유일 사상 체계와 당의 유일적 지도 체계에 어긋나는 비조직적이며 무규율 적인 현상에 대하여서는 큰 문제이건 작은 문제이건 제때에 당 중앙위원회에 이르기까지 당 조직에 보고하여야 한다.

10조 위대한 수령 김일성 동지께서 개척하신 혁명 위업을 대를 이어 끝까지 계승하며 완성하여 나가야 한다. 당의 유일적 지도 체계를 확고히 세우는 것은 위대한 수령님의 혁명 위업을 고수하고 빛나게 계승 발전시키며 우리 혁명 위업의 종국적 승리를 이룩하기 위한 결정적 담보이다.

3. 사회주의헌법(2019.4.11.)

조선민주주의인민공화국 사회주의헌법(2019. 4. 개정)

주체61(1972)년 12월 27일 최고인민회의 제5기 제1차회의에서 채택
주체81(1992)년 4월 9일 최고인민회의 제9기 제3차회의에서 수정보충
주체87(1998)년 9월 5일 최고인민회의 제10기 제1차회의에서 수정보충
주체98(2009)년 4월 9일 최고인민회의 제12기 제1차회의에서 수정보충
주체99(2010)년 4월 9일 최고인민회의 제12기 제2차회의에서 수정
주체101(2012)년 4월 13일 최고인민회의 제12기 제5차회의에서 수정보충
주체102(2013)년 4월 1일 최고인민회의 제12기 제7차회의에서 수정보충
주체105(2016)년 6월 29일 최고인민회의 제13기 제4차회의에서 수정보충
주체108(2019)년 4월 11일 최고인민회의 제14기 제1차회의에서 수정보충

서 문

조선민주주의인민공화국은 위대한 수령 김일성동지와 위대한 령도자 김정일동지의 국가건설사상과 업적이 구현된 주체의 사회주의국가이다.

위대한 수령 김일성동지는 조선민주주의인민공화국의 창건자이시며 사회주의조선의 시조이시다.

위대한 수령 김일성동지께서는 영생불멸의 주체사상을 창시하시고 그 기치 밑에 항일혁명투쟁을 조직령도하시여 영광스러운 혁명전통을 마련하시고 조국광복의 력사적위업을 이룩하시였으며 정치, 경제, 문화, 군사분야에서 자주독립국가건설의 튼튼한 토대를 닦은데 기초하여 조선민주주의인민공화국을 창건하시였다.

위대한 수령 김일성동지께서는 주체적인 혁명로선을 내놓으시고 여러 단계의 사회혁명과 건설사업을 현명하게 령도하시여 공화국을 인민대중중심의 사회주의나라로, 자주, 자립, 자위의 사회주의국가로 강화발전시키시였다.

위대한 수령 김일성동지께서는 국가건설과 국가활동의 근본원칙을 밝히시고 가장 우월한 국가사회제도와 정치방식, 사회관리체계와 관리방법을 확립하시였으며 사회주의조국의 부강번영과 주체혁명위업의 계승완성을 위한 확고한 토대를 마련하시였다.

위대한 령도자 김정일동지는 위대한 수령 김일성동지의 사상과 위업을 받들어 우리 공화국을 김일성동지의 국가로 강화발전시키시고 민족의 존엄과 국력을 최상의 경지에 올려세우신 절세의

애국자, 사회주의조선의 수호자이시다.

위대한 령도자 김정일동지께서는 위대한 수령 김일성동지께서 창시하신 영생불멸의 주체사상을 전면적으로 심화발전시키시고 온 사회의 김일성주의화의 기치높이 사회주의건설의 모든 분야에서 기적과 변혁의 새 력사를 창조하시였으며 력사상 처음으로 수령영생위업을 개척하시고 주체의 혁명전통을 순결하게 계승발전시키시여 조선혁명의 명맥을 굳건히 이어놓으시였다.

위대한 령도자 김정일동지께서는 세계사회주의체계의 붕괴와 제국주의련합세력의 악랄한 반공화국압살공세속에서 선군정치로 위대한 수령 김일성동지의 고귀한 유산인 사회주의전취물을 영예롭게 수호하시고 우리 조국을 불패의 정치사상강국, 핵보유국, 무적의 군사강국으로 전변시키시였으며 사회주의강국건설의 휘황한 대통로를 열어놓으시였다.

위대한 수령 김일성동지와 위대한 령도자 김정일동지께서는 이민위천을 좌우명으로 삼으시여 언제나 인민들과 함께 계시고 인민을 위하여 한평생을 바치시였으며 숭고한 인덕정치로 인민들을 보살피시고 이끄시여 온 사회를 일심단결된 하나의 대가정으로 전변시키시였다.

위대한 수령 김일성동지와 위대한 령도자 김정일동지를 모심으로 하여 우리 공화국은 부강하고 자주적인 국가건설의 근본적이며 중핵적인 과제를 훌륭히 해결한 세계에 유일무이한 국가실체로 빛을 뿌리게 되였다.

위대한 수령 김일성동지와 위대한 령도자 김정일동지는 조국통일위업실현에 불멸의 업적을 쌓으신 민족만대의 은인이시다. 위대한 수령 김일성동지와 위대한 령도자 김정일동지께서는 나라의 통일을 민족지상의 과업으로 내세우시고 그 실현을 위하여 온갖 로고와 심혈을 다 바치시였다. 위대한 수령 김일성동지와 위대한 령도자 김정일동지께서는 공화국을 조국통일의 강유력한 보루로 다지시는 한편 조국통일의 근본원칙과 방도를 제시하시고 조국통일운동을 전민족적인 운동으로 발전시키시여 온 민족의 단합된 힘으로 조국통일위업을 성취하기 위한 길을 열어놓으시였다.

위대한 수령 김일성동지와 위대한 령도자 김정일동지께서는 조선민주주의인민공화국의 대외정책의 기본리념을 밝히시고 그에 기초하여 나라의 대외관계를 확대발전시키시였으며 공화국의 국제적권위를 높이 떨치게 하시였다. 위대한 수령 김일성동지와 위대한 령도자 김정일동지는 세계정치의 원로로서 자주의 새시대를 개척하시고 사회주의운동과 쁠럭불가담운동의 강화발전을 위하여, 세계평화와 인민들사이의 친선을 위하여 정력적으로 활동하시였으며 인류의 자주위업에 불멸의 공헌을 하시였다.

위대한 수령 김일성동지와 위대한 령도자 김정일동지는 사상리론과 령도예술의 천재이시고 백전백승의 강철의 령장이시였으며 위대한 혁명가, 정치가이시고 위대한 인간이시였다.

위대한 수령 김일성동지와 위대한 령도자 김정일동지의 위대한 사상과 령도업적은 조선혁명의 만년재보이고 조선민주주의인민공화국의 륭성번영을 위한 기본담보이며 위대한 수령 김일성동지와 위대한 령도자 김정일동지께서 생전의 모습으로 계시는 금수산태양궁전은 수령영생의 대기념비이며 전체 조선민족의 존엄의 상징이고 영원한 성지이다.

조선민주주의인민공화국과 조선인민은 위대한 김일성동지와 위대한 김정일동지를 주체조선의 영원한 수령으로 높이 모시고 조선로동당의 령도밑에 위대한 수령 김일성동지와 위대한 령도자 김정일동지의 사상과 업적을 옹호고수하고 계승발전시켜 주체혁명위업을 끝까지 완성하여나갈것이다.

조선민주주의인민공화국 사회주의헌법은 위대한 수령 김일성동지와 위대한 령도자 김정일동지의 주체적인 국가건설사상과 국가건설업적을 법화한 김일성-김정일헌법이다.

제1장 정 치

제1조 조선민주주의인민공화국은 전체 조선인민의 리익을 대표하는 자주적인 사회주의국가이다.

제2조 조선민주주의인민공화국은 제국주의침략자들을 반대하며 조국의 광복과 인민의 자유와 행복을 실현하기 위한 영광스러운 혁명투쟁에서 이룩한 빛나는 전통을 이어받은 혁명적인 국가이다.

제3조 조선민주주의인민공화국은 위대한 김일성-김정일주의를 국가건설과 활동의 유일한 지도적지침으로 삼는다.

제4조 조선민주주의인민공화국의 주권은 로동자, 농민, 군인, 지식인을 비롯한 근로인민에게 있다. 근로인민은 자기의 대표기관인 최고인민회의와 지방 각급 인민회의를 통하여 주권을 행사한다.

제5조 조선민주주의인민공화국에서 모든 국가기관들은 민주주의중앙집권제원칙에 의하여 조직되고 운영된다.

제6조 군인민회의로부터 최고인민회의에 이르기까지의 각급 주권기관은 일반적, 평등적, 직접적원칙에 의하여 비밀투표로 선거한다.

제7조 각급 주권기관의 대의원은 선거자들과 밀접한 련계를 가지며 자기 사업에 대하여 선거자들앞에 책임진다. 선거자들은 자기가 선거한 대의원이 신임을 잃은 경우에 언제든지 소환할수 있다.

제8조 조선민주주의인민공화국의 사회제도는 근로인민대중이 모든것의 주인으로 되고있으며 사회의 모든것이 근로인민대중을 위하여 복무하는 사람중심의 사회제도이다. 국가는 착취와 압박에서 해방되여 국가와 사회의 주인으로 된 로동자, 농민, 군인, 지식인을 비롯한 근로인민의 리익을 옹호하며 인권을 존중하고 보호한다.

제9조 조선민주주의인민공화국은 북반부에서 인민정권을 강화하고 사상,

기술, 문화의 3대혁명을 힘있게 벌려 사회주의의 완전한 승리를 이룩하며 자주, 평화통일, 민족대단결의 원칙에서 조국통일을 실현하기 위하여 투쟁한다.

제10조 조선민주주의인민공화국은 로동계급이 령도하는 로농동맹에 기초한 전체 인민의 정치사상적통일에 의거한다. 국가는 사상혁명을 강화하여 사회의 모든 성원들을 혁명화, 로동계급화하며 온 사회를 동지적으로 결합된 하나의 집단으로 만든다.

제11조 조선민주주의인민공화국은 조선로동당의 령도밑에 모든 활동을 진행한다.

제12조 국가는 계급로선을 견지하며 인민민주주의독재를 강화하여 내외적대분자들의 파괴책동으로부터 인민주권과 사회주의제도를 굳건히 보위한다.

제13조 국가는 군중로선을 구현하여 대중속에 들어가 문제해결의 방도를 찾으며 정치사업, 사람과의 사업을 앞세워 대중의 정신력과 창조력을 높이 발양시키는 혁명적사업방법을 견지한다.

제14조 국가는 3대혁명붉은기쟁취운동을 비롯한 대중운동을 힘있게 벌려 사회주의건설을 최대한으로 다그친다.

제15조 조선민주주의인민공화국은 해외에 있는 조선동포들의 민주주의적민족권리와 국제법에서 공인된 합법적권리와 리익을 옹호한다.

제16조 조선민주주의인민공화국은 자기 령역안에 있는 다른 나라 사람의 합법적권리와 리익을 보장한다.

제17조 자주, 평화, 친선은 조선민주주의인민공화국의 대외정책의 기본리념이며 대외활동원칙이다. 국가는 우리나라를 우호적으로 대하는 모든 나라들과 완전한 평등과 자주성, 호상존중과 내정불간섭, 호혜의 원칙에서 국가적 또는 정치, 경제, 문화적관계를 맺는다. 국가는 자주성을 옹호하는 세계인민들과 단결하며 온갖 형태의 침략과 내정간섭을 반대하고 나라의 자주권과 민족적, 계급적해방을 실현하기 위한 모든 나라 인민들의 투쟁을 적극 지지성원한다.

제18조 조선민주주의인민공화국의 법은 근로인민의 의사와 리익의 반영이며 국가관리의 기본무기이다. 법에 대한 존중과 엄격한 준수집행은 모든 기관, 기업소, 단체와 공민에게 있어서 의무적이다. 국가는 사회주의법률제도를 완비하고 사회주의법무생활을 강화한다.

제2장 경제

제19조 조선민주주의인민공화국은 사회주의적생산관계와 자립적민족경제의 토대에 의거한다.

제20조 조선민주주의인민공화국에서 생산수단은 국가와 사회협동단체가 소유한다.

제21조 국가소유는 전체 인민의 소유이다. 국가소유권의 대상에는 제한이 없다. 나라의 모든 자연부원, 철도, 항공운수, 체신기관과 중요공장, 기업소, 항만, 은행은 국가만이 소유한다. 국가는 나라의 경제발전에서 주도적역할을 하는 국가소유를 우선적으로 보호하며

장성시킨다.

제22조 사회협동단체소유는 해당 단체에 들어있는 근로자들의 집단적소유이다. 토지, 농기계, 배, 중소공장, 기업소 같은것은 사회협동단체가 소유할수 있다. 국가는 사회협동단체소유를 보호한다.

제23조 국가는 농민들의 사상의식과 기술문화수준을 높이고 협동적소유에 대한 전인민적소유의 지도적역할을 높이는 방향에서 두 소유를 유기적으로 결합시키며 협동경리에 대한 지도와 관리를 개선하여 사회주의적협동경리제도를 공고발전시키며 협동단체에 들어있는 전체 성원들의 자원적의사에 따라 협동단체소유를 점차 전인민적소유로 전환시킨다.

제24조 개인소유는 공민들의 개인적이며 소비적인 목적을 위한 소유이다. 개인소유는 로동에 의한 사회주의분배와 국가와 사회의 추가적혜택으로 이루어진다. 터밭경리를 비롯한 개인부업경리에서 나오는 생산물과 그밖의 합법적인 경리활동을 통하여 얻은 수입도 개인소유에 속한다. 국가는 개인소유를 보호하며 그에 대한 상속권을 법적으로 보장한다.

제25조 조선민주주의인민공화국은 인민들의 물질문화생활을 끊임없이 높이는것을 자기 활동의 최고원칙으로 삼는다. 세금이 없어진 우리 나라에서 늘어나는 사회의 물질적부는 전적으로 근로자들의 복리증진에 돌려진다. 국가는 모든 근로자들에게 먹고 입고 쓰고 살 수 있는 온갖 조건을 마련하여준다.

제26조 조선민주주의인민공화국에 마련된 자립적민족경제는 인민의 행복한 사회주의생활과 조국의 륭성번영을 위한 튼튼한 밑천이다. 국가는 사회주의자립적민족경제건설로선을 틀어쥐고 인민경제의 주체화, 현대화, 정보화, 과학화를 다그쳐 인민경제를 고도로 발전된 주체적인 경제로 만들며 완전한 사회주의사회에 맞는 물질기술적토대를 쌓기 위하여 투쟁한다.

제27조 기술혁명은 사회주의경제를 발전시키기 위한 기본고리이며 과학기술력은 국가의 가장 중요한 전략적자원이다. 국가는 모든 경제활동에서 과학기술의 주도적역할을 높이며 과학기술과 생산을 일체화하고 대중적기술혁신운동을 힘있게 벌려 경제건설을 다그쳐나간다.

제28조 국가는 도시와 농촌의 차이, 로동계급과 농민의 계급적차이를 없애기 위하여 농촌기술혁명을 다그쳐 농업을 공업화, 현대화하며 군의 역할을 높이고 농촌에 대한 지도와 방조를 강화한다. 국가는 협동농장의 생산시설과 농촌문화주택을 국가부담으로 건설하여준다.

제29조 사회주의는 근로대중의 창조적로동에 의하여 건설된다. 조선민주주의인민공화국에서 로동은 착취와 압박에서 해방된 근로자들의 자주적이며 창조적인 로동이다. 국가는 실업을 모르는 우리 근로자들의 로동이 보다 즐거운것으로, 사회와 집단과 자신을 위하

여 자각적열성과 창발성을 내여 일하는 보람찬것으로 되게 한다.

제30조 근로자들의 하루로동시간은 8시간이다. 국가는 로동의 힘든 정도와 특수한 조건에 따라 하루 로동시간을 이보다 짧게 정한다. 국가는 로동조직을 잘하고 로동규률을 강화하여 로동시간을 완전히 리용하도록 한다.

제31조 조선민주주의인민공화국에서 공민이 로동하는 나이는 16살부터이다. 국가는 로동하는 나이에 이르지 못한 소년들의 로동을 금지한다.

제32조 국가는 사회주의경제에 대한 지도와 관리에서 정치적지도와 경제기술적지도, 국가의 통일적지도와 매개 단위의 창발성, 유일적지휘와 민주주의, 정치도덕적자극과 물질적자극을 옳게 결합시키며 실리를 보장하는 원칙을 확고히 견지한다.

제33조 국가는 생산자대중의 집체적지혜와 힘에 의거하여 경제를 과학적으로, 합리적으로 관리운영하며 내각의 역할을 결정적으로 높인다. 국가는 경제관리에서 사회주의기업책임관리제를 실시하며 원가, 가격, 수익성같은 경제적공간을 옳게 리용하도록 한다.

제34조 조선민주주의인민공화국의 인민경제는 계획경제이다. 국가는 사회주의경제발전법칙에 따라 축적과 소비의 균형을 옳게 잡으며 경제건설을 다그치고 인민생활을 끊임없이 높이며 국방력을 강화할수 있도록 인민경제발전계획을 세우고 실행한다. 국가는 계획의 일원화, 세부화를 실현하여 생산장성의 높은 속도와 인민경제의 균형적발전을 보장한다.

제35조 조선민주주의인민공화국은 인민경제발전계획에 따르는 국가예산을 편성하여 집행한다. 국가는 모든 부문에서 증산과 절약투쟁을 강화하고 재정통제를 엄격히 실시하여 국가축적을 체계적으로 늘이며 사회주의적소유를 확대발전시킨다.

제36조 조선민주주의인민공화국에서 대외무역은 국가기관, 기업소, 사회협동단체가 한다. 국가는 대외무역에서 신용을 지키고 무역구조를 개선하며 평등과 호혜의 원칙에서 대외경제관계를 확대발전시킨다.

제37조 국가는 우리 나라 기관, 기업소, 단체와 다른 나라 법인 또는 개인들과의 기업합영과 합작, 특수경제지대에서의 여러가지 기업창설운영을 장려한다.

제38조 국가는 자립적민족경제를 보호하기 위하여 관세정책을 실시한다.

제3장 문 화

제39조 조선민주주의인민공화국에서 개화발전하고있는 사회주의적문화는 근로자들의 창조적능력을 높이며 건전한 문화정서적수요를 충족시키는데 이바지한다.

제40조 조선민주주의인민공화국은 문화혁명을 철저히 수행하여 모든 사람들을 자연과 사회에 대한 깊은 지식과 높은 문화기술수준을 가진 사회주의건설자로 만들며 전민과학기술인재화를 다

그친다.

제41조 조선민주주의인민공화국은 사회주의근로자들을 위하여 복무하는 참다운 인민적이며 혁명적인 문화를 건설한다. 국가는 사회주의적민족문화건설에서 제국주의의 문화적침투를 배격하며 주체성의 원칙과 력사주의원칙, 과학성의 원칙에서 민족문화유산을 보호하고 사회주의현실에 맞게 계승발전시킨다.

제42조 국가는 모든 분야에서 낡은 사회의 생활양식을 없애고 새로운 사회주의적생활양식을 전면적으로 확립한다.

제43조 국가는 사회주의교육학의 원리를 구현하여 후대들을 사회와 집단, 조국과 인민을 위하여 투쟁하는 참다운 애국자로, 지덕체를 갖춘 사회주의건설의 역군으로 키운다.

제44조 국가는 인민교육사업과 민족간부양성사업을 다른 모든 사업에 앞세우며 일반교육과 기술교육, 교육과 생산로동을 밀접히 결합시킨다.

제45조 국가는 1년동안의 학교전의무교육을 포함한 전반적12년제의무교육을 현대과학기술발전추세와 사회주의건설의 현실적요구에 맞게 높은 수준에서 발전시킨다.

제46조 국가는 학업을 전문으로 하는 교육체계와 일하면서 배우는 여러가지 형태의 교육체계를 발전시키며 교육내용과 방법, 교육조건과 환경을 부단히 개선하여 유능한 과학기술인재들을 키워낸다.

제47조 국가는 모든 학생들을 무료로 공부시키며 대학생들에게는 장학금을 준다.

제48조 국가는 사회교육을 강화하며 모든 근로자들이 학습할수 있는 온갖 조건을 보장한다.

제49조 국가는 학령전어린이들을 탁아소와 유치원에서 국가와 사회의 부담으로 키워준다.

제50조 국가는 과학연구사업에서 주체를 세우고 선진과학기술을 적극 받아들이며 과학연구부문에 대한 국가적투자를 늘이고 새로운 과학기술분야를 개척하여 나라의 과학기술을 세계적수준에 올려세운다.

제51조 국가는 과학기술발전계획을 바로세우고 철저히 수행하는 규률을 세우며 과학자, 기술자들과 생산자들의 창조적협조를 강화하도록 한다.

제52조 국가는 민족적형식에 사회주의적내용을 담은 주체적이며 혁명적인 문학예술을 발전시킨다.

국가는 창작가, 예술인들이 사상예술성이 높은 작품을 많이 창작하며 광범한 대중이 문예활동에 널리 참가하도록 한다.

제53조 국가는 정신적으로, 육체적으로 끊임없이 발전하려는 사람들의 요구에 맞게 현대적인 문화시설들을 충분히 갖추어주어 모든 근로자들이 사회주의적문화정서생활을 마음껏 누리도록 한다.

제54조 국가는 우리 말을 온갖 형태의 민족어말살정책으로부터 지켜내며

그것을 현대의 요구에 맞게 발전시킨다.

제55조 국가는 체육을 대중화, 생활화하여 전체 인민을 로동과 국방에 튼튼히 준비시키며 우리 나라 실정과 현대 체육기술발전추세에 맞게 체육기술을 발전시킨다.

제56조 국가는 전반적무상치료제를 공고발전시키며 의사담당구역제와 예방의학제도를 강화하고 보건부문에 대한 물질적보장사업을 개선하여 사람들의 생명을 보호하며 근로자들의 건강을 증진시킨다.

제57조 국가는 생산에 앞서 환경보호대책을 세우며 자연환경을 보존, 조성하고 환경오염을 방지하여 인민들에게 문화위생적인 생활환경과 로동조건을 마련하여준다.

제4장 국 방

제58조 조선민주주의인민공화국은 전인민적, 전국가적방위체계에 의거한다.

제59조 조선민주주의인민공화국 무장력의 사명은 위대한 김정은동지를 수반으로 하는 당중앙위원회를 결사옹위하고 근로인민의 리익을 옹호하며 외래침략으로부터 사회주의제도와 혁명의 전취물, 조국의 자유와 독립, 평화를 지키는데 있다.

제60조 국가는 인민들과 인민군장병들을 정치사상적으로 무장시키는 기초우에서 전군간부화, 전군현대화, 전민무장화, 전국요새화를 기본내용으로 하는 자위적군사로선을 관철한다.

제61조 국가는 군대안에서 혁명적령군체계와 군풍을 확립하고 군사규률과 군중규률을 강화하며 관병일치, 군정배합, 군민일치의 고상한 전통적미풍을 높이 발양하도록 한다.

제5장 공민의 기본권리와 의무

제62조 조선민주주의인민공화국 공민이 되는 조건은 국적에 관한 법으로 규정한다. 공민은 거주지에 관계없이 조선민주주의인민공화국의 보호를 받는다.

제63조 조선민주주의인민공화국에서 공민의 권리와 의무는 《하나는 전체를 위하여, 전체는 하나를 위하여》라는 집단주의원칙에 기초한다.

제64조 국가는 모든 공민에게 참다운 민주주의적권리와 자유, 행복한 물질문화생활을 실질적으로 보장한다. 조선민주주의인민공화국에서 공민의 권리와 자유는 사회주의제도의 공고발전과 함께 더욱 확대된다.

제65조 공민은 국가사회생활의 모든 분야에서 누구나 다같은 권리를 가진다.

제66조 17살이상의 모든 공민은 성별, 민족별, 직업, 거주기간, 재산과 지식정도, 당별, 정견, 신앙에 관계없이 선거할 권리와 선거받을 권리를 가진다. 군대에 복무하는 공민도 선거할 권리와 선거받을 권리를 가진다.

재판소의 판결에 의하여 선거할 권리를 빼앗긴자, 정신병자는 선거할 권리와 선거받을 권리를 가지지 못한다.

제67조 공민은 언론, 출판, 집회, 시위와 결사의 자유를 가진다. 국가는 민주주의적정당, 사회단체의 자유로운 활동조건을 보장한다.

제68조 공민은 신앙의 자유를 가진다. 이 권리는 종교건물을 짓거나 종교의식 같은것을 허용하는것으로 보장된다. 종교를 외세를 끌어들이거나 국가사회질서를 해치는데 리용할수 없다.

제69조 공민은 신소와 청원을 할수 있다. 국가는 신소와 청원을 법이 정한데 따라 공정하게 심의처리하도록 한다.

제70조 공민은 로동에 대한 권리를 가진다. 로동능력있는 모든 공민은 희망과 재능에 따라 직업을 선택하며 안정된 일자리와 로동조건을 보장받는다. 공민은 능력에 따라 일하며 로동의 량과 질에 따라 분배를 받는다.

제71조 공민은 휴식에 대한 권리를 가진다. 이 권리는 로동시간제, 공휴일제, 유급휴가제, 국가비용에 의한 정휴양제, 계속 늘어나는 여러가지 문화시설들에 의하여 보장된다.

제72조 공민은 무상으로 치료받을 권리를 가지며 나이많거나 병 또는 신체장애로 로동능력을 잃은 사람, 돌볼 사람이 없는 늙은이와 어린이는 물질적방조를 받을 권리를 가진다. 이 권리는 무상치료제, 계속 늘어나는 병원, 료양소를 비롯한 의료시설, 국가사회보험과 사회보장제에 의하여 보장된다.

제73조 공민은 교육을 받을 권리를 가진다. 이 권리는 선진적인 교육제도와 국가의 인민적인 교육시책에 의하여 보장된다.

제74조 공민은 과학과 문학예술활동의 자유를 가진다. 국가는 발명가와 창의고안자에게 배려를 돌린다. 저작권과 발명권, 특허권은 법적으로 보호한다.

제75조 공민은 거주, 려행의 자유를 가진다.

제76조 혁명투사, 혁명렬사가족, 애국렬사가족, 인민군후방가족, 영예군인은 국가와 사회의 특별한 보호를 받는다.

제77조 녀자는 남자와 똑같은 사회적 지위와 권리를 가진다. 국가는 산전산후휴가의 보장, 여러 어린이를 가진 어머니를 위한 로동시간의 단축, 산원, 탁아소와 유치원망의 확장 그밖의 시책을 통하여 어머니와 어린이를 특별히 보호한다. 국가는 녀성들이 사회에 진출할 온갖 조건을 지어준다.

제78조 결혼과 가정은 국가의 보호를 받는다. 국가는 사회의 기층생활단위인 가정을 공고히 하는데 깊은 관심을 돌린다.

제79조 공민은 인신과 주택의 불가침, 서신의 비밀을 보장받는다. 법에 근거하지 않고는 공민을 구속하거나 체포할수 없으며 살림집을 수색할수 없다.

제80조 조선민주주의인민공화국은 평화와 민주주의, 민족적독립과 사회주의를 위하여, 과학, 문화활동의 자유를 위하여 투쟁하다가 망명하여온 다른 나라 사람을 보호한다.

제81조 공민은 인민의 정치사상적통일과 단결을 견결히 수호하여야 한다.

공민은 조직과 집단을 귀중히 여기며 사회와 인민을 위하여 몸바쳐 일하는 기풍을 높이 발휘하여야 한다.

제82조 공민은 국가의 법과 사회주의적생활규범을 지키며 조선민주주의인민공화국의 공민된 영예와 존엄을 고수하여야 한다.

제83조 로동은 공민의 신성한 의무이며 영예이다. 공민은 로동에 자각적으로 성실히 참가하며 로동규률과 로동시간을 엄격히 지켜야 한다.

제84조 공민은 국가재산과 사회협동단체재산을 아끼고 사랑하며 온갖 탐오랑비현상을 반대하여 투쟁하며 나라살림살이를 주인답게 알뜰히 하여야 한다. 국가와 사회협동단체재산은 신성불가침이다.

제85조 공민은 언제나 혁명적경각성을 높이며 국가의 안전을 위하여 몸바쳐 투쟁하여야 한다.

제86조 조국보위는 공민의 최대의 의무이며 영예이다. 공민은 조국을 보위하여야 하며 법이 정한데 따라 군대에 복무하여야 한다.

제6장 국가기구

제1절 최고인민회의

제87조 최고인민회의는 조선민주주의인민공화국의 최고주권기관이다.

제88조 최고인민회의는 립법권을 행사한다. 최고인민회의 휴회중에는 최고인민회의 상임위원회도 립법권을 행사할수 있다.

제89조 최고인민회의는 일반적, 평등적, 직접적선거원칙에 의하여 비밀투표로 선거된 대의원들로 구성한다.

제90조 최고인민회의 임기는 5년으로 한다. 최고인민회의 새 선거는 최고인민회의 임기가 끝나기 전에 최고인민회의 상임위원회의 결정에 따라 진행한다. 불가피한 사정으로 선거를 하지 못할 경우에는 선거를 할 때까지 그 임기를 연장한다.

제91조 최고인민회의는 다음과 같은 권한을 가진다.

1. 헌법을 수정, 보충한다.
2. 부문법을 제정 또는 수정, 보충한다.
3. 최고인민회의 휴회중에 최고인민회의 상임위원회가 채택한 중요부문법을 승인한다.
4. 국가의 대내외정책의 기본원칙을 세운다.
5. 조선민주주의인민공화국 국무위원회 위원장을 선거 또는 소환한다.
6. 최고인민회의 상임위원회 위원장을 선거 또는 소환한다.
7. 조선민주주의인민공화국 국무위원회 위원장의 제의에 의하여 국무위원회 부위원장, 위원들을 선거 또는 소환한다.
8. 최고인민회의 상임위원회 부위원장, 서기장, 위원들을 선거 또는 소환한다.
9. 내각총리를 선거 또는 소환한다.
10. 내각총리의 제의에 의하여 내각부총리, 위원장, 상 그밖의 내각성원들을 임명한다.

11. 중앙검찰소 소장을 임명 또는 해임한다.

12. 중앙재판소 소장을 선거 또는 소환한다.

13. 최고인민회의 부문위원회 위원장, 부위원장, 위원들을 선거 또는 소환한다.

14. 국가의 인민경제발전계획과 그 실행정형에 관한 보고를 심의하고 승인한다.

15. 국가예산과 그 집행정형에 관한 보고를 심의하고 승인한다.

16. 필요에 따라 내각과 중앙기관들의 사업정형을 보고받고 대책을 세운다.

17. 최고인민회의에 제기되는 조약의 비준, 폐기를 결정한다.

제92조 최고인민회의는 정기회의와 림시회의를 가진다. 정기회의는 1년에 1~2차 최고인민회의 상임위원회가 소집한다. 림시회의는 최고인민회의 상임위원회가 필요하다고 인정할 때 또는 대의원전원의 3분의 1이상의 요청이 있을 때에 소집한다.

제93조 최고인민회의는 대의원전원의 3분의 2이상이 참석하여야 성립된다.

제94조 최고인민회의는 의장과 부의장을 선거한다. 의장은 회의를 사회한다.

제95조 최고인민회의에서 토의할 의안은 조선민주주의인민공화국 국무위원회 위원장, 국무위원회, 최고인민회의 상임위원회, 내각과 최고인민회의 부문위원회가 제출한다. 대의원들도 의안을 제출할수 있다.

제96조 최고인민회의 매기 제1차회의는 대의원자격심사위원회를 선거하고 그 위원회가 제출한 보고에 근거하여 대의원자격을 확인하는 결정을 채택한다.

제97조 최고인민회의는 법령과 결정을 낸다. 최고인민회의가 내는 법령과 결정은 거수가결의 방법으로 그 회의에 참석한 대의원의 반수이상이 찬성하여야 채택된다. 헌법은 최고인민회의 대의원전원의 3분의 2이상이 찬성하여야 수정, 보충된다.

제98조 최고인민회의는 법제위원회, 예산위원회, 외교위원회 같은 부문위원회를 둔다. 최고인민회의 부문위원회는 위원장, 부위원장, 위원들로 구성한다. 최고인민회의 부문위원회는 최고인민회의사업을 도와 국가의 정책안과 법안을 작성하거나 심의하며 그 집행을 위한 대책을 세운다. 최고인민회의 부문위원회는 최고인민회의 휴회중에 최고인민회의 상임위원회의 지도밑에 사업한다.

제99조 최고인민회의 대의원은 불가침권을 보장받는다. 최고인민회의 대의원은 현행범인 경우를 제외하고는 최고인민회의, 그 휴회중에 최고인민회의 상임위원회의 승인없이 체포하거나 형사처벌을 할수 없다.

제2절　조선민주주의인민공화국 국무위원회 위원장

제100조 조선민주주의인민공화국 국무위원회 위원장은 국가를 대표하는 조선민주주의인민공화국의 최고령도자이다.

제101조 조선민주주의인민공화국 국

무위원회 위원장의 임기는 최고인민회의 임기와 같다.

제102조 조선민주주의인민공화국 국무위원회 위원장은 조선민주주의인민공화국 무력총사령관으로 되며 국가의 일체 무력을 지휘통솔한다.

제103조 조선민주주의인민공화국 국무위원회 위원장은 다음과 같은 임무와 권한을 가진다.
 1. 국가의 전반사업을 지도한다.
 2. 국무위원회사업을 직접 지도한다.
 3. 국가의 중요간부를 임명 또는 해임한다.
 4. 다른 나라와 맺은 중요조약을 비준 또는 폐기한다.
 5. 특사권을 행사한다.
 6. 나라의 비상사태와 전시상태, 동원령을 선포한다.
 7. 전시에 국가방위위원회를 조직지도한다.

제104조 조선민주주의인민공화국 국무위원회 위원장은 명령을 낸다.

제105조 조선민주주의인민공화국 국무위원회 위원장은 자기 사업에 대하여 최고인민회의앞에 책임진다.

제3절 국무위원회

제106조 국무위원회는 국가주권의 최고정책적지도기관이다.

제107조 국무위원회는 위원장, 부위원장, 위원들로 구성한다.

제108조 국무위원회 임기는 최고인민회의 임기와 같다.

제109조 국무위원회는 다음과 같은 임무와 권한을 가진다.
 1. 국가의 중요정책을 토의결정한다.
 2. 조선민주주의인민공화국 국무위원회 위원장 명령, 국무위원회 결정, 지시 집행정형을 감독하고 대책을 세운다.
 3. 조선민주주의인민공화국 국무위원회 위원장 명령, 국무위원회 결정, 지시에 어긋나는 국가기관의 결정, 지시를 폐지한다.

제110조 국무위원회는 결정, 지시를 낸다.

제111조 국무위원회는 자기 사업에 대하여 최고인민회의앞에 책임진다.

제4절 최고인민회의 상임위원회

제112조 최고인민회의 상임위원회는 최고인민회의 휴회중의 최고주권기관이다.

제113조 최고인민회의 상임위원회는 위원장, 부위원장, 서기장, 위원들로 구성한다.

제114조 최고인민회의 상임위원회 임기는 최고인민회의 임기와 같다. 최고인민회의 상임위원회는 최고인민회의 임기가 끝난 후에도 새 상임위원회가 선거될 때까지 자기 임무를 계속 수행한다.

제115조 최고인민회의 상임위원회는 다음과 같은 임무와 권한을 가진다.
 1. 최고인민회의를 소집한다.
 2. 최고인민회의 휴회중에 제기된 새로운 부문법안과 규정안, 현행부문법과 규정의 수정, 보충안을 심의채택하며 채택실시하는 중요부문법을 다음번 최고인민회의의 승인을 받는다.
 3. 불가피한 사정으로 최고인민회의

휴회기간에 제기되는 국가의 인민경제발전계획, 국가예산과 그 조절안을 심의하고 승인한다.

4. 헌법과 현행부문법, 규정을 해석한다.

5. 국가기관들의 법준수집행을 감독하고 대책을 세운다.

6. 헌법, 조선민주주의인민공화국 국무위원회 위원장 명령, 최고인민회의 법령, 결정, 국무위원회 결정, 지시, 최고인민회의 상임위원회 정령, 결정, 지시에 어긋나는 국가기관의 결정, 지시를 페지하며 지방인민회의의 그릇된 결정집행을 정지시킨다.

7. 최고인민회의 대의원선거를 위한 사업을 하며 지방인민회의 대의원선거 사업을 조직한다.

8. 최고인민회의 대의원들과의 사업을 한다.

9. 최고인민회의 부문위원회와의 사업을 한다.

10. 내각 위원회, 성을 내오거나 없앤다.

11. 최고인민회의 휴회중에 내각총리의 제의에 의하여 부총리, 위원장, 상 그밖의 내각성원들을 임명 또는 해임한다.

12. 최고인민회의 상임위원회 부문위원회 성원들을 임명 또는 해임한다.

13. 중앙재판소 판사, 인민참심원을 선거 또는 소환한다.

14. 다른 나라와 맺은 조약을 비준 또는 페기한다.

15. 다른 나라에 주재하는 외교대표의 임명 또는 소환을 결정하고 발표한다.

16. 훈장과 메달, 명예칭호, 외교직급을 제정하며 훈장과 메달, 명예칭호를 수여한다.

17. 대사권을 행사한다.

18. 행정단위와 행정구역을 내오거나 고친다.

19. 다른 나라 국회, 국제의회기구들과의 사업을 비롯한 대외사업을 한다.

제116조 최고인민회의 상임위원회 위원장은 상임위원회사업을 조직지도한다. 최고인민회의 상임위원회 위원장은 국가를 대표하며 다른 나라 사신의 신임장, 소환장을 접수한다.

제117조 최고인민회의 상임위원회는 전원회의와 상무회의를 가진다. 전원회의는 위원전원으로 구성하며 상무회의는 위원장, 부위원장, 서기장들로 구성한다.

제118조 최고인민회의 상임위원회 전원회의는 상임위원회의 임무와 권한을 실현하는데서 나서는 중요한 문제들을 토의결정한다. 상무회의는 전원회의에서 위임한 문제들을 토의결정한다.

제119조 최고인민회의 상임위원회는 정령과 결정, 지시를 낸다.

제120조 최고인민회의 상임위원회는 자기 사업을 돕는 부문위원회를 둘수 있다.

제121조 최고인민회의 상임위원회는 자기 사업에 대하여 최고인민회의앞에 책임진다.

제5절 내 각

제122조 내각은 국가주권의 행정적집

행기관이며 전반적국가관리기관이다.

제123조 내각은 총리, 부총리, 위원장, 상과 그밖에 필요한 성원들로 구성한다. 내각의 임기는 최고인민회의 임기와 같다.

제124조 내각은 다음과 같은 임무와 권한을 가진다.

1. 국가의 정책을 집행하기 위한 대책을 세운다.

2. 헌법과 부문법에 기초하여 국가관리와 관련한 규정을 제정 또는 수정, 보충한다.

3. 내각의 위원회, 성, 내각직속기관, 지방인민위원회의 사업을 지도한다.

4. 내각직속기관, 중요행정경제기관, 기업소를 내오거나 없애며 국가관리기구를 개선하기 위한 대책을 세운다.

5. 국가의 인민경제발전계획을 작성하며 그 실행대책을 세운다.

6. 국가예산을 편성하며 그 집행대책을 세운다.

7. 공업, 농업, 건설, 운수, 체신, 상업, 무역, 국토관리, 도시경영, 교육, 과학, 문화, 보건, 체육, 로동행정, 환경보호, 관광 그밖의 여러 부문의 사업을 조직집행한다.

8. 화폐와 은행제도를 공고히 하기 위한 대책을 세운다.

9. 국가관리질서를 세우기 위한 검열, 통제사업을 한다.

10. 사회질서유지, 국가 및 사회협동단체의 소유와 리익의 보호, 공민의 권리보장을 위한 대책을 세운다.

11. 다른 나라와 조약을 맺으며 대외사업을 한다.

12. 내각결정, 지시에 어긋나는 행정경제기관의 결정, 지시를 페지한다.

제125조 내각총리는 내각사업을 조직지도한다. 내각총리는 조선민주주의인민공화국 정부를 대표한다.

제126조 내각은 전원회의와 상무회의를 가진다. 내각전원회의는 내각성원전원으로 구성하며 상무회의는 총리, 부총리와 그밖에 총리가 임명하는 내각성원들로 구성한다.

제127조 내각전원회의는 행정경제사업에서 나서는 새롭고 중요한 문제들을 토의결정한다. 상무회의는 내각전원회의에서 위임한 문제들을 토의결정한다.

제128조 내각은 결정과 지시를 낸다.

제129조 내각은 자기 사업을 돕는 비상설부문위원회를 둘수 있다.

제130조 내각은 자기 사업에 대하여 최고인민회의와 그 휴회중에 최고인민회의 상임위원회앞에 책임진다.

제131조 새로 선거된 내각총리는 내각성원들을 대표하여 최고인민회의에서 선서를 한다.

제132조 내각 위원회, 성은 내각의 부문별집행기관이며 중앙의 부문별관리기관이다.

제133조 내각 위원회, 성은 내각의 지도밑에 해당 부문의 사업을 통일적으로 장악하고 지도관리한다.

제134조 내각 위원회, 성은 위원회회의와 간부회의를 운영한다. 위원회, 성 위원회회의와 간부회의에서는 내각결정, 지시집행대책과 그밖의 중요한 문

제들을 토의결정한다.

제135조 내각 위원회, 성은 지시를 낸다.

제6절 지방인민회의

제136조 도(직할시), 시(구역), 군인민회의는 지방주권기관이다.

제137조 지방인민회의는 일반적, 평등적, 직접적선거원칙에 의하여 비밀투표로 선거된 대의원들로 구성한다.

제138조 도(직할시), 시(구역), 군인민회의 임기는 4년으로 한다. 지방인민회의 새 선거는 지방인민회의 임기가 끝나기 전에 해당 지방인민위원회의 결정에 따라 진행한다. 불가피한 사정으로 선거를 하지 못할 경우에는 선거를 할 때까지 그 임기를 연장한다.

제139조 지방인민회의는 다음과 같은 임무와 권한을 가진다.

1. 지방의 인민경제발전계획과 그 실행정형에 대한 보고를 심의하고 승인한다.
2. 지방예산과 그 집행에 대한 보고를 심의하고 승인한다.
3. 해당 지역에서 국가의 법을 집행하기 위한 대책을 세운다.
4. 해당 인민위원회 위원장, 부위원장, 사무장, 위원들을 선거 또는 소환한다.
5. 해당 재판소의 판사, 인민참심원을 선거 또는 소환한다.
6. 해당 인민위원회와 하급인민회의, 인민위원회의 그릇된 결정, 지시를 폐지한다.

제140조 지방인민회의는 정기회의와 림시회의를 가진다. 정기회의는 1년에 1~2차 해당 인민위원회가 소집한다. 림시회의는 해당 인민위원회가 필요하다고 인정할 때 또는 대의원전원의 3분의 1이상의 요청이 있을 때 소집한다.

제141조 지방인민회의는 대의원전원의 3분의 2이상이 참석하여야 성립된다.

제142조 지방인민회의는 의장을 선거한다. 의장은 회의를 사회한다.

제143조 지방인민회의는 결정을 낸다.

제7절 지방인민위원회

제144조 도(직할시), 시(구역), 군인민위원회는 해당 인민회의 휴회중의 지방주권기관이며 해당 지방주권의 행정적 집행기관이다.

제145조 지방인민위원회는 위원장, 부위원장, 사무장, 위원들로 구성한다. 지방인민위원회 임기는 해당 인민회의 임기와 같다.

제146조 지방인민위원회는 다음과 같은 임무와 권한을 가진다.

1. 인민회의를 소집한다.
2. 인민회의 대의원선거를 위한 사업을 한다.
3. 인민회의 대의원들과의 사업을 한다.
4. 해당 지방인민회의, 상급인민위원회 결정, 지시와 최고인민회의 법령, 결정, 조선민주주의인민공화국 국무위원회 위원장 명령, 국무위원회 결정, 지시, 최고인민회의 상임위원회 정령, 결정, 지시, 내각과 내각 위원회, 성의 결정, 지시를 집행한다.
5. 해당 지방의 모든 행정사업을 조직

집행한다.

 6. 지방의 인민경제발전계획을 작성하며 그 실행대책을 세운다.

 7. 지방예산을 편성하며 그 집행대책을 세운다.

 8. 해당 지방의 사회질서유지, 국가 및 사회협동단체의 소유와 리익의 보호, 공민의 권리보장을 위한 대책을 세운다.

 9. 해당 지방에서 국가관리질서를 세우기 위한 검열, 통제사업을 한다.

 10. 하급인민위원회사업을 지도한다.

 11. 하급인민위원회의 그릇된 결정, 지시를 페지하며 하급인민회의의 그릇된 결정의 집행을 정지시킨다.

제147조 지방인민위원회는 전원회의와 상무회의를 가진다. 지방인민위원회 전원회의는 위원전원으로 구성하며 상무회의는 위원장, 부위원장, 사무장들로 구성한다.

제148조 지방인민위원회 전원회의는 자기의 임무와 권한을 실현하는데서 나서는 중요한 문제들을 토의결정한다. 상무회의는 전원회의가 위임한 문제들을 토의결정한다.

제149조 지방인민위원회는 결정과 지시를 낸다.

제150조 지방인민위원회는 자기 사업을 돕는 비상설부문위원회를 둘수 있다.

제151조 지방인민위원회는 자기 사업에 대하여 해당 인민회의앞에 책임진다. 지방인민위원회는 상급인민위원회와 내각, 최고인민회의 상임위원회에 복종한다.

제8절 검찰소와 재판소

제152조 검찰사업은 중앙검찰소, 도(직할시), 시(구역), 군검찰소와 특별검찰소가 한다.

제153조 중앙검찰소 소장의 임기는 최고인민회의 임기와 같다.

제154조 검사는 중앙검찰소가 임명 또는 해임한다.

제155조 검찰소는 다음과 같은 임무를 수행한다.

 1. 기관, 기업소, 단체와 공민들이 국가의 법을 정확히 지키는가를 감시한다.

 2. 국가기관의 결정, 지시가 헌법, 최고인민회의 법령, 결정, 조선민주주의인민공화국 국무위원회 위원장 명령, 국무위원회 결정, 지시, 최고인민회의 상임위원회 정령, 결정, 지시, 내각 결정, 지시에 어긋나지 않는가를 감시한다.

 3. 범죄자를 비롯한 법위반자를 적발하고 법적책임을 추궁하는것을 통하여 조선민주주의인민공화국의 주권과 사회주의제도, 국가와 사회협동단체재산, 인민의 헌법적권리와 생명재산을 보호한다.

제156조 검찰사업은 중앙검찰소가 통일적으로 지도하며 모든 검찰소는 상급검찰소와 중앙검찰소에 복종한다.

제157조 중앙검찰소는 자기 사업에 대하여 최고인민회의와 그 휴회중에 최고인민회의 상임위원회앞에 책임진다.

제158조 재판은 중앙재판소, 도(직할시)재판소, 시(구역), 군인민재판소와 특

별재판소가 한다. 판결은 조선민주주의인민공화국의 이름으로 선고한다.

제159조 중앙재판소 소장의 임기는 최고인민회의 임기와 같다. 중앙재판소, 도(직할시)재판소, 시(구역), 군인민재판소의 판사, 인민참심원의 임기는 해당 인민회의 임기와 같다.

제160조 특별재판소의 소장과 판사는 중앙재판소가 임명 또는 해임한다. 특별재판소의 인민참심원은 해당 군무자회의 또는 종업원회의에서 선거한다.

제161조 재판소는 다음과 같은 임무를 수행한다.

1. 재판활동을 통하여 조선민주주의인민공화국의 주권과 사회주의제도, 국가와 사회협동단체재산, 인민의 헌법적권리와 생명재산을 보호한다.
2. 모든 기관, 기업소, 단체와 공민들이 국가의 법을 정확히 지키고 계급적원쑤들과 온갖 법위반자들을 반대하여 적극 투쟁하도록 한다.
3. 재산에 대한 판결, 판정을 집행하며 공증사업을 한다.

제162조 재판은 판사 1명과 인민참심원 2명으로 구성된 재판소가 한다. 특별한 경우에는 판사 3명으로 구성하여 할수 있다.

제163조 재판은 공개하며 피소자의 변호권을 보장한다. 법이 정한데 따라 재판을 공개하지 않을수 있다.

제164조 재판은 조선말로 한다. 다른 나라 사람들은 재판에서 자기 나라 말을 할수 있다.

제165조 재판소는 재판에서 독자적이며 재판활동을 법에 의거하여 수행한다.

제166조 중앙재판소는 조선민주주의인민공화국의 최고재판기관이다. 중앙재판소는 모든 재판소의 재판사업을 감독한다.

제167조 중앙재판소는 자기 사업에 대하여 최고인민회의와 그 휴회중에 최고인민회의 상임위원회앞에 책임진다.

제7장 국장, 국기, 국가, 수도

제168조 조선민주주의인민공화국의 국장은 《조선민주주의인민공화국》이라고 쓴 붉은 띠로 땋아올려감은 벼이삭의 타원형테두리안에 웅장한 수력발전소가 있고 그우에 혁명의 성산 백두산과 찬연히 빛나는 붉은 오각별이 있다.

제169조 조선민주주의인민공화국의 국기는 기발의 가운데에 넓은 붉은 폭이 있고 그 아래우에 가는 흰 폭이 있으며 그다음에 푸른 폭이 있고 붉은 폭의 기대달린쪽 흰 동그라미안에 붉은 오각별이 있다. 기발의 세로와 가로의 비는 1 : 2이다.

제170조 조선민주주의인민공화국의 국가는 《애국가》이다.

제171조 조선민주주의인민공화국의 수도는 평양이다.

4. 북한 민법

조선민주주의인민공화국 민법

주체79(1990)년 9월 5일 최고인민회의 상설회의 결정 제4호로 채택
주체82(1993)년 9월 23일 최고인민회의 상설회의 결정 제34호 수정
주체88(1999)년 3월 24일 최고인민회의 상임위원회 정령 제540호 수정보충
주체96(2007)년 3월 20일 최고인민회의 상임위원회 정령 제2161호로 수정보충

제1편 일반제도

제1장 민법의 기본

제1조 (민법의 사명)

조선민주주의인민공화국 민법은 재산관계에 대한 민사적 규제를 통하여 사회주의 경제제도와 물질기술적토대를 튼튼히 하며 인민들의 자주적이며 창조적인 생활을 보장하는데 이바지한다.

제2조 (민법의 규제대상)

조선민주주의인민공화국 민법은 기관, 기업소, 단체, 공민사이에 서로 같은 지위에서 이루어지는 재산관계를 규제한다.

국가는 기관, 기업소, 단체와 공민에게 민사법률관계에서 당사자로서의 독자적인 지위를 보장한다.

제3조 (생산수단에 대한 사회주의적소유의 원칙)

생산수단에 대한 사회주의적소유는 조선민주주의인민공화국의 경제적기초이다.

국가는 재산관계에서 사회주의적소유에 기초한 인민경제의 계획적 관리운영을 강화하여 사회주의경제제도를 끊임없이 공고히 하도록 한다.

제4조 (계획적인 재산거래원칙)

계획적인 재산거래관계는 인민경제계획에 기초한 계약에 따라 이루어진다.

국가는 기관, 기업소, 단체가 계획과제를 어김없이 수행할수 있게 재산거래관계를 맺고 실현하도록 한다.

제5조 (계약규률의 준수원칙)

국가는 기관, 기업소, 단체가 재산관계를 설정하고 실현하는 데서 사회주의 경제관리 형태인 대안의 사업체계의 요구를 구현하며 계약규률을 엄격히 지키도록 한다.

제6조 (인민의 복리증진원칙)

인민들의 생활을 책임지고 돌보는것은 사회주의국가의 본성적요구이다.

국가는 기관, 기업소, 단체가 공민과 재산관계를 설정하고 실현하는 데서 인민들의 복리증진을 위한 시책이 근로자들에게 더 잘 미치도록 하는 데 깊은 관심을 돌린다.

제7조 (재산관계자들의 편의보장원칙)

공민이 참가하는 재산관계는 계약을 비롯한 행위와 사건에 따라 이루어진다.

국가는 재산관계에 근로자들이 일상적으로 널리 참가할수 있도록 온갖 편의와 조건을 보장한다.

제8조 (민사관계 당사자들상이의 협력과 방조원칙)

집단주의는 사회주의사회생활의 기초이다. 국가는 기관, 기업소, 단체와 공민이 서로 협력하고 방조하는 집단주의원칙에서 재산관계를 설정하고 실현하도록 한다.

제9조 (국가, 사회리익의 존중원칙)

국가는 재산관계를 설정하고 실현하는데서 국가와 사회의 리익을 앞세우면서 개별적인 기관, 기업소, 단체나 공민의 리익을 철저히 보장하도록 한다.

제10조 (민사관련조약의 효력)

민사활동과 관련하여 우리 나라와 다른 나라사이에 맺은 조약에서 달리 정하였을 경우에는 그에 따른다.

제2장 민사법률관계의 당사자

제11조 (민사법률관계의 당사자)

민사법률관계의 당사자로는 독립적인 경비예산이나 독립채산제로 운영하는 기관, 기업소, 단체와 공민이 된다.

공화국령역안에 창설된 합영, 합작기업 그밖에 법이 인정한 다른 나라의 법인도 민사법률관계의 당사자로 된다.

제12조 (기관, 기업소, 단체의 등록)

조직된 기관, 기업소, 단체는 해당 기관에 등록하여야 창설된 것으로 인정한다.

기관, 기업소, 단체는 해당 기관에 등록된 때부터 민사상 권리를 가지거나 의무를 질수 있는 민사권리능력과 그것을 자신이 직접 실현할수 있는 민사행위능력을 가진다.

제13조 (기관, 기업소, 단체의 민사권리능력)

기관, 기업소, 단체는 자기의 본신임무에 맞는 범위안에서 민사권리능력을 가진다.

자기의 본신임무를 해당 기관에 등록된 기관, 기업소, 단체는 그것을 마음대로 변경할수 없다.

제14조 (대표자와 대리인에 의한 민사법률행위)

기관, 기업소, 단체의 관리책임자는 그 기관, 기업소, 단체의 대표자이다.

기관, 기업소, 단체는 자기의 대표자나 대표자가 위임하는 대리인을 통하여 민사법률행위를 한다.

제15조 (기관, 기업소, 단체의 민사책임)

기관, 기업소, 단체는 자기가 관리하고있거나 소유하고있는 재산으로 민사책임을 진다.

제16조 (기관, 기업소, 단체의 병합과 분리)

기관, 기업소, 단체가 갈라지거나 합쳐지는 경우 그의 민사상 권리의무도 갈라지거나 합쳐진다. 기관, 기업소, 단체가 폐지되거나 해산을 결정한 경우 그가 가지고 있던 채권채무는 해당 임무를 위임받은 청산인이 처리한다.

제17조 (기관, 기업소, 단체의 민사권리능력과 행위능력의 소멸)

기관, 기업소, 단체의 민사권리능력과 민사행위능력은 그 기관, 기업소, 단체의 폐지 또는 해산이 해당기관에 등록된 때에 없어진다.

제18조 (민사법률관계 당사자로서의 국가)

국가는 국가소유관계를 비롯한 일정한 민사법률 관계에서 직접 당사자로 된다. 이 경우 국가는 해당한 권한을 부여한 기관을 통하여 당사자로서의 권리를 행사하며 의무를 리행한다.

제19조 (공민의 민사권리능력)

공민의 민사권리능력은 출생과 함께 생기며 사망과 함께 없어진다.

모든 공민은 민사권리능력을 평등하게 가진다. 법이 따로 정하지 않은 한 누구도 공민의 민사권리 능력을 제한할수 없다.

제20조 (공민의 민사행위능력)

공민의 성인나이는 17살이다.

17살에 이른 공민은 민사법률행위를 독자적으로 할수 있는 민사행위능력을 가진다.

16살에 이른자는 자기가 받은 로동보수의 범위안에서 민사법률행위를 독자적으로 할수 있으며 그 범위를 벗어나는 행위는 부모나 후견인의 동의를 받아야 할수 있다.

제21조 (민사행위무능력자, 신체기능장애자의 민사법률행위)

민사행위무능력자, 신체기능장애자는 부모나 후견인을 통하여 민사법률행위를 한다.

성인의 민사행위무능력자인정은 재판절차로 한다.

제22조 (소재불명자, 사망자의 인증)

마지막소식이 있는 때부터 3년이 지나도록 소식이 없는 공민에 대하여서는 리해관계자의 신청에 따라 공증기관이 소재불명자로 인증할수 있다.

소재불명자로 인증된후 2년, 소식이 없거나 마지막소식이 있는 때부터 5년, 생명에 위험을 준 사고가 있은 때부터 1년이 지나도록 소식이 없는 공민에 대하여서는 앞항과 같은 절차에 따라 사망자로 인증할수 있다.

제23조 (소재불명자, 사망자인증의 취소)

소재불명자 또는 사망자로 인증되었던 공민이 나타났거나 소식을 보내여 거처를 알려온 경우 공증기관은 본인이나 리해관계자의 신청에 따라 해당한 인증을 취소한다. 이 경우 변경된 재산관계는 취소할수 있으나 새로 성립된 결혼관계는 취소시킬수 없다.

제3장 민사법률행위

제24조 (민사법률행위의 형식)

민사법률관계의 성절, 변경, 소멸을 목적으로 하는 법률행위는 의사표시를 말이나 서면 같은 것으로 할수 있다. 그러나 법이 요구하는 경우에는 서면으로 하거나 공증을 받는다.

제25조 (민사법률행위의 취소, 변경)

민사법률행위를 한 자는 법에서 허용하거나 상대방이 동의하는 경우에만 자기가 한 행위를 취소하거나 변경할수 있다.

제26조 (민사법률행위의 유효조건)

민사법률행위는 국가의 법과 사회주

의적생활규범에 맞게 하여야 법적 효력을 가진다. 국가의 법과 사회주의적생활규범에 어긋나는 행위, 국가와 사회에 해를 준다는 것을 알면서 하는 행위, 허위적으로 하는 행위, 민사행위능력이 없는 공민이 하는 행위는 효력을 가지지 못한다.

제27조 (무효한 법률행위의 효과)

민사법률행위의 효력이 없어진 경우 당사자들이 이미 주고받은 돈이나 물건은 서로 상대방에게 돌려준다. 그러나 국가의 법과 사회주의적생활규범에 어긋난다는것을 알면서 행위를 한 자에게는 해당 돈이나 물건을 돌려주지 않고 국고에 넣는다.

제28조 (취소할수 있는 민사법률행위의 형태)

속히워서 한 민사법률행위, 본직적인 내용에 대하여 착오를 범한 민사법률행위, 강요로 본의아니게 한 민사법률행위, 16살에 이른자가 부모나 후견인의 동의 없이 한 민사법률행위는 취소 할수 있다.

취소는 2개월안에 하여야 한다.

취소된 민사법률행위는 효력을 가지지 못한다.

제29조 (민사법률행위취소의 효과)

민사법률행위가 취소된 경우에 당사자들이 이미 주고받은 돈이나 물건은 서로 상대방에게 돌려준다. 그러나 상대방을 속였거나 강요하여 민사법률행위를 하게 한자의 돈이나 물건은 그에게 돌려주지 않고 국고에 넣는다.

제30조 (민사법률행위의 효력)

민사법률행위의 효력은 일정한 조건의 발생과 결부시킬 수 있다. 이 경우 당사자는 조건의 발생을 앞당기거나 방해하는 행위를 하지 말아야 한다.

제31조 (민사법률행위의 대리)

기관, 기업소, 단체와 공민은 법이 정한 경우나 자신이 직접 수행하여야 할 경우를 내놓고는 대리인을 통하여 민사법률행위를 할수 있다.

제32조 (대리의 종류)

대리에는 법에 의하여 하는 법정대리와 위임에 의하여 하는 위임대리가 있다. 대리인은 반드시 민사행위능력을 가진 공민이어야 한다.

제33조 (대리행위의 법적효과)

대리인은 대리를 위임한자의 이름으로 민사법률행위를 하며 그 행위의 법적효과는 대리를 위임한자에게 돌아간다.

대리를 위임한자는 대리인과 법률행위를 한 제3자 앞에 대리권의 범위 안에서 이루어진 모든 행위의 결과에 대하여 책임진다.

대리권의 범위를 넘는 대리행위의 결과는 대리인이 책임진다.

제34조 (대리의 위임형식)

대리의 위임은 말로 하거나 서면으로 한다.

공민이 대리를 말로 위임할 경우에는 그 사실과 대리권의 범위를 상대방에 알려주어야 한다.

기관, 기업소, 단체는 서면으로만 대리를 위임할수 있으며 대리를 위임하는 위임장이나 신임장에는 대리권의 범위를 명백히 밝혀야 한다.

제35조 (대리인의 임무)

대리인은 대리행위를 대리권의 범위안

에서 성실하게 하여야 한다.

대리권의 범위에서 대리행위를 불성실하게 하여 생긴 손해에 대하여서는 대리인이 대리권을 위임한자앞에 책임진다.

제36조 (대리권의 소멸)

대리권은 대리를 위임한자나 대리인이 사망한 경우 또는 대리인이 만사행위능력을 잃은 경우에 없어진다. 위임에 의한 대리권은 대리를 위임한자가 대리의 위임을 취소하였거나 대리인이 그 위임을 거절한 경우에도 없어진다. 말로 한 대리의 위임을 취소한 경우에는 그 사실을 상대방에 알려주어야 한다.

제2편 소유권제도

제1장 일반규정

제37조 (소유권의 형태)

조선민주주의인민공화국에서 재산에 대한 소유권은 그 소유형태에 따라 국가소유권, 사회협동단체소유권, 개인소유권으로 나누어진다.

제38조 (소유권의 발생기초)

소유권은 법이나 계약 그밖의 행위와 사건에 기초하여 발생한다.

소유권은 법에 기초하는 경우 법이 정한 때, 계약에 기초하는 경우에는 따로 합의하지 않는 한 계약을 맺고 그 대상을 넘겨받은 때부터 발생된다.

제39조 (소유권자의 권한)

소유권을 가진자는 법이 정한 범위안에서 자기의 소유재산을 점유하거나 리용, 처분할수 있다.

재산에 대한 처분은 해당 소유권을 가진자만이 할수 있다.

제40조 (비법점유재산의 반환청구)

소유권을 가진자는 자기의 재산을 다른자가 비법적으로 점유하고있을 경우 그 반환을 요구할 수 있다.

제41조 (소유권실현방해행위의 배제청구)

소유권을 가진자는 자기소유권의 실현을 방해하는 행위를 하는자에 대하여 그 행위를 그만둘 것을 요구할수 있다.

제42조 (공동소유권)

소유권은 여럿이 공동으로 가질수 있다.

공동소유재산을 점유하거나 리용, 처분하는것은 공동으로 소유권을 가진자들의 합의에 따라 한다.

제43조 (공동소유재산의 분할)

공동으로 소유권을 가진자들은 공동소유재산에서 자기의 몫을 갈라 가질수 있다. 재산을 현물로 가르기 어려울 경우에는 자기 몫에 해당하는 값을 받을수 있다.

공동으로 소유권을 가진자들의 몫이 명백하지 않은 경우 그들의 몫은 같은 것으로 본다.

제2장 국가소유권

제44조 (국가소유의 성격과 원천)

국가소유는 전체 인민의 소유다.

국가소유는 국유화한 재산, 국가투자로 마련한 재한, 국가기업소의 생산물, 국가기관, 기업소가산 재판, 국가의 결정에 따라 국가기관, 기업소에 넘어온 재산, 사회협동단체나 공민이 국가에 바친 재산, 그밖에 국고에 넣기로 된 재산으로 이루어진다.

국가소유권의 대상에는 제한이 없다.

제45조 (국가소유권의 대상)

다음의 재산은 국가만이 소유할수 있다.

1. 지하자원, 산림자원, 수산자원을 비롯한 나라의 모든 자연부원
2. 철도, 항공운수, 체신기관과 중요 공장, 기업소, 항만, 은행
3. 각급 학교 및 중요 문화보건시설

제46조 (국가소유권의 담당자)

국가소유권의 담당자는 전체 인민을 대표하는 국가이다.

국가는 나라의 부강발전과 인민들의 복리향상을 위하여 자기 소유의 재산을 제한없이 점유하거나 리용, 처분할수 있다.

제47조 (국가소유권의 실현)

국가소유권은 국가가 직접 도는 개별적인 국가기관, 기업소를 통하여 실현한다.

국가기관, 기업소는 자기가 맡은 국가소유재산에 대한 경영상 관리권을 가지고 국가의 지도밑에 그 재산을 자기의 이름으로 점유하거나 리용, 처분할수 있다.

제48조 (국가소유권과 경영상관리권의 이전)

국가기관, 기업소의 재산이 사회협동단체나 공민에게 공급, 판매되는 경우 국가소유권은 그 사회 협동단체나 공민에게 넘어간다. 그러나 국가기관, 기업소의 재산이 다른 국가기관, 기업소에 공급, 판매되는 경우에는 경영상 관리권만 넘어간다.

제49조 (국가소유의 고정재산리용권)

국가에서 협동농장에 배속시킨 뜨락또르, 모내는 기계, 수확기를 비롯한 현대적농기계, 국가부담으로 협동농장에 마련하여준 문화시설, 탈곡장, 집짐승우리, 창고 같은 고정재산에 대하여 국가는 자기소유권을 계속 가지고있으면서 리용권을 해당 협동농장에 넘겨준다.

협동농장은 국가가 지원하여 준 고정재산을 그 사명에 맞게 자기의 재산처럼 리용할수 있다.

제50조 (국가소유재산의 살림집리용권)

국가는 살림집을 지어 그 리용권을 로동자, 사무원, 협동농민에게 넘겨주며 그 리용권을 법적으로 보호한다.

인민정권기관은 리혼당사자들사이에 국가소유의 살림집리용권과 관련한 분쟁이 제기될 경우 해당 재판소의 판결서등본에 기초하여 살림집리용권자를 새로 정해주어야 한다.

제51조 (국가소유재산의 반환청구)

국가기관, 기업소는 자기 재산이 권한없는자로부터 사회협동단체나 공민에게 넘어간 경우에 그 반환을 요구할수 있다.

제52조 (임자없는 물건의 소유권)

임자없는 물건은 국가소유로 한다.

임자없는 물건에는 소유권을 가진자가 없거나 소유권을 가진자를 알 수 없는 물건이 속한다.

제3장 사회협동단체소유권

제53조 (사회협동단체소유의 성격과 원천)

사회협동단체소유는 사회협동단체에 들어있는 근로자들의 집단적소유이다. 사회협동단체소유는 사회협동단체성원들이 들여놓은 재산, 사회협동단체의

자체 투자에 의하여 마련한 재산, 사회협동단체의 생산물, 사회협동단체가 산 재산, 국가에서 사회협동단체에 소유권을 넘겨준 재산으로 이루어진다.

제54조 (사회협동단체소유권의 대상)

사회협동단체는 토지와 농기계, 배, 중소공장, 기업소 그밖에 경영활동에 필요한 대상들을 소유할수 있다.

제55조 (사회협동단체소유권의 담당자와 그 권한)

사회협동단체소유권의 담당자는 개별적인 사회협동단체이다.

사회협동단체는 자기 소유의 재산을 그 성원들의 의사에 따라 민주주의원칙에서 점유하거나 리용, 처분할수 있다. 그러나 토지에 대한 처분은 법이 정한데 따라 한다.

제56조 (사회협동단체소유권의 이전)

사회협동단체가 생산한 제품이 국가기관, 기업소 또는 다른 사회협동단체나 공민에게 공급, 판매되는 경우에 그에 대한 소유권은 상대방에 넘어간다.

제57조 (사회협동단체소유재산의 반환청구)

사회협동단체는 자기 소유의 재산이 권한없는자로부터 다른 사회협동단체나 공민에게 넘어간 경우 그 반환을 요구할수 있다.

제4장 개인소유권

제58조 (개인소유의 성격과 원천)

개인소유는 근로자들의 개인적이며 소비적인 목적을 위한 소유이다.

개인소유는 로동에 의한 사회주의 분배, 국가 및 사회의 추가적혜택, 터밭경리를 비롯한 개인부업경에서 나오는 생산물, 공민이 샀거나 상속, 증여받은 재산 그밖의 법적 근거에 의하여 생겨난 재산으로 이루어진다.

제59조 (개인소유권의 대상)

공민은 살림집과 가정생활에 필요한 여러 가지 가정용품, 문화용품, 그밖의 생활용품과 승용차 같은 기재를 소유할수 있다.

제60조 (개인소유권의 담당자와 그 권한)

개인소유권의 담당자는 개별적공민이다. 공민은 자기 소유의 재산을 사회주의적생활규범과 소비적 목적에 맞게 자유로이 점유하거나 리용, 처분할수 있다.

제61조 (가정재산에 대한 공동소유권)

가정성원으로 된 공민은 가정의 재산에 대한 소유권을 공동으로 가진다.

제62조 (개인소유재산의 반환청구)

공민은 자기 소유의 재산을 권한없는 자에게서 넘겨받는다는것을 알면서 가진 공민을 상대로 그 반환을 요구할수 있다.

잃어버린 물건에 대하여서는 그 사실을 모르고 가진 경우에도 반환을 요구할수 있다.

제63조 (상속권)

국가는 개인소유재산에 대한 상속권을 보장한다.

공민의 개인소유재산은 법에 따라 상속된다.

공민은 유언에 의하여서도 자기 소유의 재산을 가정성원이나 그밖의 공민 또는 기관, 기업소, 단체에 넘겨줄수 있다.

제3편 채권채무제도

제1장 일반규정

제64조 (채권자와 채무자의 지위)
채권자는 일정한 재산상 행위를 수행할것을 요구할수 있는 권리를 가지며 채무자는 일정한 재산상행위를 수행하여야 할 의무를 진다.

제65조 (채권자와 채무자사이의 권리의무)
채권채무관계에서 채권자와 채무자는 권리를 가지면서 그에 대응한 의무를 함께 가질수도 있고 권리나 의무의 하나만을 가질수도 있다.

제66조 (채권채무관계의 발생기초)
채권채무관계는 인민경제계획을 비롯한 국가의 행정문건이나 계약, 그밖의 행위와 사건에 기초하여 설정된다.

제67조 (채무리행의 방조)
채권자는 채무자의 채무리행에 응당한 방조를 주어야 한다. 이 의무를 어기여 채무리행에 지장을 준 채권자는 채권에 제한을 받거나 해당한 책임을 진다.

제68조 (채무위반으로 생기는 손해방지)
채권자는 채무자가 채무를 어기여 생긴 손해가 커지는것을 막기 위한 대책을 세워야 한다. 이 의무를 어기여 손해가 커진 경우 보상을 요구할 채권자의 권리는 그만큼 제한된다.

제69조 (채권채무관계에서의 값)
채권채무관계에서 값은 국가가 정하였거나 평가한 값 또는 당사자들이 합의한 값으로 정하고 계산한다.
국가의 가격규률을 어기고 더 주고받은 돈이나 물건은 상대방에 돌려주며 고의적으로 가격규률을 어기고 더 주고받은 돈이나 물건은 돌려주지 않고 국고에 넣는다.

제70조 (여러 당사자들사이의 채권채무)
채권채무관계에서 채권자나 채무자가 여럿인 경우 각자는 채권이나 채무의 몫을 분할하여 가질 수도 있고 련대적으로 가질수도 있다.

제71조 (분할채권채무자의 권리의무)
분할채권자는 자기 몫의 리행만을 요구할 권리를 가지며 분할채무자는 자기 몫의 채무만을 리행할 의무를 진다.

제72조 (몫이 명백치 않은 분할채권의무)
분할채권자가 가지는 청구의 몫이나 분할채무자가 지는 의무의 몫이 서로 다르다는 것이 명백하지 않은 경우 그 몫은 같은 것으로 본다.

제73조 (련대채권채무자의 의무)
련대채권자는 저마다 채무의 전부 리행을 요구할 권리를 가지며 련대채무자는 저마다 채무를 전부 리행할 의무를 진다.

제74조 (련대채권자, 채무자들사이의 관계
채무를 전부 리행한 련대채무자는 다른 련대채무자에게 각자가 부담하여야 할 몫을 보상하도록 요구할 권리를 가지며 채무를 전부 리행받은 련대채권자는 다른 련대채권자에게 해당한 몫을 나누어줄 의무를 진다.

제75조 (련대채권자의 청구권행사제한)
련대채권자는 자기의 청구권을 행사하는데서 다른 련대채권자의 리익을 침범하지 말아야 한다.

한 련대채권자가 자기의 청구권을 포기한 경우에 그것은 다른 련대채권자에게 영향을 주지 않는다.

제76조 (련대채무의 면제)

채권자가 한 련대채무자의 채무를 면제시킨 경우 그가 부담하기로 되었던 몫만큼 다른 련대채무자의 몫은 적어진다.

제77조 (채권채무의 양도)

채권자나 채무자는 자기의 채권이나 채무를 제3자에게 넘겨줄수 있다.

채권을 제3자에게 넘겨주려는 채권자는 그에 대하여 채무자에게 알려야 하며 채무를 제3자에게 넘겨주려는 채무자는 채권자의 동의를 미리 받아야 한다. 제78조 (제3자의 허물로 생긴 채무)

제3자의 허물로 생긴 채무를 채권자앞에 리행한 당사자는 제3자에게 해당한 보상을 요구할 권리를 가진다.

제79조 (채무리행당사자)

채무자는 채무를 자기가 직접 리행하여야 한다.

채무자가 직접 리행하지 않아도 될 채무는 제3자에게 위임하여 리행하게 할수 있따. 이 경우 채무자는 제3자의 채무리행에 대하여 채권자앞에 책임진다.

제80조 (채무리행기간의 준수)

채무자는 채무를 정해진 기간안에 리행하여야 한다.

채무리행을 지연시키거나 채무리행의 접수를 지연시킨 당사자는그에 대한 책임을 진다.

제81조 (채무리행방법)

법이나 계약에서 달리 정하지 않은 한 채무는 한번에 리행하여야 하며 채무를 나누어 리행하는 경우 채권자는 그 리행의 접수를 거절할수 있다.

제82조 (채무리행에서 물건의 질)

징표가 같은 종류의 물건으로 유상으로 넘겨주는 채권채무관계에서 채무자는 질이 가장 좋은 물건을 넘겨주어야 한다.

물건을 무상으로 넘겨주기로 되어있을 경우에는 중간정도의 질을 가진 물건을 넘겨줄수 있다.

제83조 (특정물이 없어졌거나 쓸수 없게 된 경우의 채권채무)

징표가 다른 특정된 물건을 대상으로 하는 채권채무관계에서 그 물건이 없어졌거나 쓸수 없게 된 경우 해당 채권채무관계는 없어진다. 그러나 손해에 대하여서는 허물있는자가 보상할 책임을 진다.

징표가 같은 종류의 물건을 넘겨주기로 한 채권채무관계에서 물건이 없어졌거나 손상되면 채무자는 같은 종류의 다른 물건을 넘겨주어야 한다.

제84조 (종류물의 특정물에로의 전환)

징표가 같은 종류의 물건가운데서 채권채무의 대상이 개별적으로 정하여진 그때로부터 그 대상물은 징표가 다른 특정된 물건으로 된다.

제85조 (종속재산의 인도)

재산을 넘겨주는 채권채무관계에서는 넘겨주는 재산과 함께 그에 종속된 재산도 넘겨주어야 한다.

제86조 (채무리행장소)

채무는 법이나 계약이 정한곳에서 리행하여야 한다. 법이나 계약에서 정하지 않은 경우 돈으로 물어야 할 채무는 채권자의 주소지나 거래은행에서, 부동산으로 넘겨주어야 할 채무는 부동산소재지에서 그밖의 채무는 채무자의 소재지 또는 주소지에서 리행하여 한다.

제87조 (보상한 파손물의 소유권)

채무의 대상으로 된 물건을 심히 손상시킨 경우에 그 값의 전부를 보상한자는 해당 물건에 대한 소유권을 가진다.

제88조 (채권채무관계에서 선택권)

채권추매관계에서 당사자는 여러 행위들 가운데서 어느 하나를 선택하여 수행하는 것으로 정할수 있다.

법이나 계약에서 행위의 선택권을 가지는자를 정하지 않은 경우 선택권을 채무자에게 있다.

제89조 (선택권행사의 지연)

선택권을 가진자가 채무리행기간이 되도록 행위를 선택하지 않으면 선택권은 상대방에 넘어간다.

제90조 (계약의 체결)

계약은 한편 당사자의 제의와 상대편 당사자의 승낙에 의하여 이루어진다. 제외를 한 당사자는 상대방이 그 제외를 접수한 때로부터 해당 제의를 일방적으로 취소할수 없다.

제91조 (계약의 합의조건)

계약당사자는 계약대상, 리행기간, 값 같은 본질적조건에 대하여 합의를 보아야 한다. 공민에게 블로소득을 가져다주는 계약내용은 설정할수 없다.

제92조 (계약체결방식)

계약은 유상으로 맺을수도 있고 무상으로 맺을수도 있다. 기관, 기업소, 단체가 참가하는 계약은 유상으로 맺는다.

제93조 (계약의 형식)

기관, 기업소, 단체 사이의 계약은 서면으로 맺는다. 말로 계약을 맺는 경우에는 그 사실이 증명되어야 한다.

기관, 기업소, 단체와 공민사이, 공민사이의 계약은 법을 달리 정하지 않은 한 말로 맺을 수 있다.

계약의 체결과 내용에 대하여 분쟁이 생긴 경우 서면으로 맺은 계약은 재판이나 중재에서 우선적으로 인정받는다.

제94조 (부동산거래계약)

부동산거래를 내용으로 하는 계약은 서면으로 맺고 공증을 받아야 효력을 가진다.

제95조 (계약의 동시리행)

두 당사자들이 다같이 의무를 지는 계약은 서로 동시에 리행하는것을 원칙으로 한다.

한편 당사자가 자기의 의무를 리행하지 않은 경우 상대편 당사자는 자기의 의무리행을 보류할 수 있다.

채권자는 채무자가 정해진 기간에 의무를 리행하지 않을 경우 채권대상을 잡아둘수 있다.

제96조 (계약의 취소)

한편 당사자가 정해진 기간안에 계약을 리행하지 않을 경우 상대편 당사자는 계약을 취소할수 있으며 그것으로 하여 입은 손해를 보상받을수 있다.

제97조 (계약대상의 검사)

계약대상을 접수한자는 그것을 제때에 검사하고 나타난 결함을 상대방에 알려야 한다.

계약대상의 결함에 대하여 허물있는

자는 결함을 고쳐주거나 대상을 다른 것으로 바꾸어주거나 그값을 낮추어야 한다.

제98조 (계약대상의 숨은 결함에 대한 책임)

계약대상을 접수한자는 숨은 결함을 상대방에 알려 책임을 물을수 있다.

숨은 결함에 대한 책임은 정해진 기간안에 물어야 한다.

제99조 (계약대상이 없어졌거나 손상된데 대한 책임)

계약대상을 점유하고 있는자는 그것이 없어졌거나 손상된데 대하여 책임져야 한다. 그러나 계약 당사자에게 허물이 없거나 자연재해 같이 어찌할수 없는 사유로 계약대상이 없어졌거나 손상된데 대하여서는 책임지지 않는다.

제100조 (제3자를 위한 계약)

계약은 제3자를 위하여 맺을수 있다. 이 경우에 계약의 효력은 계약을 맺은자와 함께 제3자에게도 발생한다.

제2장 계획에 기초하는 계약

제101조 (계획에 기초하는 계약의 목적)

계획에 기초하는 계약은 인민경제계획을 실행하며 경제관리에서 독립채산재를 정확히 실시하기 위하여 인민경제계획에 기초하여 맺는다.

제102조 (계획에 기초하는 계약의 설정)

계약당사자는 인민경제계획을 가장 정확히 합리적으로 수행할수 있도록 계약내용을 정하여 한다. 기관, 기업소, 단체는 계획에 명백히 부족점이 있다고 인정되는 경우 그에 대하여 계획기관에 제때에 알려야 한다.

제103조 (계약의 성립시기)

계약은 법이 정한 모든 사항들에 대하여 합의가 이루어진 때에 맺어진다.

계약을 맺는데서 의견상이는 중재절차로 해결한다.

제104조 (계획에 기초하는 계약의 변경)

계약은 인민경제계획이 추가되거나 조절되면 그에 따라 변경된다.

계약의 변경은 계획의 추가, 조절에 관한 통지를 한편 당사자가 상대방으로부터 받았거나 계약 쌍방이 권한있는 국가기관으로부터 받은 때에 이루어진다.

제105조 (자재공급계약의 체결)

기관, 기업소, 단체가 국가의 자재공급계획에 기초하여 자재를 주고받는 행위는 자재공급계약에 따라한다.

자재공급계약은 대안의 사업체계의 요구와 자재를 주고받는데서 상업적형태를 리용한데 대한 국가적요구에 맞게 맺고 리행하여야 한다.

제106조 (자재공급계약의 당사자)

자재공급계약의 당사자로는 국가의 자재공급세부계획에 따라 자재를 주고받는 기관, 기업소, 단체가 된다.

자재공급계약에 의하여 공급자는 계획에 예견된 자재를 수요자에게 넘겨줄 의무를 지며 수요자는 그것을 넘겨받고 해당한 값을 몰 의무를 진다.

제107조 (자재공급계약의 합의조건)

자재공급계약의 당사자는 공급할 재자의 이름, 규격, 질 공급기간, 수량, 값과 그것을 주고받는 방법, 포장하는 방법, 거래은행 같은 조건에 대하여 합의를 보아야 한다.

제108조 (자재공급방법)

공급자는 자재를 제때에 운수기관을 통하여 실어보내주거나 자기 창고에서 수요자에게 내주어야 한다.

운수기관을 통한 수송조직에 대하여서는 공급자가 책임지며 여기에 드는 수송비는 수용자가 부담한다.

제109조 (공급된 자재의 검수)

공급된 자재의 검수는 수요자가 한다.

수요자는 자재에 사고가 있으면 공급자를 립회시키고 그로부터 사고조서를 받을수 있다.

정당한 리유없이 사고확인을 지연시키거나 거절한 당사자는 수요자가 작성한 사고조서에 근거하여 책임진다.

제110조 (공급된 자재의 숨은 결함처리)

공급된 자재의 숨은 결함을 발견한 수요자는 공급자에게 알리고 그로부터 사고조서를 받아야 한다. 긴급하거나 사고의 원인과 내용에 대하여 분쟁이 있을 경우에는 해당 감독기관의 참가밑에 사고조서를 작성할수 있다.

숨은 결함에 대하여 수요자는 자재를 넘겨받은 때로부터 3개월 안에, 기계설비인 경우에는 시운전이 끝날 때까지 공급자에게 책임을 물을 수 있다.

제111조 (계약된 자재의 공급조절)

수요자가 공급받은 자재를 사장랑비하여 지불능력을 잃은 경우 공급자는 계약된 자재의 공급을 조절할 수 있다.

제112조 (자재값의 청산)

수요자는 자재를 넘겨받은 다음에 값을 제때에 물어야 한다. 자재의 품종, 규격, 질 값이 계약조건과 맞지 않을 경우 수요자는 값을 물지 않고 자재를 공급자에게 돌려보낼수 있다. 그러나 변질될수 있거나 긴급한 대책을 요구하는 자재는 돌려보내지 않고 값만 낮출수 있다.

제113조 (상품공급계약의 체결)

기관, 기업소, 단체들이 국가의 상품공급계획에 기초하여 상품을 주고받는 행위는 상품공급 계약에 따라한다.

상품공급계약은 주문제에 의하여 생산과 소비를 옳게 련결시키며 인민들의 물질문화적수요를 충족시킬데 대한 국가적요구에 맞게 맺고 리행하여야 한다.

제114조 (상품공급계약당사자의 의무)

상품공급계약에 의하여 공급자는 계획에 예견된 인민소비품을 수요자에게 넘겨줄 의무를 지며 수요자는 그것을 넘겨받고 해당한 값을 물 의무를 진다.

제115조 (상품공급계약의 당사자)

상품공급계약의 당사자로는 국가의 상품배정계획에 따라 상품을 주고받는 기업소와 도매상업기업소, 소매상업기업소가 된다.

기업소의 제품판매를 담당한 상사, 협동농장도 계약당사자로 될수 있다.

제116조 (상품공급계약의 합의조건)

상품공급계약의 당사자는 이 법 제107조에서 규정하고 있는 조건에 대하여 합의를 보아야 한다.

제117조 (상품공급방법)

공급자는 상품을 제때에 운수기관을 통하여 실어보내거나 수요자의 창고까지 날라다주어야 한다. 이 경우에 상품과 함께 그 명세서를 수요자에게 보내주어야 한다.

제118조 (공급된 상품의 검수)

공급된 상품의 검수는 수요자가 하며 그 과정에 나타난 결함에 대한 사고처리는 이 법 제109조 2항의 규정에 따라 한다.

제119조 (공급된 상품의 숨은 결함처리)

공급된 상품의 숨은 결함에 대한 사고처리는 이 법 제 110조 제1항의 규정에 따라 한다.

신용보증기간이 정하여지지 않은 상품의 숨은 결함에 대하여서는 상품을 넘겨받은 때부터 3개월안에 책임을 물을수 있다.

제120조 (농업생산물수매계약의 체결)

수매기관이 국가의 수매계획에 기초하여 농산물을 사들이는 행위는 농업생산물수매계약에 따라 한다.

농업생산물수매계약은 량곡과 원료를 계획적으로 동원하며 농장원들의 생산의욕을 높일데 대한 국가적 요구에 맞게 맺고 리행하여야 한다.

제121조 (농업생산물수매계약당사자의 의무)

농업생산물수매계약에 의하여 생산자는 합의한 농산물을 생산하여 수매기관에 넘겨줄 의무를 지며 수매기관은 그것을 넘겨받고 해당한 값을 물 의무를 진다.

제122조 (농업생산물수매계약의 합의조건)

농업생산물수매계약의 당사자들은 수매품의 수매기간, 수량, 값, 질, 규격과 보관, 수송방법 같은 조건에 대하여 합의를 보아야 한다.

제123조 (수매품의 질과 규격)

수매품의 질과 규격은 국가의 수매계획에 따라 정한다. 국가의 수매계획에 지적하지 않은 경우에는 당사자들이 합의하여 정한다.

제124조 (수매품의 포장재와 용기)

수매품의 포장재와 용기는 수매기관이 보장한다.

생산자가 마련하게 된 포장재와 용기는 생산자가 보장한다. 이 경우 그 값은 수매기관이 부담한다.

제125조 (수매기간)

계약당사자는 수매기간을 지켜야 한다.

수매기관은 계약한 기간 안에 농산물을 수매하지 못하였을 경우에 생산자가 입은 손해를 보상하여야 한다.

제126조 (수매할 농산물의 검사)

수매기관은 농산물의 질을 정확히 검사하고 그 량을 계량하여 수매하여야 한다.

농산물은 창자나 창고에 넣어 용적을 계산하는 방법으로 수매할수 없다.

제127조 (수매한 농산물의 보관)

생산자의 창고나 현지에서 수매한 농산물을 가져가거나 보관할 책임은 수매기관이 진다. 그러나 포장하지 않고 수매한 량곡과 부피가 큰 수매품은 수매기관의 책임밑에 생산자에게 보관시킬수 있다.

제128조 (기본건설시공계약의 체결)

기관, 기업소, 단체가 국가의 기본건설계획에 기초하여 기본건설을 위탁하는 행위는 기본건설시공계약에 따라 한다.

기본건설시공계약은 건설을 집중화하

며 건설원가를 낮추고 건설물의 질을 높일데 대한 국가적 요구에 맞게 맺고 리행하여야 한다.

제129조 (기본건설시공계약당사자의 의무)

기본건설시공계약에 의하여 시공주는 건설대상을 완공하여 건설주에게 넘겨줄 의무를 지며 건설주는 정해진 건설조건을 보장하고 완공된 건설물을 제때에 넘겨받을 의무를 진다.

제130조 (기본건설시공계약의 합의조건)

기본건설시공계약의 당사자들은 건설대상과 규모, 건설대상의 착공, 완공날자와 당사자들이 지켜야 할 사항 같은 조건에 대하여 합의를 보아야 한다.

기본건설시공계약은 계획년도를 기준으로 하여 건설대상별로 맺는다.

제131조 (건설조건의 보장)

건설주는 공사에 지장이 없도록 건설부지와 설계를 보장하여야 한다.

건설부지안의 건설과 시설물을 옮기는 작업은 건설주의 위탁에 의하여 시공주가 할수 있다.

제132조 (건설대상의 착공 및 완공날자와 조업기일준수)

시공주는 건설대상의 착공 및 완공날자와 조업기일을 지켜야 하며 설계와 기술문건대로 공사의 질을 보장하여야 한다.

제133조 (공사실적의 확인)

건설주는 건설공사에 지장이 없도록 시공주의 공사실적을 제때에 확인해 주어야 한다.

제134조 (건설물의 인계인수)

시공주와 건설주는 준공검사에서 합격된 건설물만을 넘겨주고 받을수 있다. 준공검사는 계약된 공사가 끝나고 조업능력에 해당한 부하시운전이 진행되었을 경우에 한다.

제135조 (건설물의 보증)

시공주는 건설물을 건설주에게 넘겨준 때부터 1년안에 나타난 결함에 대하여 고쳐줄 의무를 진다. 이 경우 드는 비용은 허물있는자가 부담한다.

제136조 (화물수송계약의 체결)

국가의 수송계획에 맞물린 짐을 운수기관을 통하여 나르는 행위는 화물수송계약에 따라 한다. 화물수송계약은 수송조직을 합리적으로 하여 화물수송계획을 질량적으로 수행할 데 대한 국가적요구에 맞게 맺고 리행하여야 한다.

제137조 (화물수송계약당사자의 의무)

화물수송계약에 의하여 짐보내는자는 짐을 운수기관에 넘겨주고 운임을 물 의무를 지며 운수기관은 그 짐을 운반하여 짐받을자에게 넘겨줄 의무를 진다.

제138조 (화물수송계약의 합의조건)

화물수송계약의 당사자는 짐의 이름, 수송량, 보내는곳과 닿는곳, 짐을 싣고부리는 방법과 보내는자, 받을자의 이름 같은 조건에 대하여 합의를 보아야 한다.

제139조 (짐과 운수수단의 보장)

짐보내는 자는 계약된 짐을 정해진 규격대로 운수기관에 제때에 넘겨주어야 하며 운수기관은 그 짐의 성격에 맞는 운수수단을 배정하여야 한다.

제140조 (짐을 싣고부리는 작업)

짐을 싣고부리는 작업은 달리 합의된

것이 없는 한 짐임자가 한다. 짐을 싣고부리는 작업을 맡은 당사자는 정해진 작업기간을 지켜야 한다.

제141조 (짐의 보관관리)

운수기관은 짐받을자에게 짐을 넘겨줄 때까지 잘 보관관리하여야 한다.

운수기관은 나르는 짐을 마음대로 쓰거나 남에게 넘겨주지 말아야 한다.

제142조 (수송기간의 준수)

운수기관은 가장 합리적인 수송로를 거쳐 정한 기간안에 짐을 목적지까지 실어날라야 한다. 이 의무를 어긴 경우 짐임자는 더 든 운임의 지불을 거절할수 있으며 늦게 도착한 짐에 대한 연착보상금을 받을 수 있다.

제143조 (도착짐의 통지)

운수기관은 짐이 도착하면 제때에 짐받을자에게 알려야 한다.

짐받은자는 도착한 짐을 정한 기간안에 찾아가야 한다. 이 의무를 어기면 보관료나 해당한 료금을 물어야 한다.

련대수송으로 나른 짐에 대한 보관료나 제재금은 짐을 넘겨주는 운수기관이 적용하는 비률에 따라 계산한다.

제144조 (도착짐의 검사)

짐받는자는 짐을 검사하고 사고가 있으면 운수기관으로부터 사고조서를 받고 해당한 손해보상을 청구할수 있다.

정당한 리유없이 사고조서작성을 거절한 운수기관은 그 사고에 대하여 책임진다.

제145조 (인민경제계획에 맞물리지 않은 화물의 수송)

기관, 기업소, 단체와 공민이 인민경제계획에 맞물리지 않은 짐을 운수기관을 통하여 나르는 것은 화물수송계약질서에 따른다.

제3장 계획에 기초하지 않는 계약

제146조 (계획에 기초하지 않는 계약의 목적)

계획에 기초하지 않는 계약은 국가의 인민적인 시책이 공민들에게 더 잘 미치도록 하며 기관, 기업소, 단체의 정상적인 경영활동을 보장하기 위하여 맺는다.

제147조 (계약을 체결할수 없는 대상)

국가의 승인밑에서만 가질수 있는 물건이나 희유금속, 그밖의 국가통제품은 계약의 대상으로 될수 없다.

제148조 (팔고사기계약의 체결)

소매상업기업소, 수매기관과 공민사이 또는 공민사이에 물건을 팔고사는 행위는 팔고사기계약에 따라 한다.

팔고사기계약은 인민들의 소비적수요를 원만히 보장할수 있게 맺고 리행하여야 한다.

제149조 (팔고사기계약당사자의 의무)

팔고사기계약에 의하여 파는자는 물건을 사는자에게 소유권을 넘겨줄 의무를 지며 사는자는 물건을 넘겨받고 값을 물 의무를 진다.

물건을 파는 것은 그에 대한 처분권이 있는자만이 할수 있다. 처분권이 없는자가 물건을 판다는것을 알면서 맺은 팔고사기계약은 효력을 가지지 못한다.

제150조 (소매계약당사자)

기업소가 생산하여 공급한 상품에 대

한 팔고사기계약에서 파는자로는 소매상업기업소가 된다.

소매상업기업소는 주민들의 수요에 맞게 상품주문서를 만들고 상품을 제때에 확보하여 팔아주어야 한다.

제151조 (보증기간에 나타난 결함)

신용보증기간이 정해진 상품을 산자는 그 기간안에 나타난 결함에 대하여 상품을 판자에게 그 책임을 물을수 있다.

제152조 (수매계약대상과 당사자)

국가계획에 있는 농산물, 회유금속과 국가통제품을 제외한 농축산물과 토산물, 원료와 자재, 일반용품을 사들이는 당사자로는 수매기관이 된다.

수매기관은 기본수매품종의 등급기준과 값을 공시하고 그에 따라 수매품을 사들여야 한다.

제153조 (수매계약기간의 준수)

수매기관은 계약된 물건을 정해진 기간안에 사들여야 한다. 이 의무를 어긴 경우 수매시키는자는 해당 물건을 다른 수매기관에 팔 수 있으며 생긴 손해를 보상받을수 있다.

제154조 (수매품의 수송)

수매품을 수매장소까지 나르는 일은 수매시키는자가 하며 수매장소로부터 다른 장소로 나르는 일은 수매기관이 한다.

수매품의 나르는 일은 앞항과 다르게 계약한 경우 운반을 담당한자는 해당 운임을 상대방으로부터 받을수 있다.

제155조 (시장에서 팔고사기계약)

공민이 생산한 농부업 생산물은 농민시장에서만 생산자와 소비자 사이에 합의된 값으로 팔고 살수 있다.

산 물건을 더 비싸게 되거리하는 행위는 할수 없다.

제156조 (작업봉사계약의 체결)

공민이 물건을 만들거나 수리, 가공하거나 그밖의 일을 맡기는 행위는 작업봉사계약에 따라 한다.

작업봉사계약은 근로자들에 대한 편의봉사를 잘할수 있게 맺고 리행하여야 한다.

제157조 (작업봉사계약당사자의 의무)

작업봉사 계약에 의하여 작업하는 자는 주문받은 일을 하고 그 결과를 작업맡긴자에게 넘겨줄 의무를 지며 작업맡긴자는 작업결과를 넘겨받고 해당한 봉사료를 물 의무를 진다.

제158조 (작업봉사계약의 체결시기)

작업봉사 계약은 당사자들이 말로 합의하고 일감을 주고받은 때에 맺어진다.

제159조 (작업맡기는자의 의무)

작업맡기는자는 일감을 넘겨줄 때에 요구조건을 알려주면서 기술자료를 함께 주어야 한다. 이 의무를 어긴 경우 작업하는자는 작업기간을 그만큼 연장하거나 작업순차를 뒤로 미룰수 있다.

제160조 (작업에 필요한 자재, 부속품의 보장)

작업하는 자는 계약에서 따로 정하지 않은 한 자재나 부속품을 자기가 부담하여야 한다.

작업맡기는자가 자재나 부속품을 부담하기로 정한 경우 작업하는자는 그것을 검사하고 결함이 있으면 상대방에 제때에 알려야 한다.

제161조 (작업대상물의 취급)

작업하는자는 작업맡기는자가 낸 작업대상을 소중히 다루고 자재, 부속품을 소비기준과 기술규정의 요구에 맞게 써야 한다.

쓰고 남은 자재와 부속품은 작업결과와 함께 작업맡긴자에게 돌려주어야 한다.

제162조 (작업대상의 구조변경금지)

작업하는자는 작업대상의 구조를 마음대로 변경시키거나 작업맡긴자가 낸 작업대상에서 부분품을 뜯어내거나 자재와 부속품을 바꾸어쓰지 말아야 한다.

제163조 (작업기간의 준수)

작업하는자는 작업기간을 지켜야 한다.

작업맡긴자는 정해진 기간까지 작업하는자가 작업을 끝내지 못할것이 명백한 경우 계약을 취소하고 입은 손해를 보상받을수 있다.

제164조 (작업의 질보장)

작업하는자는 작업결과의 질을 보장하여야 한다.

작업한자는 보증기간이 정해진 경우 그 기간안에 나타난 결함에 대하여 남의 허물이 아닌 한 자기가 책임진다.

제165조 (작업결과를 넘겨받을 의무)

작업맡긴자는 작업결과를 제때에 넘겨받아야 한다. 이 의무를 어긴 경우에 작업한자는 정해진 보관료를 받을수 있다.

제166조 (보관계약의 체결)

물건을 맡기고 보관하는 행위는 보관계약에 따라 한다.

보관계약은 기관, 기업소, 단체의 경영상 편리와 인민들의 생활상 편의를 보장할수 있게 맺고 리행한다.

제167조 (보관계약당사자의 의무)

보관계약에 의하여 물건을 보관하는자는 그 물건을 보관하였다가 보관시킨자에게 돌려줄 의무를 지며 물건을 보관시킨자는 그것을 찾고 해당한 보관료를 물 의무를 진다.

제168조 (보관계약의 체결시기)

보관계약은 당사자들사이에 말로 합의하고 물건을 보관하는자에게 넘겨주거나 보관하는자가 물건을 넘겨받고 해당한 표식물을 상대방에 내준 때에 맺어진다.

보관계약은 기간을 정하고 맺을수도 있고 기간을 정하지 않고 맺을수도 있다.

제169조 (물건을 보관시키는자의 의무)

물건을 보관시키는자는 그 물건을 보관하는데서 주의하여야 할 점을 보관하는자에게 알려주어야 한다.

이 의무를 어겨 보관물에 생긴 손해와 보관하는자에게 준 손해는 물건을 보관시킨자가 책임진다.

제170조 (물건을 보관하는자의 의무)

보관하는자는 계약대로 물건을 보관하여야 한다. 성질상 관리를 필요로 하는 물건은 성실히 보관관리하여야 한다.

보관하는자는 보관물을 관리하는데 들인 비용을 보관시킨자로부터 보상받을수 있다.

제171조 (업무수행과 관련한 물건의 보관)

려관, 극장, 회관같이 업무수행과 관련하여 물건을 맡아 보관하는 기관은 보관한 물건이 없어졌거나 손상된데 대하여 책임진다. 그러나 보관시킨자가 따로 보관한 물건에 대하여서는 책임지지 않는다.

제172조 (보관물을 찾을 의무)

보관시킨자는 보관물을 제때에 찾아가야 한다.

보관하는자는 보관기간이 지나도록 보관시킨자가 보관물을 찾아가지 않은 경우 더 높게 정해진 보관료를 받을수 있다.

제173조 (보관물을 원상태로 돌려줄 의무)

보관하는자는 보관물을 보관시킨자에게 원상대로 돌려주어야 한다.

봉인하였거나 포장한 물건을 맡았을 경우에는 그대로 돌려주며 내용을 확인하고 물건을 받았을 경우에는 내용을 다시 확인하고 돌려주어야 한다.

제174조 (보과물을 정확히 돌려줄 의무)

보관하는자는 보관물을 보관시킨 본인에게 정확히 돌려주어야 한다.

물건을 받고 표식물을 내준 경우에는 해당 표식물을 내놓는자에게 물건을 돌려주면 보관의무는 없어진다.

제175조 (법적의무 없이 하는 재산의 보관관리)

공민은 법적의무없이도 다른 공민이나 국가사회협동단체의 재산을 보관관리할수 있다. 이 경우 재산을 보관관리하는 자는 해당 사실을 재산임자에게 알리고 자기 재산처럼 보관관리하여야 하며 그것을 보관관리하는데 들인 비용을 재산임자에게서 보상받을수 있다.

제176조 (법적의무 없이 보관관리하는 재산의 처리)

법적의무없이 남의 재산을 보관관리하는자는 불가피하게 그 재산을 처분한 경우 받은값만큼 재산임자에게 돌려주어야 한다.

제177조 (빌리기계약의 체결)

공민의 도서, 생활용품이나 문화오락기구, 체육기자재 같은 것을 빌리는 행위는 빌리기계약에 따라 한다.

빌리기계약은 인민들의 다양한 물질문화적수요를 원만히 보장할수 있게 맺고 리행하여야 한다.

제178조 (빌리기계약당사자의 의무)

빌리기계약에 의하여 물건을 빌려주는자는 빌리는자가 그것을 일정한 기간 리용하도록 넘겨줄 의무를 지며 빌리는자는 사용료를 물고 해당 물건을 리용한 다음 빌려준자에게 돌려줄 의무를 진다.

제179조 (빌리기계약의 형식)

공민이 도서, 특허물, 록음물, 록화물 같은 자료를 해당기관으로부터 빌리는 계약은 무상 또는 유상으로 맺는다.

제180조 (쓸수 있는 상태의 물건을 빌려줄 의무)

빌려주는자는 물건을 그 본성에 맞게 쓸수 있는 상태에서 넘겨주어야 하며 결함이 있는 물건을 빌려주는 경우 그 사실을 빌리는자에게 알려주어야 한다. 이 의무를 어겨 빌린자에게 준 손해는 보상하여야 한다.

제181조 (빌린 물건을 계약조건과 용도에 맞게 쓸 의무)

빌리는자는 빌린 물건을 계약조건과 용도에 맞게 쓰며 그 구조를 마음대로 변경시키지 말아야 한다.

빌리는자가 빌린 물건의 구조를 변경시키려고 할 경우에는 빌려준자의 동의를 받아야 한다.

제182조 (빌린 물건의 수리)

빌린 물건의 대수리는 빌려주는자가 하며 중수리는 계약에서 정한자가 하고 소수리는 빌리는자가 한다.

중수리나 소수리를 맡은자가 수리를 제때에 하지 않아 빌린 물건이 심히 손상된 경우 상대방은 계약을 취소할수 있다.

제183조 (빌린 물건의 다시 빌려주기)

빌리기계약에서 빌리는자는 빌린 물건을 빌려준자의 동의밑에 제3자에게 다시 빌려줄수 있다. 이 경우에 빌리는자는 계약의무의 리행에 대하여 빌려준자앞에 책임진다.

제184조 (보증금을 설정한 빌리기계약)

보증금을 설정하고 맺은 빌리기계약에서 빌려준자는 빌려준 물건을 반환받을 때까지 보증금을 돌려주지 않을수 있다.

제185조 (위탁계약의 체결)

기관, 기업소, 단체가 판매, 수매나 그밖의 재산거래를 다른 기관이나 공민에게 위탁하는 행위는 위탁계약에 따라 한다.

위탁계약은 적은 로력과 자금으로 온갖 경제적예비와 잠재력을 동원 리용할수 있게 맺고 리행하여야 한다.

제186조 (위탁계약당사자의 의무)

위탁계약에 의하여 위탁받는자는 위탁하는자로부터 위탁받은 재산거래행위를 위탁하는자의 부담으로 수행할 의무를 지며 위탁하는자는 그 결과를 넘겨받고 해당한 보수를 지불할 의무를진다.

위탁계약은 서면으로 맺어야 한다.

제187조 (위탁받은 행위수행에 필요한 조건의 보장)

위탁하는자는 위탁받은 행위를 하는데 필요한 돈이나 물건을 먼저 상대방에 넘겨주어야 한다.

제188조 (위탁받은자의 의무)

위탁받은자는 계약조건에 맞게 위탁받은 행위를 하여야 한다.

위탁받은자가 계약조건의 범위를 벗어나는 행위를 하려 할 경우에는 위탁한자의 동의를 받아야 한다.

제189조 (위탁받은자에 대한 제3자의 청구권)

위탁계약과 관계없이 위탁받은자에게 청구권을 가지고 있는 제3자는 위탁행위를 위하여 받았거나 위탁한자에게 넘겨주기로 된 돈이나 물건에서 청구권을 실현할수 없다.

제190조 (유리한 행위결과의 처리)

위탁받은자는 위탁한자가 요구한것보다 더 유리하게 한 행위의 결과도 다 위탁한자에게 넘겨주어야 한다.

제191조 (위탁행위결과에 대한 보수와 비용의 지불)

위탁한자는 위탁받은자로부터 행위결과를 제때에 넘겨받고 해당한 보수와 그가 들인 비용을 지불하여야 한다.

제192조 (기관, 기업소, 단체사이의 재산거래에서 계약규범의 적용)

이법에서 규정한 팔고사기 계약, 작업봉사 계약, 보관계약, 빌리기 계약, 위탁계약은 기관, 기업소, 단체사이에 이루어지는 재산거래관계에도 해당하게 적용된다.

제193조 (려객수송계약의 체결)

공민이 기차, 자동차, 배, 비행기를 비

롯한 운수수단을 리용하여 하는 려행은 려행수송계약에 따라 한다.

려객수송계약은 인민들의 려행상 안전과 편리를 보장할수 있게 맺고 리행하여야 한다.

제194조 (려객수송계약당사자의 의무)

려객수송계약에 의하여 손님은 운수기관에 해당 값을 물 의무를 지며 운수기관은 손님을 려행목적지까지 태워갈 의무를 진다.

려객수송계약은 운수기관이 표에 의하여 해당 운수수단의 리용을 승인해준 때에 맺어진다.

제195조 (려행조건의 보장)

운수기관은 운수수단을 리용하는 손님들에게 의료봉사, 도중식사를 비롯하여 려행에 필요한 조건과 시설들을 잘 보장해주어야 한다.

제196조 (손님을 목적지까지 태워보낼 의무)

운수기관은 손님을 려행목적지까지 태워나르지 못하게 된 경우에 손님에게 다른 운수수단을 리용할수 있도록 보장해주어야 한다.

제197조 (표값반환 및 표사용기간의 연장)

운수기관은 손님이 표값을 정한 기간안에 물리려 하거나 그를 태워갈수 없게 된 경우 해당 표값의 전부 또는 일부를 손님에게 돌려주거나 표의 사용기간을 늘여주어야 한다.

제198조 (려행자의 권리)

려행하는 손님은 학령전어린이를 표없이 데리고 갈수 있으며 정해진 범위안의 짐을 가지고 해당 운수수단에 오를수 있다.

제199조 (려행질서의 준수)

손님은 려행과정에 운수수단과 시설, 비품을 애호하고 제정된 려행질서를 지켜야 한다. 이 의무를 어긴 경우 운수기관은 해당 손님에게 손해를 보상시키거나 운수수단에서 내릴 것을 요구할수 있다.

제200조 (저금계약의 체결)

공민이 저금기관에 돈을 저축하는 행위는 저금계약에 따라 한다.

저금계약은 놀고있는 돈을 경제건설에 효과있게 리용하며 인민들의 생활향상을 도모할수 있게 맺고 리행하여야 한다.

제201조 (저금계약당사자의 의무)

저금계약에 의하여 저금하는 공민이 저금기관에 돈을 맡기면 저금기관은 그것을 저금하였다가 저금한 공민의 요구에 따라 내줄 의무를 진다.

저금계약은 저금기관이 돈을 받고 저금하는 공민에게 저금증서를 내준 때에 맺어진다.

제202조 (저금하는 공민의 권리)

저금계약에서 저금하는 공민은 저금의 종류와 액수를 마음대로 정할수 있다. 저금기관은 저금한 공민의 요구에 따라 이미 받은 저금을 다른 종류의 저금으로 바꾸거나 다른 저금기관에 옮겨주어야 한다.

제203조 (저금하는 돈을 받거나 저금한 돈을 내줄 의무)

저금기관은 공민이 요구하면 어느때든지 저금하는 돈을 맡거나 저금한 돈을 내주어야 한다.

저금기관은 상대방을 정확히 확인하지 않고 돈을 잘못 내준 경우 그에 대한 책임을 진다.

제204조 (저금의 비밀준수)

저금기관은 저금의 비밀을 지키고 저금내용에 대하여 공개하지 말아야 한다.

제205조 (보험계약의 체결)

공민이 생명, 건강이나 재산에 대하여 보험에 드는 행위는 보험계약에 따라 한다.

보험계약은 뜻하지 않은 재해로 인한 손해로부터 인민들을 보호하며 놀고 있는 돈을 동원 리용할수 있게 맺고 리행하여야 한다.

제206조 (보험계약당사자의 의무)

보험계약에 의하여 보험에 든 공민은 보험기관에 보험료를 물 의무를 지며 보험기관은 보험사고가 나면 보험금 또는 보험보상금을 해당 공민에게 내줄 의무를 진다.

보험계약은 보험기관이 보험에 든 공민에게 보험증권을 내준 때에 맺어진다.

제207조 (고의적인 보험사고)

보험에 든 공민이나 보험금 또는 보험보상금을 받는데 리해관계가 있는 제3자가 고의적으로 보험사고를 일으킨 경우에는 보험금이나 보험보상금을 주지 않는다.

제208조 (허물있는 제3자에 대한 보상청구)

제3자의 허물로 일어난 사고에 대하여 보험보상금을 내준 보험기관은 그에 대한 보상을 제3자에게 요구할수 있다.

제3자가 보험사고를 일으킨 경우 보험에 든 공민은 그 사고결과를 고착시켜야 한다. 이 의무를 어기면 보험보상금을 적게 받거나 전혀 받지 못할수 있다.

제209조 (인체보험료의 납부)

생명보험, 어린이보험, 재해보험 같은 인체보험계약을 맺은 공민은 정해진 기간안에 정기적으로 보험료를 물어야 한다.

인체보험에 든 공민이 정해진 기간까지 보험료를 물지 않으면 보험효력이 없어지며 보험료를 물면 그때부터 보험효력이 다시 생긴다.

제210조 (인체보험금의 지불)

보험기관은 인체보험에 든 공민이 사망하였거나 로동능력을 잃었을 경우 해당한 보험금을 내주어야 한다.

생명보험과 어린이보험에서는 보험기간이 되고 보험에 든 공민이 보험료를 다 물면 만기보험금을 내준다.

제211조 (재산보험료의 납부)

재산보험에 든 공민은 정해진 기간안에 보험료를 물어야 한다.

보험사고가 없이 계약기간이 지난 경우 지불된 보험료는 보험기관의 수입으로 한다.

제212조 (재산보험사고의 통보)

재산보험에 든 공민은 보험사고가 일어났을 경우 곧 보험기관에 알리고 손실을 덜기 위한 대책을 세워야 한다. 이 의무를 어긴 경우에는 보험보상금을 적게 받거나 전혀 받지 못할수 있다.

제213조 (위임계약의 체결)

재산거래와 그밖의 법률적의의를 가지는 행위를 남에게 위임하는 행위는 다른 법적근거가 없는 한 위임계약에 따라 한다.

제214조 (위임계약당사자의 의무)

위임계약에 의하여 위임받는자는 위임받는 행위를 위임하는자의 이름과 부담으로 수행할 의무를 지며 위임하는자는 위임받은자가 위임받은 범위에서 한 행위의 결과를 넘겨받을 의무를 진다.

제215조 (위임할수 없는 행위)

양자관계나 유언같이 본인자신의 직접적인 의사표시를 필요로 하는 행위는 위임할수 없다.

제216조 (위임받은 범위의 준수)

위임받은자는 위임받은 범위안에서 행위를 하여야 한다. 위임받은 행위를 원만히 수행하기 위하여 불가피한 경우에는 그 범위를 벗어나는 행위를 할수 없다.

제217조 (위임받은 행위과정에서 생긴 손해의 책임)

위임받은자는 위임받은 행위를 하는 과정에 자신의 허물로 일으킨 손해에 대하여 위임한자앞에 책임진다. 그러나 어느 당사자의 허물도 없이 생긴 손해에 대하여서는 위임한자가 책임진다.

제218조 (위임수행정형의 통보)

위임받은자는 위임한자의 요구에 따라 위임받은 행위의 수행정형을 그에게 알려주어야 한다.

제219조 (위임행위에 들인 비용의 보상)

위임한자는 계약조건에 맞게 위임받은자가 한 행위의 결과를 제때에 접수하고 그가 들인 비요을 보상하여야 한다.

위임한자는 자기의 허물로 위임받은자가 위임받은 행위를 하는 과정에 입은 손해에 대하여 보상할 책임을 진다.

제220조 (위임계약의 취소)

위임계약의 당사자는 위임계약을 어느때든지 취소할수 있다.

계약을 취소한 당사자는 그것으로 하여 상대방이 입은 손해를 보상할 책임을 진다.

제221조 (꾸기계약의 체결)

공민들 사이에 돈이나 물건을 꾸어주고 꾸는 행위는 꾸기계약에 따라 한다. 꾸기계약은 무상으로 맺는다.

리자 또는 리자 형태의 물건을 주고받는 꾸기계약은 맺을수 없다.

제222조 (꾸기계약당사자의 의무)

꾸기계약에 의하여 꾸어주는 공민이 돈이나 물건을 꾸는 공민에게 넘겨주는 경우 꾼 공민은 꾸어준 공민이게 액수가 같은 돈이나 종류와 량이 같은 물건을 갚을 의무를 진다.

꾸기계약은 꾸어주는 공민이 돈이나 물건을 상대방에 넘겨준 때에 맺어진다.

제223조 (꾸기계약 리행기간)

기간을 정하고 꾸기계약을 맺은 경우 꾸어준 공민은 기간이 되어야 꾸어준 돈이나 물건을 갚을것을 요구할수 있으며 꾼 공민은 기간이 되기전이라도 그것을 갚을수 있다.

제224조 (꾸기계약의 리행대상)

공민은 꾼 돈이나 물건은 정한 기간안에 갚아야 한다.

같은 물건이 없는 경우에는 상대방과 합의하고 다른 물건으로 갚을수 있다.

제225조 (은행대부계약의 체결)

은행기관이 기관, 기업소, 단체에 돈을 꾸

어주는 행위는 은행대부계약에 따라 한다.

은행대부계약은 재정규률을 강화하며 화폐자금을 아껴쓰고 그 회전을 촉진시킬수 있게 맺고 리행하여야 한다.

제226조 (은행대부계약당사자의 의무)

은행대부계약에 의하여 은행기관은 대부받는 기관, 기업소, 단체와 화폐자금을 넘겨줄 의무를 지며 대부받는자는 그 자금을 리용하고 원금과 리자를 은행기관에 물 의무를 진다.

은행 대부계약은 은행기관이 대부받는자의 신청을 승인하고 대부금을 넘겨준 때에 맺어진다.

제227조 (대부의 반환원천담보)

은행 대부계약은 대부의 반환원천이 담보되는 조건에서 맺는다.

대부를 받으려는자는 문건으로 자기의 대부금반환능력을 은행기관에 담보하여야 한다.

제228조 (대부금을 지정된 항목에 쓸 의무)

대부받은자는 대부금을 류용하거나 사장랑비하지 말고 지정된 항목에 써야 한다. 이 의무를 어긴 경우 은행기관은 대부금을 기간 전에 회수하거나 다음번 대부를 중지할수 있다.

제229조 (대부금의 반환)

대부받은자는 원금과 리자를 정해진 기간안에 은행기관에 물어야 한다. 이 의무를 어긴 경우에는 기간이 지난날부터 더 놓은 률의 리자를 물어야 한다.

제230조 (합동작업계약의 체결)

기관, 기업소, 단체가 국가자금으로 살림집이나 시설물 같은 것을 건설하는 작업을 같이 하고 그에 대한 리용권을 나누는 행위는 합동작업 계약에 따라 한다.

합동작업계약은 예비와 가능성을 동원하여 건설물의 수요를 보장할수 있게 맺고 리행하여야 한다.

제231조 (합동작업계약당사자의 의무)

합동작업계약의 당사자는 공동작업에 참가할 의무를 지며 작업참가정도에 따라 작업결과물의 리용권을 나누어 가진다. 합동작업계약은 서면으로 맺고 공증을 받아야 한다.

제232조 (합동작업계약의 합의조건)

합동작업계약의 당사자는 작업대상, 기간, 작업실직의 계산방법, 작업결과물을 나누는 원칙, 합동작업대표의 권한같은 조건에 대하여 합의를 보아야 한다.

제233조 (합동작업대표의 선출)

계약당사자들은 계약을 원만히 리행하기 위하여 합동작업대표를 선출한다. 합동작업대표는 계약당사자들의 대표로서 합동작업에 대하여 책임진다.

제234조 (합동작업결과물의 분할)

합동작업대표는 작업이 끝나면 계약당사자들에게 작업실적에 따라 작업결과물을 나누어 리용할데 대하여 해당기관에 제기하여야 한다.

제4장 부당리득행위

제235조 (부당리득의 반환의무)

법적근거없이 남의 손실밑에 부당하게 리득을 얻은자는 그 부당리득으로 하여 손해를 입은자에게 해당리득을 돌려주어야 한다.

제236조 (부당리득의 반환시기)

부당리득자는 리득이 부당하다는 것

을 안 때로부터 그 리득에서 생긴 재산을 손해를 본자에게 돌려주어야 한다.

제237조 (부당리득의 반환원칙)

부당리득과 그로부터 생긴 재산은 현물로 돌려주는 것을 원칙으로 하며 현물로 돌려줄수 없는 경우에는 그 값을 물어야 한다.

제238조 (부당리득재산의 보관관리)

부당리득과 그로부터 생긴 재산을 돌려준자는 그것을 보관관리하고 돌려주는데 들인 비용을 보상받을수 있다.

제239조 (돌려받을자를 알수 없는 부당리득의 처리)

부당리득을 돌려받을자를 알수 없는 경우에 부당리득자는 그 리득을 해당기관에 바쳐야 한다.

제4편 민사책임과 민사시효제도

제1장 민사책임

제240조 (민사책임조건)

기관, 기업소, 단체와 공민은 남의 민사상 권리를 침해하였거나 자기의 민사상 의무를 위반하였을 경우 민사책임을 진다. 그러나 같은 소유의 기관, 기업소, 단체라 하더라도 그 소유에 속하는 다른 기관, 기업소, 단체의 허물에 대하여서는 민사책임을 지지 않는다.

제241조 (허물에 의한 민사책임)

민사책임은 법이 달리 정하지 않은 한 허물이 있는자가 진다.

계약 또는 법을 어긴자가 자기에게 허물이 없다는것을 증명하지 못하면 허물은 그에게 있는것으로 본다.

제242조 (민사책임의 형태)

민사책임은 재산의 반환, 원상복구, 손해보상과 위약금, 연체료 같은 제재금의 지불, 청구권의 제한 또는 상실의 형태로 지운다. 이 경우 서로 다른 민사책임형태를 병합하여 지울수 있다.

제243조 (행위무능력자의 위법행위에 대한 책임)

민사행위능력이 없는자가 남의 민사상 권리를 침해하였을 경우에는 부모 또는 후견인에게 민사책임을 지운다.

부모나 후견인의 통제에서 벗어나 있는 기간에 침해행위를 하였을 경우에는 그를 통제할 의무를 진에게 민사책임을 지운다.

제244조 (부분적행위능력자의 위법행위에 대한 책임)

16살에 이른 부분적행위능력자가 남의 민사상 권리를 침해하여 손해를 일으킨 경우 자기 지불능력의 범위를 벗어나는 부분은 그의 부모나 후견인이 민사책임을 진다.

제245조 (기관, 기업소, 단체성원의 위법행위에 대한 책임)

기관, 기업소, 단체의 성원이 직무수행과정에 남이 재산이나 인체에 해를 준 경우에는 그 기관, 기업소, 단체가 민사책임을 진다.

제246조 (비법점유재산의 반환)

남이 건물을 비롯한 재산을 비법적으로 점유한 기관, 기업소, 단체와 공민은 그것을 임자에게 돌려주어야 한다.

재산을 현물로 돌려줄수없을 경우에

는 해당한 값을 물어야 한다.

제247조 (재산비법침해의 책임)

남의 재산에 손해를 준 기관, 기업소, 단체와 공민은 그 재산을 원상대로 복구하여야 한다.

재산의 원상복구가 불가능한 경우에는 같은 종류의 다른 물건을 주거나 그 값을 물어야 한다.

제248조 (인신침해의 손해배상)

사람이 건강과 생명에 해를 준 기관, 기업소, 단체와 공민은 해당한 손해를 보상하여야 한다.

사람의 존엄과 명예를 심히 훼손시켜 그의 신체와 인격에 지울수 없는 손상을 남긴자는 시효에 관계없이 피해자에게 보상하여야 한다.

제249조 (관리하고있는 짐승이 남에게 준 손해의 보상)

관리하고있는 짐승이 남의 재산이나 인체에 해를 준 경우 짐승의 임자나 관리자는 그 손해를 보상하여야 한다. 그러나 피해자에게 허물이 있을 경우에는 보상책임이 덜어지거나 면제된다.

제250조 (국토환경보호법규위반에 의한 손해의 보상)

국토와 자원을 보호하고 자연환경을 보존, 조성하며 환경오염을 방지할데 대한 국가의 법을 어기여 남의 재산에 손해를 준 기관, 기업소, 단체와 공민은 해당한 손해를 보상하여야 한다.

제251조 (공동침해행위의 련대적책임)

여럿이 공동으로 남이 재산이나 인체에 해를 준 경우에는 련대적으로 민사책임을 진다.

제252조 (계약위반의 책임)

계획에 기초하는 계약을 어긴자는 위약금이나 연체료를 물어 법이 따로 정하지 않은 한 생긴 손해를 보상할 책임을 진다.

계획에 기초하지 않는 계약을 어긴자는 손해를 보상할 책임을 진다.

제253조 (계약을 량편 당사자들이 위반한 책임)

계약당사자들이 다같이 맺은 계약을 위반하였을 경우에는 각자가 해당한 민사책임을 진다.

제254조 (계약의 변경, 취소시 손해보상)

계약의 변경 또는 취소는 손해보상을 요구한 당사자의 권리에 영향을 주지 않는다.

제255조 (주위환경에 큰 위험을 줄수 있는 대상에 의하여 끼친 손해의 책임)

기관, 기업소, 단체는 주위환경에 큰 위험을 줄수 있는 대상을 다루거나 작업을 하는 과정에 남의 재산이나 인체에 해를 준 경우 허물이 없어도 민사책임을 진다. 그러나 피해자에게 중대한 과실이 있는 경우에는 책임을 지지 않는다.

제256조 (정당방위와 긴급피난시 책임면제)

공민이 정당방위를 위하여 또는 자연재해나 비법침해로부터 국가와 사회의 리익을 보호하기 위하여 필요한 정도를 넘지 않는 범위에서 불가피하게 남의 재산이나 인체에 해를 준 경우에 는 민사책임을 지지 않는다.

제257조 (긴급피난으로 발생한 손해의 보상)

국가와 사회의 리익을 위하여 불가피하게 남의 재산에 손해를 준 경우 그것으로 하여 구원된 재산의 임자는 해를 입은자의 손해를 보상하여야 한다.

제258조 (민사책임과 행정적, 형사적 책임의 관계)

민사책임은 위법행위에 대한 행정적, 형사적책임을 배제하지 않는다.

제2장 민사시효

제259조 (민사시효의 적용)

민사상 권리의 실현을 보장받기 위한 재판이나 중재의 제기는 민사시효 기간안에 하여야 한다. 이를 어기면 재판, 중재절차에 의한 권리의 실현을 보장받지 못한다.

국가소유 재산의 반환청구에 대하여서는 민사시효가 적용되지 않는다.

제260조 (공민이 당사자로 나서는 민사시효기간)

기관, 기업소, 단체와 공민사이 또는 공민사이의 민사시효기간은 1년으로 한다.

제261조 (기관, 기업소, 단체사이의 민사시효기간)

기관, 기업소, 단체사이의 민사시효기간은 다음과 같다.

1. 제품의 대금청구와 보증금반환청구, 공급한 제품의 규격, 완비성 및 견본의 위반과 파손, 부패변질, 수량부족, 그밖의 계약조건위반으로 하여 발생한 손해보상청구와 위약금, 연체료의 지불청구 및 운수, 체신업무와 관련하여 발생한 청구에 대하여서는 3개월
2. 앞호 이외의 청구에 대하여서는 6개월
3. 대외민사거래와 관련한 청구에 대하여서는 조약에서 달리 정하지 않는 한 2년 (1990년 구법 제261조 3. 외국으로부터 직접 인수한 수입품의 사고와 관련한 보상청구, 국제련락운수 및 국제통신과 관련한 청구에 대하여서는 해당 협정에 의한 기간)

제262조 (예산제기관, 기업소의 채권에 대한 민사시효기간)

예산제기관, 기업소의 청구에 대하여서는 민사시효기간이 되기전이라도 그 청구권이 발생한 예산년도가 지나면 시효기간이 지난 것으로 본다.

제263조 (민사시효기간이 지난 재산의 처리)

민사시효기간이 지난 재산은 임자없는 재산으로 된다.

기관, 기업소, 단체는 민사시효기간이 지난 재산을 법이 정한 절차에 따라 제 때에 해당 기관에

바쳐야 한다.

제264조 (민사시효기간이 지난 다음 민사상의무의 자발적리행)

민사시효기간이 지난 다음 자기의 민사상 의무를 자발적으로 리행한자는 시효기간이 경과한 사실을 몰랐다 하더라도 그 반환을 요구할수 없다.

제265조 (민사시효기간의 정지)

민사시효기간의 마지막 3개월안에 자연재해같이 어찌할수 없는 사유로 청구권을 행사할수 없었을 경우에 시효기간의 계산은 정지되며 그 사유가 없어지면 기간의 계산은 계속된다. 나머지 시효기간이 3개월이 못될 경우에는 3개월까지 연장한다.

제266조 (민사시효기간의 중단)

다음과 같은 경우 민사시효기간의 계

산은 중단된다.

　1. 채권자가 재판 또는 중재를 제기하였을 경우

　2. 은행기관을 통한 지불청구에 대하여 채무자가 채무를 확인하였을 경우

　3. 공민호상간 또는 기관, 기업소, 단체와 공민사이 혹은 기관, 기업소, 단체사이의 계획에 기초하지 않는 일반계약분쟁사건에서 채무자가 채무를 승인하였을 경우

　시효기간이 중단되면 그때부터 시효기간을 새롭게 계산된다.

제267조 (민사시효기간의 연장)

　재판기관이나 중재기관은 청구권을 가진자가 민사시효기간안에 재판 또는 중재를 제기하지 못한 데 대하여 불가피한 리유가 있다고 인정되는 경우 시효기간을 연장하여줄수 있다.

제268조 (민사시효의 의무적적용)

　재판기관이나 중재기관은 당사자가 민사시효의 리익을 주장하지 않아도 시효를 적용하여야 한다.

제269조 (민사시효기간의 시작)

　민사시효기간은 다음과 같은 때부터 시작된다.

　1. 리행기간이 지정된 채무에 대하여서는 그 기간이 된 때

　2. 리행기간이 지정되지 않은 채무에 대하여서는 채무가 생긴 때

　3. 기관, 기업소, 단체사이에 공급한 제품의 규격, 완비성 및 견본의 위반과 파손, 부패변질, 수량부족, 그밖의 계약조건위반으로 하여 발생한 손해보상청구는 그에 대한 사고조서를 작성하였거나 작성하기로 된 때

제270조 민사시효기간의 시작날자)

　민사시효기간은 일간, 월간, 년간으로 정하며 그 계산은 시효기간을 계산하여야 할 사유가 생긴 다음날부터 시작한다.

제271조 (민사시효기간이 끝나는 날)

　민사시효기간은 시효기간을 계산하여야 할 사유가 생긴 날자와 같은 날이 지나면 끝나며 같은 날자가 없을 경우에는 그달의 마지막날이 지나면 끝난다. 시효기간의 마지막날이 일요일, 명절일이거나 국가에서 정한 휴식일인 경우에는 그다음 첫 로동일을 시효기간의 마지막날로 한다.

5. 북한가족법(2009)

조선민주주의인민공화국 가족법

주체79(1990)년 10월 24일 최고인민회의 상설회의 결정 제5호로 채택
주체82(1993)년 9월 23일 최고인민회의 상설회의 결정 제35호로 수정보충
주체93(2004)년 12월 7일 최고인민회의 상설회의 결정 제808호로 수정보충
주체96(2007)년 3월 20일 최고인민회의 상설회의 결정 제2161호로 수정보충
주체98(2009)년 12월 15일 최고인민회의 상설회의 결정 제520호로 수정보충

제1장 가족법의 기본

제1조 (가족법의 사명)
조선민주주의인민공화국 가족법은 사회주의적 결혼, 가족제도를 공고발전시켜온 사회를 화목하고 단합된 사회주의 대가정으로 되게 하는데 이바지한다.

제2조 (결혼의 보호원칙)
결혼은 가정형성의 기초이다.
국가는 결혼을 법적으로 보호한다.

제3조 (가정공고화의 원칙)
가정은 사회의 기층생활단위이다.
국가는 가정을 공고히 하는데 깊은 배려를 돌린다.

제4조 (행위능력이 없는 공민의 보호원칙)
인간의 존엄과 권리를 보장하는 것은 사람을 가장 귀중히 여기는 사회주의제도의 본성적 요구이다.
국가는 후견제도를 통하여 행위능력이 없는 공민의 권리와 리익을 보호한다.

제5조 (상속권의 보장원칙)
상속은 개인재산에 대한 법적보호의 계속이다.
국가는 개인재산에 대한 상속권을 보장한다.

제6조 (어린이와 어머니의 보호원칙)
어린이와 어머니의 리익을 특별히 보호하는것은 조선민주주의인민공화국의 일관한 시책이다.
국가는 어머니가 어린이를 건전하게 양육하고 교양할 수 있는 조건을 보장하는데 선차적인 관심을 돌린다.

제7조 (가족법의 규제대상)
이 법은 사회주의적결혼관계와 가족, 친척들사이의 인격적 및 재산적관계를 규제한다.

제2장 결 혼

제8조 (자유결혼과 일부일처제)
공민은 자유결혼의 권리를 가진다.
결혼은 오직 한 남자와 한 녀자사이에만 할 수 있다.

제9조 (결혼년령)
조선민주주의인민공화국에서 결혼은 남자 18살, 녀자 17살부터 할 수 있다.
국가는 청년들이 조국과 인민을 위하

여, 사회와 집단을 위하여 보람있게 일한 다음 결혼하는 사회적 기풍을 장려한다.

제10조 (결혼촌수)

8촌까지의 혈족, 4촌까지의 인척이거나 인척이였던자사이에는 결혼할 수 없다.

제11조 (결혼등록)

결혼은 신분등록기관에 등록을 하여야 법적으로 인정되며 국가의 보호를 받는다.

결혼등록을 하지 않고 부부생활을 할 수 없다.

제12조 (재외공민의 결혼등록)

다른 나라에서 사는 공화국공민의 결혼등록은 조선민주주의인민공화국 령사대표기관에 하며 령사대표기관이 없을 경우에는 그 나라의 해당기관에 할 수 있다.

제13조 (결혼의 무효)

이 법 제8-10조에 위반되는 결혼은 무효이다.

결혼의 무효인정은 재판소가 한다.

제14조 (무효로 된 결혼에서 자녀양육)

무효로 인정된 결혼은 처음부터 이루어지지 않은 것으로 한다. 그러나 자녀양육문제는 이 법 제22조, 제23조에 의하여 해결한다.

제3장 가 정

제15조 (가정의 공고화)

가정을 공고히 하는 것은 사회의 건전한 발전을 위한 중요담보이다.

공민은 가정을 화목하고 명랑하게 꾸려야 한다.

제16조 (남편과 안해관계의 성립)

남편과 안해의 관계는 결혼에 의하여 이루어진다.

제17조 (남편과 안해의 자유활동사항)

남편과 안해는 자기의 성과 이름을 그대로 가지며 희망과 재능에 따라 직업을 선택하고 사회정치생활에 참가할 수 있다.

제18조 (남편과 안해의 평등권)

가정생활에서 남편과 안해는 똑같은 권리를 가진다.

제19조 (배우자의 부양의무)

남편과 안해는 노동능력을 잃은 배우자를 부양할 의무를 진다.

제20조 (남편과 안해관계의 해소)

남편과 아내의 관계는 리혼하면 없어진다.

리혼은 재판에 의해서만 할 수 있다.

리혼판결은 확정된 때부터 3개월까지 효력을 가진다.

제21조 (리혼조건)

배우자가 부부의 사랑과 믿음을 혹심하게 배반하였거나 그 밖의 사유로 부부생활을 계속할 수 없는 경우에는 리혼할 수 있다.

제22조 (리혼시 자녀양육당사자의 결정)

남편과 아내가 리혼하는 경우 자녀를 양육할 당사자는 자녀의 이익의 견지에서 당사자들이 합의하여 정한다.

합의가 이루어지지 않을 경우에는 재판소가 정한다.

부득이한 사유가 없는 한 3살 미만의 자녀는 어머니가 양육한다.

제23조 (자녀양육비)

자녀를 양육하지 않는 당사자는 자녀를 양육하는 당사자에게 그가 노동할 나이에 이르기까지의 양육비를 지불하여야 한다. 그러나 자녀를 양육하는 당사자가 양육비를 받지 않겠다고 할 경우에는 지불하지 않을 수 있다.

양육비는 자녀수에 따라 월수입의 10~30% 범위 안에서 재판소가 정한다.

제24조 (양육비면제신청)

양육비를 지불하던 당사자가 노동능력을 잃었거나 자녀를 맡아키우던 당사자가 재혼하여 그 자녀가 계부 또는 계모의 부양을 받을 경우 리해관계자는 양육비를 면제하여 줄 데 대하여 재판소에 요구할수 있다.

제25조 (부모와 자녀의 관계)

부모와 자녀의 관계는 혈연적 관계이다. 부모와 자녀의 관계는 신분등록기관에 등록한 때부터 법적 효력을 가진다. 결혼생활을 하지 않은 남녀 사이에서 출생한 자녀와 그 부모의 관계는 결혼생활과정에 출생한 자녀와 그 부모의 관계와 같다.

제26조 (자녀의 성)

자녀는 아버지의 성을 따른다.

아버지의 성을 따를 수 없을 경우에는 어머니의 성을 따르며 부모를 모르는 자녀의 성은 주민행정기관이 정한다.

제27조 (자녀교양의무)

자녀교양은 부모의 중요한 의무이다.

부모는 자녀교양을 잘하여 그들을 지덕체를 갖춘 자주적 인간으로 키워야 한다.

제28조 (미성인자녀의 대리)

부모는 자녀를 양육하며 미성인자녀의 대리인으로 된다.

자녀는 부모를 사랑하고 존경하며 로동능력을 잃은 부모의 생활을 책임지고 돌보아야 한다.

제29조 (계부모와 계자녀의 관계)

계부모와 계자녀의 관계는 친부모와 친자녀의 관계와 같다. 계부 또는 계모와 계자녀의 관계가 이루어지면 계자녀와 친아버지 또는 친어머니의 관계는 없어진다.

제30조 (립양의 권리)

공민은 다른 사람의 미성인자녀를 입양할 수 있다. 선거권을 박탈당한 자, 양자녀의 건강에 해를 줄 수 있는 질병이 있는 자, 그 밖에 양자녀를 보육 교양할 능력이 없는 자는 입양할 수 없다.

제31조 (립양의 동의)

입양하려는 공민은 양자녀로 될 자의 친부모 또는 후견인으로부터 입양에 대한 동의를 받아야 한다.

양자녀로 될 자가 6살 이상일 경우에는 그의 동의도 받아야 한다.

제32조 (립양의 등록)

입양은 양부모로 될 자의 신청에 의하여 해당 주민행정기관의 승인을 받아 신분등록기관에 등록하면 이루어진다.

제33조 (양부모와 양자녀의 관계)

양부모와 양자녀의 관계는 친부모와 친자녀의 관계와 같다.

양부모와 양자녀의 관계가 이루어지면 입양이전 부모와의 관계는 없어진다.

제34조 (파양)

파양은 양자녀와 양부모 또는 양부모와 양자녀의 친부모나 후견인이 합의하고 해당 주민행정기관의 승인 밑에 신분등록기관에 등록하면 이루어진다. 파양에 대한 합의가 이루어지지 않을 경우에는 재판소가 해결한다.

제35조 (조부모와 손자녀의 관계)

조부모는 부모없는 손자녀가 건전하게 자라도록 양육하고 교양하여야 한다. 성인나이에 이른 손자녀는 자녀가 없는 조부모의 건강과 생활을 책임지고 돌보아야 한다.

제36조 (형제자매관계)

형제자매는 친혈육으로서 서로 사랑하고 존경하며 이끌어주어야 한다.

돌볼자가 없는 형제자매는 부양능력이 있는 형제자매가 부양할 의무를 진다.

제37조 (미성인, 로동능력이 없는 자의 부양)

미성인과 노동능력이 없는 자는 부양능력이 있는 가정성원이 부양한다.

부양능력이 있는 가정성원이 없을 경우에는 따로 사는 부모나 자녀가 부양하며 그들이 없을 경우에는 조부모나 손자녀, 형제자매가 부양한다.

제38조 (국가의 부양대상자)

이 법 제37조에 지적된 부양자가 없는 미성인과 노동능력이 없는자는 국가가 돌보아준다.

제39조 (재산분할)

리혼 또는 그밖의 사유로 가정성원이 갈라져나가는 경우 가정에 들어올 때 가지고 왔거나 상속, 증여받았거나 그 밖에 개인적 성격을 띠는 개별재산은 각자가 가지며 살림살이에 공동으로 이용하기 위하여 취득한 가정재산은 당사자들이 합의하여 나누어가진다.

합의가 이루어지지 않을 경우에는 재판소가 해결한다.

제4장 후견

제40조 (후견인의 선정조건)

부모의 보살핌을 받을 수 없는 미성인과 신체상결함으로 행위능력을 가지지 못한 자를 위하여 후견인을 정한다.

제41조 (후견인의 자격)

미성인에 대한 후견인으로는 조부모, 형제자매가 될 수 있다.

신체상 결함으로 행위능력이 없는 자에 대한 후견인으로는 배우자 또는 부모나 자녀, 조부모나 손자녀, 형제자매가 될 수 있다.

후견인으로 될 수 있는 자가 여럿인 경우에는 후견의무수행에 가장 적당하다고 인정되는 자가 후견인으로 된다.

제42조 (주민행정기관에 의한 후견인선정)

미성인과 신체상결함으로 행위능력을 가지지 못한 자에게 이 법 제41조에 지적된 후견인이 없거나 후견인 선정에서 분쟁이 있을 경우에는 주민행정기관이 후견인을 정한다.

제43조 (후견인의 권리)

후견인은 후견받는자의 재산을 관리하며 그의 대리인으로 된다.

제44조 (후견인의 의무)

후견인은 후견받는 자를 보육 교양하며 그의 생활과 건강을 돌보아야 한다.

제45조 (후견의무수행에 대한 감독)

후견의무수행정형을 감독하는 사업은 주민행정기관이 한다.

제5장 상 속

제46조 (상속순위)

공민이 사망하면 그의 재산은 배우자와 자녀, 부모에게 상속된다. 배우자, 자녀, 부모가 없을 경우에는 손자녀와 조부모, 형제자매에게 상속된다.

6. 북한상속법(2002)

조선민주주의인민공화국 상속법

2002년 3월 13일 최고인민회의 상임위원회 정령 제2882호로 채택

제1장 상속법의 기본

제1조 조선민주주의인민공화국 상속법은 상속과 증여, 상속의 집행에서 제도와 질서를 엄격히 세워 상속문제를 정확히 해결하는데 이바지한다.

제2조 개인소유재산을 보호하는것은 조선민주주의인민공화국의 일관한 정책이다. 국가는 개인소유재산에 대한 상속권을 보장한다.

제3조 국가는 상속받는자들의 권리를 평등하게 보장한다. 그러나 유언에서 상속몫을 따로 정하였거나 법에서 상속권을 제한한 경우에는 그에 따른다.

제4조 국가는 상속에서 독자적인 생활능력이 부족한자의 리익을 우선적으로 보장하는데 관심을 돌리도록 한다.

제5조 국가는 상속에서 당사자들의 의사를 존중하며 그들속에서 리해와 양보, 협력같은 민족의 고유한 미풍을 구현하도록 한다.

제6조 국가는 상속문제의 취급처리에서 객관성과 공정성을 보장하도록 한다.

제7조 상속은 상속시키는자의 사망에 의하여 시작된다. 상속시키는자의 사망에 대한 공증기관의 인증에 의하여서도 상속은 시작된다.

제8조 상속의 수속은 상속시키는자의 주소지에서 한다. 상속시키는자의 주소지가 상속수송장소로 불합리할 경우에는 상속시키는자의 재산소재지 또는 사망지에서도 상속수속을 할수 있다.

제9조 상속받는자라 하더라도 상속시키는자를 생전에 몹시 학대하였거나 의식적으로 돌보지 않은자, 유언을 위조하였거나 그 근거를 없애버린자, 속임수나 강박으로 유언을 하게 하였거나 상속조건을 고의적으로 만든 자, 유언에 의하여 상속받지 못하게 된자는 상속받는자로 될수 없다.

제10조 행위무능력자의 상속 또는 증여받을 권리는 그의 대리인이 행사한다.

제11조 상속받는자는 상속이 시작된 때부터 상속시키는자의 개별재산과 재산상 권리의무를 상속받는다. 부양료를 받을 권리같은 상속시키는자의 인격과 불가분리적으로 련관된 권리는 상속할수 없다.

제12조 상속받는자가 여럿인 경우 개인살림집같이 나눌수 없는 재산에 대하여서는 그들의 공동소유로 할수 있다.

제13조 상속할수 있는 재산은 다음과

같다.
 1. 로동에 의한 분배에 의하여 이루어진 재산
 2. 국가 또는 사회의 추가적혜택에 의하여 이루어진 재산
 3. 개인부업경리에 의하여 이루어진 재산
 4. 살림집, 도서, 화폐, 저금, 가정용품, 문화용품, 생활용품과 승용차같은 륜전기재
 5. 각종 재산상 청구권과 채무
 6. 그밖에 다른 공민으로부터 증여받은 재산같이 합법적으로 취득한 재산

제14조 상속받는자는 상속권이 침해당한것을 안 때부터 1년안으로 그것을 회복시켜줄데 대한 청구를 재판기관에 할수 있다. 그러나 시효기간과 관련하여 따로 정해진 경우에는 그에 따른다. 상속권회복에 대한 청구는 상속이 시작된 때부터 10년이 지나면 할수 없다.

제2장 법정상속

제15조 사망한자의 재산은 법이 정한데 따라 상속된다. 상속받는자의 신분은 해당 기관에 등록된데 따른다. 제16조 법정상속을 할 경우는 다음과 같다.
 1. 유언이 없거나 무효로 된 경우
 2. 유언에 따라 상속 또는 증여받을자가 그것을 포기한 경우
 3. 유언에 따라 상속 또는 증여받을자가 유언자보다 먼저 사망한 경우
 4. 유언에서 지적하지 않은 재산이 있을 경우

제17조 상속받는자로는 배우자, 자녀, 양자녀, 계자녀, 출생할 자녀, 부모, 양부모, 계부모가 된다. 배우자, 자녀, 양자녀, 계자녀, 출생할 자녀, 부모, 양부모, 계부모가 없을 경우에는 손자녀, 조부모, 외조부모, 형제자매, 양형제자매, 계형제자매가 된다. 앞항에 지적된 상속받는자가 없을 경우에는 4촌안의 혈족이 된다.

제18조 상속받는자로 된 자녀나 형제자매가 상속이 시작되기 전에 상속시키는자보다 먼저 사망하였을 경우 그의 자녀는 해당 상속순위를 차지한다.

제19조 같은 순위에 있는 상속받는자가 여럿인 경우 그들에게 차례지는 상속몫은 같다.

그러나 상속시키는자의 생존기간 그에 대한 부양의무를 직접 리행하였거나 로동능력이 부족하여 수입이 적은자의 상속몫은 늘일 수 있으며 부양 능력이 있으면서 부양의무를 제대로 리행하지 않은자의 상속몫은 줄일수 있다.

제20조 상속받는자는 상속이 시작된것을 안 때부터 6개월안으로 재판기관에 서면이나 말로 상속의 승인 또는 포기를 신청할수 있다. 6개월안으로 상속의 승인

또는 포기신청을 하지 않으면 상속을 승인한것으로 인정한다.

제21조 상속이 승인된 경우 상속시키는자의 재산과 재산상 권리의무는 제한없이 상속된다. 그러나 상속받는자가 상속을 포기하였거나 한정하여 상속할 경우 상속시키는자의 재산과 재산상 권리의무는 계승할수 없거나 제한된다.

제22조 한정하여 상속받는자는 상속받은 재산의 범위안에서 상속시키는자의 채무와 유언에 의한 증여를 리행할수

있다. 재판기관은 한정하여 상속받는자에게 상속재산목록을 요구할수 있다.

제23조 한정하여 상속받는자는 상속시키는자의 해당한 채무를 리행하며 증여받게된자에게 재산을 넘겨주어야 한다.

제24조 한정하여 상속받는자는 상속시키는자에게 채권자가 여럿일 경우 그들의 채권비률에 따라 채무를 리행하여야 한다. 그러나 국가나 사회협동단체의 채무에 대하여서는 우선적으로 리행하여야 한다. 상속재산으로 상속시키는자의 채무를 전부 리행할수 없을 경우에는 유언에 따르는 증여를 리행하지 않는다.

제25조 상속받는자의 상속포기효력은 상속이 시작된 때부터 발생한다.

제26조 같은 순위의 상속받는자가운데서 상속을 포기한자의 몫은 같은 순위의 다른 상속받는자에게 넘어간다. 같은 순위에 있는 모든 상속받는자가 상속을 포기할 경우 그 몫은 다음 순위의 상속받는자에게 넘어간다.

제3장 유언상속과 증여

제27조 공민은 상속, 증여와 관련하여 유언할수 있다. 유언한 공민이 사망하면 그의 재산은 유언에 따라 상속, 증여된다.

제28조 유언에 따라 상속받는자로 지정된자는 상속권을 가진다. 유언에 따라 증여받는자로 지정된자는 상속권을 가진자로부터 해당 재산을 넘겨받을 권리를 가진다.

제29조 유언자는 상속 또는 증여받는자에게 상속, 증여몫을 서로 다르게 정하여 줄수 있다.

제30조 유언의 효력은 유언자의 사망과 함께 발생한다. 조건을 붙인 유언의 효력은 그것이 마련된 경우에 발생한다.

제31조 유언에 따라 상속 또는 증여받는자가 유언자보다 먼저 사망한 경우 그 유언의 효력은 상실된다. 유언상속에서는 대위상속을 할수 없다.

제32조 유언상속 또는 증여받는자는 그것을 승인하거나 포기할수 있다. 유언상속 또는 증여받게 된다는것을 안 때부터 6개월이 지나도록 승인 또는 포기를 하지 않을 경우에는 승인한것으로 인정한다. 유언상속 또는 증여에 대하여 포기한 재산의 처리는 법정상속절차에 따른다.

제33조 유언에 따라 상속시키는자의 재산을 포괄적으로 증여받은 자는 그에 해당한 권리의무를 넘겨받는다.

제34조 유언자로는 행위능력이 있는 공민이 된다. 그러나 16살에 이른 직업을 가진자는 자기 수입으로 마련된 재산의 범위안에서 유언할수 있다. 제35조 유언은 명백하고 진실한 의사가 반영된것이어야 한다. 속임수, 강박에 의하여 한 유언은 효력을 가지지 못한다.

제36조 유언자는 법이 정한데 따라 상속받는자가 아닌자에게 재산의 전부 또는 일부를 증여할수 있다. 이 경우 상속할 재산을 부양하던 배우자, 자녀, 부모에게는 2분의 1이상, 손자녀, 조부모, 형제자매에게는 3분의 1이상 남겨놓아야 한다.

제37조 유언의 방식은 다음과 같다.
1. 서면유언은 유언서를 자필로 작성

하고 거기에 수표하거나 도장을 찍으며 작성날자를 쓴다.

2. 말로 하는 유언은 유언자가 2명이상의 립회인을 참가시키고 한다. 이 경우 립회인 1명은 유언내용을 쓴 다음 유언자와 립회인에게 그 내용을 확인시키고 유언자와 립회인이 수표하게 하거나 도장을 찍게 하고 유언날자를 쓴다.

3. 말로 하는 유언을 록음할 경우에는 2명이상 립회인의 말과 유언날자로 록음한다.

4. 공증유언은 유언자가 2명이상의 립회인을 참가시키고 공증인앞에서 한다. 이 경우 공증인은 유언내용을 기록하고 유언자와 립회인에게 확인시키고 유언자와 립회인이 수표하게 하거나 도장을 찍게 하며 공증기관의 공증을 받고 유언날자를 기록한다.

제38조 유언의 립회인으로 될수 없는 자는 다음과 같다.

1. 상속 또는 증여받는자
2. 상속 또는 증여받은자와 친척이 되는자
3. 행위무능력자
4. 상속 또는 증여에 대하여 리해관계를 가지고 있는자

제39조 유언의 무효인정은 리해관계자 또는 검사의 신청에 따라 재판기관이 한다.

제40조 유언자는 자기의 유언에 대하여 취소하거나 변경할수 있다. 여러차례 한 유언의 내용이 서로 다를 경우에는 마지막으로 한 유언이 우선적인 효력을 가진다.

제4장 상속의 집행

제41조 상속시키는자의 사망에 대하여 알게 된 상속받는자는 상속재산을 처리하기 위하여 곧 다른 상속받는자에게 알려야 한다. 모든 상속받는자가 상속시키는 자의 사망에 대하여 알지 못할 경우 상속시키는 자가 거주하고있던 지역의 주민행정기관이 상속받는자에게 알린다.

제42조 공민은 유언으로 상속집행자를 지정할수 있다. 그러나 유언으로 상속집행자를 지정하지 않았을 경우 상속받는자가 집행자로 된다. 상속받는자가 여럿일 경우에는 그들이 합의하여 상속집행자를 정하고 주민행정기관에 알린다. 상속집행자를 합의하지 못하였을 경우에는 리해관계자의 신청에 따라 주민행정기관이 선정한다. 상속집행자로는 행위능력이 있는자가 된다.

제43조 상속집행자는 상속재산을 바로 관리하며 상속집행에 필요한 행위를 할 수 있다. 상속받는자와 리해관계자는 상속의 집행을 방해하는 행위를 하지 말아야 한다.

제44조 상속받는자와 리해관계자는 상속의 집행정형에 대하여 알아볼 수 있다. 상속의 집행에 대하여 의견이 있을 경우에는 재판기관에 해당한 청구를 할 수 있다.

제45조 상속집행자는 상속재산을 나누기전에 상속시키는자의 개별재산과 그와 동거한 가정성원들이 공동으로 마련한 재산이나 개별재산을 구분하고 상속받는 자들에게 알려야 한다.

제46조 상속재산은 상속시키는자의 채권자로부터 채권을 접수하고 채무를 리행한 다음에야 나눌수 있다. 상속시

키는자의 채무를 리행하지 않고 상속재산을 나눈 경우에는 상속받은 재산의 몫에 따라 채무를 리행한다.

제47조 상속집행자는 상속시키는자의 채권자에게 채권을 증명할데 대하여 요구할수 있다. 이 경우 채권자가 증명하지 못한 채권에 대하여 채무리행을 거절할수 있다.

제48조 상속집행자는 상속재산을 나눌 경우 출생할자의 몫을 남겨놓아야 한다. 이 경우 의료기관의 확인문건에 근거하여야 한다.

제49조 출생할자의 몫을 남기지 않고 상속을 집행한 경우 상속받는자는 출생한 자의 몫을 돌려주어야 한다. 출생하여야 할자가 사망한 경우에는 그의 몫은 다른 상속받는자에게 상속된다.

제50조 상속받는자가 나타나지 않았거나 자격이 없을 경우 주민행정기관은 재산관리자를 선정한다. 상속시키는자가 유언으로 재산관리자를 지정한 경우에는 그에 따른다. 재산관리자는 행위능력 있는 공민이나 기관, 기업소, 단체가 될수 있다.

제51조 재산관리자는 상속재산을 자기의 재산처럼 관리하여야 한다. 상속재산관리를 잘하지 못하여 생긴 손해에 대한 책임은 재산관리자가 진다.

제52조 재산관리자는 상속재산의 관리에 필요한 행위를 할수 있으며 상속시키는자의 채권을 행사하거나 채무를 리행할수 있다. 그러나 상속시키는자의 채권자, 유언에 따라 증여받게 된자를 전부 확정하지 못하였을 경우에는 상속재산을 넘겨줄수 없다.

제53조 재산관리자는 상속받는자가 나타나지 않을 경우 상속시키는자의 채권이나 증여에 대한 유언을 접수할수 있다. 채권이나 증여에 대한 유언을 접수한 때부터 6개월이 지나도록 상속받는자가 나타나지 않았을 경우에는 채무를 리행하거나 증여할수 있다.

제54조 재산관리자는 상속재산처리를 끝낸 경우 그 정형을 문건으로 해당 기관에 제출하여야 한다. 재산관리비용은 상속재산에서 지불받을수 있다.

제55조 상속, 증여받는자가 없거나 또는 모든 상속받는자가 상속을 포기하였거나 상속받을 자격이 없을 경우에는 상속재산을 국고에 납부한다.

제56조 재판기관은 상속시키는자와 동거하면서 부양하였거나 또는 부양받았거나 그와 밀접한 관계에 있던자의 신청에 따라 상당한 근거가 있을 경우 상속재산을 나누어줄수 있다.

제57조 상속과 관련하여 발생한 의견상이는 협의의 방법으로 해결한다. 협의의 방법으로 해결할수 없을 경우에는 재판기관에 제기하여 해결할수 있다.

7. 발명법(2014.12.10.)

조선민주주의인민공화국 발명법

주체87(1998)년 5월 13일 최고인민회의 상설회의 결정 제112호로 채택
주체88(1999)년 3월 11일 최고인민회의 상임위원회 정령 제507호로 수정보충
주체100(2011)년 12월 21일 최고인민회의 상임위원회 정령 제2052호로 수정
주체103(2014)년 12월 10일 최고인민회의 상임위원회 정령 제258호로 수정보충

제1장 발명법의 기본

제1조 (발명법의 사명)

조선민주주의인민공화국 발명법은 발명권, 특허권등록의 신청과 심의, 발명권, 특허권의 보호에서 제도와 질서를 세워 발명창조를 장려하고 발명의 리용을 촉진함으로써 과학기술과 인민경제의 발전을 다그치는데 이바지한다.

제2조 (발명의 정의)

발명이란 실천에서 제기되는 문제에 대한 새로운 기술적해결안이다.

제3조 (발명권, 특허권등록의 신청원칙)

발명권, 특허권등록의 신청은 발명권, 특허권보호사업의 첫 공정이다.

국가는 발명권, 특허권등록신청절차를 바로 정하고 그것을 엄격히 지키도록 한다.

제4조 (발명권, 특허권등록의 심의원칙)

발명권, 특허권등록의 심의를 바로하는것은 발명행정기관의 기본임무이다.

국가는 발명권, 특허권등록의 심의에서 과학성과 객관성을 보장하도록 한다.

제5조 (발명권, 특허권의 보호원칙)

발명권, 특허권을 보호하는것은 조선민주주의인민공화국의 일관한 정책이다.

국가는 발명권, 특허권소유자의 권리를 보호하며 그것이 정확히 보장되도록 한다.

제6조 (발명창조사업의 장려원칙)

국가는 발명창조사업을 적극 장려하며 발명의 창조와 도입에 필요한 투자를 늘여나가도록 한다.

제7조 (발명사업분야의 교류와 협조)

국가는 발명사업분야에서 세계 여러 나라, 국제기구들과의 교류와 협조를 발전시킨다.

제8조 (발명사업에서 국가의 안전 및 중요리익보장)

국가는 발명사업에서 나라의 안전 및 중요리익을 철저히 보장하도록 한다.

제2장 발명권, 특허권등록의 신청

제9조 (발명권, 특허권등록신청문건의 제출)

발명권이나 특허권을 받으려는 기관, 기업소, 단체와 공민(이 아래부터 신청자라고 한다.)은 발명권 또는 특허권등록신청문건을 발명행정기관에 내야 한

다. 이 경우 하나의 발명에 대하여 발명권, 특허권, 실용기술발명권, 실용기술특허권가운데서 어느 하나로 신청하여야 한다.

이 법에서 따로 정하지 않은 한 발명권에는 실용기술발명권이, 특허권에는 실용기술특허권이 포함된다.

발명권, 특허권등록신청문건양식은 발명행정기관이 정한데 따른다.

제10조 (발명권, 특허권등록신청문건의 작성언어)

발명권, 특허권등록신청문건은 조선어로 작성한다.

외국어로 작성하였을 경우에는 조선어번역문을 함께 낸다.

제11조 (발명권등록신청의 당사자)

발명권등록의 신청은 발명을 창조한 공민이 한다.

제12조 (기관, 기업소, 단체의 명의로 할수 있는 특허권등록신청)

직무상 임무수행과정에 창조하였거나 기관, 기업소, 단체의 물질기술적수단을 리용하여 창조한 발명에 대한 특허권등록신청은 해당 기관, 기업소, 단체의 이름으로 한다.

제13조 (발명가의 명의로 할수 있는 특허권등록신청)

직무와는 관계없이 로동시간외에 자체의 물질기술적수단을 리용하여 창조하였거나 년로보장자, 로동할 나이에 이르지 않은 자가 창조한 발명에 대한 특허권등록신청은 그 발명가가 한다.

제14조 (공동으로 또는 위탁과정에 창조한 발명에 대한 신청)

둘이상의 기관, 기업소, 단체 또는 공민이 공동으로 창조한 발명에 대한 발명권, 특허권등록의 신청은 따로 합의된 것이 없는 한 그것을 창조한 기관, 기업소, 단체나 공민들이 공동으로 하며 다른 기관, 기업소, 단체의 위탁을 실행하는 과정에 창조한 발명에 대한 발명권, 특허권등록의 신청은 그것을 창조한 기관, 기업소, 단체 또는 공민이 한다.

제15조 (특허권등록신청권리의 양도)

특허권등록신청권리는 기관, 기업소, 단체에 양도할수 있다.

특허권등록신청권리를 양도받은 기관, 기업소, 단체는 특허권등록을 신청할 경우 양도확인서를 첨부하여야 한다.

제16조 (대리기관을 통한 발명권, 특허권등록신청)

신청자는 발명권, 특허권등록의 신청을 발명대리기관에 위탁하여 할수 있다.

신청을 위탁받은 발명대리기관은 신청내용을 발명행정기관이 공개하기 전에 공개할수 없다.

제17조 (신청문건의 접수날자)

발명권, 특허권등록신청문건의 접수날자는 발명행정기관이 해당 신청문건을 접수한 날로 한다.

신청문건을 우편으로 제출하는 경우에는 우편물에 찍힌 발송날자로 한다.

제18조 (발명으로 될수 없는 대상)

다음의 대상은 발명으로 인정하지 않는다.

1. 발견, 과학적리론, 수학적방법
2. 미학적창조물
3. 정신활동이나 유희, 경영활동을 위한 규칙과 방법
4. 기술적해결이 없는 콤퓨터프로그람

5. 정보의 표시방법

제19조 (발명권, 특허권을 받을수 없는 발명)

조선민족의 고상한 풍속과 사회주의 생활양식에 맞지 않거나 사회공동의 리익에 저해를 주는 대상, 식물이나 동물변종 혹은 동식물의 순수 생물학적인 사육 및 재배방법, 사람이나 동물의 수술방법, 치료방법, 사람이나 동물을 대상으로 하는 진단방법과 관련한 발명에 대하여서는 발명권이나 특허권을 받을수 없다.

원자핵변환의 방법으로 얻어진 물질에 대한 발명은 특허권을 받을수 없다.

제20조 (발명권, 특허권을 받을수 있는 조건)

발명권, 특허권을 받을수 있는 조건은 다음과 같다.

1. 신규성이 있어야 한다.

신규성이 있다는것은 신청된 발명이 선행기술에 비하여 새롭다는것이다.

2. 발명수준이 있어야 한다.

발명수준이 있다는것은 그 기술에 숙련된 자가 선행기술에 기초하여 발명을 쉽게 예측할수 없다는것이다.

3. 도입가능성이 있어야 한다.

도입가능성이 있다는것은 발명을 공업, 농업, 수산업, 림업을 비롯한 인민경제의 여러 부문에서 리용할수 있다는 것이다.

제21조 (실용기술발명권, 실용기술특허권을 받을수 있는 조건)

발명수준은 없어도 신규성이 있고 도입가능성이 있는 발명에 대하여서는 실용기술발명권이나 실용기술특허권을 받을수 있다.

제22조 (례외적인 신규성인정조건)

발명내용이 국가가 인정하는 학술토론회나 전시회에 처음으로 발표 또는 전시되였거나 신청자의 승인없이 제3자에 의하여 공개되였다 하더라도 신청자가 그 날자로부터 6개월안에 발명권이나 특허권등록신청을 하면서 그것을 확인하는 문건을 제출하였을 경우에는 신규성이 있는 것으로 본다.

제23조 (우선권주장)

다른 나라의 신청자가 자기 나라 또는 다른 나라에 첫 특허권등록신청을 한 날자로부터 12개월안에 우리 나라에 같은 발명에 대하여 특허권등록신청을 하는 경우 그 발명에 대한 우선권을 주장할수 있다. 이 경우 신청한 날자로부터 3개월안에 첫 특허권등록신청문건사본과 우선권을 주장하는 문건을 제출하여야 한다.

제24조 (하나의 발명에 대하여 하나의 신청을 할데 대한 요구)

발명권, 특허권등록신청은 개개의 발명에 대하여 따로따로 한다. 그러나 둘 또는 그 이상의 발명이 총체적으로 하나의 발명개념을 이루는 경우에는 하나의 신청문건으로 제출할수 있다.

제25조 (신청의 취소 및 변경)

신청자는 발명권 또는 특허권등록심의가 끝나기 전에 자기의 신청을 취소하거나 발명권을 실용기술발명권 또는 그 반대로, 특허권을 실용기술특허권 또는 그 반대로, 특허권을 발명권으로, 실용기술특허권을 실용기술발명권으로 변경해줄것을 요구할수 있다. 이 경우 그와 관련한 문건을 제출하여야 한다.

제26조 (신청의 위탁)

우리 나라의 신청자가 다른 나라에 특허권등록을 신청하거나 다른 나라의 신청자가 우리 나라에 특허권등록을 신청하려 할 경우에는 발명대리기관에 위탁하여 하여야 한다. 이 경우 우리 나라의 신청자는 사전에 다른 나라에 신청하려는 특허권등록신청문건을 발명행정기관에 내여 심의를 받아야 한다.

제27조 (특허권등록의 수속료금)

특허권등록신청자는 신청, 심의, 등록과 관련한 해당한 료금을 발명행정기관에 내야 한다.

료금을 정하는 사업은 국가가격기관이 한다.

제3장 발명권, 특허권등록의 심의

제28조 (발명권, 특허권등록의 심의방법)

발명권, 특허권등록심의는 형식심의, 본질심의의 방법으로 한다.

제29조 (형식심의)

발명권, 특허권등록신청문건을 접수한 발명행정기관은 먼저 신청문건에 대한 형식심의를 하여야 한다.

형식심의는 신청문건을 접수한 차례로 한다.

형식심의에서는 신청문건이 정해진 형식상요구를 갖추었는가를 심의한다.

형식심의에서 통과되면 신청문건의 접수날자를 신청날자로 하고 그 신청문건을 공개한다.

제30조 (결함있는 신청문건의 처리)

발명행정기관은 형식심의과정에 발명권, 특허권등록신청문건이 정해진 형식상요구를 갖추지 못하였을 경우 그에 대하여 신청자에게 통지하여야 한다.

통지한 날자로부터 신청자가 3개월안에 정당한 리유없이 신청문건을 수정하지 않거나 기타 다른 의견을 제기하지 않으면 발명권 또는 특허권등록신청을 취소한것으로 보고 기각한다.

신청자가 3개월안에 신청문건을 수정하였거나 의견을 제기하면 그것을 심의하고 정해진 요구에 맞을 경우 접수날자를 신청날자로 하면서 해당 신청문건을 공개하며 맞지 않을 경우에는 기각한다.

제31조 (공개한 신청문건에 대한 의견제기)

형식심의를 하고 공개한 발명권 또는 특허권등록신청문건과 관련하여 의견이 있는 기관, 기업소, 단체와 공민은 그에 대한 본질심의가 끝나기 전에 발명행정기관에 의견을 제기할수 있다.

제32조 (본질심의)

발명행정기관은 정해진데 따라 형식심의를 하고 공개한 발명권 또는 특허권등록신청문건에 대하여 본질심의를 하여야 한다.

본질심의에서는 신청된 발명이 발명권이나 특허권을 받을수 있는 조건에 맞는가를 심의한다.

본질심의에서 통과되면 신청자에게 발명권 또는 특허권을 줄데 대한 결정을 하고 등록하며 그 내용을 공개한다.

발명권이나 특허권소유자에게는 해당한 증서를 발급한다.

제33조 (심의의견통지서)

발명행정기관은 본질심의과정에 신청된 발명이 발명권이나 특허권을 받을수 있는 조건에 맞지 않는다고 인정될 경우 신청자에게 심의의견통지서를 보내야 한다.

통지서를 보낸 날자로부터 신청자가 3개월안에 정당한 리유없이 회답을 보내오지 않으면 그 의견을 인정한것으로 본다.

제34조 (같은 날자에 신청된 같은 발명에 대한 처리)

발명행정기관은 같은 날자에 신청된 둘이상의 발명이 본질상 같은것이라고 인정될 경우 그에 대하여 당사자들에게 통지하여야 한다. 이 경우 당사자들은 서로 합의하여 어느 한 당사자가 신청자로 나서거나 공동신청자로 나설수 있다.

합의하지 못하였을 경우에는 누구도 발명권이나 특허권을 받을수 없다.

제35조 (심의도중 신청문건의 수정)

신청자는 자기의 발명권, 특허권등록 신청문건에 대한 본질심의도중에 그것을 수정할수 있다. 이 경우 처음의 설명서와 주장범위에서 공개한 내용을 벗어나지 말아야 한다.

제36조 (발명권, 특허권등록의 부결)

발명행정기관은 본질심의에서 신청된 발명에 대한 발명권 또는 특허권등록을 부결하는 경우 신청자에게 부결리유를 밝힌 통지서를 보내야 한다.

제37조 (재심의)

발명권 또는 특허권등록의 부결결정에 의견이 있는 신청자는 발명행정기관에 부결통지서를 발급한 날부터 3개월안에 재심의를 요구할수 있다.

발명행정기관은 재심의요구를 접수하였을 경우 제때에 심의하고 그 결과를 신청자에게 알려주어야 한다.

제38조 (발명권 및 특허권등록을 무효로 할데 대한 제기)

발명권 또는 특허권등록에 의견이 있는 기관, 기업소, 단체나 공민은 발명행정기관에 그것을 무효로 해줄데 대한 제기를 할수 있다. 이 경우 발명행정기관은 그것을 제때에 심의하고 그 결과를 제기자와 해당 발명권 또는 특허권 소유자에게 알려주어야 한다.

발명권 및 특허권등록을 무효로 결정하였을 경우에는 그것이 처음부터 존재하지 않은것으로 한다.

제4장 발명권, 특허권의 보호

제39조 (발명권 또는 특허권의 보호대상)

발명권 또는 특허권의 보호대상은 신청자의 발명주장범위에 따라 결정된다. 설명서와 그림은 주장범위를 해석하는데 리용할수 있다.

제40조 (발명권을 받은 기술의 리용)

발명권을 받은 기술의 리용은 기관, 기업소, 단체가 한다.

제41조 (특허권자의 권리)

특허권을 받은 기술의 리용은 그 소유자가 한다.

특허권자의 승인없이 누구도 특허권을 받은 기술을 리용하는 행위를 할수 없다.

제42조 (특허권의 보호기간)

특허권의 보호기간은 특허권등록신청날자로부터 15년이다. 특허권자의 요구에 따라 그 기간을 5년간 연장하여줄수 있다.

실용기술특허권의 보호기간은 실용기술특허권등록신청날자로부터 10년이다.

제43조 (특허권보호료금의 지불)

특허권자는 특허권을 받은 해부터 발명행정기관에 정해진 보호료금을 내야 한다.

보호료금은 특허권등록신청날자부터 계산한다.

제44조 (기관, 기업소, 단체의 명의로 특허권을 받은 경우의 보상)

직무상 임무수행과정에 또는 기관, 기업소, 단체의 물질기술적수단을 리용하여 창조한 발명에 대하여 특허권을 받은 기관, 기업소, 단체는 그 발명가에게 해당한 보상을 하여야 한다.

제45조 (특허권의 이전)

특허권자는 수요자와 계약을 맺고 자기의 특허기술에 대한 리용을 허가하거나 권리를 양도할수 있다. 이 경우 해당 계약은 발명행정기관에 등록하여야 효력을 가진다.

특허기술의 리용허가를 받은 기관, 기업소, 단체는 특허권자의 승인없이 제3자에게 그 기술의 리용을 허가할수 없다.

제46조 (공민의 특허권행사방법)

공민의 특허권행사는 해당 기관, 기업소, 단체에 자기의 특허기술을 리용하도록 허가하거나 권리를 양도하는 방법으로 한다.

제47조 (공동으로 받은 특허권의 행사방법)

공동으로 특허권을 받은 기술은 그 특허권의 공동소유자들이 리용한다.

공동으로 받은 특허권을 제3자에게 양도하거나 특허기술의 리용허가를 하려 할 경우에는 서로 합의하여야 한다.

제48조 (특허기술의 강제리용허가)

발명행정기관은 특허권자가 특허권을 받은 날자로부터 3년이 지나도록 정당한 리유없이 자기의 특허기술을 리용하지 않거나 사회적리익을 위하여 긴급히 필요한 경우 해당 기관, 기업소, 단체에 특허권자의 승인없이 그 특허기술의 리용을 강제허가해줄수 있다. 이 경우 특허권자에게 그에 대하여 통지하며 공개하여야 한다.

강제리용허가는 그 리유가 없어졌다고 인정될 경우 해제한다.

제49조 (강제리용허가를 받은 경우 료금지불)

발명행정기관으로부터 특허권자의 승인없이 특허기술의 리용허가를 받은 기관, 기업소, 단체는 특허권자에게 해당한 료금을 물어야 한다.

료금은 당사자들이 합의하여 정한다. 합의하지 못할 경우에는 발명행정기관이 정해줄수 있다.

제50조 (특허기술의 교차리용허가)

자기의 특허기술에 앞선 다른 특허기술을 함께 리용하려는 특허권자는 다른 특허기술의 소유자가 그 리용을 허가해주지 않을 경우 발명행정기관에 신청할수 있다.

신청을 받은 발명행정기관은 그것이 정당하다고 인정될 경우 강제리용허가를 해주거나 다른 특허권자의 요청에 따라 교차리용허가를 해줄수 있다.

제51조 (특허권의 소멸)

다음의 경우 특허권의 효력은 보호기간에 관계없이 소멸된다.

1. 특허권소유자가 서면으로 특허권을 포기한다고 선언하였을 경우

2. 특허권보호료금을 정해진대로 물지 않았을 경우

3. 발명행정기관이 특허권의 효력을 없앨데 대한 결정을 하였을 경우

4. 특허권을 넘겨받을 권한있는 기관, 기업소, 단체나 상속자가 없을 경우

제52조 (효력이 소멸된 특허권의 등록 및 공개)

발명행정기관은 보호기간안에 특허권의 효력이 소멸되는 경우 그것을 등록하고 공개하여야 한다.

제53조 (특허권과 관련한 분쟁의 처리)

특허권과 관련하여 발생한 분쟁은 당사자들사이에 협의의 방법으로 해결한다.

협의의 방법으로 해결할수 없을 경우에는 발명행정기관에 제기하여 해결할수 있다.

제54조 (특허분쟁처리를 위한 조사)

발명행정기관은 특허권과 관련하여 발생한 분쟁해결을 위하여 해당한 조사를 할수 있다.

해당 기관, 기업소, 단체와 공민은 발명행정기관이 분쟁해결을 위하여 진행하는 조사에 적극 협력하여야 한다.

제55조 (특허권침해행위의 중지요구)

발명행정기관은 특허권과 관련하여 발생한 분쟁을 해결하는 과정에 제기된 내용이 특허권침해행위로 판단되는 경우 해당 당사자에게 그것을 중지할것을 요구할수 있다.

특허권침해행위를 한 당사자가 중지요구를 받은 때부터 30일안으로 그 행위를 중지하지 않을 경우에는 해당 법기관에 특허권침해행위를 중지시켜줄데 대한 제기를 할수 있다.

해당 법기관은 발명행정기관이 한 제기가 정당하다고 인정될 경우 즉시 해당한 조치를 취하여야 한다.

제56조 (특허권침해행위에 대한 손해보상)

특허권을 침해하였을 경우에는 해당한 손해를 보상한다.

특허권을 침해한 당사자가 손해보상을 하지 않을 경우 특허권자는 발명행정기관에 제기하여 해결받을수 있다.

제57조 (특허권등록심의기간의 특허기술리용료금)

특허권등록신청문건이 공개된 때부터 특허권으로 등록되기 전까지의 기간에 제3자가 그 기술을 리용하였을 경우 신청자는 그 기술이 특허권으로 등록된 다음 그에게 해당한 료금을 지불할것을 요구할수 있다.

제58조 (특허권침해로 되지 않는 경우)

다음의 경우에는 특허권의 침해로 되지 않는다.

1. 특허권을 받은 제품 또는 특허기술로 얻은 제품을 특허권자 또는 특허기술리용허가를 받은 자가 판매한 후 제3자가 그 제품을 리용, 판매, 수입하는 경우

2. 특허권등록을 신청하기 전에 그 기술을 리용하고있었거나 리용하려고 필요한 준비를 갖춘 제3자가 그 범위에서만 해당 기술을 리용하는 경우

3. 특허기술을 우리 나라에 일시적으로 머무르고있는 다른 나라 운수수단의 수리정비에 리용하는 경우

4. 특허기술을 과학연구와 실험에 리용하는 경우

5. 특허기술을 의사의 처방에 따라 개

별적인 환자치료에 필요한 의약품제조에만 리용하는 경우

제5장 발명사업에 대한 지도통제

제59조 (발명사업에 대한 지도)

발명사업에 대한 지도는 내각의 통일적인 지도밑에 발명행정기관이 한다.

발명행정기관은 발명권, 특허권등록의 신청과 심의, 발명권, 특허권보호사업에 대한 장악과 지도를 강화하여야 한다.

제60조 (발명대리기관의 조직운영)

해당 기관, 기업소, 단체는 국가의 승인을 받아 발명대리기관을 내오고 운영할수 있다.

발명대리기관은 발명권, 특허권등록의 신청과 심의, 발명권, 특허권보호와 관련한 대리사업을 할수 있다.

발명대리기관은 발명행정기관이 공개하지 않은 발명권, 특허권등록신청내용을 공개하는것 같은 행위를 할수 없다.

제61조 (발명가, 도입자에 대한 우대와 평가)

국가는 발명기술, 특허기술을 생산과 건설에 도입하여 인민경제발전에 이바지한 발명가와 도입자를 사회적으로 우대하며 평가하도록 한다.

제62조 (발명사업에 대한 감독통제)

발명사업에 대한 감독통제는 발명행정기관과 해당 감독통제기관이 한다.

발명행정기관과 해당 감독통제기관은 발명권, 특허권등록의 신청과 심의, 발명권, 특허권보호질서를 어기는 현상이 나타나지 않도록 엄격히 감독통제하여야 한다.

제63조 (행정적책임)

다음의 경우에는 기관, 기업소, 단체의 책임있는 일군과 개별적공민에게 정상에 따라 해당한 행정처벌을 준다.

1. 발명행정기관의 심의를 받지 않거나 발명대리기관을 거치지 않고 다른 나라에 특허권등록을 직접 신청하였을 경우
2. 발명행정기관이 공개하지 않은 발명권, 특허권등록신청내용을 공개하였을 경우
3. 형식심의에서 통과된 발명권, 특허권등록신청문건을 공개하지 않았을 경우
4. 본질심의과정에 신청자의 의견을 받는 절차를 거치지 않고 발명권, 특허권등록을 부결하였을 경우
5. 발명권이나 특허권을 받을수 있는 조건에 맞지 않는 발명에 대하여 발명권이나 특허권을 주었을 경우
6. 발명권, 특허권등록과 관련한 재심의요구를 접수하고 제때에 심의하지 않았을 경우
7. 발명권 및 특허권의 무효요구를 접수하고 심의를 제때에 하지 않았을 경우
8. 발명권, 특허권자의 권리를 침해하였을 경우
9. 특허기술을 리용하고 발명가에게 해당한 보상을 하지 않았을 경우

제64조 (형사적책임)

이 법 제63조의 행위가 범죄에 이를 경우에는 기관, 기업소, 단체의 책임있는 일군과 개별적공민에게 형법의 해당 조문에 따라 형사적책임을 지운다.

8. 공업도안법

조선민주주의인민공화국 공업도안법

주체87(1998)년 6월 3일 최고인민회의 상설회의 결정 제117호로 채택
주체88(1999)년 1월 14일 최고인민회의 상임위원회 정령 제350호로 수정
주체94(2005)년 8월 2일 최고인민회의 상임위원회 정령 제1235호로 수정보충
주체100(2011)년 12월 21일 최고인민회의 상임위원회 정령 제2052호로 수정

제1장 공업도안법의 기본

제1조 (공업도안법의 사명)
조선민주주의인민공화국 공업도안법은 공업도안등록의 신청과 심의, 공업도안권의 보호에서 제도와 질서를 엄격히 세워 제품의 질을 높이고 사회주의경제를 발전시키는데 이바지한다.

제2조 (공업도안과 그 분류)
공업도안은 공업적방법으로 생산하려는 제품의 형태와 색갈, 장식 같은것을 그림이나 사진으로 새롭게 묘사한것이다.
공업도안에는 기계설비와 운수수단, 방직제품, 생활 및 문화용품, 의상품, 가구류, 건구류, 포장용기 같은 제품도안과 장식도안이 속한다.

제3조 (공업도안등록의 신청원칙)
공업도안등록의 신청은 공업도안사업의 첫 공정이다.
국가는 공업도안등록의 신청절차를 바로 정하고 그것을 정확히 지키도록 한다.

제4조 (공업도안등록의 심의원칙)
공업도안등록의 심의를 바로하는것은 공업도안등록기관의 기본임무이다.
국가는 공업도안등록의 심의체계를 세우고 그 심의에서 과학성, 객관성을 보장하도록 한다.

제5조 (공업도안권의 보호원칙)
공업도안권의 보호는 조선민주주의인민공화국의 일관한 정책이다.
국가는 기관, 기업소, 단체와 공민이 소유한 공업도안권을 보호한다.

제6조 (공업도안의 갱신원칙)
국가는 공업도안사업에 깊은 관심을 돌리며 인민경제가 발전하고 제품생산이 늘어나는데 맞게 공업도안을 부단히 갱신하도록 한다.

제7조 (공업도안사업분야의 교류와 협조)
국가는 공업도안사업분야에서 국제기구, 다른 나라들과의 교류와 협조를 발전시킨다.

제2장 공업도안등록의 신청

제8조 (공업도안등록신청의 기본요구)
공업도안등록의 신청을 바로하는것은 공업도안등록심의를 제때에 할수 있게

하는 선결조건이다.

기관, 기업소, 단체와 공민은 창작한 공업도안에 대한 등록신청을 정확히 하여야 한다.

제9조 (공업도안등록신청문건의 제출)

공업도안등록을 신청하려는 기관, 기업소, 단체와 공민은 공업도안등록신청문건을 만들어 공업도안등록기관에 내야 한다.

공업도안등록신청을 공동으로 하려 할 경우에는 공동명의로 된 신청 문건을 내야 한다.

제10조 (공업도안등록신청문건의 작성방법)

공업도안등록신청문건은 공업도안별로 만든다. 그러나 구조작용상 서로 결합된 제품에 대 한 공업도안은 하나의 신청문건으로 만들수 있다.

공업도안등록신청 문건에는 도안명, 도안의 분류, 신청자 및 창작가의 이름 같은것을 밝히 며 도안과 도안설명서, 평정서를 첨부한다.

제11조 (공업도안등록신청문건의 제출방법)

공업도안등록신청문건은 공업도안등록기관에 직접 내거나 우편으로 낸다.

부득이 한 경우에는 공업도안등록신청문건을 텔렉스, 팍스 같은 전기 통신수단을 리용하여 낼수도 있다.

제12조 (다른 나라 법인의 공업도안등록신청)

우리 나라에 공업 도안을 등록하려는 다른 나라 기관, 기업소, 단체와 공민은 대리기관을 통하여 조선말로 된 공업도안등록신청문건을 공업도안등록기관에 내야 한다.

제13조 (공업도안등록신청문건의 결함퇴치)

공업도안등록기관은 공업도안등록신청문건에 결함이 있을 경우 그것을 돌려보내거나 3개월안에 고치게 하여야 한다.

부독이한 사유로 3개월안에 결함을 고치지 못하였을 경우에는 그 기간을 2개월까지 연장하여줄수 있다.

제14조 (공업도안등록신청문건 접수정형의 통지)

공업 도안등록신청 문건을 접 수한 공 업 도안등록기 관은 해 당 기 관, 기 업 소, 단체 와 공민에 게 공업 도안등록신청 문건의 접 수정형 을 알려 주어 야 한다.

제15조 (공업도안등록신청날자)

공업도안등록의 신청날자는 공업도안등록신청문건을 접수한 날로 한다.

결함이 있는 공업도안등록신청문건을 정해진 기일에 고쳤을 경우에도 공업도안등록의 신청날자는 공업도안등록신청문건을 처음 접수한 날로 한다.

제16조 (공업도안등록신청의 우선권)

기관, 기업소, 단체와 공민은 전람회, 전시회에 공업도안이나 그 시제품을 내놓았을 경우 해당 공업도안등록의 신청에서 우선권을 가진다. 이 경우 우선권을 증명하는 문건을 전람회, 전시회에 공업도안이나 그 시제품을 내놓은 날부터 3개월안에 공업도안등록기관에 내야 한다.

제17조 (다른 나라 법인의 우선권의 효력)

다른 나라의 기관, 기업소, 단체와 공민이 자기 나라에서 받은 공업도안등록의 신청에 대 한 우선권은 그것을 받은 날부터 6개월안에 우리 나라 공업도안 등록기관에 해당 문건을 내야 효력을 가진다.

제18조 (다른 나라에 하는 공업도안등록의 신청)

공업도안권을 소유한 기관, 기업소, 단체와 공민은 공업도안을 다른 나라에 등록할수 있다. 이 경우 공업도안등록기관의 승인을 받고 공업도안등록신청문건을 해당 국제기구 또는 대리기관을 통하여 내야 한다.

제3장 공업도안등록의 심의

제19조 (공업도안등록심의기간)

공업도안등록의 심의는 공업도안등록신청문건을 검토하고 등록을 결정하는 중요한 사업이다.

공업도안등록기관은 공업도안등록신청문건을 접수한 날부터 6개월안에 심의하여야 한다.

제20조 (공업도안등록심의자료의 요구)

공업도안등록기관은 공업도안의 심의에 필요한 자료를 공업도안등록을 신청한 기관, 기업소, 단체와 공민에게 요구할수 있다.

공업도안등록을 신청한 기관, 기업소, 단체와 공민은 공업도안등록기관이 요구한 자료를 제때에 보장하여야 한다.

제21조 (등록할수 없는 공업도안)

다음의 도안은 공업도안으로 등록할수 없다.

1. 이미 등록된 공업도안과 본질적으로 같거나 류사한 도안
2. 이미 공개되며 사용하고있는 제품과 같거나 류사한 도안
3. 우리 나라의 법과 공중도덕, 미풍량속에 맞지 않는 도안
4. 설비 및 기술공정도면이나 미술작품, 건축물 및 기념비 같은것의 도안
5. 등록된 상표와 같거나 류사한 도안
6. 경제적효과성과 실용예술성, 생산도입가능성이 없는 도안

제22조 (공업도안등록심의)

공업도안등록기관은 공업도안등록신청문건을 심의하고 등록 또는 부결하는 결정을 하여야 한다.

공업도안등록의 심의결과는 공업도안등록을 신청한 기관, 기업소, 단체와 공민에게 알려 주어야 한다.

제23조 (공업도안등록증의 발급)

등록이 결정된 공업도안은 국가공업도안등록부에 등록하며 해당 기관, 기업소, 단체와 공민에게는 공업도안등록증을 발급하여 준다.

등록된 공업도안은 공업도안공보를 통하여 공개한다.

제24조 (등록된 공업도안에 대한 의견제기)

등록된 공업도안에 대하여 의견이 있는 기관, 기업소, 단체와 공민은 그것이 공개된 날부터 6개월안에 공업도안등록기관에 의견을 제기할수 있다.

공업도안등록기관은 제기된 의견을 심의하고 그 결과를 해당기관, 기업소, 단체와 공민에게 알려주어야 한다.

제25조 (공업도안등록의 부결에 대한 재심의제기)

공업도안등록의 부결에 대하여 의견 있는 기관, 기업소, 단체와 공민은 부결통지를 받은 날부터 6개월안에 다시 심

의하여줄것을 제기할수 있다.

공업도안등록기관은 제기된 의견을 심의하고 그 결과를 해당 기관, 기업소, 단체와 공민에게 알려주어야 한다.

제26조 (재심의결정에 대한 의견제기)

공업도안 등록의 재심의 결정에 대하여 의견이 있을 경우에는 재심의 결과를 통지받은 날부터 2개월안에 비상설공업도안심의위원회에 의견을 제기할수 있다.

제4장 공업도안권의 보호

제27조 (공업도안권보호의 기본요구)

공업도안권을 보호하는것은 공업\도안사업을 강화하기 위한 기본요구이다.

공업도안등록기관과 해당 기관은 공업도안권을 소유한 기관, 기업소, 단체와 공민의 리익을 보호하여야 한다.

제28조 (공업도안권의 소유자)

공업도안권은 공업도안을 등록받은 기관, 기업소, 단체와 공민이 소유한다. 공동명의로 등록받은 공업도안권은 공동으로 소유한다.

제29조 (공업도안권소유자의 권리)

공업도안권소유자는 다음과 같은 권리를 가진다.

1. 등록된 공업도안의 사용권
2. 등록된 공업도안의 전부 또는 일부에 대한 양도 및 사용허가권
3. 등록된 공업도안의 취소권

제30조 (공업도안권의 양도)

공업 도안권을 양도하거나 양도받으려는 기관, 기업소, 단체와 공민은 공업 도안권 양도신청 문건을 만들어 공업도안등록기관에 내야 한다.

공업 도안권의 양도는 양도등록을 한 날부터 효력을 가진다.

제31조 (공업도안의 사용허가)

공업도안권을 소유한 기관, 기업소, 단체와 공민은 등록된 공업도안을 다른 기관, 기업소, 단체와 공민에게 사용을 허가하려 할 경우 계약을 맺고 공업도안사용허가문건을 공업도안등록기관에 내야 한다.

제32조 (공업도안에 따르는 제품의 질에 대한 책임)

공업도안사용을 허가받은 기관, 기업소, 단체와 공민은 그것을 사용하여 생산한 제품의 질에 대하여 책임져야 한다.

공업도안사용을 허가한 기관, 기업소, 단체와 공민은 그것을 사용하여 생산하는 제품의 질에 대하여 통제할수 있다.

제33조 (공업도안권의 양도, 공업도안의 사용허가금지)

해당한 자격을 갖추지 못한 기관, 기업소, 단체와 공민에게는 공업도안권을 양도하거나 등록된 공업도안의 사용을 허가할수 없다.

제34조 (다른 나라에 공업도안권의 양도, 공업도안사용의 허가)

공업도안권을 소유한 기관, 기업소, 단체와 공민이 다른 나라 기관, 기업소, 단체와 공민에게 공업도안권을 양도하거나 등록된 공업도안의 사용을 허가하려 할 경우에는 공업도안등록기관의 승인을 받는다.

제35조 (공업도안권의 보호기간)

공업도안권의 보호기간은 공업도안등록을 신청한 날부터 5년이다.

공업도안권을 소유한 기관, 기업소,

단체와 공민의 신청에 따라 공업도안권의 보호기간을 5년씩 두번 연장할수 있다. 이 경우 공업도안권보호기간연장신청문건을 공업도안등록기관에 낸다.

제36조 (공업도안권보호기간의 연장)

공업도안권보호기간연장신청문건은 그 보호기간이 끝나기 6개월전에 낸다.

부득이한 경우에는 공업도안권보호기간연장신청문건을 보호기간이 끝나는 날부터 6개월까지의 사이에 낼수도 있다.

제37조 (공업도안등록의 변경)

공업도안권을 소유한 기관, 기업소, 단체와 공민은 공업도안권의 보호기간에 이름, 주소 같은것이 달라졌을 경우 공업도안등록변경신청문건을 공업도안등록기관에 내야 한다.

공업도안등록기관은 공업도안등록변경내용을 국가공업도안등록부에 등록하여야 한다.

제38조 (공업도안등록의 취소)

공업도안등록을 취소하려는 기관, 기업소, 단체와 공민은 공업도안등록취소문건을 공업도안등록기관에 내야 한다. 이 경우 공업도안등록증도 내야 한다.

제39조 (공업도안권효력의 상실)

등록된 공업도안이 취소되였거나 또는 그 보호기간이 끝났거나 공업도안을 등록한 날부터 2년간 사용하지 않았을 경우에는 공업도안권의 효력은 없어진다.

제5장 공업도안사업에 대한 지도통제

제40조 (공업도안사업에 대한 지도통제의 기본요구)

공업도안사업에 대한 지도통제를 강화하는것은 공업도안창작을 장려하며 공업도안권을 보호하는데서 나서는 필수적요구이다.

국가는 공업도안사업에 대한 지도통제를 강화하도록 한다.

제41조 (공업도안지도기관의 임무)

공업도안사업에 대한 지도는 내각의 통일적인 지도밑에 공업도안지도기관이 한다.

공업도안지도기관은 공업도안사업을 정상적으로 장악하고 지도하여야 한다.

제42조 (공업도안과 관련한 사항의 공개)

공업도안등록기관은 공업도안의 등록, 보호기간연장, 양도, 사용허가, 취소정형과 공업도안등록신청자의 이름, 주소변경정형을 정상적으로 공개하여야 한다.

제43조 (공업도안사업료금)

기관, 기업소, 단체와 공민은 공업도안사업과 관련하여 정해진 료금을 제때에 물어야 한다.

공업도안사업과 관련한 료금을 정하는 사업은 중앙가격제정기관이 한다.

제44조 (공업도안의 창작)

해당 기관, 기업소, 단체는 공업도안을 창작하기 위한 연구사업을 강화하며 필요한 일군들을 전망성있게 양성하여야 한다.

제45조 (공업도안소유권과 관련한 비법행위금지)

기관, 기업소, 단체와 공민은 등록된 공업도안을 승인없이 사용하거나 공업도안권의 양도, 공업도안사용허가질서를 어기는것 같은 행위를 하지 말아야 한다.

제46조 (공업도안사업에 대한 감독통제)

공업도안사업에 대한 감독통제는 공

업도안지도기관과 해당 감독통제기관이 한다.

공업도안지도기관과 해당 감독통제기관은 공업도안등록의 신청과 심의질서를 지키고 공업 도안권을 침해하지 않도록 엄격히 감독통제하여야 한다.

제47조 (손해보상, 몰수)

공업도안권을 소유한 기관, 기업소, 단체와 공민의 리익을 침해하였을 경우에는 해당한 손해를 보상시키거나 위법행위를 하여 생산한 제품을 몰수한다.

제48조 (사용중지, 등록취소)

승인없이 등록된 공업도안을 사용하거나 공업도안권의 양도, 공업도안사용허가질서를 어겼을 경우에는 그 사용을 중지시키거나 공업도안등록을 취소시킨다.

제49조 (행정적 또는 형사적 책임)

이 법을 어겨 공업도안사업에 엄중한 결과를 일으킨 기관, 기업소, 단체의 책임있는 일군과 개별적공민에게는 정상에 따라 행정적 또는 형사적책임을 지운다.

제50조 (분쟁해결)

공업도안과 관련한 분쟁은 협의의 방법으로 해결한다.

협의의 방법으로 해결할수 없을 경우에는 공업도안등록기관, 비상설공업도안심의위원회에 제기하여 해결한다.

공업도안등록기관이나 비상설공업도안심의위원회에 제기하여 해결할수 없을 경우에는 중재 또는 재판기관에 제기하여 해결할수도 있다.

9. 상표법

조선민주주의인민공화국 상 표 법

주체87(1998)년 1월 14일 최고인민회의 상설회의 결정 제106호로 채택
주체88(1999)년 2월 26일 최고인민회의 상임위원회 정령 제483호로 수정보충
주체94(2005)년 8월 2일 최고인민회의 상임위원회 정령 제1235호로 수정보충
주체97(2008)년 3월 11일 최고인민회의 상임위원회 정령 제2614호로 수정보충
주체100(2011)년 6월 13일 최고인민회의 상임위원회 정령 제1703호로 수정보충
주체100(2011)년 12월 21일 최고인민회의 상임위원회 정령 제2052호로 수정보충
주체101(2012)년 11월 13일 최고인민회의 상임위원회 정령 제2803호로 수정보충

제1장 상표법의 기본

제1조 (상표법의 사명)
조선민주주의인민공화국 상표법은 상표등록의 신청과 심의, 상표권의 보호에서 제도와 질서를 엄격히 세워 기관, 기업소, 단체와 공민의 리익을 보호하는데 이바지 한다.

제2조 (상표의 정의, 상표도안창작에서 지켜야 할 요구)
상표는 서로 다른 생산자 또는 봉사자의 같은 제금이나 봉사를 구별하기 위하여 글자, 그림, 수자, 기호, 색갈, 3차원적인 형태 또는 그것들의 결합체로 밝히는 표식이다.
상표에는 제품상표, 봉사상표, 집단상표, 증명상표, 담보상표 같은것이 속한다.
국가는 상표도안창작에서 다음과 같은 요구를 지키도록 한다.
1. 상표도안을 보기가 좋으면서도 의미가 두렷하고 특성이 살아나게 형상하여야 한다.
2. 상표도안을 인위적으로 과장하지 말고 문화적으로 볼맛이 있게 형상하여야 한다.
3. 필요한 경우 만화적으로 생동하면서도 실감이 나게 형상하여 사람들의 눈길을 끌고 제품에 대한 호기심을 가지게 하여야 한다.
4. 너무 원색만 써서 천한감이 나게 하지 말고 상표의 특성에 맞게 색을 조화롭게 잘써야 한다.
5. 규격을 비롯하여 세계적으로 공통된 내용들과 표기방법을 정확히 지켜야 한다.

제3조 (상표등록의 신청원칙)
상표등록의 신청은 상표사업의 첫공정이다. 국가는 상표등록의 신청절차를 바로 정하고 그것을 정확히 지키도록 한다.

제4조 (상표등록의 심의원칙)
상표등록의 심의를 바로하는것은 상표등록기관의 기본임무이다.
국가는 상표등록기관의 책임성과 역

할을 높여 상표심의에서 객관성과 공정성을 보장하도록 한다.

제5조 (상표권의 보호원칙)

상표권의 보호는 조선민주주의인민공화국의 일관한 정책이다.

국가는 기관, 기업소, 단체와 공민이 소유한 상표권을 법적으로 보호하며 이름난 상표를 고착시키도록 한다.

제6조 (상표사업의 현대화, 과학화원칙)

국가는 인민경제가 발전하고 상품생산과 봉사업종이 늘어나는데 맞게 상표의 조형화, 예술화를 실현하며 상표사업을 현대화, 과학화하도록 한다.

제7조 (상표분야의 교류와 협조)

국가는 상표분야에서 국제기구, 다른 나라들과의 교류와 협조를 발전시킨다.

제2장 상표등록의 신청

제8조 (상표등록신청문건의 제출)

상표등록의 신청을 바로하는것은 상표심의사업을 개선하기 위한 중요조건이다. 상표등록을 신청하려는 기관, 기업소, 단체와 공민은 상표등록신청문건을 만들어 상표등록기관에 내야 한다.

제9조 (상표등록신청문건의 기재사항과 첨부문건)

상표등록신청문건에는 신청자의 이름, 주소, 상품 및 봉사분류 같은것을 정확히 밝히며 상표견본, 영업허가와 관련한 공증문건을 첨부한다.

제10조 (상표등록신청문건의 제출방법)

상표등록신청문건은 해당 기관, 기업소, 단체와 공민이 상표등록기관에 직접 내거나 우편으로 낸다.

제11조 (외국인의 상표등록신청문건제출)

우리 나라에 상표를 등록하려는 다른 나라의 기관, 기업소, 단체와 공민은 대리기관을 통하여 조선말로 된 상표등록신청문건을 상표등록기관에 내야 한다. 이 경우 대리기관은 대리위임장을 내야 한다.

제12조 (외국에 하는 상표등록의 신청)

기관, 기업소, 단체와 공민은 상표등록기관에 등록한 상표를 해당 국제기구 또는 대리기관을 통하여 다른 나라에 등록할수 있다. 이 경우 상표등록기관의 승인을 받아야 한다.

제13조 (상표등록신청문건접수정형의 통지)

상표등록신청문건을 접수한 상표등록기관은 해당 기관, 기업소, 단체와 공민에게 상표등록신청문건의 접수정형을 알려주어야 한다.

제14조 (상표등록신청문건의 결함퇴치)

결함이 있는 상표등록신청문건을 접수한 상표등록기관은 그것을 돌려보내거나 3개월안에 결함을 고치게 하여야 한다.

부득이한 사유로 3개월안에 결함을 고치지 못하였을 경우에는 그 기간을 2개월간 연장하여줄수 있다.

제15조 (상표등록의 신청날자)

상표등록의 신청날자는 상표등록기관이 상표등록신청문건을 접수한 날로 한다. 결함이 있는 상표등록신청문건을 고쳤을 경우에도 상표등록의 신청날자는 상표등록기관이 상표등록신청문건을 처음 접수한 날로 한다.

제16조 (상표등록신청의 우선권)

기관, 기업소, 단체와 공민은 전람회, 전시회에 상표를 출품하였을 경우 해당 상표의 등록신청에서 우선권을 가진다.

우선권을 요구하는 문건은 전람회, 전시회에 상표가 출품된 날부터 3개월안에 상표등록기관에 내야 한다.

제17조 (외국 법인, 공민의 상표등록신청에 대한 우선권의 효력)

다른 나라의 기관, 기업소, 단체와 공민이 자기 나라에서 받은 상표의 등록신청에 대한 우선권은 그것을 받은 날부터 6개월안에 우리나라 상표등록 기관에 해당 문건을 내야 효력을 가진다.

제18조 (상표등록의 재신청)

상표등록이 취소되였거나 보호기간이 지난 상표에 대하여서는 등록신청을 다시 할수 있다.

제3장 상표등록의 심의

제19조 (상표등록의 심의기간)

상표등록의 심의는 상표등록신청문건을 검토하고 처리하는 중요한 사업이다. 상표등록기관은 상표등록신청문건을 접수한 날부터 6개월안에 심의하여야 한다.

제20조 (상표등록심의자료)

상표등록기관은 상표등록의 심의에 필요한 자료를 상표등록을 신청한 기관, 기업소, 단체와 공민에게 요구할수 있다.

상표등록을 신청한 기관, 기업소, 단체와 공민은 상표등록기관이 요구하는 자료를 제때에 보장하여야 한다.

제21조 (상표로 등록할수 없는 표식, 표기)

다음에 해당하는 표식, 표기는 상표로 등록할수 없다.

1. 이미 등록된 상표와 같거나 류사한 표식

2. 국호나 그 략자로 만들었거나 국장, 국기, 훈장, 메달과 같거나 류사한 모양으로 만든 표식

3. 우리 나라의 법과 공중도덕, 미풍량속에 맞지 않는 표식

4. 상품 또는 봉사에 대한 허위적내용을 담은 표식

5. 상품이름, 조성, 특성 같은것만의 표기

6. 검사표식이나 단순한 수자, 기하학적표식

7. 전람회, 전시회에 출품되였던 상표와 같거나 류사한 표식

8. 우리나라가 가입한 국제기구의 표식으로 되였거나 국제법과 국제관례에 어긋나는 표식

9. 널리 알려진 상표, 유명한 상표와 같거나 류사한 표식

10. 우리 나라를 비우호적으로 대하는 나라나 지역에서 등록을 신청한 표식 또는 표기

제22조 (상표등록의 심의)

상표등록기관은 등록신청을 받은 상표를 심의하고 등록 또는 부결하는 결정을 하여야 한다.

상표등록의 심의결과는 상표등록을 신청한 기관, 기업소, 단체와 공민에게 알려준다.

제23조 (상표등록증의 발급, 재발급과 상표공개)

등록이 결정된 상표는 국가상표등록부에 등록하며 상표등록을 신청한 기관, 기업소, 단체와 공민에게는 상표등록증을 발급하여준다.

상표등록증을 분실하였거나 오손시켰

을 경우에는 다시 발급받는다.

등록한 상표는 상표공보를 통하여 공개한다.

제24조 (상표에 대한 의견제기)

등록하려는 상표에 대하여 의견이 있는 기관, 기업소, 단체와 공민은 상표등록을 신청한 날부터 1년안에 상표등록기관에 의견을 제기할수 있다.

상표등록기관은 제기된 의견을 심의하고 그 결과를 의견을 제기하였거나 상표를 신청하였거나 상표를 등록받은 기관, 기업소, 단체와 공민에게 서면으로 알려주어야 한다.

제25조 (등록이 부결된 상표에 대한 재심의제기)

상표등록을 신청한 기관, 기업소, 단체와 공민은 상표등록의 부결통지를 받은 날부터 6개월안에 다시 심의하여줄데 대한 의견을 제기할수 있다.

상표등록기관은 제기된 의견을 심의하고 그 결과를 해당 기관, 기업소, 단체와 공민에게 알려주어야 한다.

상표등록기관의 재심의결정은 그것이 공개된 날부터 2개월안에 다른 의견이 제기되지 않았을 경우 확정된다.

제26조 (재심의결정에 대한 의견제기)

상표등록의 재심의결정에 대하여 의견이 있는 기관, 기업소, 단체와 공민은 재심의결과를 통지받은 날부터 2개월안에 국가상표심의위원회에 제기할수 있다.

비상설상표심의위원회는 제기된 의견을 심의하고 그 결과를 상표등록기관과 의견을 제기한 기관, 기업소, 단체와 공민에게 알려주어야 한다.

제4장 상표권의 보호

제27조 (상표권보호의 기본요구)

상표권을 보호하는 것은 상표사업의 중요내용이다.

상표등록기관과 해당 기관은 상표권에 따르는 기관, 기업소, 단체와 공민의 리익이 침해되지 않도록 철저히 보호하여야 한다.

제28조 (상표권의 소유자)

상표권은 상표등록기관에 상표를 등록한 기관, 기업소, 단체와 공민이 소유한다.

공동명의로 등록한 상표권은 공동으로 소유한다.

제29조 (상표권소유자의 권리)

상표권의 소유자는 다음과 같은 권리를 가진다.

1. 등록된 상표의 사용권
2. 등록된 상표의 전부 또는 일부에 대한 양도 및 사용허가권
3. 상표권침해행위를 중지시킬데 대한 권리와 손해보상청구권
4. 등록된 상표의 취소권

제30조 (상표권의 양도)

상표권을 양도받으려는 기관, 기업소, 단체와 공민은 상표권양도문건을 만들어 상표등록기관에 내야 한다. 이 경우 상표권을 양도하려는 기관, 기업소, 단체와 공민의 합의를 받으며 상표등록증을 첨부하여야 한다.

상표등록기관은 상표권양도내용을 국가상표등록부에 등록하고 상표권을 양도받은 기관, 기업소, 단체와 공민에게 상표등록증을 발급하여주어야 한다.

상표권의 양도는 상표등록기관에 양도등록을 한 날부터 효력을 가진다.

제31조 (상표의 사용허가)

상표권을 소유한 기관, 기업소, 단체와 공민은 등록된 상표를 다른 기관, 기업소, 단체와 공민이 사용하도록 허가할수 있다. 이 경우 상표사용허가계약을 맺으며 정해진 문건을 상표등록기관에 내야 한다.

제32조 (상표에 따르는 상품, 봉사의 질에 대한 통제권)

사용허가를 받은 상표에 따르는 상품, 봉사의 질에 대하여서는 그 상표를 사용하는 기관, 기업소, 단체와 공민이 책임진다.

상표권을 소유한 기관, 기업소, 단체와 공민은 사용허가를 한 상표에 따르는 상품, 봉사의 질에 대하여 통제할수 있다.

제33조 (상표권의 양도, 사용허가금지)

해당한 자격을 갖추지 못한 기관, 기업소, 단체와 공민에게는 상표권을 양도하거나 등록된 상표의 사용허가를 할수 없다.

제34조 (상표권의 보호기간)

상표권의 보호기간은 상표등록을 신청한 날부터 10년으로 한다.

상표권을 소유한 기관, 기업소, 단체와 공민의 신청에 따라 상표권의 보호기간을 10년씩 연장하여줄수 있다.

제35조 (상표권보호기간의 연장)

상표권의 보호기간을 연장하려는 기관, 기업소, 단체와 공민은 상표권보호기간연장신청문건을 상표등록기관에 내야 한다.

제36조 (상표권보호기간연장신청문건의 제기기간)

상표권보호기간연장신청문건은 상표권의 보호기간이 끝나는 날부터 6개월전에 낸다.

부득이한 경우에는 상표권보호기간연장신청문건을 그 보호기간이 끝나는 날부터 6개월까지의 사이에 낼수도 있다.

제37조 (상표등록의 변경)

상표권을 소유한 기관, 기업소, 단체와 공민은 상표권의 보호기간에 이름, 주소 같은것이 달라졌을 경우 상표등록변경신청문건을 상표등록기관에 내야 한다. 상표등록기관은 상표등록변경내용을 국가상표등록부에 등록하여야 한다.

제38조 (상표권의 취소)

상표권을 취소하려는 기관, 기업소, 단체와 공민은 상표등록 취소문건을 상표등록기관에 내야 한다. 이 경우 상표등록증을 함께 내야 한다.

제39조 (상표권의 효력상실)

상표등록이 취소되였거나 상표를 등록한 날부터 5년동안 사용하지 않았을 경우 상표권의 효력은 없어진다.

제5장 상표사업에 대한 지도통제

제40조 (상표사업에 대한 지도통제의 기본요구)

상표사업에 대한 지도통제를 강화하는것은 상품의 질을 높이며 상표권을 보호하는데서 나서는 필수적요구이다.

국가는 상표사업에 대한 지도통제를 강화하도록 한다.

제41조 (상표사업지도기관)

상표사업에 대한 지도는 내각의 통일

적인 지도밑에 국가상표지도기관이 한다. 중앙상표지도기관은 상표사업에 대한 지도와 상표의 심의, 등록과 관련하여 제기된 의견, 분쟁처리를 비상설상표심의위원회를 통하여 한다.

제42조 (상표관련사항의 공개)

상표의 등록신청, 등록과 그 변경, 갱신, 양도, 사용허가, 취소정형에 대하여서는 정상적으로 공개하여야 한다.

제43조 (상표사업부문의 물질기술적토대강화, 일군양성)

중앙상표지도기관과 해당 과학연구기관, 교육기관은 상표사업부문의 물질기술적토대를 튼튼히 꾸리기 위한 사업을 전망성있게 진행하며 상표사업부문에 필요한 일군들을 체계적으로 양성하여야 한다.

제44조 (상표와 관련한 비법행위금지)

기관, 기업소, 단체와 공민은 비법적으로 상표를 제작, 인쇄, 리용, 매매하거나 다른 나라에서 만들어 들여오거나 허위 및 위조상표를 붙인 상품, 상표가 없는 상품을 판매, 수출입하는것 같은 행위를 할수 없다.

제45조 (상표사업과 료금)

해당 기관, 기업소, 단체와 공민은 상표사업과 관련하여 정해진 료금을 제때에 물어야 한다.

상표사업과 관련한 료금은 중앙가격제정기관이 정한다.

제46조 (상표사업에 대한 감독통제)

상표사업에 대한 감독통제는 상표등록기관과 해당 감독통제기관이 한다.

상표등록기관과 해당 감독통제기관은 기관, 기업소, 단체와 공민이 상표등록의 신청, 심의질서를 지키고 상표권을 침해하지 않도록 엄격히 감독통제하여야 한다.

제47조 (손해보상, 몰수, 영업중지)

상표권에 따르는 기관, 기업소, 단체와 공민의 리익을 침해하였거나 허위 및 위조상표를 제작, 인쇄, 리용, 매매하였을 경우에는 해당한 손해를 보상시키며 위법행위에 리용된 상표, 상품 같은 것은 몰수하거나 영업활동을 중지시킨다.

제48조 (생산, 봉사의 중지, 등록취소)

상표권을 비법적으로 양도, 사용허가 하였거나 등록된 상표를 변경시켜 사용하였을 경우에는 해당 상품의 생산 또는 봉사를 중지시키거나 상표의 등록을 취소시킬수 있다.

제49조 (행정적 또는 형사적책임)

이 법을 어겨 상표사업에 엄중한 결과를 일으킨 기관, 기업소, 단체의 책임있는 일군과 개별적공민에게는 정상에 따라 행정적 또는 형사적책임을 지운다.

제50조 (분쟁해결)

상표와 관련한 분쟁은 협의의 방법으로 해결한다.

협의의 방법으로 해결할수 없을 경우에는 상표등록기관, 비상설상표심의위원회에 제기하여 해결한다.

상표등록기관, 비상설상표심의위원회에 제기하여 해결할수 없을 경우에는 재판 또는 중재기관에 제기하여 해결할 수도 있다.

저자소개

■ 소성규

한양대학교에서 법학 학사, 석사, 박사학위를 받았다. 대진대학교 공공정책대학원장, 공공인재대학장, 글로벌산업통상대학장과 입학홍보처장을 역임했으며, 현재 같은 대학 공공인재법학과 교수로 재직하면서 한국부동산법학회 명예회장, 한국법정책학회장, 개성포럼 회장, 법정책연구소장, 대진평화통일교육연구원장, 통일교육선도대학사업단장을 맡고 있다. 주요 관심분야는 부동산법제, 통일법제 등이며, 주요 저서로는 민법총칙, 물권법, 채권법, 가족정책법, 법여성학강의, 부동산중개계약론 등이 있다. 2016년 국민훈장 석류장을 수상하였다.

■ 이종덕

한양대학교에서 법학 학사, 석사학위를 받았다. 이후에 독일 콘스탄츠대학교(Konstanz Universität)에서 로스쿨(LL.M.)을 우등졸업하였으며, 아스트리드 슈타들러 교수(Prof. Astrid Stadler)의 지도하에 민법으로 법학박사학위를 취득하였다. 현재 서울시립대학교 법학연구소에 전임연구원으로 재직 중이며, 군산대, 대진대, 서울시립대, 한양대 등에서 민법, 민사소송법, 통일법, 국제거래법 등을 강의하였다. 주요 관심분야는 민법, 소비자보호법, 국제거래법, 통일법 등이다.

■ 최성환

한양대학교에서 법학 학사, 석사, 박사학위를 받았다. 경기도교육청 변호사, 행정안전부 행정사무관을 역임했으며, 현재 경기연구원 연구위원으로 재직 중이다. 주요 관심분야는 지방자치(자치법규, 지방분권, 지방의회), 교육(학교폭력, 민주시민교육) 등이다.

통일교육과 통일법제를 이해하는 열두 개의 시선

지은이 / 소성규·이종덕·최성환
펴낸이 / 조 형 근
펴낸곳 / 도서출판 동방문화사

인쇄 / 2020. 10. 1
발행 / 2020. 10. 1

주 소 / 서울시 서초구 방배로 16길 13. 지층
전 화 / 02)3473-7294
메 일 / 34737294@hanmail.net
팩 스 / (02)587-7294
등 록 / 서울 제22-1433호

저자와의 합의 인지생략

파본은 바꿔 드립니다.
정 가 / 30,000원

본서의 무단복제행위를 금합니다.
ISBN 979-11-89979-29-4 93360